D1740869

1 MONTH OF
FREE
READING

at

www.ForgottenBooks.com

By purchasing this book you are eligible for one month membership to ForgottenBooks.com, giving you unlimited access to our entire collection of over 1,000,000 titles via our web site and mobile apps.

To claim your free month visit:

www.forgottenbooks.com/free362432

* Offer is valid for 45 days from date of purchase. Terms and conditions apply.

ISBN 978-0-265-30577-5
PIBN 10362432

This book is a reproduction of an important historical work. Forgotten Books uses
state-of-the-art technology to digitally reconstruct the work, preserving the original format
whilst repairing imperfections present in the aged copy. In rare cases, an imperfection in
the original, such as a blemish or missing page, may be replicated in our edition. We do,
however, repair the vast majority of imperfections successfully; any imperfections that
remain are intentionally left to preserve the state of such historical works.

Forgotten Books is a registered trademark of FB &c Ltd.
Copyright © 2018 FB &c Ltd.
FB &c Ltd, Dalton House, 60 Windsor Avenue, London, SW19 2RR.
Company number 08720141. Registered in England and Wales.

For support please visit www.forgottenbooks.com

icroreproductions / Institut canadien de microreproductions historiques

1987

Coloured maps/
Cartes géographiques en couleur

Coloured ink (i.e. other than blue or black)/
Encre de couleur (i.e. autre que bleue ou noire)

Coloured plates and/or illustrations/
Planches et/ou illustrations en couleur

Bound with other material/
Relié avec d'autres documents

Tight binding may cause shadows or distortion
along interior margin/
La reliure serrée peut causer de l'ombre ou de la
distorsion le long de la marge intérieure

Blank leaves added during restoration may
appear within the text. Whenever possible, these
have been omitted from filming/
Il se peut que certaines pages blanches ajoutées
lors d'une restauration apparaissent dans le texte,
mais, lorsque cela était possible, ces pages n'ont
pas été filmées.

[✓] Additional comments:/
Commentaires supplémentaires:

Page
Page

[✓] Sho
Tran

Quali
Quali

Inclu
Com

Only
Seul

Page
slips,
ensui
Les p
obsc
etc.,
obter

Textes en français et en anglais.

This item is filmed at the reduction ratio checked below/
Ce document est filmé au taux de réduction indiqué ci-dessous.

10X   14X   18X   22X

12X   16X   20X   24X

produced thanks

he best quality
n and legibility
ng with the

covers are filmed
nd ending on
lustrated impres-
propriate. All
)eginning on the
rated impres-
e with a printed

microfiche
eaning "CON-
aning "END").

e filmed at
too large to be
) are filmed
corner, left to
y frames as
s illustrate the

L'exemplaire filmé fut reproduit grâce à la
générosité de:

Séminaire de Québec
Bibliothèque

Les images suivantes ont été reproduites avec le
plus grand soin, compte tenu de la condition et
de la netteté de l'exemplaire filmé, et en
conformité avec les conditions du contrat de
filmage.

Les exemplaires originaux dont la couverture en
papier est imprimée sont filmés en commençant
par le premier plat et en terminant soit par la
dernière page qui comporte une empreinte
d'impression ou d'illustration, soit par le second
plat, selon le cas. Tous les autres exemplaires
originaux sont filmés en commençant par la
première page qui comporte une empreinte
d'impression ou d'illustration et en terminant par
la dernière page qui comporte une telle
empreinte.

Un des symboles suivants apparaîtra sur la
dernière image de chaque microfiche, selon le
cas: le symbole ➡ signifie "A SUIVRE", le
symbole ▽ signifie "FIN".

Les cartes, planches, tableaux, etc., peuvent être
filmés à des taux de réduction différents.
Lorsque le document est trop grand pour être
reproduit en un seul cliché, il est filmé à partir
de l'angle supérieur gauche, de gauche à droite,
et de haut en bas, en prenant le nombre
d'images nécessaire. Les diagrammes suivants
illustrent la méthode.

2   3   1

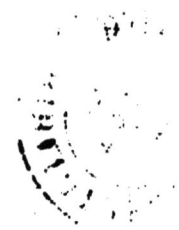

PROVINCE DE QUEBEC

(CI-DEVANT BAS-CANADA)

OU RECUEIL

COMPRENANT ENTRE AUTRES MATIÈRES:

Le Texte du Code en Français et en Anglais.

Les rapports officiels de MM. les Commissaires chargés de la codification.

La citation au long des autorités auxquelles réfèrent ces Messieurs, à l'appui des diverses parties du Code Civil, ainsi que d'un grand nombre d'autres autorités.

Des tables de concordance entre le Code Civil du Bas-Canada et ceux de la France et de la Louisiane.

PAR

CHS C. de LORIMIER, C. R., L. L. D.

Professeur agrégé à l'Université Laval à Montréal.

VOL. XII

MONTRÉAL:

CADIEUX & DEROME

LIBRAIRES-ÉDITEURS

1885.

BIBLIOTHEQUE
S.M.E.
Séminaire de Québec

5657

LA
BIBLIOTHEQUE DU CODE CIVIL

DE LA

PROVINCE DE QUÉBEC

(CI-DEVANT BAS-CANADA.)

—◦◦⦿◦◦—

CODE CIVIL DU BAS-CANADA

CIVIL CODE OF LOWER CANADA.

[ARTICLE 1502.]

1502. [Dans l'un et l'autre des cas exprimés dans l'article qui précède, si le déficit ou l'excédant de quantité est si considérable eu égard à la quantité spécifiée, qu'il y ait à présumer que l'acheteur n'aurait pas acheté s'il l'avait su, il peut se désister de la vente et recouvrer du vendeur le prix, s'il a été payé, et les frais du contrat, sans préjudice dans tous les cas à son recours en dommages-intérêts.

1502. [In either of the cases stated in the last preceding article, if the deficiency or excess of quantity be so great, in comparison with the quantity specified, that it may be presumed the buyer would not have bought if he had known it, he may abandon the sale and recover from the seller the price, if paid, and the expenses of the contract, without prejudice in any case t his claim for damages.]

Voy. autorités sur art. 1501 et C. C. B. C., art. 1063 et s.

[ARTICLE 1502.]

5 *Boileux, sur* } Lorsqu'il y a lieu d'augmenter le prix
art. 1620 *C. N.* } pour excédant de mesure, cas prévu par les
art. 1618 et 1619, l'acheteur peut à son choix ou payer le supplément de prix avec les intérêts, depuis le jour de sa mise
en jouissance, ou se désister de la vente.

Nonobstant le silence de la loi, il n'est pas douteux que
l'acheteur jouirait de la même option, pour cause de déficit
dans la contenance, quand même ce *déficit* serait moindre
d'un vingtième s'il avait acquis l'immeuble pour une certaine
destination à laquelle il se trouverait impropre (V. nos explications sur l'art. 1617).

———

* 16 *Duranton, Vente,* } 223. L'acheteur aurait aussi, sui-
n° 223, p. 239. } vant nous, le droit de se désister de la
vente, s'il y avait une contenance moindre que celle indiquée au contrat, dans le cas où il aurait acheté l'immeuble
pour une certaine destination à laquelle il serait impropre, à
cause de ce défaut de contenance : par exemple, un terrain
acheté pour construire une usine, et qui n'aurait pas, à beaucoup près, la contenance indiquée au contrat.

———

* 1 *Duvergier, n° 286,* } Si la différence en moins est telle
p. 346 *et note.* } qu'elle rende la chose impropre à l'u-
sage auquel on la destine, ou qu'elle diminue cet usage au
point que l'acquéreur n'eût point acheté s'il l'eût connue, il
pourra également se désister du contrat.

Par exemple, si l'acquisition est faite pour établir une usine qui
exige *absolument* la contenance indiquée, condamnera-t-on l'acheteur à
conserver un terrain qui, par un déficit plus ou moins considérable lui
devient inutile. *Voy.* M. Duranton, n° 223. M. Delvincourt, tom. III,
pag. 138, note 4.

———

* 3 *Delvincourt, p.* 72, } Si la contenance réelle est au-des-
et p. 138, *note* 4. } sous de celle qui a été indiquée, l'acquéreur peut forcer le vendeur de livrer la contenance

déclarée, si cela lui est possible : en cas d'impossibilité, ou si l'acquéreur veut bien ne pas l'exiger, le vendeur est tenu de souffrir une diminution proportiónnelle sur le prix ; et même, suivant les circonstances, la vente peut être résiliée.

La vente peut être résiliée, si l'acquéreur prouve que la contenance réelle ne peut remplir le but qu'il s'est proposé en acquérant.

Remarquez que, dans tous les cas où la vente est résiliée pour défaut ou excédant de contenance, le vendeur est tenu de restituer les frais du contrat, parce que c'est par son fait que la résiliation a lieu., Il devoit connoître la contenance de la chose qu'il vendoit ; il pourroit même, le cas échéant, être condamné à des dommages-intérêts, surtout s'il étoit prouvé qu'il y a eu mauvaise foi de sa part.

----

* 2 *Zachariæ, Vente,* p. 511-2. Lorsqu'il y a lieu, d'après les art. 1617 et 1619, à augmentation de prix pour excédant de mesure, l'acheteur a l'option, ou de payer le supplément de prix avec les intérêts depuis le jour de sa mise en jouissance, ou de se désister de la vente (1). Art. 1518 et 1620. Il jouirait de la même option pour cause de déficit de contenance, quelle que fût l'importance de ce déficit, s'il avait acheté l'immeuble, pour une certaine destination à laquelle le défaut de contenance le rendit impropre (2). L'acheteur qui, dans l'une ou dans l'autre hypothèse, use de la faculté de se désister du contrat, peut exiger, outre la restitution du prix, celle des frais du contrat, et même des dommages-intérêts, s'il y a lieu. Art. 1621 et arg. de cet art.

(1) Mais il ne pourrait exiger le retranchement de l'excédant. Troplong, I, 336. Duvergier, I, 296.

(2) La faculté de se désister du contrat n'est pas à la vérité expressément accordée à l'acheteur pour cause de déficit de contenance ; mais tout ce que l'on doit conclure du silence de la loi à cet égard, c'est que les tribunaux peuvent admettre ou rejeter, suivant les circonstances, la demande en résolution fondée sur ce motif. Arg. art. 1636. Delvincourt, III, p. 138. Duranton, XVI, 223. Duvergier, I, 286. Voy., en sens contraire : Troplong, I, 330.

[ARTICLE 1502.]

Les règles qui viennent d'être développées s'appliquent aux
ventes forcées comme aux ventes volontaires.

---

* 6 Marcadé, sur art. **}**   II. — C'est un point que les inter-
1619 et s., C. N. **}** prètes du Code ont laissé fort obscur,
et dont l'explication est très-inexacte, quand elle n'est pas
nulle, que celui de savoir si et comment doit s'appliquer la
règle de l'art. 1619, dans le cas de terrains de valeurs diverses, soit que le contrat indique ou n'indique pas la contenance particulière de chaque terrain. Delvincourt (t. III), M.
Duranton (XVI, 229 et 230) et M. Demante (t. III, 304) ne
prévoient pas la question. M. Troplong et M. Duvergier ne la
prévoient que pour donner deux solutions contradictoires et
dont aucune n'est admissible.

M. Troplong (I, 343), s'arrêtant à une idée qui, lors de la
discussion du conseil d'Etat, fut proposée par M. Bigot, mais
ne fut pas admise, enseigne que l'art. 1619 ne s'applique que
dans le cas où le contrat énonce seulement la contenance générale des différents fonds réunis et non quand il indique
séparément la contenance particulière de chacun. Ainsi,
quand j'ai déclaré vendre pour 40,000 francs ma prairie et
ma bruyère, d'une contenance totale de 20 hectares, l'article
s'appliquera, et c'est la différence d'un vingtième sur la valeur, non sur la contenance, qui donnera lieu à l'action en
supplément ou en diminution du prix. Au contraire, si j'ai
déclaré vendre pour 35,000 francs ma prairie de 10 hectares
et ma bruyère de même contenance, l'article, suivant M.
Troplong, ne s'appliquerait plus ; on suivrait une règle qui
n'est ni celle de cet art. 1619, ni celle des art. 1617 et 1618,
mais une combinaison des deux, en ne prononçant la diminution comme l'augmentation que pour une différence d'un
vingtième (ainsi que le veut notre art. 1619), mais d'un
vingtième calculé sur la contenance (ainsi que le veut l'art.
1618). Si, par exemple, avec les 10 hectares de prairie, on
trouve 9 ou 11 hectares de bruyère, l'action en diminution

ou en supplément de prix serait admise, quoique la différence en valeur ne soit que de 500 francs, c'est-à-dire d'un
soixante-dixième, parce la différence en contenance est du
vingtième ; si l'on trouve, au contraire, avec 10 hectares de
bruyère, 9 hectares 16 ares ou 10 hectares 84 ares de prairie,
l'action ne serait pas admise, quoique la différence en valeur
soit de 2,500 francs ou d'un quatorzième, parce que la différence en contenance n'est pas du vingtième.

Ce système, dont M. Troplong, au surplus, pose seulement
le principe, n'est pas même soutenable. D'abord, s'il est vrai
que M. Bigot, dont les paroles sont ici reproduites par le savant magistrat pour toute explication, ait, en effet, proposé
de ne prendre le vingtième *de la ve'nur* que quand la quantité particulière de chaque terrain ne serait pas indiquée, en
même temps que M. Berlier proposait de ne le pi ndre jamais et de ne considérer que le vingtième *de la contenance*
dans tous les cas, il est bien certain qu'on a rejeté l'une et
l'autre idée pour s'en tenir à celle de M. Tronchet, qui demandait que, dans tous les cas et sans distinction, " la différence soit calculée *sur le prix de la vente* et *non sur l'étendue
du terrain.*" Le procès-verbal, en effet, se termine par ces
mots : " Le Conseil adopte le principe qu'on n'aura égard à
la différence que *lorsqu'elle sera du vingtième*, et qu'on l'estimera D'APRÈS LA VALEUR *des objets vendus.*" (Fenet, XIV, p. 28-
30.) Il n'était d'ailleurs pas besoin de recourir aux travaux
préparatoires, et notre article 1619 est certes assez formel :
" ...Qu'autant, dit-il, que la différence en plus ou en moins
est *d'un vingtième, eu égard* A LA VALEUR *de la totalité des objets
vendus.*" Rien n'est donc plus contraire à la loi que le système
de M. Troplong, dans lequel l'action devrait être admise, dans
certains cas, pour une différence d'un cinquantième de la
valeur, d'un soixantième ou moins encore, tandis qu'elle
devrait être écartée, dans certains autres, en présence d'une
différence de beaucoup plus d'un vingtième ! Et comment, en
effet, le savant magistrat a-t-il pu s'arrêter, même un instant,
à l'idée de refuser l'application de l'art. 1619 au cas où la

contenance particulière des divers terrains est indiquée, alors que ce cas est précisément celui des deux où cette application ne souffre aucune difficulté, tandis que, dans l'autre, elle sera souvent impossible, du moins directement ? Quand on dit 10 hectares de prairie et 10 hectares de bruyère, on sait parfaitement, en mesurant, si c'est de la bruyère ou de la prairie qui manque, et il est bien facile, par conséquent, de comparer la valeur de l'objet manquant au chiffre du prix total, pour voir s'il en forme ou non le vingtième. Mais quand on a seulement déclaré 20 hectares, tant en prairie qu'en bruyère, et qu'il manque 80 ares, comment dire si ces 80 ares manquent en bruyère, et ne font ainsi qu'un déficit de 400 francs, en sorte que l'action ne serait pas admissible ; ou s'ils manquent en prairie, ce qui ferait un déficit de 2,400 francs, dépassant dès lors le vingtième et autorisant l'action ?... Dire que l'article ne s'applique que quand la contenance particulière que les parties supposaient à chaque terrain n'est pas connue, c'est faire de la règle un non-sens et tomber dans une profonde méprise.

M. Duvergier (I, 293), en qualifiant de grave erreur, et avec raison, cette doctrine de M. Troplong, tombe à son tour dans une erreur opposée. En expliquant que la règle s'applique nécessairement au cas d'énonciation de chaque contenance particulière, il ajoute qu'elle ne s'applique même qu'à lui, tandis qu'elle s'applique aussi à l'autre. Et par quelle règle serait donc régi ce cas de simple énonciation de la contenance générale, s'il ne l'était pas par notre art. 1619 ? Pas par les art. 1617 et 1618, puisqu'ils ne concernent que la vente faite à tant la mesure, et qu'il s'agit de celle qui est faite pour un seul prix total. Ni le vendeur, ni l'acheteur, ne pourraient donc jamais, dans ce cas, demander le supplément ou la diminution du prix, si considérable que pût être l'excédant ou le déficit ! Il est clair qu'il n'en saurait être ainsi et que l'article s'applique nécessairement aux deux cas. Aussi pensons-nous que c'est là plutôt, chez M. Duvergier, une inexactitude de langage et d'exposition qu'une véritable erreur d'idées ; et

[ARTICLE 1502.]

lorsque le savant jurisconsulte nous dit que l'application la règle est alors impossible, il n'entend sans doute parler que d'une application *directe*, c'est-à-dire du calcul *immédiat* de la valeur du déficit ou de l'excédant. C'est qu'en effet, quand rien n'indique la contenance particulière que les parties assignaient à chaque terrain, c'est uniquement par le calcul des contenances qu'on pourra trouver la valeur du déficit ou de l'excédant, et le vingtième de la valeur ne sera jamais autre chose que le vingtième même de la contenance. La raison en est simple ; car la différence de contenance que l'on trouve alors en plus ou en moins ne s'appliquant pas plus à tel terrain qu'à tel autre, il faut donc la répartir sur chacun d'eux, en proportion de son étendue respective ; et comme, d'un côté, ce qui sera, pour chaque terrain, le vingtième de sa contenance, sera aussi le vingtième de sa valeur (puisque chaque terrain est d'une même nature et d'une valeur identique dans toutes ses parties) ; que, d'un autre côté, les vingtièmes des divers terrains formeront par leur réunion le vingtième du total, il s'ensuit bien que c'est toujours le vingtième de toute la contenance qui sera, dans ce cas, le vingtième de toute la valeur, c'est-à-dire du prix convenu. Le calcul sur la valeur se confond donc alors avec le calcul sur la contenance : vingtième de contenance ou vingtième de valeur sont ici même chose ; et comme c'est précisément le vingtième de contenance qui fait connaître par induction le vingtième de valeur, il est clair que, si ce cas avait été le seul, ni la règle qui commande de considérer la valeur et non la contenance, ni la discussion à la suite de laquelle elle a été adoptée, n'auraient été possibles. Cette observation, en même temps qu'elle réfute péremptoirement le système de M. Troplong explique (sans la justifier) cette proposition inexacte de M. Duvergier, que la règle ne s'applique pas au cas de simple indication de la contenance générale. Elle s'y applique assurément ; mais il est vrai qu'elle ne serait pas appliquée (car elle n'eût pas même existé), si ce cas eût été seul : l'application de la règle n'est pas impossible ; mais il y a quelque

[ARTICLE 1502.]

chose d'impossible, c'est un calcul par la valeur indépendant et différent du calcul par la contenance. C'est là ce que M. Duvergier a confondu.

M. Zachariæ (II, p. 511) n'est pas tombé dans cette confusion ; il a su éviter l'erreur de M. Duvergier comme celle de M. Troplong ; et sa doctrine, trop laconique, comme d'ordinaire, est du moins fort exacte, quand il dit, sans autre explication, que " la différence *de valeur* d'un vingtième doit être considérée comme existante, par cela seul qu'il y a une différence *de contenance* d'un vingtième, lorsque les différentes parties de terrain étant de nature diverse, la contenance de chacune d'elles n'a pas été indiquée séparément." Telle est, en effet, la vérité, sauf une dernière observation qui s'adresse à M. Zachariæ comme à M. Duvergier.

Les deux auteurs étendent, celui-ci l'idée fausse d'inapplicabilité de l'art. 1619, celui-là l'idée très-exacte d'identité entre la différence de valeur et celle de contenance, à toute hypothèse dans laquelle la contenance particulière de chaque terrain n'a pas été *indiquée dans le contrat.* C'est aller trop loin. C'est seulement quand la contenance particulière que les parties supposaient à chaque terrain, et en considération de laquelle elles traitaient, *n'est pas connue,* qu'on est réduit à n'admettre la différence d'un vingtième de la valeur que pour celle d'un vingtième de la contenance ; or cette contenance particulière peut être parfaitement connue sans être écrite au contrat. Si, par exemple, dans l'hypothèse déjà présentée d'une vente, faite pour 35,000 francs, de ma prairie et de ma bruyère d'une contenance totale de 20 hectares, on trouvait cette réunion de circonstances, que les baux de mon fermier assignent tous 10 hectares à la prairie et 10 hectares à la bruyère, que l'opinion commune des habitants à toujours regardé chacun des deux fonds comme ayant cette contenance, que le prix courant de l'hectare dans le pays est de 3,000 francs pour les prairies et de 500 francs pour les bruyères, en sorte que le chiffre de 35,000 francs indique encore que nous avons entendu vendre et acheter 10 hectares.

de prairie pour 30,000 francs et 10 hectares de bruyère pour 5,000 francs, ne serait-il pas bien prouvé par là que c'est de deux fonds de 10 hectares chacun que notre commune intention a été de traiter ? De là cette conséquence que le supplément ou la diminution du prix seraient dus, si on trouvait les 10 hectares de bruyère, mais une différence de 60 ares en plus ou en moins dans les prairies, puisque cette différence serait de plus du vingtième pour la valeur [quoique moindre pour la contenance], tandis qu'ils ne seraient pas dus, si une différence d'un hectare ou même de deux n'existait que pour la bruyère, puisqu'elle ne serait que du soixante-dixième ou du trente-cinquième de la valeur [quoique étant du vingtième ou du dixième de la contenance]. Encore une fois, c'est dans tous les cas où la contenance particulière en considération de laquelle les deux parties ont traité se trouve connue, qu'il faut considérer le vingtième de la valeur indépendamment du vingtième de la contenance.

III.—M. Duranton [XVI, 229] et M. Duvergier [I, 299] enseignent que la règle qui admet ici la diminution du prix pour toute différence d'un vingtième en moins sur la valeur ne serait plus applicable, si le vendeur n'avait déclaré la contenance que par approximation, en disant tant de mesures *ou environ*. Nous disons avec M. Troplong [I, 340] que c'est une grave erreur, puisque c'est précisément pour régler l'effet de la déclaration approximative qu'a été fait notre article. Toujours prévoyante, la loi suppose qu'un vendeur, à moins d'une stipulation contraire, n'entend jamais être tenu à la dernière rigueur, et avec une précision mathématique, à délivrer la contenance qu'il a déclarée ; elle regarde toute déclaration de contenance, dans les ventes d'immeubles déterminés qui ne sont pas faites à tant la mesure, comme n'indiquant qu'un à peu près, et c'est pour en fixer la latitude qu'elle a écrit notre disposition. Dans l'ancien droit, le vendeur qui n'avait pas dit *ou environ* devait fournir toute la contenance : et quand il avait ajouté ces mots, on leur donnait effet pour un trentième. Le Code apporte à cette règle

[ARTICLE 1502.]

deux changements, favorables tous deux au vendeur: d'une part, en effet, la latitude existe sans qu'il y ait besoin de dire *environ*, d'autre part, cette latitude est considérablement augmentée. Le projet de Code proposait de porter le chiffre jusqu'au dixième; mais M. Berlier réclama contre cette idée lors de la discussion au Conseil, et proposa le vingtième, en faisant remarquer que le vendeur serait bien favorablement traité, puisque l'ancienne jurisprudence ne lui accordait qu'un trentième, et seulement quand il avait eu soin de dire *environ* [Fenet, XIV, p. 9, art. 38, et p. 27, 28.] C'est donc par notre art. 1619 que se trouve réglé l'effet du mot *environ*, toujours sous-entendu désormais dans les ventes dont il s'agit ici.

Et puisque 'e vendeur, soit qu'il ait ou non dit *environ*, jouit toujours de cette latitude d'un vingtième, mais d'un vingtième calculé sur la valeur, quelle que soit la fraction correspondante dans la contenance, c'est donc seulement dans le cas où le déficit de contenance représenterait ainsi le vingtième au moins de la valeur, que l'acheteur aurait la faculté, signalée sous l'art. 161٬, de se désister du contrat en prouvant qu'il n'eût pas acheté s'il avait su que le terrain était si petit. Au cas de l'art. 1617, le désistement est possible, au moyen de la preuve voulue, pour tout déficit, parce que le vendeur y est tenu de délivrer la contenance exacte; mais puisqu'il ne doit ici cette contenance que par approximation et à un vingtième de la valeur près, ce n'est donc que le déficit d'un vingtième de la valeur qui permettrait le désistement, sous la condition prévue, comme lui seul permet la diminution du prix en dehors de cette condition. Si l'acheteur voulait qu'il en fût autrement, il devrait avoir soin de le stipuler.

IV.—Quand l'acheteur, vu l'excédant d'un vingtième de la valeur, doit un supplément de prix, il doit aussi les intérêts de ce supplément, s'il a joui de l'immeuble et si, d'ailleurs, le prix principal est lui-même productif d'intérêts. Il est bien évident, du reste, que ce n'est pas seulement au cas

[ARTICLE 1502.]

de notre art. 1619, comme le dit l'art 1620, mais aussi à celui de l'art. 1618, que la règle s'applique. De même que le vendeur doit payer les frais et même des dommages intérêts, s'il y a lieu, toutes les fois qu'il y a résiliation (art. 1621), de même l'acheteur doit évidemment les intérêts du supplément de prix, toutes les fois que le prix lui-même en produit.

---

* 1 *Troplong, Vente,* ?30. Le déficit dans la contenance n°s 330-1-2 *(contrà).* d'un immeuble acheté avec indication du nombre d'hectares n'est pas un motif de faire annuler la vente. "Si in quantitate, dit Voët, erratum fuerit, *valet qui-* " *dem venditio, nec ullo in casu ipso jure* nulla est...; nam si, " verbi gratiâ fundus ad quantitatem distractus sit...minuen- " dum esset pro ratâ pretium, prout angustior inventus fuerit " agri modus, quàm contractu expressum est."

La comparaison de l'art. 1617 avec l'art. 1618 fournit une preuve à l'appui de cette vérité. Car le législateur, en donnant à l'acheteur l'action en résiliation pour le cas prévu par l'art. 1618, la lui refuse implicitement pour le cas de l'art. 1617. Cette idée se trouve aussi exprimée dans le rapport de M. Grenier, organe du Tribunat. "On remarque une diffé- " rence entre la circonstance de l'excédant de contenance et " celle du déficit. C'est que pour la première l'acquéreur " peut se désister du contrat, au lieu qu'à l'égard de la se- " conde cette faculté ne lui est pas accordée. La raison en " est que, lorsqu'il y a une moindre contenance, l'acquéreur " est toujours présumé avoir voulu l'acheter, et il est incon- " testable qu'il en a les moyens, puisqu'il avait voulu en ac- " quérir une plus grande."

Je ne saurais donc partager l'opinion de M. Duranton, qui pense que l'acheteur peut demander la résolution pour défaut de contenance.

Opposera-t-on (comme je l'ai vu faire quelquefois) l'article 1636 du Code Napoléon, pour soutenir que l'acheteur doit

[ARTICLE 1502.]

être admis à prouver qu'il n'aurait pas acheté s'il eût su que la contenance était moindre ? Mais l'argument serait fautif. On trouvera au numéro suivant des raisons qui s'appliquent parfaitement ici, et expliquent le vice radical de cette analogie imaginaire.

La vente subsistera donc.

Mais l'acheteur pourra forcer le vendeur à lui délivrer la quantité indiquée au contrat ; et si la chose ne lui est pas possible, le vendeur devra subir une diminution proportionnelle du prix.

L'acquéreur pourra aussi opter pour une diminution de prix.

331. J'ai dit que la vente subsistera. Mais cette combinaison de la loi ne paraît-elle pas en contradiction avec l'art. 1602 du Code Napoléon, qui porte que si, au moment de la vente, une partie de la chose est périe, il est au choix de l'acheteur d'abandonner la vente ou de demander la partie conservée, en faisant déterminer un prix inférieur par ventilation ? Quelle différence y a-t-il pour l'acheteur entre le cas où la chose est diminuée par force majeure, et celui où elle offre un déficit par suite d'une erreur ? N'est-ce pas toujours, pour une cause ou pour une autre, aboutir à un défaut de délivrance ? N'est-il pas évident que la perte d'une portion de la chose aura toujours pour résultat d'amener la délivrance d'une moindre contenance ? Pourquoi donc, dans l'art. 1602, la vente est-elle soumise à une condition potestative résolutoire de la part de l'acheteur ? Pourquoi, au contraire, dans le cas de l'art. 1617, l'acheteur est-il lié par une obligation indissoluble ?

Cette antinomie n'est qu'apparente, et il n'est pas difficile de donner une conciliation. Dans le cas de l'art. 1602, la vente porte sur une chose certaine promise à l'acheteur ; il a droit à l'avoir matériellement telle qu'elle lui a été cédée, sinon à rompre un marché qui ne remplit pas son attente. Il en est autrement dans l'espèce de l'art. 1617. L'acheteur a vu la chose ; telle il l'a examinée, telle on la lui livre ; aucune

[ARTICLE 1503.]

portion matérielle n'en est retranchée ; elle subsiste dans l'état où elle était lors du contrat. Seulement, il y a mécompte dans l'opinion qu'on avait de sa contenance. Mais cette opinion n'est pas entrée dans les motifs déterminants du contrat, puisque l'acheteur n'a voulu traiter qu'à raison de tant la mesure. Il n'y a donc pas de motif pour concéder à l'acheteur la faculté de discéder de la vente.

332. Dans la mesure de la contenance il ne faut pas comprendre les chemins publics et les rivières qui traversent ou bordent le fonds vendu, ni les bords de la mer qui viennent le joindre ; car toutes ces choses, faisant partie du domaine public, sont évidemment placées en dehors des stipulations des parties, à moins de convention contraire.

Il en serait autrement d'un canal ou d'un cours d'eau qui formerait un accessoire du fonds vendu ; d'un sentier d'exploitation ouvert pour le parcourir ; d'un mur ou d'un fossé mitoyen ou non mitoyen, qui servirait de clôture.

1503. [Les règles contenues dans les deux derniers articles ne s'appliquent pas lorsqu'il est évident, par la description de l'héritage et les termes du contrat, que la vente est faite d'une chose certaine et déterminée, sans égard à la contenance, soit que cette contenance soit mentionnée ou non.]

1503. [The rules contained in the last two preceding articles do not apply, when it clearly appears from the description of the immoveable and the terms of the contract that the sale is of a certain determinate thing, without regard to its quantity by measurement, whether such quantity is mentioned or not.]

[ARTICLE 1504.]

1504. L'action en supplément de prix, de la part du vendeur, et celle en diminution de prix, ou en rescision du contrat, de la part de l'acheteur, sont sujettes aux règles générales de la prescription.	1504. The action for supplement of price on the part of the seller, or for diminution of price, or for vacating the contract, on the part of the buyer, is subject to the general rules of prescription.

---

* *C. N.* 1622. } L'action en supplément de prix de la part du vendeur, et celle en diminution de prix ou en résiliation du contrat de la part de l'acquéreur, doivent être intentées dans l'année, à compter du jour du contrat, à peine de déchéance.

---

5 *Boileux*, *sur* } L'art. 1622 serait-il applicable, si les par-
art. 1622 *C. N.* } ties étaient convenues par le contrat, de se tenir compte de la différence ; stipulation que suppose l'art. 1619 ? L'action alors ne devrait-elle pas durer trente ans ?—Les principales raisons qui ont motivé la disposition de l'article 1622, se retrouvent ici : il faut faire cesser l'incertitude des propriétaires. D'ailleurs, le législateur a posé dans l'article 1622, une règle générale ; on doit supposer qu'il en a apprécié toute la portée. Il ne distingue pas si l'action du vendeur est fondée sur la loi ou sur une convention.—Les stipulations particulières qui étendent ou restreignent la limite tracée par l'article 1619, ne changent pas le caractère de l'action ; par conséquent, elles ne peuvent influer sur sa durée : il ne s'agit toujours que de calculer un excédant ou un *déficit ;* le motif d'intérêt général est le même ; la règle de l'art. 1622 est absolue.— "Lorsque le législateur fixait le délai, après lequel la déchéance est encourue, il avait sous les yeux, dit Duvergier, et les règles par lui établies, et la disposition qui autorise les modifications conventionnelles ;

[ARTICLE 1505.]

il n'eût pas manqué d'exprimer la distinction, si elle eût été dans sa pensée ".—Peu importe même que cette stipulation ait eu lieu par un acte séparé de l'acte de vente.

1505. S'il a été vendu deux fonds par le même contrat, et pour un seul et même prix, avec désignation de la mesure de chacun, et qu'il se trouve moins de contenance en l'un et plus dans l'autre, on fait compensation jusqu'à due concurrence, et l'action du vendeur et de l'acheteur est modifiée en conséquence.

1505. If two immoveable properties be sold by the same contract, at a single price for the whole, with a declaration of the contents of each, and in one the quantity be less than stated and in the other greater, the deficiency of the one is compensated by the excess of the other so far as it goes, and the action of the buyer or seller is modified accordingly.

---

* C. N. 1623. } S'il a été vendu deux fonds par le même contrat, et pour un seul et même prix, avec désignation de la mesure de chacun, et qu'il se trouve moins de contenance en l'un et plus en l'autre, on fait compensation jusqu'à due concurrence ; et l'action, soit en supplément, soit en diminution du prix, n'a lieu que suivant les règles ci-dessus établies.

Voy. arts. 1500 et s.

---

* ff. De actione empt., } Si duorum fundorum venditor separa-
liv. 19, tit. 1, L. 42. } ratim de modo cujusque pronuntiave-
rit, et ita utrumque uno pretio tradiderit, et alteri aliquid desit, quamvis in altero exsuperet, fortè si dixit unum centum

[ARTICLE 1505.]

jugera, alterum ducenta habere, non proderit ei quod in altero ducenta decem inveniuntur, si in altero decem desint. Et de his ita apud Labeonem relatum est. Sed an exceptio doli mali venditori profutura sit, potest dubitari ? Utique si exiguus modus silvæ desit, et plus in vineis habeat quàm repromissum est, an non facit dolo, qui jure perpetuo utitur ? Nec enim hic, quod ampliùs in modo invenitur, quàm alioquin dictum est, ad compendium venditoris, sed ad emptoris pertinet ; et tunc tenetur venditor, cùm minor modus invenitur. Videamus tamen, ne nulla querela sit emptoris in eodem fundo, si plus inveniat in vinea, quàm in prato, cùm universus modus constat. Similis quæstio esse potest ei quæ in duobus fundis agitata est, et si quis duos statuliberos uno pretio vendat, et dicat unum decem dare jussum, qui quindecim dare debebat : nam et hic tenebitur ex empto actione, quamvis emptor à duobus viginti accepturus sit. Sed rectius est, et in omnibus suprascriptis casibus lucrum cum damno compensari : et si quid deest emptori, sive pro modo, sive pro qualitate loci, hoc ei resarciri (PAULUS).

Ibidem.
Trad. de M. Hulot. } Un particulier vend deux fonds ensemble pour un seul et même prix, après cependant avoir déclaré séparément la consistance de chacun. Il manque quelque chose à l'un, et il se trouve quelque chose de plus dans l'autre ; par exemple, il a déclaré qu'un des fonds étoit de cent arpens, et l'autre de deux cents. Il ne pourra point se servir de ce qu'on trouve deux cent dix arpens dans l'un, s'il en manque dix dans l'autre. Labéon rapporte à ce sujet une décision conforme à celle-ci. Mais on peut demander si le vendeur ne pourroit pas en ce cas au moins opposer utilement l'exception de la mauvaise foi ? Par exemple, s'il manque quelque légère portion en bois, et qu'il se trouve en vignes plus qu'on n'avoit promis, doit-on dire qu'il n'y a pas de mauvaise foi de la part de l'acheteur qui demande ce qu'on lui a promis, parce qu'alors il se sert de son droit ? Car s'il se trouve une meilleure mesure que le vendeur n'a déclaré, ce n'est pas le vendeur, mais l'acheteur,

[ARTICLE 1505.]

qui doit en profiter ; et le vendeur est toujours obligé lorsque
la mesure qu'il a promise ne se trouve pas. Cependant s'il
s'agissoit d'un seul fonds, et que la mesure entière s'y trouvât ; mais qu'il y eût plus de terrain en vignes qu'en prés,
peut-être pourroit-on dire que l'acheteur n'a pas lieu de se
plaindre. On peut comparer à la question que nous proposons
ici à l'égard de deux fonds vendus pour un seul prix, celle
qu'on a agitée au sujet d'un particulier qui avoit vendu deux
esclaves appelés à la liberté, sou la condition de donner à
l'héritier l'un quinze et l'autre cinq : car ces deux esclaves
avoient été vendus pour un seul et même prix, et le vendeur
avoit déclaré que chacun d'eux devoit donner dix. Quoique
l'acheteur (qui a succédé à l'héritier) doive réellement toucher vingt de ces deux esclaves, néanmoins le vendeur sera
tenu envers l'acheteur à raison de la fausse déclaration qu'il
a faite, qu'un de ces esclaves devoit donner dix pendant qu'il
devoit réellement donner quinze. Mais il est plus juste de décider en général, par rapport à tous les cas rapportés ci-dessus, que le gain doit se compenser avec la perte qu'on fait
d'un autre côté, et que s'il manque quelque chose à l'acheteur, soit pour la mesure, soit pour la qualité du terrain, il
doit en être indemnisé (PAUL).

---

* 3 *Pothier* (*Bugnet*),⎤   256. Lorsque par un même
    Vente, n° 256. ⎦ et pour un même prix, on a ven
métairies, ou deux pièces de terre d'une même métairi
déclaration de la contenance de chacune, le vendeur
opposer à l'acheteur, en compensation de ce qui se trouv
moins dans la contenance de l'une, ce qui se trouve de plus
dans la contenance de l'autre, lorsque les deux métairies et
pièces de terre sont d'égale bonté ; comme s'il est dit " qu'elles
sont chacune de cent arpents ", et que l'une n'ait de contenance que quatre-vingt-dix, mais que l'autre en ait cent dix ?
Il semblerait, à suivre rigoureusement le principe que
nous avons établi, que le vendeur ne devrait pas être reçu à

opposer cette compensation, puisqu'on ne peut opposer en compensation de ce qu'on doit à quelqu'un, que ce qu'il nous doit réciproquement; et que, suivant le susdit principe, l'acheteur ne doit rien au vendeur pour raison du plus de contenance dans la métairie de cent dix arpents. Néanmoins Paul, en la loi 42, ff. de Act. empt., décide qu'il faut préférer, en ce cas, l'équité à la subtilité, et dire que l'acheteur ne doit avoir aucun recours. La raison est que ces deux métairies, ces deux pièces de terre étant vendues par un même contrat et par un même prix, et l'acheteur n'ayant intérêt que d'avoir en total la même contenance qu'il s'est attendu d'avoir, il s'ensuit que, dans l'intention des parties, la contenance que le vendeur a assurée, n'est pas tant celle de chacune des différentes parties qui font l'objet du contrat, qu'un total de contenance de toutes les parties qui le composent; et que, l'acheteur ayant ce total, le vendeur doit être censé avoir satisfait à son obligation.

Cette décision a lieu, lorsque la portion d'héritage qui a plus de contenance se trouve meilleure, ou du moins égale en bonté à celle qui en a moins. Il faudrait décider autrement, si elle était inférieure en bonté; car, en ce cas, l'acheteur ayant intérêt d'avoir sa contenance dans la bonne pièce de terre plutôt que dans l'autre, on ne peut plus dire, comme dans l'espèce précédente, que l'intention des parties n'a pas été tant de lui assurer la contenance de chaque pièce, que la contenance du total qu'elles forment.

———

6 *Marcadé, sur art.* 1623 *C. N.* I. — C'est un point controversé entre M. Troplong et M. Duvergier que de savoir si la règle de cet article s'applique uniquement à la cinquième de nos six hypothèses, c'est-à-dire au cas prévu par les articles 1619, 1620, ou si elle est applicable aussi à la quatrième, c'est-à-dire au cas des arts. 1617, 1618. Il nous paraît certain qu'elle s'applique à toutes deux; mais avant de

[ARTICLE 1505.]

nous e⸱⸱ ⸳⸳₁cer à cet égard, précisons bien le sens de la règle, en nous arrêtant au cas pour lequel son application n'est pas douteuse.

Lorsque la vente de deux fonds pour un seul et même prix, au lieu d'être faite avec l'indication unique et générale de la contenance totale des deux fonds, l'a été avec indication double et séparée de la contenance spéciale de chacun ; par exemple, quand j'ai déclaré vous vendre pour une somme de 80 000 francs ma vigne de 12 hectares et mon pré de 8 hectares, la loi ne veut pas que cette indication séparée des deux contenances permette de regarder le contrat comme contenant deux ventes distinctes, indépendantes l'une de l'autre, et pour chacune desquelles séparément on pourrait appliquer les règles de diminution ou d'augmentation de prix ; elle veut que le déficit qui peut exister pour l'un des fonds et l'excédant que peut présenter l'autre se compensent, et qu'il n'y ait lieu à diminution ou augmentation du prix qu'après calcul fait sur les deux fonds réunis. Ainsi, que le pré, au lieu de contenir 8 hectares, n'en contienne que 7 et demi, pendant que la vigne, de son côté, en contient 12 et demi, au lieu de 12 seulement : comme on trouve, en définitive, les 20 hectares qu'on entendait vendre et acheter pour 80 000 francs, il n'y aura pas plus lieu à diminution de prix pour le pré qu'à augmentation pour la vigne. Or il en eût été autrement si on avait considéré le traité comme formant deux ventes : l'acheteur aurait dit alors que, quant à la vente de la vigne, il y avait bien un demi-hectare d'excédant, mais que ce demi-hectare, sur 12 hectares, n'étant qu'un vingt-quatrième, ne donnait lieu à aucune augmentation, tandis que le demi-hectare qui manque aux 8 hectares de pré forme un seizième, c'est-à-dire plus du vingtième, et donne ainsi droit à une diminution. Il aurait donc pu réclamer un seizième des 32 000 francs s'appliquant dans le prix total de 80 000 francs aux 8 hectares de pré promis, c'est-à-dire 2 000 francs. Réciproquement, si le demi-hectare eût été en plus sur le pré, qui aurait présenté 8 hectares et demi, et en moins sur la vigne, c'est le

[ARTICLE 1505.]

vendeur qui aurait pu exiger une augmentation de prix de 2 000 francs.

Le législateur, et avec raison, n'a pas voulu qu'il en fût ainsi. Du moment que le marché portant sur les deux fonds s'est fait pour un seul et même prix, il n'y a donc qu'une seule vente dont les deux fonds réunis forment l'objet unique, et dès là que cet objet, en offrant en plus dans l'une de ses parties ce qu'il offre en moins dans l'autre, présente, soit exactement, soit à moins d'un vingtième près, la contenance indiquée pour l'ensemble, on ne doit admettre ni diminution ni augmentation du prix.

Ainsi, la pensée du législateur, dans cet article, c'est que l'unité du prix emporte unité de vente, malgré la pluralité, non-seulement dans le fonds vendus, mais encore dans les déclarations de contenance de ces fonds. De là découlent plusieurs conséquences. — La première, c'est que, bien que l'article ne parle que de deux fonds, la règle serait toujours la même s'il y en avait trois ou quatre : du moment qu'il n'y a qu'un seul prix, il n'y a qu'une seule vente, et partant, un seul calcul à faire pour la contenance totale de l'objet vendu ; si donc l'excédant que présente un seul des fonds compense assez le déficit existant dans deux ou trois autres pour que ce déficit, en définitive, devienne nul ou inférieur à un vingtième, il n'y aura pas diminution ; et de même, si l'excédant qui se trouve dans deux ou trois fonds est suffisamment compensé par le déficit d'un seul, l'augmentation ne sera pas due.—La seconde, c'est que, quoique l'article ne parle que du cas où il y a tout à la fois un excédant d'une part et un déficit de l'autre, et, par suite, une compensation plus ou moins complète, la règle n'en serait pas moins applicable, alors qu'il y aurait excédant sans déficit ou déficit sans excédant, et par conséquent absence de compensation. Ainsi, que le pré contienne 8 hectares et demi, alors que la vigne contient bien les 12 hectares annoncés : l'excédant d'un demi-hectare devant s'appliquer à la contenance totale de 20 hectares, et n'étant ainsi que d'un quarantième, il n'y aura pas

[ARTICLE 1505.]

lieu à augmentation, tandis que le vendeur eût pu exiger cette augmentation, s'il y avait eu deux ventes et que le calcul se fût ainsi fait pour chaque fonds séparément, puisque alors l'excédant eût été d'un seizième. Réciproquement, si le pré ne contenait que 7 hectares et demi, la vigne ne présentant pas d'excédant aux 12 hectares annoncés, l'acheteur ne pourra pas demander de diminution, puisque, par suite du calcul sur la contenance totale, le déficit ici, comme l'excédant plus haut, n'est que d'un quarantième.

On comprend, au surplus, que si nous parlons ici de calculer par contenance, c'est parce que, les deux espèces de terrain ayant, dans notre hypothèse, la même valeur, le calcul sur la contenance est eu même temps le calcul sur la valeur ; mais s'il en était autrement, si la valeur des deux terrains n'était pas la même, c'est par la valeur comparée du déficit, de l'excédant, ou de l'un et de l'autre, et non pas par leur contenance, qu'il faut calculer. Ainsi, quand je vous ai vendu pour 80 000 francs 15 hectares de vigne que l'on reconnaît valoir 4 000 francs l'hectare, et 20 hectares de taillis qui ne vaut que 1 000 francs, un déficit de 2 hectares de taillis que ne compense aucun excédant de vigne ne donnera pas lieu à diminution de prix, quoique présentant plus du vingtième de la contenance totale de 35 hectares, parce que ce déficit ne forme que le quarantième de toute sa valeur, 2 000 sur 80 000 ; et il en sera de même réciproquement pour un excédant. Au contraire, une différence, soit en plus, soit en moins, d'un seul hectare de vigne que ne compense aucune différence dans le taillis, donnera lieu à augmentation ou à diminution, puisque cet hectare, quoique ne présentant qu'un trente-cinquième de la contenance, forme le vingtième de la valeur. Que si enfin il y avait sur le taillis une différence s'élevant jusqu'à 4 hectares, il suffirait d'une différence quelconque en sens contraire dans la vigne pour empêcher toute augmentation ou diminution du prix, puisque cette différence dans la vigne diminuerait l'importance de la différence dans le taillis, laquelle n'étant que de 4 000 francs, c'est-à-dire du

[ARTICLE 1505.]

vingtième tout juste de la valeur, tomberait, par la compen
sation, au-dessous de ce vingtième.

En un mot, la pensée de l'article, pensée simple et large
qu'exprime mal la rédaction trop restreinte du texte, et que
nous verrons bientôt nettement indiquée dans le Rapport au
Tribunat, c'est que l'indication séparée des diverses contenances de plusieurs fonds, quand elle n'est pas accompagnée
de l'indication également séparée de prix divers pour chacun
de ces fonds, n'empêche pas l'acte de ne former qu'une vente
unique dont les divers fonds réunis sont l'objet également
unique, en sorte qu'on ne peut calculer le déficit ou l'excédant que pour l'ensemble de ces fonds.

II. — Maintenant ce principe, qui s'applique sans conteste
au cas prévu par l'art. 1619, d'une vente faite pour un prix
indiqué en bloc, s'appliquera-t-il aussi au cas prévu par l'art.
1617, d'une vente faite pour un prix indiqué à tant la mesure ?
Ainsi, quand je vous ai vendu ma vigne de 12 hectares et
mon pré de 8 hectares, non plus pour le prix général de
80 000 francs, mais à raison de 4 000 francs l'hectare, la règle
de notre article sera-t-elle applicable ?

M. Troplong (n° 356, en note) répond négativement, sans en
donner aucune raison, et en se contentant de dire qu'il ne lui
paraît pas contestable que notre art. 1623 est étranger au cas
de l'art. 1617. Mais M. Duvergier (n° 295), en prenant toutefois un biais qui nous paraît bien inutile, veut que la règle
soit la même dans les deux cas: il enseigne que cette règle
sera suivie, au cas de l'art. 1617, moins par application de
notre art. 1623 que comme conséquence naturelle de la convention. Cette distinction ne nous semble en rien nécessaire,
et nous n'hésitons pas à dire que la pensée comme le texte de
la loi commandent d'appliquer la règle aux deux cas.

L'article, d'une part, parle de toute vente faite pour *un seul
et même prix*, sans distinguer si ce prix est fixé en bloc et par
une somme totale, ou s'il l'est à tant la mesure. Or, de même
que tout est vendu pour un seul et même prix, quand je
vends ce premier fonds et ce second fonds pour une seule

[ARTICLE 1505.]

somme de 80 000 francs, au lieu de vous vendre le premier pour 60 000 francs et le second pour 20 000, de même il n'y a ici qu'un seul et même prix, quand je vends ces deux fonds pour un même chiffre de 4 000 francs l'hectare, au lieu de vendre le premier pour 4 000 francs et le second pour 1 000, 2 000, 500 ou tout autre chiffre. Le seul et même prix n'est-il pas mis par opposition à deux ou plusieurs prix, à autant de prix qu'il y a de fonds ? Si l'on a fixé autant de prix que de fonds, il y a plusieurs ventes ; s'il n'y avait qu'un même prix pour les différents fonds, c'est une seule vente. — Cette pensée de la loi n'apparaît-elle pas bien, d'ailleurs, par la place même qu'occupe notre article, puisqu'il ne vient qu'à la suite de deux autres dispositions également applicables aux deux hypothèse de l'art. 1617 et de l'art. 1619 ? Le législateur règle sa première hypothèse dans les deux arts. 1617, 1618 ; il passe immédiatement à la seconde dans les deux arts. 1619, 1620 ; puis il pose les règles communes aux deux cas dans les trois arts. 1621-1623, pour s'occuper ensuite d'un autre ordre d'idées dans l'art. 1624. — Et comment, en effet, notre règle ne s'appliquerait-elle pas au cas de l'art. 1617 ? Comment ! votre déficit d'un demi-hectare de vigne valant 2 000 francs sera compensé par l'excédant d'un demi-hectare de pré de même valeur, quand j'ai déclaré vendre les 20 hectares *pour* 80 000 *francs, et* la compensation n'aurait plus lieu, quand j'ai déclaré vous vendre le tout *pour* 4 000 *francs l'hectare !* Comment ! cette estimation écrite au contrat va empêcher que les 2 000 francs que vous perdez d'un côté se compensent avec les 2 000 francs que vous gagnez de l'autre ? Comment ! vous pourriez prétendre qu'il y a dans ce cas deux ventes, que par conséquent vous ne me devez pas d'augmentation pour l'excédant d'un demi-hectare sur les 12 hectares de vigne (puisqu'il n'y a pas un vingtième), et que je vous dois, moi, une diminution sur les 8 hectares de pré, non pas seulement pour un demi-hectare qui manquerait, mais pour une parcelle quelconque (puisque l'art. 1617, à la différence de l'art. 1619, admet la diminution pour tout déficit, si faible

[ARTICLE 1505.]

qu'il soit) : ainsi les 3 ou 400 francs que vous perdez sur le
pré ne seraient pas compensés par les 2 000 francs que vous
gagnez sur la vigne !... Ce serait d'une monstrueuse injustice,
et l'esprit de la loi, dès lors, de même que son contexte, commandent de voir une seule vente, et partant un seul calcul de
déficit ou d'excédant, aussi bien quand les fonds sont vendus
pour un seul prix à tant la mesure que quand ils le sont pour
un seul prix général.

Au surplus, cette pensée de l'article, ainsi manifestée déjà
par ses termes, par la place qu'il occupe et par le but qu'il se
propose, ne laisse plus de doute quand on recherche comment
l'ont entendu les auteurs du Code. D'une part, le rapporteur
du Tribunat, après avoir analysé notre article en tant qu'il
" sert à régler, dit-il, de quelle manière doit être appliquée
la disposition que je viens d'analyser", c'est-à-dire celle des arts.
1619, 1620, s'élève ensuite à ce principe général, par nous
précisé plus haut, que c'est la circonstance d'un seul et même
prix qui fait considérer les différents fonds comme objet
unique d'une seule vente ; puis il ajoute que *la même règle
doit être suivie*, TOUTES LES FOIS *que la contenance réelle de l'un
des fonds est différente de celle exprimée au contrat* (Fenet, t.
XIV, p. 164). D'un autre côté, M. Maleville, l'un des quatre
rédacteurs, après avoir expliqué que la compensation commandée par notre article est celle des valeurs et non celle des
contenances, ajoute que " cette compensation faite, on n'a
égard à l'excédant ou au déficit qu'autant qu'il est d'un
vingtième, *à moins que la vente n'ait été faite à tant la mesure*,
cas où un déficit quelconque est suffisant (t. III, p. 381)." Ce
cas de vente à tant la mesure est donc soumis, aussi bien que
l'autre, à la règle de compensation posée par notre article.

III.—Il ne nous reste à parler, sur cette matière *de l'objet
de la délivrance*, réglée par les dix arts. 1614-1623, que de la
sixième des hypothèses dont le Code n'a prévu que deux,
celle des ventes faites avec indication de contenance, mais
avec convention qu'il ne sera dû aucune garantie de cette
contenance.

[ARTICLE 1505.]

Ce cas ne saurait présenter aucune difficulté. Toute convention étant la loi de ceux qui l'ont faite, il est clair que du moment que le vendeur et l'acheteur sont convenus, soit expressément, soit tacitement, que l'indication de contenance ne produira pas d'effet et que le terrain serait pris avec l'étendue, telle quelle, qu'il se trouve avoir, c'est à cette idée qu'il faut se tenir, en sorte qu'il n'y aura ni diminution de prix pour déficit, ni augmentation pour excédant, si considérable que cet excédant ou ce déficit puisse être. L'art. 1619, quand il admet la diminution ou l'augmentation de prix pour la différence de moins d'un vingtième en cas de stipulation spéciale à cet égard, ne fait qu'appliquer le principe général de la liberté des conventions, en vertu duquel réciproquement la différence de plus du vingtième sera sans effet, si telle est la stipulation des parties. On ne conçoit pas que deux cours d'appel, celle de Paris (16 juin 1807) et celle de Bourges (12 juillet 1808), aient pu juger que la stipulation que le vendeur ne sera point garant du défaut de mesure n'a d'effet qu'au-dessous du vingtième. L'erreur est d'autant moins douteuse, qu'on s'en était formellement expliqué lors de la rédaction du Code. M. Berlier, en proposant le chiffre d'un vingtième, faisait observer que " *cette décision ne nuira point aux stipulations propres à rédimer le vendeur qui aura vendu le fonds tel qu'il est et se comporte ou sans aucune garantie de contenance.*" (Fenet, t. XIV, p. 28.)

Du reste, les deux mêmes cours ont plus tard abandonné l'une et l'autre cette fausse doctrine pour suivre la doctrine contraire, consacrée par la Cour suprême (Rej., 18 novembre 1828) et professée depuis par M. Troplong (I, n° 341) et M. Duvergier (I, n° 305).

[ARTICLE 1506.]

SECTION III.

DE LÀ GARANTIE.

Dispositions générales.

1506. La garantie que le vendeur doit à l'acquéreur, est ou légale ou conventionnelle. Elle a deux objets :

1. L'éviction de la chose en tout ou en partie ;

2. Les défauts cachés de la chose.

SECT. III.

OF WARRANTY.

General provisions.

1506. The warranty to which the seller is obliged in favor of the buyer is either legal or conventional. It has two objects :

1. Eviction of the whole or any part of the thing ;

2. The latent defects of the thing.

C. N. 1625. La garantie que le vendeur doit à l'acquéreur, a deux objets : le premier est la possession paisible de la chose vendue ; le second, les défauts cachés de cette chose ou les vices rédhibitoires.

C. L. 2450, 2451. 2450. Le vendeur est soumis à deux obligations principales ; celle de délivrer, et celle de garantir la chose qu'il vend.

2451. La garantie que doit le vendeur a deux objets ; le premier est la possession paisible de l'acheteur dans la chose vendue, et le second les défauts cachés de cette chose ou les vices redhibitoires.

---

ff. De actione empt., liv. 19, tit. 1, L. 3 in pr. Datio possessionis, quæ à venditore fieri debeat, talis est, ut si quis eam possessionem jure avocaverit, tradita possessio non intelligatur (POMPONIUS).

[ARTICLE 1506.].

Ibidem,   }   La possession que le vendeur transfère
Trad. de M. Hulot. } à l'acheteur doit être telle, qu'elle ne sera.
pas censée transférée si quelqu'un peut en priver légitimement l'acheteur (POMPONIUS).

---

* *ff. De Ædilitio edicto, liv. 21, tit. 1,* }   *L.* 21. Redhibere est,
     L. 21 in pr., L. 38 in pr. } facere ut rursus habeat.
venditor quod habuerit : et quia. reddendo id flebat, idcirco
redhibitio est appellata, quasi reddition (ULPIANUS).

     L. 38. Ædiles aiunt : *Qui jumenta vendunt : palam rectè di-*
cunto quid in quoque eorum morbi, vitiique sit : uti quæ optimè
ornata vendendi causa fuerint, ita emptoribus tradentur. Si quid
ita factum non erit, de ornamentis restituendis, jumentisve or-
namentorum nomine redhibendis, in diebus sexaginta : morbi
autem vitiive causa inemptis faciendis, in sex mensibus, vel quo
minoris, eùm venirent, fuerint, in anno judicium dabimus. Si
jumenta paria simul venierint, et alterum in ea causa fuerit ut
redhiberi debeat, judicium dabimus, quo utrumque redhibeatur
(ULPIANUS).

     Ibidem,   } *L.* 21 Se servir de la redhibition, c'est
Trad. de M. Hulot: } faire que le vendeur reprenne sa chose
pour l'avoir comme auparavant ; et comme cela se faisoit en
rendant la chose, cet acte s'est appellé redhibition, de même
que si on disoit reddition (ULPIEN).

     L. 38. L'édit des édiles porte : " Ceux qui vendent des che-
vaux doivent déclarer publiquement quelle maladie ou quel
défaut ils ont ; s'ils les ont bien harnachés pour les vendre
mieux, il les livreront au vendeur en l'état où ils sont. En
cas de contravention, nous donnerons action contre le vendeur dans le cours de deux mois, à l'effet de le forcer à
rendre les harnois, ou à reprendre leurs chevaux. En cas de
maladie ou de défaut, nous donnerons action contre le vendeur dans les six mois pour le forcer à résoudre la vente, ou
dans l'année pour lui faire rendre la somme dont le chevaux
étoient inférieurs au prix lors de la vente. Si on vend une

[ARTICLE 1506.]

pairé de chevaux, et que l'un se trouve dans le cas de la red-hibition, nous donnerons action à l'effet de faire reprendre les deux chevaux au vendeur " (ULPIEN).

Voy. *Digeste*, cité sur art. 1063.

* 3 Pothier (Bugnet), *Vente*, } 81. L'obligation du vendeur *n⁰ˢ 81 à 86*, 181, 202.   } n'est pas entièrement consommée par la tradition qu'il a faite de la chose vendue ; il demeure encore, après cette tradition, obligé à défendre et garantir l'acheteur de toutes évictions par rapport à cette chose : cette obligation s'appelle *obligation de garantie.*

C'est ce qui résulte de cette maxime de Pomponius, en la loi 3, ff. *de Act. empt.: Datio possessionis quæ à venditore fieri debet, talis est, ut si quis eam possessionem jure avocaverit, tradita possessio non intelligatur.*

82. *Evincer*, proprement, est ôter quelque chose à quelqu'un en vertu de sentence : *evincere est aliquid vincendo auferre.*— *Eviction* est le délais qu'on oblige quelqu'un de faire d'une chose en vertu d'une sentence qui l'y condamne. Ce nom d'*éviction* se donne aussi dans l'usage, et à la sentence qui ordonne ce délais, et même à la demande qui est donnée pour le faire ordonner. C'est pourquoi les demandes en revendication, les demandes en action hypothécaire qui sont données contre quelqu'un, sont appelées, dans le langage du palais, des *évictions.*

C'est en ce sens qu'on dit " que le vendeur est obligé de défendre et de garantir l'acheteur de *toutes évictions* par rapport à la chose vendue "; c'est-à-dire, qu'il est obligé de le défendre de toutes demandes, soit en revendication, soit en action hypothécaire ou autres qui pourraient être données contre lui par quelques personnes que ce fût, pour lui faire délaisser la chose vendue, et de le garantir de toutes condamnations qui pourraient intervenir contre lui sur lesdites demandes; et que, dans le cas où le vendeur ne pourrait

[ARTICLE 1506.]

empêcher que l'acheteur fût contraint à délaisser, il doit être tenu des dommages et intérêts de l'acheteur.

83. On appelle *éviction*, non-seulement la sentence qui condamne à délaisser une chose purement et simplement, mais celle qui condamne à délaisser, sinon à payer, ou à s'obliger à quelque chose. C'est pourquoi si l'acheteur d'un héritage, condamné sur une action hypothécaire, paie les causes de l'hypothèque pour éviter le délais de l'héritage, qui vaut autant ou mieux que la créance du demandeur ; cet acheteur, en ce cas, est censé souffrir éviction de la chose à lui vendue, qu'il ne peut conserver qu'en donnant de l'argent et le vendeur est tenu de le garantir de cette éviction, en l'acquittant de ce qu'il lui en a coûté.

84. On appelle aussi *éviction*, non-seulement la sentence par laquelle l'acheteur est condamné à délaisser à un tiers la chose vendue, mais encore celle qui l'aurait débouté de la revendication qu'il en aurait intentée contre un tiers qui se trouverait la posséder.

La loi 16, § 1, ff. *de Evict.*, renferme toutes ces espèces d'évictions, lorsqu'elle dit: *Duplex stipulatio committi dicitur tunc, quum res restituta est petitori, vel damnatus est* (*emptor*) *litis æstimatione, vel possessor ab emptore conventus absolutus est.*

85. Quoique le terme d'*éviction* ne convienne proprement qu'au cas auquel l'acheteur est privé, en vertu d'une sentence, de la chose qui lui a été vendue ; néanmoins on comprend aussi, quoique dans un sens moins propre, sous ce terme, les cas auxquels l'acheteur est empêché, quoique sans sentence, de pouvoir retenir la chose en vertu de la vente qui lui en a été faite ; et ces cas peuvent aussi donner lieu à la garantie, comme nous le verrons dans l'article suivant.

181. Le droit commun des contrats de vente, qui oblige le vendeur envers l'acheteur à la garantie de la chose vendue, ne concernant qu'un intérêt particulier des acheteurs, il est permis aux parties de déroger à ce droit par des conventions particulières: *Pacisci contra edictum Ædilium licet ;* L. 31, ff.

[ARTICLE 1507.]

de Pact. L'obligation de garantie est bien de la nature du contrat de vente ; elle y est toujours sous-entendue, quoiqu'elle n'y soit point exprimée : mais quoiqu'elle soit de la nature du contrat, elle n'est pas de son essence. Il peut y avoir un contrat de vente sans obligation de garantie, et elle peut par conséquent être exclue du contrat par une clause particulière.

202. Le vendeur, par la nature du contrat de vente, est tenu de garantir l'acheteur, que la chose vendue est exempte de certains vices qui sont de nature à rendre ou presque inutile, ou même quelquefois nuisible, l'usage pour lequel cette chose est dans le commerce.

Cette obligation est une suite de celle que contracte le vendeur de faire avoir à l'acheteur la chose vendue : car s'obliger *à faire avoir la chose*, dans l'intention des parties, est s'obliger à la faire avoir utilement, puisqu'en vain l'acheteur a utilement une chose qui ne peut lui être d'aucun usage.

Ces vices que le vendeur est tenu de garantir, se nomment *redhibitoires*, parce que l'action qui naît de cette garantie est une *action redhibitoire*, c'est-à-dire, une action pour laquelle l'acheteur conclut contre le vendeur. " à ce qu'il soit tenu de reprendre la chose vendue, et de lui rendre le prix " : *redhibere est reddere ;* L. 21, ff. *de Ædil. edic.*

1507. La garantie légale est suppléée de droit sans stipulation dans le contrat de vente.

Les parties peuvent néanmoins par des conventions particulières ajouter aux obligations de la garantie légale, en diminuer les effets, ou l'exclure entièrement.

1507. Legal warranty is implied by law in the contract of sale without stipulation. Nevertheless the parties may, by special agreement, add to the obligations of legal warranty, or diminish its effects, or exclude it altogether.

[ARTICLE 1507.]

* C. N. 1627. } Les parties peuvent, par des conventions particulières, ajouter à cette obligation de droit ou en diminuer l'effet ; elles peuvent même convenir que le vendeur ne sera soumis à aucune garantie.

Voy. autorités sur art. 1506.

---

* 1 Domat (Remy), Liv. 1, } 6. La garantie de droit, ou natu-
Tit. 2, sec. 10, nᵒˢ 6. 7. } relle, est la sûreté que doit tout vendeur pour maintenir l'acheteur en la libre possession et jouissance de la chose vendue, et pour faire cesser les évictions et les autres troubles de la part de quiconque prétendrait en la chose vendue, ou un droit de propriété, ou autre quelconque, par où le droit qui doit être naturellement acquis par la vente fût diminué ; et le vendeur est obligé à cette garantie, quoiqu'il n'y en ait point de convention. (C. civ., 1628).

7. La garantie conventionnelle est la sûreté que promet le vendeur, ou plus ou moins étendue que celle de droit, selon qu'il en a été convenu. Ainsi, on peut ajouter à la garantie de droit, comme s'il était convenu que le vendeur garantira du prince, et on peut la restreindre, comme s'il était convenu que le vendeur ne garantira que de ses faits et non des droits d'autrui, ou qu'il ne rendra que le prix en cas d'éviction, et non les dommages et intérêts (C. civ., 1630), et toutes ces conventions ont leur justice sur ce qu'on achète plus ou moins cher, ou sur d'autres vues, et sur ce qu'on n'achète en effet que ce qui est vendu, et tel que le vendeur veut le garantir.

---

* 3 Pothier (Bugnet), Vente, } 210. Il faut que le vice n'ait
nᵒˢ 210, 229, 230. } pas été, par une clause particulière, excepté, de bonne foi, de l'obligation de la garantie. Le vice est excepté de bonne foi, lorsque le vendeur,

qui ne connait pas la chose qu'il vend, dans la crainte
qu'elle n'ait un certain vice dont il n'a pas néanmoins
connaissance, a stipulé qu'il ne garantit pas ce vice. En ce
cas la clause doit être exécutée, et l'acheteur n'a aucun
recours contre le vendeur pour ce vice, si 'la chose vendue
s'en trouve entachée. Mais si le vendeur a, lors du contrat,
une pleine connaissance de ce vice, et qu'au lieu de le déclarer, il stipule qu'il ne garantit pas ce vice ; cette dissimulation
du vendeur est un dol qui le rend sujet à la garantie, nonobstant la clause. L. 14, § 9, ff. de Ædil. edict.

229. Il y a deux fins de non-recevoir contre l'action redhibitoire ; l'une résulte de la convention, l'autre du laps du
temps.

Lorsque par le contrat de vente il a été convenu " que le
vendeur ne serait point garant d'aucuns vices de la chose",
ou bien " qu'il ne serait point garant d'un tel vice ", cette
convention opère une fin de non-recevoir contre l'action
redhibitoire.

230. Si néanmoins l'acheteur pouvait justifier que le vendeur, lors du contrat, n'avait pas un simple doute sur ces
vices, mais en avait une parfaite connaissance ; comme, en
ce cas, le vendeur aurait été coupable de mauvaise foi de les
avoir dissimulés, l'acheteur serait recevable, nonobstant la
convention, à former l'action redhibitoire ; car, si on lui
opposait l'exception résultant de la convention, *exceptionem
pacti*, il détruirait cette exception en opposant à son tour la
replicat'on de dol, *replicationem doli*. C'est la décision de la
loi 14, § 9, ff. de Ædil. edict.

---

5. *Boileux, sur* ⎱ La garantie n'est pas de l'essence, mais de
art. 1627 *C. N.* ⎰ la nature du contrat de vente : les parties
peuvent, dès lors, par des conventions particulières, en
restreindre les effets ; par ex., en convenant d'une somme
moindre ; en stipulant que l'exercice des droits hypothécaires
ne donnera pas lieu à garantie ; que l'acheteur sera tenu de
se contenter, quelle que soit la cause d'éviction, d'une somme

[ARTICLE 1508.]

déterminée pour tous dommages-intérêts ; qu'il n'y aura pas lieu à garantie pour certains objets compris dans la vente ; et même, qu'aucune indemnité ne pourra être exigée par l'acheteur, etc :—Elles peuvent aussi ajouter à l'étendue de cette obligation, soit en y comprenant des causes d'éviction ou des effets qu'elle n'embrasse pas ordinairement ; par ex., en stipulant que le vendeur répondra de la force majeure, du fait du prince, ou des vices intrinsèques de l'acte ; qu'il remboursera non-seulement les impenses utiles, mais encore les impenses voluptuaires ; enfin qu'il payera pour dommages-intérêts une somme plus forte que celle à laquelle l'acquéreur aurait pu prétendre : ces stipulations rentrent dans les conditions de la vente ; elles s'expliquent par le danger d'éviction auquel l'acheteur était exposé (Argument de l'article 1630).

Observons surtout que des clauses formelles sont indispensables pour restreindre ou pour augmenter l'obligation de garantie : une convention vague laisserait les parties dans les termes de loi.

—*Quid*, dans l'espèce suivante : il était dû à l'héritage vendu une servitude : le vendeur le savait ; il n'en a pas fait mention dans le contrat, et l'acquéreur, par suite de son ignorance, a perdu par le non usage, cette servitude ?—Il n'y aura pas lieu à garantie : l'acquéreur, en effet, ne peut dire qu'il a été trompé, puisqu'il ne savait pas que le droit existât (Delv., p. 75, n. 6).

---

§ 1. *De la garantie contre l'éviction.*	§ 1. *Of warranty against eviction.*
1508. Le vendeur est obligé de droit à garantir l'acheteur de l'éviction de la totalité ou de partie de la chose vendue, à raison de quelque acte du ven-	1508. The seller is obliged by law to warrant the buyer against eviction of the whole or any part of the thing sold, by reason of the act of the for-

deur, ou de quelque droit existant au temps de la vente, et aussi à raison des charges non déclarées ni apparentes au temps de la vente.

mer, or of any right existing at the time of the sale, and against incumbrances not declared and not apparent at the time of the sale.

---

* *C. N.* 1626. } Quoique lors de la vente il n'ait été fait aucune stipulation sur la garantie, le vendeur est obligé de droit à garantir l'acquéreur de l'éviction qu'il souffre dans la totalité ou partie de l'objet vendu, ou des charges prétendues sur cet objet, et non déclarées lors de la vente.

Voyez autorités citées sur art. 1511.

---

* *ff. De evictionibus,* } Sive tota res evincatur, sive pars, ha-
Lib. 21, *Tit.* 2, *L.* 1. } bet regressum emptor in venditorem.
Sed cùm pars evincatur, si quidem pro indiviso evincatur, regressum habet pro quantitate evictæ partis. Quod si certus locus sit evictus, non pro indiviso portio fundi, pro bonitate loci erit regressus. Quid enim, si quod fuit in agro pretiosissimum, hoc evictum est, aut quod fuit in agro vilissimum ? Æstimabitur loci qualitas, et sic erit regressus. (ULPIANUS).

Ibidem. } L'acheteur qui a été évincé de la chose
Trad. de M. Hulot. } en tout ou en partie, a son recours contre son vendeur. S'il n'en est évincé qu'en partie, ou il est évincé d'une portion indivise dans le fonds, auquel cas il a un recours relativement à la quotité de la portion de laquelle il est évincé ; ou il est évincé d'une portion certaine et déterminée de ce fonds, auquel cas il exercera son recours contre le vendeur, eu égard à la qualité du terrain qui lui a été enlevé. En effet, il se peut faire que l'éviction tombe en ce cas sur la meilleure ou sur la plus mauvaise partie du fonds. On aura donc égard à la qualité de la portion évincée, et on réglera sur elle le recours que doit avoir l'acheteur. (ULPIEN)

[ARTICLE 1508]

* *ff. De actione empti, Liv.* 19, } § 8. Idem Neratius, etiamsi
Tit. 1, *L.* 11, §§ 8, 11. } alienum servum vendideris,
furtis, noxisque solutum præstare te debere, ab omnibus receptum ait, et ex empto actionem esse, *ut habere licere* emptori
caveatur, sed et ut tradatur ei possessio. (ULPIANUS).

§ 11. Idem rectè ait, si quid horur non præstetur, cùm
cætera facta sint, nullo deducto condemnationem faciendam.
(ULPIANUS).

Ibidem. } § 8. Le même Nératius dit qu'il est gé-
Trad. de M. Hulot. } néralement décidé que celui qui vend un
esclave, même appartenant à autrui, doit le garantir exempt
de toute poursuite à l'occasion des vols qu'il aurait faits, ou
du dommage qu'il aurait causé, et que l'acheteur a l'action
de la vente à l'effet de se procurer une caution par laquelle
le vendeur l'assure de la possession paisible de l'esclave, et à
l'effet de s'en faire délivrer la possession. (ULPIEN).

§ 11. Le même jurisconsulte pense encore, avec raison, que
si le vendeur donne caution à l'égard de tous les articles pour
lesquels il a droit, excepté un seul, il sera condamné à l'égard
de ce seul article comme s'il avait refusé la caution pour
tous, et sans qu'on déduise les objets pour lesquels il l'aura
donnée. (ULPIEN).

---

* *Cod. De eviction., Liv.* 8, } Non dubitatur, et si specialiter
Tit. 45, *L.* 6. } venditor evictionem non promiserit, re evicta ex empto competere actionem.
Proposit. 8 id. martii, Alexandro A. Coss. 223. (ALEXANDER).

Ibidem. } Il est certain que, quoique le ven-
Trad. de M. P. A. Tissot. } deur ne vous ait pas garanti spécialement de l'éviction, vous avez contre lui l'action de l'achat,
si vous êtes évincé.

Fait le 8 des ides de mars, sous le cons. de l'empereur
Alexandre. 223. (ALEXANDRE).

* 3 *Pothier (Bugnet)*, *Vente*, ⎫ 86. Première maxime.—Le ven-
n° 86 *et s. n*° 200. ⎭ deur est tenu des évictions dont
il y avait une cause, ou du moins un germe existant dès le
temps du contrat de vente, soit qu'elles procèdent, soit qu'elles
ne procèdent pas du fait du vendeur.

Par exemple, si quelqu'un a vendu une chose qui ne lui
appartenait pas, ou qui était hypothéquée, soit à ses dettes,
soit à celles d'un autre, ou qui était affectée à quelque droit
que ce fût, soit ouvert, soit non encore ouvert, qui donnât ou
qui dût donner un jour à quelqu'un une action pour se la
faire délaisser ; en tous ces cas, le vendeur est tenu des évictions qui pourraient survenir soit de la part du propriétaire,
soit de la part des créanciers hypothécaires, ou de ceux qui,
dès le temps du contrat, avaient un droit ouvert ou même
encore informe, pour se faire délaisser la chose ; car, dans
tous ces cas, la cause d'où procède l'éviction, existait dès le
temps du contrat.

87. Notre principe souffre exception à l'égard des espèces
d'éviction dont l'acheteur est chargé, soit par la loi municipale, soit par une clause particulière du contrat de vente.

Par exemple, si, sur une demande en retrait·lignager ou
en retrait féodal, un acheteur a souffert éviction de l'héritage
qui lui a été vendu (1) ; quoique la loi qui est la cause de ces
espèces d'évictions soit une cause qui existait dès le temps du
contrat de vente, le vendeur n'est pas tenu de ces évictions,
parce que la loi municipale en charge l'acheteur, qui est
censé acheter aux charges de la coutume. Pareillement s'il
est porté par une clause du contrat "que l'héritage qu'on
vend est chargé d'un droit de refus ou d'un droit de réméré,
ou d'un droit de réversion après un certain temps, etc.," et
que l'acheteur ait été obligé de délaisser l'héritage sur l'action de celui à qui ce droit appartenait ; quoique cette éviction ait une cause qui existait dès le temps du contrat de

(1) Nos lois n'admettent plus ni le retrait lignager, ni le retrait féodal ;
mais le cas prévu par l'art. 841, recevrait son application par les raisons
que donne ici Pothier. (Bugnet).

[ARTICLE 1508.]

vente, le vendeur n'en sera pas tenu, parce que l'acheteur a été chargé de cette espèce d'éviction par la clause du contrat de vente par laquelle le vendeur lui a déclaré que l'héritage y était sujet.

88. Notre principe souffre encore exception à l'égard des évictions qui sont demeurées sans effet. C'est pourquoi si j'ai été condamné par sentence envers un tiers à lui délaisser l'héritage que vous m'aviez vendu, l'éviction qui résulte de cette sentence ne donnera lieu à aucune garantie contre vous, si, personne n'ayant poursuivi l'exécution de cette sentence, je suis toujours demeuré en possession de l'héritage ; *putà*, parce que celui au profit de qui la sentence avait été rendue, étant, peu après, mort insolvable, personne ne s'est embarrassé de poursuivre les droits appartenant à sa succession (1). C'est le cas de la loi 57, ff. *de Evict.*

89. Notre principe souffre une troisième exception, lorsque l'éviction était une éviction dont l'acheteur était lui-même obligé de défendre le vendeur. Par exemple, après avoir acheté de Pierre un héritage, je vous l'ai vendu. Vous avez été obligé de le délaisser à Jacques, à qui il appartenait, non-seulement avant que je vous l'eusse vendu, mais même avant que je l'eusse acquis de Pierre, de qui vous êtes devenu l'unique héritier. Vous ne serez pas recevable à agir contre moi en garantie pour cette éviction ; parce qu'étant héritier de Pierre, vous êtes vous-même obligé de m'en défendre.

90. Notre principe souffre une quatrième exception, lorsque l'éviction procède du fait de l'acheteur, quoique la cause soit antérieure au contrat.

Par exemple, vous avez consenti que votre héritage fût hypothéqué pour une dette de Pierre ; vous avez ensuite fait

---

(1) Cette loi parle de l'action *ex stipulatu* dont le rigorisme a peu d'application chez nous.

. Dans l'espèce de cette loi, nous croyons que l'acheteur n'est point obligé de rester ainsi dans l'incertitude, si la sentence recevra ou non son exécution, et qu'en conséquence il peut agir en garantie contre son vendeur. (BUGNET).

[ARTICLE 1508.]

donation de cet héritage à Jacques, qui me l'a vendu, et peu après je vous l'ai revendu. Si vous souffrez éviction de cet héritage de la part du créancier de Pierre, quoique la cause de cette éviction soit antérieure à la vente que je vous ai faite, vous n'êtes pas recevable à agir en garantie contre moi pour cette éviction, parce qu'elle procède de votre propre fait, et que c'est vous-même qui avez imposé cette hypothèque, lorsque vous étiez pour la première fois propriétaire de cet héritage. Vous n'êtes pas, à la vérité, dans cette espèce, mon garant pour raison de cette éviction, comme dans l'espèce précédente, puisque ce n'est pas vous qui m'avez vendu l'héritage, et que Jacques, qui me l'a vendu, le tenait de vous à titre de donation, titre qui n'emporte pas de garantie ; mais il suffit que l'éviction procède de votre propre fait, pour que vous ne soyez pas recevable à vous en plaindre, et à agir en garantie contre moi.

SECONDE MAXIME.—Les évictions dont la cause n'a commencé d'exister que depuis le contrat, donnent lieu à la garantie, lorsque cette cause procède du fait du vendeur, autrement elles n'y donnent pas lieu.

91. La première partie de cette maxime est évidente.—Par exemple, si vous m'avez vendu un héritage, et que, depuis le contrat de vente, et avant que vous m'en ayez fait la tradition, vous l'ayez hypothéqué à quelqu'un, et que depuis j'aie souffert éviction de cet héritage sur l'action hypothécaire de ce créancier ; quoique cette hypothèque, qui est la cause de cette éviction, ne soit née que depuis le contrat de vente, il est évident que vous devez être tenu de cette éviction ; car, en contractant cette hypothèque, qui m'empêche de retenir l'héritage, vous avez contrevenu à l'obligation que vous avez contractée envers moi *præstare mihi eum fundum habere licere* (1).

92. La seconde partie de la maxime n'est pas moins évi-

(1) Cette espèce ne peut se présenter aujourd'hui, si la vente a date certaine, car le vendeur ayant cessé d'être propriétaire, n'a pu hypothéquer postérieurement. (BUGNET).

dente. La chose vendue devant être aux risques de l'acheteur
depuis le contrat, c'est une conséquence qu'il n'ait aucun
recours de garantie pour les évictions dont la cause n'est née
que depuis le contrat, et qui ne procèdent pas du fait du vendeur. Suivant ce principe, si, depuis la vente qui m'a été faite
d'un héritage, il a été rendu un arrêt du conseil, en vertu
duquel on m'en a pris une partie pour faire un chemin public,
mon vendeur ne sera pas garant de cette éviction, dont la
cause n'est née que depuis le contrat.

93. Par la même raison, si l'acheteur laisse usurper la possession de la chose qui lui a été vendue, et que la prescription fasse obtenir à l'usurpateur le congé de la demande en
revendication que l'acheteur a intentée contre lui, le vendeur
ne sera pas tenu envers l'acheteur de l'éviction qu'il souffre
par cette sentence ; car la cause de cette éviction étant l'usurpation que l'acheteur a laissé faire sur lui depuis la vente,
cette éviction n'avait point une cause qui existât lors du contrat. D'ailleurs cette éviction provenant de la faute de
l'acheteur, il n'est pas recevable à s'en plaindre.

94. Si l'acheteur a été condamné à délaisser la chose vendue par l'injustice du juge, sur une demande qui ne procé-
dait pas, c'est une éviction qui, n'ayant pour cause que l'injustice du juge, n'a point une cause qui existât dès le temps
du contrat de vente, et par conséquent le vendeur n'est point
tenu de l'en garantir. L. 51, ff. *de Evict.; L.* 8, § 1, Cod. *eod.*
tit.

Il n'y a lieu à cette question que lorsque l'acheteur, sur la
demande donnée contre lui, a omis d'appeler son vendeur en
garantie ; car, s'il l'avait appelé, le vendeur aurait été obligé
de prendre son fait et cause, et la sentence aurait été rendue
contre le vendeur, et non contre l'acheteur.

IIIᵉ MAXIME. — Le délais de la chose vendue que l'acheteur
fait, quoique sans sentence, à un tiers qui, dès le temps du
contrat de vente, en était le propriétaire, ou qui avait dès ce
temps un droit informe de se la faire délaisser, donne lieu à

[ARTICLE 1508.]

la garantie, en justifiant par l'acheteur que celui à qui il a
fait le délais, avait effectivement ce droit (1).

95. *Finge.* Vous m'avez vendu un héritage qui vous avait
été donné par un homme qui n'avait pas d'enfants, sans me
déclarer d'où il vous provenait : depuis le contrat de vente,
cet homme s'est marié ; il lui est né un enfant, qui a annulé
de plein droit la donation qu'il vous en avait faite ; je lui ai
fait le délais de l'héritage, sans attendre que j'y fusse condamné, ni même assigné. Je n'ai pas moins une action de
garantie contre vous ; car il suffit que je vous justifie par le
rapport de la donation qu'il vous en a faite, que cet homme
à qui j'ai fait le délais de cet héritage, avait, en vertu de cette
donation, et par conséquent dès le temps de cette donation,
et dès le temps de la vente que vous m'avez faite, le droit
informe de se faire délaisser lorsqu'il lui surviendrait des
enfants.

L'équité de la maxime que nous venons d'exposer est
évidente. Quoique le terme d'*éviction*, dans son sens propre,
ne convienne qu'au délais que quelqu'un a été condamné de
faire par sentence du juge, néanmoins lorsqu'il est justifié
que celui à qui l'acheteur a fait, quoique sans sentence, le
délais de la chose, avait le droit de se la faire délaisser, et
que ce n'est que pour prévenir la sentence et éviter les frais
que le délais en a été fait, il est manifeste qu'en ce cas il n'a
pas été au pouvoir de l'acheteur de retenir la chose, et conséquemment que le vendeur n'a pas rempli envers lui l'obligation qu'il avait contractée *præstere ipsi rem habere licere ;*
ce qui donne lieu à la garantie.

Quoique le délais fait sans sentence donne lieu à la garantie, lorsqu'il est justifié que celui à qui il a été fait, avait
effectivement le droit de se faire délaisser la chose ; néanmoins un acheteur fera prudemment de se laisser assigner
pour délaisser, et de dénoncer l'assignation à son vendeur,

(1) Cette manière de procéder est peu prudente de la part de l'acheteur.
(Bugnet).

[ARTICLE 1408.] ·

afin de ne se pas charger de la justification du droit de celui à qui il en aurait fait trop précipitamment le délais.

IV· MAXIME.—C'est une espèce d'éviction qui donne lieu à la garantie, lorsque depuis la vente que vous m'avez faite d'une chose, je succède à cette chose, soit à titre universel, soit à titre singulier, même à titre lucratif, à un tiers qui en était le vrai propriétaire.

96. Cette maxime est fondée sur la décision de plusieurs textes de droit, Ulpien, en la L. 13, § 15, ff. *de Act. empt.*, dit : *Si fundum mihi alienum vendideris, et hic ex causâ lucrativâ meus factus sit, nihilominùs ex empto mihi adversùs te actio competit.* Julien, en la loi 29, ff. *eod. tit.*, dit pareillement : *Cui res sub conditione legata erat, is eam imprudens ab hærede emit, actione ex empto poterit consequi emptor pretium, quia nunc* (1) *ex causâ legati rem habet.* Ajoutez la loi 84, § 5, ff. *de Legat.* 1°; L. 9 ; L. 41, § 1, *de Evict.*

En voici la raison : Lorsque, après avoir acheté de vous une chose qui ne vous appartenait pas, ou qui ne vous appartenait pas pour toujours, je succède, à quelque titre que ce soit, à celui à qui elle appartient, c'est en vertu de ce nouveau titre que je retiens désormais cette chose; ce n'est plus en vertu de la vente que vous m'en avez faite : vous cessez donc dès lors de remplir envers moi votre obligation, *non jam præstas mihi rem habere licere :* et par conséquent vous me devez rendre le prix que vous avez reçu.

Observez que, par le droit romain, cette maxime, de même que la précédente, n'avait lieu que par rapport à l'action *ex empto*, et non par rapport à l'action *ex stipulatu*, qui, étant une action *stricti juris*, ne reconnaissait d'autre éviction que l'éviction proprement dite, qui résultait d'une sentence. Cette distinction ne peut avoir lieu dans notre droit français, où la distinction des actions *stricti juris* et des actions *bonæ fidei*

(1) Nous avons suivi la correction d'Ant. Faber, qui a substitué ce terme *nunc* à *non* qui est dans la leçon ordinaire : le sens demande cette correction. (*Note de Pothier : édition de* 1762). (BUGNET).

n'est pas d'usage, et où d'ailleurs on ne connaît d'autre action, en cas de garantie, que l'action *ex empto.*

97. Il n'importe que ce soit à l'acheteur lui-même à qui la chose vendue soit évincée, ou à son successeur en ladite chose, pour que l'acheteur ait l'action de garantie. C'est pourquoi si je vous ai vendu un héritage, que vous l'ayez vendu à Pierre, et que Pierre en soit évincé, vous aurez action de garantie contre moi, comme si c'était vous-même qui en fussiez évincé ; car je vous l'ai vendu pour vous et *tous vos ayants cause ;* je me suis engagé de vous en faire jouir, vous et tous vos ayants cause ; et vous avez intérêt que je défende Pierre de cette éviction, dont vous êtes vous-même tenu de le garantir.

Quid, si vous aviez donné ou légué à Pierre l'héritage que je vous ai vendu, l'éviction qu'en souffrirait Pierre donne-rait-elle lieu à la garantie contre moi ou contre mon héritier ?

Non : car l'éviction que souffre le successeur de l'acheteur, ne donne lieu à l'action de garantie qu'autant que cette éviction intéresse l'acheteur ou ses héritiers (Arg. L. *Pater,* 71, ff. *de Evict.*) ; or, comme vous n'êtes pas garant envers Pierre de la chose que vous lui avez donnée, et que votre héritier n'est pas non plus garant de la chose que vous lui avez léguée, l'éviction que Pierre souffre, est une éviction qui n'intéresse ni vous, ni votre héritier, et qui par consé-quent ne peut donner lieu à l'action de garantie.

Mais si, par l'acte de donation que vous avez faite de cette chose à Pierre, vous lui aviez cédé tous vos droits et actions par rapport à cette chose, ce qui comprend ceux résultant de l'obligation de garantie que j'ai contractée envers vous, il y aurait lieu en ce cas à l'action de garantie que Pierre, comme étant à vos droits, pourrait former contre moi ; car vous avez intérêt en ce cas que l'éviction que souffre Pierre, donne lieu à l'action de garantie, en tant que vous êtes obligé à lui céder cette action : c'est ce qui résulte de la loi 59, ff. *de Evict.*: *Si res, quam à Titio emi, legata est à me, non potest legatarius*

[ARTICLE 1508.]

conventus à domino rei, venditori meo denuntiare, nisi cessx ei fuerint actiones (1).

98. Vous m'avez vendu un héritage ; je l'ai revendu à Pierre ; je suis ensuite devenu héritier de Pierre, dans la succession duquel j'ai retrouvé cet héritage, dont j'ai été depuis évincé. On a agité la question, si j'avais en ce cas l'action de garantie contre vous ?

La raison de douter est, qu'en ce cas ce n'est pas de mon chef que je suis évincé, c'est comme héritier de Pierre, puisque, ayant revendu l'héritage à Pierre, ce n'était plus qu'en qualité d'héritier de Pierre que j'en étais le possesseur ; c'est donc proprement la succession de Pierre qui souffre l'éviction ; or, pour que cette éviction pût me donner contre vous une action de garantie que je ne puis avoir que de mon chef, puisque c'est envers moi et non envers Pierre que vous vous êtes obligé, il faudrait que j'eusse, de mon chef, quelque intérêt que la succession de Pierre ne souffrît pas cette éviction ; or, on ne voit pas quel pourrait être cet intérêt. On ne peut pas dire, comme dans l'espèce précédente, que j'ai intérêt que le second acheteur ou sa succession ne souffre pas éviction, en ce que je suis moi-même obligé, en cas d'éviction, envers ce second acheteur à la garantie ; car, étant devenu héritier de ce second acheteur, je ne puis pas être obligé envers moi-même.

Nonobstant ces raisons, Paul, en la L. 41, § 2, *de Evict.*, décide que je dois avoir en ce cas action de garantie contre vous, et contre les cautions que vous m'avez données pour la garantie de l'héritage que vous m'avez vendu. Il en donne cette raison, qui sert en même temps de réponse aux raisons de douter, et qui, pour être subtile, n'en est pas moins solide et véritable : *Quoniam*, dit-il, *et quum debitor creditori suo*

(1) Pourquoi ne pas admettre que le legs et la donation de la chose achetée emportent tacitement la cession de toutes les actions que le donateur ou testateur pouvait avoir à l'occasion de cette chose. Ce serait à n'en pas douter se conformer à l'intention qu'a dû avoir le disposant en exerçant cette libéralité. (BUGNET).

[ARTICLE 1508.]

hæres extiterit, ratio quædam inter hæredem et hæreditatem ponitur, et intelligitur major hæreditas ad debitorem pervenire ; quasi solutâ pecuniâ quæ debebatur hæreditati et per hoc minùs in bonis hæredis esse.

C'est comme si le Jurisconsulte disait : En faisant abstraction que c'est moi qui suis l'héritier de Pierre, la succession de Pierre avait une créance, *putà*, de 10,000 livres, pour raison de l'éviction qu'elle a soufferte ; c'est moi qui, comme ayant vendu à Pierre, en étais le débiteur ; de même que, si c'eût été un autre moi qui eût été l'héritier de Pierre, il m'en aurait coûté 10,000 livres, que j'aurais tirées de mon bien pour payer la créance à cet héritier de Pierre ; de même, au moyen de ce que c'est moi qui suis l'héritier de Pierre, je suis censé m'être payé à moi-même, en ma qualité d'héritier de Pierre, cette somme dont mon bien propre, en le séparant de ce qui compose la succession de Pierre qui m'est échue, se trouve d'autant diminuée. Si cette somme reste dans mon coffre, ce n'est plus sur mon propre bien, c'est sur celui de la succession de Pierre, à qui elle était due, qu'elle doit être imputée ; c'est de cette succession que je la tiens. Il est donc vrai que j'ai payé de mon chef, et sur mon propre bien, les dommages et intérêts résultant de l'éviction que j'ai soufferte en ma qualité d'héritier de Pierre ; d'où il suit que j'ai action de mon chef contre vous, comme mon garant, et contre vos cautions, pour m'en acquitter.

Il faut décider la même chose dans le cas inverse auquel Pierre, à qui j'ai revendu l'héritage, serait devenu mon héritier, et aurait depuis souffert l'éviction de cet héritage ; car il est censé s'être, des biens de ma succession, payé les dommages et intérêts résultant de cette éviction ; *et sic minùs in hæreditate videtur, tanquam ipsa hæreditas hæredi solverit* ; *eâd.* L. 41, § 2. Or, vous, comme garant envers ma succession, vous êtes obligé d'en acquitter ma succession ; et par conséquent Pierre, en sa qualité de mon héritier, a action de garantie contre vous pour lesdits dommages et intérêts.

99. Non-seulement l'éviction de toute la chose vendue,

[ARTICLE 1508.]

mais celle de quelque partie que ce soit de cette chose, donne lieu à la garantie, soit que ce soit une partie aliquote et indivise, comme lorsque l'acheteur a été condamné à délaisser le tiers, le quart, etc., soit que ce soit une partie intégrante, comme lorsque l'acheteur d'une métairie a été condamné à délaisser une certaine pièce de terre qui en dépendait.

Cette décision a lieu quand même ce qui reste à l'acheteur, vaudrait encore plus que le prix qu'il a payé pour le total. L. 47, ff. *de Evict.*

100. Mais si l'on a vendu des droits successifs, l'éviction que souffrirait l'acheteur dans quelque chose particulière qui se serait trouvée parmi les biens de la succession, ne donne pas lieu à la garantie.

La raison de différence est que celui qui vend une terre, vend tous les morceaux dont elle est composée, et dont il est en possession lors de la vente qu'il fait ; mais celui qui vend des droits successifs, ne vend pas les différents corps qui paraissent appartenir à cette succession, mais seulement *le droit successif*, qui ne renferme que les choses auxquelles la succession a effectivement droit (1). Voyez *infrà*, part. 6, chap. 3.

101. Non-seulement l'éviction de la chose vendue, ou de quelqu'une de ses parties, donne lieu à la garantie, mais même l'éviction de ce qui en est resté après son extinction, ou de ce qui en est provenu, y peut donner lieu. Par exemple, si quelqu'un m'a vendu une jument qui ne lui appartenait pas, et qu'après la mort de cette jument, le vrai propriétaire m'ait fait condamner à lui en rendre la peau ; quoique cette peau ne fasse pas proprement partie de la jument qui n'est plus, néanmoins le vendeur est tenu envers l'acheteur de cette éviction, et il doit lui rendre le prix de cette peau qui lui a été évincée.

Il en est de même si l'acheteur a été condamné à délaisser un poulain qui en était provenu.

La raison de tout ceci est, que l'obligation du vendeur " de

(1) *V.* art. 1696, C. civ., qui consacre le même principe.

[ARTICLE 1508.]

faire àvoir à l'acheteur à titre de propriétaire la chose ·vendue ", renferme celle de lui faire avoir tout ce qui en pourra rester, et tout ce qui en proviendra ; c'est ce qui résulte de la loi 8, ff. *de Evict.* Les lois 36, 42 et 43, ff. *eod. tit.*, semblent décider le contraire ; mais ces lois ne parlent que de l'action *ex stipulatione duplæ,* qui était en cela différente de l'action *ex emplo.* C'est la conciliation de Dumoulin, *Tr. de Eo quod interest,* n° 148, et celle de tous les interprètes.

Cette action *ex stipulatione duplæ* n'est pas connue dans notre droit français, comme nous l'avons déjà observé.

200. On doit décider que le vendeur est garant du champart qu'il n'a pas déclaré. Il y a une grande différence entre le champart et les servitudes visibles. Un acheteur n'achète pas une maison sans 'a visiter, par lui ou par quelqu'un de sa part, et par conséquent sans s'apercevoir des servitudes visibles ; mais on ne peut être instruit de la charge du champart qu'en s'en informant, et on peut négliger de s'en informer, ou être trompé dans les informations qu'on en fait.

---

* 1 *Domat (Remy), Liv.* 1, } *tit.* 2, *sec.* 10, *n°* 1 *et s.* }   1. L'éviction est la perte que souffre l'acheteur de la chose vendue, ou d'une partie par le droit d'un tiers.

2. Les autres troubles sont ceux qui, sans toucher à la propriété de la chose vendue, diminuent le droit de l'acheteur, comme si quelqu'un prétend sur un fonds vendu un droit d'usufruit, une rente foncière, une servitude, ou d'autres charges semblables.

3. L'acheteur évincé, ou troublé, ou en péril de l'être, a son recours contre le vendeur qui doit le garantir, c'est-à-dire faire cesser les évictions et les autres troubles, comme il sera dit dans les articles qui suivent.

4. Le vendeur ne doit aucune garantie pour les pures voies de fait, les cas fortuits et le fait du prince.

5. Comme la garantie est une suite du contrat de vente, il y a une première espèce de garantie naturelle, qu'on appelle

[ARTICLE 1508.]

garantie de droit, parce que le vendeur y est obligé de droit,
quoique la vente n'en exprime rien (C. civ., 1628, s.) ; et comme
on peut augmenter ou diminuer les engagements naturels
par les conventions, il y a une seconde espèce de garantie,
qui est la conventionnelle, telle que le vendeur et l'acheteur
veulent la régler.

Lorsqu'en cédant une créance privilégiée sur un immeuble, on s'est
obligé à garantir son cessionnaire de toute éviction, quelqu'en fût la
cause, on est déchargé de son obligation si le cessionnaire a négligé de
remplir les formalités nécessaires pour la conservation de son privilège.
Celui qui a cédé une créance sur quelqu'un, est tenu à la garantie, quoique le titre ait existé matériellement à l'époque de la cession, si, dès cette
époque, cette créance était éteinte par compensation.

---

* 7 *Guyot, Rép.*, v° *Garantie,*   Cependant il y a un cas où le
      p. 725-6.   vendeur n'est même pas obligé
à rendre le prix de la vente, quoique l'acheteur soit évincé ;
c'est quand il paroît que l'objet de la vente a bien moins été
la chose vendue, que la prétention incertaine que le vendeur
avoit à cette chose. Une telle vente ressemble à celle d'un
coup de filet.

Le vendeur étant obligé de faire jouir l'act   de la
chose vendue, il faut en conclure qu'il doit garantir ce dernier de toute demande relativement aux charges réelles,
autres que celles que le vendeur a déclarées, ou que l'acheteur ne pouvoit ignorer.

Les charges que l'acheteur est présumé ne pouvoir ignorer, et pour lesquelles le vendeur ne lui doit aucune Garantie,
quoiqu'elles n'aient point été expressément déclarées par le
contrat, sont toutes celles auxquelles les héritages sont assu-
jettis par le droit commun. Tels sont la dîme, le centième
denier, les tailles d'église et autres semblables.

Tels sont aussi les droits seigneuriaux réglés par les coutumes, lorsque les héritages vendus sont situés dans des provinces où la maxime *nulle terre sans seigneur* est établie.

* 6 *Marcadé, sur* } II.—L'éviction ne permet d'agir en ga-
art. 1626 *C. N.* } rantie qu'autant qu'elle est le résultat d'un
droit dont l'existence était antérieure à la vente, à moins,
bien entendu, que la naissance du droit ne soit imputable au
vendeur. Dans ce dernier cas, en effet, il est évident que le
vendeur devrait la garantie, alors même que la naissance du
droit serait postérieure à la vente : ainsi, quand vous m'avez
vendu, par un acte privé que je n'ai pas eu soin de faire en-
registrer immédiatement, un immeuble que vous vendez ensuite à un autre par acte authentique, il est clair que l'éviction que me fera subir le second acheteur me donnera recours
contre vous. Mais hors ce cas d'un droit résultant du fait du
vendeur, l'éviction ne donne lieu à la garantie qu'autant
que le droit dont l'exercice la produit avait déjà son existence
avant la vente ; car le vendeur ne saurait être responsable
des droits qui viennent à naître après la vente sans qu'il y
soit pour rien.

Ainsi, il y aura lieu à garantie, quoi que disent M. Dalloz
(v° Vente, p. 873) et deux arrêts de Metz et de Paris (25 prairial an 12 et 31 mars 1821), quand l'acheteur est évincé au
moyen de la surenchère qu'un créancier ayant hypothèque
inscrite sur l'immeuble exerce en vertu de l'art. 2185 ; car on
trouve ici cette raison décisive, que l'acquéreur est alors
évincé par l'effet d'un droit hypothécaire dont l'existence est
antérieure à la vente, et telle est, en effet, sauf les motifs (qui
sont tantôt inexacts, comme chez M. Troplong, tantôt nuls,
comme chez M. Duranton et M. Zachariæ), la doctrine générale des auteurs et des arrêts. Au contraire, la garantie ne
serait pas due à raison des charges que fait peser sur l'immeuble acquis l'ordonnance administrative, postérieure à la
vente, qui établit, sur cet immeuble et sur les autres immeubles d'une commune, une contribution extraordinaire
destinée à l'acquittement de la dette de cette commune,
quoique la dette existât avant cette même vente. C'est par
l'ordonnance, en effet, que la dette de la commune est devenue la dette des immeubles composant le territoire de cette

commune ; or, puisque jusque-là le créancier n'avait aucun
droit sur l'immeuble acquis, le droit dont l'exercice entraîne
l'éviction est donc postérieur à la vente et n'autorise pas dès
lors le recours en garantie. C'est ce qu'a jugé la Cour suprême, en cassa une décision contraire de cour d'appel.

Mais que faut-il dire de l'éviction résultant d'une prescription qui avait commencé avant la vente, et qui ne s'est ac-
omplie que depuis ? Deux arrêts, contraires entre eux (dans
leurs motifs, du moins, car on va voir que leurs décisions en
elles-mêmes peuvent très-bien se concilier), ont admis à cet
égard deux doctrines opposées ; mais quoique l'une d'elles
soit adoptée par les trois auteurs qui ont traité la question,
nous les croyons cependant inexactes l'une et l'autre. La
Cour de Bordeaux, prenant à la lettre cette expression impropre de Pothier, qu'il suffit que l'éviction ait une cause ou
un germe antérieur à la vente, et lui donnant un sens condamné par l'arrêt de cassation précité, déclare que la garantie
est due ici. La Cour de Bourges, au contraire, et comme elle,
MM. Troplong, Duvergier et Zachariæ, refusent la garantie,
en se fondant sur ce que le droit engendré par une prescription n'existe que du jour où cette prescription est entièrement accomplie, en sorte que l'éviction, dans notre hypothèse,
résulte évidemment d'un droit postérieur à la vente. Mais
est-il exact de résoudre ainsi la question d'une manière absolue, soit dans un sens, soit dans l'autre, et ne doit-elle pas
se décider, selon les cas, tantôt contre le vendeur, tantôt
contre l'acheteur ? S'il serait ridicule et inique de dire,
d'après le principe de l'arrêt de Bordeaux, que la prescription doit s'accomplir toujours au détriment du vendeur, alors
même qu'elle n'aurait couru contre lui que pendant quelques
mois, pour courir contre l'acheteur pendant vingt-neuf années, il ne serait ni moins inique ni moins ridicule de dire
qu'elle s'accomplira toujours, et nécessairement au détriment
de l'acheteur et sans garantie pour lui, alors même qu'au
moment de la vente il n'aurait manqué que quelques semaines à son accomplissement ! C'est cependant là que con.

duirait le principe de l'arrêt de Bourges et de MM. Troplong, Duvergier et Zachariæ : par cela seul que quelques semaines, quelques jours même, manquaient encore au délai de la prescription, celle-ci ne se serait donc accomplie qu'après la vente, le droit .'où résulte l'éviction serait donc postérieur à cette vente, et par conséquent la garantie ne serait pas due !... Assurément une pareille thèse n'est pas soutenable, et c'est ailleurs qu'il faut chercher le principe de la solution.

Ce principe est bien simple. On a vu que l'éviction autorise le recours en garantie, même en résultant d'un droit postérieur à la vente, quand c'est précisément au vendeur qu'est imputable la naissance de ce droit. Or n'est-il pas clair que c'est au vendeur et non à l'acheteur que l'acquisition de la prescription est imputable, quand elle a couru pendant plus de vingt-neuf ans contre le premier et quelques mois seulement contre le second ?... La question reviendra donc ici à savoir quelle est celle des deux parties de laquelle il est vrai de dire que le bien s'est prescrit par sa faute. Cette question se résumera toujours en une appréciation des circonstances ; et c'est pour cela que les deux arrêts de Bourges et de Bordeaux, si contraires et si peu exacts l'un et l'autre dans leurs motifs, n'ont cependant rien d'inconciliable dans leur décision.

De même que le vendeur ne répond pas des évictions provenant d'un droit qui est postérieur à la vente et dont la naissance ne lui est point imputable, de même il ne répond pas de celles qui proviennent d'un cas fortuit ou d'une force majeure : étranger, dans un cas comme dans l'autre, au préjudice que subit l'acheteur, il n'en doit pas réparation. Or, on range avec raison parmi les événements de force majeure le fait du souverain, c'est-à-dire tout acte du pouvoir législatif ou du pouvoir exécutif, ordonnant une dépossession qui n'est pas la conséquence d'un droit préexistant. Si la dépossession ainsi effectuée, n'était que l'exercice d'un droit et que le souverain dès lors n'eût fait par lui-même que ce qui eût pu être fait par les tribunaux, on conçoit que la garantie serait due

[ARTICLE 1509.]

d'après les règles ci-dessus. Elle le serait également si c'était précisément sur la demande et dans l'intérêt du vendeur que l'acte du pouvoir fût intervenu, puisqu'il y aurait alors fait personnel de ce vendeur.

Mais si le fait du souverain est un cas de force majeure ne donnant pas lieu, en principe et par lui-même, à la dette de garantie, il en est autrement du fait du juge, et alors même qu'il serait évident que le jugement qui prononce l'éviction s'est trompé en reconnaissant à un tiers le droit qui appartient réellement au vendeur, celui-ci n'en devrait pas moins garantir son acheteur. Il est vrai que Pothier (n° 95) enseignait le contraire, d'après la loi romaine; mais sa doctrine ne saurait être admise aujourd'hui. Toute décision judiciaire qui a force de chose jugée est légalement une vérité, si fausse qu'elle puisse être en fait ; et, par conséquent, dès là qu'il est jugé. même à tort, que tel bien n'appartenait pas au vendeur, il est donc vrai, en droit, que la vente n'a pas transmis ce bien à l'acheteur, et dès lors la garantie est due. Sans doute, si le vendeur, alors qu'il n'aura pas été mis en cause, prouvait qu'il eût fait valoir des moyens décisifs que l'acheteur n'a pas présentés, il ne devrait pas la garantie, puisque alors ce serait précisément à la négligence de l'acheteur que l'erreur du juge serait imputable (art. 1640). Mais, hors de ce cas, la garantie est due, et le vendeur n'a aucun moyen, ni en fait ni en droit, pour y échapper. Alors, en effet, l'erreur ne peut être imputée qu'à lui-même ou au juge seul: or, si elle lui est imputable, c'est à lui d'en subir la conséquence ; si elle ne l'est qu'au juge, cette erreur n'existe pas en droit, bien que réelle en fait, puisque, encore une fois, toute chose jugée est en droit une chose vraie.

1509. Quoiqu'il soit stipulé que le vendeur n'est soumis à aucune garantie,

1509. Although it be stipulated that the seller is not obliged to any war-

il demeure cependant obligé à la garantie de ses faits personnels. Toute convention contraire est nulle.	ranty, he is nevertheless obliged to a warranty against his personal acts. Any agreement to the contrary is null.

---

* C. N. 1628. } Quoiqu'il soit dit que le vendeur ne sera soumis à aucune garantie, il demeure cependant tenu de celle qui résulte d'un fait qui lui est personnel : toute convention contraire est nulle.

---

* 3 Pothier (Bugnet), Vente, nº 182 et s. } 182. Les clauses qui excluent la garantie peuvent être plus ou moins étendues.

Quelquefois on n'exclut la garantie que pour une seule espèce d'éviction : comme lorsque le vendeur déclare par le contrat, que l'héritage est sujet à un droit de refus, à un droit de réméré, à une telle hypothèque, à une telle substitution, etc. Par telles et autres semblables clauses, le vendeur n'est déchargé de la garantie que pour l'espèce d'éviction déclarée au contrat ; mais il n'en est pas moins obligé à la garantie des évictions que l'acheteur pourrait souffrir pour toute autre cause.

183. Quelquefois la clause est plus étendue. Telle est celle par laquelle le vendeur stipule qu'il ne sera garant que de ses faits : car le vendeur est, par cette clause, déchargé de la garantie, quelque cause d'éviction qu'il survienne, à moins qu'elle ne procédât du fait du vendeur, telle que serait une demande hypothécaire formée par un créancier pour une hypothèque que le vendeur aurait contractée lui-même.

184. Si le vendeur avait stipulé généralement qu'il ne serait tenu d'aucune garantie, sans excepter expressément les évictions qui procéderaient de son fait, la clause ne serait pas pour cela plus étendue, ni différente de la précédente, et

l'exception serait facilement sous-entendue ; car il serait contre la bonne foi que le vendeur, qui ne peut ignorer son propre fait, exposât l'acheteur aux évictions qui peuvent arriver par son fait, sans le lui déclarer.

* 1 Domat (Remy), Liv. 1, | 8° Le vendeur ne peut être dé-
tit. 2, sec. 10, n° 8. | chargé de la garantie de ses faits,
non pas même par une convention expresse ; car il serait contre les bonnes mœurs qu'il pût manquer de foi.

5 Boileux, sur | Les parties peuvent non-seulement res-
art. 1628 C. N. | treindre la garantie, en stipulant qu'elle n'aura pas lieu pour telle cause qui, suivant les règles ordinaires, l'aurait produite ; mais encore stipuler d'*une manière générale*, qu'il ne sera pas dû de garantie.

La stipulation dont il s'agit, n'est soumise à aucune forme spéciale : elle peut résulter, par ex., de la déclaration au vendeur, qu'il dispose, *sous la garantie de ses faits et promesses seulement; que la chose est vendue telle qu'elle se poursuit et comporte;* que l'acheteur dit *bien savoir et connaître.*

Le vendeur qui a fait insérer cette clause, ne peut être recherché en cas d'éviction ;— toutefois, il demeure soumis à la garantie des faits qui lui sont *personnels*, c'est-à-dire, des actes spontanés et entièrement libres de sa part, susceptibles de porter atteinte aux droits que l'acheteur a entendu acquérir ;— il répugnerait à la raison, d'admettre que le vendeur pût se réserver la faculté de troubler son acquéreur : *pacta quæ turpem causam continent non sunt observanda ;*— il serait contraire à la bonne foi, que le vendeur pût faire tomber sur l'acheteur les conséquences de ses propres actes ; par exemple, celles qui résulteraient soit de l'exercice d'un droit qu'il aurait précédemment consenti, soit de l'annulation de son titre pour cause de violence ou de lésion : on ne peut présumer que l'acquéreur ait bien voulu permettre au vendeur de le

[ARTICLE 1509.]

tromper impunément.—Ainsi, nonobstant la clause générale
de non-garantie, le vendeur demeurerait dans ces divers cas
garant de l'éviction.

Par sa disposition finale, notre article frappe même de
nullité toute convention contraire : on voit combien est inutile cette clause, devenue de style, ajoutée ar les notaires à
la suite de la stipulation de non-garantie : _ *l'exception de ses
faits personnels.*

Pour bien déterminer les effets de cette disposition probi-
bitive, il faut distinguer : les faits sont *postérieurs* ou ils sont
antérieurs au contrat : la règle s'applique dans toute sa rigueur aux faits postérieurs : après avoir vendu un meuble à
Paul, si je vends une deuxième fois et livre ce même meuble
à Pierre, Paul pourra m'appeler en garantie ;—j'ai vendu un
immeuble : l'acheteur a négligé de faire transcrire ; je fais
une nouvelle vente, et le second acheteur s'empresse de remplir cette formalité : le premier acheteur se trouvera évincé
par mon fait personnel.—Mais quand il s'agit de faits *antérieurs* à la vente, cette disposition doit être entendue avec
certaines modifications : assurément, une clause générale de
non garantie ne saurait affranchir le vendeur de l'action de
l'acheteur, en cas d'éviction ou de trouble : ainsi, je vends
un immeuble, sachant que mon droit est résoluble pour
cause de violence ou de lésion ; si ce fait donne lieu à rescis-
sion, nul doute que l'acheteur pourra m'appeler en garantie.
—Je vends un immeuble grevé d'une hypothèque ou autre
charge que j'ai consentie ; l'acquéreur est évincé, par l'effet
de l'action réelle : je serai encore soumis à la garantie ; car
l'éviction résulte de mon fait ; je l'ai indirectement causée.
Peu importe que l'acheteur ait eu le moyen de rendre sans
effet l'hypothèque ; ce qui arriverait, par exemple, s'il était
créancier lui-même avec inscription antérieure à celle du
poursuivant, et qu'il eût perdu son rang en négligeant de renouveler son inscription dans les dix ans (2154) : la déchéance
résultant du défaut de renouvellement ne peut être opposée

que par les créanciers inscrits ; on ne peut s'en prévaloir quand il s'agit de la garantie ouverte en matière de vente.[1]

Mais ne perdons pas de vue que le seul but du législateur a été de mettre l'acheteur à l'abri des réticences dolosives : si le vendeur déclare loyalement certains faits susceptibles de donner lieu à éviction, par ex., que son droit est soumis à l'exercice d'un réméré ou du retrait successoral ; que le sort de l'aliénation qu'il consent, dépend d'une action en rescisien pour lésion, comment admettre que la clause de non-garantie stipulée à raison de ces faits, soit frappée de nullité ? La bonne foi a présidé aux conventions intervenues ; l'acheteur a traité en connaissance de cause ; il a librement accepté toutes les conséquences du danger qui le menaçait : à quel titre, dès lors, prétendrait-il agir contre le vendeur.—Aussi tous les auteurs lui refusent-ils en ce cas l'action en garantie : Pothier lui-même (n. 185), après avoir posé en principe que la clause générale de non-garantie ne s'étend pas aux faits personnels du vendeur, ajoute : " Il serait contre la bonne foi que le vendeur, qui ne peut ignorer son propre fait, exposât l'acheteur aux évictions qui peuvent arriver par son fait *sans le lui déclarer.*"

Cette déclaration équivaut, par conséquent, à une clause de non-garantie ; elle place le vendeur dans la même position que si la cause d'éviction provenait d'un fait qui lui fût étranger.—Voyons quels sont ses effets : le vendeur est-il affranchi, non-seulement de l'action en garantie, mais encore de l'action en restitution du prix (1629) ? Suivant Duranton (t. 16, n. 261) l'acheteur est censé prendre sur lui tous les risques et périls : d'une part, dit-il, l'acheteur a connu le danger d'éviction : d'autre part, la déclaration du vendeur équivaut à une stipulation de non-garantie (1626) ; donc le vendeur est dispensé de restituer le prix (Arg. de l'art. 1629). L'article 1626, il est vrai, n'est explicite que pour les charges : mais l'expression *charges* est ici générique ; elle embrasse tous les droits qui affectent la chose, ou qui peuvent donner lieu à éviction : en réalité, les charges imposées à un immeuble sont des évic-

[ARTICLE 1509.]

tions partielles. — Troplong (n. 483) combat ce système : il
soutient avec raison, que si la déclaration du péril, faite par
le vendeur, est assimilée par l'art. 1626 à une clause de non-
garantie, c'est uniquement en ce qui concerne l'obligation de
prendre fait et cause et de payer des dommages-intérêts ;
mais que des inductions ou des dispenses implicites ne suffisent pas pour faire cesser l'obligation de restituer le prix :
" La loi exige une réserve expresse, dit-il ; une clause qui
éveille l'attention de l'acheteur ; qui le mette à même de ré-
fléchir : il faut non-seulement que l'acheteur ait connu les
charges, mais encore que le vendeur ait stipulé formellement
la non-garantie : on peut être affranchi du recours en garantie tout en restant tenu de restituer le prix : il n'y a rien là
d'incompatible.— Ainsi, distinguons avec soin l'action en garantie, de l'action en restitution du prix : l'une a pour base
la réparation d'un dommage ; l'autre n'est qu'une *condictio
indebiti. (Voy.* au surplus, l'art. 1629).

En ce qui touche les hypothèques, Duranton (n. 261) admet
que si elles ont été créées par les propriétaires antérieurs au
vendeur, la garantie n'est pas due lorsqu'elles ont été déclarées lors de la vente. Mais, suivant lui, quand " il s'agit
d'hypothèques concernant le vendeur, la seule déclaration
qu'en fait celui-ci dans le contrat de vente, ne le soustrait
pas à l'action de l'acheteur, évincé par suite de l'action hypothécaire ; " car, dit-il, le vendeur est tenu de l'éviction qui
résulte de son fait personnel ; or, en ne payant pas ses dettes,
c'est lui qui est la cause réelle de l'éviction ; l'acheteur a dû
croire qu'il les payerait, puisqu'il ne le chargeait pas de les
payer."—Ainsi, d'après Duranton, la déclaration ne suffit pas
pour affranchir le vendeur de la garantie à raison des hypothèques provenant de son chef.—Duvergier (n. 319), adoptant
sur ce point l'opinion de Troplong (n. 418), répond avec raison " que cette prétendue exception n'est fondée sur aucun
texte ; qu'en déclarant l'existence d'une hypothèque, qu'il a
créée, l'acheteur avertit l'acheteur qu'*il se repose sur lui du
soin de verser le prix entre les mains du créancier et de purger.*"

[ARTICLE 1509.]

En effet, c'est comme si le vendeur disposait à la charge de ces mêmes hypothèques ; comme s'il stipulait l'affranchissement exprès de toute garantie : le purgement était la loi implicite du contrat ; l'acheteur ne peut prétexter cause d'ignorance, ni s'en prendre au vendeur : il a couru volontairement une chance.—Tenons donc pour règle, que la déclaration des charges hypothécaires s'oppose à ce que l'acheteur évincé puisse agir en garantie contre le vendeur, quoique les hypothèques viennent de son chef ; sauf, bien entendu, toute stipulation contraire.

Que doit-on décider si l'acheteur a eu connaissance des causes d'éviction, *extrinsecus*, c'est-à-dire, par toute autre voie que la déclaration du vendeur ; notamment, par la communication des titres de propriété ? Il résulte de l'article 1629, que, par cette circonstance, le vendeur est affranchi de la garantie ; mais qu'il ne doit pas moins restituer le prix.

Toutefois, les auteurs ne s'accordent point sur l'application de la règle, en ce qui touche les conséquences de l'éviction résultant des hypothèques ; ils distinguent : ces charges ont été créées par le vendeur, ou elles proviennent des propriétaires antérieurs :

Au premier cas, on admet généralement que le vendeur est soumis à l'action en garantie.— Pourquoi cette différence avec le cas où l'acheteur a connu les hypothèques par une déclaration expresse du vendeur ? pourquoi ne pas soumettre à une même règle les hypothèques et les charges d'une autre nature ? Troplong (n. 418) répond ainsi à cette double question : " En ne chargeant pas l'acheteur de payer les créanciers hypothécaires, le vendeur a suffisamment donné la persuation que son intention était de s'acquitter lui-même envers eux : c'est ici qu'il y a une grande différence entre l'hypothèque et d'autres charges analogues, telles que servitudes, droits de retour, etc. ; celles-ci affectent l'immeuble pour des causes qu'il n'est pas au pouvoir du vendeur de faire disparaître : mais il n'en est pas de même de l'hpothèque qui sert de garantie aux dettes personnelles du vendeur :

celui-ci a toujours un moyen de l'effacer ; l'acquéreur doit
présumer que le vendeur libérera l'immeuble en se libérant
lui-même. L'obligation de garantie subsistera donc dans
toute son étendue : on doit le décider avec d'autant plus de
raison, qu'il s'agit ici d'un fait personnel au vendeur. —
Ainsi, quand les hypothèques viennent du chef du vendeur,
on admet que la déclaration seule peut l'affranchir de l'action en garantie.

Au deuxième cas, c'est-à-dire, lorsque les hypothèques ont
été créées par ceux qui ont possédé l'immeuble avant le vendeur, les auteurs sont en dissidence : Duvergier (n. 319) exige
encore une déclaration pour que le vendeur soit affranchi de
la garantie : il y a même raison, dans les deux cas, dit-il,
pour supposer que l'acheteur a compté sur l'extinction de ces
charges.— Troplong (n. 427) pense au contraire, que la garantie cesse indépendamment de toute déclaration : il fait
observer, que le vendeur n'était pas lié personnellement,
mais comme tiers détenteur, et que l'on doit, par analogie,
étendre aux hypothèques, les règles établies par l'art. 1638
sur le cas de servitudes apparentes, car il y a identité de
motifs.

Nous pensons également, qu'il faut combiner l'art. 1626
avec l'art. 1629 : or, ce dernier article exige seulement, pour
l'exclusion de la garantie, que l'acheteur ait connu lors de la
vente le danger de l'éviction ; donc ce fait est placé sur la
même ligne que la déclaration ; il a le même degré de force.
Ces mots de l'art. 1619 *à moins que l'acquéreur n'ait connu,*
sont sous-entendus dans l'art. 1628.— Ainsi, la déclaration
n'est pas indispensable : la loi parle de toutes *charges,* sans
distinguer si elles sont hypothécaires ou de toute autre nature (1626), et, en général du danger d'éviction (1629). Peu
importe, en effet, d'où vienne la connaissance acquise par
l'acheteur du danger d'éviction, s'il a couru volontairement
la chance.

Au résumé, la disposition finale de notre article, qui déclare sans effet la clause générale de garantie, relativement

aux faits personnels du vendeur, n'est relative qu'aux deux cas suivants : 1° faits et promesses postérieurs à la vente ; 2° faits et promesses antérieurs au contrat, que le vendeur dissimulerait en vue de surprendre la bonne foi de l'acheteur : hors ces deux cas, cette disposition restrictive est sans application.— En principe, lorsque les faits personnels du vendeur sont dé   és à l'acheteur ou connus de lui, la non-garantie est utilement stipulée.

Il est bien entendu, que le vendeur pourrait par une clause générale, s'affranchir de toute garantie, pour cause d'éviction qui proviendrait du fait d'un tiers (*voyez* art. 1629).

Doit-on considérer la stipulation de non-garantie comme non avenue, lorsque l'éviction résulte non du fait du vendeur, mais de celui qu'il représente comme héritier ? On peut dire que l'héritier est tenu de réparer le dommage causé par le défunt.— Néanmoins, tous les auteurs se prononcent en sens contraire ; ils entendent restrictivement ces mots de notre article : *faits personnels*, et décident en conséquence que cette clause affranchit le vendeur de la garantie pour l'éviction causée par les hypothèques ou autres charges provenant des propriétaires antérieurs ; *même de ceux qu'il représente à titre universel ;* qu'il est uniquement responsable de celle provenant des charges par lui consenties.

Nous verrons sous l'article 1629 quels sont les effets de la clause de non-garantie.

  —La surenchère exercée conformément à l'article 2185 doit-elle être considérée comme une éviction donnant ouverture à garantie ?— D'une part, on dit que la surenchère est un fait postérieur à la vente, qui ne peut donner lieu à garantie, puisqu'il n'est pas imputable au vendeur ; que, d'ailleurs, l'acquéreur n'a pu se croire propriétaire incommutable qu'après l'expiration du délai accordé pour surenchérir : que l'acheteur doit supporter les conséquences du danger auquel il s'est volontairement exposé.— On ajoute, que telle était la décision de notre ancienne jurisprudence à l'égard du retrait *lignager* ou du *retrait féodal.*—Mais l'opinion contraire, géné-

[ARTICLE 1509.]

ralement admise par les auteurs modernes, a prévalu en
jurisprudence ; seulement, on diffère sur les motifs : Troplong (n. 426) considère l'éviction par suite de surenchère
comme un fait personnel au vendeur, puisque ce dernier
peut, en désintéressant les créanciers, empêcher l'éviction.—
Duvergier (n. 321) critique ce moyen : il y a là, dit-il, une
double erreur : d'une part, ce qu'on reproche au vendeur est
une omission et non un fait ; de l'autre, cette omission peut
être involontaire, car n'a pas toujours de l'argent qui veut :
or, le fait personnel suppose un acte spontané et libre.—Il
pense que l'action en garantie, au cas de surenchère, prend
uniquement sa source dans le fait que le créancier hypothécaire inscrit sur l'immeuble vendu, avait au moment de la
vente le droit éventuel de surenchérir ; d'où il suit, que lorsqu'il exerce ce droit, l'acquéreur est fondé à dire au vendeur :
*Je suis évincé par l'exercice d'un droit dont l'existence a précédé
la vente ; j'ai donc l'action en garantie.*—Cette critique, au surplus, ne porte que sur les mots ; au fond, ces auteurs ont eu
la même pensée : le vendeur était dans l'obligation de faire
cesser les causes de la surenchère ; l'acheteur devait croire
que cette obligation serait accomplie—Vainement dirait-on,
que l'acquéreur ne devient propriétaire incommutable qu'a-
près l'expiration du délai pour surenchérir : La vente a été
parfaite en ce qui touche le vendeur, à partir du contrat ;
dès lors, il s'est trouvé soumis, vis-à-vis de l'acheteur, à toutes
les obligations qu'elle comportait. Aucun texte ne déclare
que la propriété ne sera transmise qu'après l'expiration des
délais accordés pour surenchérir ; la surenchère n'a été introduite qu'en faveur des créanciers.— Il y aurait également
lieu à ce recours, si les hypothèques provenaient, non du
vendeur, mais des propriétaires antérieurs ; car ces hypothèques seraient en définitive une cause de trouble antérieure
à la vente.— Les dommages-intérêts consistent dans la différence entre le prix porté au contrat de vente et le montant
de l'adjudication ; car le prix donné par l'adjudicataire est
celui qu'aurait pu obtenir l'acquéreur propriétaire de l'im-

[ARTICLE 1510.]

meuble.—Observons d'ailleurs, que par la vente, le vendeur avait renoncé implicitement à tous ses droits sur l'immeuble : il ne peut donc profiter de la différence de valeur que cet immeuble peut avoir acquise par la suite ; or, c'est là ce qui pr¬iverait cependant si la masse hypothécaire pi profitait du m. itant du prix de l'adjudication.—Il est bien entendu, que le vendeur ne serait pas soumis à l'action en garantie, si la vente avait été faite à charge de telles hypothèques ; si le vendeur les avait expressément déclarées, ou encore s'il résultait des circonstances que l'acheteur les connaissait : parfaitement instruit des charges qui grevaient l'immeuble, ce dernier aurait pris sur lui les risques.

1510. Dans le même cas de stipulation de non garantie, le vendeur, au cas d'éviction, est tenu à la restitution du prix de la chose vendue, à moins que l'acheteur n'ait connu, lors de la vente, le danger de l'éviction, ou qu'il n'ait acheté à ses risques et périls.	1510. In like manner, when there is a stipulation excluding warranty, the seller in case of eviction is obliged to return the price of the thing sold, unless the buyer knew at the time of the sale the danger of eviction or had bought at his own risk.

---

* C. N. 1629. } Dans le même cas de stipulation de non-garantie, le vendeur, en cas d'éviction, est tenu à la restitution du prix, à moins que l'acquéveur n'ait connu, lors de la vente, le danger de l'éviction ou qu'il n'ait cheté à ses périls et risques.　　　　♦

---

ff. De actione empti, Liv. 19, } Qui autem *habere licere* ven-
　tit. 1, *L.* 11, § 18.　　　} didit, videamus quid debeat
ræstare. Et multum interesse arbitror, utrum hoc pollicea-

[ARTICLE 1510.]

tur, *per se, venientesque à se personas non fl i, quominùs habere liceat: an vero per omnes:* nam si per se, non videtur id præstare, ne alius evincat. Proinde si evicta res erit, sive stipulatio interposita est, ex stipulatu non tenebitur, sive non est interposita, ex.empto non tenebitur. Sed Julianus libro quintodecimo digestorum scribit, etiam si apertè venditor pronuntiet, *per se heredemque suum non teneri, quominùs habere liceat,* posse defendi, ex empto eum in hoc quidem non teneri, quod emptoris interest, verumtamen ut pretium reddat teneri. Ibidem ait, idem esse dicendum, et si apertè in venditione comprehendatur, *nihil evictionis nomine præstatum iri,* pretium quidem deberi re evicta utilitatem non deberi: neque enim bonæ fidei contractus hanc patitur conventionem, ut emptor rem amitteret, et pretium venditor retineret: nisi fortè, inquit, sic quis omnes istas suprascriptas conventiones recipiet, quemadmodùm recipitur, ut venditor nummos accipiat, quamvis merx ad emptorem non pertineat: veluti cùm futurum jactum retis à piscatore emimus, aut indaginem plagis positis à venatore, vel pantheram ab aucupe: nam etiamsi nihil capit, nihilominùs emptor pretium præstare necesse habebit. Sed in suprascriptis conventionibus contra erit dicendum, nisi fortè sciens alienam vendit; tunc enim, secundùm suprà à nobis relatam Juliani sententiam, dicendum est ex empto eum teneri, quia dolo facit. (ULPIANUS).

Ibidem. } Lorsque le vendeur promet de mettre
Trad. de M. Hulot. } l'acheteur en possession d'une chose, à quoi est-il obligé envers lui? Je pense qu'il faut bien distinguer si le vendeur promet que la possession de l'acheteur ne sera troublée ni par lui ni par ses ayans-cause, ou s'il promet qu'elle ne sera troublée par personne : car, dans le premier cas, il ne paroît pas s'obliger à faire que la chose ne soit point évincée. Si elle vient à l'être, l'acheteur n'aura contre lui ni l'action de la stipulation, s'il y en a une, ni celle de la vente s'il n'y a point de stipulation. Mais Julien écrit au livre quinze du digeste, que si le vendeur a déclaré nettement que ni lui ni ses héritiers ne troubleroient l'acheteur, la chose

venant à être évincée par un autre, il ne sera point soumis à l'action de la vente envers l'acheteur, à l'effet de lui payer tous les intérêts qu'il peut avoir que cette chose ne lui ait pas été évincée, mais seulement à l'effet de lui rendre son prix. Il dit au même endroit, qu' n doit observer la même chose dans le cas où on aura inséré dans une vente la clause que le vendeur ne devra aucune garantie en cas d'éviction; cette clause n'empêchera par ... le vendeur, en cas d'éviction, ne soit obligé de rendre le prix, mais son effet sera seulement d'empêcher qu'il ne soit obligé d'indemniser l'acheteur de tout l'intérêt qu'il pourroit avoir : ⸱ ⸱les contrats de bonne foi ne peuvent point admettre une convention qui tendroit à laisser le prix au vendeur, pendant que l'acheteur perdroit la chose ; à moins, dit-il, que toutes les conventions ci-dessus ne soient réunies dans une seule clause, qui porte que le verdeur recevra le prix dans le cas même où la chose vendue ne parviendroit point à l'acheteur : par exemple, lorsqu'on achève d'un pêcheur ce qu'il tirera d'un coup de filet, ou le gibier qui tombera dans les pièges dressés, ou dans les rets tendus par un chasseur ; car, quoiqu'il n'y ait rien de pris, l'acheteur ó '' néanmoins payer le prix. Mais il n'en sera pas de même ⸱ clauses rapportées ci-dessus, à moins que le vende. ... it su que la chose qu'il vendoit appartenoit à autrui ; auquel cas, suivant le senti. ... de Julien, rapporté ci-dessus, il sera soumis à l'action de la vente envers l'acheteur, à l'effet de l'indemniser de tout son intérêt ; parce qu'il y a mauvaise foi de sa part. (ULPIEN).

---

* 3 *Pothier* (*Bugnet*), ⎱ 185. La clause par laquelle le ven-
Vente, n° 185 et s. ⎰ deur stipule qu'il ne sera tenu d'aucune garantie, empêche bien qu'il ne soit tenu des dommages et intérêts le l'acheteur, faute de pouvoir faire cesser les évictions, et accomplir la promesse qu'il lui a faite de lui faire avoir la chose : mais cette clause ne le décharge pas de la restitution du prix dont il est tenu *condictione sin. ausá;* car

[ARTICLE 1510.]

l'acheteur ne s'étant obligé de payer, et n'ayant effectivement payé ce prix qu'en conséquence de ce que le vendeur promettait de lui faire avoir la chose vendue; le vendeur n'ayant pas accompli sa promesse, la cause pour laquelle l'acheteur a payé le prix, ne subsiste plus; et par conséquent le vendeu., se trouvant avoir ce prix sans cause, doit le rendre.

C'est ce que décide la loi 11, § 13, ff. *de Act. empt. Etsi apertè in venditione comprehendatur nihil evictionis nomin rægstatum iri; pretium deberi, re evictâ, utilitatem non deber. ec enim bonæ fidei contractus hanc patitur conventionem, ut emptor rem amitteret, et venditor pretium retineret.*

Quelques docteurs cités par Bruneman, *ad eamd.* L., ont cru devoir faire à cet égard une distinction. Ils conviennent que, suivant la loi citée, le vendeur ne laisse pas d'être tenu à la restitution du prix, en cas d'éviction, lorsqu'il a stipulé en général qu'il ne serait tenu de garantir d'autres évictions que de celles qui procéderaient de son fait; mais ils prétendent qu'il en doit être autrement, lorsqu'il a stipulé qu'il ne serait pas tenu d'une certaine espèce particulière d'éviction; et, qu'en ce cas, il ne doit pas même être tenu de la restitution du prix, lorsque l'acheteur est évincé par cette espèce particulière d'éviction; ce qu'ils prétendent établir par la loi 69, ff. *de Evict.*, qui porte que celui qui, en vendant un esclave, a excepté de la garantie à laquelle il s'obligeait, le cas auquel l'esclave réclamerait la liberté, n'est point tenu de l'éviction, soit que l'homme fût déjà libre lorsqu'il l'a livré, soit qu'il n'ait acquis la liberté que depuis, par l'événement de la condition sous laquelle elle lui avait été laissée.

Cette distinction est, avec raison, rejetée par Bruneman, *ad eamd.* L. Elle est dénuée de raison, et la loi 69, sur laquelle les docteurs s'appuient, ne l'établit point: car cette loi dit bien que le vendeur n'est point tenu de l'éviction; c'est-à-dire qu'il n'est pas tenu *actione in duplum ex hâc stipulatione, quâ se evictionis nomine obligavit*; mais elle ne dit nullement, comme ils le lui font dire, qu'il ne soit pas même tenu de la

[ARTICLE 1510.]

restitution du prix; et ce n'était pas de cela qu'il était .question dans cette loi, qui ne parle que de la stipulation *de evictione. Voyez* Mornac, *ad eumd.* §.

186. Il y a néanmoins un cas auquel le vendeur n'est pas tenu même de la restitution du prix en cas d'éviction ; c'est lorsqu'il paraît que ce n'est pas tant la chose qu'il a vendue, que la prétention incertaine qu'il avait à cette chose. Cette vente est semblable à celle d'un coup de filet ; *edd.* L. 11, § 18.

———

5 *Boileux, sur* } La clause générale de non-garantie, a
art. 1629 *C. N.* } pour effet d'affranchir le vendeur de tous dommages-intérêts, même des frais et loyaux coûts du contrat ; mais elle ne le dispense pas de restituer le prix, car ce prix est sans cause entre ses mains.

Toutefois, l'acheteur peut affranchir le vendeur de cette restitution : la loi ne prétend gêner en rien la liberté des conventions, dès le moment où le dol n'est plus à craindre : elle considère même la volonté des contractants comme suffisamment démontrée, lorsqu'à la clause de non-garantie, se joint la circonstance que le vendeur a connu d'une manière quelconque, avant ! vente, soit par une déclaration du vendeur, soit par quelq' autre voie (notamment par la communication des titres de propriété), le danger de l'éviction, ou qu'il a pris sur lui tous les risques et périls (1694) : le prix n'est plus alors l'équivalent de la chose ; mais celui de la chance

A quoi bon exiger, qu'à la clause de non-garantie, soit jointe la condition que l'acheteur aura connu le danger d'éviction, ou qu'il aura pris sur lui les risques et périls ? Le législateur a voulu mettre l'acheteur à l'abri des surprises, en appelant spécialement son attention sur les dangers qui le menacent et en lui montrant qu'il fait un contrat aléatoire.

Que faudrait-il décider si la non-garantie n'avait pas été stipulée : l'acquéreur pourrait exiger la restitution du prix, bien qu'il eût connu le danger de l'éviction (Arg. des articles 1626, 1638, 1642). Le prix serait sans cause entre les mains du vendeur.—En pareil cas, la promesse de garantie replacerait les parties sous l'empire de la loi commune et autoriserait l'action en dommages-intérêts.

Quid, dans la même hypothèse, si la vente a eu lieu *aux risques et périls* de l'acheteur ? Il est difficile, dit Duranton (t. 16, n. 241), de ne pas voir dans cette convention un contrat aléatoire.—Troplong (n. 484) pense, néanmoins, qu'il faut appliquer la disposition qui permet de répéter le prix, *condictione indebiti*. Il s'agit, dit-il, d'une règle sévère ; or, en pareil cas, on ne peut raisonner par analogie.—Cette dernière opinion nous paraît devoir être suivie : le système de Duranton aurait pour résultat, d'aggraver la rigueur de la loi : pour que le vendeur fût affranchi de toute garantie, il faudrait insérer dans le contrat ces mots : *sans garantie ni restitution de deniers.*

Ainsi, le vendeur n'est autorisé à conserver le prix que dans deux cas : clause de non-garantie jointe, soit à la circonstance que l'acheteur connaissait le danger d'éviction ; soit à la clause accessoire que la vente a eu lieu aux risques et périls de ce dernier.—Mais la clause de non-garantie, ou la circonstance que l'acheteur a couru volontairement la chance d'être évincé, suffit pour soustraire le vendeur à l'obligation de payer des dommages-intérêts.

Au reste, ce n'est là qu'une question d'intention : le juge doit prononcer eu égard aux circonstances.

—Le vendeur qui repousse la revendication dirigée contre l'acheteur est-il tenu des dommages-intérêts causés par les faits qui ont accompagné cette action ?—Une indemnité sera due par l'auteur du trouble ; mais le vendeur ne sera pas responsable du payement de cette indemnité, car le résultat du procès aura prouvé que la cause prétendue d'éviction n'existait pas.— Il s'agit uniquement d'une voie de fait, d'un cas fortuit, postérieur à la vente : le vendeur n'en est pas responsable.

Mais le vendeur sera-t-il du moins tenu des dépens ?— On peut dire qu'il n'a contracté d'autre obligation que celle de transmettre la propriété ; qu'il n'a pas entendu prendre sur lui la responsabilité du trouble que des tiers pourraient avoir la fantaisie d'apporter sans aucun droit à la jouissance de l'acheteur.—Néanmoins, l'opinion contraire a prévalu devant la Cour de cassation par les raisons suivantes : si l'acheteur eût connu avant le contrat la cause du trouble, il eût. exigé que le vendeur la fît cesser.—D'un autre côté, si la vente n'avait pas eu lieu, le dernier aurait été obligé de se défendre.

Le vendeur est-il tenu, en cas d'éviction, non-seulement de rembourser le prix de vente qu'il a reçu, mais encore de rendre son acquéreur indemne de tout le dommage que lui a causé l'éviction ; notamment de lui rembourser même le prix de la deuxième vente, s'il est supérieur à celui de son acquisition : spécialement, l'acquéreur au prix de 1,000 francs, d'un immeuble adjugé moyennant 2,000 fr., peut-il exiger 1,000 francs à titre de dommages-intérêts ?—La Cour de cassation s'est prononcée pour l'affirmative, par argument de l'article 1630 4°.— Nous croyons qu'il serait bien rigoureux d'ériger cette solution en principe absolu : sans doute, on peut considérer comme un gain dont l'acquéreur se trouve privé, la différence en plus qui existait sur le prix de la deuxième vente comparée à la première (1149) ; mais d'un autre côté, l'article 1150 porte, que " le débiteur n'est tenu que des dommages-intérêts qui ont été prévus, *ou que l'on a pu prévoir* à l'époque du contrat, lorsque ce n'est point par son dol que l'obligation n'est point exécutée : tout se réduit par conséquent à une question de fait ; le juge doit prononcer eu égard aux circonstances.

Après avoir déterminé les diverses causes qui donnent lieu à garantie, le Code fixe l'étendue de cette obligation ; il règle d'abord le cas d'éviction totale.

L'action de l'acheteur évincé a un double objet : 1° la répétition du prix de vente ; 2° l'indemnité pour le dommage causé par l'éviction.

La restitution du prix est due, moins à titre de dommages-

[ARTICLE 1511.]

intérêts, que par l'effet d'une *condictio indebiti* : aussi l'article
1631 oblige-t-il le vendeur à effectuer ce remboursement,
bien que la chose ait diminué de valeur ; en sorte que l'acheteur peut recevoir plus qu'il n'a perdu.

L'importance des dommages-intérêts varie suivant les circonstances : l'article 1630 énumère diverses prestations qui
sont dues à ce titre.— Ces prestations sont la réparation d'un
dommage éprouvé par l'acheteur. Elles ne sont point dues
lorsqu'il existe une clause de non-garantie, ou lorsque l'acheteur a eu connaissance des causes de l'éviction : en ce cas, le
vendeur n'est soumis qu'à la restitution du prix (1629).

Voy. autorités sur art. 1576.

1511. Soit que la garantie soit légale ou conventionnelle, l'acheteur, au cas d'éviction, a droit de réclamer du vendeur :

1. La restitution du prix ;

2. Celle des fruits, lorsqu'il est obligé de les rendre à la personne qui l'évince ;

3. Les frais faits tant sur la demande en garantie contre le vendeur que sur la demande originaire ;

4. Les dommages, les intérêts et les frais du contrat ;

Sauf néanmoins les dispositions contenues dans l'article qui suit.

1511. Whether the warranty be legal or conventional, the buyer, in case of eviction, has a right to claim from the seller :

1. Restitution of the price ;

2. Restitution of the fruits in case he is obliged to pay them to the party who evicts him ;

3. The expenses incurred, as well in his action of warranty against the seller as in the original action ;

4. Damages, interest and all expenses of the contract ;

Subject nevertheless to the provision contained in the article next following.

[ARTICLE 1511.]

• C. N. 1630. } Lorsque la garantie a été promise, ou qu'il n'a rien été stipulé à ce sujet, si l'acquéreur est évincé, il a droit de demander contre le vendeur,

1° La restitution du prix ;

2° Celle des fruits, lorsqu'il est obligé de les rendre au propriétaire qui l'évince ;

3° Les frais faits sur la demande en garantie de l'acheteur, et ceux faits par le demandeur originaire ;

4° Enfin les dommages et intérêts, ainsi que les frais et loyaux coûts du contrat.

———

Voy. autorités sur art. 1510.

———

* ff. De evictionibus, liv. 21, } L. 60. Si in venditione dictum **tit. 2, LL. 60-70.** } non sit, quantum venditorem pro evictione præstare oporteat : nihil venditor præstabit, præter simplam evictionis nomine, et ex natura ex empto actionis, hoc quod interest (Javolenus).

L. 70. Evicta re, ex empto actio non ad pretium duntaxat recipiendum, sed ad id quod interest competit. Ergo et si minor esse cæpit, damnum emptoris erit (Paulus).

Ibidem. } L. 60. Si on ne s'est point expliqué dans **Trad. de M. Hulot.** } la vente sur ce que le vendeur seroit obligé de donner à l'acheteur en cas d'éviction, le vendeur ne sera obligé envers l'acheteur qu'à lui rendre le simple de son prix, et en outre, à cause de la nature de l'action de la vente, à l'indemniser de l'intérêt qu'il a de n'avoir pas été évincé (Javolénus).

L. 70. Lorsque la chose vendue est évincée, l'acheteur a l'action de la vente, non-seulement à l'effet de se faire rendre son prix, mais encore à l'effet de se faire indemniser de tout l'intérêt qu'il peut avoir. Ainsi, si la chose est devenue entre les mains de l'acheteur d'un prix moins considérable, ce sera lui qui en souffrira (Paul).

[ARTICLE 1511.]

* 3 *Pothier* (*Bugnet*), ⎱ 118. Le vendeur, en cas d'éviction,
Vente, n° 118 à 139. ⎰ doit être condamné envers l'acheteur
à lui restituer le prix qu'il a reçu.

Il doit donc y être condamné, de même que dans le cas de
défaut de tradition, quand même la chose vendue aurait été,
depuis le contrat de vente, considérablement détériorée, soit
par la négligence de l'acheteur, soit par des accidents de force
majeure, de manière qu'elle se trouverait, lors de l'éviction,
d'une valeur beaucoup inférieure au prix pour lequel elle a
été vendue (1).

Nous avons établi cette décision *suprà*, part. 2, n° 68.

119. Il y a quelquefois quelques déductions à faire sur le
prix que le vendeur est tenu de rendre à l'acheteur en cas
d'éviction.

1° Si, avant la demande sur laquelle l'acheteur a été
évincé, il y avait eu une précédente instance entre le vendeur
et l'acheteur, soit pour défaut de contenance, soit pour
quelque charge réelle qui n'aurait pas été déclarée par le
vendeur, et que, sur cette instance, le vendeur eût été condamné à payer une certaine somme à l'acheteur, le vendeur
appelé depuis en garantie sur la demande sur laquelle
l'acheteur a été condamné à délaisser l'héritage, doit faire
déduction, sur le prix qu'il doit rendre à l'acheteur, de la
somme que l'acheteur a déjà touchée pour raison du défaut
de contenance ou de la charge non déclarée : car cette somme
était la restitution d'une partie du prix que le vendeur lui a
déjà faite ; il ne doit donc plus rendre que le surplus. Arg.
L. 48, ff. *de Evict.*

120. 2° Si le vendeur, avant le contrat de vente, avait fait
des méliorations sur l'héritage qu'il a depuis vendu, et que
l'acheteur eût reçu le prix de ces méliorations du propriétaire
à qui il a délaissé l'héritage, le vendeur doit déduire cette

(1) Il suit de là que l'acheteur a intérêt à être évincé, qu'il ne supportera pas les détériorations survenues à la chose, quoiqu'il eût profité des
améliorations, mais c'est la conséquence de la doctrine de Dumoulin,
approuvée par Pothier et adoptée par le Code. (BUGNET).

[ARTICLE 1511.]

somme sur le prix qu'il doit rendre à l'acheteur ; car le prix
de ces méliorations qu'il a reçu, fait partie du prix pour lequel la chose lui a été vendue ; et, par conséquent, ayant
déjà reçu une partie du prix, le vendeur ne doit plus lui
rendre que le surplus (1).

121. 3° Lorsque l'acheteur a fait des dégradations sur l'héritage dont il a profité ; *putà*, en vendant une futaie, sans
qu'il ait été obligé d'en faire raison à celui à qui il a été condamné de délaisser l'héritage, il doit faire déduction, sur le
prix de l'héritage que le vendeur doit lui rendre, de la somme
qu'il a reçue pour le prix de cette futaie ; car il a été remboursé du prix de l'héritage jusqu'à concurrence de cette
somme.

122. Le vendeur n'est pas en droit de faire déduction, sur
le prix qu'il doit rendre, des sommes qu'il lui en a déjà coûté
pour faire cesser de précédentes évictions, lorsque ce n'est
pas l'acheteur qui a reçu ces sommes.

C'est ce qui paraîtra par l'exemple suivant : Vous m'avez
vendu, comme à vous appartenant, un héritage qui appartenait à Pierre. Sur la demande en revendication donnée par
Pierre contre moi, je vous ai appelé en garantie, et vous avez
transigé avec Pierre, lequel, pour une somme d'argent que
vous lui avez donnée, s'est désisté de sa demande.

Depuis, j'ai été obligé de délaisser cet héritage à Jacques,
qui était appelé à une substitution de cet héritage après la
mort de Pierre. Sur le prix que vous me devez rendre en
conséquence de cette éviction, vous ne pouvez me faire
aucune déduction de ce que vous avez payé à Pierre ; car ce
n'est pas moi qui ai reçu cette somme. On ne peut pas dire
que c'est pour moi et en mon acquit que vous l'avez payée à
Pierre ; car je ne devais rien à Pierre ; c'était vous qui étiez
obligé de faire cesser l'éviction de Pierre ; c'était pour vous

(1) Il est bien évident que tout ce que l'acheteur reçoit du revendiquant à raison des améliorations effectuées sur l'immeuble restitué à son
propriétaire, doit diminuer d'autant l'indemnité due par le vendeur.
(BUGNET).

[ARTICLE 1511.]

acquitter de votre obligation que vous avez payé cette somme à Pierre. Mais, en me défendant de l'éviction de Pierre, vous n'en demeuriez pas moins obligé de me défendre ou de m'indemniser des évictions que je pourrais souffrir de la part d'autres personnes. Jacques m'ayant évincé pour le total de l'héritage, le prix doit m'être par vous rendu en total ; Caballinus, *de Evict. in addition.* au grand Recueil, feuillets 104 et 105.

123. Lorsque l'acheteur a été condamné à restituer les fruits qu'il a perçus, le vendeur, son garant, doit être condamné à l'acquitter de cette condamnation.

Cependant si le vendeur assigné en garantie, déclarait à l'acheteur qu'il n'a pas de moyens pour le défendre, s'il offrait de lui restituer le prix, et de l'indemniser entièrement de l'éviction, et que l'acheteur, nonobstant ces offres, voulût soutenir le procès, le vendeur pourrait, en consignant le prix, se décharger de l'obligation d'acquitter l'acheteur de la restitution des fruits perçus depuis les offres pendant le cours du procès : car le vendeur ayant offert à l'acheteur tout ce qu'il lui devait, ne doit pas souffrir de ce que l'acheteur, sans égard à ses offres, qu'il devait accepter, a voulu soutenir contre le demandeur originaire un procès injuste.

Au reste, je crois que le vendeur, pour se décharger de cette obligation, doit consigner le prix dont il a offert la restitution : car, tant que le vendeur ne consigne point, et qu'il conserve la jouissance du prix que l'acheteur lui a payé, il doit faire avoir à l'acheteur la jouissance de la chose vendue, qui doit tenir lieu à l'acheteur de la jouissance qu'a le vendeur du prix qu'il lui a payé. C'est pourquoi le vendeur doit acquitter l'acheteur de la restitution de ces jouissances, lorsque l'acheteur est condamné de les restituer au demandeur originaire (1).

(1) On demandera peut-être pourquoi l'art. 1630, C. civ., (*V.* ci-dessus, p. 35, note 1,) parle tout à la fois de la restitution des fruits au revendiquant, et des dommages-intérêts dus par le vendeur à l'acheteur : car ce dernier chef suppose un acheteur de bonne foi (*V.* art. 1599, C. civ., ci-

[ARTICLE 1511.]

124. Pareillement, lorsque l'acheteur a été condamné à faire raison au demandeur originaire, des dégradations faites par son fait ou par sa faute, le vendeur doit aussi en certains cas l'acquitter de cette condamnation. J'ai dit *en certains cas*, car il y a à cet égard des distinctions à faire.

125. Si les dégradations sont des dégradations dont l'acheteur a profité, et s'il n'a été condamné pour lesdites dégradations, envers le demandeur originaire, qu'à la restitution de la somme dont il a profité, le vendeur son garant qui lui restitue le prix entier qu'il a payé, n'est pas tenu de l'acquitter en outre à cet égard envers le demandeur originaire.

Finge. Vous m'avez vendu un héritage pour le prix de 50,000 liv. J'ai fait abattre une futaie qui était sur cet héritage, que j'ai vendue pour le prix de 10,000 liv. J'ai été condamné à délaisser cet héritage, et à payer au demandeur originaire la somme de 10,000 liv. que j'ai reçue pour le prix de la futaie. Vous ne devez pas, sur l'action de garantie que j'ai donnée contre vous, être condamné à payer pour moi cette somme de 10,000 liv., outre la restitution que vous devez me faire du prix entier de 50,000 liv. que je vous ai payé : car si cela était, il est évident que je profiterais de 10,000 liv. à vos dépens ; ce que l'équité ne permet pas.

Il y a plus : non-seulement vous n'êtes pas obligé de payer cette somme pour moi, mais j'avais été condamné à délaisser l'héritage sans rendre cette somme, *putà*, sur la demande d'un créancier hypothécaire, qui n'a droit de se faire délaisser l'héritage qu'en l'état qu'il se trouve lorsqu'il exerce son hypothèque, vous seriez en droit de me diminuer, sur les 50,000 liv. que je vous ai payées pour le prix entier de l'héri-

dessus, p. 1, note 2), et l'autre suppose un possesseur de mauvaise foi, puisqu'il est condamné envers le revendiquant à la restitution des fruits. On peut répondre que l'acheteur a été de bonne foi *tempore emptionis*, que cette bonne foi a cessé postérieurement, et, dans tous les cas, au moment de la demande en revendication : ce qui suffit pour comprendre le cumul de ces deux chefs de la demande de garantie. (BUGNET).

[ARTICLE 1511.]

tage, 10,000 liv. que j'ai reçues pour le prix de la futaie ; autrement j'aurais deux fois le prix de cette futaie : car le prix total de 50,000 liv. est le prix de toutes les choses qui composaient l'héritage lors de la vente que vous m'en avez faite, et par conséquent le prix de la futaie s'y trouve compris.

126. A l'égard des dégradations dont l'acheteur n'a pas profité, la question ne peut guère tomber sur un acheteur de bonne foi ; car il ne doit pas être tenu, envers le demandeur originaire, des dégradations qu'il a faites avant qu'il eût aucune connaissance du droit du demandeur.

Il est permis à chacun de négliger son bien : on ne peut regarder comme une faute qu'un homme ait laissé détériorer une chose dont il avait sujet de se croire le véritable propriétaire, quoiqu'il ne le fût pas : *Qui quasi suam rem neglexit, nulli querelæ subjectus est ; L. 31, § 3, ff. de Hered. petit.* Néanmoins si, par erreur de droit, le juge m'avait condamné, quoique acheteur de bonne foi, à faire raison des dégradations par moi faites sur l'héritage que j'ai été condamné de délaisser ; le vendeur, qui aurait été par moi sommé en garantie, devrait être condamné à m'en acquitter ; car, étant obligé de prendre mon fait et cause, il doit prendre à ses risques la défense de la cause, et par conséquent m'acquitter des condamnations justes ou injustes qui interviendraient contre moi. Mais si je m'étais laissé condamner sans sommer en garantie mon vendeur, le vendeur pourrait se défendre de m'acquitter de cette condamnation, en m'opposant que c'est par ma faute, et pour m'être mal défendu, que j'ai été condamné à faire raison de ces dégradations ; et que si je l'avais mis en cause, il m'aurait mieux défendu, et aurait empêché cette condamnation.

Mais, pour que le vendeur puisse m'opposer cette exception, il faut qu'il ait été lui-même possesseur de bonne foi ; car, s'il était usurpateur de l'héritage, quoiqu'il n'ait pas été par moi sommé en garantie, il ne pourrait se dispenser de m'ac-

[ARTICLE 1511.]

quitter de cette condamnation ; puisque, si je n'y avais pas été condamné, il en aurait été lui-même personnellement tenu, un usurpateur étant tenu tant des dégradations par lui faites, que de celles faites par ses successeurs.

127. Il nous reste à parler du cas au quel l'acheteur a été condamné pour des dégradations faites depuis qu'il a eu connaissance qu'il n'était pas propriétaire de l'héritage, ou qu'il ne l'était pas irrévocablement, et dont il n'a pas profité ; comme s'il a arraché de bonnes vignes pour en faire un jardin d'agrément, ou si ces vignes sont devenues en mauvais état pour n'avoir pas été provignées et cultivées comme il faut, etc. Le vendeur son garant doit, en ce cas, l'acquitter de cette condamnation ; car, quoique l'acheteur, vis-à-vis du propriétaire demandeur originaire, ait eu tort de faire ces dégradations, il n'a pas eu tort vis-à-vis de son garant, qui ne peut lui reprocher pourquoi il les a faites. Il avait droit, en les faisant, de compter sur la garantie qui lui avait été promise ; il avait droit de compter que son garant empêcherait l'éviction, comme il s'y était obligé en rachetant la chose du propriétaire : le garant ne peut donc avoir aucun prétexte pour se dispenser de l'acquitter de cette condamnation.

Il doit l'en acquitter, quand même il n'aurait pas été sommé en garantie ; car l'acheteur ayant dû, dans ce cas, être condamné pour raison de ces dégradations, le garant ne peut pas, comme dans le cas précédent, lui opposer que s'il eût été sommé en garantie, cette condamnation ne serait point intervenue.

Observez néanmoins que, s'il paraissait que les dégradations ont été faites par malice, dans la vue d'aggraver l'obligation du garant dans un temps auquel l'acheteur avait lieu de prévoir une prochaine demande en éviction, l'acheteur ne doit, en ce cas, avoir aucun recours pour ces dégradations contre son garant : car *malitiis non est indulgendum.*

Depuis la demande et pendant le procès, l'acheteur, quand même il serait acheteur de bonne foi, ne doit faire aucunes

[ARTICLE 1511.]

dégradations ; et s'il est condamné pour celles qu'il aurait
faites, il ne doit pas avoir de recours contre son garant (1).

128. Le vendeur doit être condamné, en cas d'éviction,
envers l'acheteur, non-seulement aux dépens faits sur la demande en garantie de l'acheteur contre lui mais encore aux
dépens faits sur la demande originaire, tant par l'acheteur
que par le demandeur originaire, lorsque l'acheteur y a été
condamné. Il ne les doit néanmoins que du jour qu'il a été
assigné en garantie (2). A l'égard de ceux faits avant qu'il ait
été appelé, il ne doit que le coût du premier exploit de la demande originaire : autrement on pourrait ruiner en frais un
vendeur à son insu, et sans qu'il pût l'empêcher. C'est pourquoi, aussitôt qu'un acheteur est assigné aux fins de délaisser
l'héritage qui lui a été vendu, il ne doit pas tarder à sommer
en garantie son vendeur.

(1) Nous sommes complètement de l'avis de Pothier, dans ce dernier
cas : et la vraie raison c'est que l'acheteur est officiellement averti, par
la demande en revendication, que la chose peut lui être enlevée, et,
quelque confiance qu'il ait dans ses moyens de défense, on peut lui dire;
in dubio abstine. Mais alors pourquoi Pothier se montre-t-il si indulgent
pour l'acheteur et si sévère pour le vendeur dans les alinéas qui précèdent ? Pourquoi le vendeur serait-il obligé d'indemniser l'acheteur des
dégradations que celui-ci aurait commises, sans profit pour lui-même,
depuis qu'il a eu connaissance qu'il n'était pas propriétaire, et par conséquent connaissance du danger de l'éviction ? Notre auteur répond que
*l'acheteur avait droit de compter sur la garantie qui lui avait été pro-
mise, qu'il avait droit de compter que son garant empêcherait l'éviction :*
mais on pourrait faire la même réponse, même dans le cas où les dégradations ont eu lieu après la demande intentée. L'acheteur devait également espérer que le vendeur ferait cesser les poursuites.
Nous préférerions décider que l'acheteur est lui-même, et sans recours,
personnellement responsable des dégradations par lui commises depuis
qu'il a eu connaissance que la chose n'appartenait pas au vendeur, et
qu'en conséquence il y avait danger d'éviction : il ne doit pas rendre pire
la condition du vendeur. (BUGNET).

(2) Nous avons déjà fait remarquer que le § 3e de l'art. 1630, C. civ. (V.
ci-dessus, p. 35, note t), n'apportait pas cette modification, V. la note sur
le n° 10° de Pothier, p. 48. (BUGNET).

129. Lorsque le vendeur appelé en garantie a signifié à l'acheteur qu'il n'avait pas de moyens pour le défendre, qu'il offrait de lui rendre le prix qu'il avait reçu, et de l'indemniser entièrement de l'éviction ; si l'acheteur, nonobstant ces offres, a voulu soutenir le procès, et qu'il ait succombé, il ne doit avoir aucun recours contre son garant pour les dépens qui se sont faits depuis les offres ; car le vendeur ayant offert tout ce qu'il devait, l'acheteur devait s'en contenter ; et il ne doit pas être à son pouvoir de faire porter au vendeur, malgré lui, les dépens d'un procès inju-

130. Le vendeur, en cas d'éviction, doit être condamné aux dommages et intérêts, lorsque l'acheteur en a souffert au delà du prix qu'il a payé, *in id quoà suprà pretium interest emptoris.*

Lorsque la vente a été faite de bonne foi, et que le vendeur ignorait que la chose qu'il vendait ne lui appartenait pas, ou ne lui appartenait pas irrévocablement, les dommages et intérêts auxquels le vendeur doit être condamné en cas d'éviction, de même qu'à défaut de tradition, ne sont ordinairement que ceux que l'acheteur a soufferts par rapport à la même chose qui lui a été vendue, *propter rem ipsam non habitam,* et non ceux que l'éviction aurait pu lui occasionner d'ailleurs *extrinsecùs* dans ses autres biens.

131. Ces dommages et intérêts que l'acheteur souffre, en cas d'éviction, par rapport à la chose même, *propter rem ipsam,* sont : — 1° comme nous l'avons déjà observé en la première section, n°s 69 et suiv., tous les loyaux coûts que l'acheteur a faits pour l'acquisition de la chose dont il est évincé ; car, par l'éviction, tous ces loyaux coûts deviennent en pure perte pour lui (1).

Tels sont les frais du contrat, de centième denier, des proxenètes, les droits de franc-fief, les profits censuels ou féodaux qu'il a payés pour l'acquisition, etc. ; le coût des

(1) L'art. 1630, § 4°, C. civ. (*V.* ci-dessus, p. 35, note 1), distingue les dommages-intérêts des frais et loyaux coûts du contrat. (BUGNET).

[ARTICLE 1511.]

aveux et dénombrements et des reconnaissances qu'il a passés : le vendeur doit rembourser l'acheteur de toutes ces choses (1).

Quand même l'éviction donnerait lieu à la répétition des profits contre les seigneurs qui ont reçu, le vendeur ne laisserait pas d'être obligé de les rembourser à l'acheteur, sauf à lui à exercer les droits de l'acheteur contre les seigneurs pour la répétition. La raison est que le vendeur doit rendre l'acheteur entièrement indemne de l'éviction : or l'acheteur ne le serait pas s'il était obligé d'avoir un procès contre les seigneurs pour la répétition des profits ; car, outre que les seigneurs pourraient être insolvables, ce n'est point être indemne que d'avoir un procès à soutenir.

132. 2° Lorsque la chose qui m'a été vendue est, depuis le contrat, augmentée de prix par les circonstances des temps, cette plus-value est pour moi une perte qui concerne la chose même, dont je dois être indemnisé par le vendeur. Par exemple, si une maison que j'ai achetée, il y a quinze ans, 20,000 l v., en vaut trente aujourd'hui que j'en suis évincé, le *id quanti meâ interest eam habere licere*, est de valeur de 30,000 liv., et par conséquent de 10,000 liv. au delà du prix que je l'ai achetée, dont mon vendeur doit m'indemniser.

Cependant si, par des circonstances qu'on n'a pu prévoir lors du contrat de vente, il était survenu une augmentation immense de prix sur la chose qui m'a été vendue, le vendeur de bonne foi ne devrait pas être, en cas d'éviction, condamné à me payer la somme entière que vaut aujourd'hui l'héritage, et à laquelle montent par conséquent les dommages-intérêts résultant de l'éviction, mais seulement à payer la

(1) Un grand nombre de ces droits qui se rattachaient au régime féodal n'existent plus aujourd'hui. Quant aux droits de mutation payés au trésor, ils doivent être restitués par le vendeur à l'acheteur, et même au cas d'augmentation de valeur, on pourrait dire, avec raison, que l'acheteur doit obtenir le montant des droits nouveaux qu'il aurait à payer pour acquérir une propriété de valeur égale à celle dont il est évincé. Il n'y aurait en cela que justice. (BUGNET).

[ARTICLE 1511.]

somme la plus haute à laquelle les parties, lors du contrat, ont pu s'attendre que les dommages et intérêt pourraient monter (1). *Voy.* notre *Traité des Obligations*, ɒ 164; et Dumoulin, *Tr. de eo quod interest*, nᵒˢ 57 et seq.

133. Lorsque la plus-value de l'héritage qu'on m'a vendu, résulte des méliorations que j'y ai faites : si je n'ai été condamné à délaisser l'héritage qu'à la charge par le demandeur originaire de me rembourser du prix de ces méliorations, il est évident que je ne pourrai prétendre contre mon garant aucuns dommages et intérêts pour raison de cette plus-value, puisque, devant en être remboursé par le demandeur originaire, je ne dois pas l'être une seconde fois par mon garant.

C'est ce que décide Paul, en la loi 45, § 1, ff. *de Act. empt.*: *Si mihi alienam aream vendideris, et in eam ego ædificavero, atque ita eam dominus evincit ; quia possum petentem dominum, nisi impensam ædificiorum solvat, doli mali exceptione summovere, magis est ut ea res ad periculum venditoris non pertineat.*

Mais si le demandeur originaire n'a pas été assujetti, par la sentence, à me faire raison des méliorations ; *putà,* si elles ont été compensées avec les jouissances, en ce cas c'est à mon garant à m'en indemniser. C'est de ce cas qu'on doit entendre la loi 9, Cod. *de Evict*, qui porte : *Sin evictum fuerit, à venditore consequeris, quanti tuâ interest ; in quo continetur, etiam eorum persecutio quæ in rem emptam à te, ut melior fieret, erogata sunt.*

Cette décision souffre le tempérament que nous avons ci-dessus rapporté, savoir, que, si l'augmentation du prix qui résulte des méliorations faites par l'acheteur sur la chose vendue est immense, l'acheteur, qui n'a pas obtenu contre la partie qui l'a évincé le remboursement de ces méliorations,

(1) Cette décision paraît sans doute fort équitable, surtout dans le système adopté par lo Code que le prix doit toujours être intégralement restitue au cas de diminution de valeur, mais l'art. 1633 C. civ. (*V.* ci-dessus, p. 32, note 1), est bien exprès, et il ne tolère guère une pareille modification. (BUGNET).

[ARTICLE 1511.]

ne peut prétendre contre le vendeur qui lui a vendu la chose de bonne foi, une plus grande somme que celle à laquelle ce vendeur, lors du contrat, a pu s'attendre que pourraient monter au plus haut les dommages et intérêts auxquels il s'obligeait en cas d'éviction. C'est ce que décide Paul, en la loi 43 : vers. *Planè, de Act. empt. in fine. Planè, si in tantùm pretium excedisse proponas, ut non sit cogitatum à venditore de tantâ summâ, veluti si ponas agitatorem posteà factum, vel pantomimum, evictum esse eum, qui minimo vœniit pretio, iniquum videtur in magnam quantitatem obligari venditorem* (1).

Ce tempérament n'a lieu qu'à l'égard du vendeur de bonne foi ; c'est pourquoi Paul ajoute : *In omnibus tamen his casibus, si sciens quis alienum vendiderit, omnimodo teneri debet ;* L. 45, § 1, *eod. tit.*

134. De même que le garant est tenu, en cas d'éviction, de rembourser à l'acheteur les méliorations qu'il a faites, lorsque la sentence n'y a pas condamné la partie qui l'évince, par la même raison, si la somme dont l'héritage est augmenté de prix par les méliorations que l'acheteur a faites, excède celle qu'il a dépensée pour les faire, le demandeur originaire n'étant obligé, en ce cas, de rembourser à l'acheteur que la somme qu'il a dépensée, le garant devra être condamné à l'indemniser pour le surplus.—*Finge :* J'ai acheté un héritage pour le prix de 20,000 liv. ; j'y ai fait une dépense de 3,000 liv. qui a augmenté de 200 liv. le revenu annuel de cet héritage, et a par conséquent accru de 4,000 liv. au moins la valeur de cet héritage. L'éviction de cet héritage, qui vaut aujourd'hui 24,000 liv., est pour moi une perte de 21,000 liv., déduction faite de 3,000 liv. qui doivent m'être remboursées par la partie qui m'évince. Cette éviction me cause donc une perte de 1,000 liv. au delà du prix de 20,000 liv. pour lequel je l'ai acheté, dont je dois être indemnisé par mon garant,

(1) Le Jurisconsulte romain n'avait pas à lutter contre un texte aussi formel que l'est l'art. 1633, C. civ., *V.* ci-dessus, p. 32, note 1. (BUGNET).

[ARTICLE 1511.]

qui est tenu envers moi *in omne quanti meâ interest suprà pretium* (1).

135. Que do[:].. décider dans le cas inverse auquel la somme que l'acheteur a dépensée, excède celle dont l'héritage est augmenté de prix ?

Finge : J'ai acheté un héritage pour le prix de 20.000 liv., j'ai fait sur cet héritage une dépense de 10,000 liv., qui n'a augmenté le prix de l'héritage, tout au plus, que de 4,000 liv. Je suis évincé par le propriétaire ; il est certain qu'il ne sera pas obligé de me rembourser plus que les 4,000 liv. dont son héritage est devenu plus précieux. Mon garant sera-t-il tenu de m'indemniser des 6,000 liv. que j'ai dépensées de plus que celle qui me sera remboursée par le propriétaire ?

Non ; car l'héritage étant supposé ne valoir que la somme de 24,000 liv., les dommages et intérêts résultant de l'éviction, qui ne sont autre chose que *id quanti interest eum fundum habere licere*, ne montent par conséquent qu'à cette somme de 24,000 liv. L'acheteur étant remboursé de 4,000 liv. par le demandeur, ne souffre rien au delà du prix de 20,000 liv. que le vendeur lui doit restituer. Les 6,000 liv. qu'il a dépensées de plus sont pour lui une perte : mais ce n'est pas une perte qui résulte de l'éviction, ni par conséquent qui puisse être censée faire partie des dommages et intérêts résultant de l'éviction dont le vendeur est tenu envers lui ; cette perte était faite pour l'acheteur, dès avant l'éviction, et indépendamment de l'éviction.

Ce n'est ni l'éviction qui est la cause de cette perte que l'acheteur a soufferte, ni même le contrat de vente, qui en a été seulement l'occasion : cette perte n'a d'autre cause que la propre faute de l'acheteur, qui a fait une folle dépense que rien ne l'obligeait de faire : c'est lui seul qui la doit souffrir.

136. Nous avons jusqu'à présent exposé quels peuvent être les dommages et intérêts que l'acheteur est dans le cas de

(1) Cet exemple montre clairement l'application de l'art. 1634, C. civ. (*V.* ci-dessus, p. 56, note 2), tant contre le revendiquant qui a obtenu gain de cause que contre le vendeur garant. (BUGNET).

souffrir par rapport à la chose dont il est évincé, *propter rem ipsam ;* le vendeur de bonne foi, comme nous l'avons déjà dit, n'est ordinairement tenu que de cette espèce de dommages et intérêts : il n'est pas ordinairement tenu de la perte que l'éviction a pu occasionner d'ailleurs à l'acheteur *extrinsecùs,* et dans ses autres biens.

Par exemple, si j'ai établi une auberge dans une maison que j'ai achetée, et qui n'y était pas alors destinée, la perte que me cause l'éviction par rapport au dérangement qu'elle apporte à mon commerce d'aubergiste, ne sera pas comprise dans les dommages et intérêts dont est tenu envers moi mon vendeur, parce que cette perte ne concerne pas la chose même dont je suis évincé ; je ne la souffre pas *propter rem ipsam,* mais *extrinseçùs,* et dans mes autres biens.

La raison de cette décision est tirée de ce principe que nous ne pouvons trop répéter, " que l'obligation des dommages et intérêts qu'a contractée mon vendeur qui m'a vendu de bonne foi, n'étant formée que par son consentement, elle ne peut comprendre que ceux auxquels il a voulu et consenti de s'obliger, et il ne peut être censé avoir voulu s'obliger à ceux auxquels il ne peut pas paraître avoir pensé." Or, dans un contrat de vente, les parties ordinairement n'envisagent que ce qui concerne la chose vendue ; elles ne peuvent pas prévoir une infinité d'espèces de dommages que l'éviction peut causer d'ailleurs à l'acheteur.

Par exemple, dans l'espèce proposée, le vendeur qui m'a vendu de bonne foi la maison, n'a pu deviner que j'y établirais une auberge, ni par conséquent penser au dommage que me causerait dans mon commerce d'aubergiste l'éviction de cette maison : il ne doit donc pas en être tenu (1).

137. Il faut décider autrement à l'égard du vendeur qui m'aurait vendu de mauvaise foi, comme à lui appartenant, une chose qui ne lui appartenait pas ; il est tenu, en cas d'éviction, de toutes les espèces de pertes et dommages que me

(1) Toutes ces questions sont bien plus de fait que de droit. (BUGNET).

cause et occasionne l'éviction, quoiqu'ils ne concernent pas la chose vendue, et que je les souffre-par-rapport à mes autres biens.

La raison est, comme nous l'avons déjà observé en notre *Traité des Obligations*, n° 166, que, dans ce cas, ce n'est pas seulement la volonté qu'il a eue de s'obliger, c'est son dol qui l'oblige, quand même il ne le voudrait pas, à la réparation de tout le dommage que ce dol m'a causé.

Observez que ce vendeur de mauvaise foi n'est néanmoins tenu que des dommages soufferts par l'acheteur, qui sont une suite prochaine et immédiate de l'éviction, et non de ceux qui n'en seraient qu'une suite trop éloignée, et qui pourraient avoir d'autre cause. Les principes que nous avons établis sur cette matière en notre *Traité des Obligations*, n° 167, reçoivent ici leur application.

138. Quoique le vendeur ait vendu de bonne foi, il est néanmoins quelquefois tenu, en cas d'éviction, de certaines espèces de dommages causés par l'éviction à l'acheteur, quoiqu'ils ne concernent pas la chose même qui a été vendue, et que l'acheteur les ait soufferts *extrinsecùs*, et dans ses autres biens : cela a lieu toutes les fois qu'il paraît par les circonstances particulières qu'ils ont pu être prévus par le contrat, et, qu'en conséquence, le vendeur peut être censé s'y être tacitement soumis.

Par exemple, si j'ai vendu une maison pour faire une auberge, à un homme qui était aubergiste de profession, je dois en ce cas être tenu des dommages qu'il souffre par le dérangement dans son commerce d'aubergiste que lui cause l'éviction ; car, dès que je lui vendais la maison pour faire une auberge, dès que je le connaissais pour aubergiste de profession, cette espèce de dommage, qui résultait de l'éviction, était un dommage qui sautait aux yeux, et qui ne saurait passer pour un dommage qui ne pouvait être prévu par le contrat.

Observez que, pour la liquidation et estimation de ces dommages, on doit user de beaucoup plus de modération à

[ARTICLE 1511.]

l'égard d'un vendeur de bonne foi, qu'à l'égard d'un vendeur
de mauvaise foi."

---

* 1 *Domat* (*Remy*), *Vente, Liv.* 1, ⎱   12. Si la vente est résolue
   Tit. 2, *sec.* 10, *n°* 12, 13. ⎰ par une éviction, le vendeur
est tenu de rendre le prix, et d'indemniser l'acheteur des
dommages et intérêts qu'il en pourra souffrir, ainsi qu'il sera
expliqué dans les articles suivans.

13. Si la chose vendue est au même état et de la même valeur au temps de l'éviction qu'au temps de la vente, le vendeur ne sera tenu que de rendre le prix qu'il avait reçu, les
frais de l'expédition du contrat, ceux de la prise de possession, et les autres dommages et intérêts, s'il y en a, comme
si l'acquéreur d'un héritage dont il est évincé, en avait payé
un droit de lods et vente (C. civ., 1630).

---

4 *Zachariæ* (*Aubry et Rau*), ⎱   L'obligation de garantie existe
   p. 377 *et s.* ⎰ de plein droit, en vertu de la nature du contrat de vente. Le vendeur est donc soumis à cette
obligation, lors même qu'il n'y a aucune faute à lui reprocher, ou qu'il a entièrement ignoré la cause de l'éviction.
Art. 1628, Cpr. 1628 et 1635.

Le vendeur soumis à garantie pour cause d'éviction totale
est tenu, en premier lieu, de restituer à l'acheteur le prix
qu'il a reçu (1). Art. 1630, n° 1. Ce prix doit être remboursé
en totalité, bien que, depuis la vente, la chose ait diminué
de valeur, qu'elle ait subi des détériorations, ou qu'elle ait
péri en partie, soit par cas fortuit, soit même par la négli-

(1) Cependant un acquéreur subséquent, qui dirigerait, *omisso medio*,
son action en garantie contre le vendeur primitif, ne pourrait répéter un
prix supérieur à celui qu'il a payé, lors même qu'il agirait en vertu
d'une subrogation expresse aux droits de son auteur, qui aurait acheté à
un prix plus élevé. Troplong, I, 496. Duvergier, I, 371. Bourges, 5 avril
1821, Dev. et Car., *Coll. nouv.*, VI, 2, 367. Req. rej, 5 février 1845, Sir.,
45, 1, 420. Cpr. cep. Pothier, n° 149.

[ARTICLE 1511.]

gence de l'acheteur (1). Art. 1631 (2). Mais le vendeur est autorisé à retenir le prix : l'indemnité qu'il peut avoir payée à l'acheteur, soit à raison de l'existence de servitudes passives non déclarées, soit pour défaut de contenance ; la somme que l'acheteur aurait reçue du tiers qui l'a évincé, pour améliorations antérieures à la vente ; enfin, le montant des bénéfices que l'acheteur peut avoir retirés des dégradations occasionnées par une jouissance abusive ou par une exploitation immodérée, lorsqu'il n'a pas été contraint d'en faire état au propriétaire (3). Art. 1632.

Le vendeur soumis à garantie pour cause d'éviction totale est, en second lieu, tenu de réparer le dommage que l'éviction occasionne à l'acheteur. En vertu de cette obligation, il doit, lors même qu'il est de bonne foi, indemniser ce dernier :

a. Des frais et loyaux coûts du contrat. Art. 1630, n° 4.

(1) Duranton, XVI, 284. Troplong, 489 et s. Duvergier I, 359. Zachariæ, § 355, texte et note 11.— Cette règle s'applique-t-elle aux ventes d'animaux ? M. Duvergier (I, 362) adopte la négative avec Dumoulin (de eo quod interest, n°° 127, 128), et Pothier (n° 164). L'affirmative, professée par M. Troplong (loc. cit.), nous paraît préférable.

(2) Il faut se garder de confondre l'obligation de restituer le prix avec celle de réparer le dommage causé par l'éviction. Les rédacteurs du Code Napoléon ont, à cet égard, adopté l'opinion de Dumoulin (op. cit., n°° 68 et suiv.), et de Pothier, (n° 69), qui considèrent la restitution du prix, non comme étant due à titre de dommages-intérêts, mais comme pouvant être réclamée en vertu d'une véritable condictio sine causa. Cette opinion est conforme à la nature du contrat de vente. En effet, le vendeur, qui ne satisfait pas à son obligation de transférer à l'acheteur la propriété de la chose vendue, n'a aucun prétexte pour retenir une partie quelconque du prix ; il doit, par conséquent, restituer en totalité la somme qu'il a reçue, lors même que le dommage réel, causé à l'acheteur par l'éviction, se trouve être inférieur à cette somme. Troplong, I, 503. Duvergier, I, 358. Cpr. Colmar, 7 avril 1821, Sir., 21, 2, 239 ; Douai, 18 avril 1853, Sir., 54, 2, 11.

(3) Duranton, XVI, 285 et 286. Troplong, I, 491 et suiv. Duvergier, I, 360.

[ARTICLE 1511.]

b. Des fruits dont l'acheteur, qui a payé son prix, ou qui en a servi les intérêts, est lui-même obligé de faire état au propriétaire qui l'évince (1). Art. 1630, n° 2.

c. Du préjudice que l'éviction cause à l'acheteur, en le privant de l'augmentation de valeur que la chose peut avoir reçue depuis la vente (2), soit par des événements indépen-

(1) On pourrait être porté, d'après la rédaction de l'art. 1630, à placer sur la même ligne que la restitution du prix, les indemnités dues à l'acheteur à raison des frais du contrat et des fruits ; mais cette assimilation manquerait d'exactitude : le vendeur est tenu à la restitution du prix, quoiqu'il ne soit point passible de dommages-intérêts. Cpr. note 30 *supra.* Ce n'est, au contraire, qu'à titre de dommages-intérêts, qu'il peut être tenu de payer les indemnités dont il s'agit ici, puisqu'il n'a pas profité des frais et des fruits à raison desquels elles sont dues. Il faut en conclure que l'acheteur ne peut réclamer de pareilles indemnités, que lorsqu'il a droit à des dommages-intérêts.

(2) Il n'y a pas, à cet égard, de distinction à faire entre le vendeur de bonne foi et celui de mauvaise foi. Le vendeur, fût-il de bonne foi, doit indemniser complètement l'acheteur de la plus-value de la chose, quoique cette plus-value résulte de circonstances extraordinaires qu'il n'avait pu prévoir. Toullier, VI, 233. Duranton, XVI, 295. Troplong, I, 567.— M. Duvergier (I, 369), reproduisant la doctrine de Dumoulin (*op. cit.*, n° 57 et suiv.) et de Pothier (n° 133), enseigne que le vendeur de bonne foi ne doit, dans le cas d'une plus-value imprévue, que la plus forte somme à laquelle les parties ont pu s'attendre à voir s'élever les dommages-intérêts. Cette opinion, à l'appui de laquelle on peut invoquer la disposition de l'art. 1150, est contraire à la généralité des termes des art. 1633 et 1634, qui nous semblent avoir dérogé, pour le cas spécial dont ils s'occupent, à la règle posée par l'art. 1150. Cela nous paraît d'autant plus évident, que la combinaison des art. 1633 et 1634 avec l'art. 1635 prouve que les rédacteurs du Code n'ont pas perdu de vue la différence de position qui existe entre le vendeur de bonne foi et le vendeur de mauvaise foi, et qu'ils ont réglé leurs obligations par des dispositions distinctes, chaque fois qu'ils ont pensé qu'elles ne devaient pas avoir la même étendue. D'ailleurs, l'application de l'art. 1150 se trouve écartée, en ce qui concerne le point spécial dont il est ici question, par l'art. 1639, qui ne renvoie au titre *Des obligations* que pour les cas non prévus au titre *De la vente.*

[ARTICLE 1511.]

dants du fait de ce dernier, et antérieurs à l'éviction (1), soit, à plus forte raison, par suite des améliorations qu'il a faites, et pour lesquelles il ne recevrait du tiers qui l'évince aucune indemnité, ou n'obtiendrait qu'une indemnité incomplète (2).

Le montant des dommages-intérêts à bonifier par le vendeur de bonne foi se détermine par la mieux-value, c'est-à-dire par la différence du prix de vente à la valeur de la chose au moment de l'éviction. Ainsi, lorsque l'augmentation de la valeur résulte d'améliorations, le vendeur doit la totalité de la mieux-value, quoiqu'elle soit supérieure aux sommes déboursées par l'acheteur. Mais aussi ne doit-il que cette mieux-value, lors même qu'elle serait inférieure à ces sommes (3). Art. 1633 et 1634.

(1) Il n'y a pas lieu de tenir compte de l'augmentation de valeur résultant de causes postérieures à l'éviction. Req. rej., 19 mai 1863, Sir., 64, 1. 73.

(2) L'acheteur ne peut, à raison de ses impenses, avoir de dommages-intérêts à réclamer du vendeur, que dans le cas où, d'après les règles sur l'action en revendication, il n'aurait pas droit, sous ce rapport, à une complète indemnité de la part du tiers qui l'évince. Il en résulte que, pour les impenses nécessaires, qui doivent toujours être intégralement remboursées par ce dernier, l'acheteur n'a aucun recours en garantie à exercer contre le vendeur ; et c'est pour ce motif que nous ne parlons point au texte de cette espèce d'impenses. Il en est autrement des impenses utiles, pour le cas du moins où, la mieux-value qui en est résultée se trouvant supérieure à la somme réellement déboursée, le demandeur en revendication userait du droit qui lui appartient de ne rembourser que le montant de cette somme ; l'acheteur, dans ce cas, serait autorisé à exiger du vendeur la bonification de la différence.

(3) L'éviction ne prive, en effet, l'acquéreur que de la mieux-value de la chose. La différence en moins entre cette mieux-value et le montant des déboursés qu'il a faits, se trouvait déjà perdue pour lui au moment de l'éviction. Pothier, n° 136. Duranton, XVI, 297. Troplong, I, 509. Duvergier, I, 368. Voy. cep. Zachariæ, § 355, texte et note 12. Cet auteur reconnaît à l'acheteur le droit de réclamer, même contre un vendeur de bonne foi, soit la mieux-value, soit le montant de ses déboursés. Cette option, à notre avis, ne doit lui être accordée que contre un vendeur de mauvaise foi. Voy. la suite du texte.

[ARTICLE 1511.]

Quant au vendeur de mauvaise foi, qui connaissait, au moment de la vente, le danger de l'éviction, il doit, au choix de l'acheteur, soit le montant de la mieux-value de la chose, soit la restitution de toutes les sommes déboursées par ce dernier, quand même elles n'auraient eu pour objet que des dépenses voluptuaires ou de pur agrément. Art. 1635.

Du reste, le vendeur soumis à garantie est tenu des frais de la demande principale, ainsi que de ceux de la demande en garantie. Art. 1630, n° 3. Les tribunaux peuvent cependant, d'après les circonstances, laisser à la charge de l'acheteur les dépens faits sur la demande originaire à partir du moment où il aurait pu recourir contre le vendeur jusqu'à son appel en cause (1). En tous cas, l'acheteur qui continue le procès, après que le vendeur a déclaré n'avoir pas de moyens suffisants pour lui faire adjuger ses conclusions, doit supporter tous les dépens faits depuis cette déclaration (2).

L'éviction partielle donne ouverture à garantie, quelque faible que soit la partie pour laquelle elle a lieu, et alors même que la proportion dans laquelle elle est subie n'autoriserait pas l'acheteur à former une demande en diminution de prix, si, au lieu d'avoir été évincé, il n'avait à se plaindre que d'un défaut de contenance (3).

En cas d'éviction partielle, l'acquéreur a le choix de de-

(1) Arg. art. 2028, al. 2, Cpr. Ord. de 1667, tit. VIII, art. 14. Pothier, n° 129. Merlin, *Rép.*, v° Dépens, n° 8. Carré, *Lois de la procédure*, I, 783. Delvincourt, III, p. 148. Duranton, XVI 292. Troplong, I, 500. Duvergier, I, 364. Zachariæ, § 355, texte et note 10, *in fine*. Req. rej., 8 novembre 1820, Sir., 21, 1, 402. Nîmes, 12 mars 1833, Sir., 33, 2, 553. Besançon, 14 novembre 1844, Sir., 45, 2, 645. Grenoble, 3 février 1845, Sir., 45, 2, 344. Cpr. Civ. rej., 14 mars 1825, Sir., 26, 1, 171. Voy. aussi : texte et note 6 *supra*.

(2) Pothier, n° 130. Duvergier, *loc. cit.*

(3) Marcadé, sur l'art. 1626, n° 2. Civ. cass., 14 janvier 1851, Sir., 51, 1, 103. Voy. cep. Colmar, 19 avril 1837, Sir., 40, 1, 870 ; Req rej., 14 avril 1862, Sir., 63, 2, 85. Ces arrêts, quoique pouvant se justifier quant au fond par les faits de la cause, contiennent des motifs qui sont contraires à la proposition énoncée au texte.

mander une indemnité proportionnée à la perte qu'il a éprouvée, ou la résiliation de la vente, lorsque la partie dont il est évincé est d'une importance telle qu'il est à présumer que l'achat n'eût pas eu lieu sans cette partie. Art. 1636. Dans l'hypothèse contraire, il n'a droit qu'à une indemnité. Cette indemnité se détermine d'après la valeur, à l'époque de l'éviction, de la partie dont l'acquéreur a été évincé, et non proportionnellement au prix total de la vente ; peu importe que la chose vendue ait augmenté ou diminué la valeur, et que l'éviction porte sur une partie matériellement determinée, ou sur une portion indivise de cette chose (1). Art. 1637 (2).

Les règles ci-dessus posées pour la fixation des dommages-intérêts qui peuvent être dus à l'acheteur en cas d'éviction totale s'appliquent, par analogie, à l'hypothèse d'une éviction partielle.

Les parties peuvent, par des conventions spéciales, ajouter à l'obligation de garantie, soit en l'étendan* à des causes

(1) *Lex non distinguit.* Duvergier, I, 374. — MM. *)* lvincourt (III, p. 149) et Duranton (XVI, 300) enseignent que, si l'évic ion est d'une portion indivise, il faut s'en tenir à l'art. 1631, en restreignant l'application de l'art. 1637 à l'éviction d'une partie matériellement déterminée de la chose vendue ; mais la généralité des termes de cet article ré...ste à toute distinction. Cpr. la note suivante. . .

(2) La disposition de cet article, qui s'écarte, en ce qui concerne l'éviction partielle, du principe adopté par l'art. 1631 pour le cas d'éviction totale, est l'objet d'une vive censure de la part de M. Troplong (I, 517), qui y voit une injustice contre l'acheteur, dans l'hypothèse où la chose a diminué de valeur. Cette disposition se justifie, jusqu'à cer .ain point, par la considération que l'éviction totale résolvant le contrat, oblige nécessairement le vendeur à restituer la totalité du prix qu'il a reçu, et qui désormais se trouverait sans cause dans ses mains. L'art. 1637 statuant, au contraire, sur une hypothèse où le contrat continue à subsister, on s'explique comment le législateur a pu être amené à restreindre à la perte réelle éprouvée par l'acheteur, le montant de l'indemnité qui lui est due. Cpr. Duvergier, I, 374. Nous conviendrons, toutefois, qu'il eût été plus conséquent d'appliquer le principe adopté pour l'éviction totale à l'éviction partielle, et surtout à celle d'une quote-part indivise de la chose vendue.

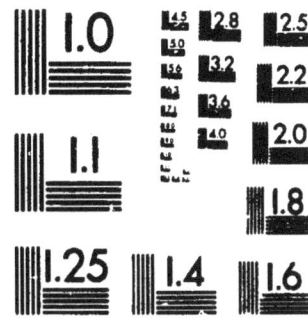

6"

Photographic
Sciences
Corporation

23 WEST MAIN
WEBSTER, N.Y.
(716) 872-

[ARTICLE 1511.]

d'éviction qu'elle n'embrasse point de sa nature, soit en attribuant plus d'étendue aux effets qu'elle produit d'après les règles générales qui viennent d'être développées (1).

Elles peuvent également, en sens inverse, restreindre l'obligation de garantie, ou même l'écarter entièrement. Art. 1627.

L'obligation de garantie cesse, mais seulement quant aux dommages-intérêts, lorsque l'acheteur a renoncé à la garantie. Art. 1134 cbn. 1629. Cependant, une pareille renonciation laisse, en général, subsister, dans toute son étendue, l'obligation de garantie à raison de l'éviction qui proviendrait d'un fait personnel au vendeur (2), soit postérieur, soit même antérieur à la vente, à moins que, dans ce dernier cas, la cause d'éviction n'ait été déclarée ou n'ait été connue de l'acquéreur (3). Art. 1628 (4).

(1) Il faut, pour étendre la garantie, des clauses spéciales et formelles. Une promesse vague et générale de garantir l'acquéreur *de tous troubles et empêchements quelconques*, promesse qui est d'ailleurs de style, laisserait les parties dans les termes de la loi, et ne soumettrait point le vendeur, par exemple, à la garantie des cas fortuits ou des faits du prince. Troplong, I, 465 et suiv. Civ. rej., 27 pluviôse an XI, Sir., 4, 1, 1. Bordeaux, 28 janvier 1826, Dalloz, 1826, 2, 183.—Une pareille clause devrait cependant recevoir son effet pour toutes les causes d'éviction déclarées au contrat. Troplong, I, 468. Cpr. Civ. cass., 19 floréal an XII, 4, 1, 1.

(2) On doit considérer comme procédant d'un fait personnel au vendeur, l'éviction résultant, soit de l'annulation ou de la rescision de son titre, pour cause de dol, de violence, ou de lésion, soit d'une vente antérieure par lui passée, ou d'hypothèques attachées à des dettes qu'il a lui-même contractées. Mais on ne doit pas envisager comme personnelles au vendeur, les causes d'éviction qui procèdent du fait d'une personne dont il est héritier. Troplong, I, 474 et 476.

(3) Troplong, I, 477. Req. rej., 2 mai 1864, Sir., 65, 1, 391.

(4) La disposition de cet article, qui frappe indistinctement de nullité toute clause de non-garantie pour des faits personnels au vendeur, est rédigée d'une manière trop absolue. Il est, en effet, hors de doute, que le vendeur peut stipuler l'exemption de garantie, par un fait personnel antérieur à la vente. Troplong, I, 477. Duvergier, I, 337.

[ARTICLE 1511.]

L'obligation de garantie cesse également, en ce qui concerne les dommages-intérêts, lorsque l'acheteur connaissait, au moment de la vente, le danger d'éviction (1). Toutefois, le vendeur demeure, même dans ce cas, soumis à des dommages-intérêts, lorsque, connaissant lui-même les causes d'éviction, il s'est obligé à la garantie par une clause formelle (2). Seulement, les tribunaux paraissent-ils, en pareil cas, autorisés à modérer les condamnations à prononcer au profit de l'acheteur (3).

Du reste, il importe peu, du moins en général, que ce dernier ait été averti par le vendeur du danger d'éviction, ou qu'il en ait lui-même obtenu connaissance par une autre voie (4). Mais il en est autrement, lorsque la cause de l'éviction consiste dans des hypothèques existant, soit du chef d'un

(1) Arg. art. 1599 cbn. 1629. Pothier, n° 188. Troplong, 1, 231. Duvergier, I, 248.

(2) Une double condition est nécessaire pour que le vendeur soit passible de dommages-intérêts, dans l'hypothèse où l'acheteur connaissait le danger d'éviction. Il faut, en premier lieu, que le vendeur ait également connu ce danger : en l'absence de cette circonstance, on ne peut plus admettre qu'il ait entendu, par une promesse de garantie, contracter des engagements plus étendus que ceux auxquels il était soumis de plein droit. Il faut, en second lieu, une clause formelle de garantie : il est vrai qu'une pareille clause n'est pas, en général, plus efficace que la garantie tacite ou de droit : *Eadem est vis taciti atque expressi consensus.* Mais il doit en être autrement dans l'hypothèse prévue au texte : si le vendeur, qui connaissait la cause d'éviction, s'est malgré cela soumis à la garantie, l'acheteur est fondé à dire que c'est précisément en vue de cette cause d'éviction que la garantie a été expressément stipulée et promise. Cpr. Pothier, n° 191 et 192 ; Merlin, *Rép.*, v° Garantie, § 7, n° 2, *Quest.*, eod. v° § 1 ; Duranton, XVI. 264 ; Troplong, I, 468 et 469 ; Duvergier, I, 334 ; Zachariæ, § 355, texte et note 22 ; Civ. cass., 27 messidor an X, Sir , 4, 1, 286.

(3) Cpr. Duranton, XVI, 264 ; Req. rej., 8 novembre 1820, Sir., 21, 1, 402 ; Req. rej., 20 août 1835, Sir., 36, 1, 34 ; Civ. rej., 12 juillet 1837, Sir., 37, 1, 964.

(4) Pothier, n° 188. Troplong, I, 418. Duvergier, I, 318. Req. rej., 20 juin 1843, Sir., 43, 1, 788. Douai, 16 février 1846, Sir., 46, 2, 319.

précédent propriétaire, soit du chef du vendeur (1). Celui-ci n'est, dans ce cas, affranchi de la garantie, qu'autant qu'il a expressément déclaré ces hypothèques (2).

L'obligation de garantie cesse d'une manière absolue, c'est-à-dire tant pour la restitution du prix que pour les dommages-intérêts, dans les circonstances suivantes :

a. Lorsque l'acheteur a renoncé à la garantie en connaissance des causes de l'éviction. Art. 1629.

b. Lorsqu'il a acheté à ses risques et périls. Art. 1629.

c. Lorsque l'éviction est le résultat d'une faute imputable à l'acheteur, par exemple, lorsqu'il s'est laissé condamner par un jugement rendu en dernier ressort ou passé en force de chose jugée, sans avoir appelé en cause le vendeur, et que celui-ci prouve qu'il existait des moyens suffisants pour faire rejeter la demande ou la défense du tiers, auteur de l'éviction. Art. 1640.

(1) La connaissance que l'acheteur peut avoir eue des hypothèques qui grevaient l'immeuble, ne suffit pas pour prouver qu'il ait voulu renoncer à la garantie. Par cela même que le vendeur n'a pas expressément déclaré ces hypothèques, l'acheteur a pu et a dû supposer que ce dernier prendrait des arrangements pour dégrever l'immeuble. Duvergier, I, 219. Voy. en sens contraire : Pothier, n° 188 ; Merlin, *Rép.*, v° Garantie, § 7, n° 2.—Quant à M. Troplong (I, 418), il professe la même opinion que nous, en ce qui concerne les hypothèques provenant du vendeur lui-même ; mais il considère ce dernier comme affranchi de la garantie par rapport aux hypothèques existant du chef de précédents propriétaires, dès que l'acheteur en a eu connaissance par une voie quelconque. Les motifs sur lesquels s'appuie cet auteur, pour justifier cette distinction, ne nous paraissent pas concluants.

(2) Le vendeur, qui déclare l'existence d'une hypothèque sur l'immeuble vendu, avertit par cela même l'acheteur qu'il sera dans la nécessité de purger cette hypothèque et de verser son prix entre les mains du créancier : cet avertissement équivaut à une stipulation de non-garantie. Troplong, I, 477. Duvergier, I, 319. — M. Duranton, (XVI, 261) restreint l'effet d'une pareille déclaration aux hypothèques qui ne procèdent pas du chef du vendeur.

[ARTICLE 1512.]

1512. Dans le cas de garantie, si l'acheteur avait connaissance, lors du contrat, des causes d'éviction, et qu'il n'y ait eu aucune stipulation à cet égard, il ne peut alors réclamer que le prix de la chose vendue.	1512. If in the case of warranty the causes of eviction were known to the buyer at the time of the sale, and there be no special agreement, the buyer has a right to recover only the price of the thing sold.

Voy. autorités citées sur art. 1511

* 3 *Pothier, (Bugnet), Vente, n° 187 et s.* 187. Il y a un cas auquel le vendeur n'est pas tenu, en cas d'éviction, d'indemniser l'acheteur, s'il ne s'y est pas expressément obligé par le contrat ; c'est celui auquel le vendeur pourrait justifier que l'acheteur avait connaissance, lors du contrat, de la cause qui a depuis donné lieu à l'éviction.

Par exemple, si le vendeur pouvait justifier que l'acheteur, lors du contrat de vente, savait que l'héritage n'appartenait pas au vendeur, ou qu'il était chargé de certaines hypothèques ; en ce cas l'acheteur condamné à le délaisser sur la demande en revendication du véritable propriétaire, ou sur l'action hypothécaire des créanciers à qui appartenaient ces droits d'hypothèque, n'aura aucun recours pour ces dommages et intérêts : car, si l'acheteur, qui a acheté avec cette connaissance, souffre de cette éviction quelque chose au delà du prix qu'il a payé, il doit se l'imputer, puisque c'est une éviction à laquelle il devait s'attendre : ce n'est pas le vendeur qui l'a induit en erreur.

188. Accurse et Barthole vont bien plus loin : ils soutiennent que l'acheteur n'a pas même en ce cas la répétition du prix qu'il a payé. Cette opinion est manifestement con-

traire à l'équité, qui ne permet pas que le vendeur s'enrichisse aux dépens de l'acheteur, en retenant le prix d'une chose qui ne lui appartient pas ; et que l'acheteur soit tout à là fois privé de la chose qu'il a achetée, et du prix qu'il a payé : *Iniquum emptorem carere re et pretio.*

Ces docteurs ont été trompés par la loi 27, Cod. *de Evict.*, qui, dans le sens qu'elle présente d'abord, paraît conforme à leur décision. Il y est dit : *Si fundum sciens alienum vel obligatum comparavit Athenocles, neque quicquam de evictione convenit ; quod eo nomine dedit, contra juris poscit rationem.* Mais Cujas, *ad hanc L.*, a fait disparaître la difficulté, en observant que ces derniers termes *quod eo nomine dedit*, ne doivent pas s'entendre du prix qu'Athenoclès avait payé au vendeur, ce qui contiendrait une injustice manifeste ; mais de ce qu'il avait été obligé de payer au demandeur originaire pour se conserver dans la possession de l'héritage.

Ce que la loi ajoute : *Nam si ignorans, desiderio tuo, juris forma, negantis hoc reddi, refragatur*, prouve l'interprétation de Cujas, et que ces termes : *quod eo nomine dedit*, ne doivent pas s'entendre du prix que l'acheteur a payé au vendeur : car il n'eût pas été besoin que les empereurs décidassent que le prix qu'un acheteur a payé, lui doit être res. ué en cas d'éviction ; c'est une chose qui n'est pas susceptible de doute.

Caillet, *ad hanc L*, atteste que l'opinion de Cujas est suivie dans la pratique, quoiqu'elle ait souffert autrefois difficulté, suivant qu'il paraît par un arrêt de partage (sans date) sur cette question, rapporté par Louet, lettre *A*, som. 13, nº 1.

189. Il faut décider autrement à l'égard d'un receleur qui aurait acheté d'un voleur une chose qu'il savait avoir été volée. Ce receleur, en cas d'éviction, ne doit pas être recevable dans la demande qu'il donnerait contre le voleur pour la restitution du prix qu'il lui a payé ; mais ce prix doit être confisqué, ou appliqué aux hôpitaux.

La raison est que l'achat que ce receleur a fait de la chose volée, est de sa part un crime, et une complicité du vol. Or, un contrat criminel ne peut produire d'action : *Nemo ex pro-*

[ARTICLE 1512.]

prio dolo, ex proprio delicto consequitur actionem. Le prix que l'acheteur a payé pour un tel achat, a été payé *ex turpi causd :* or, suivant les principes établis en notre *Traité des Obligations,* n° 45, il n'y a aucune répétition de ce qui a été payé *ex turpi causd, quum dantis æquè et accipientis turpitudo versatur.*

Mais lorsqu'il n'est intervenu aucun vol ni aucun crime auquel l'acheteur ait participé en achetant, et qu'on ne peut reprocher à l'acheteur qu'un simple défaut de bonne foi, pour avoir acheté une chose qu'il savait ne pas appartenir au vendeur, ce défaut de bonne foi n'étant pas quelque chose d'assez grave pour être sujet à l'animadversion des lois, qui ne punissent pas les fautes légères ; il n'empêche pas l'acheteur d'être reçu à demander au vendeur, en cas d'éviction, la restitution du prix qu'il a payé. C'est pourquoi Cujas, *ad hanc L.,* dit qu'il y a une différence *inter simplicem malam fidem et dolum.*

190. Non-seulement la connaissance que l'acheteur a eue que la chose n'appartenait pas au vendeur, ou était hypothéquée, n'empêche pas l'acheteur d'être reçu à demander au vendeur, en cas d'éviction, la restitution du prix ; mais elle ne doit pas non plus empêcher qu'il ne soit reçu à demander les dommages et intérêts qu'il a soufferts au delà du prix, lorsque la garantie a été expressément stipulée par le contrat : car ce n'est que dans le cas auquel elle n'a pas été stipulée, que l'acheteur qui a eu cette connaissance, est exclu de la demande de ces dommages et intérêts. La loi ci-dessus rapportée le déclare expressément par ces termes : *Quum de evictione nihil convenit.* La loi 7, Cod. *commun, utr. jud.,* le décide encore plus formellement en ces termes : *Si scientes obligationem, dominium suscepistis, tantùm evictionis promissionem solemnitate verborum vel pacta promissam probantes, eos conveniendi (in id quod interest) facultatem habebitis.*

La loi *fin.* § *emptor.* Cod. *commun. de legat.,* paraît contraire à ces décisions. Justinien y décide que celui qui a acheté d'un héritier des choses comprises dans un legs ou dans un fidéicommis, avec connaissance de ce legs ou fidéicommis, n'avait, pas, en cas d'éviction par le légataire, l'action qui naît de la stipulation de garantie, et qu'il devait lui suffire que l'héritier lui rendît le prix : *Emptor sciens rei gravamen adversùs venditorem actionem habeat tantùm ad restitutionem pretii, nec ex duplæ stipulatione locum habeat, quum sufficiat et pro pretio quod sciens dedit pro re alienâ satisfieri.*

Cujas, *ad eamd.* L. 27, Cod. *de evict.*, répond que c'est par une raison de faveur particulière aux legs et fidéicommis, que Justinien a ordonné cela, afin d'en procurer mieux l'exécution, et d'empêcher qu'on ne vendît facilement à des tiers les choses comprises dans les legs ou fidéicommis, en déniant aux acheteurs qui avaient eu connaissance du testament l'action de garantie, quand même ils l'auraient stipulée. Il en conclut que la décision de cette loi est *jus singulare;* qu'elle ne doit par conséquent avoir lieu que dans le cas pour lequel elle a été faite, et qu'elle ne doit pas être étendue aux autres cas dans lesquels quelqu'un a acheté une chose qu'il savait ne pas appartenir au vendeur, ou ne lui pas appartenir irrévocablement : dans tous ces cas (sauf le seul cas de cette loi), la connaissance que l'acheteur a eue dès le temps du contrat, de la cause qui par la suite a donné lieu à l'éviction, n'empêche pas qu'il ne soit reçu dans l'action de garantie, pour ses dommages et intérêts contre son vendeur, lorsqu'il l'a stipulée.

Je pense néanmoins que cette décision ne doit avoir lieu que dans le cas auquel le vendeur avait à cet égard la même connaissance que l'acheteur, comme nous allons le voir au paragraphe suivant.

----

* 3 *Delvincourt, p.* 73-74 } On entend, en général, par *évic-*
et *p.* 146-7. } *tion,* l'abandon que le possesseur d'une chose est obligé de faire, de tout ou partie de ladite chose, par suite d'une action réelle exercée contre lui. Or comme, dans le contrat de vente, le vendeur est tenu de transférer à l'acquéreur la propriété, et, à plus forte raison, la possession paisible de la chose, il doit, par suite, le garantir

[ARTICLE 1512.]

de toutes les évictions dont la cause existoit antérieurement à la vente, quand même cette cause ne procéderoit pas du fait de lui vendeur.

Cette garantie est de droit, c'est-à-dire qu'elle a lieu de la part du vendeur, même sans stipulation, parce qu'elle tient à la nature du contrat. Mais est-elle également de son essence ? A cet égard, il faut distinguer : s'il s'agit du fait personnel du vendeur, la clause de garantie est de l'essence du contrat. On ne peut stipuler qu'on ne sera pas tenu de son propre dol. Toute convention contraire seroit donc nulle.

Mais s'il s'agit seulement du fait des tiers, la clause de garantie n'est plus que de la nature du contrat. Les contractans peuvent donc y déroger, en tout ou en partie, par des conventions particulières, sans que, néanmoins, en cas d'éviction, le vendeur puisse se prévaloir de la clause de non-garantie, pour se dispenser de restituer le prix de la chose évincée (1). Si cependant l'acquéreur connoissoit, lors de la vente, le danger de l'éviction (2), ou s'il avait acheté à ses périls et risques, il ne pourroit rien répéter (3).

(1) *Le prix de la chose évincée.* L'action en répétition du prix, est proprement celle qui est appelée en droit Romain *condictio sine caus*', ou, *condictio causâ datâ, causâ non secutâ.* Le prix est donné en échange de la propriété ; dès qu'elle ne passe pas à l'acquéreur, le prix est sans cause entre les mains du vendeur.

Si le prix a été payé à un cessionnaire, ou à un délégataire du vendeur, et qu'il y ait éviction, le prix devrait-il être répété contre celui qui l'a reçu, ou contre le vendeur ? Contre le vendeur. Le cessionnaire ou le délégataire sont bien *procuratores in rem suam ;* mais ils sont toujours, *procuratores venditoris.* C'est donc au vendeur que le prix est censé avoir été payé ; et c'est contre lui qu'il doit être répété. Sic jugé à Colmar, le 21 juillet 1812. (SIREY, 1813 ; 2e. partie, page 241.)

(2) *Si l'acquéreur connaissait le danger de l'éviction.* (L. 27, Cod., *de Eviction.*) *Quid,* si, connaissant, lors de la vente, le danger de l'éviction, il avait stipulé la garantie ? Il pourrait répéter le prix ; mais quant aux dommages-intérêts, l'article 1599 paraît décider la négative.

(3) *Il ne pourrait rien répéter.* L'on suppose, dans ces deux cas, que le prix a été fixé en conséquence. C'est un acte mixte, qui participe de la nature de la vente, et du contrat aléatoire.

[ARTICLE 1513.]

1513. Le vendeur est obligé de restituer la totalité du prix de la chose vendue, lors même qu'à l'époque de l'éviction la chose se trouve diminuée de valeur ou détériorée, soit par la négligence de l'acheteur ou par cas fortuit; à moins que l'acheteur n'ait tiré profit des dégradations par lui faites, auquel cas le vendeur a droit de déduire sur le prix une somme égale à ce profit.

1513. The seller is obliged to make restitution of the whole price of the thing sold, although, at the time of eviction, it be found to be diminished in value, or deteriorated, either by the neglect of the buyer, or by a fortuitous event; unless the buyer has derived a profit from the deterioration caused by him, in which case the seller may deduct from the price a sum equal to such profit.

---

* *C. N.* 1631-1632. 1631. Lorsqu'à l'époque de l'éviction, la chose vendue se trouve diminuée de valeur, ou considérablement détériorée, soit par la négligence de l'acheteur, soit par des accidents de force majeure, le vendeur n'en est pas moins tenu de restituer la totalité du prix.

1632. Mais si l'acquéreur a tiré profit des dégradations par lui faites, le vendeur a droit de retenir sur le prix une somme égale à ce profit.

---

* *ff. De actione empti,* liv. 19, *tit.* 1, *L.* 43. Titius, cùm decederet, Seiæ Stichum, Pamphilum, et Arescusam per fideicommissum relinquit, ejusque fideicommisit, ut *omnes ad libertatem post annum perduceret.* Cùm legataria fideicommissum ad se pertinere noluisset, nec tamen heredem à sua petitione liberasset, heres eadem mancipia Sempronio vendidit, nulla commemoratione fideicommissæ libertatis facta. Emptor cum pluribus annis mancipia suprascripta sibi servissent.

[ARTICLE 1513.]

Arescusam manumisit : et cùm cæteri quoque servi cognita
voluntate defuncti, fideicommissam libertatem, petissent, et
heredem ad prætorem perduxissent, jussu prætoris, ab herede
sunt manumissi. Arescusa quoque, nolle se emptorem patronum habere, responderat. Cùm emptor pretium à venditore,
empti judicio, Arescusæ quoque nomine repeteret, lectum
est responsum Domitii Ulpiani, quo continebatur Arescusam
pertinere ad rescriptum sacrarum constitutionum, si nollet
emptorem patronum habere : emptorem tamen nihil posse
post manumissionem à venditore consequi. Ego cum memi-
nissem, et Julianum in ea sententia esse, ut existimaret, post
manumissionem quoque empti actionem durare : quæro quæ
sententia vera est ? Illud etiam in eadem cognitione nomine
emptoris desiderabatur, ut sumptus quos in unum ex his
quem erudierat, fecerat, ei restituerentur. Item quæro,
Arescusa quæ recusavit emptorem patronum habere, cujus
sit liberta constituta ; an possit, vel legatariam quæ non libe-
ravit, vel heredem patronum habere : nam cæteri duo ab
herede manumissi sunt ? Respondi, semper probavi Juliani
sententiam putantis, manumissione non amittitur eo modo.
De sumptibus vero, quos in erudiendum hominem emptor
fecit, videndum est : nam empti judicium ad eam quoque
speciem sufficere existime. Non enim pretium continet tantùm, sed omne quod interest emptoris servum non evinci.
Planè, si in tantùm pretium excedisse proponas, ut non sit
cogitatum à venditore de tanta summa : veluti si ponas agitatorem posteà factum, vel pantomimum, evictum esse eum
qui minimo veniit pretio, iniquum videtur, in magnam
quantitatem obligari venditorem (PAU TS).

Ibidem. Titius en mourant a laissé à Séia, par
Trad. de M. Hulot. fideicommis, trois esclaves, Stichus, Pam-
phile et Arescusa. Il a chargé sa légataire de donner la liberté à ces trois esclaves dans l'année. La légataire ne voulant
point accepter le legs, sans cependant libérer l'héritier de la
demande qu'elle avoit droit de former contre lui à cet égard,
l'héritier a vendu les esclaves à Sempronius, sans faire men-

[ARTICLE 1513.]

tion de la disposition du défunt, qui leur avoit laissé la liberté par fidéicommis. L'acheteur, après avoir tiré plusieurs années du service de ces esclaves, a affranchi Arescusa ; et comme les autres esclaves eurent connoissance de la volonté du défunt, ils demandèrent la liberté qui leur avoit été laissée par fidéicommis, et traduisirent à cet effet l'héritier devant le préteur, qui le condamna à les affranchir. Arescusa disoit de son côté qu'elle ne vouloit point que l'acheteur qui l'avoit affranchie fût son patron. L'acheteur avoit intenté l'action de l'achat contre le vendeur pour se faire rendre par lui le prix qu'il avoit donné pour ces esclaves, même pour Arescusa. On a lu à ce sujet une décision de Domitius-Ulpien, qui portoit que si Arescusa refusoit d'avoir l'acheteur pour patron, elle y étoit autorisée par les ordonnances ; mais que l'acheteur, après avoir accordé l'affranchissement à Arescusa, ne pouvoit plus rien demander à cet égard au vendeur. Quant à moi, je sais que Julien pensoit que l'acheteur devoit avoir, même après l'affranchissement, l'action de l'achat contre le vendeur, relativement à l'esclave qu'il auroit affranchi. Quel sentiment doit être préféré ? Dans cette cause, l'acheteur demandoit en outre que le vendeur lui remboursât les dépenses qu'il avoit faites pour instruire un de ces esclaves. Je demande encore si Arescusa refusant d'avoir l'acheteur pour patron, cette qualité doit être accordée à la légataire, qui ne l'a point véritablement affranchie, ou à l'héritier ? J'ai répondu que j'avois toujours approuvé le sentiment de Julien, avec lequel je pense que, l'acheteur ne perd pas son action dans l'espèce proposée, pour avoir affranchi l'esclave. A l'égard des dépenses faites par l'acheteur pour instruire l'esclave, je pense qu'il n'a pas besoin pour se les faire rendre d'une autre action que de celle que lui donne son contrat ; car l'action qu'a l'acheteur n'a pas pour but seulement de lui faire rendre son prix en cas d'éviction, mais encore de le faire indemniser de tout l'intérêt qu'il peut avoir de n'être pas évincé. Cependant, si on supposait que la dépense faite pour l'instruction de l'esclave surpassât de beaucoup le prix

qu'il vaut, en sorte que le vendeur n'eût jamais pensé qu'on
feroit une dépense si considérable ; par exemple, si l'esclave
est évincé après que l'acheteur l'avoit rendu bon danseur,
bon comédien, pendant qu'il l'avoit acheté une somme peu
considérable, il seroit injuste que le vendeur fût obligé en
ce cas à fournir une grosse somme (PAUL).

———— —

* 3 *Dumoulin, Tractatus de eo quod*) 68. Sed istud obiter
   interest, nº 68-69, p. 445 et s.) postquam hic sermo in-
cidit, expediam. Dico quod gloss. et Doctores superficiem
tantùm, non intimum sensum, nec nisi verbositatem horum
jurium attingunt. Dicendum pro brevi et plana conciliatione,
quod actio ex empto de evictione præter prævium et præam-
bulum caput ad defendendum, quod spectat ad tractatum
dividui et individui, ubi Mod. Paris. part. 2. quæst. 8. cum
sequent. habet duo capita, quæ spectant ad hunc tractatum.
Unum perpetuum scilicet, ad pretium, non autem ad rem, ut
dixi suprà, nu. 66. Secundum casuale, scilicet in id quod interest præter pretium. Et hæc duo capita apertè distinguuntur
in l. *emptorem*, §. *si in l. Titius*, ad fin. *de act. empt.* in l. *si in
venditione*, *l. evicta* 2. *l. si plus, de evict.* et alibi passim in jure.
Quantùm autem ad primum caput, quo actio ex empto com-
petit ad pretium, vel pro rata pretii, semper quoties pro parte
committitur, sit relatio ad bonitatem, quæ erat tempore contractûs tantùm, et secundùm eam metitur, juxta l. I. et l.
bonitatis, de evict. quæ non solùm habent locum in stipulatione duplæ, sed etiam pariter in actione ex empto, prout,
utpote bonæ fidei, et uberior, non solùm committi potest pro
parte in omnibus casibus in quibus stipulatio duplæ pro parte
committi potest, sed etiam ubi stipulatio duplæ ob strictam
sui naturam non potest committi pro parte, ut in l. *si dictum*,
§. *in stipulatione, de evict.* tamen committi poteet ac .o ex
empto, ut infrà, qu. 4. ad fin. Quantùm autem ad secundum
caput, scilicet ad interesse, recipit augmentum et diminutionem modo plus, quandoque minus, quandoque nihil præter

[ARTICLE 1513.]

pretium interest. Et de hoc secundo capite intelliguntur reliqua jura, quæ videbantur contraria dict. l. prima, et leg *bonitatis*, ut in fin. num. præced. Et hæc consideratio nondum à quoquam tacta, non solùm ad multorum jurium verum et sincerum intellectum necessaria est, sed etiam in quotidiano usu praxique ad rectè judicandum et consulendum.

69. Quoties enim jura dicunt agi evictionis nomine, si aliud non exprimatur, nec ex materia subjecta colligatur, non intelligitur de stipulatione duplæ, sed de actione ex empto, quæ est naturalis et perpetua actio evictionis : stipulatio vero accidentalis et casualis est. Et rursùs quando exprimitur, vel tacitè (ut in dubio) intelligitur agi ex empto, nisi aliud addatur, vel suppleatur in facto, non sequitur agi nisi ad pretium, vel pro rata pretii, ut probat lex *quod si nulla, in fine*, cum lege sequenti *de hæreditate vel actione vendita* : quia interesse non venit nisi intersit, et adhuc nisi probetur quod à facto et probationibus pendet : et adhuc etiamsi constet interesse, quandoque non agitur nisi ad pretium, ut quando pactum est de evictione non agi. *l. emptorem §. fin. de action. empt.* His ergo casibus cùm ad pretium tantùm, vel pro rata pretii parte evicta agitur, non inspicitur secutum augmentum vel decrementum, sed status qui erat tempore contractûs, et adpretiatio tunc facta, juxta L. I. *et l. bonitatis, de evict.* Et hoc etiam ipsa naturalis justitia sensusque communis dictant. Si enim fundum à te emi mille, deinde cum negligentia mea vel casu dimidio deterior factus in totum evictus est, nec apparet de alio extrinseco interesse, cur actio ex empto evictionis nomine limitabitur ad dimidium pretii, videlicet, ad quingenta, et omnes gloss. et Doctores hucusque malè sentiunt ? Cur tu cùm non esses dominus, nilque juris haberes, lucraberis dimidiam partem pecuniæ meæ cum jactura mea, prætextu deteriorationis etiam casualis ? Cur qui non dominus et alium decipit, versabitur in lucro, deceptus vero in damno ? Cur non potiùs tanquàm totâ re evictâ, totum pretium repetam sine alio interesse, quia pluris non interest ? ut nos ex vero sensu legum, et vivâ æquitate sentimus et

[ARTICLE 1513.]

evincimus. Pariter si rem venditam non tradis, quamquam si pluris valeat, vel pluris Intersit quàm empta sit, ad id agere. l. *quod si nulla*, cum l. seq. *de hæred. vel act. vend. l. l. de act. empt.* Tamen si minùs valeat, nec prætereà non intersit, sive tempore contractûs minoris valeat, sive posteà casu etiam, sive tua culpa minoris esse cœperit, non ad id coarctor, si totum pretium prærogavero, sed totum simplum ad minus repetam, nec tu qui non imples, cum jactura mea locupletari debes. Et sic non obstat d. l. *quod s; nulla, in princ.* ubi si hæreditas vendita ad venditorem non spectat, debet æstimari, ut sic ad æstimationem agatur, quia (ut in simili dicam, d. l. l. *de act. empt. in princ.* infrà nu. 83.) hoc ibi dicitur ad finem augendi actionem, ut sive pretium nondum sit solutum, exigatur quod supervalet pretio, sive pretium solutum sit, exigatur major æstimatio, non autem ad finem restringendæ actionis, si fortè ea hæreditas minoris æstimetur quàm empta sit, sed hunc totum solutum pretium ad minus repetet: imo etiamsi quid prætereà justè intersit, nec superfluum pretii cedet lucro non implentis quasi verè implevisset. Ex his habes obiter novum et verum intellectum plurium jurium, et hac brevi facilique interpretatiore defungi licet à multis sophisticis et anxiis intricationibus Dd. in dictis locis.

Voy. *Pothier* et *Aubry* et *Rau*, cités sur art. 1511.

---

* 3 *Pothier* (*Bugnet*), } 68. On a agité la question, si le vendeur qui a été condamné à livrer la chose, et qui l'a en sa possession, peut être contraint précisément à la livrer; ou si, sur son refus de la livrer, son obligation et la condamnation doivent seulement se convertir en une obligation et en une condamnation de dommages et intérêts.—Plusieurs interprètes du Droit romain, et entre autres Sculting et Noodt, ont été de ce dernier sentiment. — Ils se ondent, 1° sur la L. 4, Cod. *de Act. empt.*, qui dit formellement que le vendeur qui, par malice et obstination, ne livre pas la chose, doit être condamné aux dommages et intérêts de l'acheteur : *Si traditio rei venditæ* PROCACIA *venditoris non fiat, quanti interesse compleri emptionem fuerit arbitratus præses, tantùm in condemnationis taxationem deducere curabit.* —Ils disent, 2° que le vendeur demeurant propriétaire de la chose vendue jusqu'à la tradition, il serait incivil de le dépouiller par force de sa propre chose ;—enfin, 3° ils allèguent que c'est une maxime de droit que *Nemo potest cogi præcisè ad factum ;* d'où ils concluent que *Nemo potest cogi ad traditionem.*

L'opinion ·traire a aussi d'illustres défenseurs. Je la crois plus véritable, et je pense qu'en cas de refus par le vendeur de livrer la chose vendue qu'il a en sa possession, le juge peut permettre à l'acheteur de la saisir et de l'enlever, si c'est un meuble ; ou de s'en mettre en possession, si c'est un fonds de terre ou une maison, et d'en expulser le vendeur par le ministère d'un sergent, s'il refusait d'en sortir.

Il est facile de répondre aux raisons alléguées ci-dessus pour la première opinion.

La réponse à la loi 4, Cod. *de Act. empt.*, est que cette loi accorde bien à l'acheteur l'action *in id quod interest*, contre le vendeur qui refuse injustement de lu' 'ivrer la chose vendue ; mais elle ne dit pas que cette action soit le seul moyen qu'il ait pour se faire justice. Paul, *Sent.* liv. 1, tit. 13, § 4, dit formellement que le vendeur peut être contraint précisément à livrer la chose, *potest cogi ut tradat ;* mais comme il n'est pas toujours facile à l'acheteur de se faire mettre *manu militari* en possession de la chose vendue, le vendeur pouvant la soustraire et la cacher, il est permis à l'acheteur, par cette loi, d'avoir recours à l'action *in id quod interest ;* il a le choix des deux moyens.

A l'égard de ce qu'on dit en second lieu, que le vendeur demeurant propriétaire de la chose vendue (1), il serait inci-

(1) Cette raison ne pourrait être invoquée aujourd'hui. (BUGNET).

[ARTICLE 1513.]

vil de lui ôter de violence ce qui lui appartient, je réponds qu'il n'y a pas plus d'incivilité à cela qu'à saisir les biens d'un débiteur qui refuse de payer ce qu'il doit.

Enfin, quant à ce qu'on dit que *Nemo potest cogi ad factum*, et que les obligations qui consistent à faire quelque chose, se résolvent *in id quod interest actoris*, je réponds que cette maxime n'a d'application que lorsque le fait renfermé dans l'obligation est un pur fait de la personne du débiteur, *merum factum*; comme lorsque quelqu'un s'est obligé envers moi de me copier mes cahiers ou de me faire un fossé, il est évident que je ne puis le faire écrire ou travailler au fossé malgré lui, et que son obligation, en cas de refus par lui de l'exécuter, doit nécessairement se résoudre en dommages et intérêts. Il n'en est pas de même du fait de la tradition : ce fait *non est merum factum, sed magis ad dationem accedit;* et le débiteur peut y être contraint par la saisie et l'enlèvement de la chose qu'il s'était obligé de livrer.

Notre sentiment est celui de Cujas, *ad L. 1, ff. de Act. empt.;* de Zoes, *Parat. ad eumd. tit.,* de Perez, Cod. *ad eumd. tit.;* de Davesan, *Tr. de Empt. vend.*

Parmi ceux mêmes qui croient la première opinion plus conforme au droit romain, il y en a qui conviennent que les Romains s'étaient écartés en cela du droit naturel. C'est le sentiment de Barbeyrac.

Enfin il paraît que l'opinion que nous embrassons est suivie dans la pratique, comme en convient Wissembach, quoiqu'il soit de l'opinion contraire.

Il y a néanmoins certains cas dans lesquels, pour des considérations particulières, notre décision doit souffrir exception.

Par exemple, si une personne qui était dans l'intention de démolir sa maison, m'a vendu une certaine poutre, ou quelque autre faisant partie de cette maison ; quoique les lois romaines qui ne permettaient pas la vente des choses unies à des édifices, n'aient pas lieu parmi nous, et que cette vente soit valable, néanmoins, si le vendeur, ayant changé d'avis, et ne voulant plus démolir sa maison, refuse de me livrer ces

[ARTICLE 1513.]

choses, on ne me permettra pas de démolir sa maison pour enlever les choses qu'il m'a vendues qui sont unies, et son obligation doit en ce cas se résoudre en dommages et intérêts. Il y a un intérêt public qui s'oppose à la démolition d'un édifice ; et d'ailleurs, lorsque le débiteur doit ressentir de l'exécution de son obligation un dommage beaucoup plus considérable que celui que le créancier peut ressentir de l'inexécution, il est de l'équité que le créancier se contente d'être indemnisé de ce qu'il souffre de l'inexécution, par une condamnation de dommages et intérêts, et qu'il ne puisse contraindre en ce cas le débiteur à l'exécution précise de l'obligation. C'est ce qui résulte du second précepte de la loi, qui nous oblige d'aimer notre prochain comme nous-mêmes (1).

69. Les interprètes du droit romain qui ont écrit avant Dumoulin, ne reconnaissaient dans les conclusions secondaires de l'action *ex empto*, en cas de défaut de tradition et en cas d'éviction, qu'un seul objet ; savoir, la condamnation de la somme à laquelle devait être estimé l'intérêt présent qu'a l'acheteur d'avoir la chose qui ne lui a pas été livrée, ou dont il a souffert éviction.

De ce principe, ils tiraient cette conséquence, que si, eu égard à l'état présent de la chose vendue, qui depuis le contrat serait considérablement diminuée de prix, l'estimation de l'intérêt qu'a l'acheteur d'avoir cette chose, était portée à une somme au-dessous du prix pour lequel elle avait été vendue, le vendeur ne devait rendre que cette somme, et pouvait retenir le surplus du prix.

Domat, liv. 1, t. 2, du *Contrat de Vente*, sect. 10, n° 15, quoiqu'il ait écrit longtemps depuis Dumoulin, a aussi suivi l'ancienne opinion ; elle est aussi suivie par Caillet, professeur de Poitiers, dans l'élégant commentaire qu'il a fait sur le titre du Code *de Evict.* Dumoulin, qui a mieux approfondi cette matière qu'aucun interprète, dans son Traité *de Eo quod*

---

(1) Ne pourrait-on pas dire aussi que dans ce cas la vente était subordonnée à la démolition ; qu'il y avait une condition tacite ? (Bugnet).

[ARTICLE 1513.]

inte-est, n°s 68, 69, etc., réfute cette opinion, et enseigne que l'action *ex empto in id quod interest*, en cas de défaut de tradition de même qu'en cas d'éviction, a deux objets : le principal est la restitution du prix qui a été payé, ou la décharge de celui qui serait encore dû ; le second est le paiement de tout ce que l'acheteur souffre de plus par le défaut de tradition ou par l'éviction. Ces deux objets se trouvent clairement distingués en la loi 43, ff. *de Act. empt. Non pretium continet* TANTUM, *sed omne quod interest emptoris* (1).

(1) Sans approfondir cette opinion de Dumoulin, que Pothier approuve, il est très permis de douter que la L. 43, ff. *de Act. empt.* contienne ce que Dumoulin lui fait dire. Selon cet auteur, l'action *ex empto*, au cas d'éviction, aurait deux chefs distincts : l'un, fixe et invariable, et indépendant de la valeur de la chose au temps de l'éviction, c'est le prix qui a été convenu lors de la vente ; l'autre, les dommages-intérêts qui dépendent de la plus-value survenue ; et ces deux chefs, disent Dumoulin et Pothier, sont clairement exprimés par ce texte : *Non pretium continet* TANTUM, *sed omne quod interest emptoris*.

Cependant, si on prend ces expressions dans le texte même et par application à l'espèce supposée, on y trouvera facilement un autre sens. Il s'agit des dépenses faites par l'acheteur évincé, dépenses qui ont amélioré la chose.

Voici ce que répond le Jurisconsulte : *De sumptibus vero, quos in erudiendum hominem emptor fecit, videndum est : nam empti judicium ad eam quoque speciem sufficere existimo ; non enim pretium continet tantum, sed omne quod interest emptoris servum non evinci. Planè si in tantum pretium excessivè proponas ut non sit cogitatum à venditore de tantâ summâ, veluti si ponas agitatorem posteà factum vel pantominum, evictum esse eum qui minimo veniit pretio, iniquum videtur in magnam quantitatem obligari venditorem.*

Le Jurisconsulte pourrait bien avoir voulu dire : il ne suffit pas de rendre le prix, il faut aussi indemniser l'acheteur évincé ; mais il raisonne dans l'hypothèse d'améliorations faites à la chose. La loi 70, ff. *de Evict.*, qui prévoit le cas où la chose a diminué de valeur, paraît bien contraire à l'opinion de Dumoulin.

Quoi qu'il en soit du droit romain sur ce point, il est certain que le Code a consacré l'opinion de Dumoulin et de Pothier. *V.* arts. 1631, 1632 et 1633 ; mais si l'éviction n'est que d'une partie déterminée, ce n'est plus la même règle. *V.* l'art. 1637. (BUGNET).

[ARTICLE 1513.]

C'est pourquoi, lorsque la chose que j'ai achetée a été depuis le contrat considérablement détériorée et dépréciée, soit par ma négligence, soit par cas fortuit ; *putà*, si j'ai acheté une maison pour le prix de 20,000 liv., et que depuis le contrat une partie des bâtiments ait été consumée par le feu du ciel, de manière que cette maison ne vaille que 10,000 liv., et qu'en conséquence l'intérêt que j'ai aujourd'hui d'avoir ou de retenir cette maison, soit d'une valeur beaucoup moindre que n'est le prix de 20,000 liv. pour lequel je l'ai achetée ; néanmoins j'ai droit, en cas de défaut de tradition ou en cas d'éviction, de demander à mon vendeur la restitution de ce prix entier de 20,000 liv.

La raison est qu'il est de la nature de tous les contrats commutatifs et synallagmatiques, tel qu'est le contrat de vente, que l'une des parties ne contracte son engagement envers l'autre qu'à la charge que l'autre partie ne manquera pas au sien. C'est pourquoi, n'ayant contracté envers mon vendeur l'engagement de lui payer le prix qu'autant qu'il ne manquerait pas au sien, et mon vendeur y ayant manqué par le défaut de tradition, ou faute de me défendre de l'éviction que j'ai soufferte, l'obligation que j'avais contractée envers lui de lui payer le prix, de même que le droit qui résultait à son profit de son obligation, se résolvent. Mon vendeur cesse dès lors d'avoir aucun droit au profit que je me suis obligé de lui payer ; d'où il suit qu'il ne peut en rien exiger, et que, s'il a été payé, il n'en peut rien retenir, et que je le puis répéter en entier, *condictione sine causâ.* D'ailleurs, il est manifestement contre l'équité que mon vendeur, qui est en faute en me vendant une chose qui ne lui appartient pas, et qui me trompe, profite de cela pour gagner sur moi une partie du prix.

On oppose en vain contre ce sentiment la loi 23, Ccd. *de Evict.*, où il est dit qu'il est dû à l'acheteur, en cas d'éviction, *quanti tuâ interest, non quantùm pretii nomine dedisti :* car cela doit s'entendre en ce sens, non (Solum) *quantùm pretii nomine dedisti.*

On oppose aussi la loi 8, ff. *de Hær. vend.*, où il est dit que

" dans le cas de l'action qu'a l'acheteur contre celui qui lui
a vendu des droits successifs comme lui appartenant, qui ne
lui appartenaient pas, on doit estimer-ce que valent ces
droits." Dumoulin répond fort bien à cette objection, que
cette estimation ne se fait qu'en faveur de l'acheteur contre
le vendeur, qui doit être condamné à payer toute la valeur
de ces droits successifs, au cas qu'ils valussent plus que le
prix pour lesquels ils ont été vendus ; mais il doit toujours
rendre tout le prix, quand même ils vaudraient moins.

A l'égard de la loi 70, ff. *de Evict.*, sur laquelle Domat se
fonde, et où Paul dit : *Evictâ re, ex empto actio, non ad pretium
duntaxat recipiendum, sed ad id quod interest competit ; ergo
et si minor esse cæpit, damnum emptoris est ;* Dumoulin répond que ces termes : *damnum emptoris est,* ne se réfèrent pas
ad pretium recipiendum, le prix devant être toujours restitué
en entier à l'acheteur en cas d'éviction ; mais ils se réfèrent
seulement *ad id quod interest emptoris ;* car, de même que ce
id quod interest emptoris non habere licere, augmente à mesure
que la chose augmente en valeur, de même il diminue et se
réduit à rien lorsque la chose diminue de valeur ; et en ce
sens, *si res minor esse cæpit, damnum emptoris est.*

On doit faire la même réponse à la loi 45, ff. *de Act. empt.,*
qui est aussi citée par Domat pour son opinion. Ce qui est
dit en cette loi, que : *Minuitur præstatio, si servus deterior
apud emptorem effectus sit, quum evincitur,* ne doit pas s'entendre en ce sens, *ut minuatur præstatio quantùm ad restitu-
tione pretii,* mais seulement *ut minuatur præstatio ejus quod
ultra pretium interesse posset emptoris ;* parce que ce *hoc
quantùm interest,* se règle eu égard à l'état auquel se trouve
la chose au temps de l'éviction, et non à l'égard auquel elle
était au temps du contrat (1).

La loi *ex mille,* 64, ff. *de Evict.,* qui est aussi citée par Do-

(1) Dumoulin, ayant posé en principe les deux chefs dont nous avons
parlé, l'un fixe et l'autre variable, il n'est plus embarrassé : il rapporte
toutes les lois qui lui sont contraires, au chef qui peut éprouver des variations, c'est-à-dire, aux dommages-intérêts. (BUGNET).

mat, n'a aucune application à cette question. Elle n'est pas dans l'espèce d'une chose qui aurait été simplement détériorée ou dépréciée ; mais elle est dans l'espèce d'une chose dont une partie a été entièrement détruite, et dont, par conséquent, l'acheteur ne peut plus être évincé, puisqu'elle ne subsiste plus : d'où il suit que, lorsque par la suite l'acheteur souffre éviction d'une partie de ce qui reste de cette chose, le vendeur ne peut être tenu de la restitution du prix que pour la partie dont l'acheteur est évincé, et non pour la partie qui ne subsiste plus, et dont il ne peut par conséquent être évincé. Voyez l'explication de cette loi que donne Dumoulin, et que nous rapportons *infrà*, n° 153.

Enfin, on ne peut tirer contre la doctrine de Dumoulin aucun argument de la loi 66, § *fin.* ff. *de Evict.* : car la garantie des partages, dont il est parlé dans cette loi, se régit par d'autres principes que la garantie dont est tenu un vendeur, comme nous le verrons *infrà*, part. 7, art. 3.

Outre les arguments tirés de ces lois, Caillet oppose encore que le sentiment de Dumoulin est contraire au principe de droit, suivant lequel la diminution qui survient depuis le contrat de vente, doit tomber sur l'acheteur. Or, dit-il, elle n'y tomberait pas, si, nonobstant cette diminution, il avait droit de répéter, en cas d'éviction, le prix entier qu'il a payé. La réponse est que, suivant les principes de droit, la diminution qui arrive sur la chose vendue doit tomber sur l'acheteur, tant qu'elle lui reste, et que le vendeur ne contrevient pas à son obligation ; mais lorsqu'il y contrevient, les principes de droit n'empêchent pas qu'il ne doive rendre le prix entier.

Au contraire, les principes de droit et le seul bon sens enseignent que le vendeur, ne remplissant pas son engagement, l'acheteur est dégagé de celui qu'il avait contracté de lui payer le prix. Caillet insiste, et dit que les raisons de Dumoulin ne portent que contre le vendeur de mauvaise foi ; que le vendeur de bonne foi remplit son engagement en entier, en offrant des dommages et intérêts.

[ARTICLE 1513.]

La réponse est, que l'obligation des dommages et intérêts n'est qu'une obligation secondaire, qui suppose l'inexécution de l'obligation principale : or, il suffit qu'il y ait eu une inexécution de l'obligation principale du vendeur, pour que l'acheteur ait été libéré de la sienne. C'est aussi mal-à-propos que Caillet avance que Dumoulin a changé d'avis au n° 124 du même Traité. La question qu'il y traite ne se décide pas par ces principes généraux, comme nous le verrons *infrà*, n° 163, où nous rapporterons cette question.

———

* 1 *Domat* (*Remy*),*liv.* 1, *tit.* 2, } 14. Si au contraire la chose
sec. 10, *n°* 14 *et s.* (*contrà*). } vendue est détériorée ou dimi-
nuée, soit par sa nature comme une vieille maison, ou par un cas fortuit, comme si un débordement a entraîné une partie d'un héritage ; ou la chose étant au même état, la valeur en est diminuée par l'effet du temps : dans tous ces cas et autres semblables, où la chose vendue vaut moins au temps de l'éviction, que le prix que l'acheteur en avait donné, il ne pourra recouvrer contre le vendeur que la valeur présente, lorsqu'il est évincé ; car ce n'est qu'en cette valeur présente que consiste la perte qu'il souffre ; et comme la diminution qui avait précédé regardait l'acheteur, il ne doit pas profiter de l'éviction (C. civ., 1631).

15. Mais si la chose se trouve valoir plus au temps de l'éviction qu'au temps de la vente, le prix en ayant été augmenté par l'effet du temps, le vendeur sera tenu envers l'acheteur de ce qu'elle vaudra au temps de l'éviction (C. civ., 1633) ; car il perd en effet cette valeur, étant évincé ; et sa condition ne doit pas être rendue plus mauvaise par cet événement, dont le vendeur doit le garantir.

16. Si la chose vendue se trouve améliorée au temps de l'éviction par le fait de l'acheteur, comme s'il a planté ou bâti dans un héritage, il sera désintéressé par le vendeur de ce que vaudrait l'héritage au temps de l'éviction, s'il n'avait pas été amélioré, et il recouvrera de plus les dépenses faites

[ARTICLE 1513.]

pour l'améliorer, et ne pourra même être dépossédé, s'il n'est remboursé, ou par celui qui l'évince, car il ne doit pas profiter de ces améliorations, ou par le vendeur qui doit garantir de l'éviction ; et il aura son action contre l'un et l'autre. (C. civ., 1633, 2175.)

Il est dit dans cette loi 9, *de evict.* que le vendeur doit les améliorations à l'acheteur évincé ; et dans cette loi 45, § 1, ff. de act. empt. et vend. que ce remboursement regarde celui qui évince, et ne doit pas tomber sur le vendeur. Ce qu'il faut entendre au sens expliqué dans l'article ; et de sorte que si, par exemple, celui qui veut ravoir le fonds prétendait ne pas devoir les améliorations, ou faisait quelque autre contestation, l'acheteur aurait son action de garantie contre son vendeur.

Lorsque le tiers acquéreur d'un immeuble y a fait des améliorations et se trouve évincé par les créanciers hypothécaires du vendeur, le montant de la plus-value peut être déterminé par la différence du prix de l'acquisition avec celui de la revente de l'immeuble. Ce mode adopté par l'arrêt attaqué ne donne pas ouverture à cassation, n'y ayant pas violation de l'art. 2175, qui ne fixe pas le mode pour déterminer la plus-value. Lorsque les travaux faits sur un immeuble par le tiers détenteur ont pour objet, non pas seulement l'amélioration, mais la conservation de l'immeuble, le privilége des tiers détenteurs ne peut être restreint à la plus-value résultant des travaux : le privilége a lieu pour le montant total des dépenses, y compris même les frais de constatation des travaux.

———

* 1 *Troplong, Vente,*   488. Le prix doit être rendu en entier,
 n° 488.   quand même la chose aurait été détériorée par force majeure, ou même par la négligence de l'acheteur. Au premier coup d'œil, cette décision peut paraître contraire à la règle *Res perit domino.* Mais, avec de la réflexion, on aperçoit que la question est dominée par des raisons particulières, et que cette règle ne doit pas recevoir d'application. En effet, l'acheteur de bonne foi se croit propriétaire en vertu de son titre. Comme tel, il peut user et abuser. *Qui quasi suam rem neglexit, nulli querelæ subjectus est.* Ce n'est pas au vendeur à s'en plaindre, lui qui s'était engagé à assurer la propriété à l'acheteur, et qui lui a donné cette conscience de son droit qui l'a porté à agir en maître. Il sera

[ARTICLE 1513.]

donc tout à fait conforme à la justice de ne pas imputer à l'acheteur les détériorations de son fait. Partant de là, comment pourrait-on faire retomber sur lui les détériorations de la force majeure ? Quelle équité y aurait-il à ce que le vendeur gagnât une portion de prix dans une opération dans laquelle il a trompé l'acheteur ? Dumoulin a exprimé ces idées avec la précision et l'énergie qui lui sont particulières : "Cur tu, cùm non esses dominus, nullíque juris haberes, lucraberis partem pecuniæ meæ, cum jacturâ meâ, prætextu deteriorationis etiam casualis ? cur qui non dominus et alium decipit, versabitur in lucro, deceptus vero in damno ? "

---

5 *Boileux, sur* ⎫　Sous nos anciennes lois, le vendeur ne
arts. 1631-2 *C. N.* ⎭ restituait à l'acquéreur évincé qu'une somme proportionnée à la valeur actuelle de l'immeuble ; car, disait-on, ce dernier ne doit tirer aucun profit de l'éviction : aujourd'hui, on n'a pas égard à la diminution de valeur que la chose a éprouvé depuis le contrat ; la loi ne veut pas que celui qui a disposé de la chose d'autrui profite de sa faute ; le remboursement du prix s'opère toujours intégralement : ainsi, l'éviction devient une bonne fortune pour l'acheteur ; car non-seulement il ne payera aucune indemnité pour les détériorations provenant de son fait, détériorations dont il supporterait les conséquences s'il n'était pas évincé ; mais encore, on lui remboursera les frais du contrat. et on l'indemnisera de tout le préjudice que lui a causé l'éviction. — Il importe peu, en effet, que la diminution de valeur provienne de la négligence ou du fait de l'acquéreur : le vendeur l'avait autorisé à considérer la chose comme sienne ; on ne peut donc lui reprocher d'avoir usé de son droit : *qui rem quasi suam neglexit, nulli querelæ subjectus est.* La vente était nulle ; ce qui a été payé n'était pas dû ; dès lors, il y a lieu à restitution.

Observons, à cette occasion, que la position de l'acheteur, dans ses rapports avec le vendeur, n'est pas la même que

[ARTICLE 1513.]

dans ses rapports avec les créanciers hypothécaires : ainsi, en cas de délaissement, le tiers détenteur est responsable vis-à-vis de ces derniers, des dégradations provenant de son fait (2175) : l'acheteur n'en doit pas compte au vendeur.— Nous verrons, art. 1634 et 1635 combinés, que l'acheteur peut réclamer toutes les dépenses qu'il a faites, si son vendeur a été de mauvaise foi, lors même qu'elles dépassent la plus-value ; tandis qu'il ne peut répéter des créanciers hypothécaires que la plus-value (2175) ; le contrat de vente est étranger à ces derniers ; l'acheteur n'est pour eux qu'un tiers.

L'art. 1631 ne prévoit que les cas de détérioration et de diminution de valeur ; il reste muet sur le cas de perte partielle, arrivée par force majeure : que doit-on décider ? l'acheteur peut-il prétendre à la restitution du prix en entier ? Les principes admis en matière de garantie amènent une solution affirmative : l'éviction fait considérer le contrat comme n'ayant pas existé ; l'acheteur doit donc être remis dans la position où il se trouverait s'il n'eût pas acheté.

—Par ex. : si l'acquéreur a démoli un bâtiment et vendu les matériaux, s'il a fait abattre un bois de futaie, s'il a reçu du tiers qui l'a évincé une indemnité, pour améliorations faites sur l'objet vendu, il est juste d'imputer sur la somme qu'on doit lui rendre, le montant du bénéfice qu'il a retiré ; autrement, il conserverait une partie de la chose sans eu payer le prix.—Ce ne sont donc point là des exceptions proprement dites, au principe que le vendeur doit restituer le prix.

Le vendeur ne serait pas même admis à dire, pour se dispenser de restituer la totalité du prix, que l'objet vendu était de nature à se détériorer par le temps : l'art. 1631 ne distingue pas.

—L'appréciation du profit tiré des dégradations commises par l'acquéreur doit-elle faire suspendre la restitution du prix ?— Les parties doivent être remises dans l'état où elles étaient lors de la vente ; or des restitutions réciproques doivent avoir lieu, car le vendeur se trouve débiteur d'une partie du prix qu'il a reçu, et créancier de l'importance des dégradations : une confusion jusqu'à due concurrence s'est opérée en sa personne ; il y a lieu de faire un règlement de compte ; par conséquent, le juge ne peut condamner l'acquéreur à faire un remboursement immédiat.

L'acquéreur est-il tenu de restituer sans distinction au propriétaire qui l'évince, le profit qu'il a tiré des dégradations ?— Si les dégradations consistent dans la destruction d'une amélioration faite par le vendeur, cette obligation ne lui est pas imposée : car le propriétaire reprend la chose eu égard à l'état où elle se trouvait au moment où il a été dépossédé.— On doit décider autrement, sans nul doute, lorsque le profit résulte de dégradations commises sur le fonds ; par exemple, s'il provient d'une coupe de bois.

Lahaie, sur art. 1632 *C. N.*   *Pothier,* Traité du contrat de vente, n. 122.—Lorsque l'acheteur a fait des dégradations sur l'héritage dont il a profité : *putà*, en vendant une futaie, sans qu'il ait été obligé d'en faire raison à celui à qui il a été condamné de délaisser l'héritage, il doit faire déduction sur le prix de l'héritage que le vendeur doit lui rendre, de la somme qu'il a reçue pour le prix de cette futaie, car il a été remboursé du prix de l'héritage jusqu'à concurrence de cette somme. Merlin, R., v. garantie ; Delvincourt, t. 3, p. 377, même doctrine.

Duranton, t. 16, n. 286.—On déduit aussi du prix la somme que le vendeur aurait été obligé de rendre à l'acheteur pour défaut de contenance, ainsi que la somme que le propriétaire lui a payée pour des améliorations faites par le vendeur ou de précédens propriétaires, avant la vente. L'acheteur n'ayant rien déboursé pour cela, il est juste que celui qui lui a été payé à ce sujet, par le propriétaire, vienne en diminution du prix que le vendeur doit lui restituer.

Dalloz, garantie, n. 218.—Quant aux dégradations pour lesquelles l'acheteur aurait été condamné envers le demandeur

[ARTICLE 1514.]

originaire, si elles n'ont pas profité à l'acheteur, le vendeur est tenu de l'indemniser de celles que cet acheteur aurait commises depuis qu'il a eu connaissance qu'il n'était pas propriétaire : pour celles qui auraient eu lieu auparavant, la bonne foi de l'acquéreur 'le garantirait de toute poursuite. (Pothier, n. 127 et 128 ; Duranton, t. 16, n. 299 ; Duvergier, vente, n. 370.)

Troplong, vente, t. 1, p. 745. — Quand il y a plusieurs reventes pour des prix différens, dont le dernier est supérieur à tous les autres, le vendeur originaire est tenu de ce prix le plus élevé, encore bien que ce qu'il a reçu soit fort inférieur à ce qu'a payé le dernier acquéreur évincé.

On doit suspendre la restitution du prix jusqu'à l'appréciation de la valeur des dégradations de la chose que doit restituer l'acquéreur. (Cass., 13 mai 1833, Sirey, 33, 1re part., p. 668.)

———

1514. Si la chose vendue se trouve augmentée de valeur lors de l'éviction, indépendamment même du fait de l'acheteur, le vendeur est obligé de lui payer ce qu'elle vaut au-dessus du prix de la vente.	1514. If the thing sold be found, at the time of eviction, to have increased in value, either by or without the act of the buyer, the seller is obliged to pay him such increased value over the price at which the sale was made.

———

* C. N. 1633. } Si la chose vendue se trouve avoir augmenté de prix à l'époque de l'éviction, indépendamment même du fait de l'acquéreur, le vendeur est tenu de lui payer ce qu'elle vaut au-dessus du prix de la vente.

[ARTICLE 1514.].

* *ff. De evictionibus, Liv.* 21, } Divisione inter coheredes facta,
   Tit. 2, *L.* 66, § 3.   } si procurator absentis interfuit,
et dominus ratam habuit, evictis prædiis in dominum actio
dabitur, quæ daretur in eum qui negotium absentis gessit, ut
quanti sua interest, actor consequatur : scilicet ut melioris,
aut deterioris agri facti causa, finem pretii, quo fuera* tempore divisionis æstimatus, deminuat vel excedat. (PAPINIANUS).

   Ibidem, } Un partage a été fait entre trois cohéri-
Trad. de M. Hulot. } tiers, dont un étoit absent, mais il s'est
présenté un procureur au nom de ce dernier, et il a lui-même
depuis ratifié le partage. Si quelques-uns des fonds se
trouvent évincés, celui sur lequel ils le seront aura contre
l'absent la même action qu'il auroit pu intenter contre son
procureur. Cette action aura pour but de le faire indemniser de l'intérêt qu'il peut avoir de n'avoir pas été évincé ; en
sorte que, suivant que ces fonds se trouveront améliorés ou
détériorés, la somme due pour l'éviction sera plus ou moins
forte que le prix auquel ils auront été estimés lors du partage. (PAPINIEN).

––––––

* *Cod. De evictionibus, Liv.* 8, } *L.* 9. Si controversia tibi pos-
   Tit. 45, *LL.* 9, 16, 25.   } sessionis, quam bona fide te
emisse allegas, ab aliquo movetur : auctori heredive ejus
denuntia. Et si quidem obtinueris : habebis quod emisti.
Sin autem evictum fuerit, à venditore successoreve ejus consequeris quanti tua interest. In quo continetur etiam eorum
persecutio, quæ in rem emptam à te, ut melior fieret, erogata
sunt.

   Proposit. 11 calend. januarii, Alexandro A. Cos. 223.
(ALEXANDER).

   L. 16. Super empti agri quæstione disceptabit præses pro-
vinciæ : et si portionem diversæ partis esse cognoverit : im-
pensas, quas ad meliorandam rem vos erogasse constiterit,
habita fructuum ratione restitui vobis jubebit. Nam super
pretio evictæ portionis non eum qui dominium evicerit, sed
auctricem conveniri consequens est.

[ARTICLE 1514.]

Proposit. 10 calend. julii, ipsis IV. et III. AA. Coss. 290.
(DIOCLETIANUS et MAXIMIANUS).

L. 25. Si tibi liberam Saturninus conditionem ejus ignorans
distraxit, ac nunc eam defendit in libertatem : hac libera
pronuntiata, venditorem vel ex stipulatione duplæ, quantum
in hanc deductum est: vel empti actione, quanti tua interest,
convenire potes.

Sancit. idib. februar. AA. Coss. (DIOCLETIANUS et MAXIMIANUS).

Ibidem. | *L*. 9. Si on vous conteste la pro-
Trad de M. P. A. Tissot. | priété du fonds que vous dites avoir
acheté de bonne foi, dénoncez-le à votre auteur ou à son héritier ; si vous obtenez raison, vous serez conservé dans la
chose que vous avez achetée. Si au contraire vous êtes évincé, vous obtiendrez de votre vendeur ou de son héritier vos
dommages et intérêts, dans la fixation desquels on aura
égard aux dépenses que vous avez faites dans la chose, qui
en ont augmenté la valeur.

Fait le 11 des calend. de janvier, sous le cons. de l'empereur Alexandre. 223. (ALEXANDRE).

L. 16. Le président de la province connaîtra de la contestation élevée au sujet du fonds acheté ; et s'il trouve qu'une
portion de ce même fonds appartienne à votre partie adverse,
il ordonnera qu'il vous restitue les dépenses que vous avez
employées à des améliorations, après en avoir déduit néanmoins la valeur des fruits que vous avez perçus. Mais pour
ce qui concerne le prix de cette portion dont vous êtes évincé,
ce n'est pas de celui qui vous évince que vous devez le réclamer, mais de celui dont vous la teniez.

Fait le 10 des calend. de juillet, sous le quatrième cons. de
l'empereur Dioclétien et le troisième (" :mpereur Maximien.
290. (DIOCLÉTIEN et MAXIMIEN).

L. 25. Si Saturninus vous ayant vendu une femme prétendue
esclave qu'il ignorait être libre, cette prétendue esclave se
prétend maintenant libre, vous pourrez, si la liberté est prononcée, poursuivre votre vendeur en restitution du double,

s'il a été convenu ainsi par stipulation, ou en demande de dommages et intérêts par l'action de l'achat.

Fait pendant les ides de février, sous le consulat des mêmes empereurs. (Dioclétien et Maximien).

———

Voy. *Pothier*, cité sur arts. 1511 et 1513 et *Domat*, cité sur art. 1513.

———

1 *Troplong, sur* } Les trois articles que nous allons com- *arts.* 1633-4-5 *C.N.* } menter s'occupent de trois causes de dommages et intérêts :

1° Celle qui résulte pour l'acheteur d'une augmentation dans le prix de la chose (art. 1633) ;

2° Celle qui résulte de réparations et améliorations utiles faites par l'acheteur et dont le prive l'éviction (1634) ;

3· Celle que l'acheteur fait découler de la perte qu'il est obligé de supporter de dépenses voluptuaires ou de simple agrément faites pour l'embellissement de la chose évincée (1635).

506. Voyons le premier point.

Lorsque la chose vendue a augmenté de prix au temps de l'éviction, par suite d'alluvion, ou bien encore par toute autre cause indépendante de l'acheteur, comme par exemple l'accroissement naturel que la valeur intrinsèque des choses éprouve fréquemment, l'acheteur a droit de répéter contre le vendeur le montant de cette plus-value. En effet, cette augmentation de prix est pour lui un gain qu'il avait fait *propter rem ipsam*, et dont il n'est pas juste qu'il soit dépossédé.

Par exemple, je vous achète pour 20,000 fr. votre maison de la place d'Alliance, et elle vaut 30,000 fr. au moment de l'éviction, attendu que ce genre d'immeubles a considérablement augmenté dans la ville de Nancy ; mon action pour éviction comprendra 1° le prix de 20,000 fr., 2° 10,000 fr. de dommages et intérêts pour la différence entre la valeur originaire et la valeur actuelle.

[ARTICLE 1514.]

La·Cour de cassation a appliqué cette règle dans l'espèce suivante.

Lesueur acquiert la ferme de Martienne pour 6,000 fr., et la revend ensuite pour le même prix aux époux Lefèvre, *avec garantie de ses faits et promesses seulement.* En 1813, la dame Lefèvre aliène cette ferme au profit de Wauthier pour une somme de 20,000 fr.

En 1820, Wauthier est évincé par un précédent propriétaire, qui prouva qu'il avait été lésé par Lesueur. Il assigne la dame Lefèvre en restitution du prix de 20,000 fr., des loyaux coûts, et dommages et intérêts. A son tour, la dame Lefèvre exerce son recours contre Lesueur. Arrêt de la cour de Douai qui condamne ce dernier à restituer à la dame Lefèvre le prix de 20,000 fr. que celle-ci a dû rendre à Wauthier.

Sur le pourvoi en cassation, arrêt du 12 décembre 1826, ainsi conçu :

" Attendu que, d'après les principes consacrés en matière
" de garantie de vente d'immeubles tant par les anciennes
" que par les nouvelles lois, c'est sur le premier v ndeur que
" retombent les conséquences de l'éviction, tant quant aux
" prix des ventes que quant aux dommages et intérêts...,
" qu'il importe peu que le prix de la première vente soit in
" férieur au prix de la seconde, puisque c'est par le fait du
" (premier) vendeur que l'acquéreur se trouve privé du béné
" fice légitime que le temps ou d'autres circonstances favo
" rables lui ont procuré."

Le point de droit est exposé avec vérité dans cet arrêt. La dame Lefèvre, ayant fait un bénéfice de 14,000 fr. sur la métairie de Martienne, et s'en trouvant dépouillée par le fait de son vendeur, qui l'avait laissé évincer, devait exiger de Lesueur qu'i' l'en indemnisât.

507. Suivant Dumoulin et Pothier, s'il arrivait que la plusvalue fût tellement énorme qu'elle dépassât toutes les prévisions et toutes les probabilités, le vendeur de bonne foi ne devrait pas être condamné à la payer entièrement à l'acheteur ; il suffirait qu'il fût condamné à payer la somme la plus

[ARTICLE 1514.]

hauts à laquelle les parties, lors du contrat, on u s'attendre
que les dommages et intérêts pourraient mor c: .

M. Toullier croit que cette opinion n'est pas en harmonie
avec les dispositions de l'art. 1633. C'est ce que je suis disposé
à penser aussi. Néanmoins il faut reconnaître que l'opinion
de Dumoulin et de Pothier est plus conforme à l'équité.

508. Passons au cas où la plus-value résulte, non pas d'une
augmentation naturelle de la valeur intrinsèque de la chose,
mais d'améliorations faites de main d'homme.

Il faut distinguer entre les impenses utiles et les impenses
voluptuaires.

Si le vendeur est de bonne foi, il ne doit pas les dépenses
de pur agrément ; mais il est tenu d'indemniser l'acheteur
des impenses utiles que ce dernier a faites avec la juste confiance qu'il était propriétaire. Le vendeur doit payer lui-même
cette indemnité ; ou bien, il doit faire rembourser les dépenses dont il s'agit par l'auteur de l'éviction.

Vous m'avez vendu un site sur lequel j'ai bâti une maison.
Si je suis évincé par le véritable propriétaire, et que, par les
efforts que vous ou moi nous avons faits, de concert ou séparément, pour défendre sur son action, j'aie obtenu de lui
l'indemnité à laquelle j'ai droit pour cette amélioration, je
n'aurai rien à répéter de vous.

Mais si la sentence d'éviction ne l'a pas assujetti à me faire
raison des améliorations, ce sera à vous à m'indemniser.

509. Il arrive souvent que l'impense ne procure pas une
amélioration égale aux sommes déboursées. On demande si
le vendeur sera tenu de l'impense ou de l'amélioration.

Il faut répondre que sa responsabilité se mesure sur l'amélioration. De tous les déboursés faits par l'acheteur et dépen-
sés pour améliorer l'immeuble, que restait-il au moment de
l'éviction ? Qu'y avait-il d'effectif ? rien de plus que l'amélioration prise en elle-même ; rien autre chose que la plus-
value ! Voilà ce que l'éviction a enlevé à l'acheteur ; tout le
surplus des déboursés a disparu, sans laisser de trace, dans
les travaux qui coûtent presque toujours plus qu'ils ne rap-

portent. Ces déboursés étaient perdus pour l'acheteur avant l'éviction. De quel droit les demanderait-il au vendeur, qui ne doit lui faire raison que de ce que l'éviction seule lui a fait perdre ?

510. Supposons maintenant le cas inverse, c'est-à-dire que l'amélioration est plus forte que l'impense ; je dis que le vendeur devra l'amélioration. Les termes de l'art. 1634 sont positifs, et ils conduisent à un résultat conforme à la justice ; car cette amélioration était quelque chose de réel que l'éviction a ravi à l'acheteur.

A la vérité, le demandeur en désistement en sera quitte pour payer l'impense, conformément à l'article 555 du Code Napoléon ; mais l'obligation du vendeur est beaucoup plus étroite que celle du propriétaire qui rentre dans son fonds, et il devra suppléer à ce qu'il sera nécessaire de payer en plus pour rendre l'acheteur indemne.

511. Nous venons de raisonner dans l'hypothèse où le vendeur est de bonne foi. Mais s'il est de mauvaise foi, c'est-à-dire s'il a vendu sciemment le fonds d'autrui, il devra rembourser à l'acheteur toutes les dépenses, même voluptuaires, que celui-ci aura faites sur le fonds.

Du reste, il est inutile de dire que, si l'acheteur était de mauvaise foi, il en serait autrement. Car, d'après l'art. 1599 du Code Napoléon, on sait qu'il n'aurait pas droit à des dommages et intérêts.

---

5 *Boileux, sur art.* 1633 *C. N.* } Les articles 1633 et 1635 déterminent trois causes de dommages-intérêts, spéciales au contrat de vente : occupons-nous d'abord de celle qui résulte d'une augmentation de valeur.

Au premier abord, la disposition de l'art. 1633 paraît en contradiction avec celle de l'art. 1631 : en effet, lorsque la chose est diminuée de valeur, le vendeur ne doit pas moins restituer le prix en totalité ; tandis que, dans le cas inverse d'améliorations, il doit payer la plus-value, *quelque considérable qu'elle puisse être* : pourquoi le soumettre à cette der-

[ARTICLE 1514.]

nière obligation ? Le législateur a considéré, que la règle ?
qui rem quasi suam neglexit, règle qui protège l'acheteur en
cas de perte, ne devait pas être rétorquée contre lui en cas
d'amélioration ; que les principes généraux devaient, en ce
cas, reprendre toute leur force.—Ex. : j'ai acheté un terrain
20,000 fr. ; par suite du percement d'une rue, ce terrain vaut,
au moment de l'éviction, 40,000 fr. : le vendeur me devra
compte de 20,000 fr. en sus du prix. — Ainsi, la vente est
maintenue contre le vendeur : l'acheteur ne court pas la
chance de perdre ; mais il court celle de gagner.

La loi ne distingue pas si le vendeur a disposé de bonne
foi, ou s'il a vendu sciemment la chose d'autrui, sans prévenir l'acquéreur : Dans le premier cas, comme dans le
second, ce dernier peut réclamer l'application de l'article 1633.

Suivant Dumoulin et Pothier (n° 133, Vente, Oblig., n°
164), si par l'effet de circonstances imprévues, en dehors de
toutes probabilités, la chose a acquis une plus-value *énorme*,
le vendeur qui a été de bonne foi ne doit, à titre de dommages-intérêts, que la somme la plus haute à laquelle les
parties ont pu s'attendre, lors du contrat, que le dommage
s'élèverait. — De nos jours, quelques auteurs admettent cette
modification ; mais c'est à tort, selon nous : Les termes de
l'article 1633 sont absolus : cet article accorde sans distinction à l'acheteur toute la plus-value. Quand la loi veut établir une différence entre les effets de la bonne foi et ceux de
la mauvaise foi, elle le dit expressément, comme elle l'a fait
dans l'art. 1635 : Nous verrons que, dans ce dernier cas, le
vendeur doit non-seulement indemniser l'acheteur de ces
pertes purement pécuniaires ; mais encore lui tenir compte
de la valeur d'affection que la chose avait pour lui.

Il existe, comme on le voit, des différences notables, entre
les principes posés textuellement au titre de la vente, et ceux
établis au titre des obligations : en effet, aux termes des articles 1150 et 1151, les dommages-intérêts à fournir par le
débiteur de bonne foi, ne doivent pas excéder ce que les parties ont pu prévoir lors du contrat : si donc les art. 1633 et

[ARTICLE 1314.]

1634 n'avaient pas établi pour la vente une règle spéciale, nous aurions affranchi le vendeur de toute responsabilité, à raison de la plus-value résultant d'un événement imprévu.— A la vérité, l'interprétation que nous donnons des articles 1633, 1634 et 1635 est contraire au système de Pothier : ce jurisconsulte applique à la vente, la décision qu'il admet dans le cas des articles 1150 et 1151 : il cite à l'appui de son opinion, la loi 43 *in fine* du titre *de actionibus empti et venditi* : mais, nous le répétons, cette théorie est écartée par les termes absolus de l'art. 1633, comparés à ceux des art. 1634 et 1635 : en combinant ces articles, on reconnaît que les auteurs du Code n'ont pas perdu de vue la différence qui existe entre la position du vendeur de bonne foi et celle du vendeur de mauvaise foi ; et qu'ils ont voulu soumettre l'un et l'autre cas à une règle uniforme, lorsque la chose a augmenté de prix indépendamment du fait de l'acquéreur.

Lahaie, sur art. { *Malleville.*—Le vendeur est garant de tout
1633 C. N. } le profit que l'acquéreur eût retiré de la chose, si elle ne lui avait pas été évincée.

Duranton, t. 16, n. 295. — Il n'y a pas à distinguer, à cet égard, entre le cas où le vendeur a vendu de bonne foi, croyant que la chose lui appartenait, et le cas où il a vendu sciemment la chose d'autrui : il est toujours tenu d'indemniser complétement l'acheteur du gain dont celui-ci a été privé par l'éviction.

N. 296. — Si un précédent vendeur est assigné en sous-garantie par son acheteur, qui a revendu à un prix supérieur à celui auquel il avait acheté lui-même, cet acheteur a droit au remboursement de la totalité de la somme pour laquelle il a vendu ; car il est obligé de la restituer à son propre acheteur.

Dalloz, vente, ch. 1, sect. 2, art. 2, § 1, n. 64. — Dans les dommages-intérêts, la loi comprend l'augmentation du prix, et le vendeur même de bonne foi est tenu envers l'acquéreur

[ARTICLE 1515.]

évincé de cette augmentation, *quelque considérable* qu'elle
soit. (Toullier, t. 8, n. 285 ; Rolland de Villargues, v. éviction,
n. 39).

Dalloz, garantie, n. 220. — Tel serait le cas d'une alluvion
ou de l'élévation de valeur résultant des variations du commerce. (Troplong, vente, n. 506 ; Rolland de Villargues, garantie, n. 52, et éviction, n. 39).

L'acquéreur évincé peut demander qu'une expertise ait
lieu, à l'effet de déterminer si l'immeuble a augmenté de valeur à l'époque de l'éviction, et quelle est l'importance de la
plus-value ; on ne peut s'y refuser sous le prétexte que l'adjudication publique dont cet immeuble a été l'objet lors de
l'éviction, offre une base suffisante. Ainsi jugé par la Cour
de Bourges, le 5 avril 1821.

1515. Le vendeur est tenu de rembourser ou de faire rembourser à l'acheteur toutes les réparations et améliorations utiles qu'il a faites sur la chose vendue, suivant leur valeur.	1515. The seller is obliged to indemnify the buyer, or to cause him to be indemnified, for all repairs and useful expenditures made by him upon the property sold, according to their value.

---

* C. N. 1634. Le vendeur est tenu de rembourser ou de
faire rembourser à l'acquéreur, par celui qui
l'évince, toutes les réparations et améliorations utiles qu'il
aura faites au fonds.

Voy. *Pothier* et *Aubry et Rau*, cités sur art. 1511, *Troplong*,
ité sur art. 1515.

[ARTICLE 1515.]

* 1 *Domat (Remy), Liv.* 1, *Tit.* 2, } 17. Dans l'estimation des dé-
sec, 10, n° 17-8 (*contrà*). . } penses faites par l'acquéreur
d'un héritage pour l'améliorer, comme s'il y a fait un plant, il
faut compenser avec ces dépenses les fruits provenus de l'amélioration, et qui auront augmenté le revenu de cet héritage.
De sorte que si les jouissances de ces fruits acquittent le principal et les intérêts des avances faites pour améliorer, il n'en
sera point dû de remboursement; car il suffit à l'acheteur
qu'il ne perde rien. Et si les jouissances sont moindres, il
recouvrera le surplus de ces avances en principal et en intérêts; car il ne doit rien perdre; mais si les jouissances
excèdent ce qui pourrait lui être dû de remboursement, il en
profitera.

Ce qui est dit dans cet article que l'acheteur profitera des jouissances
qui excéderont son remboursement, se doit entendre des jouissances
perçues de bonne foi, et avant la demande en justice.

18. Si la dépense employée pour les améliorations est
moindre que leur valeur, l'acheteur évincé ne recouvrera que
cette dépense; et si au contraire la dépense excède cette valeur, il ne recouvrera que ce qu'il y aura de profit, mais selon
les circonstances il sera de la prudence du juge de ne pas
priver cet acheteur des dépenses raisonnables, et que le
maître du fonds aurait pu ou dû faire, et aussi de ne pas trop
charger le vendeur ou celui qui évince; et il faut les régler
selon que le demandent la qualité des dépenses, celle des
personnes, la nécessité ou utilité des améliorations, et tout ce
qui peut être considéré dans l'état des choses.

———

5 *Boileux, sur* } Le vendeur qui a été de bonne foi, se li-
art. 1634 C. N. } bère en tenant compte, ou en faisant tenir
compte à l'acheteur, savoir : des impenses *nécessaires*, intégralement; lors même qu'il n'en est résulté aucune augmentation de valeur, et des impenses *utiles*, eu égard à la plus-
value qu'elles ont procurée (1150).
Souvent, l'acheteur se trouvera complétement indemnisé

[ARTICLE 1515.]

par les restitutions que le propriétaire pourra être tenu d'effectuer, aux termes de l'art. 555 : en effet, si le propriétaire tient compte au possesseur, de la plus-value de l'immeuble, le vendeur n'aura rien à restituer à ce dernier ; mais si l'immeuble ayant acquis une plus-value supérieure aux dépenses faites par l'acheteur, le propriétaire n'a remboursé à celui-ci que le montant de ses impenses, le vendeur doit alors payer la différence. — Les rapports du possesseur avec le propriétaire ne sont pas régis de la même manière, que ceux du possesseur avec le vendeur (Arg. des articles 1633 et 1635 comb. ; Pothier, Vente, n. 15, Troplong, n. 510).

Quid, si le vendeur a été de mauvaise foi (*voy.* art. 1635)?

—Le propriétaire peut-il compenser ce qu'il doit à l'acheteur, pour améliorations, avec les fruits perçus de bonne foi par ce dernier ?—Le Code n'établit pas cette compensation : l'art 1650 attribue les fruits au possesseur de bonne foi, et l'article 1634 lui alloue une indemnité pour ses impenses ; or, il n'y a de compensation qu'entre créanciers et débiteurs réciproques (Dur., n. 297).

Lahaie, sur art. 1634 *C. N.* } *Domat.* Lois civiles, liv. 1, tit. 2, sect. 10, n. 16. — Si la chose vendue se trouve améliorée au temps de l'éviction par le fait de l'acheteur, comme s'il a planté ou bâti dans un héritage, il sera désintéressé par le vendeur de ce que vaudrait l'héritage au temps de l'éviction, s'il n'avait pas été amélioré, et il recouvrera de plus les dépenses faites pour l'améliorer, et ne pourra même être dépossédé, s'il n'est remboursé, ou par celui qui l'évince, car il ne doit pas profiter de ces améliorations, ou par le vendeur qui doit garantir de l'éviction ; et il aura son action contre l'un et l'autre.

Delvincourt, t. 2, n. 13, p. 154. — On nomme *utiles* les réparations ou améliorations qui augmentent la valeur du fonds. C'est à ce titre seulement que le propriétaire qui évince en doit le remboursement.

[ARTICLE 1516.]

Si l'acquéreur a fait pour 3,000 fr. de dépenses, mais qui aient augmenté la valeur du fonds de 4,000 fr., et que le propr'étaire ne lui ait remb 'irsé que 3,000 fr., l'acquéreur pourra agir en garantie cui.'r, 'on vendeur pour les 1,000 fr. de surplus, dont il pourra obtenir le remboursement à titre de dommages-intérêts. (Arts. 555 et 1633).

Duranton, t. 16, n. 297. — Le propriétaire ne peut compenser ce qu'il doit à l'acheteur pour améliorations ou dépenses utiles avec les fruits perçus de bonne foi par ce dernier.

N. 29. — Quant aux dépenses voluptaires ou d'agrément, comme seraient des bosquets, des jets d'eau, des statues, etc., le propriétaire n'est pas tenu d'en rembourser le montant, même au possesseur de bonne foi ; ces dépenses n'augmentant pas le produit et la valeur du fonds, ne sont point *utiles.*

Dalloz, vente, ch. 1, sect. 2, art. 2, § 1, n. 65. — Il n'en serait pas ainsi si le vendeur en vendant connaissait les causes d'évictions ; il devrait dans ce cas rembourser les dépenses de pur agrément, quelle que soit la somme à laquelle elles montent. (Toullier, t. 6, n. 284 ; Rolland et Villargues, v. éviction, n. 37, 38).

(Voir Pothier, vente, n. 64, 135, 136 à 139).

1516. Si le vendeur a vendu de mauvaise foi la propriété d'autrui, il est obligé de rembourser à l'acheteur toutes les dépenses que ce dernier y a faites.

1516. If the seller have sold the property of another, in bad faith, he is obliged to reimburse the buyer for all expenditures laid out by him upon it.

---

* *C. N.* 1635. } Si le vendeur avait vendu de mauvaise foi le fonds d'autrui, il sera obligé de rembourser à l'acquéreur toutes les dépenses, même voluptuaires ou d'agrément, que celui-ci aura faites au fonds.

[ARTICLE 1516.]

*ƒƒ. *De actione empti, Liv.* 19,* } Si hominem tibi locavero ut
Tit. 2, *L.* 45, § 1. } habeas in taberna, et is furtum
fecerit, dubitari potest utrum ex conducto actio sufficiat,
quasi longè sit à bona fide actum, ut quid patiaris detrimenti
per eam rem quam conduxisti : an adhuc dicendum sit, extra
causam conductionis esse furti crimen : et in propriam per-
secutionem cadere hoc delictum ? Quod magis est. (PAULUS).

Ibidem. } Si je vous ai loué les services de mon
Trad. de M. Hulot. } esclave à l'effet qu'il restât dans votre
boutique, et que cet esclave vous vole, l'action contraire du
loyer vous suffiroit-elle en ce cas contre moi, par la raison
que l'intention des parties dans un pareil contrat devant être
réglée par la bonne foi, on ne peut point imaginer que le locataire doive souffrir du tort par la chose même qui lui a été
louée ? ou doit-on dire qu'outre cette action, il y a encore le
délit du vol, qui donne une action particulière, savoir l'action noxale ? Ce dernier sentiment est préférable. (PAUL).

Voy. *Pothier* et *Aubry* et *Rau*, cités sur art. 151 ; *C. C. B. C.*,
art. 417 et *Troplong* et *Domat*, cités sur art. 1515.

----

1 *Domat* (*Remy*), *Liv.* 1, } Si, dans le cas de l'article précé-
Tit. 2, *sec.* 10, *n°* 19. } dent, le vendeur avait vendu de .
auvaise foi la chose d'autrui, il serait tenu indistinctement
le toutes les dépenses faites par l'acheteur. (C. civ., 1635.)

Marcadé, sur art. } I.—Lorsque l'acheteur est évincé et
1630 à 1635 *C. N.* } que rien ne modifie l'obligation de
arantie du vendeur, celui-ci est tenu et de lui restituer le
rix de vente et de lui payer des dommages intérêts. Ces
ommages-inté ts comprennent, selon les cas, 1° le montant
s fruits que l'acheteur serait condamné à rendre au pro-
iétaire ; 2° les frais faits, tant sur la demande principale

[ARTICLE 1516.]

que sur la demande en garantie ; 3° le coût du contrat et autres faits accessoires, tels q..·· ceux de purge des hypothèques ; enfin tout ce qui peut être nécessaire, en sus, pour indemni··ι ..ɔmɔ.ètement l'acheteur, soit du tort que l'éviction lui cɑ··ɯ, soit du bénéfice dont elle le prive.

L'art. 1630 ne donne qu'à ce dernier objet le nom de dommages-intérêts, en désignant chacun des autres par sa qualification spéciale ; mais ceux-ci forment aussi des dommages-intérêts, puisqu'ils ne sont dus et payés que comme réparation d'un tort que le vendeur fait subir à l'acheteur. Il n'en est autrement que pour le prix de vente, auquel il ne serait pas logique d'appliquer la même dénomination. Il est vrai que beaucoup de très-anciens auteurs, et plus tard encore Caillet et Domat lui-même, présentaient aussi le prix de vente comme constituant des dommages-intérêts : un arrêt de Colmar [7 avril 1821] a même reproduit cette idée pour motiver contre un vendeur une condamnation *par corps* à la restitution du prix [art. 126 C. pr.] ; mais Dumoulin, suivi depuis par Pothier, avait solidement et sévèrement réfuté cette idée, abandonnée aujourd'hui, et avec raison, par tous les auteurs. Ce n'est pas, en effet, à titre de réparation d'un préjudice par lui subi que l'acheteur réclame le prix de vente, c'est comme l'ayant payé indûment, puisqu'il se trouve que la vente était nulle, et qu'il ne devait pas la somme qu'il a livrée ; son action n'est donc pas une demande de dommages-intérêts, mais une *condictio indebiti.*

Parlons successivement 1° de la restitution du prix, dont traitent les arts. 1631 et 1632, et 2° des dommages-intérêts, dont s'occupent les arts. 1633-1635.

II.—Le vendeur doit la totalité du prix de vente, dans tous les cas possibles. Ainsi, il la doit alors même qu'au moment de l'éviction la chose aurait diminué de valeur, soit par des circonstances générales qui auraient déprécié les biens de la nature de celui dont il s'agit, soit par suite d'une détérioration provenant, ou d'accidents de force majeure, ou même de la propre négligence de l'acheteur. Il n'en eût pas été ainsi si la restitution du prix n'avait été qu'un payement de dommages-intérêts ; l'acheteur alors n'eût pu exiger que l'équivalent de ce qu'il perd, et quoiqu'il eût acheté 25,000 francs l'immeuble qui n'en vaut plus que 18,000, il n'aurait eu droit qu'à ces 18,000 francs, alors même que la diminution de valeur de 7,000 francs ne lui serait nullement imputable. Mais on a vu qu'il en est autrement : l'action du demandeur n'est rien autre chose que la réclamation d'une somme qu'il a indûment payée, et il a droit dès lors à la totalité de cette somme ; il y a droit alors même que la diminution de valeur résulterait de sa négligence, puisque, se croyant propriétaire de la chose vendue, il était bien libre de la négliger, sans en avoir compte à rendre à personne, et sa négligence n'empêche pas qu'il n'ait payé une somme qu'il ne devait pas, et qu'il a dès lors le droit de répéter. Mais il faut ajouter à ceci une observation importante, et que nous sommes d'autant plus étonné de ne trouver dans aucun auteur, qu'elle fait disparaître le reproche d'injustice que l'on a souvent adressé, bien à tort, à l'art. 1631. C'est que si le vendeur, dans le cas de détériorations provenant de la négligence de l'acheteur, était condamné, sur la demande du propriétaire (comme ayant vendu la chose sachant qu'elle ne lui appartenait pas), à lui faire réparation de ce préjudice, ce vendeur, qui subirait ainsi lui-même un préjudice par la négligence de l'acheteur, pourrait à son tour s'en faire indemniser par celui-ci, par l'application de l'art. 1383, et retenir dès lors le montant de la somme sur le prix qu'il doit restituer. Mais tant que le vendeur ne subit aucune condamnation de ce genre, tant que la négligence de l'acheteur ne lui fait subir aucun préjudice, il doit restituer le prix entier. Et notons que si cette restitution totale, exigée par notre art. 1631, est ainsi conforme aux principes du droit, elle ne l'est pas moins aux principes de l'équité ; car on ne peut pas permettre à une personne de bénéficier d'une portion du prix de la vente d'une chose qui ne lui appartenait pas.

Par la même raison, la totalité du prix serait également

[ARTICLE 1516.]

due, quoique, lors de l'éviction, une partie de la chose eût
péri, comme si, par exemple, le quart ou le tiers du domaine
voisin d'un fleuve avait été enlevé ·· la violence des eaux.
Il est vrai que Pothier décidait le contraire et que M. Troplong (I, 487 et suiv.) ne repousse son avis qu'après hésitation ;
mais le doute ne nous paraît pas même possible en présence
de l'art. 1631 ; car les principes en vertu desquels cet article
ordonne la restitution totale malgré la diminution de valeur
provenant de causes quelconques, même de la négligence de
l'acheteur, sont identiquement applicables au cas de destruction d'une partie de la chose. Ce n'est pas que ce second cas
soit compris dans les termes mêmes de l'article, comme l'admet à tort M. Troplong (car l'article ne parle que d'une chose
qui continue de subsister en entier, et dont la valeur seulement a diminué); mais il rentre bien manifestement dans
son esprit, puisqu'on ne saurait évidemment traiter le vendeur plus avantageusement, ni l'acheteur plus durement,
dans ce cas de perte d'une partie de la chose, que dans le cas
de détériorations résultant de la négligence même de cet
acheteur.

Cette hypothèse de la perte d'une partie de la chose. fait
naître une question que M. Troplong (I, 495) ne résout qu'avec
hésitation et par des motifs peu juridiques, et dont M. Duvergier et M. Zachariæ ne parlent pas. C'est de savoir si, dans
le cas où il y aurait tout à la fois perte d'un côté et augmentation d'un autre, il faudrait ou non en faire compensation.
Ainsi, cinq hectares de terre ont été détachés d'une prairie
par les eaux, mais une alluvion d'une égale importance s'est
formée sur un autre point : l'acheteur pourra-t-il, en exigeant d'une part la totalité de son prix nonobstant la perte et
en vertu de notre art. 1631, demander encore, en vertu de
l'art. 1633, des dommages-intérêts pour l'éviction qu'il souffre
des cinq hectares provenant de l'alluvion ? Ne doit-on pas,
au contraire, compenser la perte avec l'augmentation, en
sorte que le vendeur payera seulement son prix sans devoir
aucuns dommages-intérêts à raison de cette augmentation !

[ARTICLE 1516.]

—La réponse nous paraît simple, et les principes de l'équité, dont M. Troplong se préoccupe surtout, s'y trouvent d'accord avec les principes du droit, dont le savant magistrat s'écarte, selon nous, dans les motifs de sa solution. Ainsi, il n'est pas exact de dire, comme le fait M. Troplong, qu'il y ait ici compensation ; car pour qu'il pût être question de compensation, il faudrait que le premier événement apportât dans les droits des parties un changement que le second ferait ensuite disparaître ; or c'est ce qui n'a pas lieu : le premier événement, la perte de cinq hectares, n'a diminué en rien le droit de l'acheteur à la totalité du prix, et l'obligation pour le vendeur de payer cette totalité ; or les droits des parties n'ayant pas changé par le premier événement, comment le second ferait-il compensation, comment viendrait-il neutraliser une modification qui n a pas eu lieu ?...... Mais il n'est pas moins vrai que, par une autre voie, les principes conduisent définitivement au même résultat. En effet, si la perte des cinq hectares n'a pas eu pour résultat d'amoindrir le droit de l'acheteur à la répétition de la totalité de son prix de vente, elle a du moins empêché l'alluvion postérieure de faire naître, en vertu de l'art. 1633, le droit à des dommages-intérêts. L'art. 1633 oblige le vendeur à payer à l'acheteur ce que la chose, lors de l'éviction, *vaut au-dessus du prix de la vente ;* or, ici, la chose, par suite de la perte faite d'abord de cinq hectares, n'a fait que revenir, par l'augmentation postérieure, à son importance primitive : elle n'a donc aucune valeur en sus du prix de vente, et partant il n'est pas dû de dommages-intérêts.

III.—Nous avons vu plus haut (art. 1626, IV) que l'acquéreur d'un bien est de plein droit investi de tous les droits et actions qui appartenaient à l'aliénateur relativement à ce bien ; et nous avons signalé à cet égard les deux doctrines, fausses et contradictoires l'une et l'autre, de Pothier et de M. Troplong, dont le second nie, en parlant d'un acheteur, cette transmission des actions qu'il proclame cependant en parlant du donataire, tandis que le premier la nie pour le donataire,

[ARTICLE 1516.]

pour arriver, quand il s'agit de l'acheteur, non-seulement à
la reconnaître, mais à l'exagérer au point de permettre à cet
acheteur de choisir dans toute la série des vendeurs successifs celui qui a vendu le plus cher, pour lui demander la
restitution d'un prix qui est peut-être le double ou le triple
de celui que lui, dernier acheteur, a payé à son vendeur.

On s'étonne que Pothier, d'ordinaire si judicieux et si
équitable, ait pu admettre une idée aussi contraire tout à la
fois au droit, à la justice, à la raison même; à la raison,
puisqu'il y a contradiction à parler de se faire restituer ce
qu'on n'a jamais donné, de faire rentrer ce qui n'est jamais
sorti. Sans doute tout acheteur obtient la chose *cum omni suá
causá* et acquiert les actions dont son vendeur était investi,
notamment l'action de garantie que celui-ci avait contre le
vendeur précédent; mais il n'acquiert cette action de garantie que pour la somme qu'il paye et non pour celle plus forte
que son vendeur a pu payer : si les principes commandent de
reconnaître que dans une vente les parties ont nécessairement
entendu que le vendeur, en s'obligeant lui-même à la garantie, cédait, comme accessoire naturel de son obligation, l'action de garantie qu'il avait contre son propre vendeur. ils
commandent de reconnaître aussi que leur pensée commune
est de ne pas donner effet à cette cession au delà du prix de
la nouvelle vente, par la raison bien simple que l'on ne peut
pas entendre se faire garantir le remboursement de ce qu'on
ne débourse pas.—On conçoit, du reste, qu'il en serait autrement et que le dernier acheteur pourrait agir contre un vendeur antérieur pour la totalité du prix plus fort que celui-ci
avait reçu, si c'était à titre de dommages-intérêts qu'il réclamait la différence des deux prix. Ainsi, j'ai acheté 80,000 frs.
une ferme qui en vaut 100,000 au moment de l'éviction, et
qui avait été vendue 100,000 à mon vendeur : comme d'une
part j'ai droit d'exiger, non-seulement mon prix de 80,000
francs d'après l'art. 1631, mais aussi l'indemnité de l'excédant
de valeur d'après l'art. 1633, c'est-à-dire une somme totale de
100,000 francs, et puisque d'autre part tout vendeur est tenu,

[ARTICLE 1516.]

envers chacun des acheteurs successifs, et du prix de vente de celui-ci, et de ses dommages-intérêts pour plus-value, je pourrai donc exiger de lui la totalité des 100,000 francs. Le résultat sera d'ailleurs le même que si j'agissais contre mon vendeur et que celui-ci agît à son tour contre le vendeur précédent : j'obtiendrais, en effet, sur mon vendeur les 80,000 francs de prix de vente et 20,000 francs de dommages-intérêts ; et ce vendeur recouvrerait sur son propre vendeur les 100,000 francs que celui-ci lui devait à double titre, soit comme prix de vente, puisque lui avait acheté 100,000, soit comme représentant le préjudice que l'éviction lui cause, puisqu'elle l'oblige à me payer cette même somme. C'est qu'en effet, quand même le second vendeur n'aurait acheté que 80,000, il aurait toujours son recours pour 100,000, du moment que l'éviction lui fait perdre cette somme en le forçant de me la payer ; et quand même, réciproquement, il ne me payerait que 80,000 (parce que le bien n'aurait pas augmenté de valeur), il aurait encore droit, s'il avait acheté 100,000, à la restitution de ses 100,000.

Il est évident, au surplus, quoique M. Troplong (I, 497) ait méconnu cette idée, que quand l'acheteur évincé a obtenu ce à quoi il a droit en agissant contre l'un des vendeurs successifs, il ne peut plus rien demander ensuite à aucun des autres vendeurs. Le savant magistrat, pour combattre la transmission des actions en garantie, prétend que, si elle avait lieu, elle permettrait au dernier acheteur de se faire payer autant de prix de vente qu'il y a eu de vendeurs ; mais si un tel résultat serait absurde, il ne l'est pas moins de dire qu'il soit la conséquence de la transmission des actions, et il faut bien que M. Troplong le reconnaisse, puisqu'il admet cette transmission dans le cas de cession expresse, et que la répétition de plusieurs prix de vente par un même acheteur ne serait pas moins absurde pour cette cession expresse que pour la cession implicite qui se trouve contenue dans toute aliénation. On a vu d'ailleurs que M. Troplong lui-même, sans remarquer la contradiction dans laquelle il tombe à cet

[ARTICLE 1516.]

égard, prouve très-bien dans un autre endroit (n° 439) l'existence de cette cession implicite. La vérité est que cette cession, qu'elle soit tacite ou expresse, ne donne jamais le droit
d'obtenir plusieurs prix de vente, puisqu'elle n'a pour but
que de rendre plus assuré pour l'acheteur, en cas d'éviction,
le recouvrement de ce qui lui sera dû, et qu'il n'est dû qu'un
prix pour chaque vente.

Ainsi l'acheteur évincé n'a jamais droit qu'à un seul prix,
mais il a toujours droit à la totalité de ce prix. Il a droit à la
totalité ; et par conséquent le vendeur ne devrait pas seulement restituer le prix principal, mais aussi toutes sommes
accessoires qui, sous les noms de pots-de-vin, d'épingles ou
autres, auraient été payées en sus, car elles sont une partie
du prix de l'acquisition. Réciproquement, le vendeur pourrait
déduire de sa restitution, soit les sommes que dans l'intervalle de la vente à l'éviction il aurait déjà rendues à l'acheteur, pour déficit dans la contenance indiquée ou pour toute
autre cause, soit l'indemnité que cet acheteur aurait reçue
du propriétaire qui l'évince, à raison d'améliorations faites
par lui vendeur sur le bien, soit les bénéfices que cet acheteur se serait procurés au détriment du bien, en vendant,
par exemple, des bâtiments ou des futaies : dans ces différents cas, en effet, l'acheteur est déjà remboursé d'une partie
de son prix, et ce qu'il reçoit sous défalcation de ces sommes
forme avec elles le prix entier.

IV.—La règle que l'acheteur évincé a droit à la totalité du
prix ne s'applique, bien entendu, que quand il y a éviction
totale, et non quand une partie de la chose reste à l'acheteur,
cas régi par les articles 1636, 1637. Or il est vrai de dire que
l'éviction n'est que partielle lorsque, la chose vendue consistant dans une série de jouissances ou prestations, comme un
usufruit, une rente viagère, un bail, l'éviction n'a lieu qu'a-
près un certain temps depuis la vente. Dans ce cas, en effet,
l'acheteur a véritablement absorbé une certaine partie de la
chose : si le droit d'usufruit, par exemple, devait durer une
vingtaine d'années et que l'acheteur l'ait exercé pendant dix

[ARTICLE 1516.]

ans, l'éviction ne lui enlève en réalité que la moitié de la chose. Sans doute, en principe rigoureux, l'usufruit et la rente viagère ne sont point un bien matériel se composant de l'ensemble des jouissances ou revenus ; ils sont un bien incorporel, un droit, dont tous les revenus ou produits ne sont que des fruits, de telle sorte qu'après la moitié ou les trois quarts de sa durée, l'usufruit et la rente sont toujours le même usufruit et la même rente, entière comme au premier jour (art. 588). Mais s'il en est ainsi en pur droit, il n'est pas moins vrai qu'en fait on avait entendu acheter et vendre vingt années de jouissance, et que, l'acheteur n'étant évincé que d'une moitié ou d'un quart, il serait souverainement inique et contraire aux idées fondamentales de notre matière, d'obliger le vendeur à lui rendre la totalité du prix. C'est précisément du fait, des idées d'équité, que le législateur se préoccupe ici, et il est évident qu'à ce point de vue il n'y a, dans ce cas, qu'une éviction partielle.

C'est, en effet, ce que reconnaissent tous les auteurs ; mais il y a dissidence entre eux pour savoir si la même règle doit s'appliquer aux ventes d'animaux. M. Duvergier (I, 362), d'après Pothier et Dumoulin, enseigne l'affirmative, par le motif que, les animaux ayant une existence limitée, l'acheteur n'a eu en vue qu'un certain nombre d'années de services qui se sont en effet réalisés pour partie... Au contraire, M. Troplong (I, 494) et M. Zachariæ (II, p. 519) trouvent que cette solution n'est pas légalement acceptable ; et on peut soutenir dans ce sens qu'il n'est pas possible, ni en droit ni en fait, de ne voir là qu'une éviction partielle. Tout usé et vieilli qu'il peut être, dira-t-on, ce cheval, acheté il y a quelques années, est toujours le même cheval et non pas une partie du cheval, c'est toute la chose achetée et non pas une partie de cette chose. Tout ce qu'il y a de vrai, c'est qu'il est détérioré ; or, l'art. 1631 déclare formellement que, quoique la chose soit considérablement détériorée, il y a néanmoins lieu de restituer la totalité du prix... Malgré cela, nous adoptons le premier sentiment. On n'achète pas un cheval pour avoir toujours ce cheval, comme ou achète une ferme pour avoir toujours cette ferme : ce que l'acheteur veut pour son argent, c'est bien moins le cheval en lui-même que *les services* que ce cheval doit lui rendre pendant quinze ou vingt ans, et il est dès lors parfaitement exact, quand il a recueilli la moitié de ses services, de dire que l'éviction n'est que partielle. Est-ce que le cheval qui est arrivé à vingt-huit ou trente ans, qui ne rend plus aucune espèce de service et ne gagne pas même sa nourriture, n'a pas cessé d'exister comme bête de travail et utilement parlant ? Est-ce que ce n'est pas désormais une bête nulle, insignifiante, et dont l'éviction n'enlèverait à l'acheteur aucune autre valeur que celle de la peau ? N'est-il pas évident que, dans ce cas, l'éviction ne porte que sur une partie, et une faible partie, de la chose achetée ?

V.—Nous arrivons aux dommages-intérêts, et nous savons déjà que, quoique le Code n'emploie ici cette expression que dans un sens spécial et plus restreint, elle embrasse tous les objets de restitution autres que le prix de vente.

Le vendeur doit rendre à ce titre : 1° le coût du contrat et autres frais accessoires ; 2° la valeur des fruits que l'acheteur serait condamné à rendre au propriétaire, ce qui n'est possible, bien entendu, que pour les fruits postérieurs au moment où l'acheteur a reconnu le vice de son contrat, puisque jusque-là il faisait les fruits siens comme possesseur de bonne foi ; 3° les frais faits tant sur la demande principale que sur la demande en garantie : toutefois, ceux de la demande principale ne seraient pas dus [à l'exception de ceux de l'exploit introductif, qui le seront nécessairement toujours] si l'acheteur les avait faits ou laissé faire avant de mettre son vendeur en cause, et si d'ailleurs ils n'étaient pas utiles à celui-ci pour son système de défense.

Si l'acheteur se trouve complétement indemnisé au moyen de ces diverses restitutions, il est clair qu'il ne pourra réclamer rien de plus ; mais il est possible que l'indemnité ne soit pas encore complète, et c'est alors qu'il y aurait lieu à un

[ARTICLE 1516.]

dernier objet de restitution, le seul auquel le Code donne ici le nom de dommages-intérêts. Cet objet peut comprendre deux choses : 1° les dépenses autres que celles qui sont une charge des fruits ; 2° la différence entre le prix de vente et la valeur plus grande de la chose au moment de l'éviction.

Pour les dépenses, il faut distinguer si elles étaient nécessaires, utiles, ou seulement voluptuaires. Les dépenses nécessaires sont dues alors même qu'il n'en serait résulté aucune augmentation de valeur, puisque l'acheteur a été forcé de les faire. Pour les dépenses utiles mais non nécessaires, le vendeur doit rembourser le montant de la plus-value qui en résulte, puisque, d'une part, c'est cette plus-value que l'éviction fait perdre à l'acheteur, non les sommes employées [lesquelles sont dès à présent absorbées], et que, d'un autre côté, l'acheteur n'était pas forcé de faire ces dépenses. Les dépenses voluptuaires enfin ne donnent lieu à récompense qu'autant que le vendeur aurait connu, lors du contrat, la cause de l'éviction [art. 1634, 1635].

Quant à la différence entre le prix de vente et la valeur plus grande que la chose peut avoir au moment de l'éviction, c'est une question controversée et délicate, en effet, de savoir si elle est due alors même qu'elle serait immense et résulterait, en dehors de toutes prévisions, d'événements complétement exceptionnels, comme le percement d'un canal, l'établissement d'une ville, etc. M. Duvergier [I, 369], d'après Dumoulin et Pothier, répond négativement, en appliquant l'art. 1150, qui déclare que, hors le cas de mauvaise foi, le débiteur ne doit que les dommages-intérêts que l'on a pu prévoir ; Toullier (VI, 285), M. Duranton (XVI, 295) et M. Zachariæ, professent l'affirmative et pensent que la disposition spéciale de l'art. 1633 échappe au principe général de l'art. 1150 ; M. Troplong enfin (I, 507) hésite entre les deux doctrines, parce qu'il trouve la seconde plus conforme au texte de la loi et la première plus conforme à l'équité. Quant à nous, celle-ci nous paraît devoir être suivie par ces trois motifs, 1° qu'elle est en effet plus conforme à l'équité ; 2° que les principes généraux ne doivent recevoir une exception qu'autant que cette exception est formellement écrite dans la loi, et-que l'art. 1638 ne contient rien qui manifeste la pensée de déroger au principe si sage de l'art. 1150, cet art. 1633 pouvant-et devant s'entendre naturellement *de eo quod plerumque fit*, et non des cas extraordinaires et exceptionnels qui nous occupent ; 3° que ce recours aux principes généraux se trouve en effet commandé ici par l'article 1639, et que la circonstance que cette doctrine était celle de Dumoulin et de Pothier donne de plus en plus lieu de croire que telle a été la pensée des rédacteurs. Nous disons donc que la totalité de la plus-value ne serait due, en pareil cas, qu'autant que le vendeur aurait été de mauvaise foi.

———

5 *Boileux, sur* ⎱ Le vendeur est de mauvaise foi, lorsqu'il
art. 1635 *C. N.* ⎰ a connu au moment de la vente le danger de l'éviction, s'il a dissimulé ce danger à l'acheteur : il doit, au choix de ce dernier, rembourser le montant des impenses utiles, ou tenir compte de la plus-value. — Bien plus il est tenu des impenses voluptuaires que l'acheteur a faites ; car ce dommage est une suite immédiate et directe de l'inexécution du contrat (1151).

Il est bien entendu, que les règles établies par les articles 1634 et 1635 ne doivent pas être isolées de celle qui refuse tous dommages-intérêts à l'acheteur, s'il a su d'une manière quelconque, au moment du contrat, que la chose n'appartenait pas au vendeur (*voy.* l'article 1629).

———

Lahaie, sur art. ⎱ *Malleville.* — Il faut supposer que l'acqué-
1635 *C. N.* ⎰ reur était à la bonne foi ; car, régulièrement, il n'y a que le possesseur de bonne foi qui peut répéter les dépenses voluptuaires. Cela doit sur-tout avoir lieu aujourd'hui, que la vente de la chose d'autrui est nulle.

Duranton, t. 16, n. 298. — Si l'acheteur avait aussi acheté

[ARTICLE 1517.]

de mauvaise foi, il ne lui serait pas dû de dommages-intérêts au sujet de ces dépenses voluptuaires ou d'agrément, à moins qu'il n'eût acheté avec stipulation expresse de garantir, ou que le vendeur se soit porté fort de faire ratifier le propriétaire.

———

1517. Si l'acheteur n'est évincé que d'une partie de la chose ou de deux ou plusieurs choses vendues en bloc, et que cette partie soit néanmoins de telle conséquence relativement au tout qu'il n'eût point acheté sans cette partie, il peut faire rescinder la vente.

1517. If the buyer suffer eviction of a part only of the thing, or of two or more things sold as a whole, which part is nevertheless of such importance in relation to the whole that he would not have bought without it, he may vacate the sale.

———

* *C. N.* 1636. } Si l'acquéreur n'est évincé que d'une partie de la chose, et qu'elle soit de telle conséquence, relativement au tout, que l'acquéreur n'eût point acheté sans la partie dont il a été évincé, il peut faire résilier la vente.

———

* *C. L.* 2487. } Si une partie seulement de la chose vendue est évincée, et qu'elle soit de telle conséquence, relativement au tout, que l'acquéreur ne l'eût pas acheté sans la partie évincée, il peut faire résilier la vente.

———

Voy. *Digeste,* cité sur art. 1508 et autorités sur art. 1518.

[ARTICLE 1518.]

* 3 *Pothier* (*Bugnet*), ⎱ 144. Il nous reste à observer que
 Vente, nº 144.   ⎰ l'éviction d'une partie peut quelquefois
donner droit à l'acheteur de conclure contre le vendeur à la
rescision du contrat en entier : ce qui a lieu lorsqu'il est
vraisemblable que, sans la partie évincée, l'acheteur n'eût
pas voulu acheter le surplus.

———

Lahaie, sur art. ⎱ *Delvincourt*, t. 2, 4e part., p. 155—S'il a été
 1636 *C. N.* ⎰ vendu plusieurs choses, et que l'éviction ait
lieu pour l'une d'elles seulement, il faut distinguer : si elles
sont faites pour aller ensemble, comme dans la vente d'un
attelage, d'un ameublement, il y a lieu à résilier la vente
pour le tout. Il en est de même. si les deux choses étaient
nécessaires au bᵘᵗ que se proposait l'acquéreur ; *v. g.*, deux
fonds contigus destinés à une entreprise quelconque.

Duranton, t. 16, n. 300. — Bien que notre article ne statue
que sur le cas où l'éviction est d'une partie considérable,
l'indemnité serait due aussi, quoique la partie évincée fût
peu importante : seulement, dans ce cas, il n'y ourait pas
lieu à la résiliation du contrat.

Dalloz, garantie, n. 233. — Le vendeur, dans ce cas, lui
restitue le prix et les frais du contrat, sans préjudice des
dommages-intérêts et autres restitutions ordonnées par l'art.
1630. (Troplong, vente, n. 514 ; Puvergier, vente, n. 376 ;
Duranton, t. 16, n. 300.)

Boileux, vol. 3, p. 270. — Il est bien entendu qu'en accordant à l'acquéreur le droit de faire résilier la vente, la loi ne
lui interdit pas celui de réclamer une indemnité, s'il préfère
conserver c qui reste de la chose.

———

1518. Si, dans le cas
d'éviction de partie de la
chose, ou des choses ven-

1518. If in the case of
eviction of a part of the
thing, or things sold as a

[ARTICLE 1518.]

dues en * bloc, la vente n'est pas rescindée, l'acheteur a droit de réclamer du vendeur la valeur de la partie dont il est évincé proportionnellement au prix total, et aussi les dommages-intérêts à être évalués suivant l'accroissement de valeur de la chose à l'époque de l'éviction.

whole, the sale be not vacated, the buyer has a right to claim from the seller the value of such part, to be estimated proportionally upon the whole price, and also damages to be estimated according the increased value of the thing at the time of eviction.

---

* *C. N.* 1637. } Si, dans le cas de l'éviction d'une partie du fonds vendu, la vente n'est pas résiliée, la valeur de la partie dont l'acquéreur se trouve évincé lui est remboursée suivant l'estimation à l'époque de l'éviction, et non proportionnellement au prix total de la vente, soit que la chose vendue ait augmenté ou diminué de valeur.

---

* *ff. De evictionibus,* } Bonitatis æstimationem faciendam, *Lib.* 21, *Tit.* 2, *L.* 13. } cùm pars evincitur, Proculus rectè putabat, quæ fuisset venditionis tempore, non cùm evinceretur. (PAULUS).

Ibidem. } Proculus pensoit avec raison, que dans *Trad. de M. Hulot.* } 'e cas où une moitié d'un fonds étoit évincée à l'acquéreur, on devoit en fixer la qualité en se rapportant au temps où le fonds avoit été vendu, et non à celui où cette portion du fonds avoit été évincée. (PAUL).

---

* 3 *Pothier* (*Bugnet*), } 142. Lorsque la portion évincée n'est *Vente, n°⁸* 142-3. } pas une portion indivise, mais une portion intégrante de l'héritage vendu; *putà*, si j'ai souffert éviction d'un pré ou d'une vigne dépendant de la métairie que vous m'avez vendue; en ce cas, pour régler la portion du prix que vous devez me rendre, il faut faire une ventilation du prix de ce pré ou de cette vigne, eu égard et par proportion à celui pour lequel le total de la métairie a été vendu.

143. Comme le prix qui doit être rendu en cas d'éviction, est le prix pour lequel la chose a été vendue, et non pas le prix qu'elle vaut au temps de l'éviction, comme nous l'avons établi au paragraphe précédent, il s'ensuit que cette ventilation doit se faire eu égard à l'état auquel se trouvaient tant la partie évincée que les autres parties de la métairie lors du contrat, et non pas eu égard à celui auquel elles se trouvent lors de l'éviction. C'est ce que décide la loi 13, ff. *de Evict.* *Bonitatis æstimationem faciendam quum pars evinceretur, Proculus rectè putabat quæ fuisset venditionis tempore, non quum evinceretur.*

Mais, pour régler les dommages et intérêts qui peuvent être dus à l'acheteur au delà du prix du contrat, l'estimation doit se faire eu égard à l'état auquel se trouve, au temps de l'éviction, la partie évincée, et à la valeur qu'elle alors.— Par exemple, si la vigne qui m'a été évincée, n'était, lors du contrat, de valeur que de 1,200 liv., eu égard au prix du total de la métairie, et qu'elle en vaille 1,500 au temps de l'éviction, le vendeur devra être condamné à me payer, outre les 1,200 liv. pour la restitution du prix du contrat, les 300 liv. qu'elle se trouve valoir de plus · *nam tanti med interest eam habere licere;* Molin, *Tr. de eo quod interest,* n°s 67, 68, 69 (1).

(1) On voit que Pothier reste, même pour le cas de l'éviction d'une partie intégrante, fidèle à la doctrine de Dumoulin : on retrouve toujours les deux chefs de l'action l'un invariable, le prix ; et l'autre variable, les dommages-intérêts. — Les rédacteurs du Code ne paraissent pas avoir suivi jusque là cette doctrine (1637, C. civ.)

En cela ils ont suivi le principe de la loi 1, ff. *de Evict.*

Sive tota res evincatur, sive pars, habet regressum emptor in venditorem. Sed cum pars evincatur, si quidem pro indiviso, regressum habet pro quantitate evictæ partis. Quod si certus locus sit evictus, non pro indiviso portio fundi, pro bonitate loci erit regressus: quid enim si, quod fuit in agro pretiosissimum, hoc evictum est : aut quod fuit in agro vilissimum ? Æstimabitur loci qualitas, et sic erit regressus. (Buenet).

[ARTICLE 1518.]

* 3 *Dumoulin, Tractatus de eo* } Redeundo ad rem, prædicta,
quod interest, n° 67, *p.* 4 :5. } scilicet, non ad rem, sed ad
pretium re evictâ agi, plana sunt, quando tota res evincitur :
sed si pars t .ntùm siquidem pro indiviso idem est, quia agitur ad preti.im, pro rata partis evictæ, text. in leg. 1. *de evict.*
Si vero pro diviso adhuc in effectu idem, quia bonitas loci
evicti debet æstimari, dict. leg. 1. Quod ultimum intelligendum est procedere sub duplici consideratione. Primo non
habitâ ratione ad valorem, qui est tempore evictionis vel
actionis aut sententiæ, sed ad valorem qui erat venditionis
tempore, text. in leg. *bonitatis, de evict.* quæ procedit et debet
intelligi secundùm veriorem sententiam, non solùm quando
ex stipulatione duplæ, sed eiiam quando ex empto agitur·
Item secundo non ad finem faciendæ et exigendæ æstimationis, quæ erat tempore contractûs, sed solùm ad finem distributionis pretii conventi, et solùm inter partem evictam et non
evictam pro rata valoris illarum partium, qui fuit tempore
contractûs, quia videtur tunc ex mente partium quamlibet
rei partem respexisse, et adpretiasse pro rata valoris qui tunc
erat, et sic mutatio valoris sequens tanquam in hoc imper-
tinens non attenditur. Igitur æstimatio partis rei evictæ
repetitur habitâ ratione bonitatis, quæ fuit tempore contractûs, quo ad partem pro diviso evictam tantùm : et hic est
verus et plenus intellectus dictæ legis 1. Sed merito aliquis
objiciet quod imo ex actione ex empto attenditur augmentum
secutum accessionis, aut valoris, aut meliorationis post con-
tractum ad augendum aciionem evictionis. *l. Titius, ad fin. de
act. empt. l. vendito:· hominis, l. sed si quid, l. evicta, 1. in princ.
et §. fin. l. si cùm venditor, in fin. de evict.* quemadmodùm in
eadem actione ex empto attenditur subsecuta diminutio vel
deterioratio ad diminuendam actionem evictionis, *l. evicta* 1.
in fin. eod. tit. quamquam aliud sit in actione ex stipulatu ad
duplum, quæ non recipit augmentum nec diminutionem ob
diminutionem vel deterationem rei, saltem secutâ evictione
totius l. *ex mille,* §. *si totus, de evict.* quam Accurs. Sali. ibi,
et omnes ubique ita prædicta jura intelligunt, fatendo con-

[ARTICLE 1518.]

trarium, de solvendo simpliciter, aliud in actione ex stipulatu, aliud in actione ex empto.

———

Voy. *Dumoulin,* n°s 68 et 69, cités sur art. 1513.

———

* 1 *Troplong, Vente,* ⎞   512. Pour qu'il y ait lieu à l'action
  n° 512 à 519. ⎠ d'éviction, il n'est pas nécessaire que
l'acheteur soit dépossédé de la chose entière ; il suffit qu'il
éprouve une éviction de partie de cette chose.

Dans ce cas, il faut distinguer si la chose enlevée à l'acheteur est de telle conséquence qu'il n'eût pas acheté sans elle,
ou bien si elle n'est pas assez considérable pour détruire la
cause finale de la vente.

513. Au premier cas, l'acheteur peut demander la résiliation de la vente (art. 1636), et le vendeur doit lui rendre le
prix et les frais du contrat, sans préjudice de tous dommages
et intérêts, et autres restitutions ordonnées par l'art. 1630.

514. Au second cas, la vente subsiste ; mais le vendeur est
tenu de rendre l'acheteur indemne suivant les règles dont
nous allons parler.

Les jurisconsultes ont coutume d'examiner en premier lieu
si la partie dont l'acheteur est évincé est homogène ou hétérogène. Homogène ! comme quand elle est une portion intégrante de la chose, ayant le même nom qu'elle, la même
nature, la même assiette, par exemple le quart d'un pré, ou
bien un champ enclavé dans la ferme et possédé comme une
de ses dépendances. Hétérogène ! comme quand elle forme
quelque chose de distinct, un être ou un objet à part, ayant
son existence propre, spéciale, indépendante du principal,
par exemple le croît d'une jument.

515. Si la partie dont l'acheteur est évincé est hétérogène,
par exemple si, la jument que j'ai achetée étant morte, je suis
dépossédé de son poulain, né depuis la vente, je n'aurai pas
d'action pour le prix ; car le poulain n'a pas été compris dans

[ARTICLE 1518.]

la vente; il n'a pas été vendu, il n'est qu'une provenance ultérieure de la chose que j'ai achetée. Je ne puis donc répéter le prix de ce qui ne m'a pas été vendu. Mais j'aurai droit à des dommages et intérêts pour la privation que j'éprouve de mon poulain, et ce poulain sera estimé suivant sa valeur au moment de l'éviction.

516. Si la partie dont l'acheteur est évincé est homogène, ou se règle par d'autres principes; car la partie homogène a été achetée; elle faisait corps avec la chose principale; elle a été payée comme portion intégrante de l'objet vendu.

Pour concilier les droits de l'acheteur avec ceux du vendeur, les lois romaines faisaient une distinction, adoptée par Dumoulin et par Pothier. Ou la portion dont l'acheteur est évincé est une part aliquote indivisible de la chose, ou elle est une part divise.

Si l'acheteur souffre éviction d'une part aliquote indivise, comme le tiers d'un pré non partagé, le vendeur doit rendre le tiers du prix total. On diminue le prix en proportion de la quantité évincée, en proportion du nombre d'arpents, sans égard à la bonté intrinsèque. Quelle en est la raison ? C'est, dit Cujas, qu'une part indivise d'une chose n'a pas de qualité qui lui soit propre; on ne pourrait connaître sa qualité spéciale et sa bonté qu'autant qu'elle serait séparée du tout, et nous supposons ici qu'il y a indivision. " Pars ergo æstima-" tur ex quantitate et ex modo; nec enim ex qualitate potest " æstimari pro indiviso, cùm ejus partis nulla qualitas " subsit. Pars est quota, videlicet quinta, non qualis; pars " est sine qualitatibus."

Toutefois, indépendamment de cette portion du prix, l'acheteur pourra réclamer ses dommages et intérêts, conformément à l'art. 1630. Ils seront arbitrés suivant les bases que nous avons indiquées ci-dessus, n° 506 et suivants. Pothier enseigne même qu'on pourra y joindre ceux auxquels l'acquéreur a droit pour le désagrément de se trouver en communauté avec un individu qui n'est pas de son choix.

Si la portion dont l'acheteur souffre éviction est une part

[ARTICLE 1518.]

divise, *hoc est*, dit Cujas, *circumpscripta suis finibus*, comme, par exemple, une vigne faisant partie de la ferme, on doit faire une ventilation du prix de cette vigne eu égard au prix total de la chose à l'époque du contrat. Je dis eu égard au prix total de la chose, et ceci est très important à remarquer et a une grande portée. Supposons que par une bonne fortune j'achète pour 20,000 fr. une métairie qui en vaut 40,000 à l'époque de l'acquisition. Je suis évincé d'une vigne qui en dépend, et qui vaut 10,000 fr. ; je ne pourrai pas demander par le premier chef de l'action d'éviction les 10,000 fr., quoique l'objet évincé les vaille intrinsèquement ; je ne pourrai demander que 5,000 fr. ; car je dois comparer la bonté intrinsèque de la chose au prix total qui est ici de moitié au-dessous de la valeur réelle. C'est encore ce que Cujas a très bien fait ressortir. Sans doute, dans le cas d'éviction d'une chose divise, la perte ne s'estime pas d'après la contenance et la mesure, comme dans le cas d'éviction d'une chose indivise. Sans doute, elle s'estime suivant la qualité de la partie évincée, suivant la bonté qu'elle avait au moment du contrat. Mais ce n'est pas à dire pour cela que l'acheteur ait le droit d'exiger cette estimation. L'évaluation ne se fait pas pour établir la balance entre la partie et le tout, entre le prix partiel et le prix total. C'est Dumoulin qui le dit énergiquement : " Non ad finem faciendæ et exigendæ æstimationis, quæ erat tempore contractûs, sed ad solam finem " distributionis pretii conventi, et solùm inter partem evictam " et non evictam, pro ratâ valoris illarum qui fuit tempore " contractûs."

Voilà pour le premier chef de l'action d'éviction. Quant au second, qui porte sur les dommages et intérêts, il faut procéder différemment, et l'on estime l'objet dont l'acheteur est évincé eu égard à l'état dans lequel il se trouve à l'époque de l'éviction.

On voit que ce système est parfaitement concordant avec les principes que nous avons développés sur les art. 1630 et suiv. L'acheteur est toujours sûr de rentrer dans la part

[ARTICLE 1518.]

proportionnelle de son prix ; et quant aux dommages et intérêts, il sera en droit d'en réclamer si la chose est augmentée
de valeur ; sinon, il faudra s'en tenir à la restitution du prix.

517. J'ignore par quel motif, ou peut-être par quelle dis-
traction, cette théorie a été modifiée par l'art. 1637 du Code
Napoléon.

Cet article veut que la valeur de la partie dont l'acquéreur
se trouve évincé lui soit remboursée suivant la valeur à
l'époque de l'éviction et non proportionnellement au prix
total de la vente, soit que la chose vendue soit augmentée ou
diminuée de valeur.

Ainsi, je vous achète une ferme que je vous paie 50,000 fr.
pour son juste prix, et dans laquelle se trouve une vigne de
15,000 fr. Dix ans après, je suis évincé de cette vigne, qui,
par l'effet de la dépréciation éprouvée par cette nature d'immeubles, ne vaut plus que 10,000 fr. D'après notre article,
je n'aurai droit de répéter contre vous que 10,000 fr. et je
perdrai 5,000 fr. sur mon marché ; tandis que vous, par le
fait de qui j'ai été induit en erreur, vous qui n'étiez pas propriétaire de cette vigne, vous retirerez un profit de 5,000 fr.
de la vente indue que vous m'avez faite.

C'est là, ce me semble, une injustice criante, et de plus une
contradiction manifeste avec l'art. 1631, qui déclare que,
quand la chose est détériorée, le vendeur n'en est pas moins
tenu de rendre le prix intégral. Si le vendeur est soumis à
cette obligation, lorsqu'il y a éviction partielle, est-il dispensé de rendre une part proportionnelle du prix ? Pourquoi se
montrer infidèle aux principes généraux qu'on a soi-même
posés le tout pour introduire dans un système qu'il était si
facile de lier dans toutes ses parties des disparates dont on ne
saurait rendre raison ?

518. M. Delvincourt a aperçu cette antinomie entre l'art.
1631 et notre article, et il a cherché en partie à échapper à
l'art. 1637 et en partie à l'expliquer. Il dit d'abord que, lorsque l'éviction est d'une part indivise, il faut s'en tenir aux
anciens principes que l'art. 1637 n'a pu vouloir ébranler. Ce

[ARTICLE 1518.]

point sauvé, il reconnaît la puissance de notre article sur l'éviction d'une part divise ; mais il essaie de masquer ce qu'il y a d'incohérent dans sa disposition par les raisons suivantes : " On ne peut prendre pour base le prix de la " vente. Il est possible que les deux arpents (dont il y a " éviction) soient les meilleurs ou les plus mauvais, et alors " le quart du prix serait trop ou trop peu."

Mais j'avoue que cette explication ne me paraît rien moins que plausible. Est-ce que M. Delvincourt se serait imaginé, par hasard, que dans l'ancienne jurisprudence on n'avait aucun égard à la bonté de la part évincée ? est-ce qu'il aurait oublié ces mots de la loi romaine : " *Quid enim si quod fuit* " *in agro pretiosissimum, hoc evictum est, aut quod fuit in agro* " *vilissimum ? æstimabitur loci qualitas et sic erit regressus.*" Ignore-t-il que Cujas et Dumoulin ne cessent de dire, à chaque ligne de leurs paraphrases de ce texte célèbre, qu'il faut prendre pour base de la ventilation la bonté et la qualité de la chose divise enlevée à l'acheteur ? Que signifie donc cette raison donnée par M. Delvincourt pour expliquer ce qui a empêché le législateur d'avoir égard au prix de vente ? Quand je vois un jurisconsulte aussi estimable que M. Delvincourt échouer dans la justification de l'art. 1637, j'en conclus que cet article n'est pas susceptible d'être défendu.

M. Delvincourt ne me paraît pas plus heureux quand il veut que l'art. 1637 ne s'applique pas à l'éviction d'une part, indivise de l'objet vendu. Sur quoi se fonde cette distinction ? Quel est le mot de notre article qui peut y conduire ? Je vois au contraire clairement que toutes ses expressions amènent à ce résultat positif, savoir, que, s'il y a éviction d'une part indivise, on estime la chose en totalité au moment de l'éviction, et on oblige le vendeur à indemniser l'acheteur au prorata de la partie aliquote évincée.

[ARTICLE 1518.]

*16 *Duranton*, } 300. Jusqu'ici nous avons raisonné dans
n° 300 *et s.* } la supposition de l'éviction de la totalité de
la chose vendue ; voyons maintenant les règles à suivre dans
celui où elle n'a lieu que pour partie seulement.

L'art. 1636 porte que si l'acquéreur n'est évincé que d'une
partie de la chose, et que cette partie soit de telle conséquence, relativement au tout, qu'il n'eût point acheté sans
la partie dont il a été évincé, il peut faire résilier la vente.

C'est donc un point à apprécier en fait. Par exemple, s'il a
acheté une paire de chevaux dont un n'appartenait pas au
vendeur, il peut évidemment obtenir la résiliation de la
vente aussi pour l'autre cheval. Il en serait de même si,
ayant acheté une métairie, il se trouvait évincé des bâtimens
ou des prés. Et si la résiliation du contrat a lieu, on applique
tout ce qui vient d'être dit sur le cas d'éviction du total.

Dans le cas de vente sur adjudication, l'adjudicataire pourrait également obtenir la résiliation de la vente, s'il venait à
être évincé d'une partie tellement importante par rapport
au tout, qu'il y aurait lieu de croire qu'il n'eût pas acquis
sans cette partie. L'art. 729 du Code de procédure fournirait
aussi un argument en faveur de cette décision, si le principe
général de l'art. 1636 du Code civil ne suffisait pas.

Et bien que cet article ne statue que sur le cas où l'évic
tion est d'une partie considérable, néanmoins il ne faut pas
douter que l'indemnité ne fût due aussi quoique la partie
évincée fût peu importante : seulement, dans ce cas, il n'y
aurait pas lieu à la résiliation du contrat ; mais l'acheteur
ayant payé la partie évincée comme les autres parties de la
chose, soit qu'il s'agît d'un fonds limité, ou d'un fonds vendu
à raison de tant la mesure, les dédommagements lui seraient
dus aussi pour cette éviction.

Il fait observer, au surplus, que dans les cas où l'acheteur
évincé d'une partie tellement importante qu'il n'eût pas
acheté sans cette partie, il peut également demander la résiliation avant même d'avoir subi l'éviction ; l'art. 1599, tel
que nous l'avons expliqué plus haut, devient alors applicable.

[ARTICLE 1518.]

Mais si la vente n'est pas résiliée, soit parce que l'acheteur n'a pas demandé la résiliation, soit parce que sa demande à cet égard a été rejetée, alors il faut distinguer : ou il a été évincé d'une quote-part de la chose, telle qu'un quart du tout ; ou il a été évincé d'une partie déterminée et matérielle, comme, par exemple, six arpents de tel endroit du fonds.

Dans la première hypothèse, les art. 1631 et 1633 sont applicables : en conséquence, le vendeur est obligé de restituer à l'acheteur une partie du prix, en proportion de la partie dont celui-ci a été évincé, quoique la chose, depuis la vente, eût subi une diminution de valeur, ou se fût grandement détériorée, même par le fait de l'acheteur ; sauf à ce dernier à tenir compte, dans la même proportion, des dégradations, s'il en a profité, conformément à l'art. 1632. Et si, au temps de l'éviction, la chose, au contraire, se trouve avoir augmenté de valeur, même indépendamment du fait de l'acheteur, le vendeur, outre cette portion du prix, doit rembourser à l'acheteur la plus value dans la proportion de la partie évincée. Il y a même raison de décider pour la partie que pour le tout.

Les dommages-intérêts, les frais et loyaux coûts du contrat, et les fruits que l'acheteur a été obligé de rendre au propriétaire, doivent être aussi remboursés à l'acheteur dans cette proportion ; et le vendeur supporte en totalité les dépens de la demande en garantie, ainsi que ceux de la demande principale, mais, pour ces derniers dépens, en observant toutefois la distinction qui a été faite plus haut sur le cas d'éviction du total.

Et dans cette hypothèse d'une éviction d'une quote-part de la chose, l'acheteur devra facilement être écouté dans sa demande en résiliation du contrat, lorsque l'objet ne sera pas d'une division matérielle facile : comme un bâtiment, une usine ; attendu que l'état d'indivision n'est pas sans de graves inconvéniens, et que, pour le faire cesser, il y a souvent des frais, des pertes et des difficultés.

[ARTICLE 1518.]

Dans le second cas, où l'éviction a eu lieu d'une partie matérielle de la chose, *pro certâ regione*, alors s'applique l'art. 1637, qui veut que la valeur de la partie dont l'acquéreur est évincé lui soit remboursée suivant l'estimation a l'époque de l'éviction, et non proportionnellement au prix total de la vente, soit que la chose vendue ait augmenté ou diminué de valeur.

La raison de cette différence entre les deux cas est sensible : dans le premier, l'éviction étant d'une partie aliquote, et établissant ainsi une communauté entre l'acheteur et le tiers propriétaire, elle porte évidemment sur le bon et sur le mauvais tout à la fois, et elle laisse *sine causâ* dans la main du vendeur une portion du prix correspondante à la partie évincée, le tiers, par exemple, si l'éviction a eu lieu du tiers. Au lieu que lorsqu'elle est d'une partie matérielle du fonds, elle peut porter ou sur le meilleur ou sur le plus mauvais : c'est donc la valeur de cette partie au temps de l'éviction, qui est à considérer, et non pas le prix lui-même ; sans préjudice toutefois des dommages-intérêts qui pourraient être dus à l'acheteur sous d'autres rapports, comme pour restitution de fruits, frais et loyaux coûts du contrat et dépens ; car dans cet article on ne s'occupe pas de tous les chefs de l'action en garantie, mais seulement du principal, et par conséquent il faut encore recourir à l'art. 1630. Dumoulin, Pothier et la plupart des auteurs qui ont traité de la matière, ont fait cette distinction, qui est écrite dans les lois romaines, notamment dans les lois 1 et 64, § 3, ff. *de evictionibus*.

301. Si c'est un droit d'usufruit qui a été vendu, et que l'acheteur ait été évincé, ce n'est pas absolument le prix de l'achat qui doit lui être restitué ; on doit avoir égard aux jouissances qu'il a eues : on doit défalquer du prix leur montant net, mais toutefois compensation faite, jusqu'à due concurrence, des intérêts du prix payé par l'acheteur.

[ARTICLE 1518.]

3 *Delvincourt, p.* 75, **}** Si la partie évincée est telle, rela-
et p. 149 *des notes.* **}** tivement au tout, qu'il soit probable
que l'acquéreur n'eût point acheté, s'il eût prévu l'éviction,
il peut demander la résiliation de la vente (1).

Dans le cas contraire, ou si l'acquéreur ne demande pas la
résiliation, il ne peut exiger le remboursement de la valeur
de la portion dont il est évincé, que d'après l'estimation faite
à l'époque de l'éviction, sans aucun égard au prix de la
vente (2).

(1) *Mais cette éviction peut n'être que partielle. Quid,* s'il a été vendu
plusieurs choses, et que l'éviction ait lieu pour l'une d'elles seulement?
Il faut distinguer : Si elles sont faites pour aller ensemble, comme dans
la vente d'un attelage, d'un ameublement, il y a lieu à résilier la vente
pour le tout. Il en est de même, si les deux choses étaient nécessaires au
but que se proposait l'acquéreur ; *putà,* deux fonds contigus destinés à
une entreprise quelconque. *Secùs,* il y a lieu à restituer le prix seulement de la chose évincée. (Argument tiré de l'article 1636, et de la loi
38, § 14, ff. *de Ædilit. Edict.*).

(2) *Sans aucun égard au prix de la vente.* Cette décision n'est susceptible d'aucune difficulté, lorsque la chose vendue a augmenté de valeur
depuis la vente ; elle se trouve alors conforme à l'article 1633. Mais lorsque la valeur de la chose est diminuée, cette disposition, contraire d'ailleurs à l'avis de Pothier, n. 139, peut paraître en contradiction avec
l'article 1631. Car si, nonobstant la diminution de valeur survenue depuis la vente, le vendeur est tenu de restituer la totalité du prix, lorsque
l'éviction est totale, il semblait conséquent de décider que lorsque l'éviction est partielle, il doit restituer une partie de ce prix, proportionnée à
la partie dont l'acquéreur est évincé.

Quant à moi, je pense qu'il faut distinguer si la partie pour laquelle il
y a éviction, est indivise ou non. Dans le premier cas, si, par exemple, il
y a éviction du quart au total, l'avis de Pothier me parait incontestable.
Le quart du prix doit être restitué, *condictione sine causâ.* Mais si c'est
une partie divise et désignée, quoique faisant le quart du total ; si, par
exemple, l'acquéreur de huit arpens est évincé de deux à prendre en tel
endroit, alors la décision de l'article est juste. On ne peut prendre pour
base le prix de la vente. Il est possible que ces deux arpens soient les
deux meilleu. 1 les deux plus mauvais; et alors, le quart du prix serait trop ou trop peu. C'est donc de ce dernier cas seulement, que doit
être entendu l'article 1637. (*Voir, les lois 1, 13 et 14, ff. de Evictionibus.*)

[ARTICLE 1519.]

Observez que, dans tous les cas, le vendeur est tenu des mêmes condamnations que dans l'article 1630, c'est-à-dire des fruits, loyaux coûts, et dommages-intérêts, proportionnellement à la partie évincée; mais quant aux frais du procès, il les doit en entier, mais conformément à ce qui est dit note (6) de la page précédente, *in fine.*

1519. [Si l'héritage vendu se trouve grevé, sans qu'il en ait été fait déclaration, de servitudes non apparentes, et qu'elles soient de telle importance qu'il y ait lieu de présumer que l'acheteur n'aurait pas acheté s'il en avait été instruit, il peut demander l'annulation de la vente ou une indemnité à son choix, et dans l'un et l'autre cas, il peut intenter son action aussitôt qu'il est informé de l'existence de la servitude.]

1519. [If the property sold be charged with a servitude not apparent and not declared, of such importance that it may be presumed the buyer would not have bought, if he had been informed of it, he may vacate the sale or claim indemnity, at his option, and in either case may bring his action so soon as he is informed of the existence of the servitude.]

C. N. 1638. } Si l'héritage vendu se trouve grevé, sans qu'il en ait été fait de déclaration, de servitudes non apparentes, et qu'elles soient de telle importance qu'il y ait lieu de présumer que l'acquéreur n'aurait pas acheté s'il en avait été instruit, il peut demander la résiliation du contrat, si mieux il n'aime se contenter d'une indemnité.

---

‡ *Troplong, Vente,* } 528. Si la servitude est occulte, et que
n° 528 à 532. } le vendeur ne l'ait pas déclarée, il est
tenu, de droit, de garantir l'acheteur. L'acheteur pourra

[ARTICLE 1519.]

donc exercer son recours si, par exemple, la forêt qu'il achète
est grevée d'un droit d'usage qui lui a été caché ; si la maison qui fait l'objet de la vente doit un droit de passage qui
ne s'annonce pas par des ouvrages extérieurs ; si l'une de ses
parties est frappée d'une prohibition d'élever au-dessus d'une
certaine auteur, etc.

J'emprunte à Cicéron le fait suivant, qui est devenu célèbre
dans la matière qui nous occupe.

Les augures, ayant à exercer leurs fonctions sur le Capi-
tole, ordonnèrent à T. Claudius Centimalius, qui avait une
maison située sur le mont Cœlius, d'en démolir une partie
dont la hauteur gênait les observations. Claudius la mit en
vente ; elle fut achetée par P. Calpurnius Lanarius. Les augures lui firent la même sommation. Calpurnius obéit ;
mais, ayant reconnu que Claudius n'avait mis en vente sa
maison qu'après avoir reçu des augures l'ordre de la démolir, il le traduisit en justice. L'affaire fut jugée par M. Caton,
père du grand Caton. Ce juge prononça donc que le vendeur,
sachant l'ordre des augures et ne l'ayant pas déclaré, devait
une indemnité à l'acquéreur. Ce jugement est aussi rapporté
par Valère-Maxime, qui ajoute : " *Summâ quidem cum æquitate : quia bonæ fidei venditorem, nec commodorum spem augere,
nec incommodorum cognitionem obscurare oportet.*"

Mais le vendeur pourra-t-il, par une convention expresse,
mettre ces servitudes à la charge de l'acheteur ? — Pour
répondre à cette question, une distinction est nécessaire : ou
le vendeur connaissait la servitude dont l'immeuble est grevé,
ou il ne la connaissait pas.

Si le vendeur connaissait la servitude ou la charge, et qu'il
l'ait dissimulée, il ne s'exemptera pas de l'obligation de garantir l'acheteur par une clause générale de non-garantie.
Sa réticence constituerait un dol qui ne pourrait lui profiter.
Tout l'avantage qu'il retirerait de cette clause serait de n'être
pas tenu de payer des dommages et intérêts ; mais il n'é-
chapperait pas à l'action *quanti minoris*, ou à l'action en résiliation dont nous parlerons plus tard.

[ARTICLE 1519.]

Toutefois, s'il était convenu que la vente est faite aux risques et périls de l'acheteur, je pense que le vendeur serait déchargé de tout recours. Nous avons vu, par l'art. 1629, qu'une telle stipulation a des effets bien plus étendus que la simple cause de non-garantie.

Remarquons, au surplus, que le vendeur est censé connaître l'existence de la servitude lorsqu'il a dû en avoir connaissance. " Sciens est, dit Cujas, qui scire debuit ; nam in " jure hæc paria semper, scire vel scire d...ere, id est, obten- " dere ignorantiam non justam." Mais on excuse facilement l'héritier qui, avant de s'être immiscé dans la succession ou d'en avoir scruté tous les détails, a juste sujet de ne pas connaître la condition de la chose.

Quand le vendeur n'a pas eu connaissance de la charge ou de la servitude, il se met à l'abri de tout recours par la stipulation qu'il ne sera tenu d'aucune garantie. Cette clause, jointe à sa bonne foi, ne laisse à l'acheteur aucun prétexte pour se plaindre.

Les praticiens ont coutume d'insérer dans les actes qu'ils rédigent des formules d'exemption plus ou moins larges. Mais l'abus qu'ils en font, la facilité avec laquelle ils les prodiguent, devront être pris en considération par le juge, pour apprécier, suivant les cas, l'importance qu'il convient de leur attribuer.

Examinons, du reste, en elle-même, la portée de plusieurs de ces clauses. On est loin d'être d'accord sur l'effet qu'elles doivent produire.

529. La première est celle-ci : *Telle qu'elle se poursuit et se comporte*, dont l'origine est fort ancienne, et dont l'usage est très fréquent. On demande si, lorsque la chose est ainsi vendue, le vendeur est affranchi de tout recours pour les servitudes occultes et non déclarées dans le contrat.

Sans doute, si le vendeur connaissait l'état de l'immeuble, c'est en vain qu'il aurait cru échapper à la garantie par la clause dont il s'agit ; telle est la conséquence de la distinction que j'ai faite au numéro précédent. Voët le décide ainsi d'une manière expresse. Mais la question est plus difficile lorsque le vendeur est de bonne foi. Perezius veut que la stipulation, *qualis est fundus, sit tibi emptus*, écarte le recours en garantie. Domat assure au contraire que ces stipulations, *comme il se comporte, ainsi que le vendeur en a ·joui, avec ses droits et conditions*, n'empêchent pas que le vendeur ne demeure garant des servitu ³es cachées et des charges inconnues. Bourjon est du même avis, et il va même jusqu'à dire que le vendeur est tenu des charges visibles. La raison qu'il en donne est que *ces expressions ne s'entendent que de ce qui est réc! et actif, et ne s'entendent pas de ce qui est passif, sur quoi le vendeur a dû s'expliquer clairement.*

Pour moi, je suis disposé à croire qu'une clause aussi banale que celle qui nous occupe doit rester sans effet; elle est devenue de style, et les parties n'y attachent aucune importance. Il n'y a même pas de donation où on ne la trouve tout au long, quoique assurément elle soit bien dénuée de portée dans de pareils actes. Ce serait évidemment tromper la pensée des contractants que de voir dans une phrase ainsi jetée par habitude une dispense de garantie.

530. Il est une clause plus extensive que la précédente, et qui est ainsi conçue : *Ainsi que l'immeuble se poursuit et se comporte*, ET QUE L'ACHETEUR A DIT BIEN CONNAÎTRE.

Je crois inutile de dire qu'elle serait sans profit pour le vendeur qui aurait tu la servitude qu'il connaissait; mais, en ce qui concerne le vendeur de bonne foi, Loiseau veut qu'elle exempte le vendeur de la garantie dans le cas où il y est astreint, et je lis dans un arrêt de la Cour de cassation du 26 février 1829 : " Attendu que le demandeur, en déclarant " connaître l'état des lieux, s'est soumis par le contrat à " souffrir toutes les servitudes passives, apparentes ou " occultes, dont le fonds était grevé."

Les circonstances de l'acte influent toujours beaucoup sur les décisions de pareilles questions. Toutefois, dans le doute, je serais enclin à adopter une opinion contraire. Les énonciations dont je viens de parler, outre qu'elles sont presque

toujours de style, portent en général sur ce qui est apparent.
C'est l'état visible de la chose que l'acheteur déclare connaître. Mais comment peut-il deviner les charges cachées, si
son vendeur ne les lui a pas déclarées? et si elles lui ont été
déclarées, pourquoi n'ont-elles pas été énoncées dans le contrat? On sait que ce n'est pas par la sobriété dans les mots
que pèchent nos actes notariés. Il faut rester fidèle au principe que, dans le doute, l'interprétation doit s   ron ncer
contre le vendeur.

531. On rencontre dans les actes de vente une autre clause
que nous devons examiner, quoique dans cette matière le
point de fait domine presque toujours devant les tribunaux
sur les interprétations *à priori* données par les auteurs. C'est
celle-ci : *Avec ses servitudes tant actives que passives;* ou bien,
chargé de ses charges; ou bien, *avec les mêmes droits et charges
que le vendeur les possédait.*

Reprenons avant tout notre distinction entre le vendeur
qui connaît la charge et le vendeur qui l'ignore.

Le premier devait transmettre à l'acquéreur la connaissance positive de la servitude qu'il savait due. En s'enve-
loppant dans un langage équivoque, il s'est rendu coupable
d'une réticence qui ne saurait tourner contre l'acheteur. Les
lois romaines le décidaient ainsi dans des cas qui ont avec le
nôtre beaucoup d'analogie. Un individu vendant son fonds,
et sachant qu'il était grevé de plusieurs servitudes, avait dit
vaguement: *Servitutes, si quæ debentur, debebuntur.* Mais
Modestin répond qu'il sera tenu par l'action *ex empto;* il en
est de même s'il s'était borné à l'insertion de cette clause: *Les
droits de chemin et de sentier resteront au même état, ou conti-
nueront d'appartenir à ceux à qui ils sont dus.* Toutes ces
clauses sont trop ambiguës pour décharger le vendeur. Ce
sont des formules adroitement glissées pour surprendre
l'acheteur et lui représenter comme douteux des services
onéreux qui ne sont que trop certains. Aussi est-ce comme
des ruses répréhensibles que les lois romaines les envisagent,
et Cujas s'en explique dans ces termes énergiques : " Si vendi-

" tor, cùm sciret, fundum quem vendebat, debere vicino ser-
" vitutem aliquam, id reticuerit, et ut verbis rem infuscaret, et
" quoquo modo, si fieri possit, sese obligatione exueret, per-
" fusoriè et generaliter ità vendendo dixit : *si quæ debentur,*
" *debebuntur,* et nihil dixit de eâ quam sciebat deberi, hic
" sermo generalis captiosus est, nec venditorem excusat."

Les preuves abondent pour justifier que la jurisprudence
française s'est toujours conformée à ces principes du droit
romain. Bouvot et Brillon citent un arrêt du parlement de
Bourgogne du 26 avril 1605, duquel il résulte qu'un contrat
par lequel un particulier avait vendu un héritage *chargé de
ses charges,* sans déclarer une cense qu'il savait due, ne peut
subsister. D'Olive rappo.te un arrêt du parlement de Toulouse du 7 juillet 1633, par lequel la demoiselle de Salinier,
ayant vendu à Roux une maison *avec les tailles et* CHARGES
QUELCONQUES *qu'elle se trouverait faire,* fut condamnée à garantir l'acquéreur de la moins-value occasionnée par une
charge qu'elle n'avait pas expressément déclarée, quoiqu'elle
sût là devoir. C'est aussi ce qu'a jugé la cour de Colmar par
arrêt du 26 décembre 1821, dans une espèce où le vendeur,
connaissant l'existence d'un canon emphytéotique dont l'immeuble vendu était grevé, s'était retranché derrière la clause
avec les mêmes droits et charges qu'il l'avait acquis et possédé.
Ainsi, l'on doit tenir pour constant qu'aucune des clauses ci-
dessus énumérées n'est assez puissante pour donner à la
vente le caractère d'un contrat à tous risques et périls, et que
la garantie peut être exigée.

Mais en sera-t-il de même si le vendeur est de bonne foi ?
A cette question, le jurisconsulte Modestin répond que la
stipulation, *si quæ servitutes debentur, debebuntur,* est suffisante pour exempter de la garantie le vendeur qui a été dans
l'ignorance et qui n'a pu faire connaître à l'acheteur le véritable état des choses. La Cour de cassation a ausai décidé,
par arrêt du 6 mars 1817, que la stipulation *avec charges de
toutes servitudes actives et passives, apparentes et occultes,* est
de nature à affranchir un vendeur *de bonne foi,* quand même

la servitude qui pèse sur l'immeuble serait un droit d'usage. Je crois, en effet, que dans l'exemple donné par la loi romaine, ainsi que dans l'espèce jugée par la Cour de cassation, la stipulation était assez large et assez formelle pour équivaloir à une clause de non-garantie. Ce n'était pas là une de ces phrases banales qui glissent inaperçues, et dont on peut dire : *sine mente sonum.* L'attention de l'acheteur avait avait été éveillée, et il ne pouvait se plaindre d'aucune surprise. Mais si, au lieu d'une stipulation de cette nature, l'acte n'avait fait que se surcharger de ses expressions parasites et machinales qui obscurcissent les contrats notariés, il ne faudrait pas avoir egard à ce verbiage. On devrait se souvenir de cette remarque d'Huberus : " Ejusmodi clausulam, *cum juribus,* " *commodis ac servitutibus,* quæ in stylum complementi nota- " rialis abiit, non posse venditorem tueri à præstatione " rerum, quibus ex naturâ contractûs teneatur." Au surplus, c'est au juge à apprécier dans sa justice la portée de pareilles clauses, et à trouver sous leur enveloppe, souvent trompeuse, quelle a été la véritable intention des parties.

———

Lahaie, sur art. 1638 *C. N.* *Pandectes françaises.*—Cette disposition est applicable, non seulement aux servitudes occultes non déclarées, mais à toutes les charges dont l'héritage est grevé : par exemple, une rente foncière, etc.

La stipulation que l'acquéreur se défendra à ses frais et sans recours, des servitudes qui pourront être prétendues, ne peut porter que sur des servitudes ordinaires et de peu d'importance. Elle n'empêcherait pas la garantie d'une servitude très-grave, insolite, et que le vendeur n'aurait pas pu ignorer.

Delvincourt, t. 2, n. 6, p. 155.— Si les servitudes ou autres droits réels dont l'héritage se trouve grevé étaient apparens, l'acquéreur a dû les voir. Il ne peut donc dire qu'il a été rompé, ou s'il l'a été, il ne peut l'imputer qu'à lui-même et à sa négligence. Mais aussi quand les servitudes ne sont pas apparentes, le vendeur qui les connaît doit les déclarer expressément. Il ne suffirait pas qu'il eût dit qu'il vendait l'héritage ainsi qu'il se poursuit et comporte, ou ainsi qu'il en a toujours joui : il n'en serait pas moins sujet à la garantie.

Merlin, R., garantie, § 8, n. 1.— L'effet de la garantie des charges réelles consiste en ce que le vendeur doit faire à l'acheteur une diminution sur le prix de la vente, proportionnellement à ce que la chose vendue peut être estimée de moins, à cause des charges dont le vendeur n'a pas donné connaissance à l'acheteur lors de la vente.

Si la charge réelle non déclarée était rachetable à prix d'argent, comme sont quelquefois les rentes foncières, l'acheteur pourrait faire condamner le vendeur à fournir les deniers nécessaires pour le rachat.

Favard, vendeur, sect. 2, n. 16. — Lorsque dans un contrat de vente, un droit réclamé par un tiers, sur l'immeuble vendu, a été indiqué avec le moyen de s'en affranchir, l'acquéreur qui, sans être évincé, a été troublé en raison de ce droit, dans la possession de l'immeuble par lui acquis, et a obtenu des dommages-intérêts contre le tiers qui l'a troublé, ne peut réclamer contre son vendeur la garantie des condamnations prononcées à son profit. (Cass. 25 juin 1822.)

Dalloz, garantie, n. 268. — Il en est de même d'un droit d'usage dans une forêt, si ce droit a été caché. (Troplong, vente, n. 528 ; Dalloz, t. 12, p. 886, n. 78. Voir Troplong, vente, n. 524 ; Duvergier, vente, n. 379.)

N. 271.—Lorsque le vendeur énonce que *le fonds est franc et libre de toutes charges et servitudes*, il peut être considéré comme exprimant l'intention de garantir même les servitudes apparentes. (Duranton, t. 16, n. 302 ; Duvergier, vente, n. 379.)

Question controversée.—Lorsque la vente d'un immeuble est faite avec cette clause, *tel qu'il se contient et se comporte, avec ses servitudes, tant actives que passives*, le vendeur doit-il garantir l'acheteur de toutes les servitudes apparentes ou occultes ? Pour l'affirmative : Arrêt de Colmar, 26 décembre 1821, Dalloz, vente, p. 887, not. 2 ; Troplong, vente, t. 1, n. 531. *Contrà* : Arrêt de cassation, 6 mars 1817, Dalloz, v. ser-

[ARTICLE 1520.]

vitude, p. 7 ; arrêt d'Agen, 30 novembre 1830, Dalloz, 31, 2ᵉ part., p. 76. (Voir art. 1636. Journal de la magistrature, t. 2, p. 350 à 354.)

———

1520. La garantie pour cause d'éviction cesse lorsque l'acheteur n'appelle pas en garantie son vendeur dans les délais prescrits au Code de Procédure Civile, si celui-ci prouve qu'il existait des moyens suffisants pour faire rejeter la demande en éviction.	1520. Warranty against eviction ceases in case the buyer fails to call in the seller within the delay prescribed in the Code of Civil Procedure, if the latter prove that there existed sufficient ground of defence to the action of eviction.

———

* *C. N.* 1640. } La garantie pour cause d'éviction cesse, lorsque l'acquéreur s'est laissé condamner par un jugement en dernier ressort, ou dont l'appel n'est plus recevable, sans appeler son vendeur, si celui-ci prouve qu'il existait des moyens suffisants pour faire rejeter la demande.

———

* 1 *Domat (Remy), Liv.* 1, } 21. Si l'acheteur troublé se laisse *tit.* 2, *sec.* 10, *n°* 21, 22. } condamner par défaut, s'il se défend mal, s'il ne dénonce point au vendeur la demande qui lui est faite, s'il se compromet ou transige à l'insu du vendeur, ou s'il fait quelque autre préjudice à la condition de son garant, il ne pourra demander la garantie d'une éviction qu'il se doit imputer. (C. civ., 1640.)

Dans les cas fortuits ou de force majeure, l'acquéreur qui a transigé sans appeler son vendeur, et qui s'est fait maintenir en possession du domaine aliéné, moyennant un supplément de prix, est déchu de son action récursoire contre ce dernier. Quoique l'acheteur n'ait point appelé son vendeur, qu'il ait défendu seul à la demande en revendication, et qu'il ait succombé, il n'en est pas moins recevable à demander ensuite des

[ARTICLE 1520.]

dommages et 'intérêts. Mais il ne peut plus intenter cette demande que par action principale, devant le juge du domicile du vendeur ; car c'est une action purement personnelle. Celui-ci ne peut pas soutenir l'acquéreur non recevable, faute de l'avoir appelé, mais il peut repousser sa demande, en prouvant que la revendication n'était pas fondée, et qu'en conséquence s'il eût été appelé, il l'aurait empêchée. On ne peut donc échapper à la demande en garantie qu'en discutant celle en éviction.

22. Après que l'acheteur aura dénoncé le trouble au vendeur, il ne sera tenu, ni de se défendre, ni d'appeler s'il est condamné ; et soit qu'il se défende ou non, le vendeur demeurera garant de l'événement.

———

3 *Pothier* (*Bugnet*), } 108. Quoique l'acheteur ait la fa
Vente, n°s 108-9. } culté de former son action en garantie aussitôt qu'il est troublé par une demande donnée contre lui ; néanmoins s'il a manqué de la former, il est toujours à temps de le faire, non-seulement jusqu'à la sentence de condamnation, mais même depuis la sentence : il n'y a que la prescription ordinaire de trente ans qui puisse l'exclure de cette action ; et le temps de cette prescription ne commence à courir que du jour du trouble qui lui a été fait par la demande donnée contre lui.

Observez que, lorsqu'il a tardé jusqu'après l'instance finie et terminée avec le demandeur originaire, à former sa demande en garantie, il ne peut plus la former que devant le juge du domicile de son vendeur.

Pareillement, lorsque c'est l'acheteur qui a donné la demande contre un tiers qui est en possession de la chose qui lui a été vendue, quoiqu'il puisse, aussitôt le refus fait par le défendeur de lui laisser la chose, sommer son vendeur de prendre son fait et cause, et intenter contre lui l'action de garantie, il est toujours à temps de le faire, même après l'instance terminée par une sentence qui aurait donné congé de sa demande.

109. Quoique l'acheteur soit toujours à ce r.. à _ ercer son action de garantie, il a un grand in d'... _ ercer aussitôt

[ARTICLE 1520.]

que le trouble lui est fait : faute de le faire, il n'a aucun recours pour tous les dépens faits dans le temps intermédiaire
entre le trouble qui lui a été fait, et sa demande en garantie ;
le vendeur n'étant obligé de l'acquitter que des dépens faits
depuis qu'il a été en cause, et du coût de l'exploit de la demande originaire.

L'acheteur a surtout intérêt d'exercer son action de garantie avant la sentence définitive ; car lorsqu'il attend après
cette sentence à l'intenter, il se charge de la justification du
droit du tiers qui a obtenu contre lui ; au lieu qu'en donnant
la demande en garantie avant la fin du procès, cette discussion se fait entre le tiers et le garant.

D'ailleurs, lorsque l'acheteur a attendu après la sentence à
intenter son action de garantie ; quoique l'acheteur rapporte
les tiers justificatifs du droit du demandeur originaire à qui
il a été condamné de délaisser, le garant peut quelquefois,
pour être renvoyé de la demande en garantie, lui opposer
avec succès qu'il aurait eu des moyens et fins de non-recevoir contre la demande originaire, s'il eût été appelé à temps
pour y défendre : il ne suffit pas néanmoins au garant de le
dire, il doit établir et justifier ses moyens.

Lahaie, sur art. ⎱ *Delvincourt,* †. 2, n. 2, p. 156.—Ce n'est pas
 1640 *C. N.* ⎰ à l'acquéreur à prouver que la demande
était fondée : elle est présumée telle dès que l'éviction a été
prononcée ; c'est au vendeur à prouver le contraire. Malleville, sur l'article, même opinion.

Duranton, t. 16, n. 304.—Si l'acheteur a appelé le vendeur
en garantie dans le délai utile, le jugement n'est pas rendu
contre lui, mais bien contre le vendeur, quoique l'acheteur
n'ait pas demandé sa mise hors de cause, ou que le demandeur
ait demandé qu'il y restât pour la conservation de ses droits ;
et il n'y a pas alors à examiner, quant à la garantie, si ce
jugement a été bien ou mal rendu ; sauf au vendeur à le
faire réformer, s'il croit en avoir les moyens.

[ARTICLE 1520.]

Favard, vendeur, sect. 2, § 1, n. 18.—Il est encore plusieurs cas où l'acquéreur évincé ne peut exercer l'action en garantie contre son vendeur ; c'est, 1° celui où il est évincé par force ou par violence ; 2° celui où le fait de l'éviction a lieu par le fait du prince ; 3° enfin, celui où l'acquéreur peut opposer la prescription à la personne qui le trouble.

Boileux, sur l'article. — Nous pensons que ces *moyens* peuvent être tirés, non seulement des faits de la cause, par exemple d'une transaction, de la prescription, d'un acte de confirmation, mais encore d'une meilleure interprétation de la loi.—L'action en garantie dure trente ans, qui commencent à courir du jour de l'éviction.

Sirey, t. 7, p. 10.—Si les étoffes que les négocians ont dans l'usage d'acheter en pièces sans les déployer ont des défauts qui en empêchent la vente en détail, comme si elles sont tachées ou trouées, c'est un vice rédhibitoire.

Il n'y a de vices rédhibitoires que ceux qui sont irrémédiables, et qui rendent la chose pour toujours impropre à l'usage auquel elle est destinée.

Dalloz, vente, ch. 1, sect. 2, art. 2, § 2, n. 81, 83.—La garantie pour vices rédhibitoires comprend les ventes d'immeubles comme celles de choses mobiliaires. Cette garantie a lieu en matière de ventes commerciales de marchandises ; car le droit civil forme le droit commun, et il n'y a point d'exception à cet égard dans le Code de commerce.

V. garantie, n. 308.—Des vices sans gravité, qui peuvent se réparer par la nature ou par l'art, avec promptitude, des maladies momentanées, des blessures légères, ne sont pas des vices rédhibitoires. (Rolland de Villargues, v. rédhibition, n. 14 ; Dalloz, t. 12, p 889, n. 86.)

Duvergier, vente, t. 1, n. 394. — Toutes les fois qu'un acheteur exercera l'action rédhibitoire, pour savoir si elle est fondée, les tribunaux auront à examiner quelle est l'influence du vice reproché sur l'usage auquel était destinée la chose vendue, et du résultat de cette vérification dépendra leur jugement.

[ARTICLE 1520.]

Huzard, des vices rédhibitoires, p. 20. — Autant il parait juste que les défauts cachés soient rédhibitoires, autant il aurait été injuste de placer les défauts apparens dans la même catégorie : le vendeur se serait trouvé alors à la merci de l'acheteur.

P. 40 à 45.—Dans le commerce des animaux, l'acquéreur n'est pas toujours rassuré par la garantie légale relative aux défauts cachés ; il craint même qu'il y ait des défauts apparens qui lui échappent, et il demande au vendeur de lui garantir, par exemple, que l'animal n'a pas tel défaut, il lui demande souvent de lui garantir qu'il a telle qualité.

Ainsi, un acheteur (non connaisseur) peut croire, sans en être sûr, qu'un cheval qu'il marchande boite, et il peut, dans cette crainte (le vice n'étant pas rédhibitoire, puisqu'il est apparent), demander au marchand de lui garantir spécialement que le cheval ne boite pas. Une personne peut demander à un marchand de vaches laitières de lui garantir que la vache donnera au moins huit litres de lait. Dans le premier exemple, le marchand sera tenu de reprendre son cheval, s'il vient à boiter dans le temps fixé ; dans le second, le marchand sera tenu de reprendre sa vache, si par jour elle ne donne pas huit litres de lait convenus. Ce sont là des garanties conventionnelles permises par la loi.

Il existe une autre garantie conventionnelle tacite, dans les marchés dits *de confiance*, c'est-à-dire où l'acheteur n'a pas vu l'objet du marché, et où il s'en est rapporté à la bonne foi du vendeur, pour lui procurer un animal capable de remplir un but déterminé. Dans un marché fait de cette manière, le vendeur devient responsable de tous les défauts ou vices visibles ou non visibles qui empêchent l'animal de remplir le but pour lequel il a été demandé, ou qui diminuent beaucoup le prix qu'on était convenu d'en donner. Le vendeur a abusé de la confiance qu'on lui manifestait ; il doit porter la peine de cet abus de confiance.

Si l'animal a été acquis sans avoir été vu par l'acheteur, ce qui est assez fréquent, tous les défauts, même visibles, qui

[ARTICLE 1521.]

diminuent l'usage pour le ... on l'avait acheté, deviennent rédhibitoires, tels que la gale, la pourriture, le piétain, etc., parce que c'est un marché de confiance.

Parmi les maladies épizootiques, celles qui sont visibles au moment de la vente ne peuvent pas être rédhibitoires, si l'acquéreur a vu les bêtes, ou s'il a chargé quelqu'un de les acheter pour lui. Le nombre des vices rédhibitoires se réduit donc aux maladies qui peuvent être cachées au moment de la vente et se manifester seulement après ; or, la pourriture, le piétain, le cheveau, ont été jusqu'à présent considérés comme les seules dans ce cas.

1521. L'acheteur peut se prévaloir de l'obligation de garantie lorsque, sans l'intervention d'un jugement, il délaisse la chose vendue ou admet les charges sur cette chose, s'il établit que ce délaissement ou cette admission est faite à raison d'un droit qui existait au temps de la vente.

1521. The buyer may enforce the obligation of warranty when, without the intervention of a judgment, he abandons the thing sold or admits the incumbrance upon it, if he prove that such abandonment or admission is made by reason of a right which existed at the time of sale.

Voy. *Pothier*, cité sur art. 1508 et autorités sur arts. 1519, 1520.

---

* 1 *Troplong, Vente,* } 540. La disposition contenue dans
n° 540 *et s.* { l'art. 1640 est empruntée à l'ancienne jurisprudence, qui elle-même l'avait puisée dans le droit romain. Elle repose sur ce principe, plusieurs fois rappelé par nous, que l'éviction amenée par le fait de l'ache-

[ARTICLE 1522.]

teur ne saurait être imputable qu'à lui seul. L'acheteur a quelquefois intérêt à être évincé. Si un événement de force majeure dégrade la chose achetée, si, par l'effet de variations dans le prix des biens, elle perd de sa valeur primitive, ce sera pour l'acheteur une bonne fortune que l'action en désistement qu'un tiers dirigera contre lui ; car nous avons vu qu'en cas d'éviction, il a droit à répéter le prix entier contre le vendeur. Mais il serait contraire à la stabilité des contrats qu'un acquéreur, dégoûté de l'immeuble qu'il a acheté, colludât avec le demandeur en délaissement pour se soustraire à des obligations précises, et forcer le vendeur à lui rendre le prix. La loi a donc voulu que si l'acheteur se laisse condamner en dernier ressort, sans faire valoir tous les moyens de la cause, il soit privé de tout recours contre son vendeur.

541. Remarquez bien les deux conditions dont notre article fait dépendre la déchéance de l'acheteur. Il faut :

1° Qu'il ait existé des moyens de combattre la demande ;

2° Que ces moyens fussent suffisants pour la faire rejeter, et que l'acheteur ait omis de s'en prévaloir.

542. C'est au vendeur à prouver que l'acheteur a fait une mauvaise défense. Notre article met cette preuve à sa charge.

On demande à ce sujet si le vendeur pourra soutenir que l'acquéreur s'est mal défendu lorsque, actionné par la voie hypothécaire, il n'a pas empêché sa dépossession en purgeant.

J'ai montré, dans mon commentaire sur les hypothèques, que le vendeur ne devra pas être écouté dans ce moyen.

---

§ 2.—*De la garantie des défauts cachés.*	§ 2.—*Of warranty against latent defects.*
1522. Le vendeur est tenu de garantir l'acheteur à raison des défauts cachés de la chose vendue	1522. The seller is obliged by law to warrant the buyer against such latent defects in the thing

[ARTICLE 1522.]

et de ses accessoires, qui la rendent impropre à l'u-sage auquel on la destine, ou qui diminuent telle-ment son utilité que l'ac-quéreur ne l'aurait pas achetée, ou n'en aurait pas donné si haut prix, s'il les avait connus.	sold, and its accessories, as render it unfit for the use for which it was in-tended, or so diminish its usefulness that the buyer would not have bought it, or would not have given so large a price, if he had known them.

———

* *C. N.* 1641. } Le vend ur est tenu de la garantie à raison des défauts cachés de la chose vendue qui la rendent impropre à l'usage auquel on la destine, ou qui di-minuent tellement cet usage, que l'acheteur ne l'aurait pas acquise, ou n'en aurait donné qu'un moindre prix, s'il les avait connus.

———

* *ff. De Ædilit. edict.*, *L.* 21, } Aiunt ædiles : *Qui mancipia*
　　Tit. 1, *L.* 1, § 1. 　} *vendunt, certiores faciant empto-*
res, qui morbi vitiive cuique sit, quis fugitivus, errove sit, noxave
solutus non sit Eademque omnia cùm ea mancipia venibunt,
palam rectè pronuntianto. Quod si mancipium adversus ea
venisset, sive adversus quod dictum promissumve fuerit, cùm
veniret, fuisset : quod ejus præstari oportere dicetur emptori,
omnibusque ad quos ea res pertinet, judicium dabimus, ut id
mancipium redhibeatur. Si quid autem post venditionem tradi-
tionemque deterius emptoris opera familiæ, procuratorisve ejus
factum erit : sive quid ex eo post venditionem natum, adquisi-
tum fuerit, et si quid aliud in venditione ei accesserit, sive quid
ex ea re fructus pervenerit ad emptorem, ut ea omnia restituat.
Item, si quas accessiones ipse præstiterit, ut recipiat. Item si
quod mancipium capitalem fraudem admiserit, mortis consci-
cendæ sibi causa quid fecerit, inve arenam depugnandi causa ad
bestias intromissus fuerit : ea omnia in venditione pronuntianto.
Ex his enim causis judicium dabimus. Hoc amplius, si quis ad-

[ARTICLE 1522.]

versus ʳ sciens dolo malo vendidisse diceᵣ juʳicium dabimus. (ULPIANUS).

Ibidem. } Voici ies termes l'éd.: les édiles :
Trad. de M. Hulot· } " Ceux qui vendent des eslaves doivent avertir l'acheteur de leurs maladies et de tous défauts ; déclarer s'ils sont fuyards, coureurs, s'ils n'ont pas causé ci-devant quelques dommages ou commis quelques délits, à raison desquels ils puissent encore être poursuivis par l'action noxale. Toutes ces choses doivent être hautement déclarées lors de la vente des esclaves. Si un esclave a été vendu contre la présente disposition, ou si on contrevient à ce qui aura été déclaré et promis à cet égard au temps de la vente, à raison de quoi il faille indemniser l'acheteur et tous autres qu'il appartiendra, nous donnerons action pour que le vendeur soit condamné à reprendre son esclave. Mais si, lorsque la redhibition de l'esclave aura lieu, l'esclave vendu a été depuis la vente et la tradition détérioré par la faute de l'acheteur, ou de ses esclaves ou de son procureur ; ou si, depuis la vente, l'esclave vendu a procuré quelques fruits ou acquis quelque chose à l'acheteur, s'il s'agit d'une femme esclave qui ait mis au monde un enfant, ou en général s'il est survenu quelqu'accessoire à la chose vendue qui en augmente la valeur, l'acheteur sera obligé de tenir compte du tout au vendeur. Par la même raison, si l'acheteur a été lui-même obligé de payer quelque chose à l'occasion de l'esclave vendu, le vendeur lui en tiendra compte. De même, si l'esclave s'est rendu coupable d'un délit punissable d'une peine capitale, s'il a attenté sur sa vie, s'il a été employé à combattre contre les bêtes dans l'arène, tout cela doit être déclaré par le vendeur : car toutes ces causes donneront lieu à l'action redhibitoire. La même action aura lieu aussi contre tous ceux qui auront vendu de mauvaise foi des esclaves en qui ils connoissoient quelques-unes de ces mauvaises qualités. (ULPIEN).

* 1 *Domai (Remy), Liv.* 1,)   1. On appelle rédhibition la ré-
Tit. 2, *sec.* 11, *n°* 1 *et s.*) solution de la vente à cause de
quelque défaut de la chose vendue, qui soit telle qu'il suffise
pour obliger le vendeur à la reprendre, et pour annuler la
vente.

2. Le vendeur est obligé de déclarer à l'acheteur les défauts de la chose vendue qui lui sont connus. Et s'il ne l'a
fait, ou la vente sera résolue, ou le prix diminué, selon la
qualité des défauts ; et le vendeur tenu des dommages et intérêts de l'acheteur, par les règles qui suivent. (C. civ., 1645,
1648.)

3. Comme il n'est pas possible de réprimer toutes les infi-
délités des vendeurs, et que les inconvéniens seraient trop
grands de résoudre ou troubler les ventes, pour toutes sortes
de défauts des choses vendues, on ne considère que ceux qui
les rendent absolument inutiles à l'usage pour lequel elles
sont en commerce, ou qui diminuent tellement cet usage, ou
le rendent si incommode, que s'ils avaient été connus à
l'acheteur, il n'aurait point acheté du tout, on n'aurait acheté
qu'à un moindre prix. Ainsi, par exemple, une poutre pourrie
est inutile à son usage ; ainsi, un cheval poussif rend moins
de service, et l'usage en est trop incommode. Et ces défauts
suffisent pour résoudre une vente. Mais si un cheval est
seulement dur à l'éperon, ce défaut ne fera aucun changement. Et en général, il dépend ou des usages, s'il y en a, ou
de la prudence du juge, de discerner par la qualité des défauts, si la vente doit être résolue, ou le prix diminué, ou
s'il ne faut point avoir d'égard au défaut. (C. civ., 1641.)

L'action rédhibitoire, ouverte par l'art. 1641, s'applique aux ventes
d'immeubles comme aux ventes de meubles. La pourriture et corruption
des poutres soutenant la totalité des planchers d'une maison, et qui
étaient cachées par les plafonds, peuvent être considérées comme des
vices rédhibitoires, donnant lieu à la restitution du prix à l'acheteur,
lorsque surtout la maison est menacée d'un écroulement. Un acheteur
de tableaux ne peut demander que la vente soit déclarée nulle, parce que
les tableaux ne sont pas des auteurs dont ils portent les noms si avant

[ARTICLE 1522.]

la vente il a eu la faculté de voir les tableaux, et de vérifier l'école et les auteurs auxquels ils appartiennent.

Si les étoffes qu'un négocians sont dans l'usage d'acheter en pièces sans les déployer ont des défauts qui empêchent la vente en détail, comme si elles sont tachées ou trouées, c'est un vice rédhibitoire. Il n'y a de vices rédhibitoires que ceux qui sont irrémédiables, et qui rendent la chose pour toujours impropre à l'usage auquel elle est destinée. Ainsi, la dégradation d'un mur, quoiqu'elle ne fût pas apparente au temps de la vente, n'est point un défaut de cette nature, parce qu'il peut être réparé.

Voy. *Pothier, Vente, n°* 202, cité sur art. 1506.

---

* 3 *Pothier (Bugnet),* } 203. Le vendeur est tenu de cette
Vente, n° 203, 232. } garantie, non-seulement à l'égard de la chose qui fait le principal objet de la vente, mais aussi à l'égard de celles qui sont comprises dans le contrat de vente, comme choses accessoires, pourvu qu'elles y soient spécialement comprises, *tanquam res singulæ,* et non sous une universalité. C'est ce qui résulte de la loi 33, ff. *de Ædil. edic. Quod in venditione accessurum esse dictum est, tam integrum præstetur, quàm illud præstari debuit quod principaliter venit...... Sed hoc ita si certum corpus accessurum fuerit dictum; nam si servus cum peculio venierit, ea mancipia, quæ in peculio fuerint, sana esse præstare venditor non debet...... 'em probat et si fundus cum instrumento venierit,* etc.

Suivant ces principes, si je vous ai vendu une métairie avec *tant de chevaux qui y sont, tant de vaches, et telles et telles choses qui s'y trouvent,* je serai tenu envers vous à la garantie, s'il se trouve quelque vice redhibitoire dans quelqu'un desdits chevaux, desdites vaches ou autres choses : car, quoiqu'elles ne soient vendues que comme choses accessoires à la métairie, qui fait le principal objet de vente, elles y sont néanmoins spécialement comprises, *tanquam certæ et singulæ res.*—Au contraire, s'il est dit par le contrat, que je vous vends la métairie *avec les bestiaux et autres meubles qui s'y trouvent,* je ne serai tenu à aucune garantie de vices redhibitoires qui se

[ARTICLE 1522.]

trouveraient dans quelqu'un des chevaux ou vaches qui se sont trouvés dans cette métairie ; car je ne vous ai vendu que l'universalité des meubles et effets qui se trouvaient dans la métairie ; je n'en ai vendu aucun en particulier (1).

232. Les vices redhibitoires ne donnent pas seulement lieu à l'action redhibitoire ; ils donnent aussi lieu à l'action qui est appelée en droit *æstimatoria*, ou *quanto minoris*, et l'acheteur a le choix de l'une ou de l'autre.

Cette action *quanto minoris*, consiste à demander contre le vendeur, qu'il fasse diminution sur le prix, de ce qu'on estimera que la chose, par rapport à ce vice, vaut de moins qu'elle n'a été vendue.

Cette action *quanto minoris*, pour raison des vices redhibitoires, a lieu dans les mêmes cas où l'action redhibitoire a lieu. Les mêmes fins de non-recevoir, qui excluent l'action redhibitoire, excluent aussi celle-ci. Cependant par le droit romain, l'action *quanto minoris* était de plus longue durée, et ne se prescrivait que par un an ; mais parmi nous l'action *quanto minoris*, pour raison des vices redhibitoires, se prescrit par le même temps que l'action redhibitoire.

---

4 *Aubry et Rau,* § 355 *bis.* Le vendeur est responsable des défauts cachés de la chose vendue lorsqu'ils la rendent impropre à l'usage auquel elle est destinée (2), ou

(1) Cette distinction nous paraît un peu subtile. Nous ne voyons pas très clairement une différence entre ces deux ventes qui puisse produire des résultats si opposés.

Les circonstances dans lesquelles est intervenue la vente, la quantité de bétail et l'importance de cet accessoire relativement à l'objet principal, devraient, à notre avis, exercer une grande influence sur la décision de cette question. (BUGNET).

(2) Tel serait le cas où des graines, vendues pour semence, n'auraient pas levé convenablement, par suite du vice propre de la chose. Civ. rej.. 22 mars 1853, Sir., 53, 1, 480. Amiens, 16 janvier 1862, Sir , 62, 2, 156.— Quand il s'agit d'une destination spéciale, l'acheteur doit justifier qu'elle était connue du vendeur. Civ. cass., 14 janvier 1857, Sir., 57, 1, 186. Req. rej., 4 janvier 1859, Sir., 59, 1, 936.

[ARTICLE 1522.]

qu'ils diminuent tellement cet usage que l'acheteur ne l'eût pas acquise ou n'en eût donné qu'un prix moindre s'il les avait connus. Les défauts de cette nature sont appelés vices rédhibitoires. Art. 1641.

L'absence seule de certaines qualités, dont se trouverait dépourvue la chose vendue, ne constitue pas un vice de nature à donner lieu à l'action rédhibitoire (1). Mais si la qualité qui fait défaut avait formé une condition expresse ou tacite de la vente, celle-ci serait susceptible d'être annulée pour cause d'erreur.

A plus forte raison, le déficit sur le poids ou dans l'aunage ne constitue-t-il pas un vice rédhibitoire. Un pareil déficit pourrait seulement donner lieu à une demande en indemnité (2).

Les défauts qui se rencontrent dans la chose vendue n'engagent la responsabilité du vendeur qu'autant qu'ils sont cachés.

Les vices apparents, c'est-à-dire ceux dont l'acheteur aurait pu se convaincre par une vérification exacte de la chose vendue, ne donnent lieu, sauf convention contraire, soit expresse, soit tacite (3), à aucun recours contre le vendeur, lors même que cette vérification aurait présenté plus ou moins de difficulté au moment de la vente (4).

(1) Troplong, II, 355. Duvergier, I, 390. Zachariæ, § 355, texte et note. 8. Paris, 17 juin 1813, Sir., 14, 2, 85. Trib. de la Seine, 28 janvier 1848, ir., 48, 2, 99.

(2) Troplong, I, 359. Zachariæ, § 255, note 29. Bordeaux, 25 avril 1828, ir., 28, 2, 258.

(3) Alger, 21 mars 1853, Sir., 53, 1, 673.

(4) Duvergier, I, 391.—M. Duranton (XVI, 310) enseigne le contraire, se fondant sur les termes de l'art. 1642, *et : nt l'acheteur a pu se convaincre lui-même.* Mais le sens qu'il attache à ces termes est évidemment roné.—Il résulte de la proposition énoncée au texte, que la réception l'enlèvement de la chose vendue rendent, en général, l'acheteur non evable à se plaindre des vices qu'il eût pu reconnaître par une vérifi- ion préalable. On devrait cependant décider le contraire, quant aux

[ARTICLE 15º2.]

Enfin, le vendeur n'est pas responsable des défauts, même cachés, qui, sans rendre la chose vendue impropre à l'usage auquel elle était destinée, ou sans en diminuer notablement l'usage, lui ôteraient seulement de son agrément (1).

Il est, du reste, bien entendu, que le vendeur n'est responsable que des vices qui existaient déjà au moment du contrat. Si le délai dans lequel le recours doit être exercé se trouve fixé par la loi ou par l'usage, les vices qui se manifestent dans le cours de ce délai sont, jusqu'à preuve contraire, présumés avoir existé à l'époque de la vente (2). Lorsqu'il s'agit, au contraire, de vices à l'égard desquels la loi ou l'usage ne fixent aucun délai pour l'exercice du recours, c'est à l'acheteur à prouver que ces vices existaient au moment du contrat (3).

La responsabilité dont il est ici question a lieu dans les ventes d'immeubles (4), comme dans celles de choses mobilières corporelles. Elle s'applique même aux ventes de meubles incorporels, par exemple aux cessions d'offices ministériels, en ce sens que les causes ou circonstances cachées,

ventes de marchandises dont la vérification, d'après un usage constant, ne se fait que dans les magasins de l'acheteur. Rouen, 11 décembre 1806. Sir., 7, 2, 10.

(1) Caen, 22 novembre 1826, Sir., 27, 2, 223.

(2) Delvincourt, III, p. 152. Duranton, XVI, 314. Troplong, II, 569. Duvergier, I, 403. Zachariæ, § 356, note 29. Besançon, 12 juillet 1808, Sir., 9, 2, 298. Cpr. cep. Bruxelles, 29 messidor an XIII, Sir., 5, 2, 269.

(3) Duranton, Troplong et Duvergier, locc. citt. Zachariæ, § 355. Req. rej., 23 juin 1835, Sir., 35, 1, 617.

(4) L. 1 et L. 63, § 2, D. de edil. edic. (21, 1). Pothier, nᵒˢ 203 et suiv. Troplong, II, 548. Duvergier, I, 306. Zachariæ, loc. cil. Lyon, 5 août 1821, Sir., 24, 2, 365. Bourges, 18 novembre 1843, Sir., 44, 2, 347. Civ. rej., 29 mars 1852, Sir., 52, 1, 321. Req. rej., 16 novembre 1853, Sir., 53, 1, 673 et 54, 1, 176. Paris, 29 avril 1864, Sir., 64, 2, 153. Pau, 27 novembre 1867, Sir., 68, 2, 10. Cpr. Montpellier, 23 février 1807, Sir., 7, 2, 298. Voy. en sens contraire : Duranton, XVI, 317. — L'art. 1641 est-il applicable à la cession de la mitoyenneté d'un mur ? Voy. pour la négative : Civ. rej., 17 février 1864, Sir., 64, 1, 117.

[ARTICLE 1522.]

de nature à diminuer sensiblement la valeur ou les produits de l'office, donnent ouverture à un recours contre le cédant (1).

Mais cette responsabilité n'a pas lieu dans les ventes qui ne peuvent être faites que d'autorité de justice. Art. 1649 (2).

Lorsque la chose vendue est entachée d'un vice rédhibitoire, l'acheteur a le choix, ou de garder la chose en se bornant à demander une diminution du prix (*actio quanti minoris*), ou de rendre la chose et de se faire restituer le prix, avec les intérêts du jour du paiement, et les frais occasionnés par la vente (*actio redhibitoria*). Art. 1644. Toutefois, si l'acheteur avait grevé de servitudes ou d'hypothèques l'immeuble par lui acquis, il ne serait admis à exercer l'action rédhibitoire qu'à la condition de la dégrever de ces charges (3).

L'acheteur qui exerce l'action rédhibitoire est tenu de faire état au vendeur des produits de la chose qu'il a recueillis ou des bénéfices qu'il a retirés de son usage (4). Il n'a, d'ailleurs, pas droit, à des dommages-intérêts, à moins qu'il ne

(1) Aix, 26 juillet 1838, Sir., 39, 2, 486. Bourges, 27 janvier 1843, Sir., 43, 2, 501. Civ. rej , 2 août 1847, Sir., 47, 1, 705. Lyon, 2 mai 1849, Sir., 50, 2, 512. Bordeaux, 19 novembre 1850, Sir., 51, 2, 100. Cpr. Bourges, 28 janvier 1853, Sir., 53, 2, 113 ; Req. rej., 13 décembre 1853, Sir., 54, 1, 93.—Mais le seul mécompte éprouvé par l'acheteur relativement aux produits de l'office, ne l'autoriserait pas à demander la réduction du prix, si aucune manœuvre frauduleuse n'avait été pratiquée à son égard pour exagérer ces produits, et surtout s'il avait été mis à même de vérifier le rapport de l'office. Paris, 14 décembre 1832 et 1er mars 1844, Sir., 33, 2, 426, et 44, 2, 307. Bordeaux, 10 mai 1848, Sir., 48, 2, 545. Colmar, 22 août 1860, Sir., 61, 2, 549. Req. rej., 10 février 1863, Sir., 63, 1, 117.

(2) Cet article doit être entendu dans le même sens que l'art. 1684. Cpr. § 358, texte, notes 13 et 14. Troplong, I, 584 et 585. Duvergier, I, 408. Pau, 27 novembre 1867, Sir., 68, 2, 10.

(3) Cpr, Troplong, II, 575 ; Larombière, *Des obligations*, II, p. 424, n° 103 et 104.

(4) D'ordinaire, on compense les bonifications à faire par l'acheteur, avec les intérêts du prix. Pothier, n° 218. Duranton, XVI, 324. Troplong, II, 573. Duvergier, I, 410.

[ARTICLE 152?.]

prouve que le vendeur connaissait les vices de la chose, ou que ce dernier ne doive, à raison de sa profession, être présumé les avoir connus (1). Art. 164.; et 1648.

L'acheteur peut, après avoir intenté l'action rédhibitoire, l'abandonner pour s'en tenir à l'action en diminution de prix, et *vice versa* (2). Mais, après le rejet de l'une de ces actions, la chose jugée s'oppose à l'exercice de l'autr

La responsabilité du vendeur cesse :

a. Lorsque l'acheteur a renoncé à tout recours à raison des défauts de la chose. Toutefois, le vendeur resterait, malgré une pareille renonciation, soumis à la responsabilité ordinaire, s'il avait connu ces défauts, à moins que l'acquéreur n'eût acheté à ses risques et périls (3). Art. 1643 et 1629.

b. Lorsque, avant la vente, l'acheteur a obtenu, par une voie quelconque, connaissance positive des vices de la chose (4). Arg. art. 1641.

c. Lorsque la chose a péri par la faute de l'acheteur ou même par cas fortuit (5). Si elle a péri par l'effet des vices

---

(1) *Unusquisque peritus esse debet artis suæ.* Pothier, n° 213. Duranton, XVI, 322 et 323. Troplong, II, 574. Duvergier, I, 412. Zachariæ, § 455, texte et note 31. Cpr. Amiens, 16 janvier 1862, Sir., 62, 2, 256.

(2) Civ. cass., 21 janvier 1856, Sir., 56, 1, 865.

(3) Troplong, II, 500. Zachariæ, § 355, note 32.

(4) L'acheteur aurait droit à garantie, s'il n'avait eu que de simples soupçons sur l'existence du vice dont il se plaint, ou s'il avait, à raison de ce vice, stipulé une garantie expresse. L. 4, § ℃, D. *de dol. et mel. except.* (44, 4). Pothier, n° 210. Duranton, XVI, 311. Duvergier, I, 401.

(5) Le Droit romain, au contraire, admet l'action rédhibitoire, quoique la chose ait péri par cas fortuit, ou même par la faute de l'acheteur, à charge par celui-ci de souffrir, au dernier cas, la déduction de la valeur que la chose avait au moment où elle a péri. L. 47, § 1, L. 31, § 11, D. *de edil. edict.* (21, 1). Cette théorie était conforme tout à la fois à l'équité et aux principes généraux du Droit. On doit regretter que les rédacteurs du Code Napoléon l'aient abandonnée, pour établir un système, plus commode sans doute en pratique, mais qui blesse évidemment les droits de l'acheteur, et qui repose sur une fausse application de la maxime *Res perit domino.* Duranton, XVI, 326. Duvergier, I, 414. — M. Troplong (II,

[ARTICLE 1522.]

dont elle était entachée, le vendeur en demeure responsable. Art. 1647.

L'action rédhibitoire et l'action en diminution de prix doivent être intentées dans un court délai (1). La question de savoir si l'action de l'acheteur est recevable sous ce rapport, reste abandonnée à l'appréciation des tribunaux (2), à moins qu'il ne s'agisse de ventes à l'égard desquelles le délai se trouve fixé par la loi ou par l'usage (3). Pour la solution de cette question, le juge doit se décider d'après la nature parti- culière du vice rédhibitoire dont se plaint l'acheteur, et le temps qui s'est écoulé depuis le moment auquel ce vice a pu ou dû se révéler (4). Art. 1648.

Quand le délai pour l'introduction de l'action se trouve dé- terminé par la loi ou par l'usage, il ne suffit pas que le vice rédhibitoire soit régulièrement constaté durant ce délai, il faut que l'action elle-même soit intentée avant son expira- tion (5).

568) approuve la disposition du deuxième alinéa de l'art. 1647 ; mais, par une contradiction qu'on ne peut s'expliquer, il accorde à l'acheteur un recours en garantie, lorsque la chose a péri par sa faute.

(1) Cpr. Bordeaux, 19 novembre 1850, Sir., 51, 2, 100.

(2) *Rapport au Tribunat,* par Faure (Locré, *Lég.*, XIV, p. 210). Lyon, 5 août 1824, Sir , 24, 2, 365.

(3) D'après Zachariæ (§ 355, note 36), le juge jouirait, même dans les cas où le délai de l'action rédhibitoire se trouve fixé par l'usage, d'un pou- voir d'appréciation, en vertu duquel il pourrait admettre cette action après l'expiration de ce délai. Voy. aussi dans ce sens : Paris, 4 août 1834, Sir., 36, 2, 555. Cette opinion ne repose que sur une interprétation erro- née de l'art. 1648, qui, en disant *suivant la nature des vices rédhibitoires,* n'a eu en vue que la diversité des délais admis par les usages, en matière de vente d'animaux domestiques, suivant le caractère de tel ou tel vice rédhibitoire.

(4) Req. rej., 16 novembre 1853, Sir., 53, 1, 673, et 54. 1, 176.

(5) Zachariæ, § 355, note 35. Civ. cass. 18 et 19 mars 1833, Sir., 33, 1, 277. Civ. cass., 10 juillet 1839, Sir., 39, 1, 859. Cpr. cep. Troplong, II, 589 ; Duvergier, I, 406. Voy. en sens contraire : Bourges, 12 mars 1831, Sir., 32, 2, 94.

[ARTICLE 1522.]

Le délai fixé par la loi ou par l'usage court, en général, et à moins d'indication d'un autre point de départ, du jour même de la vente (1). Cependant, si l'époque de la livraison avait été différée par la convention, ou si le vendeur avait été mis en demeure de livrer, le délai ne courrait que du jour fixé pour la livraison, ou de celui de la tradition réelle (2). La seule circonstance que l'acheteur n'aurait découvert qu'après ces diverses époques, le vice rédhibitoire dont il allègue l'existence, ne suspend pas le cours du délai (3).

———

Lahaie, sur art. ⎫ *Pothier*, vente, n. 206. — Pour qu'un vice 1641 *C. N.* ⎭ donne lieu à la garantie, il faut qu'il soit du nombre de ceux qui, *selon l'usage des lieux*, passent pour *redhibitoires.*

N. 212. — Il faut, en outre, que le vice qui donne lieu à cette garantie *ait existé dès le temps du contrat;* car s'il n'est *survenu* que *depuis*, la chose étant devenue par le contrat aux risques de l'acheteur, *le vendeur n'en peut être tenu.*

Pandectes françaises. — Les vices redhibitoires s'entendent principalement de certaines maladies qui affectent les animaux, et qui en rendent l'usage impossible ou dangereux. Cependant il peut se rencontrer aussi dans les meubles et

(1) Duvergier, I, 405. Zachariæ, § 355, texte et note 35. Voy. en sens contraire: Troplong, II, 588.

(2) Au premier cas, on peut et on doit présumer que, par cela même que l'époque de la livraison a été reculée, le vendeur s'est soumis à l'obligation de répondre, non-seulement des vices rédhibitoires déjà existants au moment de la vente, mais de ceux mêmes qui viendraient à se produire dans l'intervalle de la vente à la livraison. Cette idée paraît avoir servi de base à la disposition de l'art. 3 de la loi du 20 mai 1838. Voy. cep. Zachariæ, § 355, note 35; Req. rej., 17 mars 1829, Sir., 29, 1, 139. Au second cas, il y a lieu d'appliquer la disposition de l'art. 1138, d'après laquelle le vendeur, constitué en demeure de livrer, reste chargé des risques et périls de la chose. Voy. aussi: art. 1302.

(3) Troplong, II, 587 Zachariæ, *loc cit.*

[ARTICLE 1522.]

dans les immeubles des vices cachés qui, les rendant totalement impropre à l'usage auquel on les destine, donnent lieu
à l'action redhibitoire.

Merlin, R., garantie, § 8, n. 2. — Cette action s'étend aussi
aux choses accessoires, pourvu qu'elles soient *spécialement*
comprises dans le contrat, et non sous une universalité.
Exemple : si vous m'avez vendu votre maison avec tels et
tels meubles, et deux chevaux qui y sont, vous serez obligé
envers moi à la garantie, s'il se trouve dans quelques-uns de
ces meubles ou de ces chevaux quelques vices redhibitoires,
attendu que, quoiqu'ils ne soient vendus que comme accessoires de la maison, ils sont néanmoins spécialement compris
dans la vente. Mais s'il est dit dans le contrat que vous me
vendez votre maison avec les meubles et les chevaux qui y
sont, vous ne serez tenu d'aucune garantie, relativement aux
vices redhibitoires qui se trouveront dans quelques-uns de
ces meubles ou chevaux, parce que vous avez vendu *l'universalité* de ces choses, sans en vendre aucune en particulier.

V. redhibitoire. — Par l'action redhibitoire, l'acheteur est
fondé à demander que le vendeur soit condamné à lui rendre
le prix qu'il lui a payé, même les intérêts à partir du paiement. L'acheteur peut aussi conclure à ce que le vendeur
soit condamné à lui rembourser tous les frais du marché, et
ceux qu'il a été obligé de faire relativement à la chose vendue, tels que les frais de voiture, les droits d'entrée, de sortie,
etc., et aux dommages-intérêts qui peuvent résulter du préjudice que la chose vendue a occasionné à l'acheteur dans ses
autres biens ; mais pour cela il faut qu'il offre de rendre la
chose vendue, si elle existe, avec les fruits, si elle en a produit, à moins qu'il ne consente à en faire la compensation
avec les intérêts du prix. Il faut encore qu'il offre de rendre
les accessoires de la chose qui lui ont été livrés.

Lavenas, Vices rédhibitoires, } On entend par cas rédhibi-
    p. 11 *à* 16.   } toires certaines maladies ou cer-
tains vices auxquels les animaux domestiques sont sujets.

[ARTICLE 1522.]

Depuis longtemps on a provoqué les légitimes réclamations
des conseils généraux, des chambres du commerce et d'une
multitude d'intéressés, ce qui a nécessité les législateurs à
établir une nouvelle loi, dans le commerce des animaux domestiques, des cas rédhibitoires. Ce genre de commerce
exige des connaissances que ne possède presque aucun de
ceux qui le font ; qu'il est des maladies graves et même contagieuses dont l'existence, connue du vendeur, ne peut en
aucune manière frapper les regards de l'acquéreur ; enfin, la
possibilité prétendue de suspendre, pendant un temps plus
ou moins long, les symptômes et les effets de certaines maladies très-dangereuses. Quoique les nombreuses maladies
qui attaquent les animaux domestiques aient à peu près les
mêmes caractères partout, on trouvait cependant une grande
différence dans, les diverses coutumes anciennes, en ce qui
concerne les affections rédhibitoires ; cette différence s'observe, et à l'égard des cas qui peuvent faire annuler les ventes
de chaque espèce d'animal et dans la durée du temps accordé
pour la garantie. Les causes spéciales de rédhibition sont
celles qui s'appliquent aux chevaux, l'âne et le mulet, et à
l'espèce bovine et à l'espèce ovine. La rédhibition est une
action intentée par l'acheteur d'une chose défectueuse pour
faire casser la vente, lorsqu'il y a du dol et de la mauvaise
foi de la part du vendeur, et que la chose vendue se trouve
atteinte de quelque vice rédhibitoire que le vendeur a caché.

L'acheteur, en concluant à la nullité de la vente, et à ce
que le vendeur soit tenu de reprendre la chose qu'il a vendue,
demande en même temps la restitution du prix qu'il a payé.

On appelle vices rédhibitoires ceux qui sont tels qu'il rendent la vente nulle et l'action que l'acheteur intente contre
le vendeur pour parvenir à la rédhibition.

La garantie, en ce qui concerne la vente ou échange, il
faut distinguer la garantie de droit, la garantie conventionnelle et la garantie d'usage.

La garantie de droit ne s'exprime point, elle a lieu constamment, et quelles que puissent être les circonstances de la

[ARTICLE 1522.]

vente ; toute personne qui vend un cheval est nécessairement astreinte à répondre que l'animal lui appartient ; c'est une loi immuable et de rigueur à laquelle il ne peut se soustraire, parce qu'on ne peut, sous aucun prétexte et sans blesser les bonnes mœurs, transmettre une propriété que l'on n'a pas.

La garantie conventionnelle s'étend à tous les engagements pris par le vendeur, il en est indispensablement tenu.

Enfin, la garantie d'usage est relative aux vices déclarés par les maximes usitées et reçues être de nature à annuler la vente.

Le vendeur n'est point tenu des vices et défauts apparents que l'acheteur a pu remarquer, parce que c'était à celui-ci à y prendre garde et à le bien visiter.

L'action rédhibitoire est celle qui est attribuée à l'acheteur pour faire annuler la vente, en forçant le vendeur à reprendre la chose et à restituer le prix qu'il a reçu.

Il y a pareillement lieu à intenter action en fait de vente de marchandises vendues par un marchand ou un artisan, lorsque les marchandises ne se trouvent pas de la qualité requise par les statuts et réglemens de leur communauté, et, dans ce cas, l'action doit être intentée aussitôt que l'acheteur a eu connaissance du vice de la chose vendue ; néanmoins, il n'y a point de temps fixe pour cela. Elle a lieu pour autres marchandises de mauvaise qualité.

L'action peut même avoir lieu dans la vente d'un fonds, lorsqu'il s'y trouve quelque vice qui était inconnu à l'acheteur et qui en rend l'usage inutile comme s'il existe de ce fonds des vapeurs contagieuses ;

Si la chose vendue ne se trouve pas de la qualité portée par le contrat, et qu'il y ait vice caché rendant la chose impropre à l'usage auquel on la destine.

Au lieu de l'action rédhibitoire, l'acheteur peut user d'une autre action appelée action *quanti minoris ;* celle-ci n'étant pas à résoudre la vente, mais seulement à obliger le vendeur de faire raison à l'acquéreur de ce qu'il a payé de trop, eu

IMAGE EVALUATION
TEST TARGET (MT-3)

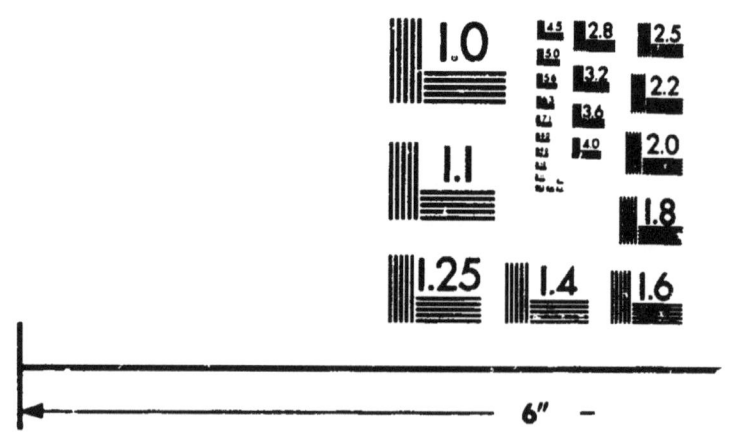

[ARTICLE 1522.]

égard aux défauts de la chose vendue, et qu'il aurait probablement payé de moins, s'il eût connu ses défauts.

Le Code civil n'a créé que deux actions en faveur de
l'acheteur : l'action rédhibitoire et celle estimatoire ; mais
elles renferment aussi l'action *exempto*, dans le cas de l'article 1645 qui porte que, si le vendeur connaissait les vices
de la chose, il est tenu, outre la restitution du prix qu'il a
reçu, de tous les dommages et intérêts envers l'acheteur.

L'art. 1641 met ensemble l'action rédhibitoire et celle
quanti minoris, parce qu'en effet ce n'est que par les circonstances et suivant le degré de gravité, qu'on peut décider qu'il
y a lieu à résoudre la vente ou seulement à diminuer le prix ;
pour s'en convaincre, il suffit de lire l'art. 1644, qui laisse au
choix de l'acheteur l'action estimatoire ou *quanti minoris*.

L'action estimatoire est celle par laquelle l'acheteur, préférant garder la chose, réclame du vendeur la restitution d'une
partie du prix, d'après une expertise.

Evidemment, l'action estimatoire ne peut être confondue
avec celle rédhibitoire, qui donne lieu à la résolution de la
vente, et l'action estimatoire en se contentant d'une indemnité.

Quand la chose est atteinte d'un vice qui n'est pas rédhibitoire et qui cependant en empêche l'usage, l'action estimatoire
compète seul à l'acquéreur ; et il ne peut opter entre les deux
actions et demander la résolution de la vente, parce qu'en
effet le vice n'est pas de nature à la faire opérer. C'est une
distinction qu'il est important de ne pas perdre de vue ; les
deux actions dont nous venons de parler ne doivent pas être
confondues.

Nous terminons ce préliminaire en faisant remarquer que
les actions rédhibitoire et estimatoire sont également distinctes et séparées en droit romain comme en droit français.

Dejean, Action rédhibit., }   1. On désigne sous le nom d'ani-
      p. 9-13.   } *maux domestiques* ceux qui, adoucis
et apprivoisés par les soins de l'homme, vivent familièrement

[ARTICLE 1522.]

autour de lui, sont constamment sous sa dépendance, l'aident dans ses travaux et servent à son usage journalier. Tels sont la race chevaline, la race asine, le mulet, la race bovine, la race ovine, la race caprine, la race porcine, la race canine, la race féline, les pigeons de volière, les oiseaux de basse-cour, etc.

2. Parmi ces nombreuses espèces d'animaux domestiques, il en est quelques-unes qui, par l'importance des services qu'elles rendent, ont toujours eu un plus grand prix que les autres et fait la matière d'un commerce plus étendu. Nous voulons parler principalement de la race chevaline et de la race asine, du mulet, de la race bovine et de la race ovine.

3. Dans tous les temps, en effet, le droit écrit, comme le droit coutumier, se sont occupés plus spécialement des transactions multipliées auxquelles donne lieu cette première catégorie d'animaux domestiques, et ont toujours cherché à régulariser autant que possible les opérations de vente et d'échange dont ces animaux sont l'objet, soit en spécifiant les défauts ou les maladies rangés dans la classe des vices rédhibitoires, soit en fixant la durée de la garantie imposée au vendeur ou à l'échangiste.

4. On entend par *vices rédhibitoires* les " défauts cachés de la chose vendue, qui la rendent impropre à l'usage auquel on la destine, ou qui diminuent tellement cet usage, que l'acheteur ne l'aurait pas acquise, ou n'en aurait donné qu'un moindre prix, s'il les avait connus." (Code Napoléon, art. 1641.) Ces défauts sont appelés rédhibitoires, du verbe latin *redhibere*, qui signifie rendre ce que l'on a acheté et s'en faire restituer le prix, parce qu'ils donnent à l'acheteur le droit d'obliger son vendeur à reprendre la chose vendue et à restituer la somme qui lui a été payée, avec tous dépens et dommages-intérêts, s'il y a lieu : seule action que, comme nous le verrons plus loin, la législation nouvelle permette aujourd'hui d'intenter, et que l'on appelle *action rédhibitoire*.

5. *La durée* ou *le délai de la garantie* est le temps pendant lequel le vendeur répond des vices rédhibitoires, le délai qui

[ARTICLE 1522.]

·est accordé à l'acheteur, tant pour faire constater ces vices que pour introduire son action devant les tribunaux. Ce délai a toujours été limité ; cela devait être, et c'est surtout indispensable dans le commerce des animaux, car s'il faut prémunir l'acheteur contre la négligence ou la déloyauté du vendeur, qui connaît presque toujours les défauts cachés de la marchandise et qui omet de les révéler ou trop souvent les dissimule par des moyens frauduleux, il importe essentiellement aussi de mettre celui-ci à l'abri de l'incurie ou de la mauvaise foi de l'acheteur, qui · pourrait laisser se dégrader ou dégrader lui-même la chose vendue et prétendre ensuite que les dégradations sont antérieures à la vente.

6. Avant la promulgation du Code Napoléon, les usages locaux étaient les seules règles applicables en matière de vente et d'échange d'animaux domestiques. Pour s'éclairer sur l'authenticité de ces usages et savoir en quoi ils consistaient, il fallait quelquefois remonter jusqu'aux temps les plus reculés, rechercher l'origine de ces vieilles coutumes dans des documents incertains ou incomplets, et, le plus souvent, s'en rapporter aux vagues souvenirs d'un vieillard, aux inexactitudes de la tradition.

7. Mais là n'étaient pas les seuls inconvénients ; il en existait d'autres, plus graves encore. Comme alors chaque province de la France avait, presque à elle seule, une coutume spéciale ·en fait de garantie et de vices rédhibitoires, il en résultait une diversité déplorable entre la jurisprudence des différentes parties du royaume, diversité qui se manifestait, non-seulement dans la nomenclature des maladies et des défauts sujets à rédhibition, mais même dans le temps fixé pour la durée de la garantie.

Ainsi, dans le Cambrésis et le Languedoc, la *morve* et la *pousse* étaient les seuls défauts rédhibitoires pour le cheval, l'âne et le m ·et ; à Paris, on admettait de plus l'*immobilité* ; en Normandie, où l'immobilité n'était point reconnue, on y ajoutait la *courbature* ; et à Douai, l'*habitude de mord*re. Pour les autres animaux, on ne reconnaissait à Cambrai aucun

[ARTICLE 1522.]

vice rédhibitoire, tandis que, pour l'espèce bovine, on admettait, en Armagnac, le *pissement de sang ;* dans la Bigorre, la *pourriture* ; à Rouen, l'*hydropisie de poitrine* et la *pommelière* ; et que, pour l'espèce ovine, il y avait, en Normandie, le *claveau* ; en Languedoc et en Provence, la *pourriture...*

Relativement à la durée de la garantie, même confusion. Pour la race chevaline, les délais, qui n'étaient que de neuf jours à Paris, s'élevaient à quinze jours en Bretagne, à trente jours en Normandie, à quarante jours dans la Flandre, le Cambrésis et le Languedoc. Pour l'espèce bovine et l'espèce ovine, on accordait, selon les cas, neuf jours en Normandie, quarante jours en Languedoc, en Armagnac et en Franche-Comté, et jusques à quatre mois dans la Bigorre...

On comprend combien des usages aussi incohérents apportaient de perturbation dans le commerce qu'ils avaient pour but de réglementer ; quelles pertes ils pouvaient occasionner ; quelles fraudes nombreuses ils facilitaient ; combien de dénis de justice devaient forcément être la conséquence d'une jurisprudence aussi disparate.

8. En 1804, le Code Napoléon établit, par ses articles 1641 à 1649, quelques bases uniformes. Ce fut sans doute une notable amélioration, mais, soit que les législateurs d'alors, effrayés par cette divergence de coutumes, aient reculé devant la difficulté de les ramener à une règle unique, soit que les progrès de la médecine vétérinaire, beaucoup moins avancés à cette époque qu'ils ne le sont aujourd'hui, n'aient pas permis de mieux faire, les anciennes coutumes ne furent que légèrement modifiées ; on laissa encore un trop vaste champ aux usages locaux, et la solution de la majeure partie des questions à résoudre continua d'être abandonnée à l'arbitraire des tribunaux, dont les décisions contradictoires ne firent que s'accroître de plus en plus.

9. La loi du 20 mai 1838 vint enfin mettre un terme à ce déplorable état de choses, en donnant la nomenclature des vices rédhibitoires, en fixant les délais dans lesquels l'action

[ARTICLE 1523.]

doit être intentée, et en formulant quelques autres dispositions complémentaires ou modificatives du Code Napoléon.

1523. Le vendeur n'est pas tenu des vices appa-rents et dont l'acheteur a pu lui-même connaître l'existence.

1523. The seller is not bound for defects which are apparent and which the buyer might have known of himself.

---

* C. N. 1642. } Le vendeur n'est pas tenu des vices apparens et dont l'acheteur a pu se convaincre lui-même.

---

* ff. De Ædil. edicto., liv. 21, tit. 1, L. 48, § 4. } In ædilitiis actionibus excep-tionem opponi æquum est, si emptor sciret de fuga, aut vinculis, aut cæteris rebus simili-bus, ut venditor absolvatur (Pomponius).

Ibidem, Trad. de M. Hulot. } En matière d'actions établies par les édiles, il est juste que le vendeur soit ad-mis à opposer ses exceptions, fondées sur ce que l'acheteur a eu connoissance que l'esclave étoit fuyard, qu'il avoit été dans les chaînes, ou avoit quelques autres défauts (Pompo-nius).

---

* 1 Domat (Remy), Vente, Liv. 1, Tit. 2, sec. 11, nᵒˢ 10, 11. } 10. Si les défauts de la chose vendue sont évidens, comme si un cheval a les yeux crevés, l'acheteur ne pourra se plaindre de ces sortes de défauts, qu'il n'a pu ignorer ; non plus que de ceux que le vendeur lui aura déclarés.

11. Si les défauts de la chose vendue sont tels que l'ache-teur ait pu les connaître et s'en rendre certain, comme si un héritage est sujet à des débordemens ; si une maison est vieille ; si les planchers en sont pourris ; si elle est mal bâtie,

[ARTICLE 1523.]

l'acheteur ne pourra se plaindre de ces sortes de défauts, ni des autres semblables ; car la chose lui est vendue télle qu'il la voit. (C. civ., 1642.)

Lorsqu'au moment de la vente, la cause éventuelle de l'éviction était patente, et connue de l'acquéreur et du vendeur, l'un et l'autre doivent être considérés, comme ayant traité sciemment d'une chose dans laquelle le droit de propriété appartenant à autrui pouvait se reproduire, et rendre le contrat nul. Alors, le vendeur et l'acheteur n'ont aucune action pour répéter, l'un ce qui lui reste dû, l'autre ce qu'il a payé sur le prix.

---

* 3 *Pothier* (*Bugnet*), ⎱ 207. On ne répute pas vices redhibi-
Vente, n° 207 et s. ⎰ toires ceux qui, quoique considérables, peuvent facilement s'apercevoir. Par exemple, ce n'est pas un vice redhibitoire pour un cheval, s'il est boiteux, s'il est aveugle, etc.; ni pour une maison, si elle tombe en ruine ; parce que ces vices pouvant facilement se connaître, l'acheteur est présumé en avoir eu connaissance, et avoir bien voulu acheter la chose avec ce vice, et par conséquent n'avoir souffert aucun tort; *nam volenti non fit injuria.* Et quand même il ne l'aurait pas connu, il ne serait pas encore recevable à se plaindre du tort qu'il souffre de ce contrat; car c'est par sa faute qu'il le souffre : il ne tenait qu'à lui d'examiner la chose avant que de l'acheter, ou de la faire examiner par quelqu'un, s'il ne s'y connaissait pas lui-même. Or, un tort qu'une personne souffre par sa faute, n'est pas un tort auquel les lois doivent subvenir, les lois n'étant pas faites pour entretenir la négligence : *Damnum, quod quis culpd sud non sentit, non videtur sentire.*

208. Telles sont les règles du for extérieur. Mais dans celui de la conscience, tout vice considérable qui aurait empêché l'acheteur d'acheter s'il l'eût su, doit passer pour redhibitoire, le vendeur ne devant pas profiter du peu de soin qu'a eu l'acheteur à examiner la chose qu'on lui vendait (1).

(1) Pothier met, à notre avis, trop souvent aux prises le for extérieur et le for intérieur ou la conscience. Sans doute le vendeur doit s'abstenir

209. Il faut, en second lieu, pour qu'il y ait lieu à la garantie, que le vice redhibitoire n'ait pas été connu de l'acheteur lors du contrat. Si on peut justifier qu'il en a eu\ connaissance, il n'est pas recevable dans la demande en garantie ; L. 48, § 4, ff. *de Ædil. edict.*

Cela a lieu lorsque les parties ne se sont pas expliquées sur la garantie. Mais si l'acheteur, quoiqu'il eût connaissance du vice, en a stipulé expressément la garantie, il sera reçu dans sa demande : le vendeur qui s'est soumis expressément à cette garantie, ne sera pas recevable à exciper de la connaissance qu'il prétend que l'acheteur en a eue. C'est la décision de la loi 4, § 5, ff. *de Dol. et met. except.*

Néanmoins s'il paraît que c'est l'acheteur qui, en dissimulant la connaissance qu'il avait du vice, au vendeur qui l'ignorait, a induit le vendeur en erreur ; en ce cas le vendeur serait fondé à exclure l'acheteur de sa demande, par l'exception de dol.

210. Il faut en troisième lieu, que le vice n'ait pas été, par une clause particulière, excepté, de bonne foi, de l'obligation de la garantie. Le vice est excepté de bonne foi, lorsque le vendeur, qui ne connaît pas la chose qu'il vend, dans la crainte qu'elle n'ait un certain vice dont il n'a pas néanmoins connaissance, a stipulé qu'il ne garantit pas ce vice. En ce cas la clause doit être exécutée, et l'acheteur n'a aucun recours contre le vendeur pour ce vice, si la chose vendue s'en trouve entachée. Mais si le vendeur a, lors du contrat, une pleine connaissance de ce vice, et qu'au lieu de le déclarer, il stipule qu'il ne garantit pas ce vice ; cette dissimulation du vendeur est un dol qui le rend sujet à la garantie, nonobstant la clause. L. 14, § 9, ff. *de Ædil. edict.*

211. Il faut, en quatrième lieu, que le vice qui donne lieu

de toutes manœuvres frauduleuses tendant à dissimuler les défauts de la chose, ainsi que de toute allégation sérieuse et positive, te__ant à inspirer à l'acheteur une fausse confiance. Mais il n'est pas non plus, même en conscience, obligé de crier, *maison humide et mal saine, cheval rétif et ombrageux à vendre !* (Buenet).

[ARTICLE 1524.]

à cette garantie, ait existé dès le temps du contrat : car s'il n'est survenu que depuis, la chose étant devenue, par le contrat, aux risques de l'acheteur, ainsi que nous le verrons plus particulièrement ci-après, part. 4, le vendeur n'an peut être tenu. L. 54, ff. *Ædil. edict.*

Voy. autorités citées sur art. 1529.

Lahaie, sur art. 1642 *C. N.* — *Dalloz,* vente, ch. 1, sect 2, art. 2, § 2, n. 88. — L'erreur sur la qualité ne donne pas naissance à l'action rédhibitoire, quant à l'erreur sur la substance de la chose vendue, elle annulle le contrat pour vice de consentement.

Troplong, de la vente, n. 561. — Cependant le vendeur sera tenu de ces vices, s'il a vendu la chose comme *saine* et *nette, bonne, loyale* et *marchande.* Cette sorte de garantie est celle qu'on appelle *garantie de fait.*

Boileux, vol. 3, p. 276. — Il résulte de cette disposition que les vices, lors même qu'ils sont *apparens,* donnent lieu au recours en garantie, si l'acheteur *n'a pu se convaincre de leur existence,* par exemple, si la chose n'était pas sous ses yeux lors de la vente, ou si elle lui a été vendue dans un magasin obscur : le vendeur ne doit pas tirer avantage de sa mauvaise foi.

1524. Le vendeur est tenu des vices cachés, quand même il ne les aurait pas connus, à moins qu'il n'ait stipulé qu'il ne serait obligé à aucune garantie.

1524. The seller is bound for latent defects even when they were not known to him, unless it is stipulated that he shall not be obliged to any warranty.

[ARTICLE 1524.]

* C. N. 1643. Il est tenu des vices cachés, quand même il ne les aurait pas connus, à moins que, dans ce cas, il n'ait stipulé qu'il ne sera obligé à aucune garantie.

---

* ff. De Ædil. Edict., liv. 21, tit. 1, L. 1, § 2. Causa hujus edicti proponendi est, ut occurratur fallaciis vendentium, et emptoribus succurratur, quicunque decepti à venditoribus fuerint. Dummodo sciamus venditorem, etiam si ignoraverit ea quæ ædiles præstari jubent, tamen teneri debere. Nec est hoc iniquum, potuit enim ea nota habere venditor : neque enim interest emptoris cur fallatur, ignorantia venditoris, an calliditate (ULPIANUS).

Ibidem. Trad. de M. Hulot. La raison qui a engagé à porter cet édit a été la nécessité de s'opposer aux fraudes des vendeurs, et de venir au secours des acheteurs toutes les fois qu'ils auroient été trompés par les premiers. Observons toujours que le vendeur sera également obligé quoiqu'il ait ignoré la disposition de l'édit des édiles ; et cela n'est pas injuste, car le vendeur a pu s'en procurer la connoissance. En effet, qu'importe à l'acheteur qui a été trompé, qu'il l'ait été par l'ignorance du vendeur ou par sa mauvaise foi (ULPIEN).

---

* 1 Domat (Remy), Liv. 1, tit. 2, sec. 11, nº 5, 6. 5. Quoique les défauts de la chose vendue fussent inconnus au vendeur, l'acheteur peut faire résoudre la vente ou diminuer le prix, si ces défauts sont tels qu'ils y donnent lieu. (C. civ., 1630, 1646.) Car comme on n'achète une chose que pour son usage, si quelque défaut empêche cet usage ou le diminue, le vendeur ne doit pas profiter d'une valeur que paraissait avoir, et que n'avait pas ce qu'il a vendu.

6. Dans ce même cas où les défauts de la chose vendue ont été inconnus au vendeur, il sera tenu, non seulement de reprendre la chose ou diminuer le prix, mais aussi de désinté-

[ARTICLE 1524.]

resser l'acheteur des frais où la vente aurait pu l'engager, comme des dépenses pour les voitures, des droits d'entrée ou autres semblables. (C. civ., 1646.)

Voy. *Pothier*, cité sur art. 1523.

Lahaie, sur art. } *Pandectes françaises.* — A l'égard de l'ex-
1643 C. N. } ception·de garantie, il faut observer que le vendeur doit être de bonne foi. Si au moment du contrat il avait connaissance du vice, l'exception de garantie n'est plus de sa part qu'une fraude criminelle.

Delvincourt, t. 2, n. 8, p. 156.—*Dans ce cas*, dit notre article, c'est-à-dire dans le cas où le vendeur n'aurait point connu les vices, d'où je conclus que, dans le cas où il les aurait connus, et ne les aurait pas déclarés, la clause de non garantie n'aurait aucun effet à son égard ; ce qui est d'ailleurs conforme à l'équité.

Dalloz, vente, ch. 1, sect. 2, § 2, n. 89, 91. — Il y a présomption de l'existence du vice lors de la vente, sauf la preuve contraire, quand il s'agit d'un vice donnant lieu à une action limitée par un court délai. (Delvincourt, t. 3, p. 152 ; Pothier, vente, n. 212, 213, 214, 215).

Dalloz, garantie, n. 334.—La garantie peut être augmentée par les parties. Ainsi, une stipulation expresse peut soumettre le vendeur à la garantie même des vices apparens, ou pour les vices cachés qui ne seraient pas assez graves, d'après la loi seule, pour opérer redhibition ; c'est ce qu'on appelle la garantie de fait. (Troplong, n. 561, 562, 563, 564).

Boileux, vol. 3, p. 276. — L'obligation de garantie, à raison des vices cachés, produit des effets plus ou moins étendus, suivant que le vendeur est de bonne ou de mauvaise foi.

Dans l'un et l'autre cas, assurément, la résolution de la vente peut être prononcée ; mais il y a cette différence, que la mauvaise foi soumet le vendeur à des dommages-intérêts (art. 1645), tandis qu'on ne peut en exiger de lui, s'il est de bonne foi (art. 1646). Dans ce dernier cas même, la stipu-

[ARTICLE 1525.]

lation qu'il ne sera obligé à aucune garantie produira son
effet.—Au contraire, le vendeur ne peut se prévaloir de cette
clause, si l'on prouve qu'il connaissait les vices de la chose.
(Art. 1645).

Duvergier, vente, n. 403.—L'acheteur qui se plaint des vices
est tenu de prouver qu'ils existaient au jour de la vente. Si
cependant un délai spécial a été déterminé pour l'exercice de
l'action redhibitoire, les vices qui se manifestent dans ce délai
sont présumés avoir existé au moment de la vente, sauf la
preuve contraire.

Huzard, vices redhibitoires, p. 44 et suiv. — Dans le commerce des animaux, une circonstance arrête l'effet de la non
garantie, c'est dans le cas où les animaux vendus sont atta-
qués de maladies contagieuses. (Voir arrêt du Conseil d'Etat
du roi, du 16 juillet 1784, § 7, et les art. 459 à 461 du Code
pénal).

Pothier, Traité du contrat de vente, n. 211.—Mais si le vendeur a, lors du contrat, une *pleine connaissance du vice caché*,
et qu'au lieu de le déclarer il stipule qu'il ne sera obligé à
aucune garantie, cette *dissimulation* du vendeur est un *dol*
qui le rend *sujet à la garantie, nonobstant la clause.*

1525. Lorsque plusieurs choses principales sont vendues ensemble comme un tout, de manière que l'acquéreur n'en aurait pas acheté une sans les autres, les défauts cachés de l'une lui donnent droit de demander l'annulation de la vente pour le tout.

1525. When several principal things are sold together as a whole, so that the buyer would not have bought one of them without the other, the latent defect in one entitles him to vacate the sale for the whole.

[ARTICLE 1525.]

* *C. L.* 2518, } Le vice redhibitoire de l'une de plusieurs
choses vendues ensemble, entraîne la redhibition de toutes, si ces choses étaient appareillées, comme une attelage de chevaux, une paire de bœufs.

---

* *ff. De Ædil. Ed., liv.* 21, } *L.* 34. Cùm ejusdem generis plu-
tit. 1, *L.* 34, § 1, *L.* 35. } res res simul veneant, veluti co-
mœdi, vel chorus, referre ait, in universos, an in singulos
pretium constituatur : ut scilicet interdùm una, interdùm
plures venditiones contractæ intelligantur. Quod vel eo quæri
pertinere, ut si quis eorum forté morbosus, aut vitiosus sit,
vel omnes simul redhibeantur (Africanus).

L. 35. Plerunque propter morbosa mancipia etiam non
morbosa redhibentur, si separari non possunt sine magno
incommodo, vel ad pietatis rationem offensam. Quid enim si
filio retento parentes redhibere maluerint, vel contra ? Quod
et in fratribus, et in personis contubernio sibi conjunctis,
observari oportet (Ulpianus).

Ibidem, } *L.* 34. Lorsqu'on vend en même temps
Trad. de M. Hulot. } plusieurs choses d'un même genre, par
exemple, des esclaves comédiens ou musiciens, Julien décide
qu'il faut distinguer si on ne reçoit qu'un seul prix pour le
tout, ou un prix particulier pour chacune des choses qui
composent la vente ; de manière que, dans le premier cas, il
n'y aura qu'une vente, et dans le second plusieurs ventes
séparées. Cette distinction est nécessaire pour savoir ce qu'on
doit décider si quelqu'un de ces esclaves est malade ou vi-
cieux, et si en ce cas tous les esclaves doivent faire l'objet de
la redhibition (Africain).

L. 35. Il arrive souvent qu'à l'occasion des esclaves que
l'acheteur fait reprendre au vendeur comme malades, il doit
même rendre ceux qui ne le sont pas, par exemple, lorsque
ces esclaves ne peuvent être séparés sans un grand inconvénient, ou sans blesser de justes raisons d'attachement. En effet
si l'acheteur vouloit retenir le fils et faire reprendre le père

[ARTICLE 1525.]

au vendeur, et réciproquement. On doit observer la même règle à l'égard des frères, et de deux personnes esclaves mariées ensemble (ULPIEN).

———

Voy. *Digeste, L.* 38 *eo tit.*, cité sur art. 1508.

———

* 1 *Domat (Remy), Liv.* 1, *Tit.* 2, } 16. Si de plusieurs choses
      sec. 10, *n°* 16.   } qui s'assortissent, comme les pièces d'une tapisserie, les chevaux d'un attelage, et autres choses semblables, l'une se trouve avoir des défauts suffisans pour résoudre la vente, elle sera résolue pour le tout. Car il est également de l'intérêt du vendeur et de l'acheteur de ne pas dépareiller ces sortes de choses.

— • ———

* 3 *Pothier, (Bugnet), {*   § IV.—*Le vice redhibitoire de l'une de*
  Vente, n° 226 *et s.* } *plusieurs choses comprises dans un marché, donne-t-il lieu à la résolution du marché pour le tout, ou seulement pour cette chose* —226. Cette question se décide par des distinctions.—Si la chose qui a le vice redhibitoire, a été seule l'objet principal de la vente, et que les autres n'aient été vendues que comme les accessoires, la redhibition de la chose principale entraînera celle de toutes les choses accessoires. Par exemple, si un cheval a été vendu, avec tout son équipage, la redhibition du cheval entraîne celle de l'équipage; le vendeur peut être forcé à reprendre le tout, *et vice versâ,* l'acheteur ne peut pas exercer l'action redhibitoire pour le cheval, qu'il ne rende tout l'équipage avec le cheval.

Contrà, si la chose principale n'était pas dans le cas de redhibition, mais seulement quelqu'une des choses accessoires; comme si on avait vendu une métairie avec les chevaux qui y étaient, et qu'un de ces chevaux eût un vice redhibitoire; la redhibition n'aurait lieu que pour ce cheval, et l'acheteur, en offrant de le rendre, obtiendrait la restitution du prix de ce cheval.

[ARTICLE 1526.]

227· Quand les choses vendues sont également principales, il faut examiner si elles ont été vendues comme faisant ensemble un tout, et comme étant telles, que l'une n'aurait pas été vendue sans l'autre, comme lorsqu'on a vendu deux chevaux de carrosse, une couple de bœufs, etc. ; en ce cas le vice redhibitoire de l'une de ces choses, donne lieu à la redhibition de tout ce qui a été vendu, et l'action redhibitoire ne peut, en ce cas, s'exercer pour partie.

Mais, si les choses qui ont été vendues étaient indépendantes les unes des autres, l'action redhibitoire n'aura lieu que pour celle qui a un vice, quand même toutes auraient été vendues pour un même prix ; car, encore que cette circonstance, jointe à d'autres, serve à faire présumer que les choses n'auraient pas été vendues l'une sans l'autre, elle n'est pas néanmoins seule décisive. C'est pourquoi l'action redhibitoire pourra avoir lieu pour cette seule chose, et le vendeur sera tenu de restituer le prix de cette chose, suivant la ventilation qui en sera faite sur le total du prix. C'est la doctrine de la loi 38, § *fin.*, etc., et de plusieurs autres. Voy. *in Pand. Justin., tit. de Ædil. ed.*, n°s 63 et 64.

228. Au contraire, quoique la séparation des prix soit une forte présomption que les choses ont été vendues indépendamment les unes des autres, néanmoins cette circonstance n'est pas toujours décisive, et la présomption qui en résulte, doit céder à une plus forte qui résulte de la qualité des choses vendues ; comme dans le cas ci-dessus rapporté de la vente d'un attelage de chevaux pareils. Quand la vente aurait été faite à tel prix pour chaque cheval, l'action redhib• toire ne pourra avoir lieu que pour le tout : c'est la décision de la loi 34, §1, ff. *Ædil edict.*

1526. L'acheteur a le choix de rendre la chose et de se faire restituer le	1526. The buyer has the option of returning the thing and recovering

prix, ou de garder la chose et se faire rendre une partie du prix suivant évaluation.	the price of it, or of keeping the thing and recovering a part of the price according to an estimation of its value.

---

* *C. N.* 1644. } Dans le cas des articles 1641 et 1643, l'acheteur a le choix de rendre la chose et de se faire restituer le prix, ou de garder la chose et de se faire rendi une partie du prix, telle qu'elle sera arbitrée par experts.

---

* *ff. De Ædil. Edict., Liv.* 21, } Julianus ait, judicium redhi-
tit. 1, *L.* 23, § 7.   } bitoriæ actionis utrumque, id est, venditorem et emptorem, quodammodo in integrum restituere debere. (ULPIANUS).

   Ibidem.   } Julien pense que le jugement qui inter-
Trad. de M. Hulot. } vient en matière de redhibition doit rétablir les deux parties, c'est-à-dire le vendeur et l'acheteur, dans leur premier état, comme il arrive dans le cas des restitutions en entier. (ULPIEN).

Voy. *Digeste eod. tit. L.* 21, cité sur art. 1506, *Domat* et *Pothier*, cités sur arts. 1502 et 1522.

---

* 3 *Pothier (Bugnet),* } 217. L'acheteur est en droit de de-
Vente, n° 217 *et s.* } mander par l'action redhibitoire, la résolution et nullité du marché, et qu'en conséquence les choses soient remises au même état que s'il n'était pas intervenu : *Judicium redhibitoriæ actionis utrumque, id est venditorem et emptorem, quodammodo in integrum restituere debere ; L.* 23, § 7, *ff. de Ædil. ed. Factd redhibitione, omnia in integrum resti-*

201

[ARTICLE 1526.]

tuuntur, perinde ac si neque emptio neque venditio intercesserit;
L. 60, ff. *eod. tit.*

En conséquence l'acheteur a droit de demander que le vendeur soit condamné à lui rendre le prix qu'il lui a payé, même les intérêts depuis le jour du paiement qu'il en a fait, jusqu'à ce qu'il lui ait été rendu (L. 29, § 2, ff. *eod. tit);* à moins que le juge ne jugeât à propos de les compenser avec les fruits que l'acheteur doit rendre.

Il a droit aussi de demander que le vendeur soit condamné à le rembourser de tous les frais du marché, et de tous ceux qu'il a été obligé de faire par rapport à la chose vendue, tels que sont les frais de voiture, de barrage, de douane, etc., non ceux qu'il aurait pu se dispenser de faire ; L. 27, *eod. tit.*

A l'égard des dommages et intérêts pour raison du tort que la chose vendue a causé à l'acheteur dans ses autres biens, il ne les peut prétendre que suivant les distinctions établies en l'article précédent.

218. Les frais de nourriture d'un animal ne peuvent être exigés, devant se compenser avec les services que l'acheteur a pu en tirer ; L. 30, § 1, ff. *eod. tit.*

219. L'acheteur, pour être reçu à cette action, doit de son côté offrir de rendre la chose, si elle existe, avec les fruits, s'il en a perçu quelques-uns ; à moins qu'il n'en consente la compensation avec les intérêts du prix. Il doit pareillement offrir de rendre tous les accessoires de la chose qui lui ont été livrés avec la chose.

220. Si la chose n'existe plus ; si c'est sans sa faute qu'elle a cessé d'exister ; comme si le cheval que j'ai acheté est mort de la maladie pour laquelle j'ai formé l'action redhibitoire ; il me suffira de rendre ce qui en reste, comme la peau. S'il m'a été vendu avec quelques accessoires, comme avec la bride, la selle, il faudra que je rende ces accessoires.

S'il ne reste rien de la chose vendue ; comme lorsqu'une vache est morte de maladie contagieuse, et a été, selon les règlements de police, enterrée avec sa peau ; je pourrai exercer l'action redhibitoire sans rendre rien.

[ARTICLE 1526.]

221. Si la chose vendue a cessé d'exister par la faute de l'acheteur, sera-t-il exclu de l'action redhibitoire, pour s'être mis, par sa faute, hors d'état de remplir la condition ?

Il résulte de la loi 31, § 11, ff. *de Ædil. edict.*, que l'acheteur n'est pas pour cela exclu de l'action redhibitoire, mais qu'il est seulement tenu, en ce cas, de faire déduction au vendeur de ce que vaudrait la chose vendue, en l'état qu'elle était, si elle n'eût pas cessé d'exister par sa faute.

Par la même raison, lorsque par sa faute il a détérioré la chose, il n'est pas pour cela exclu de l'action redhibitoire; mais il est seulement tenu de faire raison au vendeur à qui il la rend, de ce dont elle se trouve dépréciée par sa faute. L. 24, ff. *eod. tit.*

Ces décisions sont toutes conformes à l'équité; car il suffit que le vendeur soit indemnisé de la faute que l'acheteur a commise par rapport à la chose vendue : il ne doit pas en profiter et s'en enrichir, comme cela arriverait s'il était par là libéré de l'action redhibitoire dont il est tenu.

222. Quelquefois néanmoins l'acheteur qui, par son fait, s'est mis hors d'état de rendre la chose, doit être pour cela déclaré non recevable dans l'action redhibitoire, comme lorsqu'il a disposé de la chose, lorsqu'il l'a employée, et qu'il en a fait son profit, de la même manière qu'il eût fait si elle n'eût pas eu de vice. Arg. L. 47, ff. *eod. tit.*

Lahaie, sur art. } *Duranton*, t. 16, n. 324. — Quand la vente
1644 *C. N.* } est résiliée, les choses sont remises au même état qu'avant le contrat. — Lo prix doit être rendu, s'il a été payé; sinon, l'acheteur est déchargé de l'obligation de le payer.

Les frais de contrat et ceux d'emballage, de transport, d'entrées et tous autres frais occasionnés par la vente, doivent être remboursés à l'acheteur, ainsi que les intérêts du prix, depuis le jour du paiement jusqu'à celui du remboursement.

Quant aux frais de nourriture d'un animal, ils se com-

[ARTICLE 1526.]

pensent avec les services que l'acheteur en a retirés ou pu retirer.—Mais le vendeur doit le remboursement des frais de maladie de l'animal, et il les devrait, quand bien même la chose serait venue à périr, si c'était par suite de sa mauvaise qualité.

Le vendeur ne doit de dommages-intérêts que dans le cas où il connaissait les vices de la chose.

N. 325.—L'acheteur doit restituer tout ce qu'il a reçu, les accessoires de la chose, et ce qui resterait de la chose même, si elle était venue à périr.

Ainsi, les harnais et le cuir d'un cheval doivent être restitués.

Dalloz, garantie, n. 338.—Lorsque l'acheteur a choisi l'une des voies qu'offre notre article et qu'il y a succombé, il ne peut plus prendre l'autre. (Duranton, t. 16, n. 328 ; Troplong, vente, n. 58i ; Toullier, t. 10, n. 163 ; Duvergier, vente, n. 409.)

Il ne faut comprendre dans les dommages-intérêts que l'indemnité des pertes qui ont été la suite directe et immédiate du dol du vendeur. (Duranton, t. 16, n. 321.)

Troplong, de la vente, n. 575.—La résolution prononcée par suite de l'action rédhibitoire produit un effet remarquable : c'est que, quoiqu'elle réserve le contrat dès le *commencement*, *quasi nunquàm intercisset*, néanmoins elle n'efface pas les hypothèques et charges créés sur l'immeuble *medio tempore*.

Cette action est *indivisible* de la part de l'acheteur ; en sorte que s'il laisse plusieurs héritiers, l'un ne peut pas l'exercer seulement *pour sa part* ; mais elle est *divisible* du côté du vendeur contre qui elle est donnée.

N. 581.—L'exercice d'une de ces deux actions épuise-t-elle l'autre ?

L'affirmative n'est pas douteuse, selon Voët et M. Toullier.

[ARTICLE 1527.]

1527. Si le vendeur connaissait les vices de la chose, il est tenu, outre la restitution du prix, de tous les dommages - intérêts soufferts par l'acheteur.

Il est tenu de la même manière dans tous les cas où il est légalement présumé . connaître les vices de la chose.

1527. If the seller knew the defect of the thing, he is obliged not only to restore the price of it, but to pay all damages suffered by the buyer.

·He is obliged in like manner in all cases in which he is legally presumed to know the defects.

---

* *C. N.* 1645. } Si le vendeur connaissait les vices de la chose, il est tenu, outre la restitution du prix qu'il en a reçu de tous les dommages et intérêts envers l'acheteur.

Voy. *Digeste*, cité sur art. 1075.

---

* 1 *Domat (Remy), Liv.* 1, } Si le vendeur avait connu les
Tit. 2, *sec.* 11, *n*° 7. } défauts de la chose vendue, il ne sera pas seulement tenu des dommages et intérêts suivant la règle précédente, mais il répondra de plus des suites que le défaut de la chose aura pu causer. Ainsi, celui qui aurait vendu un troupeau de moutons, qu'il savait être infecté d'un mal contagieux, sans l'avoir déclaré, serait tenu de la perte d'autre bétail de l'acheteur, que ce mal contagieux aurait infecté. Et il en serait de même si le vendeur était obligé de connaître les défauts de la chose vendue, quoiqu'il prétendît les avoir ignorés ; comme si un architecte qui fournit les matériaux pour un bâtiment y en avait mis de mal conditionnés, il serait tenu du dommage qui en arriverait. (C. civ. 1792, s.)

[ARTICLE 1527.]

* 3 *Pothier* (*Bugnet*), *Vente*, } 212. Il faut à cet égard distin-
n° 212 *et s*.   } guer le cas auquel le, vendeur
ignorait le vice redhibitoire, et le cas auquel il en avait connaissance.—Dans le premier cas, la garantie ne s'étend ordinairement qu'à la chose vendue. Le vendeur est obligé de
rendre à l'acheteur le prix qu'il lui en a coûté pour l'avoir,
et il n'est pas obligé à la réparation du dommage que le vice
de la chose vendue a causé à l'acheteur dans ses autres
biens.—Dans le second cas, lorsque le vendeur avait connaissance du vice, il est en outre tenu de tous les dommages et
intérêts que ce vice, dont il n'a pas averti l'acheteur, a causés
à celui-ci dans ses autres biens ; car cette réticence du vendeur est un dol qu'il a commis envers l'acheteur, qui l'oblige
à la réparation de tout le tort qui en résulte.

Le vendeur, quoiqu'il n'ait pas eu une connaissance formelle du vice de la chose vendue, est à cet égard réputé
comme s'il l'avait eue, lorsque, ayant un légitime motif de
soupçonner ce vice, il n'en a rien dit à l'acheteur : car cette
réticence est un dol. — Par exemple, s'il a vendu quelque
animal qu'il savait venir du pays où régnait une maladie
contagieuse ; quoiqu'il n'ait pas eu une connaissance formelle que cet animal fût effectivement attaqué de cette maladie, il doit être également puni comme s'il en avait eu connaissance, et par conséquent tenu envers l'acheteur de tous
les dommages et intérêts que lui a causés cet animal, en
communiquant à d'autres la contagion dont il était infecté ;
car c'est un dol d'avoir caché à l'acheteur que l'animal venait
du pays où régnait la maladie.

213. Il y a un cas auquel le vendeur, quand même il aurait ignoré absolument le vice de la chose vendue, est néanmoins tenu de la réparation du tort que ce vice a causé à
l'acheteur dans ses autres biens ; c'est le cas auquel le vendeur est un ouvrier, ou un marchand qui vend des ouvrages
de son art, ou du commerce dont il fait profession. Cet ouvrier ou ce marchand est tenu de la réparation de tout le
dommage que l'acheteur a souffert par le vice de la chose

[ARTICLE 1527.]

vendue, en s'en servant à l'usage auquel elle est destinée,
quand même cet ouvrier ou ce marchand prétendrait avoir
ignoré ce vice. — Par exemple, si un tonnelier ou un marchand de tonneaux m'a vendu des tonneaux, et que, par
quelques défectuosités de quelqu'un de ces tonneaux, le vin
que j'y avais mis s'est perdu, il sera tenu envers moi du prix
du vin que j'ai perdu. Pareillement, si le bois du tonneau,
par sa mauvaise qualité, a communiqué une mauvaise odeur
au vin que j'y ai mis, l'usage est, en ce cas, qu'il soit condamné à prendre pour son compte le vin gâté, et à me le
payer au prix que vaudra celui qui n'est pas gâté.

La raison est qu'un ouvrier, par la profession de son art,
spondet peritiam artis. Il se rend envers tous ceux qui contractent avec lui, responsable de la bonté de ses ouvrages,
pour l'usage, auquel ils sont naturellement destinés. Son
impéritie ou défaut de connaissance dans tout ce qui concerne son art, est une faute qui lui est imputée, personne ne
devant professer publiquement un art, s'il n'a toutes les connaissances pour le bien exercer : *Imperitia culpæ annumeratur;*
L. 132, ff. *de Reg. jur.*

Il en est de même du marchand fabricant ou non fabricant. Par la profession publique qu'il fait de son commerce,
il se rend responsable de la bonté des marchandises qu'il dé-
bite, pour l'usage auquel elles sont destinées. S'il est fabricant, il ne doit employer, pour les fabriquer, que de bons
ouvriers, du fait desquels il répond. S'il n'est pas fabricant,
il ne doit exposer en vente que de bonnes marchandises ; il
doit s'y connaître, et n'en débiter que de bonnes.

214. Observez que, quelque défectueuse que soit la chose
qu'un ouvrier ou un marchand a vendue, si l'acheteur s'en
est servi à un autre usage qu'à celui auquel elle était destinée, le vendeur ne sera tenu du dommage que le vice de la
chose aura causé à l'acheteur, que jusqu'à concurrence de la
somme à laquelle aurait pu monter au plus celui qu'il aurait
pu souffrir, s'il se fût servi de la chose pour l'usage auquel
elle était destinée : car le vendeur, par la profession publique

[ARTICLE 1527.]

qu'il fait de son art ou de son commerce, ne s'engage envers le public qu'à faire que ses marchandises soient propres pour l'usage auquel elles sont destinées, et il ne se soumet qu'à la réparation du dommage que peut souffrir l'acheteur en se servant de la chose à cet usage, et non plus avant.

Il est néanmoins tenu du dommage au moins jusqu'à cette concurrence, quoique l'acheteur se soit servi de cette chose pour un autre usage ; car, s'il ne doit pas souffrir de ce que l'acheteur s'est servi de la chose pour un autre usage, il n'en doit pas non plus profiter.

Suivant ces principes, si j'ai acheté des tonneaux d'un tonnelier de Normandie, qui ne faisait que des tonneaux propres à mettre du cidre, et que j'aie mis dans ces tonneaux du vin ou de l'eau-de-vie, qui ait été perdu, le tonnelier ne sera pas tenu envers moi du prix du vin ou de l'eau-de-vie que j'ai perdu. Mais si les tonneaux étaient défectueux de manière que le cidre qu'on y aurait mis se serait également perdu, il sera tenu de la perte que j'ai faite du vin ou de l'eau-de-vie, jusqu'à concurrence du prix de pareille quantité de cidre.

Si les tonneaux étaient suffisants pour contenir du cidre, quoiqu'ils ne le fussent pas pour contenir une liqueur plus violente, ces tonneaux qui n'étaient destinés que pour du cidre, ne peuvent pas, en ce cas, passer pour défectueux ; c'est ma faute de m'en être servi pour un autre usage ; Molin. *Tract. de eo quod interest*, n°ˢ 60, 61.

215. Hors ces cas d'un ouvrier ou d'un marchand, le vendeur qui n'a eu ni la connaissance, ni aucun juste soupçon du vice redhibitoire, n'est tenu à autre chose qu'à rendre le prix à l'acheteur, qui doit lui rendre la chose, et il n'est aucunement tenu du dommage que ce vice a causé à l'acheteur dans ses autres biens. C'est pourquoi, si, au lieu d'acheter mes tonneaux d'un tonnelier ou d'un marchand, je les ai achetés d'un particulier qui m'a vendu ceux qu'il avait de trop, et que quelqu'un de ces tonneaux se trouve défectueux, il ne sera tenu envers moi qu'à la restitution du prix ; mais

[ARTICLE 1527.]

il ne sera pas tenu de la perte de mon vin que j'ai souffer
par le vice du tonneau.

216. Dumoulin néanmoins, en son Traité *de eo qu*
interest, n° 53, observe fort bien que ce particulier devra
moins me céder ses droits et actions, s'il en a contre le tonn
lier ou le marchand de qui il a acheté les tonneaux défe
tueux qu'il m'a vendus, afin que je les exerce en son li
pour mon compte et à mes risques ; car la vente qu'il m'en
faite ne doit pas profiter au tonnelier qui est en faute, et
décharger de son obligation ; et ce particulier qui me les
revendus, est censé m'avoir cédé avec ces tonneaux, tous s
droits par rapport auxdits tonneaux. Mais si j'exerce l
droits de mon vendeur contre le tonnelier, je ne pourrai d
mander à mon vendeur la restitution du prix.

––––––––

* 3 *Pothier (Bugnet)*, ⎱   163. Voici un autre exemple de not
   Oblig., *n*° 163.   ⎰ distinction :

Une personne m'a vendu des pièces de bois ; je m'en su
servi pour étayer mon bâtiment, qui s'est écroulé par le d
faut des pièces de bois, qui étaient pourries. Si le vende
n'était pas homme du métier, et qu'il m'ait vendu de bon
foi ces pièces de bois, dont il ignorait le défaut, les dommag
et intérêts résultant de ce que les bois qu'il m'a vendus
sont trouvés défectueux, ne consisteront qu'à me faire u
déduction sur le prix, de ce que je les ai achetés de trop,
achetant pour bon ce qui était défectueux ; mais ils ne s'
tendront pas à la perte que j'ai faite par la ruine de m
bâtiment : car le vendeur qui m'a vendu le bois de bonne f
et qui n'était pas plus obligé de s'y connaître que moi, n'e
pas censé s'être chargé de ce risque. L. 13, ff. *de Act. empt.*

Mais si celui qui m'a vendu ces étais est un homme d
métier, si c'est un charpentier qui m'a vendu ces étais po
étuyer mon bâtiment, il sera tenu envers moi des dommag
et intérêts résultant de l'écroulement de mon bâtiment p
le défaut de ces étais ; et il ne sera pas reçu à alléguer qu'

les croyait bons et suffisants ; car, quand il dirait vrai, cette ignorance de sa part ne serait pas excusable dans un homme qui fait profession publique d'un état et d'un art : *Imperitia culpæ annumerátur ; L. 132, ff. de Reg. jur.* En me vendant ces étais pour étayer mon bâtiment, et en me les vendant dans sa qualité de charpentier, il est censé s'être rendu responsable que les étais seraient suffisants, et s'être chargé du risque de mon bâtiment, s'ils ne l'étaient pas ; Molin., *Tract. de eo quod interest,* n° 51.

Observez néanmoins qu'il ne doit être tenu que du risque dont il s'est chargé. C'est pourquoi, si ce charpentier m'a vendu ces étais pour soutenir un certain bâtiment, et que je m'en sois servi pour soutenir un bâtiment plus considérable, non-seulement ce charpentier ne sera pas tenu de la ruine de ce bâtiment, dans le cas auquel ses étais eussent été suffisants pour le soutien du petit bâtiment pour lequel ils étaient destinés, parce qu'en ce cas ce charpentier n'était en faute d'aucune façon ; mais même dans le cas auquel il aurait été en faute, ses étais étant absolument défectueux et insuffisants, même pour le soutien du petit bâtiment pour lequel ils étaient destinés, il ne sera tenu de mes dommages et intérêts résultant de la ruine de mon grand bâtiment que jusqu'à concurrence de la valeur du petit bâtiment : car, ne m'ayant vendu ses étais que pour le soutien du petit bâtiment, il n'a entendu se charger du risque des dommages et intérêts que je souffrirais, que jusqu'à la valeur du petit bâtiment ; il ne doit pas, par conséquent, suivant nos principes, être tenu au delà. Peut-être aurait-il été plus avisé, s'il eût cru courir un plus grand risque, et qu'il les eût vendus pour le soutien du grand bâtiment. Molin., *ibid.,* n° 62.

Par une semblable raison, Dumoulin décide que, lorsqu'un charpentier m'a vendu des étais pour le soutien de mon bâtiment, qui s'est écroulé par le défaut et l'insuffisance de ces étais, les dommages et intérêts dont il est tenu, se bornent à la ruine du bâtiment, et ne s'étendent pas à la perte que j'ai faite des meubles qui étaient dedans, et qui se sont brisés ou

[ARTICLE 1527.]

perdus dans les ruines : car cet ouvrier, en me vendant ces étais pour le soutien de mon bâtiment, n'a entendu répondre que de la conservation du bâtiment : ce n'est que de ce risque qu'il s'est chargé, et non du risque de la perte de mes meubles, qu'il n'a pas pu prévoir que j'y laisserais, étant ordinaire de démeubler les maisons qu'on étaie. C'est pourquoi ce charpentier ne doit pas être tenu de la perte de ces meubles à moins qu'il ne se fût chargé expressément de ce risque. Molin., *ibid.*, nos 63 et 64.

Il n'en est pas de même d'un entrepreneur avec qui j'ai fait marché pour me construire une maison, laquelle, quelque temps après qu'elle a été construite, s'est écroulée par défaut de construction. Ces dommages et intérêts dont est tenu envers moi cet entrepreneur ignorant, faute d'avoir rempli comme il devait son obligation, s'étendent non-seulement à la perte que j'ai faite de la maison, mais même à celle des meubles qui étaient dans la maison, et qu'on n'a pu sauver : car cet entrepreneur, en s'obligeant de me construire une maison pour m'y loger, ou un locataire, n'a pu ignorer qu'on y porterait des meubles, et qu'on n'y pouvait loger qu'avec ces meubles ; et par conséquent il s'est chargé du risque des meubles. Molin., *ibid.*, n° 64.

––––––

Lahaie, sur art. ⎫ *Troplong*, de la vente, n. 574.—Néanmoins,
1645 C. N. ⎬ pour *fixer* l'étendue des dommages-intérêts,
il faudra avoir égard au but que les parties se sont proposé en contractant, et à l'emploi prévu et déclaré auquel la chose est destinée.

Huzard, vices rédhibitoires, p. 242.—Dans le commerce des animaux, le vendeur est toujours censé connaître le vice des animaux qu'il a vendus, et il ne peut pas s'excuser sur son ignorance, parce qu'il ne doit mettre en vente que des marchandises qui ne puissent pas occasionner de pertes à l'acheteur.

[ARTICLE 1528.]

1528. Si le vendeur ignorait les vices de la chose, ou n'est pas légalement présumé les avoir connus, il n'est tenu envers l'acheteur qu'au remboursement du prix et des frais occasionnés par la vente.

1528. If the seller did not know the defects, or is not legally presumed to have known them, he is obliged only to restore the price and to reimburse to the buyer the expenses caused by the sale.

---

* *C. N.* 1646. } Si le vendeur ignorait les vices de la chose, il ne sera tenu qu'à la restitution du prix, et à rembourser à l'acquéreur les frais occasionnés par la vente.

**ff. De act. emp.*, *liv.* 9, *tit.* 1, *L.* 1, § 1. } Venditor, si cùm sciret debeti servitutem, celavit, non evadet ex empto actionem, si modo eam rem emptor ignoravit : omnia enim quæ contra bonam fidem fiunt, veniunt in empti actionem. Sed scire venditorem, et celare, sic accipimus, non sòlùm si non admonuit, sed et si negavit servitutem istam deberi, cùm esset ab eo quæsitum. Sed et si proponas, eum ita dixisse : *Nulla quidem servitus debetur, verùm ne emergat inopinata servitus, non teneor,* puto eum ex empto téneri : quia servitus debebatur, et scisset. Sed si id egit ne cognosceret emptor aliquam servitutem deberi, opinor eum ex empto teneri. Et geno: aliter dixerim, si improbato more versatus sit in celanda servitute, debere eum teneri, non si securitati suæ prospectum volu't. Hæc ita vera sunt, si emptor ignoravit servitutes : quia non videtur esse celatus, qui scit, neque certiorari debuit, qui non ignoravit (ULPIANUS).

Ibidem. *Trad. de M. Hulot.* } Si le vendeur, sachant qu'il étoit dû une servitude par le fonds vendu, l'a cachée à l'acheteur qui n'en avoit point connoissance, il ne pourra pas se soustraire à l'action de la vente ; car cette action s'étend à tout ce que le vendeur peut faire contre la bonne foi. Quand nous disons, si le vendeur l'a su et l'a caché à l'acheteur, nous entendons, non-seulement s'il n'en a point averti l'acheteur, mais aussi si, interrogé par lui au sujet de cette servitude, il a nié qu'elle fût due. Si même le vendeur avoit répondu : Il n'est dû aucune servitude, mais en cas que quelqu'un vienne à en réclamer une à laquelle je ne m'attends pas, je n'en suis pas garant, je pense que l'acheteur auroît néanmoins action contre lui ; parce qu'il savoit que la servitude étoit due. Si le vendeur a pris des mesures pour cacher à l'acheteur que la servitude fût due, je pense qu'il y a lieu à l'action contre lui. Et en général, je suis d'avis que si un vendeur se conduit frauduleusement en cédant une servitude qui est due, il doit être soumis à l'action, mais non pas lorsqu'il a cherché à se procurer ses sûretés. Tout ceci n'a lieu que dans le cas où l'acheteur a ignoré que la servitude fût due ; parce qu'on n'est pas censé cacher une chose à quelqu'un quand il en a connoissance, et qu'on n'est pas obligé à l'instruire de ce qu'il sait (ULPIEN).

———

Voy. Domat, cité sur art. 1524 et autorités sur arts. 1527 et 1529.

———

Lahaie, sur art. ⎫ *Pandectes françaises.* — Si l'acquéreur s'é-
1646 C. N. ⎬ tait mis par son fait dans l'impuissance de
rendre la chose, *v. g.*, s'il en avait disposé, il serait non recevable dans l'action rédhibitoire ; car il ne peut pas l'intenter sans offrir la restitution, et d'ailleurs il a approuvé le contrat en disposant de la chose.

Delvincourt, t. 2, n. 9, p. 156.—Mais dans ce cas, le vendeur ne sera pas tenu des autres dommages que le vice a pu causer à l'acheteur.

Dalloz, garantie, n. 344.—Si le prix n'a pas encore été payé, l'acheteur est déchargé de l'obligation de le payer. Dans les

[ARTICLE 1529.]

frais à rembourser, doivent être compris ceux d'emballage, barrage, transport, douanes, etc. (Duranton, t. 16, n. 324.)

Troplony, de la vente, n. 573. — Il doit de plus rendre les *intérêts* du prix. L'édit des édiles le décidait ainsi, et notre article ne dit rien de contraire, quoiqu'il s'exprime d'une manière limitative qui pourrait peut-être faire illusion. Mais ces intérêts se compensent avec les fruits que doit l'acheteur.

Huzard, vices rédhibitoires, p. 244.—Le marchand de bestiaux n'est censé dans le cas de notre article, que quand il a revendu les animaux presque aussitôt après les avoir achetés, sans avoir eu le temps de les bien examiner ; mais alors, il a son recours contre la personne qui les lui a vendus. et c'est ce premier vendeur qui se trouve responsable des dommages-intérêts.

1529. Si la chose périt par suite de vices cachés qui existaient lors de la vente, la perte tombe sur le vendeur qui est tenu envers l'acheteur à la restitution du prix et aux autres dédommagements, tel que réglé dans les deux articles qui précèdent.

Si elle périt par la faute de l'acheteur, ou par cas fortuit l'acheteur doit en déduire la valeur, dans l'état où elle se trouvait lors de la perte, sur sa réclamation contre le vendeur.

1529. If the thing perish by reason of any latent defect which it had at the time of the sale, the loss falls upon the seller, who is obliged to restore the price of it to the buyer, and otherwise to indemnify him, as provided in the two last preceding articles.

If it perish by the fault of the buyer or by a fortuitous event, the value of the thing in the condition in which it was, at the time of the loss, must be deducted from his claim against the seller.

[ARTICLE 1529.]

* *C. N.* 1647. } Si la chose qui avait des vices, a péri par suite de sa mauvaise qualité, la perte est pour le vendeur, qui sera tenu envers l'acheteur à la restitution du prix, et aux autres dédommagements expliqués dans les deux articles précédents.

Mais la perte arrivée par cas fortuit sera pour le compte de l'acheteur.

---

* *ff. De Ædil. Edict., Liv.* 21, *Tit.* 1, } *L.* 31, § 11. Si mancipium
L. 31, § 11, *et L.* 47, § 1. quod redhiberi oportet, mortuum erit, hoc quæretur, nunquid culpa emptoris, vel familiæ ejus, vel procuratoris, homo demortuus sit : nam si culpa ejus decessit, pro vivo habendus est : et præstentur ea omnia, quæ præstarentur, si viveret. (ULPIANUS).

L. 47, § 1. Post mortem autem hominis ædilitiæ actiones manent : (PAULUS).

Ibidem. } *L.* 31, § 11. Si l'esclave qui devoit faire
Trad. de M. Hulot. } le sujet de la redhibition est mort, il s'agit de savoir si c'est par la faute de l'acheteur, de sa famille ou de son procureur : car en ce cas il doit être regardé vis-à-vis de l'acheteur comme vivant ; en conséquence il sera obligé de fournir au vendeur tout ce qu'il lui devroit si l'esclave vivoit. (ULPIEN).

L. 47, § 1. Mais les actions établies par l'édit des édiles subsistent même après la mort de l'esclave ; (PAUL).

---

* 6 *Marcadé, sur arts.* } I.—Quand la chose vendue est affec-
1641-1649 *C. N.* } tée, lors de la vente, de défauts cachés et inconnus de l'acheteur, q...' rendent impropre à l'usage auquel on la destine, ou qui diminuent assez notablement cet usage, on dit qu'il y a vice *redhibitoire*, parce que l'acheteur peut faire résilier la vente.

Il faut que les vices aient été tout à la fois cachés et inconnus de l'acheteur. Si, d'une part, ils étaient assez apparents pour que l'acheteur eût pu les voir en examinant ce qu'il achetait, la garantie ne serait pas due, et M. Duranton se méprend quand il enseigne le contraire comme principe (XVI, 310), en se fondant sur l'art. 1642, puisque cet article précisément refuse la garantie pour les vices dont l'acheteur a pu se convaincre. Il n'en serait autrement que pour les ventes de certaines marchandises qu'il n'est pas d'habitude de vérifier chez les marchands : l'usage constant du commerce commande de regarder alors le marchand, ainsi que l'a jugé la Cour de Rouen et malgré la décision contraire d'un arrêt de Bordeaux, comme garantissant tacitement que la chose est en bon état et telle qu'elle se vend ordinairement ; mais pour toutes autres choses, et en dehors de cette convention implicite de garantie plus sévère, il faut que l'acheteur n'ait pas pu découvrir les défauts par l'inspection. Il faut aussi qu'il n'ait pas connu d'ailleurs ces défauts ; car, si cachés qu'ils fussent, il ne pourrait pas se plaindre, du moment qu'il aurait connu l'état de la chose. Quant au vendeur, il importe peu qu'il ait ou non connu les vices, et il doit la garantie dans un cas comme dans l'autre ; seulement, l'ignorance où il serait à cet égard lui permettrait de s'affranchir par une stipulation expresse (art. 1643), tandis que cette stipulation serait non avenue pour des vices qu'il connaissait.

La garantie dont il s'agit est due pour toute espèce de choses, aussi bien pour des immeubles que pour des meubles, quoique le contraire soit enseigné par M. Duranton (XVI, 317) et indiqué aussi dans le Rapport de M. Faure au Tribunat : le droit romain, notre ancienne jurisprudence et la généralité des termes de l'art. 1641, ne laissent pas de doute à cet égard. Mais elle n'a pas lieu dans les ventes faites par autorité de justice (art. 1649).

II. — Le Code n'avait fixé pour aucun cas le délai dans lequel l'acquéreur devait intenter l'action pour vice rédhibitoire ; il laissait subsister à cet égard la diversité des anciennes coutumes, en donnant pour règle l'usage du lieu où la vente s'est faite (art. 1648). Mais la loi du 20 mai 1838 a fait cesser cet état de choses pour les ventes qui donnent lieu

[ARTICLE 1529.]

À cette action le plus fréquemment, celles des animaux domestiques : ainsi, tandis que, dans un même cas, le délai était de 8 jours pour l'Ile-de-France, de 24 heures pour le Dauphiné et de 6 mois pour la Bretagne, un délai uniforme de 9 jours ou de 30 jours, selon les cas, est maintenant établi pour toute la France. C'est donc seulement dans les ventes autres que celles d'animaux domestiques qu'il y a lieu de suivre l'usage des lieux, et, à défaut d'usage constant, un délai très-bref, dont la limite est laissée par l'art. 1648 à l'appréciation des tribunaux.

Les seuls vices redhibitoires, dans les ventes d animaux domestiques, sont désormais, d'après la loi de 1838 : 1° *pour le cheval, l'âne et le mulet*, la fluxion périodique des yeux, l'épilepsie, la morve, le farcin, les vieilles courbatures, l'immobilité, la pousse, le cornage chronique, le tic sans usure des dents, les hernies inguinales intermittentes, la boiterie intermittente pour cause de vieux mal ; 2° *pour l'espèce bovine*, la phthisie pulmonaire, l'épilepsie ; puis, après le part chez le vendeur, les suites de la non-délivrance e le renversement du vagin ou de l'utérus ; 3° enfin, *pour l'espèce ovine*, la clavelée et le sang de rate : la première de ces deux maladies, alors même qu'elle n'est reconnue que chez un seul animal, entraîne rédhibition de tout le troupeau ; la seconde l'entraîne aussi, quand la perte atteint, dans le délai de la garantie, le quinzième des animaux achetés, pourvu que, dans les deux cas, le troupeau porte la marque du vendeur (art. 1).—Le délai pour intenter l'action est, non compris le jour de la livraison, de trente jours pour la fluxion et l'épilepsie, et de neuf jours pour tous les autres cas ; si l'animal a été livré ou conduit, dans les délais ci-dessus, hors du lieu du domicile du vendeur, ces délais s'augmentent d'un jour par cinq myriamètres de distance entre ce domicile et le lieu où l'animal se trouve ; mais c'est toujours dans les neuf jours ou les trente jours que l'acheteur doit, par requête présentée au juge de paix du lieu ou l'animal se trouve, provoquer, à peine d'être non recevable, la nomination d'experts chargés de dresser

procès-verbal : ce juge nomme immédiatement un ou plusieurs experts qui doivent opérer dans le plus bref délai (art.
3, 4 et 5). Et, bien entendu, cette constatation des experts ne
dispense pas d'intenter l'action dans les neuf jours ou trente
jours, plus le délai des distances, et c'est avec raison que des
décisions contraires ont été cassées par la Cour suprême.—
La demande est dispensée du préliminaire de conciliation ;
elle s'instruit et se juge comme matière sommaire (art. 6).

Dans les cas autres que ceux prévus par la loi de 1838,
c'est-à-dire quand il ne s'agit pas d'animaux domestiques,
l'acheteur, d'après notre art. 1644, a le choix d'opérer sa rédhibition, c'est-à-dire de rendre la chose en se faisant restituer
le prix, ou de garder la chose en se faisant rendre une partie
du prix telle qu'elle sera arbitrée par experts ; mais quand il
s'agit d'animaux domestiques, la loi de 1838 interdit l'action
en réduction de prix (souvent désignée sous le nom d'action
quanti minoris) et ne laisse à l'acheteur que l'action rédhibitoire (art. 2). Pour prévenir, chez les acheteurs de bestiaux,
l'idée de se procurer, quelquefois frauduleusement, la restitution d'une certaine somme tout en conservant l'objet
acheté, la loi n'admet pas de milieu entre la résiliation totale
du contrat et son maintien intégral.

Quand il y a résiliation, le vendeur doit restituer, en sus
du prix de vente, les frais que cette vente a occasionnés à
l'acheteur ; et si les vices lui étaient connus, il est tenu, en
outre, de tous dommages-intérêts (art. 1645, 1646).

III.—La responsabilité du vendeur cesse (en outre des deux
cas de stipulation de non-garantie par un vendeur ignorant
les vices de la chose, et de connaissance acquise de ces vices
par l'acheteur avant la vente), lorsque la chose a péri par cas
fortuit, parce qu'alors le vendeur ne subit aucun préjudice,
puisqu'une chose parfaitement saine eût également péri
(art. 1647). — Il en est évidemment de même, et à plus forte
raison, si c'est par la faute de l'acheteur que la chose périt.
Il est vrai que M. Troplong (II, 568) enseigne que l'acheteur
aurait encore alors son recours en garantie (sauf, bien enten-

[ARTICLE 1529.]

du; à tenir compte au vendeur de la valeur que la chose
vicieuse pouvait avoir); mais cette idée n'est pas soutenable :
on ne peut certes pas traiter celui qui a lui-même fait périr
la chose par sa faute plus favorablement que celui chez qui
elle périt par cas fortuit, et c'est avec raison que la doctrine
de M. Troplong est repoussée par tous les auteurs. C'est
seulement quand la chose périt par suite de son propre vice
que la perte en tombe sur le vendeur, aux termes de l'art.
1647.—La garantie cesse encore, dans les cas de morve, de
farcin et de clavelée, si le vendeur prouve que l'animal pour
lequel l'acheteur intente l'action a été mis en contact, depuis
la livraison, avec des animaux atteints de cette maladie
(L. de 1838, art. 8).

Nous venons de dire que le vendeur demeure responsable
quand la chose périt par suite de son vice. Mais doit-on la
présumer, jusqu'à preuve contraire, périe par suite du vice,
par cela seul que sa perte arrive dans le délai de la garantie;
et doit-on de même présumer, jusqu'à preuve contraire, que
le vice existait lors de la vente, par cela seul qu'il se déclare
dans ce même délai ? Cette question, qui a dû paraître délicate jusqu'à la loi de 1838, se trouve tranchée par l'art. 7 de
cette loi. D'une part, on pouvait dire que la loi n'ayant pas
tracé de règle spéciale pour ce cas, on doit dès lors appliquer
le droit commun, qui veut que tout demandeur fasse preuve
de sa demande, et que par conséquent c'est à l'acheteur qui
intente l'action rédhibitoire à justifier sa prétention; d'autre
part, on pouvait répondre que, dans les cas où un délai si
court est accordé pour agir, il doit y avoir dérogation au
droit commun, et que la brièveté de ce délai présuppose précisément dans la pensée du législateur l'existence de cette
présomption. C'est, en effet, ce que décidaient la plupart des
auteurs, notamment M. Troplong (I, 569) et M. Duvergier
(I, 403); mais la loi de 1838 est venue condamner leur doctrine. En effet, c'est surtout pour les ventes d'animaux domestiques qu'un très-bref délai a toujours été fixé et que l'on
se montrait très-rigoureux contre l'acheteur, au point de

[ARTICLE 1529.]

pousser quelquefois la présomption d'existence du vice lors
de la vente ou de perte par suite de ce vice, jusqu'à ne pas
même permettre la preuve contraire. Or c'est précisément
pour ces mêmes ventes que l'art. 7 de la nouvelle loi ordonne
d'appliquer le droit commun, en déclarant que, quand l'animal périt dans les délais, c'est à l'acheteur qui agit en garantie de prouver que la mort provient de l'une des maladies
indiquées ci-dessus.

———

*1 *Domat* (*Remy*), *liv.* 1, } 9. Tous les changemens qui ar-
tit. 2, *sec.* 11, *n°* 9. } rivent à la chose vendue après la
vente, et avant la rédhibition, soit que la chose périsse ou se
diminue, sans la faute de l'acheteur et des personnes dont il
doit répondre, regardent le vendeur qui doit la reprendre, et
aussi il profite des changemens qui la rendent meilleure.

———

Voy. *Pothier*, cité sur art. 1526 et autorités sur art. 1529.

———

* 16 *Duranton*, } 326. Si la chose qui avait des vices a péri
n° 326. } par suite de sa mauvaise qualité, la perte
est supportée par le vendeur, qui est tenu envers l'acheteur
à la restitution du prix et aux autres dédommagemens expliqués ci-dessus. (Art. 1647.)

Mais si la chose a péri par cas fortuit, la perte est supportée
par l'acheteur. (*Ibid.*)

On s'est éloigné en ce point des principes du Droit romain ;
car, d'après la loi 47, § 1, ff. *de ædil. edict.*, il n'y avait pas
moins lieu aux actions rédhibitoires, quoique la chose fût
venue à périr par cas fortuit : *post mortem autem hominis
ædilitiæ actiones manent.* Cela était fondé sur ce que le prix
n'en était pas moins sans cause suffisante dans la main du
vendeur. Bien mieux, lors même que la chose avait péri par
la faute de l'acheteur, l'action n'en avait pas moins lieu au
profit de celui-ci, sauf à lui à faire raison au vendeur de ce

qu'aurait pu valoir la chose, si elle lui avait été rendue dans l'état où elle avait été livrée ; ce qui s'estimait à dire d'experts.

Le Code a adopté d'autres principes : l'on est parti de l considération que dès que la chose est venue à périr, l'ache teur est sans intérêt à se plaindre du vice rédhibitoire. n'est pas en effet à raison de la difficulté qu'il y aurait, dans beaucoup de cas, à constater ce vice après la perte de la chose, que l'acheteur est déclaré non recevable dans sa ré clamation, car cette difficulté n'avait pas arrêté les juriscon sultes romains. On s'est déterminé uniquement par la consi dération que le vice n'a réellement causé aucun préjudice l'acheteur, puisqu'il n'eût pas moins supporté la perte de l chose, dans le cas où elle n'en aurait pas été atteinte. Mais cette raison, selon nous, n'était pas suffisante pour que le vendeur gardât en totalité le prix d'une chose qui valai beaucoup moins que la somme pour laquelle il l'avait ven due ; et la décision du Code à ce sujet n'est pas en harmonie avec celle de l'art. 1631, qui veut que le vendeur restitue la totalité du prix à l'acheteur évincé, quoique la chose valût beaucoup moins au temps de l'éviction qu'au temps de la vente, encore que ce fût par suite de la négligence de l'ache teur, décision qui ne peut être fondée que sur ce qu'autre ment le vendeur retiendrait *sine causâ* une partie du prix ; or, il en devrait être de même lorsque la chose qu'il a ven due valait beaucoup moins que la somme pour laquelle il l'a vendue, à cause des vices rédhibitoires dont elle était in fectée. *Sed statuit lex.*

———

✱ 3 *Delvincourt*, p. 76, *et* } Si la chose vicieuse a péri, depuis
     p. 152, *n°* 9.   } la vente, par cas fortuit, la perte est
pour l'acheteur, qui ne peut alors exercer aucun recours (1).

(1) *Qui ne peut alors exercer aucun recours.* POTHIER, n. 220 et sui vans, est d'un avis contraire, d'après les lois 31, § 11, et 47, § 1, ff. de *Ædilit. Edict.* Et même, quand la chose serait périe par la faute de

[ARTICLE 1529.]

Mais si elle a péri par suite du vice dont elle était infectée, il est évident que le vendeur doit être tenu, comme si elle existait, et suivant qu'il était de bonne ou de mauvaise foi.

---

* 1 *Troplong, Vente,* n° 568. 568. Si la chose a péri, la première question à faire, c'est celle de savoir si elle a péri par la faute de l'acheteur, ou par force majeure, ou par suite du défaut dont elle était atteinte.

Si c'est par la faute de l'acheteur, il sera tenu d'en payer l'estimation. " Nam si culpâ ejus decessit, *pro vivo habendus* " *est*, ut præstentur ea omnia quæ præstarentur si viveret." Il devra donc faire déduction au vendeur de ce que vaudrait la chose vendue en l'état qu'elle était, si elle n'eût pas cessé d'exister par sa faute.

Si c'est par la force majeure que la chose a péri, la perte sera pour l'acheteur; *res perit domino.* L'article 1647 le décide en termes exprès, contre la disposition de la loi 47, § 1, D. *ædil. edicto*, qui portait : *Post mortem ædilitiæ actiones manent.* La raison en est que l'acheteur n'a éprouvé aucun dommage du vice de la chose, puisque, quand même elle aurait été saine, elle aurait également péri à son compte par la force majeure.

Mais si la chose a péri par le vice dont elle était atteinte quand le vendeur l'a livrée, il suffira à l'acheteur de rendre ce qui en reste, comme la peau, ou ses accessoires, tels que

l'acheteur, la première de ces lois décidait qu'il pouvait encore intenter l'action rédhibitoire, en offrant de restituer ce que vaudrait la chose, si elle existait. Cette opinion peut être juste en théorie. La disposition du Code est plus commode dans la pratique. Comment, en effet, estimer une chose qui n'existe plus ? D'ailleurs, l'on peut dire que l'acheteur doit être indemnisé de ce qu'il perd à cause du vice. Or, *nihil ei abest propter vitium*, puisque, dans l'hypothèse, ce n'est pas le vice qui est la cause de la perte de la chose. De là il suit que, si la chose était du nombre de celles dont l'acheteur faisait commerce, et que l'on pût présumer que le vice dont elle était infectée, l'a empêché de la vendre avant la perte, le vendeur doit être tenu.

[ARTICLE 1529.]

la bride, la selle, etc. Le vendeur n'en devra pas moins l restitution du prix total et les autres dédommagements don nous parlerons plus tard.

Huberus rapporte à ce sujet l'espèce suivante. Un indiv' dv avait acheté en foire un cheval. Douze jours après l livraison, l'animal mourut. L'examen du cadavre prouv que, depuis longtemps, ses intestins étaient corrodés par un matière morbifique qui avait occasionné la maladie. vendeur fut obligé de rendre le prix, malgré le témoignag des maquignons, qui déclaraient que cette maladie n'était pa l'une de celles que l'usage qualifiait de rédhibitoires.

Voët émet une opinion conforme à cette décision. "Qui " imo, si equus brevi post venditionem moriatur, et laten " intestinorum, vitium inveteratum ex sectione appareat, quod " morti causam præbuit ex peritorum judicio, non dubitan " dum videtur, quin ad pretii restitutionem venditor damnari " debeat."

Et c'est aussi le sentiment de Perezius et de Cujas.

Il est confirmé par l'art. 1647, qui est ainsi conçu : *Si la chose qui avait des vices a péri par suite de sa mauvaise qualité, la perte est pour le vendeur.*

-----

* 1 *Duvergier,* } 414. Si la chose qui avait des vices a péri,
  n° 414.   } les principes qui ont été développés éprouvent nécessairement quelque modification.

Ou la chose a péri par suite de sa mauvaise qualité, ou par cas fortuit, ou par la faute de l'acheteur.

Dans le premier cas, la perte est pour le vendeur qui est tenu envers l'acheteur à la restitution du prix et aux autres dédommagemens qui ont été prédédemment indiqués ; l'a- cheteur n'est obligé qu'à rendre ce qui reste de la chose, ou ses accessoires qui avaient été compris dans la vente.

Dans le second cas, la perte est pour le compte de l'ache- teur ; l'article 1647 le dit expressément. On a pensé qu'il ne pouvait se plaindre des vices rédhibitoires puisque la chose

[ARTICLE 1529.]

n'existait plus et qu'elle eût également péri, alors même qu'elle eût été de bonne qualité et exempte de tout défaut. A plus forte raison, la perte causée par la faute de l'acheteur doit être supportée par lui. Le vendeur se trouve ainsi conserver le prix entier, malgré la diminution de valeur de la chose produite par l'existence des vices rédhibitoires et ce résultat, il faut en convenir, blesse la parfaite équité. Le droit romain, au contraire, admettait l'action rédhibitoire après la perte par cas fortuit ou par la faute de l'acheteur ; à la charge par l'acheteur qui réclamait la restitution du prix par lui payé de subir la déduction de la valeur qu'aurait la chose si elle n'eût point péri. Dans ce système, le vendeur ne gardait que la portion du prix à laquelle il avait légitimement droit ; d'un autre côté, les parties étaient obligées de faire procéder à une appréciation bien difficile, la chose ayant cessé d'exister. La disposition du Code est, comme le dit M. Delvincourt, plus commode dans la pratique.

Je suppose, au surplus, qu'avant que la chose eût péri, les vices dont elle était atteinte n'avaient causé à l'acheteur aucun dommage ; car, sans contredit, le vendeur devrait la réparation du préjudice qui aurait précédé le cas fortuit ou la faute.

------

* 4 *Zachariæ* (*Massé et Vergé*), § 686, *p.* 301-305. La garantie des défauts cachés de la chose vendue (1) rend le vendeur responsable, vis-à-vis de l'acquéreur, des défauts cachés (2) dont la chose est affectée au moment de la

(1) [On donne aux défauts cachés d'une chose vendue le nom de *vices rédhibitoires*.] (MASSÉ et VERGÉ).

(2) Quant aux défauts apparents, la vendeur n'a pas à en répondre. Ainsi, le vendeur d'un tableau n'est tenu à aucune garantie au cas où ce tableau n'est pas du maître dont il porte le nom. Paris, 17 juin 1813 ; [Troplong, n. 555 ; Duvergier, 1, n. 390. Toutefois, cela n'est absolument vrai qu'autant que le tableau a été vendu tel quel, et sans garantie. Mais si le tableau avait été vendu comme étant l'œuvre d'un maitre, et si cette considération avait été la cause déterminante du contrat, la cir-

[ARTICLE 1529.]

vente (1), soit que ces défauts rendent la chose totalement
impropre à l'usage auquel elle est destinée, soit qu'ils dimi-

constance qu'il est l'œu... re d'un autre maître serait de nature à entraîner
la nullité de la vente, o... masse d'erreur sur la substance de la chose
vendue, Douai, 27 mai 1846, Dall., 46, 4, 569 ; Paris, 9 janv. 1849, Dall.,
49, 2, 67 ; 29 mars 1856, Dall., 56, 2, 175. — V. aussi Bruxelles, 8 nov.
1856, Dall., 57, 2, 110.] — Il n'y a, d'ailleurs, aucune distinction à faire,
quant aux défauts cachés ou vices rédhibitoires, entre les meubles et ...j
immeubles, Troplong, n. 548 et 556 ; Lyon, 5 août 1824. V. L. 54, Dig.,
De ædil. edict. ; Pothier, n. 112 ; Delvincourt, sur l'art. 1641.—Sur le cas
'i plusieurs choses ont été vendues ensemble, et où l'une d'entre elles
seulement est défectueuse. V. Merlin, v° *Vice rédhibitoire*, § 2 ; Duranton, 16, n. 318 ; Troplong, n. 577 et s. [La garantie dont il s'agit ici ne
s'applique qu'aux défauts cachés de la chose vendue. — Le vendeur ne
répond pas des vices apparents, ni même des imperfections qu'un examen plus attentif aurait fait reconnaître. Il n'en serait autrement que
s'il s'agissait de certaines marchandises qu'il n'est pas dans l'usage de

(1) Le défaut de mesure ne constitue pas un vice rédhibitoire, Troplong, n. 559 ; Bordeaux, 25 avr. 1828 ; [Bourges, 27 août 1819.— Le défaut de mesure, par exemple, le défaut d'aunage, ne peut donner lieu
qu'à une diminution de prix, ou à une demande à fin ' livraison des
manquants. Les défauts cachés doivent s'entendre des vices inhérents à
la substance ou à la qualité de la chose.] — La preuve de l'existence du
défaut, au moment de la vente, peut être faite indirectement, Duranton,
16, n. 314 ; Besançon, 13 juill. 1808. Il est même à présumer *rem fuisse
tempore venditi vitiosam*, si l'action est intentée dans un bref délai,
Troplong, n. 573 ; Cass., 23 juin 1835, S. V., 35, 1, 617. [La règle est que
les défauts cachés de la chose vendue ne donnent lieu à l'action rédhibitoire que lorsqu'ils existaient au moment de la vente : le vendeur ne peut
répondre des faits postérieurs. Et comme la présomption de la bonne
qualité de la chose vendue, lors de la vente, est en faveur du vendeur,
l'action rédhibitoire n'est recevable qu'autant que l'acheteur prouve que
le vice de la chose vendue existait au moment de la vente, Cass., 23 juin
1835, S. V., 35, 1, 617 ; Duranton, 16, n. 314 ; T.   , n. 569 ; Duvergier, 1, n. 403 ; Marcadé, su. 1 art. 1641. Mais il e   autrement quand
il s'agit d'un vice rédhibitoire à l'égard duquel la loi ou l'usage a fixé
un délai pour l'exercice de l'action : si l'action est exercée dans ce délai,
la présomption de l'existence du vice lors de la vente est en faveur de
l'acheteur, Besançon, 13 juill. 1808 ; Duranton, Troplong, Duvergier,
loc. cit. sup. V. cependant Marcadé, *ibid.*] (MASSÉ et VERGÉ).

[ARTICLE 1529.]

nuent cet usage de telle manière que l'acquéreur, s'il eût
connu ces défauts, ou n'eût point acheté la chose, ou du

vérifier chez le marchand, par exemple, de pièces d'étoffes qui, d'après
l'usage, ne devraient pas être dépl.ées lors de la livraison, et qui cependant auraient des taches ou des trous : dans ce cas, les taches ou les
trous constitueraient un vice rédhibitoire, ou plutôt seraient assimilés à
un vice rédhibitoire par la convention tacite des parties, Rouen, 11 déc.
1806 ; Trib. de comm. de Paris, 4 juill. 1838, *Gaz. des Trib.* du 4 juill.
1838 ; Pardessus, *Droit comm.*, n. 284 ; Marcadé, sur l'art. 1641. V. cependant Duvergier, 1, n. 391. Sur le défaut d'aunage ou de mesure, V. la
note suivante.—Il n'est pas nécessaire, d'ailleurs, pour qu'un défaut caché constitue un vice rédhibitoire, qu'il soit irréparable ou irrémédiable :
il suffit qu'il rende la chose impropre à l'usage auquel on la destine, ou
qu'il en diminue l'usage ; et l'on ne peut imposer à celui qui a cru acheter une chose remplissant les conditions voulues, l'obligation de faire les
dépenses de temps et d'argent nécessaires pour corriger les défauts qui
en empêchent ou en diminuent l'usage, Lyon, 5 août 1824 ; Troplong, n.
556 ; Duvergier, 1, n. 394.—*Contrà*, Montpellier, 23 fév. 1807 ; Duranton,
16, n. 317.— La garantie des vices rédhibitoires est due dans les ventes
d'immeubles comme dans les ventes d'objets mobiliers. L'art. 1641 ne
fait aucune distinction, Montpellier, 23 fév. 1807 ; Lyon, 5 août 1824 ;
Bourges, 18 nov. 1842, S. V., 44, 2, 347 ; Cass., 29 mars 1852, S. V., 52,
1, 321 ; 16 nov. 1853, S. V., 53, 1, 673, et 54, 1, .76 ; Delvincourt, 3, p.
381 ; Troplong, n. 548 ; Duvergier, 1, n. 396 ; Marcadé, sur l'art. 1641.—
Contr.* Duranton, 16, n. 317.—Et, en fait de meubles, la garantie est due
non-seulement quand la vente a pour objet un meuble corporel, mais
encore quand elle a pour objet un meuble incorporel, tel qu'un office,
Bordeaux, 19 nov. 1850, S. V., 51, 2, 100. — Le vice rédhibitoire d'une
portion d'un tout indivisible autorise l'action rédhibitoire pour le tout :
c'est ce qui a lieu, par exemple, dans l'achat de deux bœufs ou de deux
chevaux pour un attelage, Paris, 22 fév. 1839, S. V., 39, 2, 323 ; Toullier,
7, n. 677 ; Duranton, 16, n. 413 ; Pardessus, n. 284 ; Troplong, n. 577 ;
Duvergier, 1, n. 413.—Cependant celui qui a vendu séparément au même
acheteur deux choses distinctes, mais susceptibles de réunion, n'est pas
responsable de la perte de ces choses, résultant non d'un vice qui leur
fût propre, mais de la réunion de ces choses, opérée par l'acheteur, Cass.,
14 janv. 1857, , V., 57, 1, 185. Il est clair, en effet, que celui qui vend
deux choses intrinsèquement bonnes n'est pas responsable du vice relatif que peut manifester l'association de ces deux choses, quand il est dans
leur nature de pouvoir être employées séparément. Il n'en serait autre-

[ARTICLE 1529.]

moins ne l'eût achetée qu'à un prix inférieur, art. 1641 et 1642.

Le vendeur est tenu des vices cachés, quand même il ne les a ... point connus, art. 1643.

Par suite de cette obligation de garantie imposée au vendeur, l'acquéreur d'une chose qui a des vices cachés peut, à son choix, ou rendre la chose et se faire restituer le prix qu'il a payé, ainsi que les frais occasionnés par la vente et par l'enlèvement de la chose (1), art. 1593 et 1608 ; ou garder la chose en se faisant rendre ou en déduisant une partie du prix de la vente, suivant l'estimation faite par experts (2), art. 1644

ment que si le vendeur avait su qu'elles étaient destinées à être associées, parce que cette destination connue leur attribuerait, entre les parties, un usage particulier auxquelles elles seraient impropres. — Les cas de vices rédhibitoires sont déterminés, pour les animaux domestiques, par la loi du 20 mai 1838.] (Massé et Vergé).

(1) [Les frais que le vendeur, même de bonne foi, est tenu de restituer à l'acquéreur comprennent non-seulement les frais occasionnés directement par la vente, tels que les frais de contrat, mais encore les frais occasionnés par les reventes faites par l'acquéreur, frais que celui-ci a dû rembourser aux acquéreurs successifs, par suite de l'action rédhibitoire, Cass., 29 juin 1847, S. V., 48, 2, 705. — De même, si la chose vendue est une maison, l'acheteur a droit à la restitution des impenses par lui faites sur l'immeuble, Cass., 29 mars 1852, S. V., 52, 1, 321. Et quand les vices cachés de la maison en ont entraîné la démolition, l'acquéreur a droit d'être indemnisé par le vendeur de la privation de jouissance qui a été la conséquence de cette démolition, Cass., 16 nov. 1853, S V., 54, 1, 176] (Massé et Vergé).

(2) L'acquéreur a donc toujours l'option entre l'action en résolution de la vente et l'action *quanti minoris*, Duranton, 16, n. 320. Maleville, sur les art. 1641 et 1649, qui n'admet l'action rédhibitoire que pour des défauts essentiels, est d'un autre avis, ainsi que Delvincourt, sur l'art. 1644, qui s'en remet pour la résolution du contrat à l'appréciation du Juge. [Il n'est pas douteux qu'en règle générale l'acheteur a l'option entre la résiliation de la vente, ce qui constitue l'action rédhibitoire, et l'action en diminution de prix ou *quanti minoris*, qui laisse subsister la vente et qui est exclusive de la rédhibition. L'art. 1644 est formel à cet égard. V. Troplong, n. 567. Il n'y a exception à cette règle que pour les ventes

[ARTICLE 1529.]

et 1646. Le vendeur qui a connu les défauts de la chose (1),
est tenu, en outre, soit que l'acheteur rende la chose, soit
qu'il la garde, des dommages et intérêts qui peuvent être dus
a ce dernier (2), art. 1645.

L'obligation de garantie des défauts cachés de la chose
vendue cesse dans les cas suivants :

1° Si l'acquéreur y a renoncé : cependant le vendeur ne peut
se prévaloir de ˊcette renonciation qu'autant qu'au moment
de la vente il ignorait lui-même les défauts de la chose (3),
art. 1643.

2° Si la chose a été vendue par autorité de justice (4), art.
1649 ;

d'animaux énoncées dans l'art. 1ᵉʳ de la loi du 20 mai 1838 : aux termes
de l'art. 2 de cette loi, l'action en réduction de prix ne peut être exercée
dans ces sortes de ventes ; l'action rédhibitoire seule est admissible — Il
est d'ailleurs à remarquer que l'acheteur qui a les deux actions et qui a
succombé dans l'une ne peut plus exercer l'autre : l'option épuise son
droit, Toullier, 10, n. 163 ; Duranton, 16, n. 328 ; Troplong, n. 581 ; Duvergier, 1, n. 409.] (MASSÉ et VERGÉ).

(1) Ou qui avait une raison suffisante pour en présumer l'existence.
Les vendeurs, qui ont des connaissances spéciales, doivent être jugés
avec sévérité, Pothier, n. 212 et s. : Delvincourt, sur l'art. 1645. [C'est,
en général, à l'acheteur à prouver que le vendeur avait connaissance des
défauts de la chose vendue. Mais quand c'est un marchand ou un artisan qui a vendu une chose de son état, la présomption tourne contre lui,
et c'est à lui à prouver qu'il n'avait pas connaissance des défauts dont
elle est affectée. Duranton, 16, n. 322 et s. ; Troplong, n. 574.] (MASSÉ et
VERGÉ).

(2) [V. Troplong, n. 574.]

(3) L. 1, § 1, Dig., De act. emt ; Delvincourt, sur l'art. 1643. Cependant
l'acheteur cesse d'avoir droit à garantie, même dans le cas où le vendeur
connaissait les défauts de la chose, s'il a acheté à ses risques, Troplong,
n. 560. [Mais il ne suffirait pas d'une stipulation générale de non-garantie, Troplong, ibid. ; Duvergier, 1, n. 400 ; Marcadé, sur l'art. 1641.]
(MASSÉ et VERGÉ).

(4) [A la différence du cas où la vente serait faite volontairement en
justice, Troplong, n. 587 ; Duvergier, 1, n. 408.) (MASSÉ et VERGÉ).

[ARTICLE 1529.]

3° Si l'acquéreur a connu les défauts de la chose (1), arg. art. 1641 ;

4° Si la chose a péri par accident (2). Mais si la perte de la chose a été la suite de son vice propre, le vendeur est tenu de garantir l'acquéreur (3), art. 1647.

L'action résultant des défauts cachés de la chose doit être intentée dans un bref délai, qui court du jour de la vente (4)

(1) [Un défaut connu de l'acheteur n'est pas un défaut caché, quelle que soit d'ailleurs sa nature.— Le vendeur est d'ailleurs responsable des défauts connus quand la garantie a été stipulée, Cass., 16 nov. 1853, S. V., 53, 1, 673.] V. L. 4, § 5, Dig., *De doli et metûs exceptione ;* Pothier, n. 209 ; [Duranton, 16, n. 311 ; Duvergier, 1, n. 401.] (Massé et Vergé).

(2) Le droit romain même dans ce cas admettait l'action rédhibitoire, [à la charge par l'acheteur, si la rédhibition était prononcée, de tenir compte au vendeur de la valeur de la chose au moment de la perte,] L. 44, § 2 ; L. 47, § 1, Dig., *De ædil. edict.* L'art. 1647 a abandonné ce système, qui était une source de contestation. V. cependant Delvincourt, sur l'art. 1647. [et Troplong, n. 568.— L'art. 1647 est fondé non pas précisément sur la maxime *res perit domino,* qui cesserait d'être applicable si la rédhibition était prononcée, mais sur cette considération fort juste que la chose aurait également péri par cas fortuit lors même qu'elle n'aurait pas eu de défauts cachés. L'art. 1647 est également applicable, par la même raison, au cas où la perte est arrivée non par cas fortuit, mais par la faute de l'acheteur, Delvincourt, 3, p. 382 ; Duranton, 16, n. 326 ; Duvergier, 1, n. 414 ; Marcadé, sur l'art. 1647. — *Contrà,* Troplong. n. 568.] (Massé et Vergé).

(3) [Si la chose vient à périr, même dans le bref délai imparti par la loi ou par l'usage pour l'exercice de l'action rédhibitoire, c'est à l'acheteur à prouver que la chose avait des vices et que la perte est une suite de ces vices, L. du 20 mai 1838, art. 7 ; Marcadé, sur l'art. 1647. V. aussi Duranton, 16, n. 314 ; Troplong, n. 569.] (Massé et Vergé).

(4) Il y a doute sur le point de savoir si le délai court encore à partir de la vente, quand l'acquéreur n'a découvert le défaut que plus tard, Troplong, n. 587 ; ou quand la chose n'a été livrée qu'après un certain temps, Troplong, n. 588 ; Cass., 17 mars 1829 ; ou quand le défaut a été constaté par un procès-verbal, avant l'expiration du délai, Troplong. n. 589 ; Cass., 18 mars 1833. L'opinion la plus rigoureuse paraît préférable. [V. sur ces questions la note suivante.] (Massé et Vergé).

229

[ARTICLE 1529.]

et dont la durée varie selon les usages locaux (1). En l'absence d'usages, il appartient au juge de fixer la durée de ce

(1) [La loi du 20 mai 1838 a fixé pour les ventes d'animaux, le délai dans lequel doit être intentée l'action rédhibitoire. Ce délai part du jour de la livraison. Il est franc ; c'est-à-dire que l'action peut être utilement intentée le lendemain du dernier jour du délai. L. du 20 mai 1838, art. 3 ; Cass., 24 janv. 1849, S. V., 49, 1, 167.—Comme préalable nécessaire à l'action, le vice doit être constaté de la manière indiquée par l'art 5 de cette loi. Et il ne suffit pas que l'acquéreur ait fait constater le vice dans ce délai, il faut que l'action elle-même ait été intentée dans le même délai, Cass., 10 juill. 1839, S. V., 39, 1, 859 ; 23 mars 1840, S. V., 40, 1, 431 ; 5 mai 1846, S. V., 46, 1, 431 ; 17 mai 1847, S. V., 47, 1, 848 et 10 déc. 1855, S. V., 56, 1, 237.— Le délai imparti par la loi de 1838, en matière de ventes d'animaux, est donc fatal ; et l'acheteur n'a aucun moyen de se faire relever de la déchéance qu'il encourt pour n'avoir pas agi en temps utile. Il ne pourrait notammènt se prévaloir de ce que le vice n'a été découvert que longtemps depuis la vente ou la livraison, et prétendre que le délai n'a commencé à courir qu'à partir du jour de la découverte. —Dans les ventes autres que les ventes d'animaux, et qui par conséquent ne sont pas régies par la loi du 20 mai 1838, nous croyons que le délai, quel qu'il soit, déterminé par l'usage, par la convention ou par le juge, part également du jour de la livraison, qui peut se confondre avec le jour de la vente, quand les deux opérations ont été simultanées, Troplong, n. 588. Nous croyons également que ce délai court du jour de la livraison, et non du jour où le vice a été découvert, puisque s'il courait du jour où le vice a été découvert cela reviendrait à dire qu'il n'y a pas délai, Troplong, n. 587 ; Duvergier, 1, n. 405. Toutefois il a été jugé que l'action pour vice rédhibitoire, en matière de ventes d'immeubles, constitue une action en nullité ou rescision pour cause d'erreur dans le sens de l'art. 1304 Nap. et par suite que le délai pour l'intenter commence à courir non du jour de la vente ou de la livraison, mais seulement du jour de la découverte de l'erreur, c'est-à-dire du vice caché qui donne lieu à l'action rédhibitoire, Cass., 16 nov. 1853, S. V., 53, 1, 673. Mais il nous semble que cette assimilation de l'action rédhibitoire à l'action en rescision pour cause d'erreur n'est pas exacte. L'erreur dont il s'agit ici est d'une nature particulière, qui soustrait l'action à l'application de l'art. 1304, pour la soumettre à l'application des art. 1641 s. Et sous prétexte que les art. 1641 et s. ne déterminent pas le point de départ du délai, il n'est pas plus permis de chercher ce point de départ dans l'art. 1304, qu'il ne serait permis, sous prétexte que les art. 1641 et s. ne déter-

[ARTICLE 1530.]

délai selon la nature de chaque défaut en particulier (1) et le temps nécessaire pour qu'il se manifeste, art. 1648.

1530. L'action rédhibitoire résultant de l'obligation de garantie à raison des vices cachés, doit être intentée avec diligence raisonnable, suivant la nature du vice et suivant l'usage du lieu où la vente s'est faite.

1530. The redhibitory action, resulting from the obligation of warranty against latent defects, must be brought with reasonable diligence, according to the nature of the defect and the usage of the place where the sale is made.

.* *C. N.* 1648. } L'action résultant des vices rédhibitoires doit être intentée par l'acquéreur, dans un bref délai, suivant la nature des vices rédhibitoires, et l'usage du lieu où la vente a été faite.

Lahaie, sur art. } *Grenier*, discours au Tribunat, 6 mars 1648 *C. N.* } 1804, n. 27.—Quant à la garantie des défauts de la chose vendue, comme pour la garantie en cas d'évicminent pas la durée du délai, de lui donner une durée de dix ans comme à l'action en rescision de l'art 1304 Aussi a-t-il été jugé que l'action rédhibitoire en matière de vente d'offices ministériels doit être intentée dans un délai assez bref pour que les juges puissent apprécier la nature des vices signalés, et que les cessionnaires ne peuvent prétendre qu'ils doivent jouir à cet égard du délai de dix ans accordé en matière de rescision des conventions, Bordeaux, 19 nov. 1850 S. V., 51, 2, 100.] (Massé et Vergé).

(1) Pigeau, 1, 78 ; Troplong, n. 586 ; Duvergier, 1, n. 444 ; Besançon, 13 juill. 1808 ; Lyon, 5 août 1824 ; Paris, 4 août 1834, S. V., 36, 2, 565, [Bordeaux, 19 nov. 1850, S. V., 51, 2, 100, Cass., 16 nov. 1853, S. V., 53, 1, 673, et 54, 1, 176. — Il résulte de ces arrêts que le juge a, dans cette hypothèse, un pouvoir souverain d'appréciation.] (Massé et Vergé).

tion, on retrouve dans le projet de loi les principes éternels consacrés par les lois romaines, et qui sont puisés dans l'équité naturelle.

Quelques personnes regretteront peut-être que le projet de loi ne contienne pas le détail des vices rédhibitoires qui concernent principalement les ventes de certains animaux et de quelques denrées.

Mais le législateur a sagement fait de s'interdire à cet égard une disposition générale.

Il existe des différences qui tiennent aux localités ; et la loi, pour vouloir être uniforme, deviendrait souvent injuste. Il faut donc, dans ces cas, que la loi respecte des usages antiques et invariables qui sont eux-mêmes devenus une espèce de loi vivante.

Malleville.—Les lois romaines donnaient six mois pour l'action rédhibitoire, et un an pour l'estimation. Chez nous, l'usage varie singulièrement.

Pandectes françaises.—Il y a des vices rédhibitoires qui ne peuvent pas se découvrir d'abord, et qui ne se manifestent qu'après un temps plus ou moins long.

Duranton, t. 16, n. 328. — Celui qui aurait succombé dans l'action en résiliation du contrat, serait non recevable à intenter ensuite l'action en diminution de prix.

Poullet, sur l'article. — Il faut prendre garde aux termes, *suivant la nature,* etc. Il y en a en effet qui ne peuvent se découvrir d'abord, et qui ne se manifestent qu'après un temps plus ou moins long. Dans un cheval lunatique vendu le lendemain du jour où il recouvre la vue, le vice ne reparaîtra qu'un mois après. Malleville atteste avoir fait juger que la prescription ne commence à courir que de cette dernière époque.

Dalloz, vente, ch. 1, sect. 2, art. 2, § 2, n. 102.—La difficulté de prouver l'existence du vice au moment du contrat, a fait limiter à un bref délai la prescription de l'action rédhibitoire.

Dalloz, garantie, n. 364.—La prescription de l'action rédhibitoire court du jour où le vendeur est mis en possession de

[ARTICLE 1530.]

la chose par le contrat. Si la tradition ne suit pas immédiatemeut la vente, le délai ne doit courir que du jour de la tradition. (Troplong, vente, n. 587, 588 ; Duvergier, vente, n. 405.)

Duvergier, vente, n. 404.—A défaut de règle constante dans une localité, les tribunaux ont un pouvoir discrétionnaire pour décider dans quel délai l'action doit être intentée ; c'est principalement d'après la nature des vices et le laps de temps reconnu nécessaire pour qu'ils puissent se manifester, qu'il faut déterminer la nature de l'action, en se rappelant que le délai doit toujours être bref.

A défaut d'usage consacré, c'est à partir de la vente que doit commencer la prescription.

Huzard, vices rédhibitoires, p. 35. — Quand il s'agit des maladies des animaux, je crois que la *nature du vice* est la condition qui doit toujours être prise d'abord en considération, et que lors d'une demande en garantie pour un vice rédhibitoire chez un animal, le premier point à examiner est si la demande a été formée dans un temps opportun. C'est à tort que dans quelques lieux on ne consulte encore pour la durée de la garantie que les anciens usages, sans avoir égard à la nature des vices rédhibitoires.

La constatation du vice rédhibitoire dans le délai voulu ne suffit pas pour rendre recevable l'action récursoire intentée plus tard contre le premier vendeur. Ainsi jugé par la Cour de cassation, le 18 mars 1833, Sirey, 33, 1re part., p. 277.

---

* 1 *Domat* (*Remy*), *Liv.* 1, } 18. Le temps pour être reçu à
tit. 2, *sec.* 11, *n*° 18. } exercer la rédhibition ne commence de courir qu'après que l'acheteur a pu reconnaître les défauts de la chose vendue, si ce n'est que ce temps fût réglé par quelque usage, ou qu'il eût été convenu que l'acheteur ne pourrait se plaindre que pendant un certain temps. (C. civ. 1648). Mais dans le cas même d'un délai réglé, le vendeur

[ARTICLE 1531.]

pourra être reçu après ce délai, et le juge en arbitrera selon les circonstances.

...... Il est laissé à la prudence du juge d'arbitrer le délai par lequel se prescrit l'action rédhibitoire ; ainsi, peut être déclarée formée en temps utile, l'action intentée dans les six mois à partir de la vente. D'ailleurs, y eût-il plus de six mois, le délai ne court que du jour où les vices ont été connus.

———

* 3 *Pothier* (*Bugnet*),
Vente, nº 231.
231. Il résulte une fin de non-recevoir, contre l'action rédhibîtoire, du laps de temps que l'acheteur a laissé écouler sans l'intenter.

Par le droit romain, l'acheteur avait six mois utiles pour intenter cette action. L'usage de différentes provinces accorde un temps beaucoup plus court. Il faut suivre à cet égard celui du lieu où le contrat s'est passé. Suivant l'usage de ce pays-ci, on n'admet plus l'action rédhibitoire pour les vices des chevaux et des vaches, après quarante jours depuis la tradition. Mornac, *ad* L. 19, § *fin.*, ff. *de Ædil. edict.*, atteste que, de son temps, elle se prescrivait par le laps de neuf jours. La coutume du Bourbonnais, art. 87, la borne à huit jours. L'action rédhibitoire pour les tonneaux futés est aussi bornée à un certain temps qui n'est pas bien certain ; il y en a qui prétendent qu'elle ne doit plus être admise après la Saint-André.

———

1531. L'obligation de garantie à raison des vices cachés n'a pas lieu dans les ventes sur exécution forcée.

1531. In sales made under process of execution there is no obligation of warranty against latent defects.

———

* *C. N.* 1649.
Elle n'a pas lieu dans les ventes faites par autorité de justice.

[ARTICLE 1532.]

* *ff. De Ædilit. edict., L.* 21, } · Illud sciendum est, edictum
Tit. 1, *L.* 1, § 3.   } hoc non pertinere ad venditiones
fiscales. (ULPIANUS).

Ibidem. } On doit encore observer que l'édit des
Trad. de M. Hulot· } édiles ne doit pas être étendu aux ventes
faites par le fisc. (ULPIEN).

---

* 1 *Domat* (*Remy*), *liv.* 1, *tit.* 2, } 17. La rédhibition de la di-
sec. 11, n° 17.   } minution du prix, à cause des
défauts de la chose vendue, n'a pas lieu dans les ventes publiques, qui se font en justice. Car dans ces ventes ce n'est
pas le propriétaire qui vend, mais c'est l'autorité de la justice
qui tient lieu du vendeur, et qui n'adjuge la chose que telle
qu'elle est. (C. civ., 1649.)

CHAPITRE CINQUIÈME.	CHAPTER FIFTH.
DES OBLIGATIONS DE L'ACHETEUR.	OF THE OBLIGATIONS OF THE BUYER.
1532. La principale obligation de l'acheteur est de payer le prix de la chose vendue.	1532. The principal obligation of the buyer is to pay the price of the thing sold.

---

* *C. N.* 1650. } La principale obligation de l'acheteur est
} de payer le prix au jour et au lieu réglés par
la vente.

---

* 1 *Domat* (*Remy*), *liv.* 1, } Le principal engagement de l'a-
tit. 2, *sec.* 3, n° 1.   } cheteur envers le vendeur est celui
de l'humanité et de la loi naturelle, qui l'oblige à ne pas se
prévaloir de la nécessité du vendeur pour acheter à vil prix.
Mais, à cause des difficultés de fixer le juste prix des choses
et des inconvéniens qui seraient trop fréquens, si on donnait

[ARTICLE 1532.]

atteinte à toutes les ventes où les choses ne seraient pas vendues à leur juste prix, les lois civiles dissimulent l'injustice des acheteurs pour le prix des ventes, à la réserve de celles des héritages dont le prix serait moindre que la moitié de leur juste valeur, suivant les règles qui seront expliquées dans la section 9 ; et on ne mettra dans celle-ci que les engagements de l'acheteur envers le vendeur.

1. Le premier engagement de l'acheteur est de payer le prix, et de payer au jour et au lieu réglés par la vente, soit au temps de la délivrance de la chose vendue, ou avant, ou après, ainsi qu'il aura été convenu. Car l'acheteur n'est rendu le maître de la chose vendue que par ce paiement, ou autre sûreté qui en tienne lieu. (C. civ., 1650.)

---

* 3 *Pothier* (*Bugnet*), } 278. Le principal engagement que
Vente, nᵒ 278. } contracte l'acheteur par la nature même du contrat de vente, consiste dans l'obligation de payer le prix convenu.

De cette obligation de l'acheteur naît une action qu'a le vendeur (*actio venditi*) pour en demander le paiement.

Lahaie, sur art. } *Merlin*, R., vente, § 3, n. 3. — L'acheteur
1650 *C. N.* } doit enlever la chose qui lui a été vendue. Si par la convention on n'a déterminé aucun temps pour faire cet enlèvement, l'acheteur peut être sommé de le faire immédiatement après la vente. Quand une interpellation judiciaire a mis l'acheteur en demeure de satisfaire à cette obligation, il est responsable des dommages-intérêts qui, depuis l'interpellation, sont résultés au vendeur, par la privation des magasins ou autres lieux qu'occupent les choses vendues.

L'acheteur peut d'ailleurs être assigné aux fins que, faute par lui d'enlever les choses vendues dans un court délai qui lui sera fixé par le juge, le vendeur sera autorisé à les mettre

[ARTICLE 1532.]

dehors aux frais·de l'acheteur, en lui dénonçant le jour et l'heure qu'il les mettra dehors.

Duranton, t. 16, n. 332.—L'acheteur est aussi dans l'obligation d'indemniser le vendeur des dépenses particulières que celui-ci aurait faites pour conserver la chose, dans quelques cas extraordinaires où elle était menacée de périr par force majeure, à moins que le vendeur n'eût pris sur lui les cas fortuits jusqu'à la livraison.

Comme l'acheteur a droit aux fruits du jour de la vente, si le vendeur les a levés pour les rendre à l'acheteur, celui-ci doit lui rembourser les dépenses qui ont été faites pour la levée de ces mêmes fruits.

Dalloz, vente, art. 8, n. 588. ·— L'étendue des obligations spéciales de l'acquéreur dépend de la nature de la chose vendue, et des clauses du contrat ·   ·nte. Il est tenu des obligations particulières auxquelles il peut s'être soumis par le contrat (Pothier, vente, n. 307).

N. 606.—A moins de convention contraire, 'e paiement du prix de la vente est indivisible : les héritiers de l'acquéreur doivent se réunir, et ne peuvent forcer le vendeur à le recevoir séparément. (Toullier, t. 6, n. 778 ; Duranton, t. 16, n. 12 ; *leg.* 78, *ff. de contrah. empt.*

Troplong, de la vente, n. 596.—Le mot *prix* a un sens trèslarge, il signifie *tout* ce que l'acheteur *débourse* pour obtenir la jouissance de la chose.

Duvergier, vente, n. 417.—Il était tout naturel que le moment et le lieu où le vendeur exécute son obligation, en délivrant la chose vendue, fussent désignés pour l'exécution des obligations de l'acheteur, lorsque la vente accorde un terme à l'acheteur, et que depuis le moment où elle a été consentie, la valeur des monnaies a changé : le prix doit être payé selon leur valeur au jour du paiement et non selon leur valeur au jour du contrat.

[ARTICLE 1533.]

1533. S¡ le temps et le lieu du paiement ne sont pas fixés par la convention, l'acheteur doit payer au temps et au lieu de la livraison de la chose.	1533. If the time and place of payment be not fixed by agreement, the buyer must pay at the time and place of the delivery of the thing.

---

* *C. N.* 1651. } S'il n'a rien été réglé à cet égard lors de la vente, l'acheteur doit payer au lieu et dans le temps où doit se faire la délivrance.

---

* *ff. De verb. oblig*, *liv.* 45, } Quotiens autem in obligationi-
tit. 1, *L.* 41, '§ 1. } bus dies non ponitur, præsenti die pecunia debetur : nisi si locus adjectus spatium temporis inducat, quo illo possit perveniri. Verùm dies adjectus efficit, ne præsenti die pecunia debeatur. Ex quo apparet diei abjectionem pro reo esse, non pro stipulatore. (ULPIANUS).

Ibidem. } Toutes les fois que dans les obliga-
Trad. de M. Berthelot. } tions le jour n'est pas mis, l'argent est dû au jour de l'obligation ; à moins que l'on ne détermine un lieu qui exige un laps de temps pour y arriver. Mais la détermination d'un jour fait que l'argent n'est pas dû au jour présent. D'où il paroît que la détermination d'un jour est pour le prometteur et non pour le stipulateur. (ULPIEN).

---

* *ff. De reg. juris*, *Liv.* 50, } In omnibus obligationibus, in
tit. 17, *L.* 14. } quibus dies non ponitur, præsenti die debetur. (POMPONIUS).

Ibidem. } Dans toutes les obligations où on
Trad. de M. Berthelot. } n'a point fixé de temps pour le paiement, la chose est due sur le champ. (POMPONIUS).

* 1 *Domat, liv.* 1, ⎱ 2. S'il n'y a rien de réglé par la vente
tit. 2, *sec.* 3, *n*° 2. ⎰ pour le temps et pour le lieu du paiement,
l'acheteur doit payer au temps et au lieu de la délivrance.
(C. civ., 1651.)

Lorsque des marchandises ont été vendues pour être payées après envoi et vérification à leur arrivée, le paiement est censé devoir être fait au domicile du débiteur, s'il n'y a point de convention contraire. C'est au domicile du débiteur que le prix est payable dans les ventes à terme ; ce sont conséquemment les juges de son domicile qui sont compétens pour connaître des contestations auxquelles elles donnent lieu.

Lorsqu'un marché n'a pas été conclu au lieu où la marchandise vendue a été livrée, que d'ailleurs le lieu ou paiement n'a pas été désigné, le paiement doit se faire au lieu de la livraison, et non au domicile du débiteur.

Un détenteur d'héritage à rente, condamné à se désister faute de paiement, ne peut, long temps après l'exécution du jugement, prétendre rentrer en possession n payant les arrérages échus sous le prétexte qu'il y a lieu à une liquidation qui n'a pas été faite.

---

* 3 *Pothier* (*Bugnet*), ⎱ 279. Lorsque le contrat ne porte
Vente, n° 279. ⎰ aucun terme, le vendeur peut former
incontinent cette action contre l'acheteur, aux offres qu'il
doit lui faire de lui livrer la chose, si elle ne l'a déjà été.

Si depuis le contrat elle avait cessé, sans la faute du vendeur, de pouvoir être livrée, le vendeur ne laisserait pas de pouvoir intenter cette action pour le paiement du prix. Mais, tant que le vendeur est en demeure de livrer la chose vendue, il n'est point recevable à en demander le prix.

Lu uie, sur art. ⎱ *Delvincourt,* t. 2, n. 3, p. 157.—L'acheteur
1651 *C. N.* ⎰ doit payer au lieu et à l'époque où devait se
faire la délivrance, quand même elle ne se ferait pas : car la
perte de la chose par cas fortuit éteint l'obligation de livrer
dans la personne du vendeur, mais non celle de payer dans
la personne de l'acheteur.

[ARTICLE 1534.]

Rolland de Villargues, R., vente, n. 199.—Dans les ventes à terme, le prix est payable au domicile du débiteur.

Duranton, t. 16, n. 331. — S'il a été fait terme pour le paiement, l'acheteur n'est pas tenu, à moins de convention contraire, de payer au lieu où doit se faire la délivrance : on rentre alors dans le droit commun. Or, de droit commun, le paiement d'une somme doit être fait au domicile du débiteur. La Cour de cassation a jugé ainsi le 14 juin 1813. Toullier, t. 7, n. 92 ; Troplong, vente, n. 594, même opinion.

Dalloz, vente, ch. 1, sect. 3, n. 5. — A moins de convention contraire, le paiement du prix de la vente est indivisible. Les héritiers de l'acquéreur doivent se réunir, et ne peuvent forcer le vendeur à le recevoir séparément. (Toullier, t. 6, n. 778, *et leg.* 78, *ff*, § 2, *de contr. h. empt.*)

———

1534. L'acheteur doit l'intérêt du prix de vente dans les cas suivants :

1. Dans le cas de convention spéciale, à compter du temps fixé par cette convention ;

2. Si la chose vendue est de nature à produire des fruits ou autres revenus, à compter du moment de la prise de possession ; mais si un terme est stipulé pour le paiement du prix, l'intérêt n'est dû qu'à compter de l'échéance de ce terme ;

3. Si la chose n'est pas

1534. The buyer is obliged to pay interest on the price in the cases following :

1. In case of a special agreement from the time fixed by such agreement ;

2. In case the thing sold be of a nature to produce fruits or other revenues, from the time of entering into possession of it. But if a term be stipulated for the payment of the price, the interest is due only from the expiration of such term ;

3. In case the thing be

[ARTICLE 1534.]

de nature à produire des fruits ou revenus, à compter de la mise en demeure.	not of a nature to produce fruits or revenues, from the time of the buyer being put in default.

---

* C. N. 1652. } L'acheteur doit l'intérêt du prix de la vente jusqu'au paiement du capital, dans les trois cas suivants :

S'il a été ainsi convenu lors de la vente ;

Si la chose vendue et livrée produit des fruits ou autres revenus ;

Si l'acheteur a été sommé de payer.

Dans ce dernier cas, l'intérêt ne court que depuis la sommation.

---

* ƒƒ. De action. emp., Liv. 19, tit. 1, L. 13, §§ 20, 21. } § 20. Veniunt autem in hoc judicio infrá scripta : in primis pretium, quanti res venit : item usuræ pretii post diem traditionis : nam cùm re emptor fruatur, æquissimum est eum usuras pretii pendere.

§ 21. Possessionem autem traditam accipere debemus, etsi precaria sit possessio : hoc enim solùm spectare debemus, an habeat facultatem fructus percipiendi. (ULPIANUS.)

Ibidem.
Trad. de M. Hulot. } § 20. Telles sont les choses qui entrent dans cette action : premièrement le prix dont on est convenu ; secondement les intérêts du prix du jour de la délivrance de la chose : car, comme l'acheteur commence de ce temps à percevoir les fruits de la chose vendue, il est bien juste qu'il paye les intérêts du prix.

§ 21. La délivrance de la possession qui fait courir les intérêts du prix est censée faite, même lorsque l'acheteur n'a qu'une possession précaire ; parce que, pour savoir si les intérêts du prix sont dus, on se contente d'examiner si l'acheteur a eu la faculté de percevoir les fruits. (ULPIEN).

[ARTICLE 1534.]

*3 *Pothier (Bugnet), Vente,* 283. Lorsque la chose vendue
n° 283 *et s.* n'est pas de nature à produire des
fruits, telles que sont une bibliothèque, une tapisserie, etc.,
l'acheteur, de même que tout autre débiteur de somme
d'argen , ne doit les intérêts du prix que du jour qu'il a été
mis en demeure de le payer par une interpellation judiciaire.

Mais lorsque la chose vendue est de nature à produire des
fruits naturels ou civils, tels que sont une terre, une maison,
un moulin, un troupeau ; l'acheteur doit les intérêts du prix
de plein droit, et *ex naturâ contractûs*, du jour qu'il est entré
en possession et jouissance de la chose, soit qu'ils aient été
stipulés, soit qu'ils ne l'aient pas été.

On peut bien vaiablement convenir que ces intérêts seront
payés à un taux moindre que le taux légitime, qui est le denier vingt ; par exemple, qu'ils seront payés aux taux du
denier vingt-deux ou vingt-quatre ; mais on ne peut pas valablement convenir qu'ils seront payés à un taux plus fort.
Par exemple, si on était convenu qu'ils seraient payés sur le
pied du denier seize ou dix-huit, l'acheteur, nonobstant cette
convention, ne les devrait que sur le pied du denier vingt (1) ;
André Gail, *Obs.* 11, 15.

284. L'acheteur doit les intérêts du prix, non-seulement
avant qu'il ait été mis en demeure de payer, mais même pendant le procès, sur la demande qui lui est faite par un tiers
pour délaisser, quoiqu'il ne soit pas obligé de payer pendant
ce temps le prix à son vendeur qui ne lui offre pas de caution ; il ne peut, en ce cas, se décharger des intérêts que par
le dépôt du prix, n'étant pas juste qu'il puisse jouir tout à la
fois et de la chose et du prix : *Quum re emptor fruatur, æquis-*
simum est eum usuras pretii pendere......... *hoc enim solum*

(1) Il en serait de même aujourd'hui, quoique cependant on pourrait
dire que cet intérêt a un taux plus fort que le taux légal, devrait, par la
convention des parties, être considéré comme une portion du prix de
vente : mais l'abus deviendrait trop facile, et l'acheteur se ferait trop
facilement illusion (BUGNET).

[ARTICLE 1534.]

spectare debemus, an habeat facultatem fructus percipiendi; I
13, § 20 et 21 ff. *de Act. empt.*

285. Lorsqu'on est convenu par le contrat que l'acheteu
entrera incontinent en jouissance de l'héritage qui lui es
vendu, et que néanmoins il aura un certain terme pour l
paiement du prix, à la charge qu'il paiera pendant ce temp
les intérêts; cette convention est très licite, quoiqu'elle ai
été condamnée comme usuraire par quelques docteurs cité
par Fachin. *Controv.*, lib. 2, cap. 32. — Le fondement de l'opi
nion de ces docteurs était que l'usure consistait à tirer du
profit du prêt ou du crédit qu'on fait à son débiteur; or, dit
on, dans cette espèce, ces intérêts sont stipulés comme l
prix du crédit que le vendeur fait à l'acheteur : l'acheteur n
les doit pas en ce cas par la nature du contrat, puisqu'ayan
par le contrat un terme pour payer, il n'est en aucune ma
nière en demeure de payer, *nec in morâ regulari, nec in mor
irregulari*; par conséquent il ne peut, en vertu du contrat
devoir des intérêts.

La réponse est que ce n'est pas de la demeure de payer l
prix que naissent les intérêts dans le contrat de vente; il
naissent de la jouissance que l'acheteur a de la chose, et d
cette règle d'équité qui ne permet pas qu'il ait tout à la foi
la jouissance de la chose et du prix : *Hoc solum spectare debe
mus, an habeat facultatem fructus percipiendi; eâd.* L. 13, § 20
Les intérêts que le vendeur stipule de lui ne sont point un
profit qu'il retire du crédit qu'il lui fait pour le paiement du
prix; ils sont plutôt le prix de la jouissance de la chose ven
due, qu'il n'était pas obligé de lui accorder avant le paiemen
du prix. Ces intérêts ne sont donc pas *usuræ lucratoriæ*, qui
sont illicites, mais *usuræ compensatoriæ* qui, de l'aveu de tous
sont permises. Le vendeur ne doit pas être de pire condition
parce qu'il a eu la facilité d'accorder un terme à l'acheteu
pour le paiement du prix, que s'il ne lui en avait pas accor
dé; il ne doit pas souffrir de la grâce qu'il lui a faite; or, s'il
ne lui avait pas accordé de terme, les intérêts courraient du
jour que l'acheteur est entré en jouissance. Le vendeur peut

[ARTICLE 1534.]

donc, en accordant terme, se réserver les intérêts qui lui auraient été dus, s'il ne l'eût pas accordé (1).

286. Si par le contrat de vente par lequel le vendeur accorde un terme pour le paiement du prix à l'acheteur, qu'on fait néanmoins entrer en jouissance, les parties ne se sont pas expliquées si les intérêts du prix courraient ou non pendant le temps que durera ce terme, le vendeur pourra-t-il les prétendre ?

Pour l'affirmative, il semblerait qu'on pourrait dire à peu près les mêmes choses que nous avons dites sur la question précédente. Il suffit, dira-t-on, que l'acheteur ait joui de l'héritage qui lui a été vendu, pour qu'il doive les intérêts, l'équité ne permettant pas qu'il jouisse de la chose et du prix; *hoc solum spectare debemus; edd.* L. 13, §20. Il n'est donc pas nécessaire, pour que les intérêts courent au profit du vendeur pendant le temps que doit durer le terme, que les parties s'en soient formellement expliquées. Le vendeur, en accordant un terme pour la commodité de l'acheteur, ne doit pas en souffrir ; il ne doit pas être pour cela présumé avoir renoncé aux intérêts qui lui appartiennent par la nature du contrat, depuis que l'acheteur est entré en jouissance jusqu'au paiement du prix, personne ne devant être facilement présumé vouloir renoncer à ses droits : *Nemo res suas jactare, nemo quod suum est donare facile præsumitir.*

Nonobstant ces raisons, on décide communément que l'acheteur ne doit pas d'intérêts pendant le temps du terme qui lui est accordé pour le paiement du prix, quoiqu'il jouisse pendant ce temps de l'héritage. Fachin, liv. 2, *Controv.*, 32, et Covarruvias, liv. 3, *Var. resol.*, 4, le décident en termes formels, ou plutôt le supposent et n'en font pas même de question. Quoiqu'ils ne rapportent pas la raison de cette décision, il est facile de l'apercevoir. La jouissance qui est accordée

(1) A plus forte raison faut-il le décider ainsi aujourd'hui, puisque nos lois nouvelles autorisent les intérêts que Pothier appelle *usuræ lucratoria* (Bugnet).

[ARTICLE 1534.]

par cette clause à l'acheteur avant qu'il ait payé le prix, fait partie de ce qui lui est vendu : il est censé avoir payé cette jouissance par le prix porté au contrat ; les parties sont censées être convenues d'un prix plus fort qu'il ne l'eût été sans cette clause. Le vendeur ne peut donc plus exiger les intérêts comme le prix de cette jouissance, puisqu'il en est payé sur le prix principal, dans lequel celui de cette jouissance est entré (1). Quand même il y aurait du doute si le vendeur a renfermé le prix de cette jouissance dans le prix porté au contrat ou s'il a entendu se réserver de s'en faire payer les intérêts, le contrat devrait s'interpréter contre le vendeur qui devait s'expliquer sur cette réserve ; L. 39, ff. *de Pact.* ; L. 17, ff. *de Reg. jur.* ; *Traité des Oblig.*, n° 97.

287. Si le terme pour le paiement du prix ne faisait pas partie des clauses du contrat, s'il n'avait été accordé que depuis, par une convention entre le vendeur et l'acheteur, sans qu'il parût que le vendeur eût rien reçu pour cela ; en ce cas, le vendeur, en accordant ce terme, serait censé n'avoir voulu accorder qu'une surséance aux poursuites qu'il avait droit de faire, pour donner à l'acheteur le temps de chercher de l'argent, et n'avoir pas entendu renoncer aux intérêts qui lui sont dus par la nature du contrat ; personne ne devant être présumé vouloir renoncer à ses droits.

288. Il faudrait décider autrement, si le terme était accordé par le testament du vendeur. Les héritiers du vendeur ne pourraient, en ce cas, exiger de l'acheteur les intérêts du prix pendant le temps du terme ; le testateur doit être censé en avoir fait la remise à l'acheteur pendant le temps du terme qu'il lui a accordé par sa disposition testamentaire. Les dispositions testamentaires qui renferment par leur nature une

---

(1) L'art. 1652, C. civ., nous paraît avoir admis une doctrine contraire : car, en décidant que l'acheteur doit les intérêts du prix lorsque la chose vendue et livrée produit des fruits ou autres revenus, il ne fait aucune distinction, et ce serait une interprétation très arbitraire que de supposer que les rédacteurs n'avaient dans la pensée que les ventes sans terme, ce qui, pour les immeubles, est le cas le moins fréquent (Buchet).

[ARTICLE 1534.]

 libéralité que le testateur veut faire à celui au profit de qui
elles sont faites, doivent s'interpréter favorablement : *Volun-*
tates testantium pleniùs interpretantur ; L. 12, ff. *de Reg. jur.*

289. Les intérêts étant dus, par la nature du contrat, du
jour que l'acheteur est entré en jouissance, le terme accordé
par le contrat, ou par le testament du vendeur, ne peut les
arrêter que pendant la durée de ce terme : après l'expiration
du terme ils courent de plein droit.

---

* 1 *Domat (Remy), Liv.* 1, } 5. L'acheteur ne doit pas d'autres
Tit. 2, *sec.* 3, *n^{os}* 5 *et* 6. } dommages pour le seul retarde-
ment de payer le prix, que l'intérêt des deniers : et quelque
perte que puisse causer le défaut de ce paiement, ou quelque
gain qu'il fasse cesser, le dédommagement en est réduit à cet
intérêt qui est réglé par la loi pour tenir lieu de tous les dommages de cette nature, comme il sera expliqué dans le titre
des dommages et intérêts

6. L'acheteur doit en trois cas l'intérêt du prix : par convention, s'il est stipulé ; par la demande en justice, si après
le terme il ne paie pas ; et par la nature de la chose vendue,
si elle produit des fruits ou autres revenus, comme un
champ ou une maison, l'intérêt en est dû sans convention ni
demande en justice. (C. civ. 1652.)

L'acquéreur qui a déposé son prix, mais dont le dépôt a été annulé,
doit les intérêts de ce prix du jour de la vente, et non du jour de l'annulation du dépôt. L'art. 762 du code de procédure, qui fait cesser les
intérêts et arrérages des créances utilement colloquées, n'est pas applicable à l'acquéreur, relativement à son prix. On peut stipuler dans une
vente d'immeubles produisant des fruits, que le prix ne produira pas
d'intérêts. Les créanciers du vendeur n'ont pas le droit d'attaquer une
pareille stipulation.

Voy. *C. C. B. C.*, arts. 1067, 1070, 1077.

[ARTICLE 1534.]

Lahaie, sur art. ⎫ *Rolland de Villargues*, R., vente, n. 202.—
1652 *C. N.*. ⎰ On peut stipuler dans une vente d'immeubles produisant des fruits, que le prix ne produira pas
d'intérêts, sans que les créanciers inscrits du vendeur aient
le droit d'attaquer cette stipulation.

N. 204. — Le prix de la licitation ne produit pas d'intérêts
de plein droit.

Merlin, R., vente, § 3, n. 2. — Cependant, si, par le contrat,
il a été accordé un terme à l'acheteur, il ne doit aucun intérêt durant ce terme, quoiqu'il soit entré en jouissance, parce
qu'on présume qu'il a payé cette jouissance par le prix principal porté au contrat ; mais aussitôt que le terme est expiré,
les intérêts courent de plein droit.

Duranton, t. 16, n. 336. — La simple stipulation que l'acheteur paiera les intérêts du prix de la vente doit être entendue
en ce sens, qu'il les paiera à compter du jour où il entrera en
jouissance, et cela, soit que la chose produise ou non des
fruits ou revenus : car dès que l'acheteur ne jouit pas de ces
fruits, c'est comme si la chose n'en produisait pas.

N. 342. — Le vendeur a son privilége, non seulement pour
le prix, mais encore pour *tous* les intérêts qui peuvent lui
être dus, sans qu'il y ait besoin pour cela d'inscription particulière.

Favard, v. acheteur. — Il résulte, par un argument *à contrario*, des dispositions de cet article, que, hors les cas qui y
sont exprimés, l'acquéreur ne doit pas les intérêts du prix de
son acquisition.

Dalloz, vente, ch. 1, sect. 3, n. 6. — Il peut être stipulé que
ces intérêts seront au-dessous du taux légal. (Pothier, vente,
n. 284 et 285.)

N. 8.—La notification du contrat aux créanciers inscrits ne
fait point cesser les intérêts du prix d'un immeuble produisant des intérêts.

Troplong, de la vente, n. 602. — Si la chose produit de sa
nature des fruits ou des revenus, mais qu'elle soit *accidentel-*

[ARTICLE 1534.]

lement frappée de stérilité, l'acheteur pourra-t-il se faire décharger des intérêts au *prorata* ?

Les interprètes du droit romain décidaient l'*affirmative*. Néanmoins, je ne la crois pas *admissible* dans notre droit, qui établit une sorte de forfait entre le vendeur et l'acheteur.

————

* 16 *Duranton*, }   335. *S'il a été ainsi convenu lors de la vente;*
n° 335 *et s.*   } dans ce cas, il n'y a pas à distinguer si la chose produit ou non des fruits, ou autres revenus ; mais on peut demander si, en l'absence d'une convention particulière, les intérêts courent du jour du contrat, si le vendeur a pris terme pour la délivrance, ou seulement du jour de la délivrance ?

On peut demander pareillement si, dans le cas où la chose est livrée de suite, et que le vendeur a stipulé les intérêts d'une manière générale, mais qu'il a fait terme à l'acheteur, les intérêts courent du jour du contrat, ou bien seulement du jour de l'échéance du terme ?

336. Lorsque le vendeur a pris terme pour la délivrance, en conservant la jouissance de la chose jusqu'au terme, comme il n'y a pas lieu d'appliquer la disposition de l'article 1614, suivant lequel l'acheteur a droit aux fruits du jour de la vente, les intérêts ne courent qu'à partir de la délivrance, à moins de convention contraire. La simple stipulation que l'acheteur paiera les intérêts du prix de la vente doit être entendue en ce sens qu'il les paiera à compter du jour où il entrera en jouissance, et cela, soit que la chose produise ou non des fruits ou autres revenus : car, dès que l'acheteur ne jouit pas de ces fruits ou revenus, c'est comme si la. chose n'en produisait pas. Cette stipulation doit être entendue *ex æquo et bono*, d'après la nature du contrat de vente.

337. Dans le second cas, où la chose a été livrée de suite, et que le vendeur a stipulé d'une manière générale les intérêts, en accordant à l'acheteur un terme pour le paiement du prix, cette stipulation d'intérêts doit, à moins de convention

[ARTICLE 1534.]

contraire, s'entendre en ce sens, que les intérêts courront du jour de la vente, soit que la chose produise ou non des fruits ou autres revenus. C'est même dans la dernière hypothèse seulement qu'il était utile de la faire, puisque, dans la première, les intérêts devaient avoir lieu en vertu de la disposition de la loi, nonobstant le terme accordé à l'acheteur, ainsi que nous allons le démontrer.

Vainement, pour prétendre que les intérêts n'ont dû commencer à courir que du jour de l'échéance du terme, et à défaut de paiement à cette époque, l'acheteur dirait-il qu'en raison du terme qui lui était accordé, il a promis un prix plus élevé que celui qu'il aurait promis sans le terme, et qu'ainsi, s'il était obligé de payer les intérêts à partir du contrat, le terme ne serait pour lui d'aucun avantage ; qu'il paierait de la sorte un prix supérieur à celui qu'il avait réellement entendu payer.

D'abord, on répondrait que ce raisonnement ne serait point applicable au cas où la chose est productive de fruits ou autres revenus, car puisque l'acheteur, dans l'espèce, a eu ces fruits ou revenus, conformément à l'article 1614, il est clair que la stipulation d'intérêts doit être entendue d'un intérêt à courir du jour du contrat, puisqu'il aurait couru depuis cette époque même en l'absence de toute stipulation à ce sujet.

En second lieu. même dans le cas où la chose ne produirait point de fruits ou autres revenus, la stipulation d'interêts doit être entendue en ce sens, que l'intérêt court du jour du contrat ; c'est en ce sens que les parties ont voulu déroger au droit commun, suivant lequel l'intérêt, dans l'espèce, n'aurait couru que du jour de la sommation de payer faite à l'échéance du terme. Le vendeur n'avait pas besoin, en effet, de stipuler les intérêts pour les faire courir seulement à partir de l'échéance du terme, au cas où l'acheteur ne s'acquitterait pas à cette époque ; car il n'a pas dû supposer que celui-ci ne satisferait point à son obligation de payer au terme, et il savait bien que, ce cas arrivant, une simple som-

[ARTICLE 1534.]

mation suffirait pour faire courir les intérêts à son profit.
Ainsi, la stipulation ne peut avoir un autre sens que celui
suivant lequel les intérêts courent du jour du contrat, ce qui
rend inapplicable à la cause la règle que tout pacte obscur
ou ambigu s'interprète contre le vendeur. (Art. 1602).

Et à plus forte raison, les intérêts ainsi stipulés d'une manière générale, sont-ils censés l'avoir été pour le temps postérieur à l'échéance du terme, dans le cas où l'acheteur ne
se libérerait pas au terme, soit à cause d'une nouvelle convention, n'emportant point novation, soit pour autre cause.

338. *Lorsque la chose produit des fruits* ou *autres revenus.* Il
n'était pas juste, en effet, que l'acheteur eût tout à la fois et
la jouissance de la chose et la jouissance du prix par lui promis ; sauf, bien entendu, stipulation contraire. Et les intérêts ne sont pas seulement dus jusqu'à concurrence du montant des fruits perçus, lesquels peuvent être fort inférieurs
au taux de l'intérêt ; l'article 1652 ne dit rien de semblable.
Cela eût exigé des états et des comptes qui ne sont point
entrés dans la pensée des rédacteurs du Code, pour ce cas.
Ils ont pensé que les parties avaient elles-mêmes établi une
compensation pleine et absolue des fruits avec les intérêts,
d'autant mieux que les risques touchant les fruits doivent
concerner l'acheteur, puisque les risques de la chose elle-
même le concernent depuis la vente.

339. Mais comme l'acheteur ne doit les intérêts, dans ce
cas, qu'en considération des fruits, il est clair que si le vendeur a pris terme pour la délivrance, pour conserver la jouissance de la chose jusqu'à l'époque fixée, les intérêts, à moins
de stipulation contraire, ne doivent commencer à courir que
du jour où l'acheteur est entré en jouissance ; car *cessante
causâ, cessat effectus.*

340. Mais *quid* si, dans le cas où l'acheteur est entré de
suite en jouissance d'une chose productive de fruits, il lui a
été fait terme par le contrat, sans qu'il y ait eu de convention
particulière sur les intérêts ?

Pothier, d'après Covarruvias et Fachin, décide, dans ce cas,

[ARTICLE 1534.]

que l'acheteur ne doit les intérêts qu'à partir de l'échéance du terme, et non à partir du jour du contrat; et il paraît qu'on suivait généralement cette doctrine dans l'ancien droit. Pothier se fondait sur ce qu'il est à croire que le prix a été fixé en conséquence de ce que l'acheteur devait avoir les fruits, et il disait que ce serait lui faire payer doublement cette jouissance, que d'exiger de lui des intérêts pendant le terme qui lui a été accordé ; que ce terme serait sans avantage pour lui ; que dans le doute sur l'intention des parties, si elles ont entendu comprendre dans le prix la jouissance de la chose pendant le terme, ce doute doit s'interpréter contre le vendeur, d'après la règle générale que tout pacte obscur ou ambigu s'interprète contre lui ; qu'à la vérité, il en serait autrement si le terme ne faisait point partie du contrat, mais avait été accordé après coup, parce qu'alors il eût seulement été accordé pour suspendre les poursuites, et il ne porterait aucune atteinte au droit du vendeur, d'exiger les intérêts à partir du contrat jusqu'au paiement; mais que dans l'espèce, où il fait partie du contrat, l'acheteur, à moins de convention contraire, ne doit les intérêts que depuis l'échéance du terme qui lui a été accordé, quoique la chose produise des fruits ou autres revenus. Et cette décision a été adoptée par M. Delvincourt, nonobstant la généralité des termes de l'art. 1652.

Mais nous ne saurions y souscrire, elle nous paraît reposer sur une pétition de principes. En effet, supposer que l'acheteur a payé un prix plus élevé en conséquence de ce qu'on lui a accordé un terme et qu'il aurait les fruits sans être tenu de payer les intérêts pendant le temps qui lui était accordé, c'est supposer précisément ce qui est en question; car le vendeur aurait peut-être voulu un prix encore plus élevé que celui qui a été convenu, s'il n'avait pas compté sur les intérêts : or, il devait y compter, puisque la loi les lui accordait par cela seul que l'objet vendu était productif de fruits ou autres revenus, sans qu'elle distinguât, à cet égard, entre le cas où il serait fait terme à l'acheteur, et le cas contraire.

[ARTICLE 1534.]

Il eût d'ailleurs été bi~n peu utile de décider que les intê-
rêts seront dus, sans stipulation, quand la chose produira des
fruits ou autres revenus, si l'on n'avait entendu ne le décider
ainsi que pour le cas seulement où il n'aurai, pas été fait
terme à l'acheteur ; car, d'une part, cela était si juste et allait
pour ainsi dire tellement de soi, qu'il était presque superflu
de le décider textuellement par une disposition spéciale ; et,
d'autre part, le vendeur pouvant faire courir de suite les intérêts par une simple sommation de payer, une disposition
de la loi à ce sujet n'était pas d'une grande importance. Mais,
au contraire, on sent très bien l'importance et l'utilité de
cette disposition pour le cas où il a été fait terme à l'acheteur, et qu'il n'y a d'ailleurs dans le contrat aucune stipulation relative aux intérêts : elle a pour objet alors d'écarter
le doute sur lequel s'appuyait l'opinion de Pothier, et elle est
en même temps juste et raisonnable, puisqu'il est juste et
raisonnable que l'acheteur qui a les fruits de la chose paie
par compensation l'intérêt du prix qu'il a encore entre ses
mains, et dont il jouit par conséquent ; autrement il aurait
une double jouissance. Il n'est pas vraisemblable que les
rédacteurs du Code n'aient eu en vue, à ce sujet, que le seul
cas où l'acheteur n'a point de terme, le cas où il ne remplit
pas ses obligations, ce qui n'est supposé que dans le troisième
cas prévu à l'art 1652, c'est-à-dire quand il a été sommé de
payer. Ainsi, suivant nous, ce n'est pas non plus le cas d'appliquer au vendeur la règle que tout pacte obscur ou ambigu
s'interprète contre lui, parce que, dans l'espèce, il ne demande
pas les intérêts, à partir du contrat, en vertu d'un pacte, mais
bien en vertu de la disposition de la loi elle-même : c'est de
l'interprétation de la loi, et non d'un pacte, qu'il s'agit dans
l'espèce ; or, la loi ne distingue pas entre le cas où il a été
fait terme à l'acheteur, et le cas contraire, et il est même naturel de penser que sa disposition a été portée pour les cas
où son utilité se ferait mieux sentir, pour les cas les plus
fréquens, qui sont incontestablement ceux où il est fait terme
à l'acheteur, quand il s'agit de choses productives de fruits

[ARTICLE 1535.]

ou autres revenus, c'est-à-dire commurément d'immeubles; car ordinairement les ventes d'immeubles se font avec terme.

341. *Si l'acheteur a été sommé de payer.* Ainsi, lorsqu'il n'y a pas de convention à ce sujet, et que la chose ne produit point de fruits ou autres revenus, il faut une sommation pour faire courir les intérêts; mais il n'est pas besoin d'une demande en justice; il suffit d'une simple sommation extrajudiciaire, faite à l'échéance du terme, s'il en a été accordé un à l'acheteur. Il est par là constitué en demeure (art. 1139), et, dans les ventes, cela suffit pour faire courir les intérêts. C'est une exception au principe posé par l'article 1153, suivant lequel les dommages-intérêts, dans les obligations qui ont pour objet une somme, ne consistent que dans les intérêts fixés par la loi, et *ces intérêts ne courent que du jour de la demande en justice, excepté dans les cas où la loi les fait courir de plein droit;* car ici ils ne courent pas de plein droit, il est vrai, mais ils courent en vertu d'une sommation, qui n'est cependant pas une demande en justice.

1535. Si l'acheteur est troublé, on a juste sujet de craindre d'être troublé, par une action hypothécaire ou en revendication, il peut différer le paiement du prix jusqu'à ce que le vendeur fasse cesser ce trouble ou lui fournisse caution, à moins d'une stipulation contraire.

1535. If the buyer be disturbed in his possession or have just cause to fear that he will be disturbed by any action, hypothecary or in revendication, he may delay the payment of the price until the seller causes such disturbance to cease or gives security, unless there is a stipulation to the contrary.

[ARTICLE 1535.]

* C. N. 1653. } Si l'acheteur est troublé ou a juste sujet de craindre d'être troublé par une action, soit hypothécaire, soit en revendication, il peut suspendre le paiement du prix jusqu'à ce que le vendeur ait fait cesser le trouble, si mieux n'aime celui-ci donner caution, ou à moins qu'il n'ait été stipulé que, nonobstant le trouble, l'acheteur paiera.

---

* C. L. 2535. } Si l'acheteur est troublé, on a juste raison de craindre d'être troublé par une action, soit hypothécaire, soit en revendication, il peut suspendre le paiement du prix jusqu'à ce que le vendeur ait fait cesser le trouble, si mieux n'aime celui-ci donner caution. Il y a exception à cette règle, lorsque l'acquéreur a été averti, avant la vente, du danger de l'éviction.

---

* Code Canton de Vaud 1185, semblable au *C. N.*

---

* 3 Pothier (Bugnet), Vente, } 280. Même après que le ven-
n° 280 et s. } deur l'a livrée, il ne pourrait demander le prix, si l'acheteur était troublé dans sa possession par quelque demande en revendication, hypothécaire ou autre, jusqu'à ce que le procès fût terminé.

Si néanmoins le procès pouvait durer longtemps, il pourrait être reçu, après avoir pris le fait et cause de l'acheteur, à exiger de lui le prix; mais il faudrait en ce cas qu'il lui offrît une bonne et suffisante caution de rapporter en d'éviction.

S'il y avait de fortes présomptions que la demande donnée contre l'acheteur, est une demande qu'il se serait fait donner par une personne affidée pour vexer le vendeur, et l'empêcher de toucher le prix, faute de pouvoir trouver une caution, le vendeur devrait être en ce cas dispensé de la donner.

Il y aurait lieu à cette présomption, si la demande paraissait dénuée de fondement, et était donnée par un homme de la lie du peuple qui n'a rien à perdre.

281. Le vendeur qui ne peut toucher le prix, faute de pouvoir trouver une caution, peut demander que l'acheteur soit tenu de déposer le prix ; mais il n'est pas toujours de l'intérêt du vendeur de demander le dépôt, parce qu'il fait cesser les intérêts qui courvient à son profit ; il n'a intérêt de la demander que lorsqu'il est persuadé que l'acheteur n'a pas d'argent, et que le procès n'est qu'une manœuvre à laquelle l'acheteur a eu recours pour éloigner le paiement. L'acheteur peut aussi demander le dépôt pour se décharger des intérêts.

282. L'acheteur peut bien se défendre de payer lorsqu'il est troublé ; mais s'il a payé avant le trouble, il ne peut demander ni la restitution du prix, ni caution, pendant le procès. Même avant qu'il ait payé, tant qu'il ne souffre aucun trouble, il n'est pas recevable à demander au vendeur caution du prix dont le paiement lui est demandé ; arrêt du 5 août 1669, dans Soefve, t. 2, cent. 4, chap. 11.

---

* *Statuts Ref. Bas-Canada,* } Si l'acquéreur de biens-immeu-
    ch. 36, *sec.* 31.　　 } bles est troublé ou a de fortes raisons de craindre qu'il sera troublé par quelque action hypothécaire ou en revendication, il aura droit de retarder le paiement du prix d'achat, jusqu'à ce que le vendeur ait fait cesser ce trouble, à moins que le vendeur n'aime mieux donner cautionnement, ou à moins qu'il ne soit stipulé au contrat de vente que l'acquéreur paiera nonobstant tel trouble ou crainte de tel trouble. 23 V. c. 59, s. 18.

Lahaie, sur art. } *Delvincourt,* t. 2, n. 4, p. 157.—Ce sera aux
    1653 *C. N.*　 } tribunaux à décider si le sujet de crainte est juste ou non. Dalloz, vente, ch. 1, sect. 3, n. 10 ; Troplong, t. 1, n. 610 ; Duvergier, vente, n. 424, même opinion.

[ARTICLE 1535.]

L'acquéreur qui suspend le paiement n'en doit pas moins les intérêts du prix, jusqu'au paiement effectif.

Rolland de Villargues, R., vente, n. 208. — L'existence d'hypothèques sur le bien vendu, sans qu'il en ait été fait mention lors de la vente, suffit pour donner à l'acquéreur le droit de suspendre le paiement du prix.

N. 209. — Si, dans un contrat de vente, il a été stipulé que l'acquéreur n'en paierait le prix qu'après la radiation des inscriptions, il ne peut point être forcé à payer plus tôt, quand bien même le vendeur offre de lui donner caution.

Duranton, t. 16, n. 345.—Cette disposition n'est point applicable au cas où l'acheteur a acheté à ses risques et périls, ni au cas où connaissant, lors de la vente, le danger de l'éviction, il a acheté avec stipulation de non garantie; car, dans ces cas, le prix ne devrait pas lui être restitué, quoiqu'il y eût éviction. Ainsi il ne peut se dispenser de le payer.

Dalloz, vente, ch. 1, sect. 3, n. 10. — Cette disposition s'applique même au cas où la délivrance aurait déjà été faite. L'acheteur qui a payé avant le trouble ne peut demander, à raison de ce trouble, ni une caution, ni la restitution du prix; mais il peut appeler son vendeur en garantie. (Pothier, vente, n. 281 et 283; Favard, R., t. 1, p. 36.)

La simple existence d'inscriptions hypothécaires non connues de l'acheteur suffit-elle pour qu'il suspende les paiemens? La question est controversée. Delvincourt, t. 3, p. 154, notes, soutient la négative.

N. 643. — Il faut, en général, que l'acheteur signale des faits ou des actes sur lesquels des tiers puissent fonder un droit de propriété, ou d'hypothèque, ou tout autre droit réel. On ne peut exiger qu'il prouve rigoureusement l'*existence* de ce droit: la loi n'exige pas la preuve d'une éviction certaine, mais seulement celle d'un trouble imminent. (Duvergier, vente, n. 425.)

N. 654. — Si la crainte du trouble porte sur une partie minime de la chose, l'acheteur peut retenir une partie correspondante du prix. (Troplong, vente, n. 612.)

[ARTICLE 1535.]

Troplong, vente, t. 1, n. 613.—L'acheteur menacé de trouble peut-il demander la *résolution* de la vente, au lieu de choisir l'expédient de retenir le prix pardevers lui ?

Je pense que l'art. 1653 n'enlève pas à l'acheteur le droit de demander la nullité de la vente.

Boileux, vol. 3, p. 281. — L'acheteur pourrait différer le paiement, quand même le prix aurait été délégué à des créanciers du vendeur, quand même il aurait accepté les délégations, car il les a acceptées en tant seulement qu'il serait débiteur, et cette qualité est suspendue en sa personne, lorsqu'il y a danger d'éviction. (Cass., 26 juin 1826.)

Des inscriptions hypothécaires sur l'immeuble vendu sont de justes craintes de trouble. (Riom., 2 janvier 1830, Sirey, 33, 2e part., p. 41 ; *id.*, Cass., 7 mai 1827, Dalloz, 1827, 1re part, p. 322.)

---

1 *Revue critique*, p. 243, *Adams vs McCready.* L'acquéreur d'un immeuble qui a joui pendant dix ans à titre de propriétaire d'un immeuble grevé d'hypothèques par son vendeur, ne peut refuser le paiement d'aucune partie du prix de vente pour cause de crainte de trouble résultant de l'existence de ces hypothèques, la prescription les ayant éteintes quant à lui.

---

2 *Revue Légale*, p. 32, *Farrell vs Cassin.* Un défendeur ne peut, sous l'article 1535 C. C., exiger une garantie égale à la valeur de la propriété ; mais lorsqu'il a payé partie du principal du prix de vente, il peut retenir la balance et les intérêts sur icelle pouvant égaler ce qu'il a en partie payé, à moins que le demandeur ne donne caution pour le prix entier de la vente, mais sans intérêt sur icelui.

---

5 *Revue Légale*, p. 668, *Wainwright vs Ville de Sorel.* (Par Routhier, J.) — L'acquéreur poursuivi pour le paiement du prix de vente, et qui prétend être trou-

blé, **ne peut** invoquer le bénéfice de l'article 1535 du Code civil, que par une exception dilatoire, et il ne peut le faire par une exception péremptoire en droit temporaire.

L'acquéreur d'un immeuble qui a été troublé par une action pétitoire intentée contre lui, plus de dix ans avant la poursuite pour le paiement du prix de vente, et qui n'a pas dénoncé ce trouble à son vendeur, mais a plaidé à l'action pétitoire, n'est pas pour cela privé du droit de plaider trouble, et de demander avant de payer que ce trouble cesse ou caution, et ce droit n'est pas éteint par la prescription.

———————

6 *Revue Légale*, p. 514, } Le trouble ou la crainte de trouble
Mathieu vs Vigneau. } mentionnés dans l'article 1535 du Code civil, doivent être plaidés par une exception péremptoire en droit temporaire, et non par une exception dilatoire. —Lorsque le défendeur a plaidé crainte de trouble, le demandeur peut produire avec ses réponses les quittances des hypothèques mentionnées dans les exceptions du défendeur. Si, lors de l'institution de l'action, l'immeuble dont le demandeur réclame le prix est hypothéqué à des tiers, mais que ces hypothèques soient radiées avant la production des défenses du défendeur, qui, avant la production de ces défenses, avait eu connaissance de la dite radiation, le défendeur, pour se libérer des frais de la demande, doit, avant l'institution de l'action du demandeur, le notifier de son intention de se prévaloir de l'article 1535 du Code civil, à raison desdites hypothèques, et faire offres réelles.— Le demandeur a le droit de plaider et produire, en réponse à l'exception du défendeur alléguant trouble, des documents établissant la radiation et extinction (même postérieure à la date de l'institution de l'action) des hypothèques dont se plaint le défendeur, et le demandeur n'est nullement obligé en ce cas de se désister de sa demande en tout ou en partie.

———————

[ARTICLE 1535.]

6 *Revue Légale, p.* 105, ⎫   La cour peut d'office suppléer aux
Molleur vs Dej^don. ⎭ conclusions prises par le tiers poursuivi pour son prix de vente ; et la cour ne pouvant rescinder
l'acte d'acquisition de ce tiers pour les raisons mentionnées
dans sa défense, ordonnera pour ces mêmes raisons que jugement aille contre l'acheteur suivant que demandé, mais qu'il
soit sursis à l'exécution du jugement, jusqu'à ce que le demandeur lui ait fourni cautionnement suivant la loi, à l'effet
de le garantir contre tous troubles qu'il pourrait souffrir plus
tard relativement à la revendication de ce propre par la
femme. .

------

6 *Revue Légale, p.* 718, ⎫   Un vendeur qui poursuit pour le
Deguire vs Bourgeois. ⎭ recouvrement du prix de vente d'un
immeuble grevé d'hypothèques, obtiendra jugement pour le
montant du prix, mais sera condamné à donner caution.

------

7 *Revue Légale, p.* 705, ⎫   Un adjudicataire peut se refuser de
Jobin vs Shuter. ⎭ payer le prix de son adjudication et
en demander la nullité, s'il prouve qu'il est exposé à un
trouble imminent, et il n'est pas tenu de prouver qu'il est exposé à une éviction certaine, et la cour, si elle est d'opinion
que l'adjudicataire a juste sujet de craindre d'être troublé,
déclarera l'adjudication nulle, sans se prononcer sur la validité de la crainte de trouble.

------

12 *Lower Canada Jurist, p.* 80, ⎫   Il suffit à l'acheteur pour-
Dorion et Hyde. ⎭ suivi pour paiement du prix
de vente et des intérêts sur icelui, d'avoir dénoncé les hypothèques dont la propriété vendue est chargée sans faire
d'offres réelles pour se garantir des frais d'action.— L'acheteur d'une propriété vendue avec la clause de franc et quitte,
mais grevée d'hypothèque, peut retenir les intérêts stipulés
au contrat de vente, tout en jouissant des fruits et revenus
de la propriété vendue, si partie du prix de vente a été payée

[ARTICLE 1535.]

par l'acheteur, et ce indéfiniment, jusqu'à ce que le vendeur donne caution ou fasse disparaître les hypothèques qui grèvent la propriété.

———

15 *Décisions du Bas-Canada,* } Dans une action pour un prix
Collette vs Dansereau, 83. } de vente, où le défendeur allègue un trouble en raison d'hypothèques enregistrées contre l'immeuble, quelques-unes desquelles avaient été radiées après l'enfilure du plaidoyer ; le demandeur obtiendra jugement pour le montant dû, avec dépens jusqu'à la production de tel plaidoyer, et les dépens subséquents à telle enfilure seront accordés au défendeur.

———

1 *Low. C. Law Journal,* } Where the defendant pleads
McDonald vs Molleur, 108. } *trouble* to an action for instalments of purchase money, and offers to pay on security being given, the plaintiff should be condemned to pay the costs of the contestation.

———

21 *Lower Canada Jurist, p.* 67, } In the case of a donation of
Jobin et Shuter. } an immoveable, creating a substitution, followed by another donation of the same property, by the same donor to the same donee, without mention of any substitution, but without any express revocation of the former donation, the *adjudicataire* of such immoveable at sheriff's sale is justified in claiming to be relieved from the sale on the ground of fear of trouble in his possession, and he is entitled to claim to be so relieved in an answer to a rule against him for *folle enchère.*

———

21 *Lower Canada Jurist, p.* 161, } L'acquéreur qui a payé
Hogan vs Bernier. } son prix de vente ou une partie d'icelui n'a pas le droit de demander à être remboursé le ce qu'il a payé ou à avoir un cautionnement, sous prétexte qu'il est exposé à être troublé. — L'acquéreur peut encore moins, dans un semblable cas, retenir les intérêts dus sur le

[ARTICLE 1535.]

21 *Lower Canada Jurist, p.* 253,   The production of a regis-
   Parker et Felton.   trar's certificate, showing
that mortgages are registered against the property purchased,
which mortgages do not appear to have been discharged, is
sufficient to support a plea of fear of *trouble*, under art. 1535
C. C.— In such case the balance of purchase money which
the buyer has yet to pay on the property is the only amount
for which he can claim security.

---

22 *Lower Canada Jurist, p.* 221,   Notwithstanding a clause
   McDonell vs Goundry.   in a deed of sale of land,
that the purchaser might at any time keep the whole or any
part of the purchase money in his hands until the vendor
should furnish him with a registrar's certificate showing the
property to be free and clear of all mortgages and incumbrances whatsoever, the purchaser, in an action for the
recovery of a portion of the purchase money, will be condemned to pay in the absence of such a certificate, when it
is shown that he has in his hands a sufficient balance of the
purchase money to meet any possible disturbance or trouble
in his possession of the land sold.

---

4 *Décisions de Québec, Talbot vs Béliveau,*   HELD : — That the
   Cour de révision, Québec, 1876.   purchaser of a property
with warranty against "every description of trouble or eviction which
may arise from whatsoever source," but whose title does not contain the
clause "free from all debts and hypothecs," cannot demand a resiliation
of the sale in default of the removal of certain hypothecs which may
afterwards appear to be a charge upon the property.

The difference between the ordinary covenant of warranty and the
clause *franc et quitte,* considered.

MEREDITH, C. J.— Thi is a review of a judgment of the
Superior Court, at Arth haska, rendered by Mr Justice (PLA-
MONDON) on the 18th Febr 51

[ARTICLE 1535.]

The case comes before us on the issue between the plaintiff and the defendant *en arrière garantie.*

The plaintiff, in the principal action, purchased under a deed of sale, containing a declaration that the *emplacement* sold was *libre de toutes dettes et hypothèques.* It appears that at the time of that sale, the property of which the *emplacement* sold formed a part, was subject to a hypothec for $2000, created by one Louis Foisy, by deed dated the 6th July 1871, and registered the following day.

The plaintiff, in consequence, brought an action praying that the deed of sale made to him should be annulled, unless the defendant caused the said hypothec, and another mentioned in the declaration, to be discharged.

The defendant thus impleaded sued *en garantie*, his vendors Messrs. Auger *et al.*, they, in their turn, sued their vendors Messrs. Genest and Foisy, *en arrière garantie ;* and, as already mentioned, it is upon the action *en arrière garantie*, that the case comes before us.

On looking at the deed of sale, upon which the action *en arrère garantie* is founded, we find that although it is made with a warranty *contre toutes espèces de troubles ou évictions, qui pourront leur survenir de n'importe quelle source ;* yet that it does not, like the deed upon which the principal action is founded, contain the clause of *franc et quitte.* This difference was not, in any way, noticed at the time of the argument, and probably was not brought under the attention of the learned Judge in the Court below ; and yet it appears to all of us, to be of essential importance.

It is not alleged, nor contended, that the creditors of the hypothecs complained of have taken, or even threatened to take, proceedings to enforce their claims ; what is complained of is, the existence of those hypothecs, and it is alleged that, in consequence of their existence, the plaintiff in the principal action has been prevented from effecting a loan upon his property, and has thus been greatly injured.

[ARTICLE 1535.]

Under these circumstances the principal plaintiff who purchased his property *franc et quille*, has evidently ground of complaint. This would be sufficiently plain even if authorities could not be found on the subject, but authorities are not wanting, for instance Merlin, under the words *franc et quille*, says : "Lorsque celui qui a fait la déclaration de franc " et quitte ignorait les hypothèques que ses auteurs avaient " constituées sur ses biens, en ce cas il est seulement tenu " civilement de faire décharger les biens des hypothèques, " ou de souffrir la résiliation du contrat avec dommages et " intérêts." Merlin, franc et quitte, Vol. 12, p. 353. Nouv. Deniz. Franc et .quitte, Vol. 8, p. 773. Guyot's Rep. Vol. 7, p. 543, 2d col.

But the case is different as regards the defendant *en arrière garantie*. His warranty as already mentioned, is only against " toutes espèces de troubles ou évictions." At No. 102 of his *contrat de vente*, Pothier explains the effect of this warranty in these words :

" Cette obligation renferme celle de défendre l'acheteur de " tous *troubles* et *évictions*. C'est pourquoi non seulement " l'éviction, c'est-à-dire le délais que l'acheteur serait con- " traint de faire à un tiers, de l'héritage qui lui a été vendu, " donne lieu à cette action, même le simple *trouble,* c'est-à- " dire la simple demande que donne contre l'acheteur un " tiers qui prétend avoir un droit existant dès le temps du " contrat de vente, de se faire délaisser cet héritage."

And at No. 282 the same author says : " L'acheteur peut " bien se défendre de payer lorsqu'il est troublé : mais s'il a " payé avant le trouble, il ne peut demander ni la restitution " du prix, ni caution pendant le procès. Même avant qu'il ait " payé tant qu'il ne souffre aucun trouble, il n'est pas rece- " vable à demander au vendeur caution du prix dont le paie- " ment lui est demandé : Arrêt du 5 août 1669, dans Soesse, " cent. 4, chap. 4."

And Troplong, vente, n° 609, says : " Mais remarquez que

[ARTICLE 1535.]

" dans les principes de l'ancienne jurisprudence, il fallait
" que l'acheteur fut troublé, *dominii quæstione mota*," and he
refers to the passage in Pothier already cited.

The law in this respect has been changed by our statute
23 Vict. c. 59, sec. 18, copied from the article 1653 of the Code
Napoleon, and reproduced by article 1535 of our code, which
provides " that if the purchaser of real estate is troubled or
" has just cause to fear that he will be troubled by any hy-
" pothecary or revendicatory action he shall be entitled to
" delay the payment of the purchase money until the vendor
" has removed such trouble, &c., &c." This exceptional law
cannot be extended, and accordingly Troplong No. 614, says :
" Il nous reste à observer, avant d'en finir sur le droit de
" l'acheteur de séquestrer le prix entre ses mains, que ce
" serait en tirer une conclusion très fausse que de prétendre
" que l'acheteur qui, ayant payé le prix, se trouve en péril
" d'éviction, *pourrait forcer le vendeur à le lui rendre.*" Ecoutons le jurisconsulte Hermogenien : " Mota quæstione, inte-
" rim non ad pretium restituendum, sed ad rem defendendam,
" venditor conveniri potest. Tant que l'acheteur, qui a payé,
" n'est pas dépouillé par un fait d'éviction consommé, toute
" son action se borne à forcer son vendeur à prendre son fait
" et cause."

To resume, it seems to me plain that the plaintiff *en arrière
garantie* had not, under our common law, a right to make
the demand now under consideration ; and I think it equally
plain, that the statute already referred to, has not conferred
that right upon him, and we therefore are all of opinion that
the judgment under review, which gives to the ordinary
clause of warranty the effect that ought to be given to a
clause of *franc et quitte*, cannot be confirmed.

The judgment in Review reverses part of the judgment of
the Superior Court, and dismisses the action *en arrière garantie* with costs of both Courts.

[ARTICLE 1536.]

1536. [Le vendeur d'un immeuble ne peut demander la résolution de la vente, faute par l'acheteur d'en payer le prix, à moins d'une stipulation spéciale à cet effet.]

1536. [The seller of an immoveable cannot demand the dissolution of the sale by reason of the failure of the buyer to pay the price, unless there is a special stipulation to that effect.]

---

* *ff. De lege commis.,* *Liv.* 18, *Tit.* 3. 1. Si fundus commissoria lege venierit, magis est, ut sub conditione resolvi emptio, quàm sub conditione contrahi videatur. (ULPIANUS).

2. Cum venditor fundi in lege ita caverit, *Si ad diem pecunia soluta non sit, ut fundus inemptus sit*, ita accipitur *inemptus esse fundus*, si venditor inemptum eum esse velit.: quia id venditoris causa caveretur. Nam si aliter acciperetur, exusta villa in potestate emptoris futurum esset, ut non dando pecuniam inemptum faceret fundum, qui ejus periculo fuisset: (POMPONIUS).

3. Nam legem commissoriam quæ in venditionibus adjicitur, si volet, venditor exercebit: non etiam invitus. (ULPIANUS).

4. Si fundus lege commissoria venierit, hoc est, *ut nisi intra certum diem pretium sit exsolutum, inemptus fieret*: videamus quemadmodùm venditor agat tam de fundo, quàm de his quæ ex fundo percepta sint? itemque si deterior fundus effectus sit facto emptoris? Et quidem finita est emptio; sed jam decisa quæstio est, ex vendito actionem competere, ut rescriptis imperatoris Antonini et divi Severi declaratur.

§ 1. Sed quod ait Neratius, habet rationem, ut interdum fructus emptor lucretur, cum pretium quod numeravit, perdidit. Igitur sententia Neratii tunc habet locum, quæ est humana, quando emptor aliquam partem pretii dedit.

§ 2. Eleganter Papinianus libro tertio responsorum scribit,

[ARTICLE 1536.]

statim atque commissa lex est, statuere venditorem debere, utrum commissoriam velit exercere, an potius pretium petere: nec posse, si commissoriam elegit, postea variare.

§ 3. In commissoriam etiam hoc solet convenire, *ut si venditor eundem fundum venderet, quanto minoris vendiderit, id à priore emptore exigat.* Erit itaque adversus eum ex vendito actio.

§ 4. Marcellus libro vicesimo dubitat, commissoria utrum tunc locum habet, si interpellatus non solvat, an vero si non obtulerit. Et magis arbitror offerre eum debere, si vult se legis commissoriæ potestate solvere. Quod si non habet, cui offerat, posse esse securum. (PAULUS).

5. Lege fundo vendito dicta, *ut si intra certum tempus pretium solutum non sit, res inempta sit,* de fructibus quos interim emptor percepisset, hoc agi intelligendum est, ut emptor interim eos sibi suo quoque jure perciperet; sed si fundus revenisset, Aristo existimabat venditori de his judicium in emptorem dandum esse : quia nihil penes eum residere oporteret ex re in qua fidem fefellisset. (NERATIUS).

6. De lege commissoria interrogatus ita respondit, si per emptorem factum sit, quominùs legi pareretur, et ea lege uti venditor velit, fundos inemptos fore : et id quod arrhæ, ve' alio nomine datum esset, apud venditorem remansurum.

§ 1. Idem respondit, si ex lege inempti sint fundi, nec id quod accessurum dictum est, emptori deberi.

§ 2. Post diem lege commissoria comprehensum venditor partem reliquæ pecuniæ accepit. Respondit, si post statutum diem reliquæ pecuniæ, venditor legem dictam non exercuisset, et partem reliqui debiti accepisset, videri recessum à commissoria. (SCŒVOLA).

7. Post diem commissoriæ legi præstitutum, si venditor pretium petat, legi commissoriæ renunciatum videtur, nec variare, et ad hanc redire potest. (HERMOGENIANUS).

8. Mulier fundos Gaio Seio vendidit, et acceptis arrhæ nomine certis pecuniis, statuta sunt tempora solutioni reliquæ pecuniæ: quibus si non paruisset emptor, pactus est, *ut*

errham perderet, et inemptæ villæ essent. Die statuto emptor
testatus est se pecuniam omnem reliquam paratum fuisse
exsolvere, et sacculum cum pecunia signatorum signis obsi-
gnavit; defuisse autem venditricem : posteriore autem die
nomine fisci testato conventum emptorem, ne antà mulieri
pecuniam exsolveret, quàm fisco satisfaceret. Quæsitum est,
an fundi non sint in ea causa, ut à venditrice vindicari
debeant ex conventionc venditoris ? Respondit, secundùm ea
quæ proponerentur, non commisisse in legem venditionis
emptorem. (Scœvola).

Ibidem. 1. Lorsqu'un fonds est vendu sous la
Trad. de M. Hulot. clause résolutoire en cas de défaut de
paiement du prix, la vente est résolue plutôt qu'elle n'est contractée sous condition. (Ulpien).

2. Si le vendeur d'un fonds insère cette clause : que la
vente soit nulle si le prix n'est point payé dans tel temps, la
vente n'est résolue qu'autant que le vendeur le jugera à
propos ; parce que cette clause est insérée en faveur du vendeur. Autrement si on avoit acheté une maison qui depuis
a été brûlée, l'acheteur seroit le maître en n'en payant pas
le prix de résoudre la vente, pendant que, suivant les principes, la chose doit être à ses risques, périls et fortunes :
(Pomponius).

3. Car la clause résolutoire de la vente, en cas de non-
paiement du prix, insérée dans le contrat, n'aura son effet
qu'autant que le vendeur le jugera à propos : il ne pourra
pas être forcé à la mettre à exécution. (Ulpien).

4. Si un fonds a été vendu sous la clause dont nous parlons, c'est-à-dire, à condition que le fonds n'appartienne point
à l'acheteur à défaut de paiement du prix dans un temps fixé,
quelle action doit intenter le vendeur, tant pour se faire
rendre le fonds que les fruits qui en auront été perçus, ensemble les détériorations survenues par le fait de l'acheteur ?
Il est vrai que la vente n'existe plus ; néanmoins il est décidé
que le vendeur a l'action de la vente, comme le portent des
rescrits des empereurs Antorin et Sévère.

[ARTICLE 15: 3]

§ 1. Mais Nératius pense, avec raison, qu'il y a des cas où l'acheteur doit gagner les fruits, lo qu' perd le prix qu'il a payé. Ce sentiment de Noratius, qui est fondé sur l'équité, doit s'appliquer au cas où l'acheteur a déjà payé une partie du prix.

§ 2. Papinien écrit avec raison au livre trois des réponses, qu'aussitôt que le terme fixé par la clause est arrivé, le vendeur doit choisir d'en poursuivre l'exécution en demandant que la vente soit nulle, ou demander le prix de la chose vendue ; en sorte que s'il choisit de former la première demande, on ne lui permettra pas de varier.

§ 3. On a coutume d'ajouter à la clause dont nous parlons cette autre convention : Que si le vendeur est obligé de vendre sa chose à un autre, le premier acheteur l'indemnisera de ce dont le prix qu'il trouvera sera inférieur à celui qui avoit été proposé d'abord. Il y aura donc lieu en ce cas à l'action de la vente contre le premier acheteur.

§ 4. Marcellus trouve de la difficulté à décider si la clause dont nous parlons n'a son effet que lorsque l'acheteur, sommé de payer le prix est en demeure de le faire, ou si on en peut presser l'exécution dès qu'il ne fait point d'offres de payer. Je pense que si l'acheteur veut éviter l'effet de la clause, il doit offrir le prix. S'il ne se présente personne pour recevoir ses offres, il ne doit pas craindre qu'on fasse exécuter la clause contre lui. (Paul).

5. Lorsque dans la vente d'un fonds, on a inséré la clause résolutoire de la vente en cas de non-paiement du prix, l'intention des parties paroît avoir été que l'acheteur perçût toujours les fruits en sa qualité d'acheteur ; mais dans le cas où le fonds retourneroit au vendeur, Ariston pensoit que celui-ci avoit action contre l'acheteur, pour se les faire rendre : parce qu'il ne doit rien garder de la chose à l'occasion de laquelle il a manqué de parole. (Nératius).

6. Interrogé sur l'effet de la clause résolutoire de la vente en cas de non-paiement, j'ai répondu que si l'inexécution de la convention noit du côté de l'acheteur, et que le vendeur

[ARTICLE 1536.]

veuille se servir du bénéfice de la clause, la vente seroit résolue : auquel cas le vendeur sera autorisé à garder ce qu'il aura reçu à titre d'arrhes ou sous quelque autre titre que ce soit.

§ 1. Je pense encore que dans le cas où la vente sera résolue au désir de cette clause, l'acheteur ne pourra pas garder les accessoires qui devoient suivre la vente de la chose principale.

§ 2. Un vendeur a reçu le restant du prix qui lui étoit dû après l'échéance du terme fixé par la clause. J'ai répondu qu'il étoit censé avoir renoncé au bénéfice de la clause, s'il n'en avoit point poursuivi l'exécution après l'échéance du terme, et s'il avoit reçu après ce temps ce qui lui étoit dû du prix. (SCÉVOLA).

7. Si le vendeur demande son prix après le terme fixé par la clause, il est censé avoir renoncé au bénéfice de la clause, et il ne lui est pas permis de varier, et de demander l'exécution de cette clause. (HERMOGÉNIEN).

8. Une femme a vendu des fonds de terres à Gaïus-Séius; elle a reçu de lui une certaine somme à titre d'arrhes, et on a fixé des termes pour le paiement du reste de la somme. L'acheteur s'est soumis, dans le cas où il n'observeroit pas cette convention, à perdre ses arrhes et à voir résoudre la vente. Au jour marqué, l'acheteur a fait signifier des offres de payer la somme entière en présence de témoins, qui ont cacheté avec lui le sac où étoit contenu l'argent, et ont certifié que la venderesse ne s'étoit point présentée pour recevoir les offres. Le lendemain le fisc a fait signifier à l'acheteur de ne point payer le prix à la venderesse avant que le fisc ne fût satisfait. On a demandé si les fonds étoient dans le cas de pouvoir être revendiqués par la venderesse suivant sa convention? J'ai répondu que, d'après l'exposé, l'acheteur n'avoit rien fait qui pût donner lieu à l'exécution de la clause résolutoire. (SCÉVOLA).

[ARTICLE 1536.]

* *Cod. De pactis inter emp. et*)   *L.* 1. Si ea lege prædinm
vend., :⁻. 4, *tit.* 54, *LL.* 1 *et* 2. (vendidisti, ut nisi intra certum
tempus pretium fuisset exsolutum, emptrix arrhas perderet,
et dominium ad te pertineret : fides contractus servanda est
(Antonius).

L. 2. Si fundum parentes tui ea lege vendiderunt, ut sive
ipsi sive heredes eorum emptori pretium quandocunque, vel
intra certa tempora obtulissent, restitueretur, teque parato sa-
tisfacere conditioni dictæ, heres emptoris non paret, ut contractus fides servetur : action præscriptis verbis, vel ex vendito
tibi dabitur, habita ratione eorum quæ post oblatam ex pacto
quantitatem, ex eo fundo ad adversarium pervenerunt
(Alexander).

    Ibidem.)   *L.* 1. Si vous avez vendu votre hé-
Trad. de M. P. A Tissot. (ritage sous la condition que le prix
en serait payé dans un certain tems, faute de quoi l'acheteur
perdrait ses arrhes, et le domaine de la chose vendue retour-
nerait à vous, la foi de ce contrat doit être gardée (Antonin).

L. 2. Si vos parens ayant vendu un fonds sous cette condition, que l'acheteur le restituerait lorsqu'eux-mêmes ou leurs
héritiers lui en rembourseraient le prix, et qu'ils pourraient
jouir indéfiniment de cette faculté, ou seulement jusqu'à une
époque déterminée, vous êtes prêt de satisfaire à la condition ; si l'héritier de l'acheteur refuse de s'y soumettre, afin
que la foi du contrat soit conservée, on vous donnera l'action
præscriptis verbis ou celle *ex vendito*, au moyen desquelles le
possesseur sera aussi obligé de vous tenir compte des fruits
qu'il a recueillis de la chose, à compter de l'époque que le
prix lui a été offert d'après les dispositions du pacte
(Alexandre).

---

* *Cod. De contrah. emp.,*)   Si non donationis causa, sed verè
   liv. 4, *tit.* 38, *I.* 8.   ) vineas distraxisti, nec pretium nu-
meratum est : actio tibi pretii, non eorum quæ dedisti, repetitio competit (Diocletianus et Maximianus).

[ARTICLE 1536.]

Ibidem.   } Si vous avez réellement vendu et
Trad. de M. P. A. Tissot. } non donné vos vignes, et que le
prix ne vous en ait pas été compté, vous avez action pour
demander le prix et non pour répéter les choses que vous
avez données (DIOCLÉTIEN et MAXIMIEN).

———

* 3 *Pothier (Bugnet)*, *Vente*, } Le *pacte commissoire* est une
    n° 458.   } clause ou convention qui s'in-
sère quelquefois dans les contrats de vente, par laquelle les
parties conviennent que, si l'acheteur ne paie pas le prix
dans un certain temps limité, le contrat sera résolu.

———

* 2 *Troplong*, *Vente*, } Les jurisconsultes de Rome avaient
    n° 621.   } conçu le système de la vente dans des
idées moins favorables que les nôtres aux droits du vendeur,
mais plus capables par leurs résultats, de venir au secours
du crédit particulier. Ce n'est pas que je croie que les jurisconsultes de Rome aient le moins du monde songé, *à priori*,
à développer, par les combinaisons de la jurisprudence, le
crédit particulier. Cet élément de la prospérité publique est
encore tout nouveau dans le droit, et c'est à peine s'il commence à y réclamer un rang. Mais, au fond, sans prémédita-
tion ni calcul, les jurisconsultes romains avaient mis la main
sur une théorie qui pourra quelque jour sortir de l'abandon
où l'ont laissé les mœurs modernes pour prendre place dans
des plans de réformes dirigés par le désir d'assurer au crédit
particulier plus de solidité et de garanties.

D'après les lois romaines, l'acquéreur ne devenait propriétaire de la chose que par le paiement du prix (1). Tant que le
prix n'était pas acquitté, la chose, quoique livrée, continuait
à appartenir, en quelque sorte, au vendeur (2). Mais il en

———

(1) L. 19, Dig. *De cont. empt.* Inst., § 41, *De rer. divis.* Mon Comment.
sur les Hypothèques, t. 1, n° 188, p. 277.

(2) Je dis, *en quelque sorte.* En effet, la chose appartenait à l'acheteur,
en ce sens qu'elle périssait pour lui ; car il n'eût pas été juste que la

[ARTICLE 1536.]

était autrement quand le vendeur faisait crédit à l'acheteur et suivait sa foi (1) ; alors la chose appartenait à celui-ci en toute propriété ; et, une fois jetée dans le mouvement de la circulation, du consentement du vendeur (2), ce dernier ne pouvait la reprendre ni par droit de revendication, ni même par l'action en résolution (3). Le vendeur n'avait qu'*une action personnelle* pour se faire payer, à moins qu'il ne se fût expressément réservé le droit de demander la résolution (4).

Ces principes furent suivis pendant longtemps dans l'ancienne jurisprudence française. Ils furent même la loi de la plupart des pays de droit écrit jusqu'à la publication du Code Napoléon (5). On y tenait pour constant que le vendeur non payé ne pouvait reprendre sa chose, encore que dans le contrat il y eût clause expresse de *réserve du domaine*, ou bien que l'acheteur ne fût détenteur qu'à titre précaire jusqu'à parfait paiement, cette clause n'étant considérée que comme équivalant à une constitution d'hypothèque spéciale et privilégiée (6).

Mais dans les pays coutumiers d'autres idées prévalurent.

mauvaise volonté de l'acheteur à payer le prix eût fait retomber la perte sur le vendeur. Grazian, *Discept. forens.*, t. 3, discept. 523, n. 1, 2, 3, et Zanchi, *De prælat. creditor.*, exercit. 1, n. 37 à 41.

(1) Sens de ces mots. Mon Comment. sur les Hypothèques, t. 1, n° 189, p. 278, et n° 184, p. 272.

(2) Toutefois ce mouvement de circulation était bien moins actif qu'aujourd'hui ! !

(3) L. 3, C. *De cont. empt.* L. 14, C. *De rescind. vend.* Mon Comment. sur les Hypothèques, t. 1, n° 190, p. 281.

(4) L. 8, C. *De cont. empt.* M. Ducaurroy, t. 3, p. 140, n° 1013. Mon Comment. sur les Hypothèques, *loc. cit.*

(5) Montpellier, 7 février 1828 (D. . . 28, 2, 234). Cassation, 4 mars 1628 Dal., 28, 1, 161).

(6) Despeisses et autorités qu'il cite, t. 1, p. 48, n° 19. D'Olive, liv. 2, h. 17. Automne, sur la loi *Quod vendidi*, Dig., *De cont. empt.* Arrêt du arlement de Bordeaux du 6 juillet 1589. V. mon Comment. sur les Hyothèques, t. 1, n° 191, et n° 181, p. 269.

[ARTICLE 1536.]

La jurisprudence des parlements fit fléchir les règles du droit romain, et l'on sous-entendit la clause résolutoire pour défaut du paiement de prix dans tous les contrats de vente (1). On étendit à tous les contrats nommés une règle d'équité que les Romains avaient restreinte aux contrats innommés (2), et d'après laquelle celui qui donnait une chose pour en toucher une autre qu'il ne recevait pas avait une action personnelle pour répéter ce qu'il avait livré. Effaçant des subtilités et des raffinements contraires à la simplicité de nos idées, la jurisprudence égala tous les contrats sous un même

(1) Pothier, Vente, n° 476.

(2) La clause résolutoire ou, pour mieux dire, la résolution par voie de condiction, avait lieu dans les contrats innommés. Donellus (Doneau) a exposé cette théorie d'une manière si précise, que l'on me saura gré de le citer ici.

"Quod ob causam datum est, causâ non secutâ, repeti et condici potest (l. 1, Dig. De condict. ob caus. dat)...... Quod si res tradita sit ex eo contractu *qui proprium nomen habet*, cessat repetitio... Ergo si ex emptionis causâ tibi stichum dem ut mihi 10 des, nulla est dati repetitio, quoniam emptio et venditio proprium nomen est contractûs. Differentiæ ratio inter contractus innominatos et contractus qui nomen habent, in hanc repetitionem rei ob causam datæ, non est nominibus contractuum, ne erremus. Nam nomina contractuum de re nihil mutant...... Sed diffe. rentiæ ratio in re est. Est autem hæc certa quod in conventionibus, quæ in proprium nomen contractûs non transeunt, is qui rem dat, ut etiam accipiat, veluti in permutatione, non obligatur. Nam ante rem traditam non obligatur, etiamsi convenisset ut daret : proindè nec obligabitur, si rem dederit, quoniam etiamsi priùs obligatus esset, eâ traditione libera- tur Proindè nulla obligatio ei obstat, quo minus traditum rectè repetat, et ob causam datum, causâ non secutâ......... At in emptione et venditione, similibusque contractibus qui in proprium nomen transeunt, obligatio contrahitur ex ipsâ conventione, undè dicitur obligatio contrahi solo consensu Hinc fit ut emptor etiam re venditâ, non sibi traditâ, ultro ac- tionem ad rem venditam petendam, nempè ex empto. Quod si actionem habet, re nondùm traditâ, multo magis re traditâ habebit exceptionem ad eam rem retinendam, juxta regulam juris, *cui damus actionem, eidem multo magis exceptionem competere.*" Su° . loi 8, C. De cont. empt., l. 8, p. 775. V. aussi sur la loi 6, C. De act. empt. et vendit.

[ARTICLE 1536.]

niveau ; tous furent subordonnés à l'empire de la bonne foi. Cette révolution fait honneur, sous certains rapports, à l'esprit droit et équitable de la jurisprudence française. Mais il n'en est pas moins vrai que si l'on veut tenir compte des droits des tiers et de la publicité du régime hypothécaire, la clause résolutoire, qui, plus étendue que la condiction des Romains, produit un droit de suite, est un embarras contre lequel le Code Napoléon a vainement lutté.

---

*1 *Despeisses, Des Contrats,* part. 1, *n*° 1, § 1. Lorsqu'il y a pacte commissoire, (c'est-à-dire, que si l'Acheteur ne paye le prix dans certain tems, la vente sera nulle, *leg. Cùm venditor* 2. *et leg. Si fundus* 4. *in princip. ff. De lege commiss.*) ce pacte a lieu, si dans le tems porté, l'Acheteur n'a pas offert le prix, bien que le Vendeur ne lui en ait pas fait la demande, *dict. leg. Si fundus* 4. §. *Marcellus*, *ult.* sinon qu'il ait resté, à faute de trouver personne à qui il le pût offrir, *dict.* §. *ult. et leg. ult. ff. eod.*

Ensorte que si ledit tems a été limité à certain nombre de jours, et que pendant iceux arrive le jour intercalaire ou ajouté du mois de Février de l'année Bissextile, ledit jour est compté entre iceux, et ne profite pas à l'Acheteur. Ainsi, s'il a été convenu que si dans trente jours l'Acheteur ne payoit le prix de son achat, la vente seroit nulle ; si dans ledit tems survient le jour intercalaire, il se compte au nombre desdits jours ; et l'Acheteur ne pourra pas dire que ce jour-là ne doit pas être compté, *leg.* 2. *in fin. ff. De divers. temporal. præscript.* Car bien que lorsque le tems se calcule ou par mois, ou par années, tel jour intercalaire ne soit pas considéré, mais soit tenu pour un moment, comme il est montré au Titre *des Testamens, sect.* 1. et au Titre *de la Restitution pour minorité*, les années, ou les mois ne font pas plus d'années, ou de mois que les autres, de ce que ledit jour intercalaire s'y rencontre ; mais au calcul qui se fait par jours, il y a plus grand nombre de jours lorsque celui-ci s'y rencontre.

[ARTICLE 1537.]

Il vaut mieux ainsi expliquer ladite Loi 2. conformément aux termes d'icelle, que de dire comme Cujas, *in leg. Cùm bissexto* 98. *ff. De verbor. signif.* qu'en ladite Loi 2. *ledit jour interca. laire est compté, parce qu'il y est question d'un tems conventionnel, et non pas d'un tems légal.* Car outre qu'il n'y a point de raison de dire que le tems conventionnel doive être supputé autrement que le légal, il est d'ailleurs certain que si ledit temps conventionnel étoit fait à mois, ou à années, il se compteroit de même que le légal ; car un mois, ou une année conventionnels ne sont pas plus longs qu'un mois, ou une année légaux.

1537. [La stipulation et le droit de résolution d'une vente d'immeuble faute de paiement du prix, sont sujets aux règles concernant le droit de réméré énoncées dans les articles 1547, 1548, 1549, 1550, 1551 et 1552.

Ce droit ne peut, en aucun cas, être exercé après l'expiration de dix ans à compter du temps de la vente.]

1537. [The stipulation and right of dissolution of the sale of an immoveable, by reason of non-payment of the price, are subject to the rules relating to the right of redemption contained in articles 1547, 1548, 1549, 1550, 1551, 1552.

The right can in no case be exercised after the expiration of ten years from the time of sale.]

Loyseau, Déguerpissement, Liv. 6, *ch.* 3, *n°* 6, cité par *Troplong, Hyp.,* n° 466, cité sur le présent article.

---

* 2 *Troplong, Vente,* } 651. La résolution replace les parties
n° 651 *et s.*   } dans l'état où elles se trouvaient avant la vente.

[ARTICLE 1537.]

Il suit de là que le vendeur doit reprendre la chose franche, libre et exempte de toutes les hypothèques et autres charges dont l'acheteur l'avait grevée pendant sa jouissance ; car la résolution s'opère ici *ex causá primævá et antiquá, et ex necessitate pacti impressi in ipsá rei traditione.* J'ai exposé cette théorie dans mon commentaire sur les *Hypothèques* (1).

Toutefois, le vendeur doit exécuter les baux faits sans fraude par l'acquéreur. La règle de l'art. 1673 trouve ici son application. Elle est trop juste pour ne devoir pas être acceptée par analogie (2).

———

* 1 Troplong, *Hypothèques,* n° 466.   Mais cette maxime, *resoluto jure dantis, resolvitur jus accipientis,* n'est pas tellement générale qu'elle ne soit soumise à des exceptions. Il n'est pas toujours vrai qu'une hypothèque soit résolue, lorsque celui qui l'a conférée voit son droit anéanti.

Loyseau a traité cette matière avec les développements les plus lumineux. (3)

Voici ses termes : " Il est une très-belle théorie du droit, à " savoir, que quand la résolution se fait pour *cause néces-* " *saire,* alors les hypothèques contractées depuis le contrat " sont résolues ; mais quand elle se fait par la volonté de " celui qui les a contractées, alors elles ne se peuvent résou- " dre, afin qu'il ne soit en la puissance du débiteur d'amortir " l'hypothèque quand il le voudra ; qui est la distinction

---

(1) T. 2, n. 466, p. 160, et j'y reviens dans mon Comment. de la Transcription, n. 233. Loyseau, Déguerpiss., liv. 6, ch. 3, n. 6. Arg. de l'art. 1673.—J'ajoute que, d'après ce principe, ce sont les fruits du bien et non les intérêts du prix qui appartiennent au vendeur. Cass. 23 juillet 1834 (Devill. 34, 1, 620) ; ce qui s'applique au cas d'une résolution *amiable* aussi bien qu'à celui d'une résolution judiciairement prononcée. Rej. 10 mars 1836 ; Bourges, 12 février 1853 (Dalloz, 36, 1, 165 ; 53, 2, 175).

(2) *Sic* MM. Delvincourt, t. 3 ; Duranton, t. 16, n. 365 ; Duvergier, t. 1, n. 457 ; Marcadé, *loc. cit.,* n. 4.

(3) *Déguerp*, liv. VI, ch. III, n° 6.

[ARTICLE 1537.]

" qu'il faut tenir pour générale, en tous les cas auxquels cette
" question peut échoir (1).

" Elle est prise en la loi 3ᵉ, D. *quib. mod. pig. vel hypoth.*
" *solv.* "Si res distracta fuerit sic, nisi intra certum diem
" meliorem conditionem venditor invenisset fueritque tradi-
" ta, et fortè emptor, antequàm melio: conditio offerretur,
" hanc pignori dedit, finitur pignus, meliore conditione alla-
" tâ ; quanquàm ubi sic res distracta est, *nisi emptori* displi-
" cuisset, finiri pignus non putem." La glose en rend la raison, " *quia in debitoris arbitrio* esse non debet, an res sit
" obligata, necne."

Il n'est cependant pas toujours facile de discerner quand
la résolution du contrat est *ex causâ voluntariâ, vel ex causâ
necessariâ.* Bartole lui-même s'y est trompé (2).

Il pense en effet que s'il y a lésion d'outre moitié, les hypothèques doivent tenir en cas de rescision du contrat, par la
raison, dit-il, que la cause de la résolution est volontaire ;
car il dépend de l'acheteur de suppléer le juste prix.

Mais Balde et beaucoup d'autres (3) ont réfuté cette opir..on,
par cette observation décisive, que si l'acheteur supplée et
augmente le prix, c'est faire un nouveau contrat, et non pas
garder l'ancien marché ; d'où il suit qu'on ne peut rien reprocher de volontaire à l'acheteur. Il se tient au contrat tel
qu'il a été stipulé. C'est une cause nécessaire et indépendante

(1) Quoi qu'en dise Loyseau, il y a quelques exceptions. Par exemple,
lorsque l'envoyé définitif est obligé, par le retour de l'absent, de lui
rendre les biens. Alors, quoiqu'il ne les lui *rende pas volontairement,*
cependant les actes faits *medio tempore* subsistent (art. 132 du code civil).
Mais cette exception a été déterminée par des motifs particuliers.

(2) Sur la loi 2, C. *de rescind. vend.*

(3) Salicet, Paul de Castro, Alexandre, Alciat, Neguz , *de pignorib.,* 1,
membr. 5, part. nᵒ 43 ; Tiraqueau, *de retractu convent.,* § 3, gl. 1, nᵒ 12;
Socin le jeune, conseil 119, nᵒ 16, lib. II , Fachin., *Controv.,* lib. II, cap.
XXIII : Loyseau, *Déguerp ,* liv. VI, chap. III, nᵒ 6, Pothier, Orléans,
tit. XX, nᵒ 57 , Voet, liv. XX, tit. VI, nᵒ 9.

de sa volonté, qui détruit son titre. Le sentiment de Balde a été adopté par notre article.

On doit dire aussi, par la même raison, que les hypothèques données par un fermier, pour sûreté de son administration, cessent de plein droit lorsque le fermier a rendu ses comptes à l'expiration de son bail. La résolution se fait ici *ex causâ necessariâ*, par la force de la convention.

De même, si Pierre donne un immeuble à Caïus, à condition qu'il bâtira une chapelle sur cet immeuble, et qu'après avoir concédé des hypothèques sur cet immeuble, Caïus refuse d'accomplir la charge de la donation, la résolution que Pierre fera prononcer de la donation annulera les hypothèques créées *medio tempore* (1). Cette résolution s'opère en effet *ex necessitate pacti impressi in ipsâ rei traditione*, et par conséquent en vertu d'une cause *antiqua et primæva*.

Au contraire, lorsque la résolution s'opère pour une cause volontaire, les hypothèques concédées *medio tempore* doivent subsister (2).

(1) Art. 954 du code civil.

(2) Add. Deleurie dit aussi, n° 12617 : "Mais, pour que cette résolution de l'hypothèque ait lieu, il faut que le droit du débiteur se résolve par une cause ancienne, nécessaire, antérieure à la constitution de l'hypothèque. Si la résolution procède d'une cause nouvelle et volontaire, l'hypothèque n'en suit pas moins l'immeuble." Op. conf. de Carrier, n° 173.

Proudhon, *Usuf.*, n° 2442, rappelle l'autorité de Dumoulin en ces termes : Comme l'enseigne Dumoulin, il est de principe que la résolution du droit de propriété de quelqu'un, opère toujours un effet rétroactif, qui se rattache à la cause dont elle procède, et que le jugement qui prononce la commise contre lui, reporte ses effets à l'époque du délit par lequel elle a été méritée ; en sorte que, quant au fond du droit, la propriété dont le condamné se trouve privé, est censée résolue dès cette époque ; d'où il résulte que si, durant la jouissance de fait qu'il a encore conservée depuis, il a contracté des dettes ou des engagements, il n'a pu accorder à ses créanciers, et ceux-ci n'ont pu acquérir sur cette propriété, qu'un droit subordonné à la résolution de celui de leur débiteur, pour le cas où il serait actionné en déclaration de commise et viendrait à succomber : c'est dans ce cas, et dans ce cas seulement, qu'on doit dire que le créan-

[ARTICLE 1537.]

On en a vu un exemple dans l'espèce de la loi 3e, D. *quib. mod. pignus vel hypoth. solv.*

On peut encore apporter un autre exemple dans le cas où une donation est révoquée pour cause d'ingratitude ; alors les hypothèques subsistent (1). Car, dit Loyseau (2), " cette " ingratitude consiste en quelque action qui est volontaire. " Aussi que cette révocation procède d'une cause depuis sur- " venue, et non d'une cause exprimée, et d'un caractère " imprimé lors de la tradition de la chose (3).

cier est non recevable à demander sa subrogation, parce qu'en sa qualité d'ayant cause, il ne peut revendiquer plus de droit que son débiteur n'en avait lui-même."

Au nº 2478, Proudhon examine, dans le cas où l'usufruitier a hypothé- qué son droit d'usufruit, si l'on peut dire qu'il y a résolution *ex causâ antiquâ,* quand l'usufruit est résolu pour cause d'abus de jouissance. Il considère la résolution comme provenant *ex causâ voluntariâ.*

La doctrine de Toullier est conforme à celle de Troplong. Voy. t. III, nº 682 ; t. VII, nº 539.

(1) Art. 958 du code civil.

Add. Op. conf de Duranton, nº 351.

Persil, *Rég. hyp.,* article 2125, nº 4, considère cet article comme une exception aux principes. " Ce principe, dit-il, consacré par notre article, que celui qui n'a sur l'immeuble qu'un droit résoluble ne peut consentir qu'une hypothèque sujette à la même résolution, souffre exception dans tous les cas où la loi a disposé, d'une manière formelle, que la résolution ne préjudicierait pas aux droits précédemment acquis par des tiers. On en trouve un exemple dans l'art. 958, qui décide que la révocation d'une donation, pour cause d'ingratitude, ne préjudicie pas aux hypothèques et autres charges réelles que le donataire aurait pu imposer sur l'im- meuble donné. Mais pour qu'on puisse invoquer une semblable excep- tion, il faut qu'elle soit, comme dans ce dernier cas, littéralement décrite dans la loi, autrement on resterait sous l'empire de notre article."

Op. conf. de Pannier, p. 167. Grenier, nº 186, renvoie aux détails dans lesquels il est entré dans son *Traité des donations,* t. 1 in-4°, p. 160 et suiv ; t. II, p. 339 et suiv. C'est là en effet que ces questions doivent être examinées de plus près.

(2) *Déguerp.,* liv VI, eh III, nº 10.

(3) Autre exemple dans mon *Comm. de la Vente,* nº 575.

[ARTICLE 1538.]

1538. [Le jugement de résolution de la vente faute de paiement du prix est prononcé de suite, sans accorder aucun délai ultérieur pour le paiement ; néanmoins l'acheteur peut payer le prix avec les intérêts et les frais de poursuite en tout temps avant que le jugement soit prononcé.]	1538. [The judgment of dissolution by reason of non-payment of the price is pronounced at once, without any delay being granted by it for the payment of the price ; nevertheless the buyer may pay the price with interest and costs of suit at any time before the rendering of the judgment.]

---

* 3 *Pothier* (*Bugnet*),   458. Le *pacte commissoire* est une
Vente, nº 458 et s.   clause ou convention qui s'insère quelquefois dans les contrats de vente, par laquelle les parties conviennent que, si l'acheteur ne paie pas le prix dans un certain temps limité, le contrat sera résolu.

§ Iᵉʳ *Différence du droit romain et de notre droit sur le pacte commissoire.*

459. Notre jurisprudence est à cet égard différente du droit romain.

Par le droit romain, le pacte commissoire était censé avoir opéré de plein droit la résolution du contrat de vente, lorsque l'acheteur n'avait pas payé dans le temps porté par la convention ; de manière que l'acheteur ne pouvait pas, par des offres de paiement faites depuis l'expiration de ce temps, empêcher la résolution du contrat.

Observez néanmoins qu'il faut pour cela :

1º Que le vendeur n'ait apporté aucun empêchement au paiement ; L. 8, ff. *de Lege comm.; L.* 10, § 1, *de Resc. vend.;*

2º Il faut que le vendeur veuille user du droit que lui donne ce pacte.

Selon notre jurisprudence, le pacte commissoire n'opère

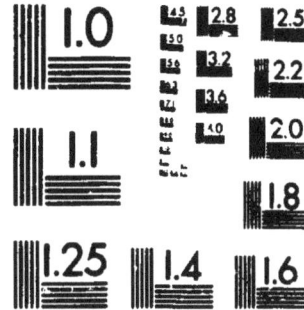

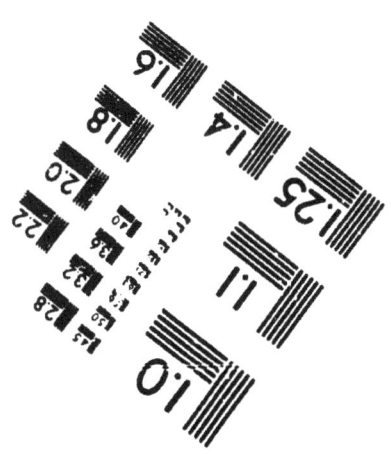

Photographic
Sciences
Corporation

23 WEST MAIN
WEBSTER, N.Y
(716) 872-

[ARTICLE 1538.]

pas de plein droit la résolution du contrat par défaut de paie.
ment dans le temps limité : il donne seulement au vendeur,
en ce cas, une action pour demander la résolution du contrat, qui n'est opérée, au moins irrévocablement, que par la
sentence qui, vu cette action, déclare le contrat nul et résolu,
faute par l'acheteur d'avoir payé. L'acheteur peut donc,
jusqu'à ce que la sentence soit intervenue, quoique après
l'expiration du terme, empêcher la résolution du contrat par
des offres.

§ II. *En faveur de qui est censé se faire le pacte commissoire, et*
quel en est l'effet.

460. Le pacte commissoire est censé ne se faire qu'en faveur
du vendeur, et il n'acquiert de droit qu'à lui. C'est pourquoi,
suivant la maxime : *Unicuique licet juri in favorem suum*
introducto renuntiare, le vendeur qui n'est pas payé peut ne
pas user de ce pacte, et au lieu de demander la résolution du
contrat, poursuivre l'acheteur pour le paiement, sans que
l'acheteur puisse être admis à la demander. C'est ce que décide Ulpien en la loi 3, ff. *de Leg. commiss. Legem commisso-*
riam quæ in venditionibus adjicitur, si volet venditor exercebit,
non etiam invitus.

461. Le vendeur n'a ce choix, d'user du pacte commissoire,
ou de contraindre l'acheteur au paiement du prix, que tant
qu'il n'a pas encore opté l'un des deux partis. Lorsqu'il a
une fois conclu à la résolution du contrat, il n'est plus dès
lors recevable à demander le prix : *Papinianus scribit...... non*
posse, si commissoriam elegit, posteà variare ; L. 4, § 2, ff. *eod*
tit.

La raison en est évidente, suivant les principes du droit
romain ; car, suivant ces principes, le défaut de paiement
dans le temps limité par le pacte commissoire, opère de plein
droit la résolution du contrat, sous la condition que le vendeur voudra user de ce pacte. Ainsi, dès que le vendeur a
déclaré sa volonté, en concluant à la résolution du contrat,
la vente est résolue, l'obligation de payer le prix ne subsiste

[ARTICLE 1538.]

plus, et le vendeur ne peut plus le demander, mais seulement répéter la chose vendue.

Même dans notre jurisprudence, qui requiert une sentence pour opérer, au moins d'une manière irrévocable, la résolution du contrat en vertu du pacte commissoire, je pense qu'on doit pareillement décider, conformément à la loi citée, que le vendeur qui a une fois conclu à la résolution du contrat en vertu du pacte commissoire, n'est plus recevable à changer ses conclusions, et à demander le paiement du prix, même dans le cas auquel l'acheteur n'aurait encore signifié aucun consentement aux conclusions du vendeur : car l'acheteur les a suffisamment consenties d'avance, par la clause qui est au contrat de vente ; et ce consentement donné d'avance aux conclusions du vendeur pour la résolution du contrat, en a suffisamment opéré la résolution, de manière que la sentence ne fait plus que la déclarer et la confirmer. Il est vrai qu'avant la sentence cette résolution du contrat n'est pas, dans notre jurisprudence, opérée d'une manière irrévocable, et que l'acheteur est admis jusqu'à la sentence à empêcher l'effet, par des offres de payer le prix ; mais c'est une pure grâce que notre jurisprudence accorde à l'acheteur, qui ne doit pas être rétorquée contre lui, lorsqu'il ne veut pas s'en servir.

642. *Vice versâ*, lorsque, depuis l'expiration du temps porté par le pacte commissoire, le vendeur a poursuivi l'acheteur pour le paiement du prix, il est censé avoir renoncé au droit que lui donne le pacte, et il ne peut plus, en abandonnant ses poursuites, conclure à la résolution du contrat : *Post diem commissoriæ legi præstitutum si venditor pretium petat, commissoriæ legi renunciatum videtur ; nec variare, et hanc redire potest ; L. 7, ff. eod. tit.*

§ III. *De l'action qui naît du pacte commissoire.*

463. Le pacte commissoire étant une clause apposée au contrat de vente, et qui en fait partie, l'action qui en naît est une branche de l'action personnelle *ex vendito : Qui ed lege*

[ARTICLE 1538.]

prædium vendidit, ut nisi reliquum pretium intra certum tem-
pus restitutum esset, ad se reverteretur ; si non precariam pos-
sessionem tradidit, rei vindicationem non habet, sed actionem
EX VENDITO ; L. 3, Cod. *de Pact. inter empt. et vendit.*

464. Cette action est personnelle réelle, et peut être intentée contre les tiers détenteurs : car le vendeur n'ayant aliéné
l'héritage qu'aux charges portées par son contrat ; en aliénant l'héritage, il l'a affecté à l'exécution des obligations que
l'acheteur a contractées envers lui par ce contrat. *Voyez ce*
que nous avons dit, sect. 3, sur l'action de réméré.

465. Le vendeur, par cette action, conclut à la résolution
du contrat, et en conséquence à la restitution de la chose
vendue.

L'acheteur doit rendre avec la chose les fruits qu'il a perçus ; L. 5, ff. *de Leg. commiss. ;* car, n'ayant pas payé le prix,
il ne peut retenir les fruits de la chose, et jouir tout à la fois
et de la chose et du prix.

466. S'il avait payé une partie du prix, il ne devrait rendre
les fruits qu'à proportion de ce qui reste à payer : par exemple,
s'il avait payé le quart du prix, il ne devrait rendre que les
trois quarts des fruits.

467. Il y a même un cas auquel l'acheteur n'est tenu de
rendre les fruits pour aucune partie ; c'est celui auquel on
serait convenu que le vendeur qui a reçu une partie du prix,
la retiendrait par forme de dommages et intérêts, en rentrant
dans l'héritage par défaut de paiement : *Interdùm fructus*
lucratur emptor, quum pretium quod numeravit, perdidit ; L. 4,
§ 1, *eod. tit.*

La raison de cette décision est que cette partie du prix qu'il
retient lui tient lieu de tous les dommages et intérêts qu'il
peut prétendre pour l'inexécution du contrat, dans lesquels
est compris le défaut de jouissance de l'héritage jusqu'à ce
qu'il y soit rentré. Si l'acheteur lui faisait outre cela raison
des fruits, ce serait un double emploi et un double dédommagement. *V.* sur cette clause le paragraphe suivant, n° 473.

[ARTICLE 1538.]

468. Enfin l'acheteur doit faire raison des détériorations survenues par sa faute dans la chose vendue.

469° Le vendeur de son côté, doit rendre à l'acheteur ce qu'il a reçu de lui, à moins qu'il n'y ait convention au contraire comme nous le verrons au paragraphe suivant, n° 473.

Il doit aussi rembourser les impenses nécessaires que l'acheteur a faites pour la conservation de la chose vendue : il doit même lui faire raison des augmentations et améliorations, jusqu'à concurrence de ce que l'héritage vendu s'en trouve plus précieux ; ou du moins souffrir que l'acheteur enlève et retienne lesdites méliorations.

470. A l'égard de tout ce qu'il en a coûté à l'acheteur pour faire l'acquisition, dont le vendeur n'a pas profité, tels que sont les frais du contrat, le centième denier, les profits féodaux ou censuels que l'acheteur a payés pour son acquisition, le vendeur n'est point tenu d'en indemniser l'acheteur ; au contraire, si ces droits n'avaient pas été acquittés par l'acheteur, et que le vendeur, après être rentré dans l'héritage par lui vendu, fût inquiété pour raison desdits droits, ce serait à l'acheteur à l'en indemniser.

En cela cette action diffère de celle dont nous avons traité dans les deux sections précédentes. La raison de différence est que la résolution du contrat qui se fait en vertu du pacte commissoire, se fait par la faute de l'acheteur, qui n'a pas rempli l'obligation qu'il avait contractée de payer le prix : c'est donc sur lui que doit tomber la perte de tout ce qu'il en a coûté pour l'acquisition, le vendeur n'en doit point souffrir.

C'est aussi par cette raison que le coût de la sentence qui prononce, sur cette action, la résolution du contrat, ensemble tous les dépens faits pour y parvenir et pour la mettre à exécution, doivent être portés par l'acheteur.

Au contraire, lorsque la résolution du contrat de vente se fait en vertu d'une clause de réméré, ou dans l'espèce d'une *addictio in diem*, dont nous avons traité dans les sections précédentes ; la résolution du contrat se faisant alors pour le seul avantage du vendeur, sans qu'aucune faute de l'acheteur y'donne lieu, elle doit se faire aux dépens du vendeur, qu doit indemniser l'acheteur de tous les loyaux coûts de l'acquisition, et des frais de la demande et de la sentence, lors que l'acheteur n'a fait aucune contestation.

471. Le vendeur n'est pas même obligé de rendre la somm qu'il a reçue par forme d'arrhes : *Si per emptorem factum sit quominùs legi (commissoriæ) pareretur, et eâ lege uti vendito velit; fundos inemptos fore, et id quod arrhæ, vel alio nomine datum esset, apud venditorem remansurum ;* L. 6, ff. *eod. tit.*

La raison est que le vendeur qui a stipulé la résolution du contrat faute de paiement, et s'est fait aussi donner une somme pour des arrhes, est censé s'être réservé les dommages et intérêts résultant de l'inexécution du contrat, et les avoir fixés à cette somme qu'il doit retenir.

Observez que cette décision n'a lieu qu'autant que cette somme ne serait pas trop considérable, et n'excéderait pas celle à laquelle pouvaient vraisemblablement monter les dommages et intérêts.

De quelques espèces particulières de pactes commissoires.

472. *Première espèce.*—La loi 4, § 3, ff. *de Leg. comm.*, contient une espèce particulière de pacte commissoire : *In commissorid,* dit cette loi, *etiam hoc solet convenire ut si venditor eumdem fundum venderet, quanto mino. : vendiderit, id à priore emptore exigat.*

Cette clause est une extension du pacte commissoire : elle n'est pas d'usage parmi nous dans les ventes volontaires; mais les ventes judiciaires sont censées faites sous une clause assez semblable; savoir, qu'à défaut de paiement par l'acheteur, la partie qui poursuit la vente pourra faire crier et revendre la chose à la folle-enchère de l'acheteur.

Nous traiterons *infrà,* partie VI, de ces reventes à la folle-enchère.

Cette clause est très licite ; tout débiteur est tenu des dommages et intérêts résultant de l'inexécution de son obligation, et cette clause ne contient autre chose que des dommages et

[ARTICLE 1538.]

intérêts qui résultent de l'inexécution de l'obligation le l'acheteur.

473. *Seconde espèce.*—On ajoute quelquefois au pacte commissoire cette clause, " que le vendeur qui a reçu une partie du prix pourra, en cas de résolution du contrat par défaut de paiement dans le temps limité, retenir par forme de dommages et intérêts, cette partie du prix, en reprenant la chose vendue."

Cette clause est licite, pourvu que la somme ne soit pas trop considérable, et n'excède pas ce à quoi les dommages et intérêts du vendeur, résultant de l'inexécution du contrat, pourraient être estimés au plus cher.

474. *Troisième espèce.* — La clause par laquelle on stipule ' sans aucune limitation de temps, " qu'à défaut de paiement le contrat sera résolu," est une espèce de pacte commissoire, qui diffère du pacte ordinaire en ce que, dans le pacte ordinaire, il y a un temps limité, après l'expiration duquel il y a lieu à la résolution du contrat, si l'acheteur n'a pas payé : l'indétermination de temps qui se trouve dans celui-ci, n'empêche pas qu'il soit valable C'est l'avis de Brunneman, *edd.* l. 4, ff. *de Leg. commiss.*, et des docteurs par lui cités. Son effet est de donner au vendeur une action par laquelle il conclut contre l'acheteur à ce que, faute par lui de payer dans le temps qui sera arbitré, et lui sera imparti par le juge, la résolution du contrat sera ordonnée.

———

16 *Duranton, Vente,* ⎫ 374. Souvent, dans les contrats de
   n° 374 et s. ⎬ vente, même d'immeubles, il arrive
que les parties conviennent que la vente sera résolue de plein droit par le seul défaut de paiement du prix au terme fixé ; est ce qu'on appelle *pacte commissoire*, qui est l'objet d'un tre au Digeste, sous cette rubrique, *de Lege commissorià.*

Dans le Droit romain, cette convention était entendue avec dernière rigueur ; la résolution de la vente avait lieu de lein droit, si l'acheteur ne payait pas le prix au terme fixé,

[ARTICLE 1530.]

soit qu'il s'agit d'immeubles, soit qu'il s'agit de meubles. I n'eût pas pu forcer le vendeur à recevoir le prix le lende main même du délai.

Au contraire, dans notre ancienne jurisprudence, et lors qu'il s'agissait d'immeubles, cette convention était à peu près comminatoire : la vente n'était point résolue de plein droit par le seul défaut de paiement du prix à l'échéance du terme; il fallait un jugement, et, tant qu'il n'était pas rendu, l'ache. teur pouvait faire des offres, même durant les poursuites, et empêcher de la sorte la résolution d'être prononcée. Le juge accordait même quelquefois un délai à l'acheteur, lorsqu'il n'y avait pas danger pour le vendeur de perdre la chose et le prix, lorsqu'il n'y avait pas à craindre que l'acheteur ne commît des dégradations sur les biens.

375. Le Code ne permet pas que, dans aucun cas où le pacte commissoire a été inséré dans le contrat, le juge puisse accorder un délai ; s'il le faisait, il y aurait violation de la loi, et sa décision devrait être réformée par la Cour de cassa tion, si elle lui était déférée.

Mais d'un autre côté, le Code s'est éloigné de la rigueur des principes du Droit romain, en ce que, nonobstant le pacte, la vente n'est pas nulle de plein droit par le seul défaut de paiement au terme convenu: "Si, porte l'art. 1656, il a été " stipulé, lors de la vente d'immeubles, que, faute de paie- " ment du prix, dans le terme convenu, la vente serait réso- " lue de plein droit, l'acquéreur peut néanmoins payer après " l'expiration du délai, tant qu'il n'a pas été mis en demeure " par une sommation ; mais, après cette sommation, le juge " ne peut pas lui accorder de délai."

376. Il nous semble résulter des termes de cet article, et de l'esprit dans lequel il a été conçu, que, quand bien même il aurait été dit par la clause, que *la vente sera résolue de plein droit et sans qu'il soit besoin de sommation* l'acheteur pourrait encore payer, tant qu'il ne lui aurait pas été fait de somma-tion ; car ces mots, *et sans qu'il soit besoin de sommation,* n'ajoutent rien à l'effet de la clause, qui disait tout par elle

[ARTICLE 1538.]

même, et le législateur n'a pas voulu lui faire produire l'effet absolu que les parties déclaraient y attacher. Le but de la loi serait d'ailleurs facilement éludé, si ces mots additionnels donnaient à la clause l'effet d'opérer la résolution de plein droit faute de paiement dans le terme fixé ; on ne manquerait pas de les y insérer ; ils y deviendraient de style, et ce serait le pacte commissoire des lois romaines dans toute sa rigueur.

377. Un point susceptible de plus de difficulté est de savoir si la sommation faite après le terme n'a pas pour effet d'opérer elle-même, et virtuellement, la résolution de la vente, dans le cas où l'acheteur ne paierait pas sur cette sommation, de telle sorte qu'il ne pourrait plus payer après, malgré le vendeur, et que le juge ne pourrait s'empêcher de prononcer la résolution, nonobstant les offres faites par l'acheteur avant même la demande en résiliation du contrat ?

Pour l'affirmative, on peut dire que l'article porte : " L'acquéreur peut néanmoins payer *tant qu'il n'a pas été mis en demeure par une sommation* ; " donc, lorsqu'il a été mis en demeure par une sommation, il ne peut plus payer malgré le vendeur, et s'il ne peut plus payer, la conséquence nécessaire est que la résolution doit être prononcée ; elle a eu lieu de fait, et le jugement ne fait que la déclarer.

Pour la négative, on répond que ces mots sont suivis de ceux-ci : " Mais après cette sommation, *le juge ne peut pas lui accorder de délai* ; " or, si le juge était obligé de prononcer la résolution, nonobstant les offres de l'acheteur, faites depuis la sommation, il allait sans dire qu'il ne pouvait pas lui accorder de délai ; ce n'était pas la peine de lui en faire la prohibition : ce n'était pas ainsi que l'article eût dû être rédigé : il eût fallu dire : *mais après cette sommation, la résolution doit être prononcée*, ainsi qu'on l'a fort bien dit dans l'article précédent, pour le cas où le juge a accordé un délai et que l'acheteur n'a pas payé dans ce délai : " Ce délai passé, " sans que l'acquéreur ait payé, *la résolution de la vente sera prononcée*." Mais la rédaction de l'article que nous expli-

[ARTICLE 1538.]

quons maintenant est bien différente ; la conclusion de sa disposition est seulement celle-ci : *après la sommation, le juge ne peut pas accorder de délai ;* or, l'acheteur n'en demande pas, il offre, il a même déjà offert de payer ; tandis que sans le pacte commissoire, le juge eût pu lui accorder un délai, nonobstant toute sommation de payer ; et cet effet du pacte est encore assez important, en entendant l'article en ce sens. Il n'y aurait pas non plus cette latitude dont les tribunaux usaient quelquefois anciennement, nonobstant le pacte commissoire ; car le juge n'accorderait point de délai ; et l'on préviendrait un abus qui pourrait facilement exister, si l'acheteur ne pouvait plus payer après la sommation : il pourrait en effet arriver qu'il ne se trouvât pas chez lui au moment où l'huissier se présenterait pour faire la sommation, et qu'on eût choisi ce moment tout exprès ; car il ne s'est pas obligé par le pacte à porter son paiement chez le vendeur ; le paiement n'en doit pas moins, sauf stipulation contraire, être fait à son domicile ; or, il ne peut pas rester constamment chez lui pour attendre que le vendeur vienne y chercher le paiement, et celui-ci pourrait fort bien, par calcul, laisser écouler plusieurs jours, plusieurs semaines, plusieurs mois même, et saisir un moment où il saurait que l'acheteur n'est pas à son domicile pour lui faire faire la sommation. Les rédacteurs du Code n'ont probablement point entendu, en rédigeant l'art. 1656, qu'il pût produire un tel résultat ; ils ont sans doute voulu que le juge ne pût accorder de délai après la sommation, et il n'en sera point en effet accordé dans cette manière d'interpréter l'article ; mais, d'un autre côté, ils n'ont pas entendu consacrer le pacte commissoire avec des effets presque aussi rigoureux que dans le Droit romain ; ils ont dû prendre en considération l'avantage qui résulte de la stabilité de la propriété, ainsi que les frais considérables qu'entraînent avec elles les aliénations d'immeubles ; or, si une simple sommation, qui pourrait avoir lieu dès le lendemain même de l'échéance du terme, rend désormais l'acheteur non-recevable à faire des offres de paiement, et rend de la sorte la résolution inévitable, il faut convenir que c'est bien à peu près le pacte commissoire des lois romaines avec ses effets rigoureux. Il eût presque autant valu ne pas exiger de sommation ; on eût même mieux été d'accord avec les principes sur la mise en demeure, tels que l'art. 1139 les consacre ; car, suivant cet article, la mise en demeure résulte tout aussi bien de la seule convention, lorsqu'elle porte que le débiteur sera en demeure par la seule échéance du terme, et sans qu'il soit besoin d'acte, que d'une sommation ou autre acte semblable.

Tel est, au surplus, notre avis ; nous pensons que l'acheteur peut encore faire des offres après la sommation ; que seulement le juge ne peut lui accorder aucun délai, et que c'est en cela que consiste l'effet du pacte commissoire dans notre Droit ; cet effet se trouve résumé de la sorte dans la disposition finale de l'art. 1656.

Mais cet article serait applicable même au cas où l'acheteur aurait déjà fait un ou plusieurs paièmens, s'il négligeait d'en faire un à son terme, fût-ce le dernier ; sauf au vendeur à restituer ce qu'il a reçu, sous la déduction de la somme qui lui serait allouée pour ses dommages-intérêts.

1539. Le vendeur ne peut rentrer en possession de la chose vendue, sur ésolution de la vente aute de paiement du prix, vant d'avoir remboursé à 'acheteur ce qu'il a reçu e lui sur le prix, avec les rais de toutes les réparaions nécessaires et des méliorations qui ont augenté la valeur de la

1539. The seller cannot have possession of the thing sold, upon the dissolution of the sale by reason of non-payment of the price, until he has repaid to the buyer such part of the price as he has received, with the costs of all necessary repairs, and of such improvements as have increased the value

[ARTICLES 1540, 1541.]

chose, et jusqu'à concurrence de cette valeur. Si ses améliorations sont de nature à être enlevées, il a le choix de les laisser enlever par l'acheteur.

of the thing, to the amount of such increased value. If these improvements be of a nature to be removed, he has the option of permitting the buyer to remove them.

Voy. *Pothier*, n°s 469 et 470, sur art. 1538.

1540. L'acheteur est tenu de restituer la chose avec les fruits et revenus qu'il en a perçus, ou telle partie de ces fruits et revenus qui corresponde à la partie du prix qui reste due.

Il est aussi tenu envers le vendeur de toutes les détériorations de la chose survenues par sa faute.

1540. The buyer is obliged to restore the thing with the fruits and profits received by him, or such portion thereof as corresponds with the part of the price remaining unpaid.

He is also answerable to the seller for the deteriorations of the property which have been caused by his fault.

Voy. *Pothier*, n°s 465, 466, 468, sur art. 1538.

1541. Le vendeur est censé avoir abandonné son droit de recouvrer le prix, lorsqu'il a porté sa demande en résolution de la vente, faute de paiement.

1541. The seller is held to have abandoned his right to recover the price when he has brought an action for the dissolution of the sale by reason of the non-payment of it.

[ARTICLE 1542.]

Voy. *Digeste*, cité sur art. 1530 et *Pothier*, n° 461, cité sur art. 1538.

———

*16 *Duranton*, } 379. Mais, soit que le pacte commissoire
n° 379. } ait été inséré ou non dans le contrat, le vendeur qui a formé sa demande en résolution peut-il l'abandonner, et demander le prix ? Et s'il a d'abord demandé le prix, ou simplement sommé l'acheteur de le payer, peut-il changer de parti, et demander la résolution de la vente ?

Le Droit romain, dans le cas du pacte commissoire, s'opposait à ce que le vendeur pût revenir sur ses pas et prendre un autre parti. Ainsi la loi 4, § 2, ff. *de lege commissoriâ*, décide que le vendeur qui a demandé la restitution de la chose, en vertu du pacte commissoire, ne peut plus demander le prix ; et Pothier, n° 462, adopte cette décision, lors même que l'acheteur n'aurait encore signifié aucun acte d'adhésion à la résiliation du contrat. La loi 7, au même titre, décide pareillement que si le vendeur a poursuivi l'acheteur en paiement du prix, après l'expiration du terme pris pour le paiement, il ne peut plus demander la restitution de la chose ; il est censé avoir renoncé au bénéfice du pacte commissoire ; et Pothier, n° 463, adopte également cette décision.

———

1 *Despeisses, Des Contrats,* } Dès qu'une fois le Vendeur a
part. 1, sec. 6, n° 2. } usé de son pacte, il ne peut pas demander l'observation du contrat, Faber, *in suo Codice*, libro 4. tit. De *lege comm.* 37. *definit. unic.* Ainsi s'il a voulu recouvrer la chose, il ne peut plus demander le prix, *dict.* §. *Eleganter.*

———

1542. [La demande du prix par une action ou autre procédé judiciaire ne prive pas le vendeur de

1542. [A demand of the price by action or other legal proceeding does not deprive the seller

[ARTICLE 1542.]

son droit d'obtenir la ré-solution de la vente faute de paiement.]

of his right to obtain the dissolution of the sale by reason of non-payment.]

Voy. autorités sur art. 1541 et *Pothier, Vente,* n° 461, (*contrà*) cité sur art. 1538.

---

* 1 *Despeisses, Des Contrats, part.* 1, } Si après le pacte expiré
sec. 6, *n°* 3 *et* 4 (*contrà*). } il s'est fait payer à l'Ache-teur, il ne peut pas se servir du pacte, *leg. De lege* 6. § *Post diem, ultim. ff. eodem,* ni s'il a fait demande du prix convenu, *leg. Post diem* 7, *ff. eod.* ou bien des intérêts, *leg. Commissoriæ* 4. *Cod. De pactis inter emptores.*

Même de ce qu'il a laissé la chose à l'Acheteur long-temps après le pacte expiré, sans lui en faire demande, on présume qu'il a renoncé à son pacte, comme il a été jugé au Parlement de Paris, contre un Vendeur qui se vouloit servir de ce pacte deux ans après le terme expiré, Automne, *ad tit. ff. De lege comm. in princip.*

L'Acheteur n'encourt pas la peine de ce pacte, si la somme qu'il doit a été arrêtée entre ses mains d'autorité de Justice, Papon, *en ses Arrêts, liv.* 12. *tit.* 10. *art.* 2. *argum. leg. ultim. ff. eod.* où il est dit : *Qu'un tel Acheteur auquel le Fisc avoit dé-noncé de ne pas payer le Vendeur, qu'il ne fût plutôt payé de ce qui lui étoit dû par icelui, n'auroit pas encouru la peine dudit pacte, encore qu'il n'eût pas payé.*

---

* 16 *Duranton,* } 359. Ce n'est pas toutefois que, dans notre
n° 359. } Droit, la résolution d'une vente d'immeubles doive toujours être prononcée en justice ; car elle peut avoir lieu aussi de plein droit par l'accomplissement d'une condi-tion résolutoire expresse, autre que le cas d'inexécution des obligations de l'acheteur ; par exemple, *si tel navire rentre en*

France dans les deux ans du contrat, la vente sera résolue. Peu importe que le fait de l'accomplissement de la condition pourra être contesté entre les parties, cela peut avoir lieu également dans le cas d'une donation révoquée pour :...use de survenance d'enfans, et néanmoins la révocation n'a pas moins lieu de plein droit en ce cas.

---

* 1 *Troplong, Priv. et Hyp.,* } 224. En géné.al, tant que
n° 224, bis. } les choses se passent entre le vendeur et l'acquéreur, je crois qu'on ne peut opposer au vendeur les démarches qu'il a faites pour obtenir le payement du prix, et prétendre qu'il a renoncé à l'exercice de la clause résolutoire. Pour faire tomber l'acquéreur dans l'espèce de peine qui résulte pour lui de la résolution du contrat, n'est-il pas naturel que le vendeur poursuive d'abord le payement du prix? L'ordre logique n'est-il pas que le prix, objet principal de la vente, soit réclamé en premier lieu, sauf, en cas d'impossibilité de le recouvrer, à attaquer l'acquéreur par d'autres moyens? Ce serait abuser de l'intention du vendeur, que de soutenir qu'il a renoncé à la clause résolutoire : s'il y a renoncé, ce n'est qu'à la condition *sine quá non,* qu'il sera payé.

Les lois romaines qui sont mises en avant (1) ne sont pas applicables, comme je vais le montrer.

La loi 7 D. *de lege commissor.,* qui est le type des autres, est ainsi conçue : " Post diem legi commissoriæ præstitutum, si " venditor pretium petat, legi commissoriæ renuntiatum " videtur, *nec variare et ad hanc redire potest.*"

On voit qu'elle ne s'occupe que du cas où la vente est accompagnée du *pacte commissoire.* Or, l'effet du *pacte commissoire* était fort différent de la clause résolutoire du droit français. Le pacte commissoire rendait la chose *inempta,* par

(1) L 7, D *de lege commissor.;* l. 4, C. *de pactis inter empt. et vendi. or.* Pothier, *Pand.,* t. I, p. 560, n° 7.

[ARTICLE 1542.]

défaut de payement du prix, à l'époque convenue. Il opérait de *plein droit*, (1), et le vendeur pouvait la reprendre, en vertu de l'action de revendication, comme lui appartenant. ` Dans cet état de choses, demander le prix, c'était reconnaître l'existence de la vente, c'était agir en vertu de l'action *ex empto*, qui ne peut découler que d'un acte de vente existant; c'était par conséquent renoncer au *pacte commissoire* qui suppose la vente détruite. On ne peut vouloir tout à la fois qu'un contrat soit et ne soit pas. Quand on agit comme si la vente subsistait toujours, on purge le pacte qui permettait de la considérer comme anéantie. On lui redonne l'existence, qu'elle avait perdue par le seul fait de l'omission du paye-ment. La conséquence que les lois romaines tirent de l'action en payement du prix est donc tout à fait rationnelle.

Mais les choses sont bien différentes dans notre clause réso-lutoire tacite. Elle n'est qu'un pacte commissoire *imparfait* (2). Elle ne permet pas de considérer la vente comme résolue de *plein droit;* elle autorise seulement la résolution (3). En attendant, la vente subsiste toujours. Aucune incompatibi-lité ne se fait donc remarquer entre l'action en payement du prix et l'action en résolution de la vente. Demander le prix, ce n'est pas, comme dans le cas prévu par les lois romaines, renoncer à la non-existence de la vente. Cette non-existence n'est pas encore arrivée ; car, pour qu'elle arrive, il faut que le vendeur la demande en justice, et l'obtienne des tribunaux. Et si le vendeur la réclame, après avoir vainement demandé le prix, ce n'est pas de sa part se mettre en contradiction avec lui-même ; ce n'est pas vouloir qu'une chose soit détruite, quand on avait voulu qu'elle subsistât ; c'est partir d'un point fixe, l'existence de la vente, et en demander soit l'exé-

(1) Pothier, *Vente*, n° 462.

(2) Argument de ce que disent Voet, lib. XVIII, t. III, n° 2, et Zanchi, *de prælatione creditor.*, exercit. 5, n° 10.

(3) Art. 1184 et 1655 du code civil.

[ARTICLE 1542.]

cution, soit l'annulation. C'est échelonner les moyens, suivant l'exigence des cas (1).

---

* 1 *Duvergier, Vente,* } 444. Selon les lois romaines, lorsque
n° 444. } le vendeur, postérieurement à l'expiration du temps porté par le pacte commissoire, avait poursuivi l'acheteur pour le paiement du prix ; il était censé avoir renoncé au droit que lui donnait le pacte et il ne pouvait plus, en abandonnant les poursuites, conclure à la résolution du contrat (2).

Mais entre le pacte commissoire du droit romain et la clause résolutoire que la législation nouvelle sous-entend dans tous les contrats synallagmatiques, il existe des différences frappantes.

Le pacte commissoire résolvait le contrat de plein droit. Le terme échu, il n'y avait plus de vente ; en ce sens toutefois que le vendeur pouvait à son gré opter entre la résolution ainsi accomplie et l'exécution (3). S'il optait pour l'exécution, il reconnaissait l'existence de la vente et abandonnait par conséquent la résolution.

Au contraire, la clause résolutoire tacite ne produit son effet que lorsque le paiement a été réclamé et n'a pas été obtenu ; on ne peut donc voir dans les poursuites tendantes au paiement, une renonciation à l'action résolutoire : ce serait induire l'abandon d'un droit de ce qui est l'accomplissement de la condition de laquelle il dépend (4).

(1) Merlin est de cet avis (*Rép.*, v° *Résolution*, t. XV).

(2) L. 7, ff. de *leg. comm.* Pothier, *de la vente*, n. 463. Une règle à peu près semblable était suivie dans le ressort du parlement de Bourgogne. rrêt de la Cour de Dijon, du 23 avril 1830. Sirey, 33, 1, 309.

(3) L. 3, ff. de *Leg. com. Legem commissoriam quæ invendilionibus djicitur, si volet, venditor exercebit, non etiam invitus.*

(4) M. Merlin, Questions de droit, v° *Option*, § 1, n. 10. Arrêt de la our de Paris du 11 mars 1816. Sirey, 17, 2, 1.

[ARTICLE 1542.]

Si le contrat 'contient une clause expresse portant que le contrat se a résolu de plein droit, faute de paiement au terme convenu, n'y a-t-il pas lieu de décider, comme or décidait en droit romain, lorsque le pacte commissoire était inséré dans la vente ? M. Merlin répond négativement ; il pense que, nonobstant la clause résolutoire formellement stipulée, le vendeur peut, après avoir poursuivi l'acheteur à fin de paiement, demander la résolution soit contre l'acheteur, soit contre un tiers acquéreur : "En effet, dit-il, on sent que dans ce cas on ne peut plus opposer au vendeur, comme on le faisait sous le droit romain, que; par sa demande en paiement du prix, il a renoncé à son action résolutoire, puisque, aux termes de l'article 1656, son action résolutoire a dû nécessairement être précédée d'une sommation en paiement." (1)

---

* 11 *Merlin, Quest.*, v° *Option,* § 1, n° 10. Pouvcns-nous encore prendre les lois romaines pour guides ? Et ne devons-nous pas, au contraire, tenir pour constant que la demande en paiement du prix formée après l'expiration du délai fixé par le pacte commissoire, n'élève aucun obstacle à l'exercice de l'action en résolution de la vente ?

Sur cette question importante, il est une première observation à faire : c'est que l'ancienne jurisprudence française, s'écartant, avec beaucoup de raison, des subtilités du droit romain, avait mis en principe, comme le fait également le Code civil, que la clause résolutoire était toujours sous-entendue dans le contrat de vente.

Je dis que le Code civil sanctionne ce principe de l'ancienne jurisprudence française ; et en effet cela résulte

1° De la généralité de l'art. 1604, qui porte : "Si l'acheteur

(1) Questions de droit, v° *Option*, § 1, n. 10. Arrêt de la Cour de cassation, du 2 décembre 1811. Répertoire, tome 15, v° *Résolution.* Sirey, 12, 1, 56. Arrêt de la Cour de Limoges, du 21 août 1811. Sirey, 12, 2, 312.

[ARTICLE 1542.]

" ne paie pas le prix, le vendeur peut demander la résolution
" de la vente ";

.2° Des termes non moins généraux de l'art. 1655, qui
ajoute : " La résolution de la vente d'immeubles est pronon-
" cée, si le vendeur est en danger de perdre la chose et le
" prix ; si ce danger n'existe pas, le juge peut accorder à l'ac-
" quéreur un délai plus ou moins long, suivant les circons-
" tances : ce délai passé, sans que l'acquéreur ait payé, la
" résolution de la vente sera prononcée ";

3° De l'opposition qu'il y a entre cet article et le suivant
dans lequel est prévu spécialement le cas où la clause résolutoire a été expressément réservée par le vendeur : " S'il a
" été stipulé lors de la vente d'immeubles, que, faute de
" paiement du prix dans le terme convenu, la vente serait
" résolue de plein droit, l'acquéreur peut néanmoins payer
" après l'expiration du délai, tant qu'il n'a pas été mis en de-
" meure par une sommation ; mais après cette sommation,
" le juge ne peut pas lui accorder de délai ";

4° Du rapport fait au tribunat, le 12 ventôse an 12, où nous
lisons, sur les art. 1654 et 1655, que, " s'il n'a pas été stipulé
" dans l'acte qu'à défaut de paiement, la vente serait résolue
" de plein droit, le vendeur non payé peut cependant s'adres-
" ser à la justice pour faire prononcer cette résolution : elle
" sera prononcée sur-le-champ, si le vendeur est en dan-
" ger, etc. ";

5° Du discours du rapporteur du tribunat à la séance du
corps législatif, du 15 du même mois, dans lequel les deux
mêmes articles sont signalés comme faits pour le cas où " le
" contrat ne contient pas de stipulation relativement à la ré-
" solution de la vente par le défaut de paiement du prix ".

Cela posé, il est d'abord certain que, dans les cas où la
clause résolutoire n'est que sous-entendue, l'action en résolution de la vente peut encore être exercée après que le vendeur a vainement tenté, par l'action en paiement du prix, de
forcer l'acheteur à remplir ses engagemens. Cela résulte, et
de ce que j'ai dit plus haut, n° 2, sur les dispositions de l'art.

[ARTICLE 1542.]

1184 qui sont communes à tous les contrats synallagmatiques, et plus spécialement encore de l'art. 1655 qui, lorsque la résolution de la vente n'a pas été expressément stipulée par le contrat, n'autorise le juge à la prononcer, qu'après que le vendeur a épuisé les moyens qu'il avait de se faire payer. C'est d'ailleurs ce qu'ont jugé formellement deux arrêts de la cour royale de Paris, l'un du 11 mars 1816, rapporté par M. Sirey, tome 17, part. 2, page 1 ; l'autre, dont je ne connais pas la date précise, mais qui a été rendu en novembre ou décembre 1819, et par lequel a été confirmé un jugement contradictoire du tribunal de première instance du département de la Seine, du 20 mai 1818, entre les syndics de la faillite de Jean Dony, cessionnaire du sieur Contamine, et le sieur Bourdod, créancier du sieur de Montaignac.

Mais ne faut-il pas aller plus loin, et dire que, même dans le cas où il y a eu, par le contrat, stipulation expresse de la résolution de la vente, faute de paiement du prix dans le terme convenu, le vendeur peut encore, après avoir inutilement poursuivi l'acheteur à la fin de paiement, revenir à l'action résolutoire, non seulement contre l'acheteur personnellement, mais même contre un tiers-acquéreur ?

On sent, en effet, que, dans ce cas, on ne peut plus opposer au vendeur, comme on le faisait sous le droit romain, que, par sa demande en paiement du prix, il a renoncé à son action résolutoire, puisqu'aux termes de l'art. 1656, son action résolutoire a dû nécessairement être précédée d'une sommation en paiement.

C'est au surplus ce qu'a jugé bien positivement un arrêt de cassation du 2 décembre 1811, rapporté, avec les conclusions sur lesquelles il a été rendu, dans le *Répertoire de jurisprudence,* au mot *Résolution,* n° 4.

* 29 *Merlin, Rép.,* v° *Résolution,* | IV. L'action du vendeur
n° *IV, p.* 311 *à* 318.   } en Résolution de la vente d'un immeuble, faute de paiement du prix, peut-elle être exercée contre un tiers-acquéreur ?

[ARTICLE 1542.]

Le 27 ventôse an 10, le sieur Mignot et la demoiselle Ducros achètent de la veuve Longchamps et de ses deux filles, un domaine situé à Pirey, moyennant la somme de 7,000 francs, qu'ils s'obligent de payer, moitié dans trois mois et moitié dans un an.

Le 21 brumaire an 12, transaction entre le sieur Mignot et la demoiselle Ducros, assistée et autorisée du sieur Fages, son mari. Le sieur Mignot y reconnaît devoir à la dame Fages une somme de 700 livres, qu'il s'oblige de payer aux demoiselles Longchamps en déduction de sa part du prix du domaine de Pirey ; et il est convenu que les meubles existans dans ce domaine seront partagés.

Le 22 messidor an 12, le sieur Mignot, d'une part, les sieur et dame Fages, de l'autre, licitent entr'eux ce domaine et les meubles qui le garnissent. Le sieur et dame Fages en demeurent propriétaires pour le tout, à la charge 1° de payer au sieur Mignot la somme de 4,450 francs, savoir : 2,225 francs dans deux mois, et 2,225 francs dans cinq mois ; 2° de lui rapporter, dans le premier de ces deux termes, la quittance définitive de la veuve et des demoiselles Longchamps ; " 3° de laisser jouir le sieur Mignot, sans aucune rétribution, " des objets par lui vendus, jusqu'au paiement effectué du " premier terme, et que les acquéreurs auront exécuté l'art. " 2 des conditions du présent ; 4° qu'en cas de défaut, même " de retard de paiement, défaut d'exécution d'une seule " clause, la présente sera annulée de plein droit, le sieur Mi- " gnot rentrant dans sa propriété, comme s'il ne s'en était " point dépossédé, et sous réserve encore de tous dommages " et intérêts, et d'exercer toutes actions à cet égard, comme " il trouvera convenir, ce qui forme une condition essentielle " du présent, sans laquelle il n'eût été fait ; 5° que, par la " seule échéance des termes, et sans qu'il soit besoin d'acte, " les débiteurs seront en demeure."

Le 13 thermidor suivant, le sieur Mignot prend une inscription hypothécaire, en vertu de ce contrat, sur la portion du domaine de Pirey qu'il vient d'aliéner.

[ARTICLE 1542.]

Le 24 brumaire an 14, les sieur et dame Fages font assigner le sieur Mignot au tribunal civil de Besançon, pour se
voir condamner 1 - à déguerpir le domaine de Pirey dans la
huitaine de la signification du jugement à intervenir; 2° à
leur rapporter en valeur la moitié des fruits de ce domaine,
depuis le 20 brumaire an 12 jusqu'au contrat du 22 messidor
suivant; 3° à leur rapporter de même tous les fruits depuis
cette dernière époque jusqu'à celle du déguerpissement, sous
soumission d'imputer sur ces derniers fruits, les intérêts de la
portion revenant au défendeur dans le prix de la licitation.

Le sieur Mignot conclud, de son côté, à ce qu'il plaise au
tribunal, de déclarer les demandeurs non recevables dans
leurs fins et conclusions, les condamner aux dommages-
intérêts résultans de l'inexécution de l'acte de vente du 22
messidor an 12, suivant qu'ils seront estimés en exécution, et
les condamner a r dépens; plutôt et moyennant les soumis-
sions que fait le défenseur de faire état des loyers et fruits
depuis le 21 brumaire an 12 jusqu'au 22 messidor suivant,
d'après l'estimation qui en sera faite par experts, sur les
avances qu'il a faites, tant en ouvrages qu'en paiement d'intérêts, et sur ses autres créances envers les demandeurs; et
débouter ceux-ci de toutes fins et conclusions.

Le 25 avril 1806, jugement par lequel,

" Considérant 1° qu'on ne peut ordonner, contre le sieur
Mignot, le déguerpissement effectif du domaine, attendu le
défaut de paiement du prix de la vente du 22 messidor an 12,
et l'indivision de propriété qui existait auparavant entre lui
et la demoiselle Ducros; 2° que, jusqu'au moment du déguerpissement, il convient de partager le produit des jouissances du même domaine entre le sieur Mignot et les demandeurs, le sieur Mignot ne pouvant avoir plus de droit sur
cette moitié depuis la vente par lui faite à la demoiselle Ducros et à son mari, qu'il n'en avait auparavant;

" Considérant d'ailleurs, pour les fruits qui sont dus en
remontant au 21 brumaire an 12, époque de la transaction,
que ces fruits en particulier ne peuvent point être contestés;

[ARTICLE 1542.]

enfin, que le sieur Mignot, conservant la moitié des fruits, doit payer la moitié des intérêts dus aux demoiselles Longchamps ;

" Le tribunal condamne le sieur Mignot à rapporter les loyers et intérêts de la valeur des meubles et immeubles composant la moitié du domaine vendu le 22 messidor an 12, et ce à dater du 21 brumaire précédent, ainsi qu'ils seront réglés à l'amiable, sinon en conformité de la loi ; et à payer aux demoiselles Longchamps la moitié des intérêts dus à ces dernières ; ordonne que les parties compteront en conséquence, jusqu'au déguerpissement effectif du même domaine, déboute les parties des plus amples fins, et compense les dépens entr'elles ; au moyen de quoi, il est suffisamment pourvu sur leurs conclusions."

Le 7 janvier 1809, les sieur et dame Fages vendent le domaine de Pirey à Jean Claude Renaud et sa femme, pour la somme de 4,500 francs.

Le 18 du même mois, le sieur Mignot fait assigner les sieur et dame Fages, ainsi que les sieur et dame Renaud, devant le tribunal civil de Besançon, pour voir dire que, faute par les sieur et dame Fages de lui avoir payé le prix de la vente du 22 messidor an 12, cette vente demeurera résolue ; et qu'en conséquence, celle que les sieur et dame Fages ont faite depuis aux sieur et dame Renaud, restera sans effet, quant à la moitié indivise.

Le 13 février suivant, jugement qui déboute le sieur Mignot de sa demande, " attendu qu'il a renoncé au pacte com-" missoire, stipulé dans le contrat du 22 messidor an 12, tant " parcequ'il a laissé courir un long délai sans le faire valoir, " que parcequ'il est censé y avoir renoncé, en demandant " l'exécution du contrat lors de la tentative faite par les sieur " et dame Fages pour le déposséder."

Le 24 du même mois, le sieur Mignot appelle de ce jugement.

Le 8 juin 1809, l'une des demoiselles Longchamps et le sieur Oudet, son mari, réunissant sur leurs têtes tous les

[ARTICLE 1542.]

droits des vendeurs du 27 ventôse an 10, se rendent, par suite d'une surenchère exercée sur le contrat d'acquisition des sieur et dame Renaud, adjudicataires du domaine de Pirey. En cette qualité, ils interviennent dans la cause d'appel entre le sieur Mignot, les sieur et dame Fages et les sieur et dame Renaud.

Le 6 septembre de la même année, la cour d'appel de Besançon, statue en ces termes, sur l'intervention et sur l'appel:

" Considérant, sur l'intervention, que l'action exercée par l'appelant, tend à dépouiller les sieur et dame Oudet de la propriété du domaine en litige qui leur a été transféré depuis le jugement dont appel, par adjudication ensuite de surenchère ; que les intervenans ayant un droit acquis anterieurement à l'arrêt, pourraient y former tierce-opposition, si les conclusions de l'appelant étaient accueillies ; d'où il résulte qu'ils ont droit d'intervenir dans la contestation pour y défendre leurs droits ; que d'ailleurs l'appelant serait sans intérêt à contester leur intervention, soit parcequ'ils sont représentés par les sieur et dame Renaud, acquéreurs des mariés Fages, et intimés dans la cause, soit parceque lesdits mariés Fages ont adhéré aux mêmes moyens proposés par les intervenans ; et que ces moyens sont aussi puissans dans leur bouche que dans celle des sieur et dame Oudet ; qu'ainsi, et sous aucun rapport, la demande en intervention de ces derniers ne peut être contestée ;

" Au fond, qu'abstraction faite des motifs qui ont déterminé les premiers juges, il est certain que, d'après l'art. 1583 du Code civil, la vente est parfaite entre les parties; et la propriété est acquise de droit à l'acheteur, à l'égard du vendeur, dès qu'on est convenu de la chose et du prix, quoique la chose n'ait pas été livrée ni le prix payé ; qu'ainsi, les mariés Fages sont devenus propriétaires de la moitié du domaine de Pirey, appartenant à Mignot, dès l'instant de la passation du contrat; qu'à la vérité, le sieur Mignot, n'étant pas payé du prix, aurait pu se pourvoir contre les intimés en Résolution de la vente, soit en vertu de la clause résolutoire insérée dans le

[ARTICLE 1542.]

contrat, soit en vertu de l'art. 1184 du Code, qui veut que la condition résolutoire soit toujous sous-entendue dans les contrats synallagmatiques, pour le cas où l'une des parties ne satisferait point à son engagement; mais que le sieur Mignot n'a exercé son action résolutoire que postérieurement à la vente authentique faite par les mariés Fages aux sieur et dame Renaud; qu'il est de principe consacré par les lois, que la Résolution d'un contrat ne peut préjudicier aux droits acquis de bonne foi par des tiers; que cela résulte instamment des art. 2106, 2108 et 2113 du Code civil qui n'accordent au vendeur qu'une hypothèque privilégiée contre le tiers acquéreur, et qui exigent que ce privilége ne puisse être conservé sans inscription aux hypothèques;

" Que l'inscription exigée pour la conservation du privilége du vendeur, deviendrait inutile, si, par l'action en Résolution, il avait la faculté de faire tomber les hypothèques et les droits des tiers acquéreurs; qu'enfin il implique de croire que le législateur, qui a refusé l'action hypothécaire au créancier privilégié non inscrit, lui aurait cependant accordé l'action en revendication; d'où il résulte que le jugement du 13 février 1809 qui a débouté l'appelant de sa demande, doit être confirmé;

" Par ces motifs, la cour a reçu et reçoit les sieur et dame Oudet intervenans dans la cause dont il s'agit; fait jonction de leur intervention à la matière principale; et prononçant sur le tout, a mis et met l'appellation interjetée par le sieur Mignot, du jugement rendu par le tribunal civil de première instance séant à Besançon le 13 février 1809, au néant; ordonne que le jugement dont appel ira avant et sortira son plein et entier effet ..... ".

Le sieur Mignot se pourvoit en cassation contre cet arrêt.

Le 14 novembre 1810, arrêt de la section des requêtes qui admet son recours.

En conséquence, l'affaire est portée le 2 décembre 1811, à l'audience de la section civile.

" Contravention aux art 1655, 1656, 1664 et 2182 du Code

civil; fausse application des art. 1583, 2106, 2108 et 2113 du même Code : tel sont (ai-je dit à cette audience) les moyens de cassation que vous propose le demandeur.

" Pour apprécier ces moyens, nous devons les rapprocher des motifs de l'arrêt attaqué.

" Il commence par établir que, d'après l'art. 1583 du Code civil, les sieur et dame Fages sont devenus propriétaires de la moitié indivise du sieur Mignot dans le domaine de Pirey, du moment qu'il y a eu consentement sur la chose et le prix, quoique la chose n'eût pas encore été livrée ni le prix payé.

" Rien de plus vrai. Mais sont-ils par cela seul, devenus propriétaires incommutables ? Ont-ils, par cela seul, acquis le droit de transmettre incommutablement à des tiers, un bien dont ils n'avaient pas payé le prix ? Voilà une question que ne résoud certainement pas l'art. 1583 ; l'art. 1583 ne s'occupe que de l'effet immédiat du contrat de vente ; il décide seulement que, par le contrat de vente, l'acquéreur est investi immédiatement de la propriété de la chose vendue. Mais assurément il n'entend point par là décider que la propriété de la chose vendue n'est pas résoluble faute de paiement du prix ; et ce qui le prouve sans réplique, c'est que, par l'art. 1654, il est dit que, " si l'acheteur ne paie pas le " prix, le vendeur peut demander la Résolution de la vente"; ·c'est que, par l'art. 1656, le législateur autorise expressément les parties à stipuler " que, faute du paiement du prix dans " le terme convenu, la vente sera résolue de plein droit"; c'est que, d'après le même article, il ne faut qu'une sommation de la part du vendeur, après le terme convenu, pour assurer irrévocablement l'effet de cette stipulation.

" La cour d'appel ajoute que le sieur Mignot n'ayant exercé son action résolutoire que postérieurement à la vente faite par les sieur et dame Fages aux sieur et dame Renaud, il ne pouvait être préjudicié, par cette action, aux droits acquis de bonne foi par des tiers.

" Quoi donc ! Est-ce que des tiers-acquéreurs peuvent avoir, sur les biens qu'ils ont achetés, même de bonne foi, plus de droits que leur vendeur ? Est-ce que leur vendeur a pu leur transmettre incommutablement une propriété qui, dans ses mains, était sujette à une action résolutoire ? Est-ce que l'action résolutoire qu'un vendeur s'est réservée à défaut de paiement du prix, ne peut pas s'intenter contre un tiers-acquéreur, tout aussi bien que contre l'acquéreur primitif ?

" Le droit romain ne laissait là-dessus aucun doute. La loi 8, D. *de lege commissoriâ*, qualifie de *revenaication* et par conséquent de réelle, l'action par laquelle le vendeur demande à rentrer, en ce cas, dans son bien ; et Pothier, dans son *Traité du contrat de vente*, n° 464, établit positivement que cette action *peut être intentée contre les tiers-détenteurs ;* car, dit-il, *le vendeur n'ayant aliéné l'héritage qu'aux charges portées dans son contrat, en aliénant l'héritage, il l'a affecté à l'exécution des obligations que l'acheteur a contractées envers lui par ce contrat.*

" Le Code civil a-t-il dérogé à cette jurisprudence ?

" Sans doute, il en doit être de l'aliénation absolue comme de l'hypothèque qui n'est qu'une aliénation partielle ; et par conséquent si, sous le Code civil, le pacte commissoire que le vendeur a stipulé en cas de défaut de paiement du prix, opère son entier effet contre les créanciers personnels de l'acquéreur auxquels celui-ci a hypothéqué le bien qu'il ne possédait que sous la condition résolutoire d'en payer le prix dans un terme convenu, il est clair qu'elle doit l'opérer également contre les tiers à qui cet acquéreur a revendu le même bien ; il est clair qu'elle doit également résoudre les aliénations faites au profit des tiers-acquéreurs.

" Or, l'art. 2125 du Code civil décide nettement que la Résolution de la vente, lorsqu'elle est prononcée par suite d'un pacte commissoire stipulé pour le cas du défaut de paiement du prix, entraîne la Résolution des hypothèques constituées intermédiairement par l'acquéreur.

" *Ceux qui n'ont sur l'immeuble* (porte cet article) *qu'un droit suspendu par une condition, ou* RÉSOLUBLE DANS CERTAINS CAS,

[ARTICLE 1542.]

ou sujet à rescision, ne peuvent consentir qu'une hypothèque soumise aux mêmes conditions ou à la même rescision.

" Donc, par la même raison, celui qui n'a sur un immeuble qu'un droit résoluble dans certains cas ou sujet à rescision, ne peut l'aliéner que tel qu'il le possède ; et c'est ce que déclare expressément l'art. 2182 : *le vendeur,* y est-t-il dit, *ne transmet à l'acquéreur que la propriété et les droits qu'il avait lui-même sur la chose vendue ;* donc l'action résolutoire, l'action rescisoire, qui pouvait être intentée contre lui avant l'aliénation qu'il en a faite, peut l'être également contre son acquéreur.

" Aussi l'art. 954 déclare-t-il que, *dans le cas de la révocation pour cause d'inexécution des conditions, les biens rentreront dans les mains du donateur, libres de toutes charges et hypothèques du chef du donataire ; et* (que) *le donateur aura, contre les tiers détenteurs des immeubles donnés, tous les droits qu'il aurait contre le donataire lui-même.*

" Aussi l'art. 1664 déclare-t-il que, *le vendeur à pacte de rachat, peut exercer son action contre un second acquéreur, quand même la faculté de réméré n'aurait pas été déclarée dans le second contrat.*

" Aussi l'art. 1681 déclare-t-il que le *tiers-possesseur* est sujet, de la part du vendeur lésé dans le prix jusqu'à concurrence des sept douzièmes, à la même action rescisoire, que l'acquéreur direct de qui il tient ses droits.

" A la vérité, il n'y a dans le Code aucun texte qui applique littéralement aux ventes stipulées résolubles à défaut de paiement du prix, le principe général sur lequel sont fondées toutes ces dispositions particulières. Mais qu'importe ? Ce principe général est écrit textuellement dans l'art. 2182 du Code ; il fait loi par lui-même ; il n'a besoin d'aucun développement ultérieur ; et les tribunaux sont tenus de l'appliquer aux ventes stipulées résolubles à défaut de paiement du prix, comme ils auraient été tenus, si le législateur ne l'avait pas fait surabondamment, de l'appliquer aux ventes faites sous faculté de rachat, aux ventes rescindées pour cause de

[ARTICLE 1542.]

lésion, aux donations révoquées faute d'exécution des conditions imposées aux donataires.

"Comment donc la cour d'appel de Besançon a-t-elle pu penser que l'action résultant du pacte commissoire opposé à une vente pour défaut de paiement du prix, ne peut plus être exercée du moment que le bien est passé dans les mains d'un tiers-acquéreur.

"C'est, a-t-elle dit, parceque les art. 2106, 2108 et 2113 du Code civil n'accordent au vendeur, contre le tiers-acquéreur, qu'une hypothèque privilégiée, et qu'ils ne la lui accordent que dans le cas où il a pris le soin de la faire inscrire ; c'est que le législateur se contredirait lui-même si, tout en refusant une action hypothécaire au vendeur qui a négligé de faire inscrire son privilège, il lui accordait une action en revendication.

"Mais 1° la supposition, d'après laquelle raisonne la cour d'appel, est étrangère au sieur Mignot. Le sieur Mignot a été inscrit sur le domaine de Pirey, dès le 13 thermidor an 12, vingt et un jours après la vente qu'il en avait faite aux sieur et dame Fages, et long-temps avant la revente que les sieur et dame Fages en ont faite aux sieur et dame Renaud. La preuve en est écrite dans l'état, qui est sous vos yeux, des inscriptions existant sur ce domaine à l'époque où les sieur et dame Renaud ont fait transcrire leur contrat.

"2° Quand même le sieur Mignot n'aurait pas fait inscrire son privilége sur le domaine de Pirey, il n'en aurait pas moins le droit de rentrer dans ce domaine, en faisant résoudre, à défaut de paiement du prix, le contrat par lequel il l'a vendu ; et ce droit, il ne pourrait pas moins l'exercer contre un tiers-acquéreur que contre son acquéreur immédiat.

"En effet, le privilège et l'action en résolution sont deux droits distincts et indépendans l'un de l'autre. Le privilége est accordé par l'art. 2103 du Code civil, et l'art. 2108 ajoute qu'il ne peut avoir lieu qu'à l'aide d'une inscription hypothécaire. L'action en résolution est accordée par les art. 1654 at 1656, et ni l'art. 1654 ni l'art. 1656 ne limitent l'exercice de l'action en résolution au cas où une inscription hypothécaire a conservé le privilége.

" L'action en résolution et le privilège ont-ils le même but ? Non.

" Par le privilége, le vendeur obtient le paiement de son prix ; et ce paiement il le préfère toujours à la propriété, puisque c'est l'espérance de se faire payer son prix qui a déterminé son consentement à cesser d'être propriétaire. Il lui importe donc de conserver son privilége, puisque c'est le seul moyen qu'il a de se faire payer.

" Par l'action en résolution, le vendeur qui n'a pu se faire payer, rentre dans son bien comme s'il ne l'avait pas vendu. Mais il importe peu, pour cela, qu'il ait ou qu'il n'ait pas conservé son privilège. S'il l'a conservé, le tiers-acquéreur ne pourra pas s'en prévaloir pour empêcher la Résolution de la vente. S'il ne l'a pas conservé, ce sera encore la même chose, parcequ'il n'a acquis qu'une propriété qui était résoluble dans les mains de son auteur ; et qu'encore une fois, *le vendeur*, aux termes de l'art. 2182 du Code civil, *ne transmet à l'acquéreur que les droits qu'il avait sur la chose vendue;* parcequ'il en est de l'action en Résolution d'une vente, pour défaut du paiement du prix, comme de l'action en rescision d'une vente pour lésion de plus des sept douzièmes, comme de l'action en révocation d'une donation pour inaccomplissement des conditions sous lesquelles elle a été faite ; et que conséquemment elle peut, comme celles-ci, s'intenter contre un tiers-acquéreur, quoique le vendeur n'ait pas fait inscrire son privilège.

" C'est ce que la cour d'appel de Toulouse a parfaitement expliqué dans un arrêt que la section des Requêtes a maintenu, le 16 juin dernier, au rapport de M. Lefessie.-Grandprey.

" Par arrêt du 4 août 1808, cette cour avait déclaré résolu, faute de paiement des arrérages de la rente qui en formait le prix, un bail à locatairie perpétuelle, du 5 septembre 1721, en vertu duquel le sieur Squiroly jouissait de deux domaines

[ARTICLE 1542.]

concédés à ses auteurs par ceux du sieur Décès-Caupène; et elle avait renvoyé le sieur Décès-Caupène en possession de l'un et de l'autre.

"La dame Squiroly qui avait pris, dès l'an 8, des inscriptions hypothécaires sur ces deux domaines, pour la sûreté de ses deniers dotaux, prétendit forcer le sieur Décès-Caupène à les lui délaisser, sinon à lui payer sa dot; et pour d'autant mieux appuyer sa prétention, elle forma tierce-opposition à l'arrêt du 4 août 1808.

"Le sieur Décès-Caupène se trouvait, à cet égard, dans une position moins avantageuse que n'est ici le sieur Mignot : il n'avait fait inscrire, ni avant ni depuis l'inscription prise par la dame Squiroly, l'hypothèque privilégiée qu'il avait, comme bailleur de fonds, et, par conséquent, comme vendeur, sur les deux domaines dont il s'agissait.

"Mais il soutint que, par-là, il n'avait perdu que son hypothèque privilégiée; que son action en Résolution en était absolument indépendante; qu'il aurait pu exercer cette action contre un tiers-acquéreur, sans le secours préalable d'aucune inscription hypothécaire; et que, par la même raison, il avait pu l'exercer au préjudice d'un créancier hypothécaire.

" Par l'arrêt qui intervint sur cette contestation, la cour d'appel de Toulouse débouta la dame Squiroly de toutes ses demandes, *attendu* (dit-elle) *qu'on doit co-ordonner les principes sur les hypothèques avec les effets du pacte commissoire, et suivre, à cet égard, la doctrine adoptée par le Code civil, qui, en consacrant, comme la loi du 11 brumaire an 7, le système de la publicité de l'hypothèque, de la nécessité de l'inscription et de la préférence à donner à la priorité des actes, a néanmoins voulu que, art. 954, que le donateur puisse dans certains cas, reprendre les biens donnés ; art. 1184, que la condition résolutoire soit sous-entendue dans tous les contrats synallagmatiques; et art. 1654, que, faute de paiement du prix, le vendeur puisse demander la Résolution de la vente ; que, dans tous ces cas, les biens soient repris libres et francs d'hypothèques ; et qu'il y a,*

sous ce rapport, une différence essentielle entre l'action en paie-
ment et l'action en revendication ; que, dans le cas de l'action en
paiement, le vendeur aurait besoin de l'inscription d'office pour
primer les autres créanciers de l'acquéreur ; tandis qu'il les
écarte tous et sans inscription, en recourant à l'action en reven-
dication ; et qu'il en est absolument du bailleur à locatairie per-
pétuelle, comme du vendeur ordinaire.

"La dame Squiroly s'est pourvue en cassation contre cet
arrêt ; mais la cour adoptant, les conclusions de M. l'avocat.
général Daaniels, a rejeté sa requête.

"*Attendu que la loi du 29 décembre 1790, qui a rendu rache-*
tables les rentes foncières perpétuelles, n'a pas changé la nature
de ces rentes, et que le pacte commissoire est de leur nature ;

"*Attendu que l'exécution du pacte commissoire dérivant du*
titre originaire, résoud le contrat ab initio, et par conséquent
efface toutes les hypothèques intermédiaires ;

"*Attendu que l'arrêt contradictoire du 4 août 1808, conforme*
à ce principe, avait de plus acqui. l'autorité de la chose jugée,
lorsque la réclamante y a formé opposition ;

"*Attendu qu'elle ne pouvait avoir plus de droit par son hypo-*
thèque, que son débiteur lui-même, qui n'avait qu'une propriété
résoluble ; que, dans cet état de choses, cette tierce-opposition
aurait été mal fondée, quand même elle eût été recevable ;

"*Attendu enfin, que l'arrêt attaqué n'a contrevenu à aucune*
loi, et s'est conformé, au contraire, à l'ancienne jurisprudence, à
laquelle la loi du 29 décembre 1790 n'a porté aucune atteinte ;
la cour rejette le pourvoi...

"Tout se réunit donc pour établir que le sieur Mignot aurait conservé, même dans le cas où il n'eût pas fait inscrire
son privilége sur le domaine de Pirey, le droit de faire ré
soudre, faute de paiement du prix, la vente qu'il avait faite
de ce domaine ; et que ce droit il aurait pu le faire valoir
contre un tiers-acquéreur, ni plus ni moins q   contre les
créancie-¬ hypothécaires de son propre acquéreur ; qu'à plus
forte raison, a-t-il pu exercer ce même droit, après avoir assuré son privilège par une inscription ; et qu'en décidant le

[ARTICLE 1542.]

contraire, par les motifs de 'o' .:rêt, la cour d'appel de Besançon a violé les art. 1654 1 .. 1664, 1681, 2125 et 2182 du Code civil.

" Mais il n'est pas possible de justifier les motifs de l'arrêt de la cour d'appel de Besançon, ne peut-on pas du moins en justifier le dispositif par les considérations qui avaient déterminé les premiers juges, et dont cette cour a cru devoir faire abstraction ?

" Quelles sont ces considérations ? Il y en a deux qui aboutissent à un résultat commun, savoir : que le sieur Mignot, avant d'intenter son action en révocation de la vente du 22 messidor an 12, y avait renoncé.

" Et d'abord, il y avait renoncé, suivant le tribunal de première instance, par le seul effet du retard qu'il avait mis à l'exercer, par cela seul qu'il ne l'avait exercé que le 18 janvier 1809, près de cinq ans après l'ouverture de cette action.

" Mais entre renoncer à une action et en différer l'exercice par ménagement pour le débiteur, la différence est incommensurable ; et argumenter de l'un à l'autre, dans notre espèce, c'est, non-seulement insulter à la raison, mais encore violer implicitement l'art. 1656 du Code. *S'il a été stipulé* (porte cet article) *que, faute de paiement du prix dans le terme convenu, la vente serait résolue de plein droit, l'acquéreur peut néanmoins payer après l'expiration du délai, tant qu'il n'a pas été mis en demeure par une sommation. Mais après cette sommation, le juge ne peut pas lui accorder de délai.* Ainsi, l'acquéreur qui, faute de paiement du prix dans le terme fixé par le contrat de vente, a encouru la peine de la Résolution, peut néanmoins s'y soustraire par le paiement effectif du prix, tant que le vendeur ne lui a pas fait une sommation de le payer, quelque long que soit d'ailleurs le temps qui s'est écoulé depuis l'expiration du délai conventionnel Et comment l'acquéreur aurait-il cett~ faculté, si le vendeur, de son côté, était déchu de son action résolutoire,. faute de l'avoir exercée immédiatement après l'expiration du terme convenu ? Bien évidemmen', cette faculté n'aurait plus alors d'objet

[ARTICLE 1542.]

pour l'acquéreur. L'art. 1656 présuppose donc nécessairement que, quelque temps que le vendeur ait laissé passer après l'expiration du terme convenu, sans faire à l'acquéreur une sommation de le payer, il est toujours maître de lui faire cette sommation, et, par suite, d'exercer contre lui son action résolutoire.

"En second lieu, a dit le tribunal de première instance, le sieur Mignot avait renoncé à son action, *en demandant l'exécution du contrat lors de la tentative faite par les sieur et dame Fages pour le déposséder.*

"Ici deux choses sont à examiner : le fait et le droit.

"Dans le fait, il est très-vrai que les sieur et dame Fages s'étant pourvus par exploit du 24 brumaire an 14, pour faire condamner le sieur Mignot à désemparer le domaine de Pirey, nonobstant la clause du contrat du 22 messidor an 12 qui lui réservait la jouissance de sa part jusqu'à ce que les acquéreurs eussent payé le premier terme du prix et rapporté la quittance définitive des demoiselles Longchamps, leurs venderesses communes, le sieur Mignot a conclu à ce que les sieur et dame Fages fussent déclarés non-recevables dans leurs fins et conclusions, et *condamnés aux dommages-intérêts résultans de l'inexécution de l'acte de vente du 22 messidor an 12.*

"Dans le droit, de ce que le sieur Mignot, afin de repousser la tentative faite par les sieur et dame Fages pour le déposséder avant de lui avoir rien payé, leur a opposé la clause de son contrat qui l'autorisait à continuer de jouir jusqu'à paiement de la moitié du prix de la vente du 22 messidor an 12 et de la totalité de celui de la vente du 27 ventôse an 10, il ne s'ensuit nullement que le sieur Mignot eût renoncé, dès lors, à l'exercice de son action résolutoire. Le contrat du 22 messidor an 12 assurait deux droits au sieur Mignot : celui de jouir jusqu'au paiement d'une portion du prix et à la justification de sa libération complète avec les demoiselles Longchamps ; et celui de faire résoudre la vente à défaut d'accomplissement de l'une ou de l'autre des obligations des acquéreurs dans les délais fixés par leur convention ; et assurément le sieur Mignot, en exerçant le premier de ces droits, ne renonçait pas au deuxième.

" Mais le sieur Mignot n'a pas seulement conclu à ce que les sieur et dame Fages fussent, à raison de l'inexécution du contrat de vente, déclarés non-recevables dans leur demande en délaissement du domaine de Pirey ; il a encore conclu à ce qu'ils fussent *condamnés aux dommages-intérêts résultans de cette inexécution ;* et il s'agit de savoir si, par ce second chef de ses conclusions, il n'a pas implicitement renoncé à son action résolutoire.

" Dans le droit romain, le vendeur était censé renoncer à son pacte commissoire, lorsqu'après l'expiration du terme fixé pour le paiement, il demandait, au lieu de la Résolution de la vente, le paiement même du prix. *Post diem commissoriæ legi præstitutum* (dit la loi 7, D. *de lege commissorid*), *si venditor pretium petat, legi commissoriæ renunciatum videtur, nec variare et ad hanc redire potest.* La loi 4, C. *de pactis inter emptorem et venditorem*, étendait cette décision jusqu'au cas où le vendeur s'était borné, après l'expiration du terme fatal, à demander le paiement des intérêts du prix : *commissoriæ venditionis legem exercere non potest qui, post præstitutum pretii solvendi diem, non vendicationem rei eligere, sed usurarum pretii petitionem sequi maluit.*

"Mais d'abord il est fort douteux qu'on puisse, en cette occasion, assimiler au vendeur qui, le moment de la commise arrivé, réclame le paiement du prix, le vendeur qui, alors, demande des dommages-intérêts à raison du défaut de ce paiement.

" Ensuite les lois romaines que nous venons de rappeler, sont-elles renouvelées par le Code civil ? Il s'en faut beaucoup. Nous l'avons déjà dit, l'art. 1656 de ce Code, porte que, *s'il a été stipulé, lors de la vente d'immeubles, que, faute de paiement du prix dans le terme convenu, la vente serait résolue de plein droit, l'acquéreur peut néanmoins payer après l'expiration du délai, tant qu'il n'a pas été mis en demeure par une*

[ARTICLE 1542.]

sommation. Quel est le but de la *sommation* dont il est parlé dans cet article ? Elle n'en a pas d'autre que d'interpeller l'acquéreur de payer ; car ce n'est qu'en interpellant l'acquéreur de payer, qu'on peut le mettre *en demeure.* Il est donc décidé par cet article, que l'action résolutoire peut encore être intentée après que le vendeur a réclamé sans succès le paiement du prix. Cet article déroge donc aux lois romaines qui faisaient résulter de la demande en paiement du prix, une fin de non-recevoir contre cette action.

" Et il ne faut pas s'étonner que le Code civil n'ait pas conservé des lois qui étaient plus subtiles que raisonnables. Que se passe-t-il dans l'âme d'un vendeur qui, après l'expiration du terme convenu pour la Résolution de la vente, poursuit encore le paiement du prix ? Sans doute, il annonce assez qu'il préfère au parti de faire résoudre la vente, celui de se faire payer. Mais par-là, renonce-t-il à la ressource de la Résolution qu'il s'est réservée en cas de défaut de paiement ? Non, et bien loin de là : en mettant dans un nouveau jour la mauvaise volonté ou l'impuissance de son acquéreur, il ne fait que constater d'autant mieux la nécessité d'en venir à l'action résolutoire ; il ne fait qu'ôter à son acquéreur tous les moyens d'excuse dont il pourrait se prévaloir contre l'exercice de cette action.

" Il n'y a donc rien, dans les motifs des premiers juges, qui puisse couvrir l'illégalité de ceux de la cour d'appel ; et nous estimons en conséquence qu'il y a lieu de casser et annuler l'arrêt qui vous est dénoncé."

Par arrêt du 2 décembre 1811, au rapport de M. Ruperou.

" Vu les art. 2182, 2125, 1654, 1655, 1656, 1664, 1583, 2106, 2108 et 2113 du Code civil... ;

" Attendu, en fait, que dans l'acte de licitation du 22 messidor an 12, il a été expressément convenu qu'en cas d'inexécution de la part des mariés Fages d'une seule des clauses de cet acte, la licitation serait annulée de plein droit, et que rien ne prouve que depuis le sieur Mignot eût renoncé au

[ARTICLE 1543.]

droit de requérir l'exécution de la clause résolutoire stipulée à son profit ;

 " Attendu, en droit, qu'il est de règle certaine qu'un vendeur ne peut transmettre à son acquéreur plus de droit qu'il
n'en a lui-même ; qu'ainsi, quelle qu'ait pu être la bonne foi
des mariés Renaud, ils n'ont acheté que la propriété qu'a-
vaient les mariés Fages, et ils ont été obligés, comme l'auraient été ces derniers eux-mêmes, de supporter l'effet de la
clause résolutoire stipulée en l'acte de licitation ;

 " Attendu enfin qu'il ne faut pas confondre le privilége
qu'a le vendeur sur le bien pour le prix qui lui est dû, avec
le droit réel que lui assure la clause résolutoire, lequel n'a
pas besoin d'inscription pour être conservé ; mais que, cette
inscription fût-elle nécessaire, ou n'en saurait rien induire,
dans l'espèce, au préjudice de Mignot, puisqu'il est constant
qu'il a fait inscrire le contrat de licitation, le 13 thermidor
an 12 ;

 " La cour casse et annulle l'arrêt de la cour d'appel de
Besançon du 22 août 1809, pour violation des art. 2182, 2125,
1654, 1655, 1656, 1664 et en même temps pour fausse application des art. 1583, 2106, 2108 et 2113 du Code civil."

1543. Dans les ventes de meubles le droit de résolution faute de paiement du prix ne peut être exercé qu'autant que la chose reste en la possession de
l'acheteur, sans préjudice au droit de revendication
du vendeur, tel que réglé au titre *Des Priviléges et
Hypothèques*.

1543. In the sale of moveable things the right
of dissolution by reason of non-payment of the price
can only be exercised while the thing sold remains in the possession of the buyer ; without prejudice to the seller's right of revendication as provided in the title *Of Privileges and Hypothecs*.

[ARTICLE 1543.]

* *Côde Cant. de Vaud,* Si les biens meubles ont été déli.
art. 1187. vrés à l'acquéreur, le vendeur ne peut
demander la résolution de la vente par le motif que le prix
n'en aurait pas été payé.

Si les biens meubles n'ont pas encore été délivrés à l'acquéreur le vendeur pourra demander la résolution de la vente pour défaut de paiement.

---

* *Cout. de Paris,* Meubles n'ont point de suite par hypo-
art. 170. theque, quand ils sont hors de la possession du Debiteur.

---

* 1 *Laurière, sur art.* 170, Des Mares, décision 165. Les
Cout. de Paris. Coutumes notoires, art. 23. *Lucius,*
lib. 10. *Placitor. tit.* 3. *n.* 1. Coquille, Q. 63.

Dans la plupart de nos Coutumes il n'y a point *d'hypotheque de meubles* par la convention des Parties ; mais afin qu'ils soient obligés, il faut qu'il y ait *nantissement* ou *réalisation.*

Les *meubles* qui sont en la possession du débiteur n'étant donc point *affectés* ni *hypothéqués* à ses créanciers, il est évident que ces meubles n'ont point de *suite par hypotheque* quand ils sont hors de sa possession, soit par vente et donation sans fraude, ou par gage réel et nantissement. *Voyez l'article* 181.

---

* 2 *Troplong, Vente,* Nous l'avons déjà dit : c'est le non-
n° 646 *et* 665. paiement du prix qui est la cause et le fondement de l'action en resolution. Lorsque le vendeur n'est pas payé, soit de la totalité du prix, soit même d'une portion, ou des accessoires, il peut demander à rentrer dans l'immeuble. Si c'est un meuble qui a été vendu, il peut user de ce droit, quand même l'acheteur serait tombé en faillite ; car la masse des créanciers succédant aux droits actifs de ce dernier doit aussi supporter l'exercice des actions passives.

[ARTICLE 1543.]

Mais il y a cette différence entre les ventes d'immeubles et les ventes de meubles, que, dans celles-ci, le vendeur est toujours en danger de perdre la chose et le prix, à cause de la facilité qu'a l'acheteur de faire disparaître la chose. D'où il suit qu'il n'y a pas lieu d'accorder des délais pour le paiement.

Sous un autre point de vue, une prorogation de délais aurait des inconvénients graves. On sait avec quelle promptitude varient les prix des choses mobilières. Pendant le délai de paiement, l'objet vendu pourrait augmenter de valeur; mais si à l'expiration l'acheteur ne payait pas, et qu'on fût alors à une époque de baisse, le vendeur serait exposé à reprendre sa chose avec perte, et à se voir privé de ses chances de profit.

---

* 1 *Troplong, Priv. et Hyp., n° 394 et s.* 394. Par le droit romain les meubles pouvaient être hypothéqués : "Statu " liber quoque dari hypothecæ poterit, licèt conditione exis- " tente evanescat pignus." L. 13, *D. de pignorib. et hyp.* On y tenait pour règle générale que tout ce qui pouvait se vendre pouvait être aussi donné à hypothèque. "Quod emptionem " venditionemque recipit, etiam pignorationem recipere po- " test." L. 9, § 1, D. *de pignorib. et hypoth.*

395. En France, au contraire, c'était une vieille règle du droit coutumier que *les meubles n'ont pas de suite par hypothèque.* On en donne trois raisons assez plausibles : "La pre- " mière, que les meubles, dit Loyseau, n'ont pas une subsis- " tance permanente et stable comme les immeubles, et partant " ne sont si propres à recevoir en soi, par la simple conven- " tion, et sans qu'ils soient actuellement occupés, le caractère " d'hypothèque, et à conserver ses effets : car autrefois pro- " prement et originairement l'hypothèque n'avait lieu aux " meubles, mais seulement le gage appelé *pignus à pugno.*"

La seconde raison, c'est que les meubles peuvent être mis facilement dans les mains du créancier, comme un gage de sa créance, et que dès lors il n'est pas nécessaire de recourir,

[ARTICLE 1543.]

à leur égard, à la fiction du droit, qui a fait établir l'hypothèque sans tradition.

La même raison est que si les meubles pouvaient être hypothéqués, " le commerce serait grandement incommodé, " dit Loyseau, même aboli presque tout à fait, parce qu'on " ne pourrait pas disposer d'une épingle, d'un grain de blé " sans que l'acheteur en pût être évincé par tous les créan- " ciers du vendeur." Cette dernière raison était d'autant plus forte sous l'ancienne jurisprudence, que tout acte public entraînait hypothèque générale sur tous les biens présents et à venir.

396. C'est donc une chose fort ancienne en France, que les meubles ne peuvent être hypothéqués.

Néanmoins il y avait quelques provinces où les meubles pouvaient être affectés par l'hypothèque. C'est ce qui avait lieu en Bretagne et dans le ressort du parlement de Toulouse. De même par la coutume de Normandie les créanciers étaient colloqués sur les meubles suivant l'ordre de leur hypothèque. Cependant il y avait cette différence, entre les usages des pays dont il vient d'être parlé et le droit romain, que par le droit romain les meubles pouvaient être suivis par l'hypothèque en quelques mains qu'ils passassent, au lieu que par la coutume de Normandie et autres, le meuble qui n'était plus en saisine de l'obligé était dégrevé. Seulement, lorsqu'il était saisi sur le débiteur, l'ordre des hypothèques y était conservé.

397. Ainsi, dans ces provinces de France, quoique tous les biens, meubles ou immeubles, fussent susceptibles d'être hypothéqués, néanmoins il n'y avait que les immeubles qui eussent *la suite par hypothèque*

En effet, la suite par hypothèque est, dit Loyseau, quand un créancier suit son hypothèque, ou contre l'acquéreur, ou contre le créancier postérieur. Il ne faut pas la confondre avec l'exécution ou saisie ; car la saisie peut être faite par un créancier non hypothécaire.

[ARTICLE 1543.]

* 1 *Bourjon, liv.* 2, *tit.* 1,)   I. En matiere de meubles, la
  ch. 6, *sec.* 1, 2.   ) possession vaut titre de propriété.
la sûreté du commerce l'exige ainsi : la base de cette maxime,
est qu'on ne possède ordinairement que les meubles dont on
est propriétaire ; ainsi la possession doit donc quant à ce, décider ; c'est le meilleur guide, et quel autre pouvoit-on
prendre sans tomber dans la confusion ?

Delà il s'ensuit que dans la thèse générale, les meubles ne sont sujets
à suite ; note sur M. Duplessis, traité des meubles, page 134, sauf la restriction qui forme la proposition qui suit, et les cas expliqués dans la section suivante.

II. Cependant, l'effet mobilier furtif peut être revendiqué
même des mains de l'acquéreur de bonne-foi, pourvu que le
furte soit constaté ; c'est juste exception à ce que dessus.

Telle est la jurisprudence de la chambre civile, et c'est droit commun
tiré du droit civil.

III. Hors les cas singuliers, et qui feront la matiere de la
section suivante, les meubles et effects mobiliers ne sont sujets
à suite par hypothèque ; leur nature et la possession quant à
eux décisive, les affranchissent de ce droit.

Voyez dans le sixieme livre, le titre des saisies et exécutions ; c'est
disposition de la coutume.

IV. Celui qui a vendu un meuble, sans jour et sans terme,
espérant en être payé comptant, peut suivre et revendiquer
sa chose, même des mains de l'acheteur de bonne-foi ; c'est
la seconde exception au principe.

Voyez les articles 176 et 177 de la coutume ; et dans le dernier livre,
le titre des saisies et exécutions, et celui des revendications où cela est
examiné plus au long.

V. Le droit de revendiquer, en ce cas, est fondé sur ce que
la premiere vente se trouve sans effet, ayant été faite sous
ne condition qui n'a pas été exécutée ; défaut qui ouvre la
voie à la revendication.

Telle est la pratique et l'usage du châtelet ; le texte de la coutume le
onde.

VI. Il n'en seroit pas de même, c'est-à-dire, qu'il n'y auroit

[ARTICLE 1543.]

plus lieu à la revendication, si le premier vendeur avoit donné terme ; en ce cas, la premiere vente seroit parfaite, et le premier acheteur auroit pu vendre à un autre, et par conséquent, le droit de suite n'auroit plus lieu ; ce n'est plus alors condition non accomplie, mais simple créance.

Cette proposition et la précédente, sont établies sur les titres des saisies et revendications, comme étant le vrai siége de la matiere ; et c'est encore le texte de la coutume qui établit cette juste distinction.

Néanmoins une chose mobiliaire, quoique vendue avec terme, peut être revendiquée, si le prix n'en est pas payé après le terme convenu pourvu qu'elle soit encore entre les mains de l'acquéreur ; jugé par arrêt du 3 juin 1756, sur un partage d'opinions en la premiere chambre des enquêtes.

VII. On a vu que le meuble furtif peut être revendiqué, parce que le furte est un vice qui suit la chose dans les mains de tel possesseur qu'elle passe, et qui fonde la revendication : mais pour cela, il faut que le furte soit juridiquement constaté, sans cela il n'y a lieu à la revendication, parce qu'une vaine allégation ne suffit pas, et que sans cette preuve on tombe dans le cas de la regle générale.

Per la jurisprudence des sentences de la chambre civile, la revendication est rejettée, si le furte n'est prouvé par une information ; c'est jurisprudence qui est constante, et c'est droit commun.

VIII. Tout meuble déjà saisi et exécuté et mis sous la main de la justice, peut être suivi et revendiqué ; la main de la justice le rend tel.

Telle est encore sur ce la jurisprudence du châtelet ; et c'est encore droit commun, que la raison, l'equité et l'ordre judiciaire fondent.

IX. Le propriétaire a le droit de suite et de revendication sur les meubles de son locataire qui ont garnis sa maison, encore qu'ils ne fussent pas saisis ni gagés à sa requête ; troisiéme exception au principe : mais pour la validité de cette revendication, il faut qu'elle se fasse dans un tems bref, autrement elle n'est pas admissible.

Ce tems passé, et qui se détermine par les circonstances, on juge au châtelet, qu'il y a fin de non-recevoir contre la revendication.

X. Etant faite dans ce tems, elle milite contre tous, et même

[ARTICLE 1544.]

contre le propriétaire de la maison, où le locataire a introduit les meubles qu'il avoit enlevés ; c'est juste suite du pri-
vilege, que l'un ne peut perdre par le fait de l'autre.

Telle est sur ce la jurisprudence du châtelet ; ainsi, il y a quatre cas
dans lesquels la régle meuble, n'est sujet à suite, n'a pas lieu.

1544. Dans la vente de choses mobilières, l'ache-teur est tenu de les enle-ver au temps et au lieu où ils sont livrables. [Si le prix n'en a pas été payé, la résolution de la vente a lieu de plein droit en faveur du vendeur, sans qu'il soit besoin d'une poursuite, après l'expira-tion du terme convenu pour l'enlèvement, et s'il n'y a pas de stipulation à cet égard, après que l'a-cheteur a été mis en de-meure, en la manière por-tée au titre *Des Obliga-tions ;*] sans préjudice au droit du vendeur de récla-mer les dommages-inté-rêts.

1544. In the sale of mo-veable things the buyer is obliged to take them away at the time and place at which they are deliver-able. [If the price have not been paid the disso-lution of the sale takes place, in favor of the seller, of right and without the intervention of a suit, after the expiration of the delay agreed upon for ta-king them away, or if there be no such agreement, after the buyer has been put in default in the man-ner provided in the title *Of Obligations ;*] without prejudice to the seller's claim for damages.

---

* *C. N.* 1657. } En matière de vente de denrées et effets mobiliers, la résolution de la vente aura lieu de plein droit et sans sommation, au profit du vendeur, après l'expiration du terme convenu pour le retirement.

[ARTICLE 1544.]

* 2 *Troplong, Vente,* } 676. Il faut voir maintenant quels
n° 676 et s. } sont les effets de la négligence de l'acheteur à prendre livraison.

D'abord le vendeur est déchargé de la garde de la chose. " Vino per aversionem vendito, dit Ulpien, finis custodiæ est evehendi tempus." Sur quoi Cujas, que je mets sur la même ligne que les jurisconsultes romains, ajoute : " Potest moram emptoris, quam fecit in accipiendâ re venditâ, quæ offerebatur, venditorem in eâ re præstandum dolum tantùm, non etiam culpam."

677. En second lieu, le vendeur peut discéder de la vente. A ce sujet, il faut distinguer quelques cas.

Si la vente porte un délai pour prendre livraison, et que l'acheteur ne se présente pas au temps indiqué, la vente est résolue de plein droit et sans sommation. Notre article le décide ainsi d'une manière expresse. Nous verrons tout à l'heure que cette disposition est empruntée aux vieux usages de la France. Ainsi le vendeur pourra disposer de la chose et la revendre sans que l'acheteur en retard soit fondé à élever aucune réclamation.

La raison de cette résolution opérée de plein droit et sans l'intervention des tribunaux vient de ce que le vendeur est nanti de la chose, et que la vente n'a pas été exécutée; qu'ainsi l'intervention de la justice n'est pas nécessaire pour remettre les choses au point où elles étaient avant la vente, puisqu'elles n'ont pas changé de situation.

Il faut ensuite que le vendeur ne soit pas empêché par le fait de l'acheteur de profiter des variations de prix qui sont si promptes et si fugitives dans le commerce des choses mobilières.

Du reste, l'art. 1657 n'a pas été fait pour les ventes d'immeubles ; la livraison ou prise de possession y est moins importante, et les variations dans les prix ne sont pas assez mobiles pour que de légers retards occasionnent un préjudice irréparable.

678. Si la vente ne porte pas de délai pour prendre livrai-

[ARTICLE 1544.]

son, mais que par l'usage des lieux l'acheteur soit en demeure
au bout de quinze ou vingt jours, le vendeur n'aura pas
besoin de faire sommation à cet acheteur avant de disposer
de son plein gré de la chose qu'il n'est pas venu prendre, et
à laquelle on suppose qu'il a renoncé.

La coutume d'Auxerre le décidait ainsi : " Le vendeur de
vins n'est tenu de les garder plus de vingt jours à compter
du jour de l'achat et le prix arrêté, s'il ne lui plaît...... Et
peut le vendeur, *sans autre sommation, revendre à d'autres*,
sauf son recours pour dommages et intérêts."

C'est dans cet esprit que sont aussi rédigées les coutumes
de Sens, Bar, Laon et Châlons. On voit que la résolution *ipso facto* y est écrite en termes exprès, et que notre article n'a
fait que se conformer à ces anciens usages.

679. Si les coutumes sont muettes, et que la convention le
soit aussi, le vendeur ne pourra disposer de sa chose sans
avoir fait à l'acheteur une sommation judiciaire de venir
prendre livraison dans tel délai. Mais, d'après l'art. 1139 du
Code Napoléon, cette sommation suffira, et il ne sera plus
nécessaire, comme du temps de Pothier, de faire prononcer
la résolution en justice.

680. C'est une question que de savoir si, lorsque la vente
est commerciale et qu'elle porte un terme pour la prise de
livraison, elle est dissoute de plein droit, conformément à
l'article 1657, à défaut par l'acheteur de l'avoir retirée.

M. Pardessus enseigne la négative : " La simple expression
du délai accordé pour retirer les denrées et effets mobiliers
achetés n'opère pas la résiliation de la vente de plein droit et
sans sommation. Un vendeur, dans le cas où le prix des
choses augmenterait, pourrait abuser d'un tel principe en se
disant dégagé par le seul fait que l'acheteur n'est pas venu
prendre la livraison le jour fixé.

" Cependant, si telle a été la convention des parties, elle
doit être exécutée."

M. Pardessus ne cite jamais d'autorités, ce qui est un tort.
Il y en a cependant d'imposantes au soutien de cette opinion.

[ARTICLE 1544.]

Tels sont M. Malleville, l'un des rédacteurs du Code Napoléon (1), MM. Bégouen, Cambacérès, et Galli, enfin 'a discussion de l'article 1657 au conseil d'Etat (2). Pendant longtemps j'ai vu cette croyance enracinée dans les esprits et suivie au barreau comme incontestable.

Elle est cependant très-inexacte.

L'art. 1657 ne fait aucune distinction explicite entre les matières civiles et commerciales, et le Code de commerce, promulgué plusieurs années après le Code Napoléon, n'a apporté aucune dérogation à cet article. On crée donc une exception arbitraire, quand on place les ventes commerciales sous l'empire d'un droit spécial.

Le procès-verbal de la discussion du conseil, malgré l'autorité un peu trop solennelle que lui attribue M. Cambacérès, ne saurait prévaloir contre un texte si général dans ses expressions.

Il est contraire à la vérité des faits de dire que les usages du commerce veulent qu'aucune vente ne soit résiliée sans que l'acheteur ait été mis en demeure. Les coutumes d'Auxerre, Sens, Laon, Bar et Chalons sont la preuve éclatante du contraire.

" *Marchands forains*, dit cette dernière coutume, *soit qu'ils*

(1) Sur l'art. 1657.—*Junge* MM. Zacharie, t. 2, §356, note 5; Duververgier, t. 1, n° 475; Coulon, t. 1, p. 342, Dial., 26 ; Delamarre et Lepoitevin, n. 249 et suiv., Alauzet, Rev. de législ., t. 21, p. 331.

(2) Fenet, t. 14, p. 31. " M. Bégouen observe que cet article serait applicable aux matières commerciales, où cependant aucune vente n'est résiliée sans que l'acheteur ait été mis en demeure de retirer les marchandises. Si l'on s'écartait de cet usage, on donnerait trop d'avantages au vendeur, dans le cas où le cours des choses vendues augmenterait.

" M. Galli consent à restreindre l'article à la vente d'effets mobiliers. (Il parlait aussi des marchandises.)

" M. Cambacérès dit que toute équivoque sera levée par le procès-verbal, qui indiquera que l'article n'est pas applicable aux matières de commerce." L'art. 1657 fut adopté avec la suppression du mot *marchandises*.

[ARTICLE 1544.]

baillent arrhes ou non, sont tenus de prendre livraison de la *marchandise* dans les vingt jours, et perd, l'acheteur, ses arrhes s'il ne la prend dans ledit temps, soit qu'elle soit revendue ou non, s'il n'y a convention ou sommation en justice contraire."

"*Marchandise vendue*, dit encore la coutume de Laon, se doit lever dedans vingt jours, s'il n'y a autre convention ; et, à faute de ce faire dedans ledit temps, sont les arrhes perdues, *et peut le vendeur faire son profit ailleurs de* SA MARCHANDISE."

M. Pardessus, qui, à défaut d'autorité, a cherché à donner une raison plausible de son système, ne me paraît pas avoir été heureusement servi par sa raison exacte. Ce qui le détermine en effet, ainsi que M. Bégouen, c'est qu'un vendeur pourrait abuser de l'augmentation survenue dans le prix de la chose vendue pour se dire dégagé, et la vendre ailleurs plus avantageusement. Mais, ou je me trompe fort, ou cette raison me paraît excellente pour justifier l'application de l'art. 1657 aux matières de commerce, et pour démontrer que s'il n'existait pas il faudrait l'inventer.

Dans le commerce, en effet, bien plus que dans les matières civiles, il faut que le marchand soit mis en situation de tirer parti de sa marchandise et de profiter des variations des cours. Toute son industrie consiste à vendre avec bénéfice, et à saisir les occasions favorables pour compenser les pertes qu'occasionnent les baisses inattendues. Qu'arrivera-t-il dans le système de M. Pardessus ? Voilà une hausse qui permettra au négociant de faire une bonne affaire ; son acheteur ne pourra certainement pas se plaindre qu'il dispose de la chose, puisque, par son retard à venir la retirer, il est censé avoir abandonné le marché. Eh ! bien, point du tout. Suivant M. Pardessus, il faudra faire une sommation à l'acheteur, qui demeure peut-être à une autre extrémité de la France !! Mais, pendant ce temps-là, la marchandise baissera ; le vendeur ne pourra plus la revendre avec profit ; il sera peut-être obligé d'y perdre. Si, au lieu d'être spécula-

[ARTICLE 1544.]

teur, il eût été simple particulier, il aurait pu faire une excellente spéculation d'après l'art. 1657; mais il est spéculateur par état, et on lui défend la spéculation !!Un tel système n'est pa admissible !!

Aussi a-t-il été repoussé par un arrêt de la Cour de cassation, du 27 février 1828 (1), portant cassation d'un arrêt de la cour impériale qui avait adopté le sentiment de MM. Pardessus, Malleville, etc. On aime à voir la Cour de cassation mériter son surnom de cour régulatrice par des décisions empreintes de cette fermeté et de cette sagesse.

681. Enfin, le vendeur peut poursuivre contre l'acheteur des dommages et intérêts pour le retard de la prise de livraison.

Par exemple, si la marchandise vendue occupe des greniers, celliers, caves, magasins, etc., l'acheteur doit indemniser le vendeur de la privation de ces locaux pendant sa demeure. Il y a plus ; et, dans le cas où le vendeur n'insisterait pas sur la résolution et préférerait le maintien du contrat, il pourra, après avoir sommé l'acheteur de retirer la chose, et dans le cas de retard de ce dernier, obtenir de la justice que l'objet vendu sera mis en dépôt, aux risques de l'acheteur, dans un lieu autre que celui dont le vendeur a besoin. Cela fait, il poursuivra son paiement par les voies ordinaires de contrainte.

682. L'art. 1657 est personnel au vendeur, ou à ses héritiers ou ayants-cause. C'est en sa faveur qu'il a été introduit, et l'acquéreur ne peut s'en prévaloir. Les termes de notre article s'en expliquent positivement.

683. Si, lorsque l'acheteur se présente pour retirer la chose, il se trouve que le vendeur a dû faire quelques dé-

(1) Dal, 28, 1, 146. *Junge* Bourges, 1er février 1837 ; et 10 février 1844 ; Douai, 8 janvier 1846 (Devill. 37, 2, 429 ; 45, 2, 425 ; 46, 2, 252). Cass., 6 mai 1848 ; Bordeaux, 18 novembre et 8 déc. 1853 (Devill, 49, 1, 65 ; 54, 2, 394).—V. MM. Duranton, t. 16, n. 380; Vincent, t. 2, p. 74 ; Massé Droit comm., t. 4, n. 401 ; Cadrès, p. 92 ; Marcadé, art. 1657, n. 2, note.

penses nécessaires pour la conserver, l'acheteur doit l'en indemniser.

Ulpien retrace en ces termes cette règle d'équité constante, qui s'applique également, soit que la chose vendue soit meuble, soit qu'elle soit immeuble : " Venditor prætereà ex vendito agendo consequetur etiam sumptus qui facti sunt in re distractâ ; ut putà, si quid in ædificio distracto erogatum est. Scribunt enim Labeo et Trebatius, esse ex vendito hoc nomine actionem. Idem et si ægri servi curationem impensum est, ante traditionem ; aut si quid in disciplinas, quas verisimile erat etiam emptorem velle impendi."

Dioclétien et Maximien nous ont donné un autre exemple de cette règle : " Post perfectam venditionem fœtus quoque pecorum emptori, venditori vero sumptus, si quos bonâ fide fecit, restitui debere notissimum est."

Arrêtons-nous à ces mots *bonâ fide* de ce texte instructif. Ils signifient que le vendeur doit le remboursement des dépenses nécessaires et utiles que l'acheteur aurait faites comme bon père de famille. Quant aux dépenses excessives, qui grèveraient le vendeur outre mesure, l'acquéreur n'a pas le droit de les récupérer (1).

684. Remarquez toutefois que si, par la convention ou parce que le prix n'aurait pas encore été payé, le vendeur a continué depuis le contrat à percevoir les fruits de l'héritage vendu, les frais d'entretien doivent rester à son compte (2) ; car ces frais sont une charge des fruits.

Mais les grosses réparations lui sont remboursées ; car elles sont une charge de la propriété, qui appartient à l'acheteur (3).

(1) Brunemann, sur la loi 13, § 22, Dig. *De act. empt. Infrà*, n. 760.

(2) Pothier, Vente, n. 293 ; L. 38, § 1, Dig. *De act. empt.*

(3) Pothier donne d'autres raisons, parce que, de son temps, les principes n'étaient pas les mêmes que les nôtres, et qu'il fallait la tradition pour que l'acheteur fût propriétaire (n. 293).

[ARTICLE 1544.]

* 1 *Duvergier*, *Vente*, 468. L'obligation de payer le prix,
n° 468 *et s.* dont les deux sections précédentes déterminent l'étendue et les conséquences, n'est pas la seule qui
soit imposée à l'acheteur ; il est tenu en outre de retirer la
chose vendue au terme fixé par la convention ; et immédiatement après la vente, si aucun terme n'a été fixé ; à moins
que les usages locaux n'accordent à raison de la nature des
choses vendues certains délais pour leur enlèvement. La
règle établie par ces usages, alors qu'ils sont bien constatés,
est censée avoir été tacitement acceptée par les contractans
et faire partie de leur convention.

469. Si l'acheteur manque à son obligation, le vendeur
peut le contraindre à l'exécuter en lui offrant la livraison et
en poursuivant contre lui le paiement du prix. Ce droit lui
appartient, soit qu'il s'agisse d'immeubles, soit qu'il s'agisse
d'objets mobiliers.

Toutefois lorsqu'il n'y a de terme fixé ni par la convention,
ni par l'usage ; le vendeur d'objets mobiliers devra mettre
l'acheteur en demeure par une sommation. Il pourra en
outre, après la sommation, obtenir de la justice la permission
de placer les choses vendues dans un lieu déterminé (Art.
1264). Cette dernière mesure n'est pas un préalable nécessaire
à l'exercice de l'action en paiement du prix ; elle n'a pour
but que de donner au vendeur la liberté de disposer du lieu
où se trouvaient les choses vendues et de l'affranchir de toute
espèce de responsabilité.

470. S'il arrive que le retard qu'a mis l'acheteur à prendre
livraison depuis l'expiration du terme, ou depuis la sommation qu'il a reçue, ait causé quelque préjudice au vendeur,
notamment en ce qu'il a été privé de l'usage de ses magasins,
ou qu'il a été obligé à certaines dépenses pour la conservation des objets vendus, il a une action en dommages-intérêts
contre l'acheteur.

Pothier fait remarquer que le vendeur ne pourrait répéter
les dépenses d'entretien qui sont une charge de fruits, lorsque, soit par une convention particulière, soit parce que le

[ARTICLE 1544.]

prix n'aurait pas été payé, il aurait continué depuis la vente à percevoir à son profit les fruits de la chose vendue.

Il est incontestable que lorsque le vendeur aura perçu et conservera les fruits échus depuis la vente, il n'aura point à répéter les dépenses d'entretien ; mais il faut observer que le défaut de paiement du prix qui a déterminé le vendeur à conserver provisoirement la chose entre ses mains ne l'auto- rise ni ne l'oblige à garder les fruits qu'il a perçus. Il a droit · aux intérêts du prix en faisant la restitution des fruits, et il n'est pas besoin de dire que l'acheteur à qui les fruits sont rendus doit seul supporter les dépenses qui les grèvent.

471. Mais le vendeur qui, comme on vient de le voir, est · maître d'exiger l'exécution du contrat, a la faculté d'opter pour sa résolution, lorsqu'il s'agit de denrées et d'effets mo- biliers. (Art. 1657.)

472. On n'a pas cru devoir appliquer la même règle aux ventes d'immeubles ; par la raison, dit M. Portalis, que les denrées et les effets mobiliers ne circulent pas toujours dans le commerce avec le même avantage, qu'il y a une si grande variation dans le prix de ces objets que le moindre retard peut souvent occasionner un préjudice irréparable, et que les immeubles n'offrent pas les mêmes inconvéniens. Ajoutons à ces considérations que la résolution des ventes d'immeubles a des conséquences telles que c'est toujours avec répugnance que le législateur se détermine à l'admettre même pour les causes les plus graves ; telles que le défaut de paiement du prix.

473. Dans les ventes de meubles, la résolution a lieu de plein droit et sans sommation, par le seul effet de l'expiration du terme convenu pour le retirement. Elle a lieu, au profit du vendeur qui est libre de disposer des objets vendus ou de les garder. Elle a lieu au profit du vendeur seul ; l'acheteur ne peut argumenter de sa propre infraction au contrat pour en conclure qu'il est résolu.

474. S'il n'y a pas eu de terme fixé, le vendeur fera som- mation de prendre livraison dans un délai déterminé et l'ex-

[ARTICLE 1544.]

piration de ce délai produira le même effet que l'expiration du délai conventionnel; car, aux termes de l'article 1139, la mise en demeure a les mêmes conséquences, soit qu'elle résulte du contrat, soit qu'elle résulte d'une sommation. (1)

475. Lors de la discussion au conseil d'état, M. Bégouen fit remarquer que l'article 1657, dans lequel aux mots *denrées et effets mobiliers* était ajouté le mot *marchandises*, serait applicable aux matières commerciales; que cependant, d'après les usages du commerce, aucune vente n'est résiliée sans que l'acheteur ait été mis en demeure de retirer les marchandises et que si l'on s'écartait de ces usages, on donnerait trop d'avantages au vendeur, dans le cas où le cours des choses vendues augmenterait.

Sur cette observation trouvée juste, M. le consul Cambacérès dit que toute équivoque serait levée par le procès-verbal qui indiquerait que l'or ' ' n'est point applicable aux matières de commerce (2).

(1) M. Troplong, n. 679. Cet auteur cite comme étant d'une opinion conforme à la sienne, M. Duranton, tome XVI, page 87. Le passage qu'indique M. Troplong, n'a pas trait directement à la question, et au contraire M. Duranton, n. 383, décide expressément, qu'après l'expiration du délai déterminé par la sommation, le vendeur est obligé de demander la résolution en justice; à la différence de ce qui a lieu, lorsque c'est le contrat même qui a fixé le délai. Je ne partage pas cette opinion de M. Duranton; mais je ne vois point qu'on puisse lui reprocher d'être en contradiction avec lui-même d'une manière formelle. Au surplus, il se fonde sur ce qu'aux termes de l'article 1184, la condition résolutoire sous-entendue ne produit pas son effet de plein droit; que l'art. 1657 ne lui attribue par exception cette puissance que lorsque le terme a été convenu; qu'ainsi, lorsque aucune stipulation relative au terme du retirement n'a été insérée dans l'acte, on rentre sous l'empire de la règle générale écrite dans l'article 1184 M. Duranton n'a pas réfléchi que l'art. 1657 établit une exception, non pour le cas où les parties ont stipulé la clause résolutoire, mais pour celui où un terme est fixé, où il y a mise en demeure: qu'ainsi il y a lieu d'étendre l'exception à tous les cas où la mise en demeure est établie, et notamment où elle résulte d'une sommation.

(2) M. Locré, tome XIV, page 60.

D'ailleurs comme on le voit, le mot *marchandises* a été
supprimé.

Si jamais la discussion d'une loi a pu en révéler le sens
d'une manière certaine, qui domine toutes les considérations,
qui lève tous les doutes, c'est dans cette occasion. Cependant
la Cour de cassation a décidé que la disposition de l'article
est tellement générale, qu'elle embrasse les ventes commerciales comme les autres (1). L'autorité de la Cour de cassation, toujours très puissante à mes yeux, me semble ici devoir céder à l'intention manifeste du législateur ; d'autant
plus qu'il s'agit, non de la solution d'une question de droit
par l'application des principes généraux ; mais de l'interprétation des mots *denrées* et *effets mobiliers.* La Cour dit que ces
expressions sont générales ; et le Conseil d'Etat, en faisant la
loi les a employées comme restrictives. La Cour ajoute qu'il
n'y a pas de raison pour établir une distinction entre le matières commerciales et les matières civiles ; le Conseil d'Etat
a, au contraire, constaté que l'usage commercial repoussait
l'article 1657 et il a reconnu que cet usage était bon et raisonnable. Entre ces deux autorités, je ne crois pas qu'on
doive balancer ; il faut donner la préférence au législateur
sur le juge. Sans doute on ne doit pas abuser des moyens
d'interprétation que peuvent offrir les débats qui accompagnent la confection des lois ; mais il ne faut pas non plus
dédaigner des documens si précieux, et que Bentham (2)
considère comme le meilleur commentaire de la loi (3).

(1) Arrêt du 27 février 1828. Dalloz, 28, 1, 146. Sirey, 28, 1, 357. Cet
arrêt a été rendu par défaut.

(2) Organisation judiciaire et codification, page 346.

(3) M. Malleville, sur l'art. 1657, M Pardessus, tome 2, n. 288, pensent
que les ventes commerciales ne sont pas soumises à l'empire de l'article
1657. *Contrà*, M. Dalloz, v° *vente*, page 896, M. Favard de Langlade, v°
acheteur, tome I, pag. 37. M. Troplong, n 630.

[ARTICLE 1544.]

* 16 *Duranton,* } 383. S'il n'a rien été stipulé sur l'époque
n° 383. } de la délivrance ni sur celle du paiement, le
vendeur peut sommer l'acheteur de prendre livraison dans
un certain délai fixé par la sommation, et à l'expiration de ce
délai, il peut demander la nullité ; mais elle n'a pas lieu de
droit, parce qu'on n'est pas dans le cas prévu à l'article 1657 :
il n'y a pas eu de terme *convenu* pour le retirement, il n'y a
point de pacte commissoire, et dès lors on reste dans les
termes du droit commun ; or, suivant l'article 1184, nullement modifié en ce point par quelque disposition du titre de
la vente, la résolution résultant de l'inexécution des conventions synallagmatiques par l'une des parties, doit être demandée en justice, et les tribunaux peuvent accorder un
délai suivant les circonstances.

Voy. *C. C. B. C.*, arts. 1067, 1068, 1069 et 1152.

* 4 *Zachariæ* (*Massé et Vergé*), } L'acheteur est tenu de deux
§ 687. } obligations principales :
La première est de recevoir ou de faire enlever (1) la chose
achetée, à l'époque et au lieu où elle doit être livrée (2). Si
la chose vendue consiste en denrées alimentaires, ou en effets

---

(1) [En d'autres termes, l'acheteur est tenu de prendre livraison. Cette
obligation ne peut donner lieu à difficultés quand il s'agit d'immeubles
dont la tradition, et par conséquent la livraison, s'opère sans l'intervention d'actes matériels de délivrance et d'appréhension. Elle n'y donne
lieu que lorsque la chose vendue étant mobilière, la livraison ne peut se
faire sans le concours de l'acheteur pour recevoir la chose si elle doit lui
être portée, ou pour la retirer s'il doit venir la chercher.] — V. Pothier,
n. 290 et s , qui traite en même temps de l'obligation de l'acheteur de
rembourser au vendeur les dépenses faites pour l'entretien de la chose.
(MASSÉ et VERGÉ)

(2) [L'époque de la livraison est déterminée soit par la convention,
soit par l'usage. Quand il n'y a ni convention ni usage, l'acheteur doit
prendre livraison sans retard.] (MASSÉ et VERGÉ).

[ARTICLE 1544.]

mobiliers, la résolution du contrat a lieu de plein droit et sans sommation préalable, faute par l'acheteur de faire opé‑ rer l'enlèvement ou le retirement (1) dans le délai stipulé ;

(1) Cette règle s'applique également aux ventes commerciales, Trop‑ long, *De la vente*, n. 680 ; Cass., 27 fév. 1828. V. cependant Maleville, sur l'art. 1657 ; et Bourges, 1er fév. 1837, S. V., 37, 2, 429. [La question est controversée. Selon les uns, qui se fondent soit sur l'intérêt du cc _ merce, soit sur la discussion de l'art. 1657, au Conseil d'Etat, la règle dont s'agit n'est pas applicable aux matières commerciales. V. Maleville, sur l'art. 1657 ; Pardessus, n. 288 ; Duvergier, 1, n. 475 ; Delamarre et Lepoitvin, *Contr. de comm.*, 3, n. 250 ; Alauzet, *Rev. de législ.*, 21, p. 331. Selon les autres, au contraire, l'art. 1657 s'applique aux matiè com‑ merciales comme aux matières civiles, Cass., 27 fév. 1828 ; Bourges, 10 fév. 1844, S. V., 45, 2, 423 ; Douai, 8 janv. 1846, S. V., 46, 2, 252 ; Angers, 14 mai 1847, S. V., 47, 2, 412 ; Douai, 10 juill. 1847, S. V., 49, 2, 12 ; Cass., 6 juin 1848, S. V., 49, 1, 65 ; Bordeaux, 18 nov. et 8 déc. 1853, S. V., 54, 2, 394 ; Duranton, 16, n. 380 ; Vincens, *Législ. comm.*, 2, p. 74 ; Troplong, n. 680 ; Massé, 4, n. 401 ; Devilleneuve, sur l'arrêt précité du 6 juin 1848. Telle est aussi notre opinion, qui se fonde sur la généralité des termes de l'art. 1657, qui comprend les marchandises sous les ex‑ pressions génériques *denrées et effets mobiliers :* sur ce e, si la ques‑ tion a été réservée lors de la discussion de l'art. 1557, ce n'est pas une raison pour que cet article ne soit pas applicable aux matières commer‑ ciales, dans le silence de la loi comme iale postérieure qui a laissé la question sous l'empire des règles du droit commun ; enfin, sur l'intérêt du commerce, qui n'est autre que la justice et l'équité ; et il n'y a rien de plus juste, quand l'acheteur ne fait pas le retirement au terme fixé, que de présumer légalement qu'il renonce à la vente, et d'autoriser le ven‑ deur, dont la position ne peut rester incertaine, à disposer de la chose au mieux de ses intérêts.—Nous pensons toutefois que si l'acheteur avait été empêché par un cas fortuit ou de force majeure d'opérer le retirement dans le délai, il pourrait, la force majeure étant prouvée, faire encore le retirement après le délai, pourvu que les choses fussent encore entières, c'est-à-dire pourvu que le vendeur fût encore détenteur de la chose ven‑ due et qu'il n'en ait pas disposé, Massé, 4, n. 402.—Il va sans dire que si le vendeur était payé, le défaut de retirement par l'acheteur n'aurait pas pour effet la résolution de la vente. Le vendeur payé cesse d'être vendeur pour devenir dépositaire ; et si, dans ce cas, l'acheteur ne re‑ tire pas la chose, le droit du vendeur se borne, après sommation faite, à se faire autoriser à déposer la chose dans dans un autre lieu, et à obte‑

mais cette résolution a lieu uniquement au profit du vendeur, art. 1657.

La seconde est de payer le prix de la vente à l'époque et au
lieu fixés par la convention, art. 1650. Si rien n'a été convenu
sur le jour et le lieu du payement, l'acheteur doit payer au
jour et au lieu de la livraison, art. 1651.

---

* 6 *Marcadé, sur art.* } I.—L'acheteur est obligé de prendre
      1657 *C. N.* } livraison de la chose, soit à l'époque
fixée par la convention, soit, à défaut de convention, dans le
délai déterminé par l'usage des lieux (art. 1135), soit enfin,
s'il n'y a, sur ce point, ni convention particulière ni usage,
aussitôt après la vente, c'est-à dire dans le délai qui se trouve
moralement et raisonnablement nécessaire.

Lorsque l'acheteur est en retard de prendre livraison, le
vendeur, d'après les principes généraux et pour toute espèce
de ventes, peut, après une somm' on faite à l'acquéreur pour
le mettre en demeure, demander à son choix ou le payement
du prix ou la résolution de la vente ; il peut aussi, s'il s'agit
d'une chose mobilière, se faire autoriser par justice à la déposer dans un lieu déterminé, pour s'en débarrasser (art. 1264).
Il peut également, bien entendu, obtenir des dommages-
intérêts, si le défaut d'enlèvement de la chose lui a causé préjudice.

II.—Si, dans ce même cas de chose mobilière, il y a eu
convention du terme de retirement de la chose, la loi, par la
disposition spéciale de notre article, traite l'acheteur plus
rigoureusement, en admettant alors, au profit du vendeur, la
résolution de plein droit et sans sommation. — M. Troplong
(II, 679) et M. Duvergier (I, 474) enseignent, il est vrai, que

nir, s'il y échet, des dommages-intérêts, Massé, 4, n. 400 — Enfin, il est
également certain qu'il n'y a pas lieu à résolution de la vente quand
c'est par le fait du vendeur que la marchandise n'a pas été livrée à
l'époque convenue, Bordeaux, 18 nov. 1853, S. V., 54, 2, 394.] (Massé et
Vergé).

[ARTICLE 1544.]

la résolution de plein droit aurait également lieu, même à défaut de convention, après la sommation de retirer donnée par le vendeur ; mais nous pensons, avec M. Zachariæ (II, p. 532), que cette idée est inexacte et que, même après le terme fixé par cette sommation, l'acheteur pourrait toujours se livrer de la chose, tant que le vendeur n'aurait pas obtenu le jugement prononçant la résolution. La disposition de notre art. 1657 est exceptionnelle ; cette annulation immédiate (facultative pour le vendeur) d'une vente pour le seul défaut de retirement à l'époque indiquée, est une règle trop sévère, trop exorbitante, pour qu'on puisse l'étendre aux cas non prévus ; or notre article ne la pose que pour le cas d'un *terme convenu*. Et en effet, une convention formelle à cet égard peut faire considérer les parties comme ayant entendu que le vendeur pourrait disposer de la chose après l'expiration du terme, tandis que rien ne révèle le consentement de l'acheteur à cet égard dans la sommation que lui fait faire le vendeur (1).

———

24 *Laurent,*⎱   366. Il a été jugé que le vendeur ne peut plus
n° 366 *et s.* ⎰ agir en résolution lorsque la délivrance des meubles vendus a eu lieu et que ces meubles ont été revendus sans fraude. La décision doit être entendue en ce sens que le vendeur ne peut agir contre les tiers possesseurs de bonne foi des meubles, quand même il ferait prononcer la résolution contre l'acheteur ; son droit contre les tiers est un droit de revendication, et les meubles corporels ne se revendiquent point contre un possesseur de bonne foi (art. 2279). Le droit de résolution du vendeur ne peut donc être exercé utilement qu'aussi longtemps que l'acheteur est en possession ; s'il revend, la résolution n'a plus d'objet, puisqu'elle

(1) Mais la règle est applicable en matière commerciale comme en matière civile. Cass., 6 juin 1848 ; Bordeaux, 18 nov. et 8 déc. 1853 (Dev., 49, 1, 65 ; 54, 2, 394).—*Contrà* : Aubry et Rau (III, § 356) ; le Gentil (*Dissert. jurid.*, II, p. 239).

ne donne aucun droit au vendeur. C'est précisément pour cela que le code et notre loi hypothécaire donnent au ven. deur le droit de revendication.

Le vendeur ne peut pas non plus exercer son droit de réso- lution au préjudice d'un créancier privilégié, si le privilége de celui-ci prime le privilège du vendeur. On l'admet ainsi parce que la préférence que la loi accorde à ces créanciers serait illusoire si le vendeur pouvait leur enlever leur gage et les dépouiller de leur privilége en demandant la résolu- tion de la vente. Nous reviendrons sur ce point au titre des *Priviléges et Hypothèques.*

367. Le droit de résolution du vendeur peut encore se trou- ver en conflit avec le droit des créanciers hypothécaires. On suppose que l'acheteur incorpore à son fonds le meuble vendu, ce qui se fait toujours pour les machines et appareils employés dans les établissements, industriels. L'hypothèque acquise s'étend aux accessoires réputés immeubles (art. 2133, et loi hypothécaire, art. 45); les créanciers hypothécaires exercent donc, en principe, leur droit sur les machines incor- porées au fonds. Naît alors la question de savoir si le ven- deur conserve ses droits contre les créanciers hypothécaires. Il a deux droits, un privilége et le droit de résolution. Quant au privilége, notre loi hypothécaire décide la difficulté : le vendeur non payé conserve son privilège et prime, par con- séquent, les créanciers hypothécaires sous les conditions que la loi détermine et que nous exposerons au titre des *Priviléges et Hypothèques* (art. 20, 5°). Quant au droit de résolution, la loi nouvelle pose le principe que la déchéance de l'action re- vendicatoire emporte celle de l'action en résolution à l'égard des autres créanciers. Il résulte de là que le vendeur, dans l'espèce, est déchu de son action résolutoire à l'égard des créanciers hypothécaires. En effet, il ne peut exercer la re- vendication que dans la huitaine de la livraison et en suppo- sant que les choses vendues se trouvent encore dans le même état que lors de la livraison ; or, par le fait de l'incorporation, les machines changent d'état ; ce ne sont plus des effets mo-

[ARTICLE 1545.]

biliers, ce sont des immeubles ; donc le vendeur ne peut plus les revendiquer et, par suite, il est aussi déchu de son action résolutoire.

368. Il y a encore une différence entre les ventes mobilières et les ventes immobilières, en ce qui concerne la prescription de l'action en résolution. Si la chose mobilière reste dans les mains de l'acheteur, l'action se prescrit, d'après le droit commun, par trente ans. Si la chose est revendue par l'acheteur, le vendeur ne peut plus agir, puisque son action contre les tiers est une revendication, et l'article 2279 ne permet pas de revendiquer les meubles corporels contre les possesseurs de bonne foi. A l'égard de tous autres tiers, il faut appliquer la disposition nouvelle de notre loi hypothécaire, qui déclare le vendeur déchu de l'action résolutoire quand il a encouru la déchéance de la revendication ; or, la revendication ne peut être faite que dans la huitaine de la livraison ; donc le vendeur doit agir en résolution dans ce délai, sous peine de déchéance, en ce qui concerne les tiers créanciers.

CHAPITRE SIXIÈME.

DE LA RÉSOLUTION ET DE L'ANNULATION DU CONTRAT DE VENTE.

1545. Outre les causes de résolution et d'annulation ci-dessus énoncées dans ce titre, et celles qui sont communes aux contrats, le contrat de vente peut être résolu par l'exercice de la faculté de réméré.

CHAPTER SIXTH.

OF THE DISSOLUTION AND OF THE ANNULLING OF THE CONTRACT OF SALE.

1545. Besides the causes of dissolution and of nullity already declared in this title, and those which are common to contracts, the contract of sale may be dissolved by the exercise of the right of redemption.

[ARTICLE 1545.]

* *C. iv.* 1658. } Indépendamment des causes de nullité ou de résolution déjà expliquées dans ce titre, et de celles qui sont communes à toutes les conventions, le con- trat de vente peut être résolu par l'exercice de la faculté de rachat et par la vilité du prix.

---

*1 *Domat (Remy), liv.* 1, } Les ventes peuvent être résolues *tit.* 2, *sec.* 12. } par plusieurs causes. Par le défaut de la délivrance de la part du vendeur. Par le défaut de paie- ment du prix de la part de l'acheteur. Par les vices de la chose vendue. Par la vilité du prix. Par les évictions. Par l'événement d'une condition. Par la révocation que font les créanciers du vendeur, des ventes faites en fraude de leurs créances. Par le retrait lignager qui résout la vente à l'égard de l'acheteur, et la fait passer au retrayant qu'il lui substi- tue. Par les retraits féodaux et autres. Par une faculté de rachat. Par un pacte résolutoire. Par l'inexécution de quel- qu'une des conventions de la vente. Par le consentement du vendeur et de l'acheteur. Par le dol, la force, l'erreur, et les autres moyens de restitution, de rescision, ou de nullité.

1. Il y a cette différence entre la résolution et la nullité d'une vente, que la nullité fait qu'il n'y a jamais eu de vente ; et que la résolution fait cesser la vente qui avait été accom- plie, mais ne fait pas qu'elle n'ait point été, quand même elle serait résolue par la volonté du vendeur et de l'acheteur.

2. Quelle que soit la cause de la résolution d'une vente, si elle est contestée, et que l'acheteur ou autre ayant son droit soit en possession, le vendeur ne pourra reprendre la chose vendue que par l'autorité de la justice.

3. Si la vente est résolue par le fait de l'un ou de l'autre qui ait donné sujet à quelque dommage, il en sera tenu sui- vant les règles qui ont été expliquées dans ce titre.

4. La vente étant résolue, le vendeur et l'acheteur rentrent dans leurs droits ; et toutes choses sont remises en entier, selon que les circonstances peuvent le permettre.

[ARTICLE 1545.]

5. Lorsque la vente est résolue, le vendeur reprend ce qu'il avait vendu sans aucune des charges que l'acheteur avait pu y mettre, parce que le vendeur rentre dans son droit comme s'il n'en avait jamais été dépouillé.

Voy. *C. C. B. C.*, art. 1012 et autorités sur art. 1546.

---

* 3 *Pothier (Bugnet),* } 326. Lorsque le contrat de vente n'a
Vente, n° 326 et s. } pas encore, ni d'une part ni de l'autre,
reçu son exécution, il peut se résoudre de plein droit par le seul consentement des contractants; **L. 5, § 1,** ff. *de Recind. vend.* Comme c'est le seul consentement des contractants qui l'a formé, il peut de même manière se résoudre par un consentement contraire (1).

Cela est conforme à cette belle règle de droit: *Nihil tam naturale est quàm eo genere quidque dissolvere quo colligatum est... Ideo nudi consensús obligatio contrario consensu dissolvitur;* L. 35, ff. *de Reg. jur.:* et à la loi 80, ff. *de Solut.: Quum emptio contracta est, quoniam consensu nudo contrahi potest, etiam dissensu contrario dissolvi potest.*

Il en est de même lorsque le contrat de vente n'a été suivi que d'une tradition feinte, qui ne consiste que dans la volonté des parties; car une volonté contraire la détruit. Molin, *in Cons. par.,* § 78, gl. 1, n° 32, et seq.

327. Lorsque le contrat de vente d'une chose n'a été exécuté ni de part ni d'autre, les parties sont censées s'en désister,

---

(1) La vente ayant été par elle même translative de propriété, il est évident que le consentement contraire ne peut opérer une résolution avec effet rétroactif: ce consentement contraire ne peut être considéré que comme une revente dans laquelle les parties vont jouer un rôle contraire réciproquement à celui qu'elles avaient dans la première vente. Mais les droits réels qui, du chef du premier acheteur, ont frappé l'immeuble pendant l'intervalle durant lequel il a été propriétaire subsisteront; il ne peut, en revendant, les effacer par sa seule volonté. (BUGNET).

[ARTICLE 1545.]

non-seulement lorsqu'elles conviennent qu'il n'y aura rien
de fait, mais aussi lorsqu'elles font entre elles un autre contrat de vente de la même chose. Cela arrive lorsqu'elles conviennent entre elles d'un prix différent, ou plus fort, ou
moindre que celui de la première convention : elles sont en
ce cas censées s'être désistées du premier contrat de vente,
et en avoir fait un nouveau pour le prix porté par la nouvelle
convention, L 2, § *de Rescind. vend.*

Pareillement, si nous avons fait dépendre d'une certaine
condition la vente que vous m'avez faite d'une chose, et que,
par une nouvelle convention, vous me la vendiez purement
et simplement, cette convention renferme un désistement de
la première vente conditionnelle, et un nouveau contrat de
vente pur et simple (1).

Quid, vice versâ, si par une première convention vous 'a-
viez vendu cette chose sans condition, et que par une seconde
vous me la vendiez pour le même prix, au cas qu'un tel navire arrive à bon port ?—Paul, en la loi 7, ff. *de Rescind. vend.*,
décide que cette seconde convention est de nul effet.

Cujas en rend la raison. C'est, dit-il, *quia à priori perfecto
contractu non receditur per imperfectum*, et parce que ce pacte
par lequel les parties, *ex intervallo*, ajoutent une condition au
contrat de vente, contracté purement et simplement, est,
selon les principes du droit romain, un simple pacte, *quod
prodesse non potest ad parandam aut tollendam obligationem.*

Ces principes, qui s'écartent de la simplicité du droit naturel, n'ont pas lieu parmi nous, et il n'est pas douteux que ce
pacte a l'effet de faire dépendre le contrat de vente de la condition convenue par la nouvelle convention (2).

328 Lorsque le contrat de vente n'a reçu qu'une partie de
son exécution, comme si la chose vendue a été livrée, sans
que le prix ait encore été payé, *aut vice versâ*, les parties

(1) Les tiers ont pu acquérir des droits qui se réaliseraient si la condition prévue arrivait. (Bugnet).

(2) C'est une nouvelle vente. (Bugnet).

[ARTICLE 1545.]

peuvent encore, par leur consentement mutuel, se déporter du contrat. Mais cette convention n'efface pas le contrat de vente, comme dans l'espèce précédente ; elle le résout seulement pour l'avenir, et donne une action à celui des contractants qui en avait commencé l'exécution, pour répéter, soit la chose qu'il a livrée, s'il est le vendeur, soit le prix qu'il a payé, s'il est l'acheteur.

Les lois romaines, qui ne donnaient pas en ce cas d'action (loi 2, Cod., *Quand. lic. ab emptione disced.*) parce que *ex nudo pacto non dabatur actio*, n'ont pas d'application parmi nous. De là il suit que lorsque, par une convention entre le vendeur et l'acheteur, l'acheteur qui a été mis en possession de l'héritage à lui vendu, et qui n'en a pas encore payé entièrement le prix, s'est désisté de son achat, et que le vendeur est rentré dans son héritage, il n'est pas dû un second profit (Orléans, art. 112) ; car c'est un désistement de la vente qui en avait été faite, plutôt qu'une nouvelle vente (1).

De là il suit pareillement, que, si cet héritage était un héritage propre du vendeur, lorsqu'il l'a vendu, il ne deviendra pas un acquêt, mais il reprendra l'ancienne qualité de propre qu'il avait ; car le vendeur y rentre, non en vertu d'une vente qui lui en soit faite, mais par la résolution de celle qu'il en avait faite : ce n'est pas une nouvelle acquisition qu'il fait ; c'est une cessation de l'aliénation qu'il en avait faite (2).

329. Mais si le contrat avait été exécuté de part et d'autre, la convention par laquelle les parties conviendraient que l'acheteur rétrocéderait au vendeur pour le même prix la chose vendue, ne serait pas une résolution du contrat de vente qui a été fait de cette chose ; car il n'y a plus lieu de se désister d'un acte qui est entièrement consommé : *Non potest intelligi discessio, nisi ab eo quod cæptum et nondùm con-*

(3) Ce serait une nouvelle vente qui donnerait lieu à un nouveau droit e mutation. (BUGNET)

(4) Les principes conduisent à dire que ce serait un conquêt en matière communauté. (BUGNET).

· [ARTICLE 1545.]

summatum est. C'est pourquoi il sera dû en ce cas un nou·
veau profit de vente, et l'héritage sera acquêt en la personne
du vendeur à qui il a été rétrocédé; Molin, § 33, gl. 1, n° 19.

Lahaie, sur art. } *Pandectes françaises.*—La vente, comme
1658 *C. N.* } contrat et obligation, peut être résolue ou
déclarée nulle pour toutes les causes qui vicient les conventions, comme la violence, quand elle est atroce, l'erreur,
quand elle porte sur la chose même et la substance du contrat, et le dol, quand il en a été la cause déterminante.

Delvincourt, t. 2, n. 1, p. 158.—Les actions qui résultent, en
faveur du vendeur, de ces différentes causes de résolution,
sont des actions *personnelles,* en même temps qu'elles sont *in*
rem scriptæ : d'où la conséquence qu'elles se donnent contre
tous les détenteurs de la chose, et qu'elles doivent être formées devant le juge du domicile, et non devant le juge de la
situation.

Rolland de Villargues, R., vente, n. 231.—L'action en nullité
de la vente des biens d'un mineur, faite par son tuteur dans
les formalités prescrites, ne se prescrit que par trente ans, à
compter du jour de la majorité.

N. 233.— La nullité d'une vente comme frauduleuse en·
traîne celle de la revente en justice par suite de surenchère.

Dalloz, vente, n. 786. — L'acquéreur d'un immeuble peut
faire résilier la vente, si le vendeur lui a déclaré que l'im·
meuble n'était grevé d'aucune hypothèque, tandis qu'il en
existait une ou plusieurs.

N. 797.—La résolution provenant du défaut d'accomplisse·
ment des obligations de l'une des parties, n'a pas lieu de plein
droit : elle n'est opérée que par une demande judiciaire.
L'effet de la résolution est de remettre les choses dans l'état
où elles étaient avant le contrat résilié.

[ARTICLE 1546.]

SECTION Í.	SECTION I.
DU DROIT DE RÉMÉRÉ.	OF THE RIGHT OF REDEMPTION.

1546. La faculté de ré- méré stipulée par le vendeur lui donne le droit de reprendre la chose en en restituant le prix et en remboursant à l'acheteur les frais de la vente, ceux des réparations nécessaires, et des améliorations qui ont augmenté la valeur de la chose jusqu'à concurrence de cette augmentation.

Le vendeur ne peut entrer en possession de la chose qu'après avoir satisfait à toutes ces obligations.

1546. The right of redemption stipulated by the seller entitles him to take back the thing sold upon restoring the price of it, and reimbursing to the buyer the expenses of the sale and the costs of all necessary repairs, and of such improvements as have increased the value of the thing, to the amount of such increased value.

The seller cannot have possession of the thing until he has satisfied all these obligations.

---

* C. N. 1659, 1673. 1659. La faculté de rachat ou de réméré est un pacte par lequel le vendeur se réserve de reprendre la chose vendue, moyennant la restitution du prix principal, et le remboursement dont il est parlé à l'art. 1673.

1673. Le vendeur qui use du pacte de rachat doit rembourser non seulement le prix principal, mais encore les frais et loyaux coûts de la vente, les réparations nécessaires, et celles qui ont augmenté la valeur du fonds, jusqu'à concurrence de cette augmentation. Il ne peut entrer en possession qu'après avoir satisfait à toutes ces obligations.

Lorsque le vendeur rentre dans son héritage par l'effet du pacte de rachat, il le prend exempt de toutes les charges et

[ARTICLE 1546.]

hypothèques dont l'acquéreur l'aurait grevé : il est tenu d'exé.
cuter les baux faits sans fraude par l'acquéreur.

---

* 1 *Domat (Remy), Liv.* 1, ⎱ 6. La faculté de rachat est un
tit. 2, *sec.* 12, *n°* 6, 10. ⎰ pacte par lequel il est convenu que
le vendeur aura la liberté de reprendre la chose vendue, en
rendant le prix à l'acheteur, ou ce qui en aura été payé.

10. Le vendeur e rçant la faculté de rachat d'un héritage,
l'acheteur doit lui restituer les fruits depuis le jour de la
demande accompagnée d'offres faites dans les formes. (C. civ.,
1673.)

L'acquéreur sur lequel le rachat est exercé, n'est tenu de rendre les
fruits qu'à compte du jour des offres réelles ou de la consignation du
prix de la vente: le rachat n'opérant la résolution de la vente que pour
l'avenir, tout ce qu'a produit jusqu'alors la chose vendue doit appartenir
à l'acquéreur. Le cessionnaire d'un droit de réméré ne peut, lorsque
l'acte de cession garde le silence sur les frais et loyaux coûts de la vente
dont il est autorisé à demander la résolution, réclamer de son cédant les
frais et loyaux coûts ; surtout la dépossession n'ayant eu lieu que par le
fait du demandeur en cassation, et par suite d'une compensation forcée.
Lorsque, dans un contrat de vente à pacte de rachat, il a été stipulé que,
faute par le vendeur d'exercer le réméré à l'époque convenue, l'acquéreur aura droit de faire vendre l'immeuble, et de retenir, sur le prix de
l'adjudication, tout ce qui lui sera dû, ce droit doit s'exercer nonobstant
toute hypothèque postérieurement consentie en faveur d'autres créanciers.

L'hypothèque consentie par le vendeur à réméré sur les biens vendus
pendant le temps fixé pour l'exercice du réméré, est valable et efficace si
ultérieurement les biens rentrent dans les mains du vendeur, par l'effet
du rachat exercé en temps utile.

---

* 3 *Pothier (Bugnet), Vente,* ⎱ 385. La *clause de réméré* est
n° 385, 387 *et s.*, 399 *et s.* ⎰ une clause par laquelle le vendeur se réserve la faculté de racheter la chose vendue.

Par cette clause, l'acheteur contracte l'obligation de rendre
au vendeur la chose vendue, lorsqu'il lui plaira de la racheter, en satisfaisant aux conditions du rachat.

´ [ARTICLE 1546.]

La vente faite avec cette clause est différente du contrat d'engagement. Celui qui engage une chose en conserve la propriété ; il ne transfère à l'engagiste à qui il l'a donnée par engagement, que le droit de la posséd `` jusqu'au rachat, et d'en percevoir jusqu'à ce temps tous les fruits et toute l'u.' ` té : mais celui qui vend une chose avec la clause de rémére, transfère à l'acheteur à qui il la délivre, la propriété de cette chose : il n'a que le droit de la racheter, qui naît de l'obligation que l'acheteur contracte par la clause de réméré.

387. Le droit de réméré n'est pas proprement un droit que le vendeur ait dans l'héritage qu'il a vendu avec cette clause ; ce n'est qu'un droit par rapport à cet héritage, une créance de cet héritage, qui naît de l'obligation que l'acheteur a contractée par la clause de réméré, d'en souffrir le rachat, à l'exécution de laquelle obligation l'héritage est affecté ; c'est proprement *jus ad rem*, plutôt que *jus in re*.

388. Ce droit de réméré qu'a le vendeur, est un droit qui est transmissible à ses héritiers. La loi 2, Cod. *de Pact. inter empt. et vend.*, le décide formellement ; et cette décision est fondée sur un principe général, " que tout ce que nous stipulons, nous sommes censés le stipuler pour nos héritiers comme pour nous, à moins que la nature de la chose qui fait la matière de la convention, ou les circonstances ne fassent apercevoir le contraire."

389. Lorsqu'il est dit " que le vendeur *seul* pourra exercer le réméré," Despeisses, après Tiraqueau, pense que ce terme *seul*, en ce cas, empêche seulement que le réméré soit cessible, mais qu'il n'empêche pas qu'il ne soit transmissible aux héritiers du vendeur ; on peut dire pour raison de cette opinion que les héritiers du vendeur succèdent à la qualité de *vendeur*.

Mais s'il était dit " que le réméré ne pourrait être exercé que par la personne du vendeur," ou en ces termes, "que *par ledit un tel*," il est évident qu'il serait restreint à la personne du vendeur, et qu'il ne pourrait passer à ses héritiers.

390. Ce droit est cessible : ce n'est pas un droit qui soit

[ARTICLE 1546.]

attaché à la personne du vendeur ; mais c'est un droit qui
fait partie de ses biens, et dont il peut disposer, de même que
de ses autres biens. Fachin, liv. 2, obs. 11 ; Tiraqueau, etc.

399. L'acheteur ou le possesseur, sur l'action de réméré,
doit être condamné à rendre la chose vendue.

On a, à ce sujet, agité la question, si, en ce cas, le vendeur
pouvait contraindre *manu militari* l'acheteur qui a la chose
en sa possession, à la lui rendre, en faisant ordonner, lorsque
c'est un héritage, qu'il lui sera permis de s'en mettre en possession, d'en déloger de force l'acheteur par le ministère d'un
sergent ; et lorsque c'est un meuble, en faisant ordonner
qu'il lui sera permis de le faire saisir et enlever (1) ; ou si
l'acheteur doit seulement être condamné en des dommages et
intérêts, faute de satisfaire à son obligation ?

Cette question est toute semblable à celle que nous avons
ci-dessus agitée en la seconde partie de ce traité, n° 67, de
savoir si le vendeur qui avait en sa possession la chose vendue, pouvait être contraint *manu militari* à la livrer, ou s'il
n'était tenu qu'à des dommages et intérêts ?

Les raisons que nous avons au long exposées pour et
contre sur cette question, reçoivent ici leur application. Le
fait de la restitution de la chose vendue, auquel la clause de
réméré oblige l'acheteur, de même que celui de la tradition,
auquel le contrat de vente oblige le vendeur, n'est pas un pur
fait de la personne du débiteur, *non est nudum factum*, mais
un fait *quod ad dationem accedit*, à l'exécution duquel il peut
être contraint *manu militari.* C'est pourquoi, de même que
nous avons décidé que le vendeur peut être contraint *manu
militari* à livrer la chose qu'il a vendue, lorsqu'il l'a en sa
possession ; nous devons pareillement dire, que celui qui a
acheté une chose sous faculté de réméré, peut être contraint

(1) Pothier suppose que la vente à réméré peut avoir lieu pour les
meubles : nous n'en faisons également aucun doute : il faut cependant
remarquer que, si l'acheteur avait disposé de ce meuble, l'action du vendeur primitif ne pourrait avoir lieu contre le possesseur actuel qui serait
de bonne foi. *V.* art. 2279, 1er alinéa. (BUGNET).

[ARTICLE 1546.]

mam̃ militcri à la rendre. C'est l'avis de Fachinæus, liv. 2, *Controv.,* 8, aussi bien que de Pinellus, Zoannetus et Chassa-née. Tiraqueau a suivi l'opinion contraire.

400. La chose vendue doit être rendue au vendeur qu. exerce le réméré, en l'état où elle se trouve : sauf que, si c'est par la faute de l'acheteur qu'elle est detériorée, l'ache-teur doit être condamné aux dommages et intérêts résultant de cette détérioration (1).

L'acheteur est, à cet égard, tenu de la faute légère, suivant la nature du contrat de vente, et suivant le principe établi en notre *Traité des Obligations,* n° 142, " que dans les contrats qui se font pour l'utilité réciproque de chacun des contrac-tants, tel qu'est le contrat de vente, les parties sont entre elles tenues de la faute légère, *de levi culpâ.*"

401. Lorsque la chose se trouve détériorée sans la faute de l'acheteur, le vendeur qui exerce le réméré doit la prendre telle qu'elle se trouve, sans pouvoir prétendre à cet égard qu'il lui soit fait aucune diminution sur le prix qu'il doit rembourser ; car le réméré renfermant une résolution en-tière du contrat de vente, chacune des parties ne peut rien tenir de ce qu'elle a reçu de l'autre en vertu de ce contrat. D'ailleurs la clause de réméré renferme la condition d'indem-niser l'acheteur sur qui il doit s'exercer.

En vain le vendeur opposerait-il que la chose vendue n'est plus aux risques du vendeur après le contrat, et encore moins après la tradition, et qu'il ne doit pas par conséquent souffrir la perte survenue dans cette chose. La réponse est qu'étant le maître de ne pas exercer le réméré, s'il juge que la chose ne vaut plus le prix pour lequel il l'a vendue, il est en son pouvoir de ne pas supporter la perte arrivée dans la chose, et de la laisser supporter par l'acheteur.

402. Supposons au contraire que l'héritage vendu avec la clause de réméré, a reçu depuis le contrat quelque augmen-

(1) Le Code n'a aucune disposition particulière à cet égard, mais les principes généraux suffisent pour le décider ainsi. (Bugnet).

[ARTICLE 1546.]

tation naturelle ; *putà*, par alluvion (1) ; le vendeur qui
exerce le réméré en doit-il profiter ?

Fachinæus, liv. 2, *Controv.*, 6, et les docteurs par lui cités,
tiennent la négative. Ils se fondent sur ces règles de droit :
Ubi periculum, ibi et lucrum : L. *fin.*, § 3, Cod. *de Furtis.*
Secundùm naturam est commoda cujusque rei eum sequi, quem
sequuntur incommoda ; L. 10, ff. *de Reg. jur.* Or, depuis le
contrat de vente, quoique fait avec faculté de réméré, la
chose était aux risques de l'acheteur : si elle fût périe en tout
ou en partie, il en aurait souffert la perte ; le vendeur se
serait bien donné de garde d'exercer le réméré. Puisque
l'acheteur eût souffert la perte, il doit donc, suivant ces règles
d'équité, profiter de l'augmentation, et retenir l'alluvion qui
s'est faite depuis le contrat.

On opposera que, suivant le principe ci-dessus établi, l'a-
cheteur sur qui on exerce le réméré, ne doit rien retenir de
ce qui lui a été vendu : or l'accrue qui s'est faite à l'héritage
vendue, est devenue, par son union avec cet héritage, une
partie de cet héritage : l'acheteur ne peut donc pas la retenir ; autrement il retiendrait une partie de l'héritage qui lui
a été vendu.

Je réponds qu'il est bien vrai que cette accrue fait partie
de l'héritage qui lui a été vendu ; mais il est également vrai
que cette accrue, qui n'a commencé d'exister que depuis la
vente, ne lui a pas été vendue, et que l'héritage n'a pas été
vendu quant à cette partie. C'est pourquoi l'acheteur, en la
séparant de l'héritage vendu, ou en la retenant, ne retient
rien de ce qui a été vendu ; et le principe qu'on nous oppose
ne reçoit aucune atteinte.

On oppose l'exemple de plusieurs cas dans lesquels l'acheteur est obligé de rendre non-seulement la chose, mais tout
ce qui en est provenu et tout ce qui y accède.

(1) Comme les alluvions dans les rivières navigables appartiennent au
roi, à l'exclusion des riverains, s'ils n'ont titre, il y a rarement lieu à la
question. (*Note de l'édition de* 1772.) *V.* au contraire l'art. 556, 2ᵉ alinéa
(BUGNET).

[ARTICLE 1546.]

La réponse est que cela a lieu lorsque les choses sont mises en même état que si le contrat de vente n'était jamais intervenu; comme dans le cas de la défaillance d'une condition suspensive sous laquelle il avait été contracté, ou dans le cas auquel la nullité du contrat est prononcée sur quelque action rescisoire ou redhibitoire. Mais le réméré n'a pas cet effet; il ne résout le contrat que pour l'avenir, il le laisse subsister pour le passé : il ne doit donc pas empêcher l'acheteur de retenir ce qui est provenu de la chose vendue, ni ce qui y a accédé pendant le temps que le contrat a subsisté. Cette opinion de Fachinæus paraît la plus véritable : elle est confirmée par un arrêt du sénat de Piémont qu'il cite : elle est suivie par Despeisses (1).

403. L'acheteur sur qui on exerce le réméré, peut, à plus forte raison, retenir les augmentations qu'il a faites à ses dépens, lorsqu'elles peuvent être séparées, telles que seraient des chambranles de cheminées, des parquets, des boiseries, etc., en remettant la chose dans l'état qu'il l'a reçue. A l'égard des augmentations qui ne peuvent s'enlever, telles que

(1) L'immeuble quoique augmenté par alluvion, est l'immeuble vendu, il est, *en droit*, parfaitement le même; l'alluvion n'en forme pas une partie distincte, elle en est inséparable *per alluvionem id videtur adjici quod ita paulatim adjicitur ut intelligere non possis quantum quoquo momento temporis adjiciatur.* Le réméré, comme toute autre condition résolutoire, ayant été une modalité du contrat de vente dès son principe, résout *in jure* ce contrat pour le passé aussi bien que pour l'avenir.—La première raison alléguée par Fachinæus, est dénuée de fondement : il est hors de doute que si la chose avait été notablement détériorée, par cas fortuit, le vendeur se serait bien donné de garde d'exercer le réméré. Le réméré n'est-il pas facultatif pour lui ? Qu'il l'exerce ou non, il est dans son droit. L'acheteur aurait souffert la perte, donc il doit profiter de l'augmentation : cela serait vrai s'il y avait réciprocité dans la position des parties, si elles étaient régies par une vente pure; mais il n'en est point ainsi. La clause de réméré a détruit l'équilibre, elle est toute dans l'intérêt du vendeur. Nous croyons donc que le vendeur, exerçant le réméré, a droit à l'augmentation survenue par alluvion.

Nous déciderions différemment pour le trésor, car il n'est pas une dépendance du fonds. (BUGNET).

[ARTICLE 1546.]

sont'des plantations, des bâtiments, etc., il doit les laisser; sauf à se faire faire raison des impenses, de la manière que nous l'exposerons *infrà*.

404. Suivant les mêmes principes, il me paraît qu'on doit décider que l'acheteur qui, en sa qualité de propriétaire de l'héritage qui a été vendu, a eu le tiers d'un trésor trouvé dans cet héritage avant la demande en réméré, n'est pas obligé de le rendre au vendeur qui exerce le réméré. Il est vrai que ce trésor existait et était renfermé dans l'héritage vendu lors de la vente de l'héritage, en quoi cette espèce pourrait paraître différente de celle de l'alluvion : mais quoique ce trésor existât alors, c'était une chose qui n'appartenait alors à personne : le vendeur de l'héritage dans lequel il était enfermé, n'en avait ni la propriété ni la possession, et il ne faisait en aucune manière partie de cet héritage ; L. 3, § 3, ff. *de Acq. vel amit. poss. glossa ad eumd.* § *in verbo Cepisse.*

On ne peut donc pas dire que ce trésor fît partie de ce qui a été vendu ; et par conséquent le vendeur, qui n'a droit de répéter par cette action de réméré que ce qu'il a vendu, ne peut répéter la part que l'acheteur a eue de ce trésor, *jure quodam accessionis : quia quamvis ille thesaurus non fuerit propriè pars fundi ; tamen quum in fundo inventus fuerit, quodammodo ex fundo profectus, et ideo saltem pro parte, domino fundi addici debere visus est.* Mais ce n'est que lors de la découverte, et par conséquent depuis le contrat que ce droit est né, et que l'acheteur a acquis le tiers de ce trésor; et par conséquent il peut le retenir, suivant les principes ci-dessus établis (1).

●

(1) En vendant un fonds on le vend avec ses qualités : or, un fonds riverain a dans ses qualités de droit, le principe de l'alluvion, cette augmentation, en tant que sa réalisation s'opérera, est donc virtuellement comprise dans la vente et par conséquent, affectée de la condition résolutoire de réméré. Mais le trésor n'a été, ni en droit, ni en fait, l'objet de la vente, il n'est ni une partie, ni une dépendance, ni un accessoire du fonds et encore moins un fruit, il est : *Dei beneficium.* La moitié profite

[ARTICLE 1548.]

Il en serait autrement d'une mine que l'acheteur aurait trouvée dans l'héritage : quoique cette mine fût inconnue lors du contrat de vente de l'héritage, et qu'en conséquence elle n'en augmentât pas la valeur, néanmoins elle faisait dès lors partie de cet héritage qui a été vendu ; c'est pourquoi l'acheteur doit rendre au vendeur qui exerce le réméré, ce qu'il a retiré de cette mine, sous la déduction des impenses.

405. L'acheteur sur qui on exerce le réméré, ne doit rendre les fruits que du jour des offres qui lui sont faites par le vendeur de lui rendre le prix. C'est une suite du principe établi, " que le réméré n'opérant la résolution du contrat de vente que pour l'avenir, tout ce qui est provenu de la chose vendue jusqu'au réméré, doit appartenir à l'acheteur." D'ailleurs le vendeur ayant joui du prix, il est juste que l'acheteur ait les fruits de la chose. On peut tirer argument de ce que nos coutumes décident dans le cas du retrait lignager (1). Voyez notre coutume d'Orléans, art. 374 et 375.

406. Plusieurs docteurs ont pensé que lorsqu'une vente faite avec faculté de réméré, était aussi faite à très vil prix ; ces deux circonstances réunies devaient faire présumer le contrat usuraire, et le faire considérer comme un prêt à intérêt déguisé sous la fausse apparence d'un contrat de vente, que le prétendu acheteur aurait fait au prétendu vendeur, et qu'en conséquence cet acheteur devait imputer et déduire sur le prix qui lui doit être rendu, tous les fruits qu'il a perçus.

à celui qui est propriétaire (716, C. civ., ci-dessus), or, c'était l'acheteur qui avait cette qualité au moment de la découverte, donc elle doit lui appartenir. (Bugnet).

(1) Pour décider que les fruits appartiendront à l'acheteur, il n'est pas nécessaire de dire que le réméré n'opère la résolution du contrat que pour l'avenir (ce qui ne nous paraît pas exact), mais il suffit de faire remarquer que les fruits n'ont point été l'objet de la vente, c'est le fonds qui a été vendu, c'est le fonds qui doit être rendu.

D'ailleurs l'autre raison que donne Pothier est décisive, les parties ont entendu que l'un jouirait du prix et l'autre de la chose vendue. (Bugnet).

[ARTICLE 1546.]

Fachinæus, *Controv.*, liv. 2, ch. 12, cite plus de quarante-cinq docteurs qui ont été de cet avis : il en cite presque autant pour l'avis contraire. — Plusieurs veulent que d'autres circonstances concourent ; *putà*, si le contrat n'avait été fait qu'après que le vendeur aurait sollicité l'acheteur de lui prêter de l'argent, si l'acheteur était coutumier d'exercer l'usure. Covarruvias pense, avec raison, que cela doit être laissé à la prudence du juge ; et je pense qu'il ne doit pas être facile de déclarer usuraire ce contrat, tant parce que la fraude ne doit point se présumer facilement, que parce que le vendeur ne pouvant jamais être contraint à rendre le prix qu'il a reçu, puisqu'il est en son pouvoir de ne pas exercer le réméré, cette vente n'a pas de ressemblance avec le prêt à intérêt (1).

407. La règle que l'acheteur sur qui on exerce le réméré, n'est pas obligé de tenir compte des fruits," reçoit exception à l'égard de ceux qui étaient pendants et prêts à recueillir lors du contrat de vente. Ces fruits ont augmenté le prix de la vente : il n'est pas douteux que, lorsqu'on vend une maison de vignes à la veille de la vendange, le prix de la future vendange entre en considération dans le marché, et augmente le prix du contrat. L'acheteur qui a profité de cette vendange, et sur qui on exerce le réméré, doit donc passer en déduction, sur le prix que le vendeur doit lui rendre, le prix de ces fruits ; autrement l'acheteur aurait tout à la fois la chose et le prix, ce que l'équité ne permet pas (2).

(1) Trop souvent la vente à réméré cache l'usure ; l'intérêt usuraire est confondu avec le prix, et il n'est pas facile de le découvrir et d'en faire la séparation. Ces ventes à réméré sont une ressource trompeuse, surtout pour les habitants des campagnes, et ils en sont fréquemment victimes. (Bugnet)

(2) Cependant les fruits n'ont pas été l'objet de la vente : il n'y a pas eu deux ventes, celle du fonds, et celle des fruits, mais une seule, c. du fonds. Qu'importe que les fruits aient été prêts à recueillir lors de la vente, ou qu'on n'ait pu les récolter que plusieurs mois après ? Dans les deux cas, ces fruits ne sont toujours que le fruit de la jouissance per-

[ARTICLE 1546.]

408. A l'égard des fruits produits depuis le contrat, et qui se trouvent pendants lors de l'exercice du réméré, Fachinæus, *Controv.*, 11, 14, et les docteurs par lui cités, pensent qu'ils se doivent partager au prorata du temps de cette année, entre le vendeur qui exerce le réméré et l'acheteur, parce qu'il est équitable que le vendeur ayant joui du prix pendant une partie du temps de cette année, l'acheteur retienne en récompense une partie dans les fruits de ladite année, au prorata de ce temps.

Par exemple, si la vente et le paiement du prix se sont faits le premier novembre, et que le réméré s'exerce le premier juillet, le vendeur ayant, en ce cas, joui du prix pendant les deux tiers de l'année, l'acheteur uoit retenir les deux tiers des fruits qui se trouvent pendants lors du réméré.

Cette opinion est équitable ; elle a été suivie par la coutume de Poitou.

Au contraire les coutumes d'Auvergne, de la Marche, de Lodunois, qui ont aussi traité du réméré, ont rejeté ce partage ; et elles adjugent au vendeur qui exerce le réméré, la totalité des fruits qui ont été recueillis depuis ses offres suivies de consignation, à la charge par lui de rembourser les labours et semences.

Les coutumes de Paris et d'Orléans n'ont pas traité du droit de réméré ; mais ces coutumes ayant, dans la matière du retrait lignager, rejeté le partage, et donné au retrayant tous les fruits recueillis depuis les offres, à la charge du remboursement des labours et semences (Paris, art. 134 ; Orléans, art. 374) ; on peut tirer de ces dispositions un argument pour décider que, suivant l'esprit de ces coutumes, le

dant un laps de temps, ordinairement annuel, et après la récolte il faudra que l'acheteur attende une révolution de temps pour retirer un nouvel avantage. Le vendeur a une jouissance continuelle du prix, et peut le faire profiter, il a même la faculté de choisir un moment opportun et convenable à ses intérêts pour exercer le réméré. Nous n'admettrions donc aucune distinction à l'égard des fruits, ceux perçus appartiendront à l'acheteur. (BUGNET).

vendeur qui exerce le réméré, doit pareillement avoir tous
les fruits recueillis depuis les offres, en remboursant les la
bours et semences, y ayant même raison ; sauf à dédomma-
ger d'une autre manière l'acquéreur, de la jouissance du prix
qu'il a payé, comme nous le verrons *infrà* (1).

409. Nous avons observé que le vendeur à qui on rend
l'héritage avec les fruits qui y sont pendants, doit faire raison
des labours et semences. Le vendeur ne peut pas s'en dispenser sous le prétexte que, lorsque l'acheteur est entré en
possession, il a pareillement trouvé les fruits pendants,
comme le décide fort bien Tiraqueau, *Tr. du retr. conv.*, § 5,
gl. 4, n° 17 ; car l'acheteur a payé pareillement ces labours
et semences en achetant d'autant plus cher, eu égard aux
fruits qui se trouvaient pendants ; et il en fait raison au vendeur, en lui faisant déduction du prix desdits fruits sur le
prix du réméré (2).

410. Il y a une autre question sur la qualité des offres,
après lesquelles les fruits qui sont recueillis appartiennent
au vendeur qui exerce le réméré. Plusieurs coutumes, qui
ont traité du droit de réméré, veulent que les offres soient
suivies de consignation ; et ce n'est que depuis la consignation qu'elles accordent les fruits au vendeur qui exerce le
réméré.

La raison est que le vendeur est toujours censé jouir du
prix qui lui a été payé, tant qu'il ne s'en est pas dessaisi par
la consignation, et que, tant qu'il jouit du prix, il ne doit pas
avoir les fruits de l'héritage ; l'équité ne permettant pas qu'il
jouisse tout à la fois de la chose et du prix.

Dans les coutumes de Paris et d'Orléans, est-il nécessaire

(1) Nous n'accorderions aucune action à l'acheteur pour le remboursement des labours et semences : il s'est volontairement soumis à l'exercice
du réméré, il devait connaitre sa position. *Volenti non fit injuria.*
(BUGNET).

(2) Toutes ces ~~distinctions~~ et ces éléments compliqués et minutieux
d'un compte, ne ~~paraissent pas~~ ~~avoir été~~ dans l'esprit des rédacteurs du
Code et avec raison ~~. . . . .~~ ~~sous~~ ~~fausse~~ apparence d'équité. (BUGNET).

[ARTICLE 1546.]

que les offres du vendeur qui exerce le réméré aient été suivies de consignations ?

Pour la négative, on dira qu'en matière de retrait lignager, ces coutumes ayant accordé au retrayant tous les fruits recueillis depuis ses offres, quoiqu'elles ne soient pas encore suivies de consignation, il semble qu'on doit décider la même chose dans le cas du réméré.

On pourrait peut-être répondre, qu'il n'y a pas tout à fait même raison.

Dans le retrait lignager, les coutumes ont prescrit un certain temps court pour le remboursement ou la consignation du prix, qui ne commence que depuis l'adjudication ou la reconnaissance du retrait. Cette adjudication pouvant être différée longtemps par les chicanes de l'acquéreur, il ne serait pas juste que le retrayant, qui est obligé de tenir toujours son argent prêt pour le remboursement du prix, aussitôt que le retrait sera adjugé ou reconnu, soit privé des fruits pendant le temps que durera la demeure injuste de l'acquéreur.

Au contraire, dans le réméré, n'y ayant aucun temps prescrit pour le remboursement ou la consignation du prix, le vendeur peut, dès le commencement de sa demande, le consigner, sur le refus fait par l'acquéreur assigné de le recevoir ; et lorsqu'il ne le consigne pas, il est suspect de ne le pas avoir prêt, ou d'en jouir.

On peut ajouter, pour faire valoir cette différence, et faire voir qu'on ne doit pas à cet égard tirer argument du retrait lignager au réméré, que plusieurs coutumes qui exigent la consignation dans le cas du réméré, n'exigent que de simples offres dans le cas du retrait lignager ; telle est celle du Lounois, tit. 15, art. 12 ; et tit. 16, art. 2.

Nonobstant ces raisons, la commune opinion est, que, dans coutume de Paris, de même que dans les autres qui ne en sont pas expliquées, il doit être fait raison au vendeur, dans le cas du réméré, de tous les fruits perçus depuis ces offres, quoiqu'elles n'aient pas été suivies de consignation.

[ARTICLE 1546.]

L'acheteur ne doit pas profiter de sa demeure, et des mauvaises contestations qu'il a faites sur la demande du réméré,
pour se conserver la jouissance d'un héritage qu'il était obligé de délaisser aussitôt que la demande lui en a été faite. Il
ne peut pas se plaindre d'être, pendant le temps qu'a duré le
procès, privé tout à la fois de la jouissance de l'héritage et du
prix, puisqu'il n'a tenu qu'à lui de recevoir le prix qui lui
était offert, et de ne pas faire de procès : *Damnum quod quis
culpá suá sentit, non videtur sentire* (1).

411. Le vendeur qui exerce le réméré est aussi tenu, de sa
part, à certaines prestations envers l'acheteur, ou ses successeurs sur lesquels il l'exerce.

Premièrement, le vendeur doit restituer à l'acheteur le prix
pour lequel l'héritage a été vendu, ou l'en tenir quitte, s'il
n'a pas encore été payé.

Quelques anciens docteurs, dont le sentiment est rapporté
par Zoannetus, *Tract. de empt. vend. sub. pact. de retrov.*, n° 111,
avaient pensé que, lorsque par la clause de réméré les parties ne s'en étaient pas expliquées, c'était le prix que la chose
valait au temps que s'exerçait le réméré qui devait être payé
à celui sur qui le réméré s'exerce, plutôt que celui pour lequel la chose avait été vendue. Le fondement de leur opinion
était qu'ils regardaient le réméré comme une nouvelle vente,
et la clause de réméré comme une pure promesse de vendre.
Or, disaient-ils, lorsque quelqu'un s'est engagé à vendre quelque chose à quelqu'un dans un certain temps, sans s'expli-

---

(1) **Cette** décision paraît fort équitable : cependant l'art. 1673, C. civ.
(*V.* ci-dessus, p. 168, note 2), décide, que le vendeur ne peut rentrer en
possession, et par conséquent profiter des fruits, qu'après avoir rembourse le prix principal, les frais et loyaux coûts, etc   Peut-on dire que les
offres seules non suivies de la consignation, équivalent à la satisfaction
de toutes ces obligations : évidemment non ; d'après les principes généraux, ce sont les offres suivies de la consignation qui procurent la libéralité. Il y aurait lieu, dans l'espèce proposée par Pothier, à condamner
l'acheteur qui a élevé de mauvaises chicanes, à des dommages-intérêts.
(BUGNET).

[ARTICLE 1546.]

quer sur le prix, il est censé s'être obligé à le vendre au prix
qu'elle vaudrait lorsque la vente s'en ferait, et non pas au
prix qu'elle valait lors de la promesse.

Cette opinion a été rejetée avec raison ; elle portait sur un
faux principe. Le réméré n'est pas proprement une nouvelle
vente que l'acheteur fait au vendeur, mais une simple résolution de la vente qui a été faite. La clause de réméré est
une clause résolutoire, sous laquelle la vente a été faite, et
par laquelle il a été convenu qu'il serait au pouvoir du vendeur de résoudre le contrat. Le réméré est *distractus potiùs
quàm novus contractus*, et chacun en conséquence doit
reprendre, de part et d'autre, ce qu'il a donné. Ce principe,
que le réméré est plutôt *distractus quàm novus contractus*,
n'est pas douteux dans notre droit français. C'est en conséquence de ce principe, qu'il y est décidé qu'il n'est pas dû un
nouveau profit de vente pour le réméré, qui néanmoins en
devrait produire un nouveau, s'il renfermait une nouvelle
vente. La coutume du Poitou, art. 370, décide formellement
que c'est le prix du contrat qui doit être rendu lorsque le
vendeur use de la grâce du réméré (1).

412. Doit-on décider la même chose, lorsque la faculté de
réméré a été accordée au vendeur par une convention postérieure au contrat ?

Quoique cette espèce soit différente de la première, et que
le réméré qui s'exerce en vertu de cette nouvelle convention,
ne soit pas un *distractus*, mais un nouveau contrat de vente,
qui donne lieu à un nouveau profit ; néanmoins je pense que
le prix qui doit être rendu, est celui pour lequel la chose a
été vendue, et non pas le prix que la chose valait lors du
réméré. Il est vrai que, dans le cas d'une promesse de
vendre, qui est absolue, et qui n'a pas de relation à un contrat précédent, le prix, lorsque les parties ne se sont pas
expliquées par la promesse de vendre, doit être celui que la

(1) C'est bien aussi le prix primitif, le prix de la vente, que les art. 1659
et 1673 désignent sous le terme de *prix principal*. (BUGNET).

chose van n t u p que se fait la vente, et non celui qu'elle
valait au temps de la promesse. Mais, dans cette espèce, la
convention qui intervient entre le vendeur et l'acheteur, par
laquelle on convient que le vendeur pourra rémérer l'héritage, est une convention qui a une relation évidente avec le
contrat de vente qui est intervenu entre les parties ; et cette
relation doit faire présumer que l'intention des parties a été
que la revente que l'acheteur s'obligeait de faire au vendeur,
lorsqu'il le requerrait, se ferait aux mêmes conditions que la
première vente, à laquelle cette convention se réfère.

413. Peut-on, par la clause de réméré, convenir que le vendeur, lorsqu'il exercera le réméré, " paiera une certaine
somme plus   que celle pour laquelle l'héritage a été
vendu ? "

Cette convention n'a rien en soi d'illicite : la faculté de
réméré n'étant pas due au vendeur par la nature du contrat
de vente, on peut la lui faire acheter , et quand même la
somme qu'il doit payer en exerçant le réméré, au delà de
celle pour laquelle l'héritage a été vendu, serait une somme
excessive, la convention, même en ce cas, ne lui porterait
aucun préjudice. Il ne peut pas s'en plaindre, puisqu'il demeure le maître de ne pas payer cette somme, en n'exerçant
pas le réméré ; et qu'en ne l'exerçant pas, il est au même état
que si la faculté de réméré, que l'acheteur, par la nature du
contrat, n'était pas obligé de lui accorder, ne lui eût pas été
accordée (1).

414. *Vice versâ*, on peut convenir que le vendeur pourra

---

(1) Nous ne comprenons pas comment Pothier peut concilier cette décision avec le principe qu'il vient d'énoncer lui-même, que le réméré était
une simple résolution de la vente qui a été faite : on ne peut résoudre
que ce qui a eu lieu, et sur les éléments qui constituaient la vente. Tout
changement à ce qui est de l'essence du contrat, *circà substantialia contractûs,* amènera une opération nouvelle qui ne peut être la résolution
de la première. Sous un autre point de vue, la décision de Pothier n'est
pas sans danger, elle peut favoriser l'usure, nous ne pensons pas qu'elle
doive être admise. (BUGNET).

[ARTICLE 1546.]

rémérer pour une somme moindre que celle pour laquelle
l'héritage a été vendu. Cette clause contient un bienfait et
une libéralité que l'acheteur exerce envers le vendeur ; et
elle n'a rien d'illicite, pourvu que le vendeur soit une personne à qui les lois ne défendent pas à l'acheteur de
donner (1).

415. Il nous reste à observer, à l'égard du prix, qu'il peut
être rendu en une monnaie différente de celle en laquelle il
a été payé. S'il a été payé au vendeur en or, le vendeur peut
le rendre en espèces d'argent, *et vice versâ.*

Pareillement, quoique, depuis le paiement du prix qui a
été fait au vendeur, les espèces dans lesquelles il a été payé
soient augmentées ou diminuées ; quoiqu'elles aient été dé-
criées, et qu'au temps du réméré il y en ait de nouvelles qui
soient de meilleur ou de plus mauvais aloi ; le vendeur qui
exerce le réméré, doit rendre en espèces qui aient cours au
temps auquel il exerce le réméré, la même somme ou quantité qu'il a reçue en paiement, et rien de plus ni de moins.
La raison est que, dans la monnaie, ce ne sont pas les espèces
que l'on considère, mais seulement la somme ou valeur que
le souverain a voulu qu'elles signifiassent : *Ea materia formâ
publicâ percussa usum dominiumque non tam ex bstantiâ
præbet quàm ex quantitate ; L.* 1, ff. *de Contrah. empi.* Ce ne
sont pas tant les espèces que le vendeur est censé avoir
reçues, lorsque le prix lui a été payé, que la somme ou valeur
signifiée par ces espèces ; et par conséquent il doit rendre, et
il lui suffit de rendre la même somme ou valeur en des
espèces qui aient cours, et qui soient les signes autorisés par
le prince pour signifier cette valeur. Ce principe étant certain dans notre pratique française, il suffit de l'avoir exposé ;

(1) Puisque cette convention est traitée comme une donation, il sera
permis de dire que l'acheteur fait remise d'une partie de la créance qu'il
aura si la condition s'accomplit, c'est-à-dire, si le réméré est exercé.
(Bugnet).

il retranche toutes les questions que les docteurs font sur les
changements de monnaie (1).

416. Le vendeur rend le prix sans aucuns intérêts : l'acheteur ne tenant pas compte des fruits qu'il a perçus (*suprà*
n° 405), il n'est pas juste que le vendeur tienne compte des
intérêts; ils se compensent avec les fruits (2).

417. *Quid*, si l'acheteur offrait de compter des fruits ?

Il ne serait pas même, en ce cas, reçu à demander les intérêts (arrêt du 10 août 1626, cité par Leprestre) : car le réméré
n'opérant la résolution du contrat que pour l'avenir, de même
que l'acheteur a eu droit jusques-là de jouir de l'héritage, le
vendeur a eu le droit de jouir du prix ; et l'on ne peut, par
conséquent, lui en demander les intérêts. Si les fruits avaient
été abondants, et qu'ils eussent surpassé les intérêts du prix
l'acheteur aurait eu ce prix; donc il doit souffrir la perte,
s'ils sont moindres.

418. Lorsque l'acheteur n'a pas perçu les fruits de l'année
dans laquelle s'est exercé le réméré, parce qu'ils se sont trouvés pendants par les racines, le vendeur qui a eu ces fruits,
doit faire raison des intérêts du prix pour cette année; autrement il aurait tout à la fois la jouissance de la chose et
celle du prix, ce que l'équité ne permet pas. C'est l'avis du
nouveau commentateur de la coutume de la Rochelle (3).

419. Lorsque, par le contrat de vente, il a été imposé à

(1) Ce principe reçoit son application à tous les cas où la dette est
d'une somme d'argent (Bugnet).

(2) Cependant Pothier veut qu'on déduise du prix principal, la valeur
des fruits s'ils étaient prêts à être recueillis lors de la vente. (Bugnet).

(3) S'il s'agissait d'un immeuble qui d'après son état, lors de la vente,
ne pût, de longtemps, produire des fruits, telle qu'une forêt qui venait
d'être entièrement exploitée, il faudrait donc obliger le vendeur à faire
raison des intérêts, puisqu'en faisant plus tard lui-même la coupe, il aura
le profit de toute la crue du bois; et cependant il n'en est point ainsi.
Il faut donc ne point s'occuper de cette question si l'acheteur a, ou non
perçu des fruits soit dans la dernière année ou non. Ce sont des éléments
de controverse que le Code n'a pas voulu renouveler. (Bugnet).

l'acheteur, cutre le prix, quelque charge que l'acheteur a
acquittée, le vendeur qui e . . . réméré, doit rendre à l'a-
cheteur, outre le prix, la somm . . laquelle sera estimée cette
charge. Par exemple, si je vous ai vendu, sous faculté de
réméré, une chose pour une certaine somme, et . . charge
que vous me copierez un certain manuscrit ; je serai obligé,
lorsque j'exercerai le réméré, de vous rendre, outre le prix
porté par le contrat, la somme à laquelle on estimera le prix
de la copie que vous m'avez faite ; car cette charge qui vous
a été imposée par le contrat, et que vous avez acquittée, fait
partie du prix.

420. Le vendeur qui exerce le réméré, doit aussi rembourser à l'acheteur tout ce que ce dernier a payé par forme de
pot-de-vin ou d'épingles, à la femme, aux enfants ou aux domestiques du vendeur, lorsque ces pots-de-vin ou épingles
ont été stipulés par le contrat ; car cela fait partie du prix.

421. Le vendeur qui exerce le réméré, doit aussi rembourser à l'acheteur tous les loyaux coûts de son acquisition, tels
que sont les frais du contrat de vente, les centièmes deniers,
les profits seigneuriaux, et généralement tout ce qu'il en a
coûté à l'acheteur pour acquérir ; car la faculté de rémérer
n'étant pas due au vendeur par la nature du contrat, et étant
pour cela appelée, par plusieurs coutumes, *grâce de réméré ;*
l'acheteur, qui accorde cette faculté au vendeur pour lui faire
plaisir, est censé ne l'accorder qu'à la charge qu'il sera rendu
indemne.

422. On va même jusqu'à soutenir qu'il doit être remboursé des choses dues pour son acquisition, *putà,* au seigneur
pour lods et ventes, quoiqu'on lui en ait fait remise, ou qu'il
en fût exempt à cause de quelque privilége ; parce que c'est
lui qui doit profiter du don qu'on a voulu lui faire, aussi
bien que de son privilège, plutôt que le vendeur, qui exerce
le réméré sur lui.

423. Enfin le vendeur qui exerce le réméré, doit rembourser à l'acheteur les impenses nécessaires, autres que celles de
simple entretien ; car celles-ci sont des charges de la jouis-

sance, qui doivent être portées par l'acheteur qui a eu cette
jouissance.

424. A l'égard des impenses utiles et non nécessaires, quelques coutumes, qui ont traité du réméré, ont fait, à cet égard,
une distinction entre le cas auquel le réméré n'est accordé
que pour un an, et le cas auquel il est accordé pour plusieurs
années. Elles refusent, au premier cas, le remboursement
de ces impenses, de même que dans le cas du retrait lignager : elles l'accordent dans le second cas ; Angoumois, 79 ;
Poitou, 371.

Cette distinction est très équitable, et me paraît devoir être
suivie dans les coutumes qui ne s'en sont pas expliq iées. Un
acheteur ne souffre pas un grand préjudice d'être empêché
de méliorer, l'héritage pendant le court espace d'un an ; mais
il souffrirait un trop grand préjudice, et ce serait même une
chose contraire à l'intérêt public, s'il en était empêché pendant un long temps. Il est donc équitable, en ce cas, que le
vendeur lui rembourse le coût des impense, qui, quoique i on
nécessaires, étaient au moins utiles, et ont rendu l'héritage
plus précieux ; mais il ne les doit rembourser que jusqu'à
concurrence de ce que l'héritage s'en trouve plus précieux :
il suffit même quelquefois, lorsqu'elles sont trop considérables, que le vendeur permette à l'acheteur de les enlever,
si cela peut se faire. A l'égard de celles qui sont purement
voluptuaires, l'acheteur n'en peut pas exiger le remboursement ; mais il a seulement la faculté de les enlever, lorsque
cela se peut faire.

425. Lorsque le réméré s'exerce contre un tiers détenteur, le
vendeur est tenu envers ce tiers aux mêmes prestations auxquelles il serait tenu, si le réméré s'exerçait contre l'acheteur. C'est pourquoi si je vous ai vendu mon héritage avec
faculté de réméré, et que vous l'ayez revendu à un tiers pour
un prix plus cher, je ne serai obligé de rembourser à ce tiers
que le prix pour lequel je vous l'ai vendu ; car vous n'avez
pu par votre fait, en revendant l'héritage, rendre plus oné-

[ARTICLE 1546.]

reuse la condition de mon droit de réméré : *Nemo ex alterius facto prægravari debet.*

Vice versá, si'ce tiers a acheté l'héritage pour un prix moindre que celui pour lequel je vous l'ai vendu, je ne laisserai pas d'être tenu de lui rendre le prix entier pour lequel je vous l'ai vendu ; car vous êtes censé, en lui vendant l'héritage, lui avoir vendu tous les droits que vous aviez par rapport à cet héritage, qui peuvent tendre à en retenir la possession, et par conséquent celui de répéter de moi ce prix entier, en cas de réméré.

426. Lorsque l'acheteur, sur l'action de réméré, a été condamné à délaisser l'héritage au vendeur, le vendeur ne peut le contraindre à ce délais, qu'il ne l'ait préalablement remboursé du prix et des loyaux coûts qui sont liquides. Lorsque l'acheteur refuse de recevoir, il faut que le vendeur lui fasse des offres par une sommation, et qu'il obtienne un jugement qui les déclare valables, et qui permette de consigner. Ce n'est qu'après ce jugement, et la consignation faite en conséquence, et dûment signifiés, que le vendeur peut contraindre l'acheteur à lui faire le délais de l'héritage.

A l'égard des loyaux coûts et impenses qui ne sont pas liquides, le vendeur n'est pas obligé d'attendre que la liquidation en soit faite, pour se faire délaisser l'héritage.

427. Il n'y a aucun terme fatal dans lequel le vendeur soit tenu de satisfaire aux prestations dont il est tenu. Il est toujours à temps jusqu'à ce que, par jugement, il ait été déclaré déchu, faute d'y avoir satisfait ; il doit seulement les dépens des poursuites faites contre lui par l'acheteur (1).

428. C'est une question, si l'acheteur, qui a acquiescé à la demande en réméré, ou qui, sur cette demande, a été condamné à délaisser l'héritage, peut contraindre le vendeur à exercer le réméré ?

---

(1) Il faut cependant que le vendeur ait agi dans le délai fixé, et, à défaut de delai moindre, dans les cinq ans (art 1660, 1C.!.) (BUGNET).

[ARTICLE 1516.]

Nous traiterons cette question en notre *Traité du Retrait*, qui sert d'Appendice à celui-ci ; nous y renvoyons.

---

* 2 *Troplong, Vente,* } 762. Tant que le vendeur n'a pas payé
  n° 762-3. } le montant de toutes ces sommes, il ne peut entrer en possession. L'acheteur a le droit de conserver la chose par devers lui à titre de gage.

Dans l'ancienne jurisprudence, on faisait une distinction entre les sommes liquides et non liquides dont se composait le montant du réméré.

Plusieurs jurisconsultes, au nombre desquels se trouve Pothier, pensaient que le vendeur n'était pas obligé d'atten- dre la liquidation des loyaux coûts et des impenses ; qu'il suffisait qu'il eût payé ce qui était liquide pour se faire dé- laisser l'héritage.

D'autres, également partisans de cette distinction, vou- laient cependant que l'acheteur ne fût tenu de se dessaisir qu'autant que le vendeur donnait caution qu'il paierait quand la liquidation serait faite. Despeisses cite plusieurs arrêts du parlement de Bretagne qui l'avaient ainsi décidé.

Mais Tiraqueau repoussait toutes ces distinctions. Il vou- lait que, soit que les impenses fussent liquidées ou non, l'acheteur ne fût pas tenu de se dessaisir de son gage. " Oc- " tavo declarat, ut si etiam hujusmodi impensæ, quæ restitui " aut deduci debent, non sunt liquidæ, tamen non tenetur " emptor rem restituere, prestitâ sibi cautione de illis resti- " tuendis, cùm erunt liquidæ : sed tunc demùm tantùm, cùm " hæ solutæ fuerint post earum liquidationes ; " et il s'auto- rise du sentiment de Paul de Castro et de plusieurs argu- ments tirés des lois romaines.

Il semble que c'est ce dernier sentiment que le Code a voulu faire prévaloir. La généralité des termes dont il se sert pour accorder à l'acheteur le droit de rétention exclut positivement, à mon avis, les distinctions que repoussait Tiraqueau.

763. Du reste, rien n'empêche l'acheteur de renoncer à son

droit de rétention. En se désaisissant de la chose, il n'en conserve pas moins son action personnelle pour se faire payer
de ce qui lui est dû. Cette action reste également intacte,
quand même il se serait laissé condamner à la résolution du
contrat, sans qu'il lui ait été fait des offres pour les impenses,
et sans qu'il en eût alors exigé le remboursement. Tous les
anciens docteurs sont d'avis que, lors de l'exécution de la
sentence, il pourrait faire valoir tous ses droits.

---

* 6 *Marcadé, sur art.* } I. — Le Code, adoptant la locution
1659 *C. N.* } impropre de la plupart de nos anciens
auteurs, notamment de Pothier, appelle pacte de rachat ou
de réméré (*re-emere*, racheter) la stipulation par laquelle le
vendeur et l'acheteur conviennent que le premier pourra retirer la chose et rendre la vente non avenue, en restituant à
l'acheteur dans un certain délai : 1° le prix de l'acquisition ;
2° les dépenses accessoires, telles que frais de contrat et
d'enlèvement ou de transport de la chose ; 3° les impenses
nécessaires ou utiles que l'acheteur a faites pour la chose,
les premières pour la totalité des déboursés, et les secondes
jusqu'à concurrence seulement de la plus-value (art. 1673).

Nous disons que, par l'exercice de la faculté dont il s'agit,
la vente se trouve non avenue et que par conséquent les
qualifications de rachat ou réméré sont inexactes. Il ne s'agit
pas, en effet, pour le vendeur, de racheter la chose, il ne·
s'agit pas d'une revente, mais bien de la résolution, de
l'anéantissement de la vente primitive ; comme le disait très-
bien Pothier, il n'y a pa . . .·'· *novus contractus*, c'est au contraire *distractus* ; la nouvelle opération n'est pas une seconde
vente, c'est la suppression de la première : la vente accompagnée de ce pacte e. une vente faite sous condition résolutoire. L'acheteur n' .quiert alors qu'une propriété résoluble,
et le vendeur continue par conséquent d'être propriétaire
sous condition suspensive; si la condition, c'est-à-dire le retrait, vient à s'accomplir, le vendeur n'aura jamais cessé

[ARTICLE 1546.]

d'être propriétaire, et par conséquent toutes les hypothèques, servitudes et autres charges réelles que l'acheteur aurait concédées seront non avenues, comme le déclare formellement le second alinéa de l'art. 1673 ; si, au contraire, le délai passe sans que le retrait ait lieu, l'acheteur devient propriétaire irrévocable, ainsi que l'explique l'art. 1662.

II.—Il résulte de là une conséquence qui, bien qu'elle nous ait été contestée et même positivement niée, dans une conférence, par notre célèbre confrère et compatriote Me Senard, ne saurait cependant être douteuse. C'est que celui qui, pendant le délai convenu pour le retrait d'un immeuble ainsi vendu, voudrait acquérir une hypothèque sur cet immeuble, n'aurait de sécurité qu'en se la faisant concéder tout à la fois et par l'acheteur et par le vendeur. C'est évident; car l'hypothèque consentie par celui qui n'est propriétaire que sous une condition étant soumise à cette même condition, il s'ensuit que si l'hypothèque n'était ici concédée que par l'acheteur, l'exercice du retrait la ferait évanouir, de même que si elle n'émanait que du vendeur, le non-exercice du retrait la laisserait sans valeur. Il faut donc qu'elle soit donnée par tous deux pour être efficace en toute hypothèse, c'est-à-dire contre l'acheteur, si, le retrait n'ayant pas lieu, c'est lui qui demeure propriétaire, et contre le vendeur, au contraire, si, le retrait ayant lieu, c'est ce dernier qui se trouve avoir toujours eu la propriété.

On conçoit, au surplus, que ce qui est dit ici du cas de vente à réméré s'appliquerait dans tous les cas où un immeuble appartient à une personne sous condition résolutoire (et par conséquent à une autre sous condition suspensive), et que l'observation faite pour une hypothèque s'étend à tous autres droits réels.

On conçoit également que si la convention de reprendre la chose, au lieu d'accompagner le contrat de vente, n'intervenait que plus tard, son exécution serait une seconde vente et non plus une résolution de 'a vente primitive. Dans ce cas, en effet, il ne s'agit plus d'une vente faite sous la condition

[ARTICLE 1547.]

qu'elle sera résolue si le retrait s'opère, en sorte que, par l'effet de ce retrait, la vente se trouve n'avoir pas eu lieu ; ici la
vente a été pure et simple, l'acheteur a été de suite propriétaire irrévocable, et ne peut dès lors que consentir une revente pour laquelle il faudra payer une seconde fois les droits
de mutation et qui laissera subsister tous, les droits réels
concédés par cet acheteur primitif, aujourd'hui vendeur.

1547. Lorsque le ven-
deur rentre dans son héritage par la faculté de
réméré, il le reprend
exempt de toutes les charges dont l'acheteur a pu
le grever.

1547. When the seller
takes back the property
under his right of redemption, he receives it free
from all incumbrances
with which the buyer may
have charged it.

Voy. autorités sur art. 1546.

---

* 1 *Domat* (*Remy*), *Liv.* 1, } 7. La vente sous faculté de rachat
tit. 2, *sec.* 12, *n°* 7-8. } renferme une condition, qu'elle
sera résolue, si le vendeur rachète (C. civ., 1650), et lorsqu'il
le fait, il rentre dans son droit en vertu de cette condition.
Ainsi, il reprend la chose exempte des charges que l'acheteur avait pu y mettre.

8 Si la faculté de rachat n'était accordée qu'après le contrat de vente parfait, elle ne fera aucun préjudice aux
charges et hypothèques auxquelles l'acheteur se serait engagé depuis le contrat, et avant que d'accorder cette faculté.
(C. civ., 1665, 1659, 1751.)

C'est une suite nécessaire de l'accomplissement de là vente pure et
simple, qui avait acquis le droit à l'acheteur, suivant les règles de la
nature du contrat de vente.

[ARTICLE 1547.]

* 3 *Pothier* (*Bugnet*), } 429. L'effet du réméré, lorsque la
Vente, *n°* 429 *et s.* } clause du réméré est portée par le contrat de vente, est d'opérer pour l'avenir la résolution du contrat de vente. Le vendeur qui, en exécution de cette clause, rentre dans l'héritage qu'il avait vendu, ne l'acquiert pas proprement de nouveau ; le réméré est plutôt une résolution et une cessation de l'aliénation qu'il en avait faite, qu'une nouvelle acquisition.

430. De ce principe dérivent plusieurs corollaires :

Que le vendeur qui est rentré dans l'héritage en vertu de cette faculté de réméré, en redevient propriétaire au même titre auquel il était avant qu'il l'eût vendu,—d'où il suit :

Le vendeur qui exerce le réméré, reprend l'héritage sans la charge des hypothèques et autres droits réels que l'acheteur avait imposés : car il ne tient pas cet héritage de lui ; il ne l'acquiert pas de lui : il en redevient propriétaire par la résolution de la vente qu'il en avait faite, et par la résolution de l'extinction du droit de l'acheteur ; d'où il suit que toutes les charges imposées par l'acheteur, doivent pareillement se résoudre, suivant la règle : *Soluto jure dantis, solvitur jus accipientis :* l'acheteur, qui n'avait qu'un droit résoluble, n'a pu donner à d'autres plus de droit qu'il n'en avait lui-même (1).

431. Il faut décider tout le contraire de ce que nous venons d'établir, lorsque la faculté de réméré n'a été accordée que

(1) Il faut le décider ainsi, même dans le cas où l'acheteur aurait accordé au vendeur une prolongation de délai au delà de celui primitivement fixé par le contrat : cette prolongation ne peut avoir les mêmes effets que si ce nouveau délai eût été déterminé au moment de l'acte. Les contrats peuvent être formés et prendre naissance avec telles et telles modalités et conditions qui les affectent et en modifient l'existence et les effets ; les parties, dont la volonté est ici la règle lorsqu'elle reste dans les limites légales, l'ont ainsi voulu : mais lorsque, après coup, les contractants voudraient modifier, ce n'est plus qu'une nouvelle convention qui produira ses effets pour l'avenir, mais sans rétroactivité, surtout à l'égard des tiers. (BUGNET).

[ARTICLE 1547.]

par une convention postérieure au contrat de vente, et *ex intervallo*.

Le réméré est, en ce cas, une vraie revente que l'acheteur fait au vendeur, en exécution d'une nouvelle convention qui ne fait pas partie du premier contrat de vente : le vendeur acquiert de nouveau l'héritage ; il le tient de l'acheteur, qui le lui rend en vertu de cette nouvelle convention; c'est pourquoi il est dû un nouveau profit de vente.

Le vendeur, comme propriétaire de cette héritage en vertu d'un nouveau titre, est obligé d'en porter la foi de nouveau ; l'héritage lui est acquêt quand même il aurait été propre lorsqu'il l'a vendu ; et il l'acquiert avec la charge des hypothèques et autres droits réels qui ont été imposés par l'acheteur, de qui il est censé l'acquérir.

432. Domat, liv. 1, tit. 2. sect. 12, n° 8, convient que, lorsque la faculté de rachat n'était accordée que depuis le contrat, le vendeur qui l'exerce est tenu des hypothèques imposées par l'acheteur depuis le contrat; mais il ajoute qu'il n'est tenu que de celles imposées avant l'acte qui a accordé la faculté de rachat.

Cette décision de Domat doit être restreinte au cas auquel l'acte par lequel cette faculté aurait été accordée, serait un acte passé devant notaires, ou reconnu en justice, qui donne au vendeur une hypothèque sur l'héritage pour l'exécution de l'obligation que contracte envers lui l'acheteur par cet acte.

Sans cela, quand même l'acte aurait une date constatée, soit par le contrôle, soit par le décès de quelqu'une des parties qui l'auraient souscrit, le vendeur serait tenu des hypothèques imposées, quoique depuis l'acte ; car le vendeur n'acquérant par cet acte contre l'acheteur, qu'une créance personnelle pour se faire rendre l'héritage ; cet acheteur, qui demeure toujours le propriétaire de l'héritage, jusqu'à ce que le vendeur exerce la faculté de réméré qu'il lui a accordée, conserve toujours, en cette qualité de propriétaire, la culté de l'aliéner et de l'hypothéquer.

[ARTICLE 1547.]

Cet acte ne peut pas donner plus de droit au vendeur que ne lui en donnerait un acte par lequel l'acheteur lui aurait précisément revendu l'héritage. Or un tel acte n'empêcherait pas l'acheteur de pouvoir, jusqu'à la tradition, l'aliéner et l'hypothéquer à d'autres, comme nous avons vu *suprà*, n⁰ˢ 318, 319.

---

* 2 *Troplong, Vente,*   764. Passons maintenant aux obliga-
n° 764-5.   tions de l'acheteur.

J'ai dit ci-dessus que l'acheteur doit user de la chose en bon père de famille, et qu'il est tenu des détériorations survenues par sa faute. Il devra donc faire toutes les dépenses nécessaires pour empêcher la chose de dépérir ; sans quoi le vendeur pourra le rendre responsable de son omission. Si, par exemple, il ne réparait pas les toitures, et que la pluie eût occasionné des dégradations, il serait tenu des dommages et intérêts.

765. L'acheteur doit rendre la chose dans l'état où elle se trouve, sauf ce que je viens de dire des dégradations occasionnées par sa faute.

Ainsi, si la chose a été détériorée par l'effet nécessaire du temps ou par force majeure, le vendeur devra la prendre telle qu'elle est, et il lui sera défendu de réclamer une diminution sur le prix ; car, d'une part, la somme qu'il doit payer n'est pas celle qui représente la valeur réelle de la chose quand il use du retrait, mais bien celle-là même qu'il a reçue ; de plus, le retrait opère résolution de la vente ; les parties doivent être remises en l'état où elles étaient avant d'avoir contracté, et il ne faut pas que l'acheteur en éprouve du dommage.

---

* 6 *Marcadé, sur*   I. — Les dispositions de cet article se
art. 1673 C. N.   trouvent expliquées par ce qui a été dit sous l'art. 1659, à l'exception du droit de rétention de l'acheteur et de l'obligation pour le vendeur de respecter les baux loyalement faits par le premier.

[ARTICLE 1547.]

Nos anciens auteurs n'étaient pas d'accord sur l'étendue du droit de rétention. Les uns (et parmi eux Pothier) ne l'accordaient que pour les sommes actuellement liquides, et permettaient au vendeur de se faire délaisser l'héritage sans attendre la liquidation du surplus. D'autres, au contraire, notamment Tiraqueau, dans son Traité du retrait (I, p. 44), reconnaissaient à l'acheteur le droit de retenir le bien, tant que toutes les sommes dues n'avaient pas été liquidées et payées. C'est cette dernière idée que consacre notre article, puisqu'il déclare absolument et sans distinction que le vendeur ne peut entrer en possession qu'après avoir satisfait à *toutes les obligations* dont le détail est donné par la phrase précédente.

Par une dérogation que les nécessités d'une bonne administration et les intérêts généraux, surtout ceux de l'agriculture, ont fait apporter à la règle *soluto jure dantis solvitur jus occipientis*, le vendeur est tenu, après et malgré l'exercice du retrait, de maintenir les baux faits par l'acheteur, pourvu qu'ils n'aient point été faits par fraude et dans le dessein de se procurer un avantage illicite au détriment du vendeur.

II.—Le Code nous dit bien ce que devra restituer le vendeur qui exerce le rachat; mais il ne s'occupe pas de préciser les restitutions à faire par l'acheteur, quoiqu'il y eût à cet égard de vives controverses dans l'ancien droit.

Il est d'abord évident que l'acheteur devrait payer au vendeur des dommages-intérèts, si la chose était détériorée par sa faute, notamment par le défaut d'entretien. Mais si la chose s'est accrue par des alluvions, qui peuvent parfois être fort considérables, l'acheteur devra-t-il livrer ces alluvions avec ce qu'il a reçu?... Parmi les anciens docteurs, les uns enseignaient que l'alluvion appartient toujours au vendeur à méré; d'autres l'attribuaient au vendeur dans le cas de vente en bloc, et à l'acheteur dans le cas de vente à la mesure; la plupart, enfin, et telle était l'opinion de Pothier, décidaient qu'elle appartient à l'acheteur dans tous les cas.

La première de ces trois doctrines est seule exacte, et nous

372

[ARTICLE 1547.]

ne comprenons pas que la généralité de nos anciens auteurs, et surtout un jurisconsulte aussi judicieux que Pothier, aient pu s'en écarter. Par l'exercice du retrait, la vente est résolue et est censée n'avoir jamais eu lieu, le vendeur se trouve lé. galement avoir toujours été le seul propriétaire, et c'est pour lui dès lors que la chose s'est accrue par l'alluvion ; par l'effet de la résolution, cette chose est et a toujours été sienne, et l'augment dès lors est et a toujours été sien aussi. Pour nier ce résultat, il a fallu que Pothier niât la résolution de la vente : "Le réméré, dit-il, ne résout le contrat que pour l'avenir ; il le laisse subsister pour le passé (n° 403)." Mais comment Pothier a-t-il pu écrire une telle hérésie ? Comment n'a-t-il pas vu que, par cette étrange proposition, il reniait les principes si bien établis ailleurs par lui, transformait la réso. lution de vente en véritable revente, le *distractus* en *contrac. tus novus*, et bouleversait d'un mot toutes les règles de la matière ? Le contrat serait résolu pour l'avenir, et non pour le passé ! Le démenti le plus énergique est écrit dans les art. 1183, 1662 et 1673 ; et on ne peut pas s'étonner que le droit du vendeur sur l'alluvion soit proclamé par tous les auteurs qui ont écrit sous le Code Napoléon, sans exception.

Par la même raison, c'est aussi au vendeur exerçant le réméré qu'appartient la moitié de trésor attribuée *jure soli* au propriétaire du bien dans lequel il était caché ; la moitié que la loi attribue à l'inventeur appartiendra seule à l'acheteur (en supposant que ce soit lui qui ait trouvé le trésor). La doctrine contraire de Pothier, qui était, du reste, conséquent avec lui-même en l'admettant, se trouve fausse par le motif ci-dessus donné.

Il va sans dire que, s'il s'agissait d'adjonctions que l'acheteur eût faites lui-même à l'immeuble, en augmentant sa contenance par d'autres achats ou autrement, c'est à lui que ces additions resteraient ; mais il nous paraît certain aussi, comme à M. Troplong (II, 767), que ce serait à lui, à défaut d'explications suffisantes dans l'acte de vente, de prouver que, parmi les diverses parties qui composent actuellement le do-

maine, telle et telle ont été ajoutées par lui et sont dès lors
sa propriété personnelle. Ces parties, en effet, ayant été réunies de façon à former en apparence un seul tout, un même
immeuble, celui qui établit son droit à prendre cet immeuble
est réputé, jusqu'à preuve contraire, avoir droit à toutes les
parties qui le composent, et c'est à la partie adverse à justifier les distractions qu'elle prétend faire.

. III.—C'était également un point très controversé par nos
anciens auteurs, et sur lequel les interprètes du Code ne sont
pas eux-mêmes complétement d'accord, que l'attribution des
fruits produits par l'immeuble entre le moment de la vente
et celui du retrait ou pendants sur cet immeuble à l'une ou
à l'autre époque. Il a toujours été admis que le principe de
la résolution du contrat (d'après lequel tous les fruits eussent
dû être restitués au vendeur, qui aurait restitué, de son côté.
tous les intérêts du prix) ne s'applique point ici, et que les
parties doivent être regardées comme étant tacitement convenues de compenser entre elles les intérêts et les fruits. Mais
comment doit s'entendre et se régler cette compensation ?
L'acheteur gardera-t-il tous les fruits par lui perçus et n'aura-
t-il jamais que ces fruits perçus, quelle qu'en soit la dispro-
portion, en plus ou en moins, avec le temps qu'a duré sa
jouissance du bien et celle du prix par le vendeur ? Les auteurs ont toujours été et sont encore en divergence à cet
égard. Pothier (n° 408) enseigne que l'acheteur devra restituer.
en subissant une réduction sur le prix qu'on lui rembourse,
tous les fruits qui étaient pendants lors de la vente, parce
que leur valeur a dû être prise en considération pour la fixa-
ion de ce prix ; d'autres, au contraire, entre autres M. Trop-
ong (II, 769), veulent qu'il ne rende jamais aucune partie de
es fruits, si courte qu'ait pu être sa jouissance et alors
nême, par exemple, qu'il aurait recueilli en deux mois les
uits de toute une année. Même divergence pour les fruits
endants au moment du retrait : les uns les attribuent exclu-
vement au vendeur sans dédommagement aucun pour
cheteur ; d'autres, et Pothier est de ce nombre (n. 409),

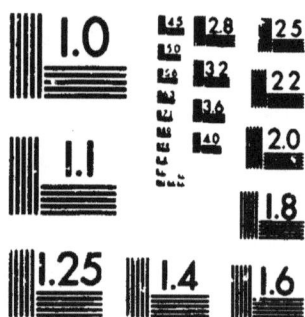

Photographic
Sciences
Corporation

23 WEST MAIN
WEBSTER, N.Y
(716) 872-

[ARTICLE 1547.]

accordent à l'acheteur une indemnité pour ses frais de culture ; d'autres enfin, notamment Tiraqueau (§ 5, gl. 4, 5), Coquille (quest. 304) et M. Troplong (n. 770), veulent que ces fruits se partagent au prorata du temps qui s'est écoulé.

Ces systèmes ne sont pas seulement divergents les. uns des autres ; tel d'entre eux est d'ailleurs incohérent ou contradictoire avec lui-même. Ainsi, comment Pothier peut-il refuser à l'acheteur la récolte pendante lors de la vente, pour lui refuser encore celle qui sera pendante lors du réméré ? n'est-il pas clair qu'on ne pourrait lui refuser la seconde que si on lui accordait la première ? Comment M. Troplong, à son tour, peut-il lui accorder en entier la première, quand il ne lui accorde la seconde qu'au prorata du temps écoulé ? Si les fruits que le vendeur recueille après le réméré, et qui s'appliquent, par hypothèse, à une année dont les deux tiers étaient expirés lors de ce réméré, doivent être remis pour deux tiers à l'acheteur et ne rester que pour un tiers au vendeur, n'est-il pas clair que, réciproquement, ceux pendants lors de la vente devront, si le droit de jouissance de l'acheteur ne dure qu'un tiers d'année, ne rester à cet acheteur que pour un tiers et être restitués au vendeur pour deux tiers !

En définitive, on ne peut pas prendre deux poids et deux mesures, et la logique ne permet de choisir ici qu'entre deux systèmes s'appliquant l'un et l'autre à tous les fruits, sans distinction de ceux du jour de la vente et de ceux du jour du retrait. Ou bien faut-il dire que l'acheteur d'un côté, le vendeur de l'autre, prendra, ni plus, ni moins, les fruits échus pendant sa jouissance, en sorte que l'acheteur aura toujours la totalité de ceux pendants lors de la vente, et le vendeur la totalité de ceux pendants lors du retrait, ainsi que cela est réglé entre le propriétaire et l'usufruitier par l'art. 585 ; ou bien il faut dire que tous les fruits, à quelque moment qu'ils soient perçus, appartiendront à chacune des parties au prorata de la durée de son droit de jouissance.

Tout autre système n'est pas soutenable. Mais lequel de ces deux derniers doit être appliqué ? Nous n'hésitons pas à dire

[ARTICLE 1547.]

que c'est le second. La règle de l'art. 585, parfaitement rationnelle en matière d'usufruit, où elle fait courir une chance
réciproque aux deux parties, n'est pas acceptable ici, où le
vendeur est maître de faire cesser la jouissance de l'acheteur
à tel moment qu'il lui plaît, et à la veille d'une récolte qu'il
s'approprierait ainsi en entier au détriment de l'acheteur.
C'est, comme on l'a vu, d'après l'intention commune des parties que tout doit ici se régler ; or leur intention est, tout
naturellement, que chacune d'elles soit traitée avec une entière égalité, et que les fruits qui sont abandonnés à l'une,
à raison des intérêts dont elle fait bénéficier l'autre, se cal-
culent, comme ces intérêts eux-mêmes, sur la durée du droit
de jouissance.

Si donc ce droit de jouissance, de l'immeuble pour l'acheteur, du prix pour le vendeur, c'est-à-dire si l'intervalle de
la vente au retrait a duré une année, l'acheteur a droit à
toute la récolte annuelle et n'a droit qu'à elle. Si l'intervalle
a été de plusieurs années, sans fraction d'année, il a droit à
autant de récoltes qu'il y a d'années. Si, au contraire, l'intervalle présente une fraction d'année, trois mois, par exemple
(que ces trois mois constituent seuls la durée de la jouissance
ou qu'ils viennent s'ajouter à une ou plusieurs années, peu
importe), l'acheteur aura droit à un quart seulement de la
récolte de cette année et le vendeur aux trois quarts, quel
que soit celui des deux par qui la récolte sera faite.

Il est inutile d'ajouter que les parties peuvent, par des conventions particulières (conventions que l'état de la doctrine
sur cette matière rend plus désirables ici que partout ailleurs), déroger à ce qui vient d'être dit et régler comme elles
l'entendront leurs rapports quant aux fruits. Il est évident
aussi que, s'il s'agissait d'un bien qui ne produit pas de fruits,
ou qui, du moins, n'en doit pas donner pendant le délai convenu pour le réméré (c'est, par exemple, un taillis qui se
coupe tous les neuf ans et qui est coupé depuis deux ans au
moment de la vente ; ou bien c'est une récolte annuelle,
mais elle vient d'être faite et le délai convenu n'est que de

[ARTICLE 1548.]

six mois), l'acheteur aurait virtuellement renoncé à toute · perception de fruits qui compense les intérêts que l'exercice du retrait lui ferait perdre. C'était à lui de stipuler alors ou un prix de rachat un peu plus fort que le prix de vente ou une restitution des intérêts. A défaut de stipulation particulière, il serait censé avoir sacrifié ces intérêts, soit pour l'agrément que peut lui procurer la chose, soit pour la chance d'obtenir définitivement un bien qui lui convient.

1548. [La faculté de réméré ne peut être stipulée pour un terme excédant dix ans. Si elle est stipulée pour un plus long terme, elle est réduite à dix ans.]

1548. [The right of redemption cannot be stipulated for a term exceeding ten years.

If it be stipulated for a longer term, it is reduced to the term of ten years.]

---

* *C. N.* 1660. La faculté de rachat ne peut être stipulée pour un terme excédant cinq années.

Si elle a été stipulée pour un terme plus long, elle est réduite à ce terme.

---

* *C. L.* 2546. La faculté de rachat ne peut être stipulée pour un terme qui excède dix ans.

Si elle a été stipulée pour un terme plus long, elle est réduite à ce terme.

Lahaie, sur art. 1660 *C. N.* *Portalis*, exposé des motifs, Corps législatif, 27 février 1803, n. 24. — Autrefois, la faculté de rachat pouvait être stipulée pour un temps très long, et même pour un temps illimité : quand on la stipulait pour un temps illimité, elle n'était prescriptible que par le laps de trente ans.

[ARTICLE 1548.]

Dans le projet de loi, on limite à cinq ans l'action en rachat. Le bien public ne comporte pas que l'on prolonge trop une incertitude qui ne peut que nuire à la culture et au commerce.

Duranton, t. 16, n. 395.— Si le délai du réméré n'était pas fixé, les parties seraient censées avoir voulu convenir de celui que la loi leur permettait de fixer, c'est-à-dire de cinq ans : car on n'en pourrait déterminer un autre sans le faire arbitrairement.

Duvergier, vente, t. 2, n. 21.— Les parties peuvent déterminer une durée moins longue. Le délai commence à courir du jour du contrat. On ne doit pas comprendre dans le délai le jour *à quo*, qui n'est qu'un point de départ ; mais le jour *ad quem* doit y être compris. Ainsi, la faculté ayant été accordée pour deux ans, le 1er janvier 1836, le vendeur pourra exercer le réméré le 1er janvier 1838 ; mais des offres faites le 2 seraient tardives. Le jour *ad quem* doit être également compté lorsqu'il arrive un jour *de fête légale*. Rolland, v. réméré, n. 24, même opinion.

———

* 6 *Marcadé, sur*)   I.—Pour ne pas laisser trop longtemps *art.* 1660 *et s. C. N.* ʃ en suspens le droit de propriété, la loi ne permet de stipuler la faculté de retrait que pour un délai de cinq ans au plus, qui ne peut jamais être prolongé par le juge et qui court contre toutes personnes, capables ou incapables. Si le terme convenu est plus long, il se réduit de plein droit à ce maximum de cinq ans ; mais peut-on réciproquement, alors qu'on l'avait stipulé plus court, l'étendre par une convention nouvelle, pourvu qu'on reste toujours dans cette limite de cinq années à compter de la vente ? La plupart des auteurs répondent affirmativement; mais nous pensons, comme M. Duranton (XVI, 398), qu'on doit tenir pour la négative. D'une part, en effet, c'est à tort qu'on invoque ici le second alinéa de l'art. 815 : sa disposition, qui, en permettant de ne stipuler que pour cinq ans la convention d'indivision, autorise à renouveler indéfiniment cette convention, n'a rien d'aralogue avec la nôtre, puisqu'elle admet l'indivision (en définitive et au moyen de renouvellements successifs) pour vingt, trente années ou davantage, tandis que le délai de retrait ne peut jamais, et quoi qu'on fasse, durer plus de cinq ans. D'un autre côté, ou vient de voir, et nos adversaires l'admettent bien, que le pacte de retrait ne peut pas être ajouté *ex intervallo*, et que l'exécution de la convention ainsi faite après coup serait une seconde vente et non la résolution de la première ; or la convention d'un nouveau délai de deux années, par exemple, ajouté après coup au pacte qui n'était écrit dans la vente que pour trois ans, serait un pacte fait *ex intervallo* ; elle ne pourrait donc valoir que comme vente et serait nulle comme convention de retrait. Et, en effet, nos adversaires reconnaissent que la reprise du bien, faite en vertu de cette convention de délai nouveau, laisserait subsister les droits réels concédés par l'acheteur, et qu'elle donnerait lieu aussi à un second payement des droits de mutation ; or, cela étant, comment donc trouver là un simple retrait, une résolution de vente et non une revente ?

II.—Il n'est pas nécessaire, du reste, pour l'accomplissement du retrait, que dans le délai convenu le vendeur intente une action contre l'acheteur, et quand l'art. 1661 parle du défaut d'exercice, par le vendeur, de *son action de réméré*, il veut dire tout simplement *son droit* de réméré. Du moment que, dans les limites du délai, le vendeur déclare à l'acheteur sa volonté de reprendre la chose en offrant de restituer les sommes auxquelles cet acheteur a droit, c'en est assez pour empêcher la déchéance ; et quand même, sur des déclarations et offres faites le dernier jour du délai, il y aurait, de la part de l'acheteur, un refus et des difficultés qui forceraient le vendeur à agir judiciairement, la circonstance que son action ne serait intentée qu'après le délai serait indifférente. Et il n'est pas même nécessaire, comme l'enseigne à tort M. Duvergier (II, 27), que les offres soient constatées par écrit ; faites verbalement et d'une manière irrégulière, elles

[ARTICLE 1549.]

n'en seraient pas moins la manifestation, donnée par le vendeur à l'acheteur, de la volonté qu'a le premier de reprendre
sa chose en faisant les restitutions voulues, et elles suffiraient
dès lors, sauf, si besoin est, à la régulariser ou les prouver
ensuite, même après l'expiration du délai. Bien mieux, nous
pensons, comme les Cours de Bourges et de Nîmes, et contrairement à l'idée de M. Troplong [II, 718], que des offres
formelles ne sont pas indispensables et que la déclaration,
par le vendeur à l'acheteur, de la volonté de celui-la d'opérer le retrait serait suffisante, puisque cette déclaratiom implique et emporte de droit la soumission de faire les rem-
boursements voulus. La seule remarque à faire ici, c'est que
la déclaration, accompagnée ou non des offres, ne pourrait
pas, si elle était niée par l'acheteur, se prouver par témoins
au-dessus de 150 francs (art. 1341); c'est seulement sous ce
rapport, pour la question de preuve, que la constatation par
écrit est nécessaire.

1549. [Le terme stipulé est de rigueur. Il ne peut être prolongé par le tribunal.]	1549. [The stipulated term is to be strictly observed. It cannot be extended by the court.]

* *C. N.* 1661. } Le terme fixé est de rigueur, et ne peut être prolongé par le juge.

* *C. L.* 2547, semblable au *C. N.*

Lahaie, sur art. } *Duranton,* t. 16, n. 397.— Rien n'empêche
1661 *C. N.* } l'acheteur d'accorder lui-même une prolon-
çation de délai au vendeur : le Code ne le défend qu'au juge.
Favard, v. faculté de rachat.—Les dispositions de cet article
et du suivant sont importantes à saisir : il faut bien remar-

-quer les termes employés par la loi, qui veut que l'action soit intentée dans les cinq ans. Il ne suffit pas que le vendeur se contente de déclarer, par un simple acte, qu'il veut exercer l'action de réméré ; il faut qu'il l'exerce réellement *avant* l'expiration des cinq ans, si l'acquéreur ne consent pas à l'exercice de la faculté de rachat.

Dalloz, vente, n. 847.— La fixation du délai pour l'exercice de toute action en réméré est une disposition d'ordre public ; l'acquéreur ne pourrait consentir à la prolonger ; le vendeur serait redevenu propriétaire, et l'acquéreur ne pourrait accorder de délai que pour le remboursement que le vendeur doit lui faire en exerçant son droit de rachat. (Delvincourt, t. 3, p. 160, notes ; Dalloz, t. 12, p. 904, n. 17.)

Troplong, de la vente, n. 711.— L'acheteur peut-il proroger le délai de cinq ans ?"

Dans l'ancienne jurisprudence, l'affirmative était *certaine*.

Je pense que, sous la nouvelle législation, l'acheteur peut aussi proroger le délai ; il ne fait que renoncer à un droit acquis.

Mais la prorogation ne peut être octroyée avant que le temps de la prescription ne soit acquis. Si le délai n'était pas *révolu*, la prorogation serait *nulle*.

La prorogation ainsi intervenue ne sera plus prescriptible par cinq années. On rentrera alors dans le droit commun.

Duvergier, vente, t. 2, n. 24. —Ainsi, cet article prononce une déchéance, dont les tribunaux ne peuvent relever le vendeur en retard ; mais la loi n'a pas montré la même sévérité contre l'infraction commise en sens inverse ; elle n'a pas frappé d'une nullité absolue les actes par lesquels le réméré est exercé avant le jour déterminé : dans ce dernier cas, les juges ont un pouvoir discrétionnaire.

[ARTICLE 1550.]

1550. [Faute par le vendeur d'avoir exercé son action de réméré dans le terme prescrit, l'acheteur demeure propriétaire irrévocable de la chose vendue.]

1550. [If the seller fail to bring a suit for the enforcement of his right of redemption within the stipulated term, the buyer remains absolute owner of the thing sold.]

---

* *C. N.* 1662. } Faute par le vendeur d'avoir exercé son action de réméré dans le terme prescrit, l'acquéreur demeure propriétaire irrévocable.

---

* *C. L.* 2548. } Faute par le vendeur d'avoir exercé son action de réméré dans le terme prescrit, il en est déchu, et l'acquéreur demeure propriétaire irrévocable.

Lahaie, sur art. } *Pandectes françaises.* — Le vendeur peut
1662 *C. N.* } exercer son action jusqu'au dernier moment du délai prescrit. Il faut appliquer ici la maxime, *dies termini non computatur in termino.*

Delvincourt, t. 2, n. 10, p. 159.—L'acquéreur devient alors propriétaire incommutable, *ipso jure,* et sans avoir besoin d'obtenir de jugement. Boileux, sur l'article; Duvergier, vente, t. 2, n. 26, même opinion.

Favard, v. faculté de rachat, n. 4.— La prescription de la faculté de rachat est interrompue par de simples offres, même irrégulières ou insuffisantes, et encore bien qu'elles n'aient pas été suivies d'assignation dans le délai d'un mois.

Dans ce cas, le vendeur à pacte de rachat peut, au moyen de nouvelles offres, réparer l'insuffisance ou l'irrégularité des premières. *Sic jud.* cass., 25 avril 1812. Cet arrêt démontre que l'exercice du réméré *est favorable.* C'est qu'en effet, on doit penser que le vendeur a été contraint à vendre par

[ARTICLE 1550.]

les circonstances ; que l'acquéreur a pu profiter de ces circonstances pour acheter à vil prix, et que dès lors on ne doit
pas, par des formes trop sévères, repousser un tel vendeur,
qui se trouve en état de rentrer dans une propriété qu'il n'a
aliénée qu'à regret.

Dalloz, vente, ch. 1, sect. 4, art. 1, n. 18.—Il ne faut pas conclure de là que le vendeur serait déchu pour n'avoir pas
formé une demande dans le terme prescrit. Des offres faites
à l'acquéreur seraient suffisantes. La déchéance n'est point
encourue, lorsqu'il y a eu des obstacles provenant de la faute
de l'acheteur.

Troplong, de la vente, n. 716. — Pour exercer l'action de
réméré, il suffit que le vendeur fasse dans le délai, à l'acheteur, une sommation accompagnée d'offres. Une telle sommation *interrompt* la prescription et conserve tous les droits
du vendeur.

N. 718.—Mais si le vendeur laissait écouler le délai sans
faire des offres, il serait *déchu*, quand même il aurait donné
un ajournement.

Duvergier, vente, t. 2, n. 26. — Les parties peuvent, *avant*
l'expiration du délai, proroger ce même délai, pourvu qu'au
moyen de la prorogation, le terme ne soit pas placé au-delà
de cinq ans, à compter du jour de la vente. Troplong est
aussi de cet avis ; mais Duranton, t. 16, n. 398, est d'un sentiment opposé.

Des offres réelles suffisent : la consignation n'est pas d'une
absolue nécessité. Troplong, au contraire, dit que des offres
sans consignation ne sont pas libératrices.

———

5 *Boileux, sur*) Sous notre ancienne jurisprudence, la
art. 1662 *C. N.* ∫ déchéance n'était pas encourue de plein
droit, à l'expiration du terme ; elle devait être prononcée par
jugement : il fallait que l'acheteur fît prononcer la confirmation de sa propriété.—Aujourd'hui, lorsque le vendeur n'a

[ARTICLE 1550.]

pas exercé son action dans le délai prescrit, l'acquéreur devient propriétaire incommutable par la seule force de la loi.

Mais au moyen de quels actes le réméré doit-il avoir lieu ? une action en justice est-elle nécessaire ? Il suffit au vendeur de manifester, par acte extrajudiciaire, dans le délai prescrit, l'intention d'user du pacte de rachat, avec soumission de rembourser tout ce qui peut être légalement dû : la loi voit avec faveur l'exercice du réméré.—Ainsi, les mots : *faute d'avoir exercé son action* en réméré, sont synonymes de ceux-ci : *faute d'avoir usé du pacte de réméré* (Argum. des art. 1668 et 1669) ; le mot *action*, n'est pas employé ici dans son sens propre : en effet, le juge n'a pas à rechercher si le vendeur est obligé, puisqu'il ne s'agit pas d'un débiteur qui se libère ; mais si la condition résolutoire est accomplie : or, elle est accomplie, par cela seul que le vendeur manifeste, dans le délai prescrit, suivant les formes voulues, la volonté de reprendre la chose, et fait offre à l'acheteur de lui rembourser le prix, avec les accessoires qu'il a reçus ; le contrat de vente s'évanouit par cela seul. — Mais il faut que le vendeur se trouve en position de réaliser immédiatement ses offres : sans cette condition, sa volonté n'aurait point de base ; elle ne serait pas sérieuse ; les choses resteraient dans leur état primitif: " Il faut, disait Coquille, que l'acheteur conste, que le vendeur a voulu rembourser immédiatement le prix ; qu'il s'est présenté avec son argent ; celui qui provoque, doit le premier satisfaire à ce qu'il est tenu, avant qu'il puisse constituer son adversaire en demeure."

Les offres, en cas de refus, doivent-elles être faites dans les formes déterminées par l'art. 1258, notamment, en ce qui touche la consignation ? Duvergier (n. 27, t. 2) incline pour l'affirmative ; voici en substance son raisonnement : la vente à réméré est résoluble sous. condition : quelle est cette condition ? c'est le remboursement du prix et de certaines prestations dans un délai fixé (1659): il y a donc nécessité de faire les actes qui sont considérés comme équiva-

lents au payement; c'est-à-dire, des offres suivies de consi
gnation.

J'opinion contraire, vivement soutenue par Troplong (n
723), nous parait devoir être admise : " Il résulte, dit-il, du
rapprochement des art. 1662 et 1673, que l'action en réméré
est indépendante du règlement qui la suit; qu'elle doit être
exercée, sous peine de déchéance, dans le terme prescrit par
la convention : *faute par le vendeur d'avoir exercé son action*,
porte l'art. 1662." — En effet, aucun texte ne prononce de
peine pour le cas où le remboursement n'aurait pas eu lieu
dans le même délai : loin de là, l'art. 1673 se borne à maintenir l'acquéreur en possession jusqu'au moment où le vendeur aura satisfait à ses obligations : cette disposition indique
assez, que la vendeur conserve son droit intact, pourvu qu'il
ait manifesté sa volonté en temps utile. Le vendeur n'est pas
plus obligé de rembourser le prix avant la remise de la
chose, que l'acheteur n'est tenu de restituer cette chose avant
le remboursement : aujourd'hui, le consentement seul suffit
pour former et rompre les contrats. — D'ailleurs, pour faire
des offres, il faut savoir ce qu'il est dû; or, la somme que
doit restituer le vendeur, se compose en partie, d'indemnité
pour impenses nécessaires ou utiles que l'acheteur a pu
faire; et, d'un autre côté, ce dernier sera tenu de payer une
indemnité, s'il a commis quelque dégradation : des prestations réciproques pourront, en conséquence, avoir lieu; un
compte sera indispensable pour en établir le montant; le
vendeur ignore, tant que ce compte n'est pas réglé, ce qu'il
doit rembourser : dès lors, comment le soumettre aux règles
établies par les art. 1259 et 1260, pour la validité des offres?
La loi ne lui impose pas l'obligation d'observer ces règles. —
Certes, on ne saurait prétendre que le compte doit être établi
dans le délai fatal déterminé par l'art. 1559 pour l'exercice
du réméré, car on abrégerait ainsi ce délai; or, il appartient jusqu'au dernier jour au vendeur. — Ne perdons pas de
vue, que le législateur, frappé des inconvénients que présentent les ventes à réméré, entend favoriser autant que pos

cible l'exercice de la faculté de rachat : tout ce qu'il exige
du vendeur, c'est qu'il soit prêt à payer ; or, " être prêt à
payer, dit fort bien Troplong (n. 723), ce n'est pas avoir l'argent à la main et faire des offres réelles à l'effet de consigner ; c'est offrir verbalement de payer." — Au surplus, quel
danger l'acheteur court-il, puisqu'il trouve dans le droit que
lui accorde l'art. 1673 de retenir la chose jusqu'à parfait
payement, toutes les garanties possibles ?—Nous le répétons,
le juge n'a que deux points à examiner : les offres faites par
la notification extrajudiciaire sont-elles sérieuses ? le vendeur est-il en état de les réaliser immédiatement ? Ce sont là
de pures questions de fait : elles doivent se résoudre eu égard
aux circonstances.

Assurément, le vendeur devra faire des offres réelles, dans
les formes voulues par l'article 1258, et consigner, s'il veut
se libérer ; mais il s'agit alors d'une autre procédure : le contrat ne sera pas moins résolu.

On peut même aller plus loin, et soutenir que l'intervention d'un huissier n'est pas nécessaire ; que la déclaration
du retrait, faite même verbalement, doit produire son effet.
—Toutefois, la preuve testimoniale ne pourra être admise en
ce cas pour une valeur au-dessus de 150 francs, si elle ne
s'appuie pas sur un commencement de preuve par écrit.

---

16. *Duranton,*   401. Faute par le vendeur d'avoir exercé
n° 401 et s.   son action en réméré dans le terme prescrit,
l'acquéreur demeure propriétaire irrévocable. (Art. 1662.)

402. Ainsi, il n'est pas nécessaire aujourd'hui, comme anciennement, que l'acheteur obtienne un jugement qui le déclare propriétaire incommutable, en prononçant, contre le
vendeur, la déchéance du droit d'exercer le réméré : le fait
seul que le vendeur ne l'a pas exercé dans le terme convenu
suffit pour que l'acheteur soit irrévocablement propriétaire
de l'objet vendu.

403. Mais faut-il, d'après le Code, que le vendeur intente
une action en justice, si l'acheteur ne lui restitue pas de gré

[ARTICLE 1551.]

à gré la chose vendue ; ou s'il suffit qu'il lui notifie son intention d'user du pacte de rachat ? Anciennement, une simple notification, faite dans le délai, et accompagnée des offres de ce que le vendeur devait restituer, était suffisante pour l'exercice du réméré ; et si l'acheteur ne restituait pas la chose de gré à gré, le vendeur obtenait, même après l'expiration du délai, un jugement qui le rétablissait dans la possession de l'immeuble. Cela n'a, au surplus, rien d'étonnant, puisque l'acheteur ne devenait propriétaire incommutable qu'en vertu d'un jugement rendu à son profit, et après l'expiration du délai.

Au lieu qu'aujourd'hui, il n'y a pas besoin d'un jugement pour que l'acheteur devienne propriétaire incommutable, et l'article 1662, parle *d'une action exercée* dans le délai par le vendeur, pour que l'acheteur n'acquière pas définitivement la propriété de la chose ; or, une simple notification, ou autre acte extrajudiciaire, n'est point une action. Toutefois, il a été jugé qu'une signification, accompagnée d'offres même incomplètes, même irrégulières, et faites dans le délai convenu, était une manifestation suffisante de la volonté du vendeur d'exercer le réméré, et avait en conséquence conservé son droit, encore que ces offres n'eussent pas été suivies, dans le mois, ni dans le délai fixé, d'une action en justice. Telle est la décision d'un arrêt de rejet du 25 avril 1812, et d'un arrêt de la Cour de Douai, du 17 décembre 1814, fondés sur le motif que la prescription avait, conformément à l'article 2244, été interrompue par cet acte extrajudiciaire. L'exercice du réméré est en effet favorable.

1551. [Le délai court contre toutes personnes, même contre les mineurs et autres déclarés incapables par la loi, sauf tel recours auquel ils peuvent avoir droit.]

1551. [The term runs against all persons, including minors and those otherwise incapable in law, reserving to the latter such recourse as they may be entitled to.]

[ARTICLE 1551.]

* *C. N.* 1663. } Le délai court contre toutes personnes, } même contre le mineur, sauf, s'il y a lieu, le recours contre qui de droit.

———

* *C. L.* 2549. } Le délai court contre toutes personnes, } même contre le mineur, sans espérance de restitution.

———

Lahaie, sur art. } *Portalis*, exposé des motifs, Corps législa-
1663 *C. N.* } tif, 27 février 1804, n. 26. — L'ancienne ju-
risprudence établissait que quand le rachat ne s'éteignait que par la prescription légale, cette prescription ne courait pas contre les mineurs, et que le mineur ne pouvait être frappé que par la prescription conventionnelle.

Il nous a paru que, dans tous les cas, la prescription, soit légale, soit conventionnelle, doit courir contre toute personne, sans exception.

D'abord cette règle ne peut être douteuse dans aucun système, quand il s'agit de la prescription conventionnelle ; car il s'agit alors de l'exécution d'un pacte : or, les pactes ne peuvent être que le résultat et l'ouvrage de la volonté. Il serait donc absurde qu'un acquéreur se trouvât soumis, par un événement étranger au contrat, à une prorogation qu'il n'aurait ni voulue ni consentie.

Quant à la prescription légale, elle serait acquise, dans le système du projet de loi, par le laps de cinq ans, puisque l'action en rachat ne peut avoir une plus longue durée. Or, une prescription de cinq ans est une prescription abrégée, qui ne saurait être régie comme les prescriptions ordinaires.

Dans les prescriptions ordinaires, les lois ont plus en vue l'intérêt du propriétaire dépouillé, que celui d'un simple possesseur ou d'un usurpateur ambitieux : de là vient qu'elles admettent avec une grande faveur, dans ces sortes de prescriptions, tout ce qui peut en interrompre le cours.

Dans les prescriptions abrégées, les lois, par quelques

[ARTICLE 1552.]

considérations majeures d'utilité publique, cnt p'us en vue l'intérêt de celui qui peut s'aider de la prescription, que l'intérêt de la personne à laquelle la prescription peut être opposée : de là les mineurs sont frappés par les prescriptions abrégées, parce que les motifs de bien public, qui ont fait réduire ces prescriptions à un moindre temps, luttent toujours avec avantage pour les personnes que les lois se proposent de secourir et de protéger.

Duranton, t. 16. — Le délai de réméré court aussi contre l'interdit qui a vendu avant l'interdiction, ou qui a succédé à la personne qui a vendu.

Il co également contre la femme, quoique mariée sous le régime dotal, qui avait vendu l'immeuble avant le mariage, et lorsque le droit de réméré faisait partie de sa dot.

Duvergier, vente, t. 2, n. 25.—Ceci est une conséquence de la règle générale, qui fait courir les prescriptions courtes contre les mineurs, en leur réservant le recours contre leurs tuteurs. (Article 2278.)

1552. Le vendeur d'immeubles peut exercer cette faculté de réméré contre un second acquéreur, quand même elle n'aurait pas été déclarée dans la seconde vente.

1552. The seller of immoveable property may exercise his right of redemption against a second buyer, although the right be not declared in the second sale.

---

* *C. N.* 1664. } Le vendeur à pacte de rachat peut exercer son action contre un second acquéreur, quand même la faculté de réméré n'aurait pas été declarée dans le second contrat.

---

* *C. L.* 2550. } Le vendeur à pacte de rachat peut l'exercer contre un second acquéreur, quand même la faculté de réméré n'aurait pas été déclarée dans le second contrat.

[ARTICLE 1552.]

6 *Marcadé, sur art.* } I.—La vente à réméré étant, comme
1664 *et s. C. N.* } on l'a vu, une vente sous condition résolutoire, il s'ensuit, d'une part, que l'acheteur, qui n'a
qu'une propriété résoluble, ne peut, s'il revend la chose et
qu'il s'agisse d'un immeuble, conférer qu'un droit résoluble
également, d'où la conséquence que le vendeur peut toujours
èxercer le retrait contre un sous-acquéreur aussi bien que
contre l'acheteur primitif. Et peu importerait que le contrat
par lequel l'immeuble a été rétrocédé ne fît pas mention du
droit de réméré ; car c'était au nouvel acquéreur de se faire
présenter l'acte d'acquisition de celui avec qui il traitait, et
sa négligence à cet égard ne saurait nuire aux droits du vendeur. Que s'il s'agissait d'une chose mobilière, on sait que le
simple fait de la possession de bonne foi mettrait le sous-
acquéreur à l'abri de la résolution (art. 2279).

Mais, d'un autre côté, puisqu'il y a vente sous condition
résolutoire, en sorte qu'il existe véritablement une vente, tant
que ne s'accomplit pas la condition qui doit résoudre le contrat, l'acheteur jouit donc de tous les droits d'un acheteur
ordinaire, tant que le retrait ne s'exerce pas. Ainsi la prescription courrait à son profit, pendant le délai du retrait, soit
contre le véritable propriétaire du bien, s'il avait été vendu
à non domino, soit contre toutes personnes qui pourraient
avoir sur ce bien des droits de servitude, d'hypothèque, ou
autres. Ainsi encore, il peut, comme tout acheteur, opposer
aux créanciers hypothécaires du vendeur le bénéfice de discussion réglé par les art. 2170 et 2171.

———

Lahaie, sur art. } *Delvincourt,* t. 2, n. 1 et 2, p. 160. — Le
1664 *C. N.* } vendeur qui exerce le réméré contre un second ou un troisième acquéreur doit restituer au possesseur
actuel du fonds le prix qu'il a reçu, sans aucun égard à celui
que ce dernier a payé. Duvergier, vente, t. 2, n. 61, même
opinion.

Rolland de Villargues, v. réméré, n. 45.—Il importerait peu

[ARTICLE 1552.]

que ces nouveaux contrats eussent été transcrits; car la transcription *purge les créances* et *non la propriété.*

Merlin, R., faculté de rachat, n. 5. — L'action qui dérive de la faculté de rachat peut s'intenter, non seulement contre l'acheteur ou contre set héritiers, lorsqu'ils ont aliéné l'immeuble sujet au rachat, mais encore contre les tiers détenteurs de cet immeuble, quoiqu'ils ne l'aient point acquis avec la faculté de rachat.

Si l'usufruit d'un tel immeuble est séparé de la propriété, l'action doit être intentée tant contre l'usufruitier que contre le propriétaire de l'héritage.

Duranton, t. 16, n. 406.—Rien n'empêche de stipuler que le réméré ne pourra être exercé que contre l'acheteur et ses successeurs à titre universel, et non contre celui à qui il aurait vendu la chose : dès qu'on pouvait vendre sans le pacte de réméré, on a pu restreindre les effets de ce pacte.

On a pu aussi convenir que le vendeur seul, et non aucun autre, pourra exercer le réméré.

N. 407.—Le droit de réméré peut être cédé comme tout autre droit, à moins de stipulation contraire.

Troplong, de la vente, n. 731. — Lorsque le vendeur exerce le retrait contre un tiers acquéreur, il n'est tenu de lui rembourser que le prix qu'il aurait versé entre les mains de son acheteur direct.

---

* 3 *Pothier (Bugnet),* } 396. L'action de réméré est divi-
Vente, n° 396.   } sible, lorsque la chose vendue est quelque chose de divisible, tel qu'est un héritage : c'est pourquoi si l'héritage a été vendu avec cette clause à plusieurs acheteurs, ou à un acheteur qui a laissé plusieurs héritiers, cette action ne peut se donner contre chacun d'eux que pour la part qu'il a dans l'héritage.

Vice versâ, si plusieurs vendeurs ont vendu avec cette clause un héritage, ou si un vendeur a laissé plusieurs héritiers, chacun des vendeurs ne peut exercer le réméré que

[ARTICLE 1552.]

pour sa part, et pareillement chacun des héritiers ne peut l'exercer que pour la part quant à laquelle il est héritier. Il est vrai qu'il y a quelques auteurs qui sont d'avis contraire, et qui pensent que l'un des vendeurs, ou l'un des héritiers doit être admis à exercer le réméré pour le total, en donnant caution à l'acheteur de le défendre contre ses covendeurs ou contre ses cohéritiers, et sauf à lui à se régler avec eux au cas qu'ils voulussent avoir part au réméré : mais l'opinion de ces auteurs est contraire aux principes établis par Du- moulin, *Tr. de, div. et ind.*, part. 3, n° 582 et seq., dont nous suivons l'avis. L'action de réméré étant divisible, puisqu'elle a pour objet un héritage, qui est quelque chose de divisible, elle se divise nécessairement entre les héritiers du vendeur. Chacun des héritiers ne succédant à cette action que pour la part dont il est héritier, ne peut par conséquent l'intenter que pour cette part ; et il doit être au pouvoir de l'acheteur de conserver, s'il le juge à propos, les autres parts, quand les autres héritiers n'exercent pas le réméré.

Néanmoins, si l'acheteur juge qu'il n'est pas de son inté- rêt de retenir des portions indivisibles, on ne pourra pas l'obliger à souffrir pour partie le réméré de cet héritage, qu'il n'a acheté que pour l'avoir en entier. C'est pourquoi l'acheteur peut, en ce cas, conclure au congé de la demande de cet héritier pour partie, si mieux il n'aime reprendre l'héritage en entier, et rembourser en entier, l'acheteur du prix et des loyaux coûts de son acquisition. Cet héritier qui aura été obligé de rémérer l'héritage pour le total, aura droit de demander au partage de la succession à ses cohéritiers, qu'ils soient tenus de lui faire raison, pour leurs parts, du coût du réméré, sinon que l'héritage lui demeurera en en- tier (1).

(1) La doctrine, que Pothier expose ici d'après Dumoulin, est fort claire : 1° Chacun des covendeurs, ou chacun des cohéritiers du vendeur unique, n'a action que pour sa part ; l'acheteur peut, si cela lui con- vient, souffrir le réméré pour cette part ;—2° Si l'acheteur, qui n'a acheté

[ARTICLE 1552.]

Notre décision est fondée sur la nature même de l'action de, réméré, qui oblige le vendeur ou ses héritiers qui exercent le réméré, à indemniser l'acheteur sur qui ils l'exercent, et à le remettre au même état qu'il était avant son acquisition. Or, si l'héritier pour partie du vendeur qui exerce le réméré pour la part dont il est héritier, n'était pas obligé de rémé-rer pour le tout, lorsque l'acheteur le demande, l'acheteur ne serait pas indemne, il ne serait pas remis au même état

•

que pour avoir le tout, ne veut pas conserver des fractions, il peut con-traindre le demandeur à reprendre l'héritage en entier.

Ecoutons Dumoulin :

(1er Cas, plusieurs vendeurs.)

" *Mero jure n_n potest unus petere redemptionem nisi partis suæ viri-lis, vel pro parte sud contingenti, si habebant partes suas inæquales. Cum autem obligatio sit dividua, ut non acquiritur ad pretium, nisi pro parte contingenti ; ita non acquiritur ad redimendum, et idem de aliis dependentibus, nisi pro eadem parte contingenti. Et sic, etiamsi unus totum pretium offerat, non tamen potest cogere emptorem reven-dere, nisi pro parte sud, ad quod non potest eum cogere nisi toto quoque pretio oblato, ut rem habeat electionem revendendi partem, vel totum ut à contractu discedat indemnis.*"

(2e Cas, plusieurs héritiers d'un seul vendeur) :

" *Aut sunt plures hæredes unius venditoris, et adhuc omnino idem dico : Quamvis enim iste non possit petere nisi partem, tamen ne sibi sit obligatio sua inutilis, cohæredibus cessantibus, aut dissimulantibus et forte colludentibus cum emptore causificante si non teneri revendere partem, nec teneri ad totum nisi omnibus : toto enim pretio oblato et electione sibi relictd, non habet justum interesse, etiamsi cohæredes acto-ris exclusi essent vel tempore, quia unus solus infrà tempus redimendi venit, vel si expressè renuntiassent, vel cessissent sua jura reo, nihilo-minus tenetur partem contingentem revendere actori, vel revendere eidem totùm toto pretio recepto. Tract. div. et ind , n° 582, 583, 584.*"

Au lieu de reproduire une doctrine si équitable, les rédacteurs du Code, ont décidé :

Art. 1668, C. civ. : " Si plusieurs ont vendu conjointement, et par un seul contrat, un héritage commun entre eux, chacun ne peut exercer l'action en réméré que pour la part qu'il y avait."

Art. 1669, C. civ. : " Il en est de même, si celui qui a vendu seul un héritage a laissé plusieurs héritiers.—Chacun de ces cohéritiers ne peut

[ARTICLE 1552.]

auquei il était avant son acquisition ; puisqu'il serait obligé
de souffrir l'incommodité d'une communauté qu'il n'a voulu
ni entendu souffrir lorsqu'il a acquis l'héritage, ne l'ayant
acquis que pour l'avoir en entier.

La loi 41, § 9, *de Leg.* 3ᵉ, n'est pas contraire à notre déci·
sion. Elle est dans l'espèce d'un héritier qui a été grevé par
le testateur, de vendre à deux légataires un certain héritage
pour un certain prix. Elle dit bien que l'un de ces légataires
peut demander qu'on lui vende cet héritage pour sa part,
quoique l'autre ne veuille pas l'acheter : ce qui est conforme
à ce que nous disons, que l'un des héritiers du vendeur
peut demander à exercer le réméré pour sa part ; mais il ne
s'ensuit pas que l'héritier, assigné sur cette demande, ne
puisse, pour son indemnité, obliger le légataire à acheter le

user de la faculté de rachat que pour la part qu'il prend dans la succes·
sion."

Jusque là ils se conforment au sentiment de Dumoulin et de Pothier;
mais ils s'en écartent notablement dans l'art. 1670.

Art. 1670, C. civ. : " Mais dans le cas des deux articles précédents,
l'acquéreur peut exiger que tous les covendeurs ou tous les cohéritiers
soient mis en cause, afin de se concilier entre eux pour la reprise de
l'héritage entier ; et s'ils ne se concilient pas, il sera renvoyé de la de·
mande."

Il ne fallait pas dire " et s'ils *ne se concilient pas, il sera renvoyé* de
la demande;" il fallait dire au contraire, s'ils ne se concilient pas, le
covendeur ou le cohéritier *pourra exercer le réméré pour le tout si
l'acheteur l'exige.*

L'article tel qu'il est peut occasionner souvent une grande injustice,
et Dumoulin l'avait prévue ; c'est à quoi il fait allusion par ces expres·
sions : *Tamen ne sibi sit obligatio sua inutilis, cohæredibus cessantibus,
aut dissimulantibus, aut forte* COLLUDENTIBUS *cum emptore...*

Il suffira donc du mauvais vouloir d'un seul des covendeurs, ou d'un
seul des cohéritiers pour paralyser et rendre inutile le droit de tous les
autres ? Et comme les ventes à réméré sont ordinairement à bas prix, il
sera facile à l'acheteur de corrompre un des héritiers. Ce droit est en·
core plus sensiblement inique dans le cas de l'action en rescision, pour
cause de lésion, et cependant l'art. 1685 l'a soumis à la même règle.
(BUGNET.)

total. C'est une autre question que la loi ne décide pas, et
même qu'elle n'agite pas ; c'est pourquoi cette loi ne peut
nous être opposée.

Voy. *Pothier*, *Vente*, n° 428, cité sur art. 1546.

---

* 2 *Troplong*, *Vente*,⎱   728. J'ai exposé ci-dessus le caractère
   n° 728 *et s.* ⎰ personnel de l'action de réméré (1), et
j'ai dit qu'elle est *in rem scripta*, qu'ainsi elle peut être donnée contre les tiers.

Si l'on consulte les nombreux docteurs qui ont écrit jadis
sur le retrait conventionnel, on trouvera une grande divergence d'opinion sur la question de savoir s'il pouvait s'exercer contre les tiers. La cause de ce doute venait de ce que
beaucoup d'entre eux ne considéraient pas la faculté de
rachat comme une résolution du contrat de vente, mais bien
comme une vente nouvelle (2). Dans ce système, l'obligation
de l'acheteur n'était qu'une promesse de vendre, qui engen-
drait une action toute personnelle et qui n'affectait nullement la chose ; elle ne pouvait donc réagir contre les tiers (3).
Mais ceux qui pensaient que le retrait conventionnel entraînait la résolution de la vente n'hésitaient pas à dire que
l'action du vendeur pouvait s'exercer contre les tiers. Balde
l'avait ainsi professé (4), et quoique, suivant son usage, il eût

(1) I'° 698.

(2) *Suprà*, n° 693.

(3) De ce sentiment était Perezius, *Prælect. sur le Code,* liv. 4, t. 54,
n° 15. Le président Favre, Code, lib. 4, t. 36, def. 8, note 2, etc. Tiraqueau dit que, dans le cas où cette opinion serait la meilleure (ce qu'il
ne resout pas), il ne servait de rien, de son temps, de la soutenir (§ 3,
glose 1, n° 3). En effet, elle était proscrite dans la plupart des coutumes.

(4) Sur la loi 13, Dig. *De pignerat. act. Suprà,* n° 717, note. On ap-
appuyait ce sentiment des lois 56, Dig. *De cont. empt.,* et de la loi 13,
Dig. *De pignerat.*

[ARTICLE 1552.]

ensuite varié sur la question (1), il avait entraîné un grand nombre d'interprètes (2). Au reste, si les commentateurs du droit romain pouvaient discuter entre eux parce que les lois romaines n'avaient pas posé la question (3), le droit coutumier l'avait expressément résolue dans le sens de Balde (4), et l'on tenait pour certain que l'action en retrait était *in rem scripta* (5).

729. Notre article donne au vendeur le droit de poursuivre la chose sur le tiers détenteur, quand même la faculté du retrait n'aurait pas été déclarée dans son contrat d'acquisition. Le Code imprime la charge de retrait sur l'immeuble qui en est affecté d'une manière intime (6). Il suit de là que l'action du vendeur est réelle quand elle s'exerce contre un tiers acquéreur, et c'est à tort que M. Poncet a voulu qu'elle n'eût qu'un simple caractère de responsabilité (7).

730. Mais le droit de suite contre un tiers acquéreur n'a pas lieu s'il s'agit d'une vente de meubles faite avec pacte de rachat. Les art. 1141 et 2279 du Code Napoléon viennent apporter une limitation nécessaire à notre article, lequel ne saurait d'ailleurs prévaloir contre cette maxime générale du droit français, *que les meubles n'ont pas de suite.*

731. Lorsque le vendeur exerce le retrait contre un tiers

(1) Les variations de Balde étaient fameuses dans l'ancienne jurisprudence. Aussi Tiraqueau dit-il : *Baldus, ut semper aliàs, ità et hic sibi contrarius (De retract. convent.,* § 1, glose 7, n° 25).

(2) Tiraqueau les a rappelés § 1, glose 7, n°° 6 et 7.

(3) M. Duranton dit que, par les lois romaines, le retrait n'avait pas lieu contre les tiers (t. 16, n° 389). Mais je ne connais pas de texte où la question soit positivement résolue. La loi 56, Dig. *De cont. empt.,* fournit même un argument contraire à M. Duranton.

(4) Tiraqueau, § 4, glose 1, n° 1. Le texte de la coutume du Poitou, qu'il commente, est formel.

(5) Favre. *loc. cit.* Charond., Rép., liv. 12, ch. 54. Despeïsses, t. 1, p. 42, col. 2.

(6) Voyez ci-dessus, n°° 624 et suiv.

(7) Je l'ai réfuté ci-dessus, n° 628.

[ARTICLE 1552.]

acquéreur, il n'est tenu de lui rembourser que le prix qu'il aurait versé entre les mains de son acheteur direct (1).

732. Mais peut-il actionner le tiers détenteur *omisso medio* ?

J'ai discuté ailleurs la question de savoir si le vendeur peut faire résoudre immédiatement la vente contre un tiers acquéreur, alors que l'acheteur direct n'a pas satisfait à ses obligations (2).

Mais il ne faut pas argumenter de ce cas à celui qui nous occupe.

La résolution pour inexécution des clauses du marché de la part de l'acheteur est une peine prononcée pour un fait personnel à ce même acheteur. Le vendeur ne peut donc pénétrer jusqu'aux tiers détenteurs qu'après avoir établi contradictoirement avec l'acheteur direct l'existence de ce fait de négligence qui doit faire crouler toutes les aliénations postérieures.

Ici il n'en est pas de même. La résolution ne dérive pas d'une faute de l'acheteur ; elle prend sa source dans un acte de volonté du vendeur, dans une condition potestative affirmative (3). Il suffit donc que le vendeur justifie de sa volonté et de l'accomplissement de la condition auprès du tiers qui possède la chose. La présence de l'acheteur direct ne saurait en rien retarder l'imminence de la résolution.

Le vendeur pourra donc agir directement contre le tiers détenteur ; les termes de notre article paraissent établir textuellement cette opinion (4).

733. Le tiers détenteur est précisément obligé à se désister de la chose ; il ne peut prétendre à désintéresser le vendeur avec des dommages et intérêts. *Interest enim*, dit le président

---

(1) Despeisses, t. 1, p. 42, colonne 2, *secto*. Pothier, n° 426, *infrà*, n° 761, *Junge* M. Duranton, t. 16, n° 405.

(2) N°° 632 et suiv.

(3) V. *suprà*, n° 61.

(4) *Junge* M. Duvergier, t. 2, n° 61.

[ARTICLE 1553.]

Favre, *venditoris rem ipsam habere potius quàm rei æstima-tionem* (1).

1553. L'acheteur d'une chose sujette à la faculté de réméré exerce tous les droits qu'avait le vendeur dans la chose. Il peut prescrire aussi bien contre le vrai propriétaire que contre ceux qui ont des droits ou hypothèques sur la chose vendue.

1553. The buyer of a thing subject to a right of redemption holds all the rights which the seller had in the thing. He may prescribe as well against the true proprietor as against those having claims and hypothecs on the thing.

* C. N. 1665. } L'acquéreur à pacte de rachat exerce tous les droits de son vendeur ; il peut prescrire tant contre le véritable maître que contre ceux qui prétendraient des droits ou hypothèques sur la chose vendue.

* *C. L.* 2551 semblable au *C. N.*

Voy. *Pothier*, *Vente*, nᵒˢ 385 et 402, cités sur art. 1548.

2 *Troplong*, *Vente*, } 734. L'art. 1665 fait connaître quelle
nᵒ 734 *et s.* } est la position de l'acheteur lorsque la condition du retrait est encore pendante.

L'acheteur est propriétaire, il est maître de la chose, il jouit, il paie les impôts et supporte les charges. C'est en vain que le vendeur voudrait l'obliger à n'exploiter que dans les limites d'une simple jouissance (2). Seulement, son droit est

(1) Code, lib. 4, t. 36, def. 8.

2) Arrêt d'Orléans du 20 mars 1812 (Dal, Vente, p. 906.)

[ARTICLE 1553.]

affecté d'une condition résolutoire, et l'on sait que c'est le propre des conditions de ce genre de ne pas suspendre l'effet de la disposition, mais de l anéantir si le fait prévu se réalise (1). Ainsi, il pourra revendre et hypothéquer. Mais tous les droits qu'il aura accordés sur l'immeuble s'évanouiront, si le sien est résolu (2).

735. Cette position de l'acheteur lui assure les fruits, quand il a payé le prix (3); car les fruits appartiennent au propriétaire et surtout au propriétaire qui possède. Il ne doit pas les rendre lorsque le vendeur vient à exercer le retrait. La loi 2, au Code *De pactis inter emptor.*, en contient la déclaration explicite. A la vérité, j'ai dit au n° 652 que le vendeur qui, dans le cas de l'art. 1654, poursuit la résolution de la vente, répète tous les fruits perç u. Mais ce cas est fort différent de celui qui nous occupe ici. Dans l'espèce de l'art. 1654, l'acquéreur manque à ses obligations : il est de mauvaise foi. Ici, au contraire, il réunit toutes les conditions pour faire les fruits siens (4).

J'aurai occasion de revenir sur ce point de droit en commentant l'art. 1673. J'y traiterai aussi de la question de savoir à qui appartient l'alluvion et le trésor.

736. L'acquéreur à pacte de rachat succède à son vendeur, comme un acquéreur pur et simple. Il prescrit contre le véritable maître, ainsi que contre ceux qui prétendraient des droits ou hypothèques sur 'a chose vendue.

737. Il prescrit contre le vendeur lui-même, ainsi que nous l'avons vu ci-dessus (5), et il peut opposer à son art on le laps de temps défini par la loi.

(1) Voyez mon Comment. sur les Hypothèques, t. 2, n° 468 *quater.* p. 197, 198 et n° 469, p. 199

(2) V. mon Comment. sur les Hypothèques, t. 2, p. 199, n° 469.

(3) Cujas, ad tit Cod. *De pactis inter emptor.* Tiraqueau, § 5, glose 2, n° 1 et suiv. Despeisses, p. 45, col. 1, *quarto.* Pothier, n° 406.

(4) *Suprà*, n° 6.

(5) N° 713 et suiv.

[ARTICLE 1553.]

Mais on demande si, *pendente conditione*, il prescrit contre le vendeur la liberté des héritages qui sont dans son patrimoine et qui devaient des servitudes au fonds qu'il a acheté avec réserve de retrait.

Posons un exemple : Pierre doit une servitude de passage sur le fonds A, au profit du fonds B. Pierre achète le fonds B à titre de rachat. Il est à remarquer qu'au moment de cette vente, le propriétaire du fonds B n'exerçait pas son droit de passage depuis vingt-huit ans. A plus forte raison, ne l'exerce-t-il pas après la vente faite à Pierre, devenu propriétaire à sa place. Trente ans s'écoulent : le retrait du fonds B est ultérieurement opéré. On demande si le retrayant reprendra la chose dans l'état où elle était, et si on pourra lui opposer, pour compléter la prescription, le temps pendant lequel Pierre a joui du fonds dominant.

M. Duranton se prononce pour la prescription (1). C'était au vendeur, dit-il, à l'interrompre par une reconnaissance de l'acheteur dans le contrat de vente, ou par un acte fait depuis la vente et avant que la prescription fût acquise. Le vendeur avait des droits conditionnels sur la chose, et l'art. 1180 l'autorisait à faire des actes conservatoires.

Je ne puis concilier cette décision avec les principes.

L'acheteur à réméré est propriétaire. Le fonds servant et le fonds servi se sont trouvés réunis dans sa main : il y a eu extinction de la servitude par la confusion (art. 705 du Code Napoléon). Comment donc le vendeur aurait-il pu faire des actes conservatoires ? On ne conserve que ce qui existe.

Sous un autre rapport, le vendeur se trouvait dans une impossibilité non moins radicale d'agir. Il n'était plus propriétaire du fonds dominant ; la servitude ne lui appartenait plus ; il l'avait aliénée avec la chose. Dès lors, il n'avait plus d'actes possessoires à faire pour le maintien de cette servitude. Mais si les actes possessoires lui étaient interdits,

(1) T. 16, n° 411.—*Junge* M. Coulon, t. 3, p. 407.

[ARTICLE 1553.]

comment des actes d'interruption destinés à les remplacer auraient-ils été opportuns ?

Maintenant qu'est-il arrivé ? le titre en vertu duquel Pierre était devenu propriétaire du fonds B a été résolu. Cet évènement, replaçant les choses au même état qu'auparavant, rendra au précédent maître du fonds B tous les droits antérieurs à la vente. La servitude atteinte par la confusion renaîtra donc ; l'art. 21/7 du Code Napoléon le décide expressément (1) ; il le décide avec le bon sens qui veut que la prescription ait été suspendue pendant le temps de la confusion (2). *Contra non valentem agere non currit præscriptio.* N'est-il pas contradictoire que, la prescription étant suspendue, M. Duranton exige des actes conservatoires et d'interruption (3) ?

738. L'acheteur avec faculté de retrait doit conserver la chose en bon père de famille (4). Nous avons fait connaître ci-desssus (5) quel genre de faute est compris dans cette obligation. Ainsi l'acheteur devra tenir compte au ratrayant de toutes les détériorations qui sont survenues par sa faute *pendente conditione.* Tiraqueau s'exprime de la manière suivante sur ce point de droit : " Sed quantùm ad priorem quæstic-
" nem, quâ scilicet res *culpâ emptoris* ante oblationem periit,
" non omnino res est indubia, quia, licet emptor esset inte-
" rim dominus rei, ea tamen jam erat, ut diximus, obnoxia
" retractui, ex ipso contractu venditionis ; ideoque eâ inte-
" rim uti debuit, ut bonus paterfamilias, ut aliâ re subjectâ
" restitutioni...... "

(1) Voyez mon Commentaire sur cet article, Hypothèques, t. 3, n° 841.

(2) M. Pardessus est aussi de cet avis (Servitudes, p. 446, n° 300).

(3) Il est bon de consulter sur ces principes un arrêt de la cour de Nancy du 28 juin 1833, dans l'affaire de la princesse de Poix contre les communes de Saint-Georges et Hattigny (Recueil des arrêts de cette cour, t. 1, part. 2, p. 30).—V. encore M. Duvergier, t. 2, n° 66.

(4) Pothier, Vente, n° 401.

(5) N° 361 et suiv.

[ARTICLE 1553.]

Puis, après avoir répondu à plusieurs objections et asser-
tions contraires, il ajoute : " Et ne quis̄ampliùs dubitet,
" textum habemus expressum, dominum rei subjectæ restric-
" tioni teneri de incendio, suâ culpâ in re ipsâ contingenti :
" in leg. *Si modo*, D. *De legal* 1º (1)."

Mais l'acheteur n'est pas tenu des dégradations qui ne sont
pas arrivées par sa faute et qui ne sont que le résultat de
l'usage naturel de la chose. Tiraqueau donne cet exemple (2).
Pierre avait vendu un moulin à pacte de rachat. Les meubles
et les autres instruments étaient neufs. Pendant le temps du
rachat, l'acquéreur s'était servi du moulin avec activité et
les meules étaient usées. On demandait s'il était dans l'obligation d'en faire rétablir de nouvelles et de remettre les
choses dans l'état où elles étaient au temps de la vente.
Tiraqueau répond qu'il n'était tenu à rien, car il n'avait fait
qu'employer la chose à son usage naturel (3).

739. Je viens de faire connaître la position de l'acheteur
pendant le délai de grâce. Jetons un coup d'œil sur celle du
vendeur ; mais il y a corrélation intime entre les deux
situations, de telle sorte que l'une réagit nécessairement et
virtuellement sur l'autre, et qu'on ne peut les séparer.

Le vendeur n'est plus propriétaire de la chose vendue à réméré. Il est complétement dessaisi, et, comme nous l'avons
dit au nº 734, c'est sur la tête de l'acheteur que le domaine a
été fixé.

Néanmoins le vendeur a sur la chose un droit suspendu
par une condition (4). Il est investi du droit de la reprendre,

(1) Tiraqueau, *De retract. gentil.*, tit. final, nᵒˢ 67 à 71. Despeisses,
p. 43 *nono*. V. *infrà*, nº 774.

(2) *De ret. convent* , ad tit. fin , nᵉ 86.

(3) Il cite la loi *Usufructus*, § *Si vestis*, D. *De usuf.*, et la loi *De his*, C.
De donat. inter virum, sur laquelle Balde a dit : " *Maritum non teneri*
" *soluto matrimonio, redere bona paraphernalia attrita, nisi qualia nunc*
" *sunt.*"

(4) V. mon Comment. sur les Hypothèques, t. 2, nº 469.

[ARTICLE 1553.]

s'il rembourse dans les délais, et ce droit est imprimé sur la chose, et la suit, lorsqu'elle est immeuble, en quelques mains qu'elle passe.

740. C'est en partant de ces idées que j'ai soutenu, dans mon commentaire sur les Hypothèques (1), que le vendeur peut, en vertu de l'art. 2125 du Code Napoléon, hypothéquer conditionnellement l'immeuble grevé de son droit de retrait. Quoique j'aie eu connaissance, depuis la publication de l'ouvrage cité, d'un arrêt de la cour de Bordeaux du 5 janvier 1833 (2), qui repousse cette doctrine, je ne persiste pas moins à la considérer comme seule exacte et rationnelle. La cour de Bordeaux a pris isolément l'art. 2129, et ne l'a pas concilié, comme elle aurait dû le faire, avec l'art. 2125, qui est le véritable siège de la matière ; il faut se persuader qu'il y a dans toute vente à réméré deux droits parallèles, qui affectent la chose à des degrés plus ou moins intimes, plus ou moins inégaux : 1° le droit de l'acheteur, qui la détient *pendente conditione* et qui en est saisi au titre le plus élevé, celui de propriétaire, mais dont le droit est résoluble suivant l'évènement de la condition ; 2° le droit du vendeur, qui affecte la chose moins profondément, puisqu'il a abdiqué la propriété, mais qui cependant s'attache à elle par des liens étroits, qui la poursuit sans désemparer en quelques mains qu'elle passe, et qui, enfin, peut se convertir en droit de propriété plein, entier et incommutable, si la condition se réalise. En se pénétrant de cette double position, et surtout de celle du vendeur qui est si nette et si bien dessinée, il n'est plus possible de partager les scrupules de la cour de Bordeaux, à moins qu'on ne veuille effacer l'art. 2125 du Code Napoléon.

741. Si le vendeur à réméré peut hypothéquer conditionnellement *pendente conditio...* peut certainement passer une vente subordonnée à la même condition (3). La raison en

(1) *Loc. cit.*

(2) Dal , 33, 2, 94.

(3) *Supra,* n° 235.

est encore plus sensible ici que pour l'hypothèque. J'ai dit en effet ci-dessus (1) que le vendeur a la faculté de céder son droit de retrait. Or, n'est-ce pas là l'équivalent d'une vente directe de la chose? C'est pour cela que la jurisprudence, voulant dominer par une sage et équitable interprétation des cavillations subtiles, a décidé, comme nous l'avons vu (2), que la vente de la chose même, faite *pendente conditione*, n'est autre chose qu'une cession de l'action (3).

Néanmoins, les arrêts ne se sont pas toujours montrés animés de cet esprit large et élevé. Ils se sont laissé entraîner dans des actes de rigueur favorables à la chicane et contraires aux vrais principes ; et la Cour de cassation, qui aurait dû arrêter ces écarts, les a protégés par suite de sa tendance trop prononcée pour les rejets.

En voici un exemple. Le 12 décembre 1807, Raison vend un immeuble à Lourdel, avec faculté de rachat pendant trois ans. Avant l'expiration du délai, les héritiers Raison vendent ce même immeuble à Grangez ; puis ils exercent le retrait ; et, par une insigne mauvaise foi, ils vendent à Lourdel la chose qu'ils venaient de retirer de ses mains et qu'ils avaient antérieurement aliénée au profit de Grangez.

Bientôt des difficultés s'élèvent entre Grangez, qui prétend être acquéreur antérieur, et Lourdel, qui soutient qu'il a acquis la chose d'autrui. Un arrêt de la cour d'Amiens, du 7 mai 1823, se prononce en faveur de Lourdel, sous prétexte que la vente passée à Grangez était tout autre chose que la cession du droit de réméré, et que la vente faite à Lourdel devait dans tous les cas avoir préférence, parce qu'elle avait

(1) N° 702.

(2) *Loc. cit.*

(3) *Sic* MM. Zachariæ, t. 2, § 357, notes 20 et 21 ; Duranton, t. 16, n° 408 ; Duvergier, t. 2, n° 29 — Toutefois, la cession du droit de rachat par le vendeur qui se l'était réservé, n'emporte pas transmission absolue de la propriété au profit du cessionnaire, lorsque la vente, infectée du vice d'impignoration, ne constitue, en réalité, qu'un engagement de l'immeuble pour prêt usuraire. Rej., 16 nov. 1836 (Devill. 36, 1, 960).

[ARTICLE 1553.]

été suivie de tradition et d'investissement réel, tandis que
l'autre ne consistait qu'en une pure personnalité. Là-dessus
elle invoquait la loi *Quoties*, au C. *De rei vindicatione.*

Sur le pourvoi, la section des requêtes confirma cette décision par ce bref et unique motif: " Qu'à l'époque du 5 fé-
" vrier 1810, Raison n'ayant pas exercé la faculté de rachat
" et n'étant pas rentré dans la propriété, ses héritiers n'a-
" valent pu disposer en faveur de Grangez (1)." Mais il me
semble que la question était assez importante pour être
traitée autrement que par ce léger considérant, qui laisse à
l'écart les faces principales de la difficulté. Je tcherai de
les faire ressortir et d'en présenter succinctement la solution.

Mettons d'abord de côté la loi *Quoties*. La cour d'Amiens
s'est trop souvenue qu'elle était un ancien pays de nantissement ; mais elle aurait dû se rappeler aussi que le Code Napoléon a adopté d'autres principes sur la transmission de la
propriété. Au fond, je ne puis croire qu'il y eût dans l'espèce
vente de la chose d'autrui ; et, pour le prouver, je n'insisterai
pas sur cette équipollence, dont je parlais out à l'heure, entre
une pareille vente et une cession du droit le retrait. J'argu-
menterai seulement de l'article 2125 du Code Napoléon (2),
qui, permettant d'hypothéquer un immeuble sur lequel on
n'a qu'un droit suspendu par une condition, permet, par une
analogie irrésistible, de le vendre conditionnellement. C'est
sur ce terrain que j'aurais désiré que la Cour de cassation eût
placé la question. Il ne me paraît pas digne de sa haute
mission de l'avoir éludé.

Mais, après tout, veut-on qu'il y ait eu originairement
vente de la chose d'autrui ? Je l'accorderai pour un moment,
sans que je sois obligé de rétracter ce que j'ai dit du mal
jugé des arrêts d'Amiens et de la cour régulatrice.

Les héritiers Raison ayant exercé le retrait, la vente faite
à Grangez, quoique nulle dans l'origine, s'était trouvée rati-

(1) Dalloz, Vente, p. 906. L'arrêt est du 4 août 1824.

(2) Voyez-en l' Comment. dans mes Hypothèques, t. 2, n° 465.

[ARTICLE 1553.] •

fiée et consolidée par ce fa'' Je l'ai prouvé par les plus
graves autorités dans m n ommentaire ' sur les *Hypothèques* (1). Lourdel, qui ι ενaιι zcheté que postérieurement
à cette confirmation, était donc .enu de la respecter. C'est
encore ce que j'ai prouvé par des témoignages non moins
graves dans le même ouvrage (2). Quel motif y avait-il donc
pour annuler la vente de Grangez ? Du. moins, si toutes ces
questions devaient se résoudre contre lui, ce que je suis loin
d'admettre, aurait-il fallu les approfondir et les résoudre ;
car elles sont *plenissimæ juris*, comme dit Cujas, et elles
étaient dignes du haut savoir de la Cour suprême.

———

24 *Laurent, Vente,*⎫ Les effets de la prescription sont très-
n° 389, 392 *et s.* ⎭ simples lorsque le vendeur n'exerce point
le rachat ; l'acheteur a, dans ce cas, accompli la prescription
pour son compte. Mais qu'arrivera-t-il si le vendeur use de
son droit ? L'acheteur est considéré, dans ce cas, comme
n'ayant jamais été propriétaire, tous les actes qu'il a faits
sont résolus. En sera-t-il de même de la possession ? sera-t-
elle considérée comme non-avenue, ou le vendeur peut-il
l'invoquer ? On admet que le vendeur peut joindre la possession de l'acheteur à la sienne, mais la difficulté est d'établir le principe sur lequel se fonde cette jonction de possession. Voici comment on raisonne. L'acheteur, de fait, a
possédé ; le vendeur ne prend donc pas une possession va-
cante, il succède à la possession que l'acheteur a eue en vertu du contrat et qu'il doit rendre au vendeur ; en ce sens,
l'acheteur est l'auteur du vendeur, et, par suite, on doit appliquer l'article 2235, d'après lequel on peut joindre à sa possession celle de son auteur. Cette argumentation nous paraît
plus subtile que vraie. La condition résolutoire, quand elle
s'accomplit, efface le droit que l'acheteur tenait de son cou-

(1) T. 2, p. 298, n°° 517, 5i8, 519, 521.

(2) T. 2, p. 301, n°° 522 et suiv.

trat, cela est certain quant à la propriété ; le vendeur n'est pas l'ayant cause de l'acheteur quand il rentre dans son droit, puisqu'il est censé avoir toujours été propriétaire ; donc l'acheteur ne l'a jamais été, il n'a donc jamais pu posséder à titre de propriétaire, car son titre est effacé comme s'il n'avait pas existé, sa possession n'a été qu'un pur fait. Ne pourrait-on pas établir le droit du vendeur sur l'effet même que produit la résolution ? Elle replace les choses dans l'état où elles étaient avant le contrat ; c'est donc le vendeur qui a toujours été propriétaire ; et si l'acheteur a possédé, ce ne peut être que pour le vendeur, de même qu'un fermier possède pour le bailleur ; le vendeur a donc eu la possession comme il a eu la propriété ; c'est la conséquence logique de la résolution. Il n'a pas besoin de joindre la possession de l'acheteur à la sienne, ce qui juridiquement ne se peut ; il invoque son propre droit.

392. Le vendeur a-t-il un droit sur la chose pendant que la condition est en suspens ? Si l'on décide la question d'après les principes qui régissent la condition résolutoire, la solution n'est pas douteuse. La condition résolutoire implique une condition suspensive ; toute condition, en réalité, est suspensive ; dans le contrat fait sous condition suspensive l'existence, ou du moins les effets du contrat sont suspendus ; dans le contrat fait sous condition résolutoire, c'est la résolution qui est suspendue. Il suit de là que si le contrat a pour objet la translation de la propriété, l'acquéreur devient propriétaire sous la condition suspensive de restitution, il est donc débiteur de la chose sous condition suspensive ; d'où la conséquence que le vendeur est créancier sous cette même condition, c'est-à-dire qu'il a un droit conditionnel sur la chose si la condition résolutoire s'accomplit. Ce droit conditionnel est une propriété conditionnelle ; étant propriétaire conditionnel, le vendeur peut faire des actes de disposition, aliéner, hypothéquer ; bien entendu que ces actes seront affectés de la même condition ; l'aliénation, l'hypothèque n'existeront que si la condition suspensive

[ARTICLE 1553.]

se réalise; tandis que si elle défaillit, tous ces actes viennent à tomber. L'article 2125 consacre ce principe en ce qui concerne l'hypothèque; et ce qui est vrai de l'hypothèque, est vrai de toute concession de droits réels.

Ces principes s'appliquent-ils à la faculté de rachat? La plupart des auteurs se prononcent pour l'affirmative (1), tandis que la jurisprudence française a consacré l'opinion contraire. Nous n'hésitons pas à nous ranger du côté de la doctrine (2). La difficulté se réduit à savoir si la vente avec pacte de rachat est faite sous condition résolutoire; or, la loi même le dit (n° 317); il faut donc appliquer les principes qui régissent la condition résolutoire, à moins que la nature spéciale de la clause de rachat ne déroge au droit commun. C'est ce que l'on prétend. Le vendeur, dit-on, se dépouille complétement de son droit de propriété, et ne conserve que la possibilité d'y rentrer en exerçant le rachat (3). Sans doute il se dépouille de la propriété, puisqu'il la transmet à l'acheteur, comme si la vente était pure et simple; c'est le droit commun des contrats faits sous condition résolutoire. Mais la transmission est affectée d'une condition résolutoire, et toute condition résolutoire implique une condition suspensive; donc le vendeur conserve un droit conditionnel sur la chose. On le nie. Ecoutons la cour de cassation, puisque c'est à sa décision que l'on se réfère. La cour ne conteste point que la faculté de rachat soit une condition résolutoire, et elle ne dit pas que cette espèce de résolution soit régie par des principes spéciaux; sa doctrine est générale et s'applique à toute convention faite sous condition résolutoire. "Toute

(1) Duvergier, t. II, p. 54, n° 2°, et tous les auteurs, sauf Aubry et Rau et Grenier (voyez les citations dans le *Répertoire* de Dalloz, 1873, 1, 321, note).

(2) La jurisprudence des cours de Belgique est conforme à l'opinion des auteurs. Bruxelles, 10 novembre 1815, et rejet. chambre de cassation, 15 juin 1818 (*Pasicrisie*, 1815, p. 519, et 1818, p. 123); Liége, 24 février 1817 (*Pasicrisie*, 1817, p. 336).

(3) Aubry et Rau, t. II, p. 304 (2e édit.), note 68, § 209.

[ARTICLE 1553.]

condition résolutoire, dit la cour, suppose nécessairement un contrat parfait, et qui peut seulement être un jour anéanti par suite de l'événement prévu dans cette clause." Appliquant ces principes à la vente faite avec pacte de rachat, l'arrêt continue et dit : " Il est contre l'essence du contrat de vente que le vendeur retienne la propriété ; la faculté même qu'il se réserve de recouvrer cette propriété suppose nécessairement qu'il l'avait perdue " Ces principes, dit la cour, sont incontestables. Tels que la cour les entend, ils sont, au contraire, très contestables ; Duvergier les combat et, avec lui, la plupart des auteurs. Le vendeur à pacte de rachat ne retient pas la propriété, en ce sens qu'il la transmet à l'acheteur, mais il la transmet affectée d'une condition résolutoire, qui implique pour lui le droit conditionnel de rentrer dans la propriété ; ce droit prouve qu'il ne l'avait pas perdue irrévocablement ; il la reprend, dit l'article 1659, et il la reprend en vertu d'un droit préexistant, d'un droit conditionnel. On insiste et l'on soutient que ce droit n'est point un droit dépendant d'une condition suspensive ; en effet, quand la condition défaillit, le contrat est considéré comme n'ayant jamais existé, tandis que quand le rachat n'est pas exercé, la clause n'est pas considérée comme n'ayant jamais été stipulée, c'est une simple déchéance (1). Voilà encore une fois une affirmation : sur quoi se fonde-t-elle ? Sur un texte ? Il n'y en a pas d'autre que l'article 1662, et que dit-il ? Que si le vendeur n'exerce pas son droit, l'acheteur demeure propriétaire irrévocable. C'est bien l'effet de toute condition résolutoire qui défaillit : le droit de l'acheteur ne peut plus être résolu, il devient incommutable : le vendeur n'a plus aucun droit, pas plus que si le pacte n'avait pas été stipulé.

393. Les deux principes contraires conduisent naturellement à des conséquences différentes. Si l'on nie que le vendeur ait un droit conditionnel sur la chose, il en résulte

(1) Rejet, 21 décembre 1825 (Dalloz, au mot *Privilèges*, n° 1199). Comparez, dans le même sens, une dissertation insérée dans le *Recueil périodique* de Dalloz, 1873, I, 321).

[ARTICLE 1553.]

qu'il ne peut pas concéder d'hypothèque sur l'immeuble ; il n'a qu'un droit de créance, un *jus ad rem*, et ce droit ne peut pas être hypothéqué (1). Dans l'opinion que la doctrine enseigne, le vendeur, propriétaire conditionnel sous condition suspensive, peut hypothéquer l'immeuble, conformément à l'article 2125. L'hypothèque sera valable si la condition se réalise, c'est-à-dire si le vendeur exerce le rachat ; elle tombera si la condition défaillit, c'est-à-dire si le vendeur n'use pas de son pacte. Cette dernière opinion est en harmonie avec les principes qui régissent les conditions, et par conséquent la faculté de rachat. Supposons que l'acheteur hypothèque l'héritage ; il en a le droit, mais l'hypothèque sera affectée d'une condition résolutoire ; l'hypothèque consentie par le vendeur est aussi valable, mais elle est affectée d'une condition suspensive. Cela est-il contradictoire ? Non, car le vendeur et l'acheteur agissent en vertu d'un droit différent qu'ils ont sur l'immeuble. L'événement de la condition décidera lequel des deux est propriétaire. Si le vendeur n'use pas de la faculté de rachat, la condition à laquelle était subordonné son droit et, par suite, hypothèque qu'il a consentie défaillit, l'hypothèque tombe ; par contre, celle que l'acheteur a concédée subsiste parce qu'il a été propriétaire incommutable à partir de la vente. Si le vendeur exerce le rachat, la condition à laquelle étaient subordonnés son droit et l'hypothèque par lui consentie se réalise ; l'hypothèque subsiste, parce qu'elle est concédée par celui qui a toujours été propriétaire ; tandis que l'hypothèque établie par l'acheteur tombera, parce qu'elle a été consentie par celui qui est censé n'avoir jamais eu de droit sur la chose. N'est-il pas logique, rationnel, que l'hypothèque établie par le vendeur soit maintenue, alors que, par suite du rachat, il est considéré comme n'ayant jamais cessé d'être propriétaire ? Dans l'opinion consacrée par la jurisprudence, on aboutit, au con-

(1) Bordeaux, 5 janvier 1833 (Dalloz, au mot *Vente*, n° 463, 2°). Paris, 12 août 1871 (Dalloz, 1873, 2, 133). En sens contraire, les arrêts des cours de Belgique, cités, p. 380, note 2.

[ARTICLE 1553.]

traire, à cette conséquence pour le moins étrange, c'est que pendant le délai du rachat, l'immeuble ne peut être hypothéqué, lorsque le rachat est exercé ; l'acheteur ne peut l'hypothéquer, puisqu'il n'a jamais eu de droit sur la chose ; le vendeur ne le peut, puisqu'il n'avait plus aucun droit de propriété sur la chose, au moment où il a consenti l'hypothèque. L'immeuble sera donc hors du commerce pendant cinq ans !

394. Le même dissentiment existe pour l'aliénation. Dans le système de la doctrine, on applique à l'aliénation ce que nous venons de dire de l'hypothèque. Cela est logique si l'on admet que le vendeur a un droit conditionnel sur la chose. Dans le système de la jurisprudence, on décide que le vendeur ne peut pas aliéner, et on maintient néanmoins la vente, en l'interprétant comme si le vendeur avait cédé son droit de rachat. Pourquoi le vendeur ne peut-il pas aliéner ? Parce que l'acheteur est propriétaire ; le vendeur à pacte de rachat qui aliénerait la chose vendrait donc une chose qui ne lui appartient pas. Ce serait la vente de la chose d'autrui, dit la cour d'Amiens ; la cour n'admet pas même que la convention soit valable comme cession du droit de rachat ; car, dit-elle, les parties ont voulu vendre et acheter la chose, ce qui est nul ; et elles n'ont pas entendu faire une cession, ce qui eût été valable ; elles ont donc fait ce qui leur était défendu, et elles n'ont pas fait ce qui leur était permis. Sur le pourvoi, il intervint un arrêt de rejet (1).

Est-il vrai de dire que le vendeur à pacte de rachat qui aliène, vend la chose d'autrui ? Il vend un droit conditionnel ; la condition ne se réalise-t-elle pas, la vente tombe ; la condition se réalise-t-elle, le vendeur est considéré comme ayant toujours été propriétaire de la chose, et comment une vente faite par celui qui n'a jamais cessé d'être propriétaire, serait-elle la vente de la chose d'autrui ? La cour d'Amiens dit que la cession du droit de rachat serait valable, tandis

(1) Rejet, 4 août 1824 (Dalloz, au mot *Vente*, n. 1463, 1o).

que la vente de la chose serait nulle. En réalité, la vente d'une chose qui a déjà été vendue avec clause de rachat n'est autre chose que la vente du droit de retrait, c'est-à-dire la cession d'un droit conditionnel en vertu duquel le vendeur rentrera dans la propriété de la chose, si la condition est accomplie ; celui qui achète la chose, achète donc le droit d'obtenir la propriété de cette chose, moyennant l'accomplissement de la condition. C'est ce que la jurisprudence a fini par décider : tout en considérant comme nulle la vente faite par le vendeur à pacte de rachat, elle la valide, en l'assimilant à une cession du droit de rachat. Ainsi la cour de Paris a jugé que la vente consentie par le vendeur à rachat n'est pas la vente de la chose d'autrui, qu'on peut la maintenir, en la considérant comme cession du droit de rachat, et la cour de cassation a confirmé cette décision par un arrêt de rejet (1). A notre avis, la jurisprudence consacre une contradiction. Si la vente faite par le vendeur à rachat vaut comme cession du droit de rachat, on ne peut pas dire qu'elle soit nulle ; et si elle vaut comme cession du droit de retrait, elle transmet à l'acheteur un droit du vendeur, en vertu duquel il deviendra propriétaire quand la condition se réalisera, et il sera propriétaire à partir de la vente, puisque la condition rétroagit. Donc, céder le droit de retrait, c'est bien vendre la chose, mais c'est une vente conditionnelle. Il y a donc contradiction à nier le droit du vendeur sur la chose, et à donner effet à la vente, en la considérant comme une cession du rachat, car cette cession est au fond identique avec la vente et elle produit le même effet. La jurisprudence française s'est cependant fixée en ce sens (2).

(1) Paris, 10 juillet 1821 et rejet, 7 juillet 1829 (Dalloz, au mot *Vente*, n. 492). Comparez Toulouse, 12 mars 1812 (Dalloz, au mot *Vente*, n. 1463, 2o).

(2) Grenoble, 17 février 1849 (Dalloz, 1851, 2, 235). Nîmes, 18 décembre 1849 (Dalloz, 1852, 2, 122). Dans le même sens, Aubry et Rau, t. IV, p 412, notes 31 et 32, § 357. En sens contraire, Duranton, t. XVI, p. 423, n. 408 ; Duvergier, t. II, p 53, n. 29.

[ARTICLE 1554.]

395. Les éditeurs de Zachariæ ont adopté la doctrine que la jurisprudence a consacrée. Ils enseignent toutefois que le vendeur à rachat peut établir une servitude sur l'immeuble vendu. Valider la concession d'une servitude et annuler la concession d'une hypothèque, cela paraît contradictoire. Non, dit-on, car on peut concéder une servitude sur un immeuble que l'on acquerra, tandis que la loi défend d'hypothéquer un bien futur (1). Est-il bien vrai que l'hypothèque de l'immeuble vendu avec clause de rachat soit l'hypothèque d'un bien futur ? Un bien futur est celui sur lequel on n'a aucun droit, même éventuel. Or, quand le pacte de rachat se réalise, le vendeur est considéré comme ayant toujours été propriétaire de l'immeuble. Ainsi celui qui a été propriétaire au moment où il concédait l'hypothèque serait néanmoins censé hypothéquer un bien à venir ! Il serait donc censé n'avoir eu aucun droit sur la chose au moment où, en réalité, il en était propriétaire incommutable !

1554. Il peut opposer le bénéfice de discussion aux créanciers de son vendeur.	1554. He may set up the benefit of discussion against the creditors of the seller.

* *C. N.* 1666. } Il peut opposer le bénéfice de la discussion aux créanciers de son vendeur.

* *C. L.* 2552.—Semblable au *C. N.*

24 *Laurent, Vente,* n° 390. } 390. " L'acheteur peut opposer le bénéfice de la discussion aux créanciers de son vendeur " (art. 1666). D'après l'article 2170, le tiers dé-

(1) Aubry et Rau, t IV, p. 413, note 33, § °57.

[ARTICLE 1554.]

tenteur poursuivi par un créancier hypothécaire jouit du bénéfice de la discussion, c'est-à-dire qu'il peut s'opposer à la vente de l'immeuble qui lui a été transmis, s'il est demeuré d'autres immeubles hypothéqués à la même dette dans la possession du principal obligé et en requérir la discussion préalable; pendant cette discussion, il est sursis à la vente de l'héritage hypothéqué. L'article 1666 accorde ce bénéfice à l'acheteur qui a acquis l'immeuble sous clause de rachat; cela allait sans dire, puisque l'acheteur exerce tous les droits du propriétaire. Cette disposition est abrogée par notre loi hypothécaire, qui n'a pas maintenu le bénéfice de discussion; nous en dirons les motifs au titre des *Hypothèques*.

L'article 1666 reçoit encore une autre application. On suppose que les créanciers du vendeur exercent le rachat contre l'acquéreur, c'est leur droit en vertu de l'article 1166. L'acheteur peut-il, en ce cas, leur opposer le bénéfice de discussion ? On l'admet; le texte, en effet, ne parle pas seulement des créanciers hypothécaires, il parle des *créanciers du vendeur;* donc, dès que les créanciers du vendeur agissent contre l'acquéreur, celui-ci peut invoquer le bénéfice de discussion. Cela est aussi fondé en raison. Que veulent les créanciers ? Recevoir leur payement; or, si le vendeur a encore des biens, il est juste qu'ils les discutent avant de poursuivre l'acheteur. L'intérêt général est en harmonie avec l'intérêt de l'acheteur; la loi désire la stabilité des propriétés, il faut donc laisser à l'acquéreur la propriété de la chose si le vendeur a d'autres biens que ses créanciers puissent saisir.

---

5 *Boileux, sur* } L'acquéreur, poursuivi hypothécairement,
art. 1666 *C. N.* } par des créanciers ayant hypothèque générale ou même spéciale sur d'autres immeubles demeurés en la possession de leur débiteur, peut, comme tout autre tiers détenteur qui n'est point personnellement obligé à la dette, opposer aux poursuivants le bénéfice de la discussion (2170 et 2171).

[ARTICLE 1555.]

A l'égard des créanciers chirographaires, ils ne peuvent agir qu'en vertu de l'art. 1166, au nom du vendeur, et par conséquent sous la condition que le terme fixé pour le ré- ... ... sera pas encore expiré. — Nous pensons que l'acqué- reur aurait également le droit de leur opposer le bénéfice de ... ... cussion ; mais en observant les dispositions des art. 2022 et 2023 : des créanciers chirographaires ne sauraient être mieux traités que des créanciers hypothécaires (*Val.*).

1555. Si l'acheteur d'une partie indivise d'un héritage sujet au droit de réméré se rend ensuite acquéreur de la totalité, sur une licitation provoquée contre lui, et que ce droit ne soit pas purgé, il peut obliger le vendeur qui veut l'exercer, de retirer l'héritage en entier.	1555. If the buyer of an undivided part of an immoveable subject to the right of redemption become afterwards the buyer of the whole property, upon a sale by licitation instituted against him, and such right be not purged, he may oblige the seller who wishes to exercise it to take back the whole property.

---

* *C. N.* 1667. } Si l'acquéreur à pacte de réméré d'une partie indivise d'un héritage, s'est rendu adjudicataire de la totalité, sur une licitation provoquée contre lui, il peut obliger le vendeur à retirer le tout lorsque celui-ci veut user du pacte.

Voy. *Laurent*, cité sur art. 1558.

---

* 2 *Troplong, Vente,* } 744. L'art. 1667 continue l'énuméra-
n° 744-5. } tion des droits qui compètent à l'acheteur à réméré. Il s'occupe d'un cas particulier assez rare

[ARTICLE 1555.]

dans la pratique, mais qu'il fallait prévoir afin de prévenir des difficultés dont l'issue aurait pu être préjudiciable à celui sur qui s'exerce le retrait. Voici l'hypothèse qu'il a en vûe.

Un individu a acheté à réméré une part indivise dans un héritage. Les copropriétaires, voulant arriver à un partage, ont provoqué une licitation, et lui, pour conserver sa portion, s'est rendu adjudicataire de la totalité. Mais le moment du réméré arrive, et le vendeur déclare vouloir en profiter. Si le retrait ne s'opère que pour la partie vendue, l'indivision va recommencer, et il faudra procéder à un nouveau partage, c'est-à-dire à une seconde licitation. Pour obvier aux inconvénients que pourraient amener ou une indivision, source de disputes, ou des partages réitérés, occasion de frais, le législateur a pensé que l'acheteur pouvait forcer le retrayant à prendre la totalité de l'immeuble ; et en cela il n'a pas cru faire grief à ce dernier. Car l'affection qu'il porte à la fraction de la chose qu'il retire est une présomption qu'en cas de licitation il se rendrait adjudicataire et ferait ce que son acquéreur avait cru devoir faire lors du partage provoqué contre lui.

745. Il faut remarquer du reste que l'art. 1667 n'ouvre cette disposition de faveur pour l'acquéreur que lorsque la licitation a été provoquée contre lui ; la loi suppose qu'il a été contraint par une force pour ainsi dire majeure à se porter pour acquéreur. Mais le même bénéfice ne devrait pas lui être accordé si c'était lui qui eût provoqué le partage et donné lieu à la licitation.

*6 *Marcadé, sur art.* 1667 C. N   I.—Dans le cas de cet article, le vendeur, s'il eût conservé la part indivise qu'il a vendue à réméré, aurait été contraint, comme l'a été l'acheteur, ou d'acquérir l'immeuble entier, ou d'abandonner sa part ; cet acheteur, puisqu'on suppose une licitation provoquée contre lui, n'a pu conserver cette part qu'en prenant l'immeuble entier. Il est donc juste que le vendeur soit également tenu de reprendre tout ou rien. Il en serait

[ARTICLE 1555.]

autrement si c'était par l'acquéreur que la licitation eût été provoquée, et celui-ci pourrait alors être tenu de subir le retrait de la portion qui lui avait été vendue, parce que l'acquisition du surplus aurait été volontaire de sa part.

———

* 16 *Duranton*, *Vente*, }   413. Si l'acquéreur à pacte de ré-
n° 413.   } méré d'une partie indivise d'un héritage, s'est rendu adjudicataire de la totalité sur une licitation provoquée contre lui, il peut obliger le vendeur à retirer le tout, lorsque celui-ci veut user du pacte de rachat. (Art. 1667.)

L'on a considéré que l'acheteur a été en quelque sorte forcé de se rendre acquéreur des autres parts, pour conserver celle qu'il avait achetée ; aussi, si c'était lui qui eût provoqué la licitation, il ne pourrait forcer le vendeur à retirer le tout, lorsque celui-ci voudrait exercer le réméré.

C'est au surplus une faculté que la loi lui accorde ; le vendeur ne pourrait le forcer à lui remettre le tout, à moins que, dans la prévoyance que la licitation viendrait à être provoquée par le copropriétaire ou même par l'acheteur, le vendeur n'eût stipulé, dans le contrat de vente, que ce cas échéant, il lui serait loisible de retirer le tout ; car cette convention ferait la loi des parties. (Art. 1134.)

———

* *Sts. Ref. B. C.*, *Acte concernant* }   L'adjudication faite après
les licitations, *ch.* 48, *s.* 5.   } l'observation des formalités prescrites, aura tous les effets d'un décret, et purgera la propriété de toutes charges, priviléges, hypothèques et droits ouverts de la même manière que l'adjudication sur exécution contre les immeubles sauf et excepté les charges portées au cahier des charges en ce qui concerne la dite licitation. 18 V. c. 110, s. 3.

[ARTICLE 1555.]

5 *Boiieux, sur* } On ne peut, en général, contraindre le
art. 1667 *C. N.* } vendeur à étendre le rachat sur une chose
autre que celle dont il a disposé ; mais cette règle est modifiée dans l'espèce suivante, prévue par notre article :

Pierre et Paul sont copropriétaires d'un immeuble : Pierre
vend à Jean, avec faculté de rachat, sa part indivise : Jean se
trouve ainsi copropriétaire de Paul : que doit-on décider si
la licitation de l'immeuble indivis est provoquée ? Distinguons : la licitation a été poursuivie contre l'acquéreur, ou
c'est lui qui l'a demandée :

Au premier cas, on admet une sous-distinction :

Si Jean s'est rendu adjudicataire de la propriété, Pierre
vendeur sera tenu de retirer le tout, quand il voudra user du
pacte ; notre article est formel : en effet, Jean a été forcé d'a-
cheter la part de Paul, pour conserver la portion de Pierre ;
il a fait ce que ce dernier aurait été forcé de faire lui-même
pour conserver la portion qu'il a vendue : dès lors, il ne doit
pas être tenu de conserver la part de Paul, lorsque le réméré
est exercé (L. 7, § 13, *communi dividundo*).

Le vendeur pourrait-il forcer l'acquéreur à souffrir le retrait de la totalité ? Non, à moins que le contrat de vente ne
lui eût réservé ce droit : on ne peut user contre ce dernier,
d'une faculté établie en sa faveur.

Si Paul, copropriétaire du vendeur, s'est rendu adjudicataire de l'immeuble en totalité, ce dernier pourra-t-il reprendre l'immeuble ? non, car il n'a disposé que sous la condition
résolutoire des effets de partage : or, la licitation est un mode
de partage ; donc elle produit un effet rétroactif au jour où
l'indivision a commencé (833) ; l'adjudicataire est censé avoir
eu la propriété *ab initio*.

Au deuxième cas, l'acquéreur sous pacte de réméré sera-t-il
fondé à exiger que le vendeur reprenne le tout ? Non, évidemment, puisqu'il se trouvera propriétaire par sa seule
volonté. L'article 1667 suppose que la licitation a été provoquée contre lui.

[ARTICLE 1556.]

-Que doit-on décider si un étranger s'est rendu adjudicataire ? On le considère comme sous-acheteur ; en conséquence, il est aux lieu et place de l'acheteur à réméré.

Quelle est la position de l'acheteur, dans le cas de licitation provoquée, soit par lui, soit contre lui, s'il n'est pas demeuré adjudicataire ?—Il doit au vendeur la restitution de ce qu'il a reçu de plus que le prix de vente ; sauf bien entendu compensation.— Vainement l'acheteur dirait-il, pour repousser l'action en réméré, que la chose n'existant plus entre ses mains, la résolution est devenue impossible : on répondrait, qu'il est tenu de restituer ce qui reste, et par conséquent l'excédant du prix : le vendeur aurait cet excédant si le réméré eût été exercé plus tôt ; car le prix représente l'objet.— Le vendeur n'est pas en faute, puisqu'il avait tout le délai fixé par la loi ou par la convention.— Si le prix est moins fort, le vendeur n'aura pas intérêt à user du réméré.

Lahaie, sur art. ⎰ *Favard*, faculté de rachat, n. 11. — Ces
1667 *C. N.* ⎱ termes de l'article, *sur une licitation*, etc., sont remarquables : il en résulte la conséquence que si l'acquéreur avait provoqué lui-même la licitation, il ne pourrait pas contraindre son vendeur à retirer la totalité de l'héritage.

La raison de la diversité de droits dans les deux espèces est que, dans la première, l'acquéreur se trouve obligé, pour conserver sa portion indivise, de se rendre adjudicataire de la totalité, au lieu que, dans la seconde, c'est volontairement qu'il devient adjudicataire, et sans y être contraint pour conserver sa portion indivise. Or, il ne doit pas dépendre de l'acquéreur de rendre à son gré la faculté de rachat à laquelle il est soumis, plus difficile et plus onéreuse au vendeur. Delvincourt, t. 2, p. 160, not. 6 ; Troplong, vente, t. 1, n. 745 ; Duranton, t. 16, n. 413 ; Boileux, sur l'article, même opinion.

1556. Si plusieurs ont vendu conjointement et par un seul contrat, un héritage commun entr'eux,

1556. If several persons sell conjointly, and by one contract, an immoveable which is their

avec faculté de réméré, chacun d'eux ne peut exercer cette faculté, que pour la part qu'il y avait.

common property, with a right of redemption, each of them can exercise his right for the part only which belonged to him.

---

* *C. N.* 1668. } Si plusieurs ont vendu conjointément, et par un seul contrat, un héritage commun entre eux, chacun ne peut exercer l'action en réméré que pour la part qu'il y avait.

Voy. *Laurent*, cité sur art. 1558.

---

* 2 *Troplong, Vente,* } 746. Le droit de réméré produit une n⁰ˢ 746 et s. } action dont plusieurs qualités ont déjà été signalées par nous (1). Nous devons maintenant l'envisager sous le rapport de sa divisibilité.

747. L'action en réméré est divisible, lorsque (ce qui arrive presque toujours) la chose vendue est divisible, comme un héritage (2).

Cette divisibilité a lieu tant activement que passivement, c'est-à-dire tant du côté du vendeur qui a droit d'exercer le retrait que du côté de l'acheteur qui doit le subir.

Les art. 1668 et 1669 du Code Napoléon contiennent l'application de cette règle pour le premier cas. L'art. 1672 s'occupe de la divisibilité dans ses rapports avec le second.

Commençons par ce qui concerne la divisibilité considérée activement (3).

(1) N⁰ˢ 698, 699, 700, 702, 728, etc.

(2) Pothier, Vente, n⁰ 397.

(3) Dumoulin a traité beaucoup de questions ardues qui, autrefois, brouillaient cette matière, et dont il a déblayé la jurisprudence .*Tract. de divid.*, f. 3, n⁰ˢ 582, 589, 590, 605, 606), Tiraqueau lui-même avait échoué dans la solution de plusieurs, et c'est un guide peu sûr dans les questions de divisibilité d'obligations; car il écrivait sans connaître le travail immortel de Dumoulin (voyez, par exemple, la réfutation qu'en fait Dumoulin, n⁰ 605).

[ARTICLE 1556.]

Si le vendeur a laissé plusieurs héritiers, l'action en retrait se divise entre eux de plein droit, et chacun ne peut l'exercer que pour la part qu'il prend dans la succession.

De même, s'il y a plusieurs vendeurs, quand même la vente aurait porté sur un héritage commun entre eux, et aurait été faite conjointement et par un seul et même acte, chacun d'eux ne peut exercer l'action en réméré que pour la part qu'il y a.

748. Néanmoins, si l'acheteur juge qu'il n'est pas de son intérêt de retenir des portions indivises d'un héritage qu'il n'avait acheté que pour en être seul propriétaire, on ne pourra l'obliger à souffrir un retrait partiel. Il aura donc le droit d'exiger que le demandeur mette en cause ses covendeurs ou ses cohéritiers, afin de se concilier entre eux pour la reprise de la chose entière ; s'ils ne se concilient pas, il obtiendra congé de la demande (1).

Ceci est fondé sur ce que 1° le droit de rétention est indivisible, quoiqu'il s'applique à une chose divisible ; le vendeur n'a-t-il pas la faculté de retenir la totalité de la chose, jusqu'à ce que la totalité du prix lui soit payée (2) ? Par la même raison, l'acheteur obligé de rendre la chose moyennant le remboursement du prix a droit de la retenir pour le tout jusqu'à ce qu'il soit entièrement désintéressé (3); sur ce que 2° le retrayant doit indemniser complétement l'acheteur et le remettre au même état qu'il était avant la demande. Or, si le retrait ne s'effectuait pas pour le tout, l'acheteur ne serait pas indemne, puisqu'il serait obligé de souffrir l'incommodité d'une communauté contraire à la pensée primitive de son contrat, dont le but a été de lui procurer un héritage entier et sans partage ; il ne serait pas remis dans l'état où il était avant son acquisition (4). On voit que ceci a été introduit en

(1) Dumoulin, *loc. cit.*, p. 3, n°° 587, 592, 593.

(2) *Suprà*, n° 311.

(3) Dumoulin, n° 594.

(4) Pothier, Vente, n° 397, d'après Dumoulin, n°° 592, 598.

[ARTICLE 1556.]

faveur de l'acheteur, et la divisibilité de l'action n'en est pas altérée.

749. Voyons maintenant ce que l'art. 1690 a voulu dire par ces mots, *et s'ils ne se concilient pas, l'acheteur sera renvoyé de la demande.* Faut-il nécessairement que tous les vendeurs ou les héritiers tombent d'accord qu'ils feront cause commune pour retraire la totalité de la chose ; ou bien, la résistance de quelques-uns à user du retrait sera-t-elle considérée comme un défaut de conciliation, de nature à élever une fin de non-recevoir contre ceux qui voudront racheter le tout?

Cette question est importante. Il faut l'éclairer par un coup d'œil jeté sur le droit antérieur au Code Napoléon

D'après l'ancienne jurisprudence, il n'était pas nécessaire que les covendeurs où les cohéritiers se conciliassent entre eux. Si l'un d'eux refusait d'exercer le réméré pour sa part, cette part accroissait en quelque sorte, aux autres (1); on ne voulait pas que la résistance d'un seul fît tomber en déchéance le droit de tous; l'on pensait que l'acheteur n'avait pas à se plaindre, si, par exemple, un seul des vendeurs, ou un seul des héritiers du vendeur, se présentait pour répondre au désir par lui exprimé, que le prix fût rendu en totalité, et qu'il ne fût pas tenu de revendre pour partie. Ecoutons le président Favre, organe de ce point de droit, établi d'ailleurs sur des bases inébranlables par Dumoulin (2): " Quotiès hæ-
" reditarium aliquod jus est redimendæ rei, quæ à defuncto
" vendita erat, sive ex conventione competat, sive ex causâ
" immodicæ læsionis, potest unus ex cohæredibus, *ve invictis*
" *aliis*, jure proprio, jus illud exercere. Proptereà, quod,
" sicuti non est cogendus is à quo redimitur ut partem retro-
" vendat, qui utique partem non fuerat empturus : *ità cohæ-*
" *redum agere fortassis nolentium contumacia*, damno afficere
" non debet eum qui in jure suo persequendo vult esse dili-

(1) Tiraqueau, § 1, glose 6, n° 37.

(2) *De divid.*, part. 3, n° 583, 584.

[ARTICLE 1556.]

" gentior (1)." Le président Favre cite à l'appui de ce sentiment une décision du sénat de Chambéry. C'est aussi l'avis
de Pothier (2).

Mais remarquons bien que ceci n'avait lieu que lorsque
l'acheteur ne voulait pas supporter le retrait pour partie.
Fabre et Pothier en font positivement la remarque, et l'un
des intéressés n'aurait pas été reçu, contre la volonté de l'a-
cheteur, à racheter le tout (3) ; car il ne fallait pas qu'on pût
rétorquer contre ce dernier l'obligation de retraire la chose
entière, qui n'a été introduite qu'en sa faveur. Mais, ceci
étant admis et la volonté de l'acheteur étant manifeste pour
un retrait total, il est certain que le refus d'un des vendeurs
ou d'un des héritiers n'était pas un obstacle au droit de leurs
consorts.

750. L'art. 1670 du Code Napoléon a-t-il entendu suivre ces
errements ?

Je reconnais tant qu'on voudra qu'il y a dans les expressions dont il se sert une ambiguïté qui peut donner lieu à la
controverse ; mais je n'admettrai cependant jamais qu'il ait
voulu s'écarter des idées de justice et d'équité suivies dans
l'ancienne jurisprudence.

Lorsque l'art. 1670 force les covendeurs et les cohéritiers à
délibérer sur la reprise de l'immeuble, l'objet de la délibé-
ration qu'il leur demande est uniquement de prendre un
parti sur le retrait total de l'héritage, sur les moyens de convertir en une action pour le tout l'action partielle qui compète à chacun d'eux. Les termes de notre article le font
suffisamment entendre : *afin de se concilier pour la reprise de
l'héritage* ENTIER.

(1) Cod. lib. 3, t. 25, def. 9.

(2) Vente, n° 397.

(3) " Intellige, dit Favre (*loc. cit.*) intellige tamen si emptor velit
" recedi à toto contractu. Alioqui potest, si malit, pro cohæredum por-
" tionibus rem retinere, nec cogitur eam retrovendere ei qui mandatum
" ab aliis non habet." *Junge* Charondas, Rép, l. 12, ch. 54, et Despeisses
t. 1, p. 46, n° *decimo tertio.*

[ARTICLE 1556.]

Après cela, peu importent les moyens par lesquels on arrivera à ce retrait total. Peu importe que chacun additionne
sa part d'action avec celle de son consort et qu'il y ait une
coalition de tous les droits ; ou bien que, sur le refus d'agir
de quelques-uns, les autres consentent à prendre tout le fardeau de l'action à leur charge ; il n'y en aura pas moins
conciliation pour l'exercice du retrait entier. Le refus des
uns aura été suppléé par le consentement des autres à prendre
leur place, et il se sera formé une volonté pour ressaisir l'héritage en totalité suivant les exigences de l'acquéreur. Voilà
comment j'entends l'article 1670.

A mon avis, il n'y aurait défaut de conciliation *pour la
reprise de l'héritage entier* qu'autant que quelques-uns ne voulant pas exercer leur part de réméré, leurs consorts recule-
raient devant une action qui excèderait leur part. Voilà le
défaut de conciliation qui serait pour l'acheteur une fin de
non-recevoir. Mais tant qu'il y aura résolution de racheter
la chose en entier, l'acheteur devra renoncer à ses exceptions.
Il lui est indifférent que tous les consorts fassent cause commune, ou bien qu'un seul consente, à leur défaut, à supporter le fardeau de l'action pour le tout. Dans l'un et l'autre
cas, il y a conciliation dans le sens de l'art. 1670 ; car une
volonté est sortie du débat, et la reprise totale l'a emporté
sur le fractionnement de l'action. Je crois qu'on peut fortifier
cette opinion du dernier paragraphe de l'art. 1671 (1).

751. *Quid* si l'un des covendeurs ou l'un des cohéritiers, se
présentant en temps utile pour exercer sa part d'action, était
forcé par l'acheteur à mettre en cause ses consorts, et que
ceux-ci fussent déchus parce qu'ils n'auraient pas exercé leur
action dans le délai voulu par l'art. 1660 ?

Je ne crois pas que cette circonstance pût nuire au
retrayant et profiter à l'acheteur. Elle ne pourrait nuire au

(1) M. Duranton est aussi de cet avis, mais il l'énonce sans le discuter, t. 16, n° 416.—V. encore en ce sens Grenoble, 24 juillet 1834 (Devill.
36, 2, 78) et l'opinion de MM. Duvergier, t. 2, n° 35 et Marcadé, art. 1668-
1671, n° 1.

[ARTICLE 1556.]

premier, parce que, comme je l'ai dit au numéro précédent, il pourrait prendre sur lui d'exercer l'action pour le tout; elle ne pourrait profiter au second, car, en exigeant que le retrait fût exercé pour les parts des covendeurs ou des cohéritiers déchus, il renoncerait nécessairement par là à se prévaloir de leur déchéance.

752. Dans tous les cas, les frais de mise en cause des consorts doivent être avancés par le retrayant. Car ce n'est pas à l'acquéreur à les appeler (1).

753. J'ai dit ci-dessus (2) que, en principe, l'action de réméré est divisible, et que chaque vendeur ne peut l'exercer que pour sa part et portion. Si cependant la vente était faite solidairement par deux ou plusieurs vendeurs, qui auraient stipulé solidairement la faculté de rachat, il faut dire que dans ce cas chacun d'eux pourrait se prévaloir du réméré pour le total (3). Mais celui qui aurait retiré la chose entière devrait compter avec ses consor

Voici cependant une espèce dans laquelle cette obligation a été contestée devant la cour de Lyon (4).

Pillaz et L. Jordan vendent conjointement et solidairement avec faculté de rachat une pièce de terr A l'expiration du délai de grâce, Jordan se présente seul, paie la totalité du réméré et l'acheteur lui donne quittance pure et simple.

Jordan, se croyant propriétaire, revend la pièce de terre, qui passe successivement en plusieurs mains.

Cependant Pillaz réclame ses droits et se prétend propriétaire pour moitié. Jordan, embarrassé de sa réclamation, imagine de soutenir qu'il a été subrogé de plein droit à l'acquéreur, d'après l'art. 1251, § 3, du Code Napoléon ; qu'ainsi il est devenu seul propriétaire. Le tribunal de première

(1) *Junge* M. Duranton, 16, n° 416.

(2) N°° 747 et suiv.

(3) Dumoulin, *De divid. et individ.*, partie 3, n°° 577 et 582. — *Junge* MM. Duvergier, t. 2, n° 36; Championnière et Rigaud, t. 3, n° 2126.

(4) Dalloz, 27, 2, 89.

instance de Belley (chose étrange ! ! !) adopte ce moyen et rejette la demande de Pillaz. Il n'était pas possible de faire un plus grand abus de cet article du Code Napoléon. Sans doute, Jordan était subrogé aux droits de l'acquéreur en ce sens qu'il pouvait exiger de Pillaz la part du prix que ce dernier aurait été obligé de payer à cet acheteur pour exercer le retrait ; mais décider qu'il lui était subrogé dans la propriété, c'était supposer que la propriété était l'accessoire de la créance, à peu près comme une hypothèque est attaché à titre de garantie à un droit incorporel ! ! c'était oublier que, si l'acheteur est créancier du prix du réméré, il est débiteur de la chose, et qu'ainsi, parler de subrogation, c'était condamner Jordan à rendre cette chose en nature, de même que celui dont il tenait la place. D'ailleurs, comment le tribunal ne voyait-il pas que Jordan n'avait été que le *negotiorum gestor* de son consort, qu'il avait payé pour lui et à son compte, que par conséquent il avait déjà opéré le réméré à son profit jusqu'à concurrence de la part à lui afférente ? Aussi la décision des premiers juges fut-elle annulée par arrêt de la cour de Lyon du 7 septembre 1826.

———

Voy. *C. C. B. C.*, art. 1121 *et s.*, et *Pothier*, *Vente*, cité sur art. 1552.

———

5 *Boileux, sur* ⎱ Lorsque la chose vendue est divisible, le
art. 1668 *C. N.* ⎰ droit de réméré est divisible, tant activement que passivement : par conséquent, s'il y a plusieurs covendeurs ou plusieurs héritiers du même vendeur, chacun ne peut exercer le réméré que pour sa part.

Les effets de la divisibilité cessent, lorsque la vente a été faite solidairement : chaque vendeur peut alors exercer le réméré pour le tout.

La division des actions pouvant être préjudiciable à l'acheteur, la loi ne l'oblige point, sans distinction, à souffrir une dépossession partielle : si plusieurs lui ont vendu un seul

[ARTICLE 1556.]

tout, *conjointement* et par un *seul contrat*, il peut, ainsi que nous le verrons (art. 1670), exiger que ses adversaires reprennent l'héritage en entier, et s'ils ne se concilient pas, les faire déclarer non-recevables.

Observons, que l'unité de contrat ne suffirait pas pour que les covendeurs fussent conjoints, si chacun avait disposé par une clause distincte, avec fixation d'un prix spécial pour sa part : ce seraient là des ventes distinctes et séparées (1670).

———

6 *Marcadé, sur arts.* } I. — Toutes les fois que la chose
1668 à 1672 *C. N.* } vendue à réméré est divisible l'action en retrait est elle-même divisible, tant activement que passivement, c'est-à-dire quant au vendeur qui exerce le retrait et quant à l'acheteur qui le subit. La loi s'occupe de la divisibilité relative au vendeur dans nos quatre articles, et de celle relative à l'acheteur dans l'article suivant.

Quoique l'action à exercer contre l'acheteur soit divisible, et que, dans le cas de plusieurs covendeurs ou de plusieurs cohéritiers d'un vendeur unique, chacun ne puisse agir que pour sa part, cependant l'acheteur peut toutes les fois qu'il a obtenu le bien par une seule et même acquisition, et qu'il a dès lors dû compter le garder en entier ou le rendre en entier, se refuser au morcellement de ce bien et exiger que le réméré ne se fasse pas autrement que pour le tout. Il peut donc, sur l'action que l'un des ayants droit exerce pour sa part, mettre en cause les autres, afin que tous s'entendent pour opérer le retrait total. Si l'un ou plusieurs des coïntéressés refusent de retirer leur part et que, sur leur refus, aucun ne consente à retirer le tout à lui seul, l'acheteur peut conserver le bien.

Nous disons que ce droit n'existe pour l'acheteur qu'autant que nul des intéressés n'offrirait, au refus des autres, de retirer seul la chose entière ; car du moment qu'un retrait total est proposé, il importe peu qu'il le soit par tous les ayants droit, s'entendant pour l'opérer en commun, ou qu'il

[ARTICLE 1556.]

le soit par un seul. Ce que veut ici la loi, c'est que l'acheteur ne soit pas conduit, contrairement à la pensée de son contrat, à une possession partielle de la chose ; or il suffit pour cela que la chose soit reprise en entier, peu importe par qui. C'est toujours ainsi qu'on l'a compris dans l'ancien droit ; et la preuve que le Code, quand il parle dans l'art. 1670 de *la conciliation* des cohéritiers ou covendeurs, n'entend pas proscrire ce retrait total par un seul, c'est que, prévoyant dans l'art. 1671 le cas où le retrait partiel est possible, il nous dit que l'acheteur ne pourra pas alors forcer celui des covendeurs qui l'exercera *à retirer le tout.* Le droit de cet acheteur se réduit donc bien à exiger que le tout soit retiré, qu'il le soit d'ailleurs par tous les intéressés ensem... ou par un seul, peu importe (1).

Remarquons bien, au surplus, que l'acheteur est parfaitement libre d'exiger ou de ne pas exiger ce retrait total : c'est une faculté que l'art. 1671 établit en sa faveur, un bénéfice dont il est maître de ne pas user, et si, sur la demande en retrait de l'un des ayants droit, cet acheteur voulait bien consentir à lui laisser reprendre sa part, il est clair que celui-ci ne pourrait pas le contraindre à lui livrer le tout. C'est un point qui ne saurait être douteux en présence de l'art. 1671, qui a toujours été bien entendu par tous les auteurs, et c'est par une grave erreur de fait que M. Gilbert, en rapportant un arrêt de Grenoble qui le juge ainsi, cite MM. Troplong, Duvergier et Duranton, comme professant une doctrine contraire. Bien loin de contredire cette idée, ces auteurs la développent de la manière la plus formelle et la plus persistante.

II.—L'acheteur ne peut plus exiger un retrait total, quand le bien lui a été vendu par plusieurs séparément. Et la chose est vendue séparément et par parties, non pas seulement

(1) Tiraqueau (II, gl. 6, 37) ; Dumoulin, (*De divid.*, part. 3. 583) ; Favre (C., lib. 3, tit. 25) ; Pothier (n° 397). Duranton (XVI, 416) ; Troplong (II, 749 et 750) ; Duvergier (II, 35) ; Gilbert (art. 1670, n° 2) ; Grenoble, 24 Juill. 1834 (Dev., 35, 2, 78).

[ARTICLE 1557.]

quand elle l'est par plusieurs actes, mais aussi quand, dans un seul acte, chacun des copropriétaires a stipulé séparément un prix distinct pour la portion à lui appartenant.

Le retrait, au surplus, ne pourrait alors s'exercer séparément que pour chaque part vendue séparément ; et si l'un de deux vendeurs, ayant livré chacun la moitié de l'immeuble, laissait trois héritiers, l'un des trois ne pourrait pas retirer un sixième du bien. L'acquisition ayant porté sur deux moitiés, c'est par moitié seulement que le retrait peut être partiel : la vente de chaque moitié tombe sous la règle des art. 1666 et 1670, et non sous celle de l'art. 1671.

1557. La règle contenue en l'article précédent a également lieu si le vendeur d'un immeuble laisse plusieurs héritiers ; chacun d'eux ne peut exercer le droit de réméré que pour la part qu'il a dans la succession du vendeur.

1557. The rule declared in the last preceding article applies also if one seller of an immoveable have left several heirs ; each of the coheirs can exercise the right of redemption for the part only which he has in the succession of the seller.

---

* C. N. 1669. } Il en est de même, si celui-ci qui a vendu seul un héritage a laissé plusieurs héritiers.

Chacun de ses cohéritiers ne peut user de la faculté de rachat que pour la part qu'il prend dans la succession.

Voy. autorités sur art. 1556 et 1558.

---

5 *Boileux, sur art.* 1669 *C. N.* } On suppose dans cet article, ou que la succession est encore indivise, ou que le partage de l'immeuble sujet au réméré a eu lieu entre tous : —il n'est pas douteux, que si le droit était échu à un seul, par

[ARTICLE 1558.]

l'effet du partage, cet héritier pourrait agir sans le concours de ses cohéritiers (883).

1558. Dans le cas des deux articles précédents l'acheteur peut, à son gré, exiger que le covendeur ou le cohéritier reprenne la totalité de l'immeuble vendu avec droit de réméré, et à défaut par lui de ce faire, il peut faire renvoyer la demande de tel covendeur ou cohéritier pour une portion seulement de l'immeuble.

1558. In the case stated in the two last preceding articles the buyer may, if he think fit, compel the co-vendor or the coheir to take back the whole of the property sold with the right of redemption, and in default of his so doing, he may cause the suit of such co-vendor cr coheir for a part of the property to be dismissed.

---

* *C. N.* 1670. } Mais, dans le cas des deux articles précédens, l'acquéreur peut exiger que tous les co-vendeurs ou tous les cohéritiers soient mis en cause, afin de se concilier entre eux pour la reprise de l'héritage entier ; et, s'ils ne se concilient pas, il sera renvoyé de la demande.

---

24 *Laurent,* } 412. L'exercice du droit de rachat présente *n*° 412 *et s.* } une difficulté quand la vente ? pour objet une partie indivise d'un héritage. On suppose que la chose est licitée, et l'acquéreur à pacte de réméré se rend adjudicataire de la totalité du fonds. Le vendeur qui veut reprendre la chose doit-il, dans ce cas, retirer tout l'héritage ? D'après l'article 1667, il faut distinguer. Si la licitation a été provoquée contre l'acquéreur, celui-ci peut obliger le vendeur à retirer le tout. Quelle en est la raison ? La licitation suppose que le partage a été demandé et que l'héritage n'a pu y être

compris (art. 1686). La licitation est, dans ce cas, un acte forcé, puisque le partage peut toujours être provoqué et, par suite, la licitation. Il est vrai que l'acheteur à rachat n'est pas tenu de se rendre adjudicataire. Mais s'il le fait, c'est pour conserver la chose ; en ce sens, on peut assimiler l'acquisition à une dépense nécessaire, qui est à la charge du vendeur quand il exerce le rachat. Si, au contraire, c'est l'acquéreur à rachat qui a provoqué le partage et la licitation, il ne peut pas forcer le vendeur à retirer le tout ; on reste dans le droit commun : le vendeur reprend la part indivise qu'il a vendue. La raison en est qu'une acquisition volontaire ne peut pas être assimilée à une dépense nécessaire et de conservation.

L'article 1667 dit que l'acquéreur *peut* obliger le vendeur à retirer le tout. C'est donc une faculté que la loi lui accorde, c'est à l'acheteur à voir s'il veut user de cette faculté. S'il a intérêt à garder la portion dont il s'est rendu adjudicataire, le vendeur pourra-t-il le forcer à la lui céder ? Le vendeur n'a droit qu'à la part indivise qu'il a vendue ; nous ne voyons pas en vertu de quel principe il obligerait l'acheteur à lui céder la part indivise dont il n'avait pas la propriété et qui n'a pas fait l'objet de la vente. Si l'acquisition faite par l'acheteur était une conséquence forcée de la vente à rachat, on pourrait dire que l'acheteur a fait ce que le vendeur aurait dû faire ; mais l'acquisition est volontaire, la vente en est seulement l'occasion, et non la cause.

413. L'action en réméré est-elle divisible ? Nous entendons par action en réméré l'exercice du droit de rachat. La chose vendue étant, en général, divisible, il en résulte que la vente est divisible et, par suite, la résolution de la vente. L'article 1668 applique le principe au cas où plusieurs ont vendu conjointement, et par un seul contrat, un héritage commun ^tre eux ; chacun ne peut, en ce cas, exercer le réméré que pour la part qu'il y avait. Il en est de même, dit l'article 1669, si celui qui a vendu seul un héritage a laissé plusieurs héritiers ; chacun des héritiers ne peut user de la faculté de rachat que pour la part qu'il prend dans la succession.

[ARTICLE 1558.]

L'article 1670 fait une exception au principe de la divisibilité du droit de rachat : "Dans le cas des deux articles précédents, l'acquéreur peut exiger que tous les covendeurs ou cohéritiers soient mis en cause, afin de se concilier entre eux pour la reprise de l'héritage entier ; et s'ils ne se concilient pas, il sera renvoyé de la demande." Celui qui demande le rachat pour sa part use d'un droit ; pourquoi l'acheteur peut-il s'opposer à l'exercice de ce droit ? C'est parce que la loi suppose que telle a été l'intention des parties contractantes. Celui qui achète un héritage avec clause de rachat entend que la chose lui restera pour le tout ou qu'il la rendra pour le tout ; si le retrait pouvait, malgré lui, être exercé partiellement, il ne conserverait qu'une partie de la chose ; or, il se peut qu'il n'aurait pas consenti à acheter cette partie, il faut donc que la loi lui permette d'exiger que le retrait soit exercé pour le tout. C'est une faculté que la loi lui donne : il peut l'exiger, dit l'article 1670 ; il peut donc ne pas user de ce droit et consentir à ce que le demandeur exerce le retrait partiel.

Si l'acheteur ne consent pas au retrait partiel, il faut que tous les covendeurs ou tous les héritiers mis en cause se concilient entre eux pour la reprise de l'héritage entier. Comment cette conciliation se fera-t-elle ? Il y a un cas qui ne présente aucun doute. Les covendeurs ou cohéritiers sont d'accord pour exercer le retrait en commun, ou chacun pour sa part ; dans les deux hypothèses, l'héritage sera repris en entier. Ils peuvent encore se concilier entre eux, en ce sens que ceux qui ne veulent pas exercer le retrait pour leur compte cèdent leur droit à celui d'entre eux qui est disposé à reprendre toute la chose ; celui-ci est cessionnaire ; comme tel, il a le droit d'agir pour le tout ; l'acheteur ne peut pas s'y opposer. Si les covendeurs et cohéritiers ne veulent pas exercer le rachat, et s'ils ne cèdent pas leur droit à celui qui a formé la demande de retrait, il n'y a pas de conciliation et, par conséquent, il n'y aura pas de retrait ; le défendeur sera renvoyé de la demande, aux termes de l'article 1670. On a

[ARTICLE 1558.]

objecté que l'acheteur qui a demandé la mise en cause de tous les vendeurs ne peut pas s'opposer au rachat, si l'un d'eux consent à exercer le retrait pour le tout. Cela ne nous paraît pas exact. L'acheteur a le droit de s'opposer au rachat tant qu'il n'est pas exercé par tous les vendeurs, ou de leur consentement; le texte de la loi le dit, puisque l'article 1670 exige une conciliation, et la conciliation suppose un concours de volontés; or, il n'y a de concours de volontés que si les parties intéressées consentent à ce que l'une d'elles exerce le retrait pour le tout; tant qu'elles ne consentent pas, le demandeur ne peut agir qu'en vertu de son droit personnel, c'est-à-dire pour partie; les autres covendeurs ou cohéritiers conservent leur droit tant qu'ils ne l'ont pas cédé; or, le retrait ne peut être exercé pour le tout sans le concours de tous les ayants droit.

On a supposé que les covendeurs et cohéritiers du demandeur, tout en ne lui cédant pas leur droit, y renoncent. Le demandeur peut-il se prévaloir de cette renonciation et exercer le retrait pour le tout? Non, car la renonciation a pour effet d'éteindre partiellement le droit de retrait, ce qui rend impossible l'exercice du rachat pour le tout; dès lors l'acheteur peut s'opposer au retrait demandé, puisque ce retrait ne saurait être que partiel.

414. Le droit que l'article 1670 accorde à l'acheteur de s'opposer à l'exercice partiel du rachat suppose que la vente a été faite dans l'intention que l'acheteur conserve la totalité de la chose, ou qu'elle soit reprise en entier par le vendeur. Cette intention existe toujours lorsqu'il n'y a qu'un seul vendeur et un seul acheteur. Quand il y a plusieurs vendeurs, la loi exige qu'ils vendent conjointement et par un seul contrat, pour que l'acheteur puisse se prévaloir du droit consacré par l'article 1670. L'article 1671 ajoute: "Si la vente d'un héritage appartenant à plusieurs n'a pas été faite conjointement et de tout l'héritage ensemble, et que chacun n'ait vendu que la part qu'il y avait, ils peuvent exercer séparément l'action en réméré sur la portion qui leur apparte-

nait; et l'acquéreur ne peut forcer celui qui l'exercera de cette manière à retirer le tout.". Il y a de cela une raison décisive, c'est qu'il y a, dans ce cas, autant de ventes que de copropriétaires; chacun peut donc exercer le retrait pour la chose qu'il a vendue. L'acheteur qui a consenti à ces ventes distinctes ne peut pas s'y opposer, en prétendant qu'il a entendu acheter et conser r la chose pour le tout, ou la rendre pour le tout; cette prét ation serait en opposition avec les ventes partielles qu'il a consenties. Quand y a-t-il vente séparée et distincte des diverses parties indivises ? C'est une question de fait, puisque tout dépend de l'intention des parties contractantes. L'article suppose que la vente a été faite par un seul contrat, et conjointement par les divers copropriétaires. En faut-il conclure que par cela seul que la vente est faite par un seul contrat il n'y a qu'une seule vente de tout le fonds ? Non, car rien n'empêche de faire plusieurs ventes distinctes par un seul acte. Ce n'est pas l'unité d'*acte* qu'il faut considérer, c'est l'unité du fait juridique.

415. Le retrait est aussi divisible en ce qui concerne les acheteurs. Si l'acquéreur laisse plusieurs héritiers, le vendeur ne peut exercer le retrait contre chacun que pour sa part, tant que l'hérédité est indivise, puisque chacun des héritiers n'est propriétaire que de sa part héréditaire. Lorsqu'il y a partage, il faut distinguer. Si la chose vendue à réméré a été partagée entre les héritiers, l'action de rachat se divise contre eux; puisque, par l'effet du partage, chacu n'est censé avoir été propriétaire que de sa part, il ne peu restituer que la part qui lui est échue dans son lot. Par contre, si la chose vendue est échue en entier au lot de l'un des héritiers, le rachat peut être exercé contre lui pour le tout. La loi dit que le vendeur *peut exercer l'action pour le tout*; dans cette dernière hypothèse, c'est une faculté qu'elle lui accorde; elle n'entend pas lui enlever le droit qu'il tient de son contrat d'agir contre chacun des héritiers pour sa part héréditaire, car chacun d'eux succède à l'obligation contractée par son auteur pour sa part héréditaire; chacun

[ARTICLE 1558.]

est donc soumis au rachat pour sa part, et ils ne peuvent pas se décharger de cette obligation par le partage ; si la loi per-met au vendeur d'agir pour le tout contre l'héritier déten-teur de la chose, c'est parce que lui seul peut la restituer pour le tout : il y a indivisibilité de payement, d'après l'ar-ticle 1221, n° 2.

L'article 1672 reçoit son application par analogie dans le cas où plusieurs personnes ont acheté en commun un héri-tage avec pacte de rachat ; les principes sont identiques. Si la loi ne prévoit pas l'hypothèse, c'est qu'elle est peu pro-bable.

———

Voy. autorités sur art. 1556.

———

5 *Boileux, sur* art. 1670 C. N. } Cette disposition est dictée par un prin-cipe d'équité : peut-être a-t-on acheté l'im-meuble pour un usage auquel il deviendrait impropre si on le morcelait ; ce serait souvent méconnaître les termes de la convention et le but que les parties se sont proposé :

En conséquence, dans le cas des deux articles précédents, la loi accorde à l'acquéreur le choix, ou d'exiger que le retrait ait lieu en totalité, bien que l'héritage soit divisible, ou de souffrir l'exercice partiel du réméré, et de conserver les autres portions.

Toutefois, pour faire une juste application de ce principe, il faut distinguer trois hypothèses :

1° Lorsque la demande a été formée par l'un des vendeurs, ou par l'un des héritiers du vendeur, si l'acquéreur exige que les autres soient mis en cause, il est censé renoncer au béné-fice de la divisibilité de l'action : peu lui importe, dès lors, que tous les vendeurs ou tous les cohéritiers du vendeur agissent ou non collectivement ; qu'ils s'entendent ou qu'ils ne s'entendent pas pour l'exercice du réméré : par cela seul que l'un se présente et offre de rembourser en entier le prix et ses accessoires, il doit abandonner l'immeuble.

[ARTICLE 1558.]

A la vérité, dans sa disposition finale, l'article 1670, semble décider que l'un des vendeurs ne peut, en ce cas, effectuer seul le rachat pour le tout : mais alors, on se trouverait placé dans une position bizarre ; car l'acheteur pourrait se prévaloir à la fois des art. 1669 et 1670 ; il dirait, d'une part : " je ne veux pas laisser exercer le rachat pour partie," et d'autre part, " vous n'avez pas le droit de l'exercer pour le tout."— Ce dilemme, assurément, serait conforme au texte ; mais il entraînerait des conséquences trop rigoureuses ; si l'acheteur excipe de l'indivisibilité du rachat, il doit se soumettre au réméré pour le tout. Le seul but de la loi, est de lui laisser la faculté d'opter entre l'un et l'autre parti suivant ses inté rêts ;—au surplus, la fin de l'art. 1671 fournit un argument de texte : les derniers mots de cet article démontrent, en effet, la pensée du législateur ; ils expriment clairement, que le droit de l'acheteur, dans le cas de l'article 1670, se borne à faire exercer un rachat total (*Val.*).

2° Si l'acquéreur n'a pas exigé que tous les covendeurs ou tous les cohéritiers du vendeur soient mis en cause, on ne peut dire qu'il a renoncé à se prévaloir de la divisibilité de l'action ; par suite, comme chaque héritier, ou chaque vendeur n'est saisi que pour sa part, il dépend de l'acheteur de conserver, s'il le juge à propos, les parts de ceux qui n'exercent pas le réméré.

3° Si tous les covendeurs ou tous les cohéritiers consentent à ce que l'un d'eux exerce le réméré pour le tout ; en d'autres termes, si l'un des intéressés agit de l'aveu de tous, l'acheteur ne peut pas plus s'opposer à l'exercice du droit, qu'il ne le pourrait, si un cessionnaire de toutes les parts se présentait pour racheter l'immeuble : dès le moment où le retrait total est proposé, peu lui importe, nous le répétons, qu'il soit exercé par l'un des vendeurs seulement : la disposition qui nous occupe, a pour but unique, d'épargner à l'acheteur l'inconvénient de se trouver réduit à une possession partielle.

Les frais de mise en cause des consorts doivent être

[ARTICLE 1559.]

avancés par le retrayant; car ils ne sont point appelés par l'acheteur.

Rappelons-nous surtout, que ce dernier ne jouit de la faculté d'exiger la mise en cause des covendeurs, qu'autant qu'ils ont disposé *conjointement;* c'est-à-dire, sans détermination de part et pour un seul prix : il ne suffirait donc pas qu'ils eussent vendu par un seul et même contrat. ,

Le covendeur qui exerce le réméré, n'acquiert pas la propriété de la chose : la subrogation légale ne s'opère pas à son profit; il est censé agir au nom de tous : en conséquence, il acquiert contre chacun d'eux une créance proportionnelle à la part qu'ils avaient dans la chose.

—Si le vendeur à réméré meurt et laisse un légataire universel en propriété et un en usufruit, doit-on appliquer l'art. 1669? — *Le* nu-propriétaire seul peut agir en réméré: l'usufruitier n'a pas un droit *à priori;* il jouit seulement de ce qui se trouve dans la succession : si le nu-propriétaire exerce l'action, l'usufruitier doit souffrir l'application de l'art. 612, relativement à toutes les sommes qui seront restituées conformément à l'art. 1673.

1559. Si la vente d'un héritage appartenant à plusieurs n'a pas été faite conjointement de tout l'héritage ensemble, mais par chacun d'eux de sa part seulement, chacun peut exercer séparément la faculté de réméré pour la part qui lui appartenait, et l'acheteur ne peut l'obliger à reprendre le tout.

1559. If the sale of an immoveable belonging to several owners be made not conjointly of the whole property together, but by each of them of his part only, they may exercice their right of redemption separately, each for the portion which belonged to him, and the buyer cannot oblige him to take back the whole.

[ARTICLE 1559.]

* **C. N. 1671.** } Si la vente d'un héritage appartenant à plusieurs n'a pas été faite conjointement et de tout l'héritage ensemble, et que chacun n'ait vendu que la part qu'il y avait, ils peuvent exercer séparément l'action en réméré sur la portion qui leur appartenait ;

Et l'acquéreur ne peut forcer celui qui l'exercera de cette manière, à retirer le tout.

———

Voy. *Pothier*, *Vente*, cité sur art. 1552 et *Marcadé*, cité sur art. 1556.

———

* **2 *Troplong*, *Vente*, n° 754 et s.** } 754. Les articles précédents nous ont montré plusieurs vendeurs d'un objet indivis transmis conjointement et par un acte unique, aux prises avec l'acquéreur à réméré. Nous avons vu par l'art. 1670 que ce dernier peut les forcer à retirer la chose pour le tout, n'étant pas tenu de souffrir le fractionnement d'un objet qu'il n'a acheté que pour l'avoir en entier.

Mais l'acheteur à réméré ne peut avoir les mêmes exigences, lorsque la chose lui a été vendue divisément et pour la part que chacun des vendeurs y avait : il y a alors autant de ventes différentes que de parts distinctes ; les vendeurs ne sont unis par aucun lien solidaire, et l'acheteur ne saurait s'étonner qu'une part soit retirée tandis que les autres lui resteraient. Il ne peut pas dire qu'il a acquis la chose, comme un tout homogène, pour la posséder indivisément. La vérité est au contraire qu'il n'a acheté que par fractions et avec la chance de subir les volontés diverses de ceux à qui il a promis le réméré.

755. Mais quand y a-t-il vente faite conjointement ?

L'art. 1666 veut d'abord que la vente de la chose commune soit faite par le même contrat. Car si elle était faite par plusieurs contrats successifs, elle ne pourrait être qu'une vente de parties distinctes.

Il ne suffit pas qu'elle soit faite par le même contrat ; car rien n'empêche que le même acte ne contienne plusieurs

[ARTICLE 1560.]

opérations séparées. Il faut encore qu'elle soit faite pour un prix unique (1). L'unité de prix est un nouvel indice de la conjonction des vendeurs.

Il faut enfin que la vente soit faite sans désignation de parts.

Mais si les prix sont distincts, si les parts sont indiquées de manière à annoncer une séparation d'intérêts entre les vendeurs, il y aura autant de ventes que de parts (2).

---

5 *Boileux, sur* } On doit voir, dans ce cas, autant de *art.* 1671 *C. N.* } ventes qu'il y a de parts distinctes : dès lors, l'acheteur ne peut argumenter de l'indivisibilité de la condition résolutoire.

Il importe peu que les divers copropriétaires aient vendu leur part dans l'immeuble par un seul et même acte, ou par plusieurs actes séparés.

1560. Si un héritage a été vendu à plusieurs acheteurs ou à un acheteur qui laisse plusieurs héritiers, la faculté de réméré ne peut être exercée contre chacun d'eux que pour sa part ; mais s'il y a eu partage entre les cohéritiers, la faculté de réméré peut être exercée pour le tout contre celui d'entre eux auquel l'héritage est échu.

1560. If an immoveable have been sold to several buyers, or to one buyer who leaves several heirs, the right of redemption can be exercised against each of the buyers or coheirs for his part only ; but if there have been a partition of the property among the coheirs, the right may be exercised for the whole property against any one of them to whom it has fallen.

(1) *Junge* M. Duranton, t. 16, n° 417.

(2) V. M. Marcadé, art. 1668-1671, n° 2.

[ARTICLE 1560.]

* *C. N.* 1672. 〉 Si l'acquéreur a laissé plusieurs héritiers,
〈 l'action en réméré ne peut être exercée contre
chacun d'eux que pour sa part, dans le cas où elle est encore
indivise, et dans celui où la chose vendue a été partagée
entre eux.

Mais s'il y a eu partage de l'hérédité, et que la chose vendue soit échue au lot de l'un des héritiers, l'action en réméré
peut être intentée contre lui pour le tout.

Voyez autorités sur arts. précédents.

---

6 *Marcadé, sur art.* 〉 I.—Cet article s'occupe de la divisi-
1672 *C. N.* 〈 bilité de l'action quant aux acheteurs.
Il nous dit que si, l'acheteur ayant laissé plusieurs héritiers,
la chose, au moment ou s'intente l'action, est encore indivise
entre ceux-ci ou a été partagée entre eux, le vendeur ne peut
agir contre chacun que pour la part qui appartient à celui-ci ;
que si, au contraire, le partage de la succession a mis la chose
entière au lot d'un seul, celui-ci peut être actionné pour le
tout.

La loi, qui a prévu plus haut le cas de plusieurs vendeurs
conjoints ou non conjoints, ne parle pas ici du cas de plusieurs acheteurs. Comment se réglerait-il ?

Si les acheteurs n'ont pas acquis conjointement, s'il a été
vendu à chacun une part distincte pour un prix distinct,
quoique par un même acte, il est évident que le vendeur, qui
ne peut agir contre chaque acheteur que pour la part de
celui-ci, est libre de n'opérer le retrait que vis-à-vis de l'un
sans l'opérer vis-à-vis des autres, et que celui auquel il s'a-
dresse n'a pas droit d'exiger que ce retrait se fasse pour le
tout. Mais si les acheteurs avaient acheté conjointement,
faudrait-il dire, par analogie de l'art. 1670, que celui d'entre
eux qui serait actionné pour une part seulement pourrait se
refuser à subir le retrait, à moins qu'on ne l'opère intégrale-

ment ? La solution dépend, selon nous, d'une distinction. Si
l'immeuble a été acquis pour être conservé tout entier en
commun par les acheteurs, ceux-ci peuvent exiger que le retrait soit total ; mais s'ils ont acheté pour partager, soit que
le partage ait ou n'ait pas encore eu lieu, aucun d'eux ne
peut s'opposer à un retrait partiel, puisque c'est précisément
en vue du morcellement de l'immeuble qu'ils ont traité.

---

* 2 *Troplong*, *Vente*, } 756. Après avoir considéré la divisi-
n° 756 *et s.* } bilité de l'action du réméré de côté du
vendeur, il reste à l'examiner dans ses rapports avec l'acquéreur.

L'action de réméré se divise entre tous les héritiers de l'a-
cheteur, qui n'en sont tenus que pour leur par' et portion ;
car elle a pour objet un héritage qui est une chose divisible (1).

757. Mais s'il y a eu partage, et que l'héritage soit passé
pour le tout dans le lot de l'un des héritiers, celui-ci devra
subir le réméré pour le tout ; car il est tiers détenteur.
(Art. 1666.).

En sera-t-il de même si, sans qu'il y ait eu partage, un seul
des héritiers possédait la chose, soit par usurpation, soit par
tolérance ou autrement ?

Je crois qu'il faut se prononcer pour l'affirmative, à cause
de la réalité de l'action de réméré. C'est l'avis de Tiraqueau.
" Tu autem adde ad eam Socini sententiam, quod in quibus-
" vis actionibus personalibus, etiam stricti juris, cum quibus
" concurrit rei vindicatio, *is potest conveniri in solidum,*
" *apud quem tota res reperitur* (2)."

Du reste, l'action personnelle n'en subsiste pas moins
contre les autres héritiers; et si le vendeur préférait exercer
contre eux son recours, il en serait le maître, même en cas

(1) **Avant Dumoulin**, on n'était pas d'accord sur ce point (Tiraqueau,
§ 1, glose 6, n°ˢ 41 et suiv.).—*Junge* MM. Duranton, t. 16, n° 417, Duvergier, t. 2, n° 41. V. aussi Douai, 17 décembre 1814.

(2) § 1, glose 6, n°ˢ 42, 43.

de partage. Notre article, en lui donnant le droit de rémérer pour le tout, a voulu l'investir d'une faculté, et non lui imposer un devoir (1).

758. Tout ceci s'applique au cas où un héritage a été acheté à réméré par deux acquéreurs. Il est censé que la chose s'est divisée entre eux. " Hujusmodi pactum, ait Tiraqueau (2). " vel non est unicus contractus, vel certè in eo sunt duæ " obligationes, quibus scilicet quilibet emptorum tenetur re- " vendere. Ideoque poterit venditor quemlibet eorum com- " pellere ad revendendam suam partem."

Il suit de là que le vendeur pourrait rémérer la portion afférente à l'un des acheteurs, et renoncer à retirer l'autre (3). On ne pourrait ici faire valoir la raison qu'ils n'ont acheté la chose que pour la posséder entière. Car, n'étant ni l'un ni l'autre propriétaires pour le tout, ils n'ont acquis d'abord en commun que pour partager ensuite.

---

5 *Boileux, sur art.* 1672 *C. N.* } Après avoir considéré la divisibilité du droit de réméré relativement aux vendeurs et aux héritiers du vendeur, la loi s'occupe du cas où il existe plusieurs héritiers d'un acheteur unique ; ou ce qui revient au même, plusieurs co-acheteurs.

Lorsque plusieurs ont acheté conjointement une chose divisible, le vendeur est libre de n'exercer le retrait contre chacun d'eux que pour les parts qui leur sont échues, et de ne pas user de son droit contre les autres.

Pareillement, si l'acquéreur a laissé plusieurs héritiers, et que le partage de la chose sujette au réméré n'ait pas encore eu lieu, chacun des héritiers ne doit être actionné que pour sa part : le vendeur n'est pas lésé, puisqu'il peut mettre en cause tous les cohéritiers ; en ne le faisant pas, il manifeste l'intention de ne recouvrer qu'une partie de l'immeuble.

(1) *Junge* M. Duranton, t. 19, n° 419.

(2) ξ l, glose 6, n° 45.

(3) Tiraqueau, *loc. cit.*—*Junge* M. Duvergier, t. 2, n° 43.

[ARTICLE 1560.]

Par la même raison, le droit peut toujours se conserver contre un héritier, par des actes faits en temps utile, et s'éteindre à l'égard des autres.

Si la chose est échue à un seul héritier, le vendeur peut diriger sa demande pour le tout contre cet héritier. — Mais doit-on conclure du mot *peut*, employé dans le deuxième alinéa, que le vendeur aurait la faculté de diviser son action et de se borner à reprendre la part de cet héritier ? Nous ne le pensons pas : nul n'est tenu de conserver une propriété indivise (arg. des art. 815 et 1670 ; Delv. p. 81, n. 5).

Celui qui achète un héritage commun à plusieurs, peut, ainsi que nous l'avons dit, empêcher en certains cas le morcellement. — Supposons le cas inverse : plusieurs acheteurs pourraient-ils empêcher le vendeur d'exercer le rachat pour partie ? Celui qui achète de plusieurs est censé vouloir conserver la chose entière : mais on ne peut en dire autant, lorsque plusieurs personnes se réunissent pour acheter : il y a présomption, au contraire, qu'elles entendent partager ; l'intention qui sert de base au droit de l'acquéreur unique ne se rencontre plus.

Exceptons toutefois le cas où des circonstances particulières démontreraient que l'héritage est destiné à un usage auquel il deviendrait impropre si une portion en était détachée : les effets de la divisibilité seraient alors neutralisés ; le droit serait indivisible (1218) : par conséquent, si le vendeur se borne à actionner en réméré l'un des acheteurs, les autres peuvent intervenir, et le faire déclarer non-recevable, à moins qu'il n'offre de reprendre le tout (Duvergier, n. 40).

—Indépendamment de l'action réelle contre les héritiers détenteurs, le vendeur a-t-il une action personnelle contre l'héritier dans le lot duquel le bien n'est pas tombé ?—Il a cette action, s'il s'agit d'un dommage qui ait été commis par leur auteur, puisque chacun d'eux est tenu pour sa part des charges de la succession : si ce dommage est postérieur au partage, les héritiers ne peuvent être tenus que de leurs faits, comme tous débiteurs de corps certains.

[ARTICLE 1560.]

16 *Duranton,* 419. Si c'est l'acheteur qui est mort lais-
n° 419 et s. sant plusieurs héritiers, l'action en réméré
ne peut être exercée contre chacun d'eux que pour sa part,
dans le cas où elle est encore indivise et dans celui où la
chose a été partagée entre eux ; mais, s'il y a eu partage de
l'hérédité, et que la chose vendue soit échue au lot de l'un
des héritiers, l'action en réméré peut être intentée contre lui
pour le tout (art. 1672), parce qu'en effet il est détenteur : ce
qui ne détruit pas, au reste, ction du vendeur contre les
autres héritiers, pour leurs parts héréditair. ; car ils ont
succédé à l'obligation du défunt de rendre la chose, si le
vendeur la redemandait dans le délai convenu.

L'article 1672 est également applicable au cas où plusieurs
personnes ont acheté en commun un héritage à réméré :
tant qu'ils le possèdent par indivis, l'action de réméré ne
peut être exercé contre chacun d'eux que pour sa part, à
moins qu'ils n'aient acheté solidairement ; mais lorsqu'ils
ont licité le fonds, qui a été adjugé à l'un d'eux, celui-là peut
être poursuivi pour le tout : pour sa part, comme acheteur,
et pour les parts des autres, comme détenteur de ces mêmes
parts.

420. Si donc, hors le cas d'achat fait avec solidarité, le droit
conservé à l'égard de l'un des acheteurs, par des actes faits
en temps utile, ne l'avait pas été à l'égard des autres, le réméré ne pourrait être exercé vis-à-vis de ces derniers ; et il
eu serait de même si le droit avait été utilement conservé à
l'égard de l'un ou plusieurs des héritiers de l'acheteur, et non
à l'égard des autres : celui-là même qui, par l'effet du partage ou de la licitation, serait détenteur de tout l'immeuble,
ne pourrait toujours être poursuivi comme tel que pour les
parts qui auraient été utilement conservées dans le droit de
réméré.

[ARTICLES 1561, 1562.]

SECTION II.

SECTION II.

DE LA RESCISION DE LA VENTE
POUR CAUSE DE LÉSION.

OF THE ANNULLING OF SALE FOR
CAUSE OF LESION.

1561. Les règles concernant la rescision des contrats pour cause de lésion sont exposées au titre *Des Obligations*.

1561. The rules relating to the avoiding of contracts for cause of lesion are declared in the title *Of Obligations*.

---

* *C. N.* 1674. } Si le vendeur a été lésé de plus de sept douzièmes dans le prix d'un immeuble, il a le droit de demander la rescision de la vente, quand même il aurait expressément renoncé dans le contrat à la faculté de demander cette rescision, et qu'il aurait déclaré donner la plus-value.

Voy. *C. C. B. C.*, *art.* 1012.

CHAPITRE SEPTIEME.

DE LA LICITATION.

CHAPTER SEVENTH.

OF SALE BY LICITATION.

1562. Si une chose mobilière ou immobilière commune à plusieurs propriétaires ne peut être partagée convenablement et sans perte; ou si dans un partage fait de gré à gré de biens communs, il s'en trouve quelques-uns qu'aucun des copartageants ne puisse ou ne veuille prendre, la vente

1562. If a thing, either moveable or immoveable, held in common by several proprietors cannot be partitioned conveniently and without loss, or if in a voluntary partition of a property held in common there be a part which none of the coproprietors is able or willing to take, a public sale of it is made to

s'en fait publiquement au plus haut enchérisseur, et le prix en est partagé entre les copropriétaires.

the highest bidder, and the price is divided among them.

Les étrangers sont admis à enchérir à telle vente.

Strangers are admitted to bid at such sale.

* C. N. 1686. } Si une chose commune à plusieurs ne peut être partagée commodément et sans perte ;

Ou si, dans un partage fait de gré à gré de biens communs, il s'en trouve quelques-uns qu'aucun des copartageants ne puisse ou ne veuille prendre,

La vente s'en fait aux enchères, et le prix en est partagé entre les copropriétaires.

Voy. C. C. B. C., art. 300, et Sts. Ref. B. C., cités sur art. 1555.

* 3 Pothier (Bugnet), } 515. Lorsque plusieurs personnes ont Vente, n° 515. } succédé en commun à un héritage ou autre chose qui ne peut se partager sans être déprécié, ou l'ont acquis en commun à quelque titre que ce soit, comme d'achat, de legs, de donation, etc., l'un d'eux peut obliger les autres à le liciter, c'est-à-dire, à souffrir que le total soit adjugé à celui d'entre eux qui le portera au plus haut prix.

Cette licitation se fait chez un notaire, entre les cohéritiers ou copropriétaires.

Si quelqu'un des cohéritiers ou copropriétaires témoignait n'avoir pas le moyen d'enchérir, et demandait, en conséquence, que les enchères des étrangers fussent admises, et qu'il fût mis des affiches qui avertissent le public du jour et du lieu auxquels se ferait l'adjudication, cette demande devrait être écoutée.

[ARTICLE 1562.]

Lorsque quelqu'un des cohéritiers ou copropriétaires est mineur, il est de nécessité, pour la validité de la licitation, que les enchères des étrangers soient reçues.

La licitation doit aussi, en ce cas, se faire devant le juge, qui adjuge l'héritage au plus offrant et dernier enchérisseur.

Il faut encore, pour la validité de la licitation, lorsqu'il y a quelque mineur parmi les cohéritiers ou copropriétaires, qu'il soit constaté par une visite et un rapport d'experts nommés par le juge, que les héritages communs ne peuvent se partager sans être dépréciés, et qu'en conséquence la licitation soit ordonnée par le juge, comme la seule voie commode pour sortir de communauté.

On peut néanmoins se passer de la visite, lorsque, par la nature de ce qui est à partager, ou par rapport au nombre des copartageants, il est évident qu'il ne peut se faire de partage commodément ; comme s'il n'y a dans une succession qu'une maison qui n'a qu'un corps de logis, s'il n'y a qu'une métairie dont il ne dépende qu'une quantité médiocre de terre.

Lorsque, sur une licitation dans laquelle les étrangers ont été admis à enchérir, l'héritage est adjugé à un étranger, la licitation est un vrai contrat de vente que les licitants lui font de l'héritage licité ; contrat qui produit de part et d'autre toutes les obligations que produit le contrat de vente.

Mais lorsque c'est un des cohéritiers ou copropriétaires qui se rend adjudicataire, la licitation est regardée, en ce cas, comme une espèce de partage ou acte dissolutif de communauté, plutôt que comme une vente.

Nous parlerons des licitations en la partie VII, et nous ferons voir les différences entre cet acte et le contrat de vente.

Lahaie, sur art. 1686 *C. N.* } *Domat,* Lois civiles, liv. 1, tit. 2, sect. 13, n. 10. — Lorsqu'une chose qui ne peut que difficilement être divisée, comme une maison, se trouve commune à plusieurs personnes, et qu'elles ne peuvent ou ne

veulent s'en accommoder entre elles, elles la vendent pour
en partager le prix, et elles l'adjugent aux enchères, ou à
l'une d'elles, ou à des étrangers qu'elles reçoivent à enchérir.
(Code de procédure civile, art. 966 et suiv.).

Duranton, t. 16, n. 483.—La licitation a, entre les copropriétaires, le même effet que le partage ; si c'est l'un d'eux qui
s'est rendu adjudicataire, il est censé avoir eu l'objet en totalité, à compter du jour où la communauté s'est établie entre
eux, quant à cet objet. Par suite, les hypothèques que les
autres copropriétaires auraient établies sur l'immeuble durant l'indivision, ainsi que celles de leurs femmes ou de
mineurs, sont sans effet à l'égard de l'adjudicataire.

N. 484.—Mais si c'est un étranger qui s'est rendu adjudicataire, par rapport à lui, l'adjudication n'est point un moyen
de faire cesser l'indivision, mais une véritable vent' : d'où il
suit qu'il reçoit l'immeuble avec les hypothèques que chacun
des copropriétaires a pu y établir, pour sa part, durant l'indivision.

Troplong, de la vente, n. 860.— La licitation est fondée sur
la raison et sur de puissans motifs de nécessité.

Mais pour qu'elle ne dégénère pas en un sacrifice vexa-
toire, il faut qu'il y ait une incommodité considérable dans
le partage, ou que la division dégrade ou déprécie la chose
même, ou qu'elle occasionne un préjudice commun ; sans
quoi le partage en nature doit conserver tous ses droits.

N. 875.—La licitation peut être ordonnée pour un meuble ;
l'article 575 du Code civil en offre la preuve. On suit alors
les formalités particulières aux ventes publiques de meubles.

Duvergier, vente, t. 2, n. 137.—La disposition de cet article
s'applique aux meubles comme aux immeubles, aux objets
corporels comme aux choses incorporelles.

_____

24 *Laurent,* } 456. " Si une chose commune à plusieurs ne
n° 456 *et* *s.* } peut être partagée commodément et sans perte,
ou si, dans un partage fait de gré à gré de biens communs,

[ARTICLE 1562.]

il s'en trouve quelques-uns qu'aucun des copartageants ne puisse ou ne veuille prendre, la vente s'en fait aux enchères et le prix en est partagé entre les copropriétaires " (art. 1686). Ainsi la licitation est un moyen de sortir d'indivision ; comme le dit un ancien auteur, c'est un partage, où les portions se distribuent à chacun en argent, au lieu de se distribuer en nature. Personne n'est tenu de rester dans l'indivision, on a toujours le droit de demander le partage (art. 815) ; mais le partage régulier peut être impraticable. Il suppose que les objets à partager peuvent se diviser entre les communistes ; chacun d'eux, dit l'article 826, a le droit de demander sa part en nature des meubles et immeubles de la succession. Les effets mobiliers sont toujours susceptibles de cette division, mais il arrive parfois que les immeubles ne peuvent se partager commodément et sans perte ; dans ce cas, il n'y a qu'un moyen de mettre fin à l'indivision, c'est de procéder à la vente de la chose. Cette vente se fait par licitation devant le tribunal : c'est la licitation judiciaire. Si les parties sont toutes majeures et présentes, elles peuvent consentir que la licitation soit faite devant un notaire sur le choix duquel elles s'accordent (art. 827) : c'est la licitation volontaire.

457. " Le mode et les formalités à observer pour la licitation sont expliqués au titre des *Successions* et au code judiciaire " (de procédure, art. 1688). Quant à la licitation volontaire, elle se fait par un notaire ; elle est, par conséquent, soumise aux formes prescrites par la loi du 25 ventôse an XI sur le notariat. Si les parties ont commencé à prendre la voie de la licitation judiciaire, elles peuvent toujours l'abandonner pour liciter devant un notaire, ou pour vendre, d'une autre manière, la chose à l'un des communistes ou à un tiers ; mais il faut pour cela le consentement de tous les intéressés (code de proc., art. 985).

458. Quoique la licitation soit un moyen de sortir d'indivision, comme le partage, elle en diffère sous bien des rapports. Le partage se fait entre les communistes. Quand il s'agit du partage d'une hérédité, la loi permet même aux

copartageants d'écarter le non-successible qui aurait acheté la part de l'un des héritiers. L'intérêt des copartageants est que les opérations se fassent en famille. Quand ils doivent liciter, leur intérêt est tout différent. D'abord il n'y a aucun inconvénient à appeler un étranger à la licitation, les secrets de la famille ne risquent pas d'être divulgués ; les licitants sont, au contraire, intéressés à ce que la chose soit vendue au plus haut prix possible ; donc il leur importe que la vente se fasse en public, c'est-à-dire avec concurrence. Toutefois la loi laisse, à cet égard, pleine liberté aux parties capables ; quand la licitation est volontaire, tout se fait par concours de consentement ; il faut donc le consentement de toutes les parties intéressées pour que les étrangers soient admis à la licitation. Il n'en est pas de même de la licitation judiciaire ; c'est le cas prévu par l'article 1687, qui porte : " Chacun des copropriétaires est le maître de demander que les étrangers soient appelés à la licitation ; ils sont nécessairement appelés quand l'un des copropriétaires est mineur." Ainsi, de droit commun, quand les communistes sont majeurs et capables, les étrangers sont exclus ; la licitation est un mode de partage, et le partage se fait entre communistes. Il faut que l'un des copartageants le demande, alors les étrangers doivent être admis aux enchères, et ils doivent encore y être admis quand l'un des colicitants est mineur ; la loi le prescrit dans l'intérêt des incapables.

459. L'article 1686 détermine les cas dans lesquels il doit y avoir licitation : lorsque les copartageants déclarent qu'ils ne peuvent ou ne veulent prendre un bien commun entre eux, et qui doit néanmoins être partagé, puisque le partage est demandé, il n'y a aucune difficulté : c'est la volonté des communistes qui décide. Mais les communistes peuvent être en désaccord sur le point de savoir si la chose commune peut être partagée commodément et sans perte : dans ce cas le tribunal décidera. On a essayé d'établir des principes à cet égard, en se fondant sur des décisions judiciaires ; travail stérile qui ne sera d'aucun secours pour le juge ; puisque la

[ARTICLE 1562.]

question est essentiellement de fait, la décision dépend des circonstances de la cause, et ces circonstances varient d'une espèce à l'autre. Duvergier dit très-bien que l'on doit se garder d'ériger les décisions judiciaires en principes absolus, alors qu'elles ne peuvent avoir qu'une vérité relative.

460. La licitation est un mode de sortir d'indivision ; en ce sens, elle équivaut au partage, mais elle n'a pas toujours les effets d'un partage. Il faut distinguer. Si l'un des communistes se rend adjudicataire, la licitation est assimilée au partage. Le code le dit en établissant le principe du partage déclaratif de propriété : "Chaque cohéritier est censé avoir succédé seul et immédiatement à tous les effets compris dans son lot, *ou à lui échus sur licitation*, et n'avoir jamais eu la propriété des autres effets de la succession." Peu importe que les étrangers aient été appelés à la licitation ; dès qu'ils ne se portent pas adjudicataires, leur présence est indifférente pour déterminer la nature de l'acte ; le communiste qui licite la chose n'est pas un acheteur, c'est un copropriétaire par indivis qui met fin à l'indivision, car tel est le but qu'il a eu en concourant à la licitation.

De là suit que l'on applique à la licitation tous les principes qui régissent le partage. Nous venons de citer le plus important, celui de l'article 883. Si donc l'un des communistes avait grevé la chose commune de droits réels, ces droits tomberaient, tandis que les hypothèques que le licitant a concédées sur l'immeuble qu'il licite subsistent. La licitation étant un partage, il en résulte encore que les colicitants doivent la garantie telle qu'elle est réglée au titre des *Successions*, et ils ont l'action en rescision qui naît du partage, c'est-à-dire que la licitation sera rescindable pour lésion de plus du quart. Les colicitants ont le privilége qui appartient aux copartageants, mais ils n'ont pas l'action en résolution que la loi donne au vendeur quand l'acheteur ne paye pas le prix. Nous ne faisons que rappeler des principes qui ont été établis au titre des *Successions*.

Les effets de la licitation sont tout autres quand c'est un

[ARTICLE 1563.]

étranger qui se porte adjudicataire. Dans ce cas, la licitation est une vente que les communistes font à celui qui licite la chose, et, par conséquent, l'adjudication produit tous les effets d'une vente. Ce n'est plus un acte déclaratif de propriété, c'est un acte par lequel les colicitants s'obligent à transférer la propriété à l'acheteur. Donc l'article 883 n'est plus applicable; les droits réels consentis par les communistes sur la chose licitée subsistent, de même qu'ils subsistent dans une vente ordinaire. Les communistes étant vendeurs, il s'ensuit qu'ils sont tenus de la garantie à ce titre. Ils ont aussi tous les droits du vendeur, le privilége, le droit de résolution et l'action en rescision pour lésion de plus de sept douzièmes, dans le cas où la licitation est volontaire; ils n'ont plus droit à la rescision si la vente, d'après la loi, ne pouvait être faite que d'autorité de justice.

1563. Le mode et les formalités à observer pour la licitation sont expliqués au Code de Procédure Civile.	1563. The manner and formalities of proceeding in sales by licitation are declared in the Code of Civil Procedure.

---

* *C. N.* 1688. } Le mode et les formalités à observer pour la licitation sont expliqués au titre *Des Successions* et au Code de procédure.

Voy. *C. Proc. civile, art.* 919 *et suivants.*

CHAPITRE HUITIÈME.

DE LA VENTE AUX ENCHÈRES.

1564. Les ventes par encan ou enchères publiques sont ou forcées ou volontaires.

Les règles concernant les ventes forcées sont énoncées aux chapitres septième et onzième de ce titre et au Code de Procédure Civile.

CHAPTER EIGHTH.

OF SALE BY AUCTION.

1564. Sales by auction or public outcry are either forced or voluntary.

The rules relating to forced sales are declared in chapters seven and eleven of this title, and in the Code of Civil Procedure.

---

* *C. L.* 2579, 2580.

2579.—La vente à l'enchère est celle qui a lieu lorsque la chose est offerte publiquement pour être vendue à celui qui en donnera le plus haut prix.

2580.—Cette vente est volontaire ou forcée :

Volontaire, lorsque c'est le propriétaire lui-même qui offre son bien pour être vendu de cette manière ;

Forcée, lorsque la loi prescrit ce mode de vente pour certains biens, tels que ceux des mineurs.

1565. Nulle vente volontaire à l'encan de marchandises et effets ne peut être faite par une personne autre qu'un encanteur licencié, sauf les exceptions ci-après :

1. La vente d'effets appartenant à la Couronne,

1565. The voluntary sale by auction of goods, wares, merchandise or effects, cannot be made by any person other than a licensed auctioneer, subject to the following exceptions :

1. The sale of goods or effects belonging to the

ou saisis par un officier public en vertu d'un jugement ou ordre d'un tribunal, ou confisqués;

2. La vente des biens et effets d'une personne décédée, ou appartenant à une communauté de biens dissoute, ou à quelque église;

3. La vente faite par des habitants, dans les campagnes, sans but commercial, de leur mobilier, grains, bestiaux et effets autres que des marchandises et fonds de commerce, soit qu'ils changent de résidence ou qu'ils disposent de leur établissement d'une manière définitive;

4. Les ventes par encan pour taxes municipales en vertu du statut concernant les municipalités.

crown, or seized by a public officer under judgment or process of any court or as being forfeited;

2. The sale of goods and effects of deceased persons or belonging to any dissolution of community of property or to any church;

3. Sales by the inhabitants in the rural districts, not for trading purposes, of their furniture, grain, cattle, and other property not being merchandise and stock in trade, when changing their residence or finally disposing of the same;

4. Sales by auction for municipal taxes under the act respecting municipalities.

---

* Statuts refondus du B. C., ch. 5, s. 1 et suiv. } 1. Excepté tel que mentionné plus bas, toutes les marchandises et effets mis en vente à un encan public ou à la criée dans le Bas Canada, par un encanteur, ou par aucune personne quelconque dûment qualifiée et autorisée en la manière prescrite par le présent acte, et adjugés au plus offrant enchérisseur, seront sujets à un droit d'une piastre pour chaque cent piastres du prix auquel ils sont vendus, et en suivant la même proportion pour aucune somme moindre ou plus grande; et

[ARTICLE 1565.]

ce droit sera retenu et payé à l'inspecteur du revenu qu'il appartient par l'encanteur qui fait la vente, à même les produits de la vente, en la manière ci-dessous mentionnée, et aux dépens du vendeur, à moins qu'il ne soit expressément stipulé, que ce devra être aux dépens de l'acheteur, et que tel droit sera, en conséquence, ajouté au montant de son achat : 4, 5 V. c. 21, s. 1.

2. Mais les marchandises ou effets appartenant à la couronne, et toutes les marchandises ou effets, saisis par un officier public, en exécution et en vertu de quelque acte judiciaire d'une cr ir, ou comme confisqués, et toutes les marchandises et effets de personnes décédées, ou appartenant à quelque communauté dissoute, ou à quelque église, seront exempts du droit susdit, et pourront être vendus par encan, sans licence ; 4, 5 V. c. 21, s. 5.

3. Mais ces droits ne pèseront pas sur les ventes par encan qui se font dans les campagnes, sans but commercial, soit par des habitants qui vendent leurs meubles, grains, bestiaux, et biens fonds, ou effets, autres que des marchandises, ou fonds de commerce, quand ils changent de résidence, ou qu'ils vendent ces articles d'une manière définitive ; 20 V. c. 55, s. 1.

4. Nul droit ne sera non plus payé sur les ventes par encan pour taxes municipales, en vertu de l'acte concernant les municipalités. 23 V. c. 61, s. 61.

2. Nul autre qu'une personne licenciée, en la manière ci-dessous prescrite, ne vendra ni n'exposera en vente, à un encan public ou à la criée, dans le Bas Canada, des marchandises ou effets quelconques ; et l'inspecteur du revenu qu'il appartient pourra autoriser par licence, sous son soing et son sceau, tout sujet de Sa Majesté qui en fait la demande, à agir comme encanteur dans le Bas Canada, s'il a la qualification requise par le présent acte :

2. Telle licence demeurera en force pendant une année, à compter de sa date ; et la personne qui l'obtiendra paiera à l'inspecteur du revenu la somme de vingt piastres, pour être

·[ARTICLES .566, 1567.]

par lu: versée entre le ma ·.s du receveur général. 4, 5 V. c. 21, s. 2.

7. Quiconque vend à l'ancan public, ou à la criée, des marchandises ou effets s. ' la vente desqu⸱ 'l y a un droit d'imposé par le présent acte, sans avo⸱⸱ e licence en la manière prescrite plus haut, encourra une amende de quatre cents piastres pour chaque contravention ; et moitié de telle amende appartiendra au poursuivant, et l'autre moitié à Sa Majesté, ou, si le poursuivant est un officier de la couronne, le tout appartiendra à Sa Majesté :

2. Telle amende pour.a être poursuivie et recouvrée par action civile dans toute cour de record, de juridiction civile compétente, dans l'endroit où l'offense est commise, ou bien, de toute manière que les créances de la couronne peuvent être recouvrées dans le Bas Canada ; mais la poursuite, ou action, sera intentée dans les trois mois qui suivent la contravention, mais non après. 4, 5 V. c. 21, s. 4.

1566. La vente par encan, faite contrairement aux dispositions contenues dans le dernier article ci-dessus n'est pas nulle ; elle soumet seulement les contrevenants aux pénalités imposées par la loi.

1566. A sale by auction contrary to the provisions contained in the last preceding article, is not null ; it merely subjects the contravening parties to the penalties imposed by law.

1567. L'adjudication d'une chose à une personne sur son enchère, et l'entrée de son nom sur le livre de vente de l'encan- ⸱ ur, complètent la vente,

1567. The adjudication of a thing to any person on his bid or offer, and the entry of his name in the sale-book of the auctioneer completes the sale to him,

[ARTICLF 1567.]

et elie devient propriétaire de la chose aux conditions publiées par l'encanteur, nonobstant la règle contenue en l'article 1235. Le contrat, à dater de ce moment, est régi par les dispositions applicables au contrat de vente.

and he becomes owner of the thing, subject to the conditions of salc announced by the auctioneer, notwithstanding t h e rule contained in article 1235. The contract from that time is governed by, the rules applicable to the contract of sale.

---

* *C. L.* 2585, ⎱ 2585. Lorsque le plus haut prix offert a été
2586, 2587. ⎰ crié assez longtemps pour faire croire qu'il n'en sera point offert un plus haut, celui qui en a fait l'offre est déclaré publiquement être l'adjudicataire de la chose criée.

2586. Cette adjudication est le complément de la vente ; l'adjudicataire devient propriétaire de l'objet adjugé, et le contrat est dès-lors soumis à toutes les règles auxquelles le contrat de vente ordinaire est assujetti.

2587. Si l'adjudication est faite à condition que le prix sera payé comptant, ce prix peut être exigé de suite par l'encanteur, avant de donner livraison de la chose vendue.

---

* *Sugden, Vendors and purchasers,* ⎱ III. There are other
ch. 3, *sec.* 3. ⎰ cases taken out of the statute, not so much on the principle of no danger of perjury, as that the statute was not intended to create or protect fraud. Thus, admitting sales by auction to be within the statute of frauds, yet if a person, being declared the highest bidder, should without sufficient reason refuse to sign an agreement to complete the purchase, it may be thought that equity would compel him to specifically perform the contract, on the ground of fraud. The statutes imposing a duty

on sales by auction make such a rule more necessary, for the
duty would become payable on the sale; and although it
were made a condition of sale that the purchaser should pay
the whole, or any part of the duty, yet it should seem that
the vendor could not recover it. Lord Keeper North appears
to have entertained a floating opinion, although he does not
seem to have ever actually decided the point, that if the
plaintiff laid in his bill that it was part of the agreement,
that the agreement should be put into writing, it would take
the case out of the statute. In a case before Lord Thurlow,
this doctrine was stated at the bar; and, in answer to it, his
Lordship said, he took that to be a single case, and to have
been overruled. "*If you interpose the medium of fraud, by
which the agreement is prevented from being put into writing,
I agree to it*, otherwise I take Lord North's doctrine, ' that if
it had been laid in the bill, that it was part of the agreement
that it should be put into writing, it would have done,' to
be a single decision, and contradicted, though not expressly,
yet by the current of opinions."

Now, we cannot but observe that Lord North's doctrine,
qualified as it is by Lord Thurlow, is a strong authority in
support of the proposition before stated. All conditions of
sale state, or ought to state, that the purchaser shall
immediately after the sale sign an r reement to complete his
contract. If then a purchaser should refuse to sign an
agreement accordingly, it might be charged by a bill seek-
ing a specific performance, that the agreement was, that it
should be reduced into writing; and it should seem that
the immediate refusal of the purchaser to sign the contract,
would be deemed a sufficient fraud to enable the court to
relieve the vendor.

The same doctrine of course applies to a sale by private
contract, where the agreement is express to reduce the
contract into writing, and it is prevented by fraud.

So where agreements have been carried partly into execution, the court will decree the performance of them, in

[ARTICLE 1567.]

order that one side may not take advantage of the statute to be guilty of fraud.

An agreement will not be considered as partly executed, unless the acts done are such as could be done with no other view or design than to perform the agreement, or perhaps, to speak more correctly, with the view of the agreement being performed: and if it do not appear but that the acts done might have been done with other views, the agreement will not be taken out of the statute.

Neither will acts merely introductory, or ancillary to an agreement, be considered as a part performance, although attended with expense. Therefore delivering an abstract, giving directions for conveyances, going to view the estate, fixing upon an appraiser to value stock, making valuations, &c. will not take a parol agreement out of the statute.

But if possession be delivered to the purchaser, the agreement will be considered as in part executed; especially if he expend money in building or improving according to the agreement, for the statute should never be so turned, construed, or used as to protect or be a mean of fraud.

Possession, however, must be delivered in part performance, for if the purchaser obtain it wrongfully, it will not avail him. And a possession which can be referred to a title distinct from the agreement will not take a case out of the statute. Therefore, possession by a tenant cannot be deemed a part performance. The delivery of possession by a person having possession to the person claiming under the agreement, is a strong and marked circumstance; but a tenant of course continues in possession, unless he has notice to quit; and the mere fact of his continuance in possession (which is all that can be admitted, for *quo animo* he continued in possession is not a subject of admission) cannot weigh with the court.

[ARTICLE 1567.]

* 2 Kent's Comm., Lect. 39;
p. 536 et s.
10. *Of Sales at Auction.* — An auctioneer has not only possession of the goods which he is employed to sell, but he has an interest coupled with that possession. He has a special property in the goods, and a lien upon them for the charges of the sale, and his commission, and the auction duty. He may sue the buyer for the purchase money; and if he gives credit to the vendee, and makes delivery without payment, it is at his own risk (1). If the auctioneer has notice that the property he is about to sell does not belong to his principal, and he sells notwithstanding the notice, he will be held responsible to the owner for the amount of the sale (2). So, if the auctioneer does not disclose the name of his principal at the time of the sale, the purchaser is entitled to look to him personally for the completion of the contract, and for damages on its nonperformance (3).

In the sale of real property at auction, care should be taken that the description of it be accurate, or the purchaser will not be held to a performance of the contract. But if the description be substantially true, and be defective or inaccurate in a slight degree only, the purchaser will be required to perform the contract if the sale be fair and the title good. Some care and diligence must be exacted of the purchaser. If every nice and critical objection be admissible, and sufficient to defeat the sale, it would greatly impair the efficacy and value of public judicial sales; and, therefore, if the purchaser gets substantially the thing for which he bargained, he may generally be held to abide by the purchase, with the allowance of some deduction from the price, by way of compensation for any small deficiency in the value by reason of the variation (4).

(1) Williams v. Millington, 1 H. Bl. 81.
(2) Hardacre v. Stewart, 5 Esp. 103.
(3) Hanson v. Roberdeau, Peake Cas. 120.
(4) Calcraft v. Roebuck, 1 Ves. 221; Dyer v. Hargrave, 10 Ves. 505 King v. Bardeau, 6 Johns. Ch. 38.

[ARTICLE 1567.]

A bidding at an auction may be retracted before the hammer is down. Every bidding is nothing more than an offer on one side, which is not binding on either side until it is assented to, and that assent is signified on the part of the seller by knocking down the hammer (1).

If the owner employs puffers to bid for him at an auction, it has been held to be a fraud upon the real bidders. He must not enhance the price by a person privately employed by him for that purpose. It would be contrary to good faith, as persons resort to an auction under a confidence that the articles set up for sale will be disposed of to the highest real bidder. A secret puffer employed by the owner is not fair bidding, and is a fraud upon the public; nor can the owner privately bid upon his own goods. All secret dealing on the part of the seller is deemed fraudulent. If he be unwilling that his goods shall be sold at an under price, he may order them to be set up at his own price, and not lower, or he may previously declare, as a condition of the sale, that he reserves a bid for himself. This was the doctrine declared by Lord Mansfield in *Bexwell* v. *Christie* (2), and again, by Lord Kenyon, in *Howard* v. *Castle* (3), and in each case with the approbation of the court of K. B. The governing principle was, that the buyer should not be deceived by any secret manoeuvre of the seller. But the doctrine of those cases has since been considered as laid down rather too broadly. Lord Rosslyn and Sir William Grant have each questioned the soundness of the doctrine (4). The latter seemed to think, that if bidders were employed by the owner merely for the purpose of taking advantage of the eagerness of them to screw up and enhance the price, it would be a fraud; but that he might lawfully, even without making the fact pu-

(1) Payne *v*. Cave, 3 T. R. 148.

(2) Cowp. 395.

(3) 6 T. R. 642; Thornett *v*. Haines, Exr 1816, s. p. [15 M. & W. 367.]

(4) Conolly *v*. Parsons, 3 Ves. 625, n.; Smith *v*. Clarke, 12 id. 477.

[ARTICLE 1567.]

blicly known, employ a person to bid for defensive precaution and with a view to prevent a sale at an under value. This relaxation of the former rule was also approved of in *Steele* v. *Ellmaker* (1); and the chief justice, in that case, suggested that the tone of Lord Mansfield's morality was, perhaps, too lofty for the common transactions of business. He held, that the owner might lawfully instruct the auctioneer to bid in the goods for him at a limited price, to prevent a sacrifice. In *Bramley* v. *Alt* (2), it was held, that a sale was not fraudulent because a puffer had been employed, if there were real bidders who bid after the puffers had ceased; and in *Smith* v. *Clarke* a specific performance was decreed against a vendee, though the person who bid immediately before him was employed to bid, under the private direction of the vendor, for the purpose of preventing a sale under a specified sum (3).

It would seem to be the conclusion, from the latter cases, that the employment of a bidder by the owner would or would not be a fraud, according to circumstances tending to show innocence of intention, or a fraudulent design. If he was employed *bona fide* to prevent a sacrifice of the property under a given price, it would be a lawful transaction, and would not vitiate the sale. But if a number of bidders were employed by the owner to enhance the price by a pretended competition, and the bidding by them was not real and sincere, but a mere artifice, in combination with the owner, to mislead the judgment and inflame the zeal of others, it would be a fraudulent and void sale (4). So it will be a void

(1) 11 Serg. & R. 86.

(2) 3 Ves. 620.

(3) Woodward v. Miller, 2 Coll. 279 s. p.

(4) Hazul v. Dunham, N. Y. Mayor's Court, July, 1819, [1 Hall, 655]; Morehead v. Hunt, 1 Dev. Eq. (N. C.) 35 ; Woods v. Hall, ib. 411 , Wolfe v. Luyster, 1 Hall (N. Y.), 146. An association of bidders, with a design to stifle competition, is a fraud upon the vendor. Smith v. Greenlee, 2_

sale if the purchaser prevails on the persons attending the sale to desist from bidding, by reason of suggestions, by way of appeal, to the sympathies of the company (t).

The original doctrine of the K. B. is the more just and salutary doctrine. In sound policy, no person ought, in any case, to be employed secretly to bid for the owner against the *bona fide* bidder at a public auction. It is a fraud in law on the very face of the transaction: and the owner's interference and right to bid, in order to be admissible, ought to be intimated in the conditions of sale; and such a doctrine has been recently declared at Westminster Hall (2).

It has been made a question, how far auction sales were within the provisions of the statute of frauds; but it is now understood to be settled that they are within the statute, and that the auctioneer is the agent of both parties, and lawfully authorized by the purchaser, either of lands or goods,

Dev. (N. C.) 126. The case of Phippen *v.* Stickney, 3 Metc. 384, seems to place the validity of private agreements, between bidders at auction sales, on the *quo animo*, and to be good or void according to the purpose with which they are made.

(1) Fuller *v.* Abrahams, 6 Moore, 316; 3 Brod. & B. 116, s. c. Mr. Justice Story, in Veazie *v.* Williams, 3 Story, 623, approves of the conclusion I have drawn from the cases.

(2) Crowder *v,* Austin, 3 Bing. 368. The language of the Supreme Court of Louisiana is strongly in favor of the doctrine of Lord Mansfield Bahan *v.* Bach, 13 La. 287. Mr. Justice Ware, in his dissenting and very learned opinion in the above case of Veazie *v.* Williams, 637, 638, approves of the original doctrine of the K. B.

Green *v.* Baverstock, 14 C. B. N. s. 204; Warlow *v.* Harrison, 1 El. & El. 295; Towle *v.* Leavitt, 23 N. H. 360; Pennock's Appeal, 14 Penn. St. 446. The rule in equity, which had been laxer than that laid down by the common law courts, was limited to the allowance of a single puffer, and some doubt was thrown on event that in Mortimer *v.* Bell, L. R. 1 Ch. 10, which led to the passage of an act affirming the principle of the legal decisions Gilliat *v.* Gilliat, L. R. 9 Eq. 60.

[ARTICLE 1567.]

to sign the contract of sale for him as the highest bidder (1)
The writing his name as the highest bidder in the *memorandum* of the sale by the auctioneer, immediately on receiving
his bid, and knocking down the hammer, is a sufficient
signing of the contract within the statute of frauds, so as to
bind the purchaser. Entering the name of the buyer by the
auctioneer, in his book, is just the same thing as if the buyer
had written his own name. The purchaser who bids, and
announces his bid to the auctioneer, gives the auctioneer
authority to write down his name, and the authority to the
agent need not be in writing. There is no difference in the
construction of the fourth and seventeenth sections of the
statute of frauds of 29 Car. II. c. 2 (2), as to what is a sufficient signing of the contract by the party to be charged. The
English law, as originally suggested in the case of *Simon* v.
Motivos (3), has been repeatedly recognized and considered
as the established doctrine in respect to auction sales of lands
and chattels by the English and American courts (4).

(1) Whether the auctioneer be the agent of both parties, depends
upon the facts of the particular case, and he is not so, as of course, in
all cases. Bartlett *v.* Punnell, 4 Ad. & El. 792.

(2) Reënacted, N. Y. Revised Statutes, ii. 135, sec. 2 ; ib. ii. 136, sec. 3.

(3) 3 Burr. 1921 ; s. c. 1 Blacks. 599.

(4) Hinde *v.* Whitehouse, 7 East, 558 ; Heath, J., in 1 H. Bl. 85 ; Emmerson *v.* Heelis, 2 Taunt, 38, White *v.* Proctor, 4 id. 209 ; Kemeys *v.*
Proctor, 3 Ves. & B. 57 ; Kenworthy *v.* Schofield, 2 B. & C. 945 ; M'Comb
v. Wright, 4 Johns. Ch. 659 ; Cleaves *v.* Foss. 4 Greenl. 1 ; Alma *v.*
Plummer, 4 id. 258, First Baptist Church of Ithaca *v.* Bigelow, 16
Wend. 28. The N. Y. Revised Statutes, i. 3d ed. 649, requires, that when
goods are struck off at auction, and there be not immediate payment of
the price, or delivery of the goods, it shall be the duty of the auctioneer
to enter in a sale book a memorandum of the sale, specifying the nature,
quantity, and price of the goods, the terms of sale, the names of the purchaser, and of the person on whose account the sale is made. And by
the R. S. 3d ed. ii. 195, an entry in the auctioneer's sale book, specifying
the nature and price of the property sold, the terms of the sale, and the
names of the parties, is a memorandum or note within the statute of

[ARTICLE 1567.]

* *Smith, Merc. Law, ch.* 12, }   It appears certain that sales
sec. 2, *p.* 493 *et p.* 503-504· } by auction are ; though that was
once doubted (1).   \

The authority need not be in writing (2) ; and a subsequent recognition by the principal is sufficient evidence of
its having been given (3). But it has been held, that one of
the contracting parties cannot be the agent of the other for
this purpose (4). This decision seems to be somewhat regretted ; and though it has been held that an auctioneer's signature of the defendant's name, by his authority, is insufficient to entitle the auctioneer to sue upon the contract in
his own name, yet it is settled, that a signature by the auctioneer's clerk is sufficient for that purpose (5).

But, though the auctioneer, suing in his own name on
the contract of sale, cannot avail himself of his character of
agent for the defendant, yet, in other cases, he is looked on

frauds. The memorandum in the auctioneer's sale book must be made
at the *time and place* of sale, and the entry of the name o 'the agent or
consignee who has lawful authority to sell, is entering the name of the
person on whose account the sale is made, within the statute. Hicks *v.*
Whitmore, 12 Wend. 548.

(1) *Simon* v. *Motivos*, 1 W. Bl. 599; *Hinde* v. *Whitehouse*, 7 East 588;
Heyman v. *Neale*, 2 Camp. 337, 12 Ves. jun. 466; *Kenworthy* v. *Schofield*,
2 B. & C. 945; *Shelton* v. *Livius*, 2 C. & J. 411; *Bird* v. *Boulter*, 4 B. &
Ad. 443.

(2) *Rucker* v. *Cammeyer*, 1 Esp. 105; *Chapman* v. *Partridge*, 5 Esp.
256.

(3) *Maclean* v. *Dunn*, 4 Bing. 722; *Kinnitz* v. *Surry*, Paley, 143, n.,
2nd ed.; *Soames* v. *Spencer*, 1 D. & R. 32.

(4) *Wright* v. *Dannah*, 2 Camp. 203; *Farebrother* v. *Simmons*, 5 B. &
Ald. 333; *Cooper* v. *Smith*, 15 East, 103; *Sharman* v. *Brandt*, L. R. 6 Q.
B. 720; *Rayner* v. *Linthorne*, 1 R. & M. 325; *Murphy* v. *Boese*, L. R. 10
Ex. 127. See ante, Book I., Chap. 5, s. 1.

(5) *Bird* v. *Boulter*, 4 B. & Ad. 443.

[ARTICLE 1567.]

as the lawfully authorised agent of both parties (1), the seller communicating his authority by giving him directions to sell ; and the buyer, to whom the conditions of sale, pasted on the auctioneer's box, are sufficient notice of the terms thereof (2), by bidding aloud. And, if the auctioneer, or auctioneer's clerk (3) write down the purchaser's name in the sale book opposite the lot for which he is the highest bidder, that is a sufficient signature within the statute, and binds the purchaser (4), who perhaps may, at any time before the entry, retract his authority, as he certainly may before the fall of the hammer (5). But if the signature be in a book or on a mere catalogue of the articles, neither connected with nor referring to the conditions of the sale, it will not be a memorandum of a sale on those conditions, unless it can be connected with them by some other written document (6).

Though primâ facie the auctioneer is the agent of both parties, yet he is not so necessarily and ex vi termini ; thus

(1) See *Bird* v. *Boulter*, ubi supra ; *Hinde* v. *Whitehouse*, 7 East, 558; *Emerson* v. *Heelis*, 2 Taunt. 38 ; *Shelton* v. *Livius*, 2 C. & J. 411 ; *Simon* v. *Motivos*, 1 W. Bl. 599. But *aliter*, where the sale is after the auction: *Mews* v. *Carr*, 1 H & N. 484.

(2) *Mesnard* v. *Aldridge*, 3 Esp 271.

(3) *Bird* v. *Boulter*, supra. Where this is done by the clerk, he does not, it would seem, act as a mere automaton in the auctioneer's hand, but as a distinct agent, authorised by the parties to make entries. In that case the signature by the clerk takes place *contemporaneously with the sale*, when it could not conveniently be performed by the auctioneer, who is otherwise engaged. Generally speaking, the clerk of an agent has no authority to sign for the principal, see *Gosbell* v. *Archer*, 2 Ad. & E. 500.

(4) *Emmerson* v. *Heelis*, 2 Taunt. 38 ; *Hinde* v. *Whitehouse*, 7 East, 558 ; *Bird* v. *Boulter*, 4 B. & Ad. 443 ; *Shelton* v. *Livius*, 2 C. & J. 411.

(5) *Payne* v. *Cave*, 3 T. R. 148 ; and see *Warlow* v. *Harrison*, 1 E. & E.

(6) *Pierce* v. *Corf*, L. R. 9 Q. B. 210 ; *Phillimore* v. *Barry*, 1 Camp. 295. 513.

[ARTICLE 1567.]

where P. bought goods at an auction, having previously agreed with their owner that he was not to pay cash, but to set off a debt due to himself against the price, he was held to have a right to do so, though the conditions of sale required payment in cash, for the previous agreement between himself and the seller rebuted the presumption of the auctioneer's authority to bind him to those conditions. (*Bartlett* v. *Purnell*, 4 Ad. & E. 792).

---

* 10 *Pothier (Bugnet)*, *Proc.* } 633. Si l'adjudicataire manque *civ.*, n° 633, 689, § 8. } de payer, dans la huitaine, le prix de son adjudication il y peut être contraint par corps— Edit de 1689, art. 12.

689, § 8. L'article 5 de l'ordonnance de 1667 déclare qu'il n'est point ·dérogé à la contrainte par corps, qui a lieu pour les deniers royaux : elle a lieu au profit du Roi contre tous les comptables.

---

* *Chitty (Russell)*, *On Contracts*, } P. 105.—Where there is a 10° *Ed. Londres*, 1876. } sale by auction, and the contract is reduced into writing, — as by the auctioneer signing a memorandum of the sale in a book which contains or refers to the catalogue and conditions of sale, — evidence of verbal declarations by the auctioneer, varying the statements contained in the catalogue or conditions, are not admissible (Shelton v. Livius, 2 C. & J. 411 ; Powell v. Edmonds, 12 East 6 ; Gunnis v. Erhart, 1 H. Bl. 289). But if, in such a case the contract be not reduced into writing, such declarations are receivable in evidence (Eden v. Blake, 13 M. & W. 614.)

P. 209.— A servant or agent cannot sue upon a contract entered into by him as such (Green v. Kopke, 13 C. B. 549 ; Mahoney v. Kekulé, 14 C. B. 390)... But the case is different where the agent has some *beneficial interest* in the completion of the contract, e. g., in respect of commission, or otherwise ; or a *special property* or interest in the subject matter of the contract ; as in the case of a factor, or a carrier, or warehouseman, or an auctioneer, or other similar agent, acting for reward, or having a special property or interest, and not being a mere servant. These may sue, unless the principal elect to bring the action in his own name (Robinson v. Rulter, 4 E. & B. 954 ; Williams v. Millington, 1 H. Bl. 81 ; and see Grice v. Kenrick, L. rep. 5 Q. B. 340.— Gardner v. Davies, 2 C. & P. 49 ; Joseph v. Knox, 3 Campb. 320 ;— Russell, on Merc. agency, 2d ed. 197.)

P. 354.—In the case of a sale of goods by auction, if several lots put up separately, be separately knocked down to the same person, and on each occasion the auctioneer write down the vendee's name, there is, in point of law, a distinct and independant contract, so as to pass the property in each lot (see Roots v. Lord Dormer, 4 B. & Ad. 77 ; Emmerson v. Heelis, 2 Taunt 38). And it has been held that a purchaser at an auction can, before paying for the goods bought, make a complete bargain and sale of them to a third party (Scott v. England, 2 D. & L. 520).

P. 365.— An auctioneer may be the agent at the sale, as well of the vendor, as of the highest bidder or purchaser, (1) though the latter be himself only an agent,—so, that his, the auctioneer's signature of the name of the vendee, or of his agent, will be binding within the statute (7 East. 558— 1 Bl. 599—2 Taunt 38—5 B. & Al. 335). But, to bind the highest bidder it is necessary, not only that the goods be knocked down to him, but also that the auctioneer should write down his name as the purchaser (Jones v. Nanney, 1 McCl. 25). And the signature by the auctioneer, of the vendee's name in the catalogue is not sufficient, unless the conditions of sale be annexed to the catalogue, or referred to thereby. (Kenworthy v. Schofield, 2 B. & C. 945 ; — See Peirce v. Corf, L. Rep. 9 Q. B. 210.

(1) Mews v. Carr, 1 H. & N 484. After the sale, he is the agent of the seller only, ib.; and so he is at the sale until the hammer is knocked down ; *per Cur.* Warlow v. Harrison, 1 E. & E. 295, 307. Whether he be the agent of both parties or not, depends on the facts of each particular case ; Bartlett v. Purnell, 4 A. & E. 792.

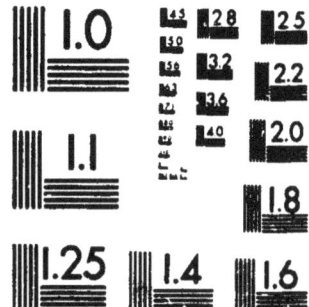

Photographic
Sciences
Corporation

23 WEST MAIN
WEBSTER, N.Y.
(716) 872-

[ARTICLE 1568.]

1568. Si l'acheteur ne paie pas le prix auquel la chose lui a été adjugée, conformément aux conditions de la vente, le vendeur peut, après en avoir donné avis suffisant et selon l'usage, remettre la chose en vente à l'enchère, et si la revente de la chose rapporte un prix moindre que celui pour lequel elle avait été adjugée au premier, acheteur, le vendeur a droit de répéter de lui la différence ainsi que tous les frais de la vente. Mais si la revente rapporte un prix plus élevé, le premier acheteur n'en retire aucun profit au delà des frais de la revente, et il ne lui est pas permis d'y enchérir.

1568. If the purchaser do not pay the price at which the thing was adjudged to him, in conformity with the conditions of sale, the seller may. after having given reasonable and customary notice thereof, again expose the thing to sale by auction, and if at the resale the price obtained for the thing be less than that for which it was adjudged to the first purchaser, the seller may recover from him the difference and all the expenses of the resale But if at the resale a greater price be obtained for the thing, the first purchaser is not entitled to the benefit thereof, beyond the expenses of the resale, and he is not allowed to bid at such resale.

---

* *C. L.* 2589, 2590. 2589. Dans tous les cas de vente à l'enchère, soit de biens meubles, soit d'esclaves ou de biens immeubles, si l'adjudicataire ne paye pas le prix, dès qu'il y est obligé, conformément aux deux articles précédens, le vendeur peut, au bout de dix jours, et après les publications d'usage, remettre en vente publique la chose qui avait été adjugée, et la faire crier de nouveau, à la folle enchère du premier adjudicataire, comme si cette adjudication n'avait

[ARTICLE 1568.]

pas eu lieu. Si la chose ainsi exposée est adjugée à un moindre prix que celui qui avait été offert par le premier adjudicataire, celui-ci demeure débiteur du déficit envers le vendeur, et est tenu de tous les frais faits depuis cette première adjudication. Mais s'il est offert pour la chose un plus haut prix que celui pour lequel elle avait été adjugée la première fois, le premier adjudicataire ne peut rien prétendre de cet excédent.

2590. A cette seconde criée le premier adjudicataire ne peut être reçu à enchérir, ni par lui-même, ni par personne interposée.

————

* 2 *Denizart, Collection,*   Tous les frais que cette revente
  v^la Folle-enchère, n° 3.   occasionne, sont à la charge de celui
qui y donne lieu ; et si elle se fait à un prix inférieur à celui de la premiere adjudication, il doit payer ce qui s'en manque.

En un mot, comme c'est par son fait que le propriétaire de la chose adjugée et les créanciers sont privés du bénéfice de l'adjudication, il doit supporter toutes les pertes que le propriétaire et les créanciers souffrent par la revente ; même leurs dommages et intérêts, et les condamnations qui interviennent à ce sujet, engendrent la contrainte par corps.

————

* 1 *Pardessus, Droit comm.,*   Faute par l'adjudicataire de
  n° 131, *p* 258.   prendre livraison dans les délais
fixés, la marchandise est vendue à sa folle enchère, et à ses périls et risques, trois jours après la sommation à lui faite de la recevoir et sans qu'il soit besoin de jugement.

————

* *Ruston & al vs. Perrin & al, Cour du*   Les Demandeurs par
  Banc de la Reine, n° 2155, 18 *juillet* 1848.   l'entremise d'un courtier avaient vendu aux Défendeurs une quantité d'avoine payable sur livraison, telle livraison devant être faite à l'option de ces derniers le ou avant le 30. septembre 1847. Les

[ARTICLE 1568.]

Défendeurs ayant négligé de demander la livraison de cette avoine dans les délais convenus, les Demandeurs firent protester les Défendeurs d'avoir à recevoir lesdits effets de commerce, à les enlever sans délai sinon qu'ils seraient vendus suivant les usages du commerce aux frais, risques et périls des Défendeurs. Ces derniers n'ayant point répondu à ces sommations les Demandeurs firent vendre par encan lesdites marchandises et cette vente laissa un déficit de £593.13.9 en moins que le prix convenu. L'action des Demandeurs fut instituée en recouvrement de cette somme.

Le 18 juillet 1848 les Demandeurs firent motion pour amender leur déclaration et y ajouter les allégations suivantes :

" And the said Plaintiffs aver that the said price of twenty-five shillings and nine pence currency, per barrel was, at and about the said thirtieth day of September and second day of October eighteen hundred and forty-seven, the full market price in the Montreal market for flour of the quality and description aforesaid ; that after the said thirtieth day of September and second day of October eighteen hundred and forty-seven, the price of flour of the quality and description aforesaid declined greatly in the Montreal market; that at no time since the said thirtieth day of September and second day of October eighteen hundred and forty-seven could they, the said Plaintiffs, have obtained any higher or larger price for the said flour than the said price of twenty-five shillings and nine pence currency, per barrel ; that the said price of twenty-five shillings and nine pence currency, per barrel was in truth and in fact the full value of the said flour on and about the said thirtieth day of September and second day of October eighteen hundred and forty-seven ; and that the said amount of six pounds eight shillings and nine pence curre v so paid as aforesaid for brokerage or per-centage on the sale of the said flour, was a necessary and unavoidable expense of the said sale, and that the said flour could not have been sold at any less expense, nor kept by

[ARTICLE 1568]

the said Plaintiffs for any longer time without incurring a far larger amount of expense and loss thereby ;—.

" An˙ the said Plaintiffs aver that the difference between the sum of money which they the said Plaintiffs according to the contract or agreement hereinbefore set forth, were entitled to have and demand of and from the said Defendants in cash on delivery for the said one thousand barrels of fine flour so sold as aforesaid, and the sum of money for which the said one thousand barrels of fine flour were afterwards sold as aforesaid, deducting therefrom the said brokerage or per-centage of the said broker so paid as aforesaid by the said Plaintiffs, is five hundred and ninety-three pounds, eighteen shillings and nine pence currency, as is shown more fully and at large by the statement herewith fyled by the said Plaintiffs ;—

" And the said Plaintiffs aver that by reason of the premises, and by the refusal aforesaid of the said Defendants to fulfil their contract or agreement hereinbefore set forth, they the said Defendants have caused the said Plaintiffs to suffer, and they the said Plaintiffs in consequence of the said refusal have in fact necessarily and unavoidably suffered, loss and damage to the amount aforesaid of five hundred and ninety-three pounds, eighteen shillings and nine pence currency ; and that the said Plaintiffs have by law a right to claim and receive the said amount of and from the said Defendants, as and for such loss and damage as aforesaid ; but the said Defendants, though thereto often requested by the said Plaintiffs, have heretofore always refused and still refuse to pay the same to them the said Plaintiffs.

" Wherefore the said Plaintiffs bring suit and pray that the said Defendants, for the causes and reasons aforesaid, be adjudged and condemned to pay and satisfy to the said Plaintiffs the said sum of five hundred and ninety-three pounds, eighteen shillings and nine pence currency, with interest thereon until paid and costs of suit."

Cette motion fut accordée par la Cour le 18 juillet 1848.

ARTICLE 1568.

* *Chitty (Russell), On Contracts,* { }   P. 394. In cases of sales by
   10ᵉ *Ed., Londres* 1876.   } auction, it is usual to intro-
duce an express clause, authorizing a re-sale by the vendo,
in the event of the purchaser's default, and charging him
with the loss, if any, and the expenses, and it appears to I ave
been the opinion of Lord *Ellenborough*, that the law did not
impliedly confer this power of re-selling. But it has since
been established that, where the purchaser of goods refuses
to take them, the unpaid vendor may resell, even in the absence of any express stipulation ; and that the purchaser is
responsible for any loss which may occur on such re-sale.
(Maclean v. Dunn, 4 Bing. 722). In these cases the claim
should be special for not accepting the goods, and for
damages occasioned thereby. (Howe v. Milner, Peake, 3d ed.
58). For form of claim see 38 & 39 Vict., c. 77.

And where goods sold, but not actually delivered, have
not been paid for according to the contract, and the seller
re-sells them, this does not authorize the buyer to consider
the contract rescinded, so as to entitle him to recover back
any part of the price which he may have paid, or to refuse
payment of the balance (Page v. Cowasjee, L. rep., 1 P. C.
127). Nor if, after delivery, the seller re-take the goods, from
the buyer without his consent, will such re-taking afford an
answer to an action by the seller for the price ; but the p
chaser's only remedy is by an action for the trespass (Gillard
v. Brittan, 8 M. & W. 575 ; — Stephens v. Wilkinson, 2 B. &
Ad. 320).

----

* 5 *Lower Can. Jurist, Maxham* & *al,* }   Held, — That where a
vs Staffords, Montreal, p. 105, *nov.* 1860. } purchaser at an auction
refuses to pay in compliance with the conditions of sale, the goods, after
notice to him, may be resold, and an action will lie against him for the
difference between the price of the first and second sale together with all
the costs and charges thereby incurred.

The Plaintiffs acting as auctioneers, at an auction sale
which took place on the 19th Nov. 1857, the conditions of

which were : — " Cash on adjudication — the articles are in
" charge of the agent of the Trinity House and are sold
" without any guarantee on the part of the vendors as to
" quality or quantity ; they are sold free of any charge for
" storage to the 1st of May next—after which the purchaser
" will be subject to charge," adjudged to the Defendant
certain goods, wares and merchandize amounting to the sum
of £175 currency.

The Defendant having refused to pay, the Plaintiffs no-
tified him that on the 24th of the same month of November,
they would resell the goods at his *folle enchère*, and accordingly, on this day, the Defendant not having paid the Plaintiffs, resold the goods to one Julien for the sum of £135 cy.,
on the same conditions as the first sale. In the month of
February following the Plaintiffs brought their action to
recover from the Defendant the sum of £53 11s. 0d., to wit :
£40 being the difference between the first and second sale,
and £13 11s. 0d., costs and charges of the second sale.

Plea — firstly, by perpetual exception — misrepresentation
of place and condition of the goods, and refusal of Plaintiffs
to give a delivery order ; and, secondly, the general issue.

The Plaintiffs proved their case ; the Defendant adduced
no evidence.

Vannovous, for Defendant,—The action as brought does not
lie, inasmuch as the property or the goods sold passed to the
Defendant on adjudication. When the terms of the sale are
agreed on and the bargain is struck, and everything the seller
has to do with the thing is complete, the contract becomes
absolute without actual payment or delivery, and the property and risk incident to the goods rest with the buyer. 7
East Rep. 571 ; 6 B, & C. 360 ; Poth. Vente, n° 309 ; 2 Kent,
Com. 493 ; Poth. Vente, nos 290, 475 ; Troplong, Vente, 679,
687 ; 6 Marcadé, p. 296 ; 3 Camp. Rep. 425 ; 1 Queen's Bench
Reports, p. 595. The Defendant having, therefore, once
become the proprietor, the Plaintiffs ceased to have any
control and could not resell ; their remedy was for the price,

[ARTICLE 1568.]

if they would hold the Defendant to his bargain. The non-payment gave to the unpaid vendor a right to demand *la résolution de la vente*, but the property in the meanwhile had passed to the vendee, and he only could resell to a third person.

Kerr, for Plaintiffs, — A sale for cash in Lower Canada conveys no right in the article sold to the vendee on payment; and even in such cases where the articles have been delivered, the vendor has his right of revendication to attack and recover them—Troplong, Pri. & Hypo. n° 188. The Defendant had therefore acquired no rights in the articles ; he had merely made a contract to buy which he had broken, and consequently was responsible in° damages for such breach, the measure of which damages was the difference between the price which he had contracted to pay, and that which was obtained at the second sale, together with the cost and charges thereof. The action adopted in this case has been sanctioned by numerous cases in England even where the property has passed to the vendee — Story on sales, n° 436, and cases here cited.

PER CURIAM.—The pretention of the Defendant is that the effect of the adjudication was to vest the property of the goods in him, but the case he cited in support of this pretension (1 Queen's Bench, R. 595) is not at all in point, as in that case the vendor gave credit, whereas here, the conditions were cash on adjudication ; there is consequently no analogy between the cases. The Plaintiffs have adopted the mode of proceeding followed in similar cases in England, and which I consider to be the correct mode of procedure. — Judgment for Plaintiffs.

———

* 2 *Kent's Comm.,* } If the buyer unreasonably refuses to *Lect.* 39, *p.* 50:-5. } accept of the article sold, the sel... is not obliged to let it perish on his hands, and run the risk of the solvency of the buyer. The usage on the neglect or refusal of the buyer to come in a reasonable time, after notice, and

pay for and take the goods, is for the vendor to sell the same at auction, and to hold the buyer responsible for the defiency in the amount of sales (1).

CHAPITRE NEUVIÈME.	CHAPTER NINTH.
DE LA VENTE DES VAISSEAUX ENREGISTRÉS.	OF THE SALE OF REGISTERED VESSELS.

1569. Ce qui concerne spécialement la vente des vaisseaux et bâtiments enregistrés se trouve dans le quatrième livre de ce code au titre *Des Bâtiments Marchands.*

1569. Special provisions concerning the sale of registered ships or vessels are contained in the fourth book of this code in the title *Of Merchant Shipping.*

CHAPITRE DIXIÈME.	CHAPTER TENTH.
DE LA VENTE DES CRÉANCES ET AUTRES CHOSES INCORPORELLES.	OF THE SALE OF DEBTS AND OTHER INCORPOREAL THINGS.
SECTION I.	SECTION I.
DE LA VENTE DES CRÉANCES ET DROITS D'ACTION.	OF THE SALE OF DEBTS AND RIGHTS OF ACTION.

1570. [La vente des créances et droits d'action contre des tiers est parfaite entre le vendeur et

1570. [The sale of debts and rights of action against third persons, is perfected between the sel-

---

(1) Sand v. Taylor, 5 Johns 395 ; Adams v. Minick, cited in 5 Serg. & R. 32 ; Girard v. Taggart, ib. 19 ; M'Combs v. M'Kennan, 2 Watts & S. 216. Where the purchaser refused to pay for a thing sold by the sheriff at a public sale, and the sheriff resells the article at a lower price, the rule of damages against the purchaser is the difference between the first bid and the second sale, for that is the loss actually sustained. Lamkin v. Crawford, 8 Ala. 153.

l'acheteur, par l'exécution du titre, s'il est authentique, ou sa délivrance, s'il est sous seing privé.]

ler and buyer by the completion of the title, if authentic, or the delivery of it, if under private signature.]

---

* *C. N.* 1689. } Dans le transport d'une créance, d'un droit ou d'une action sur un tiers, la délivrance s'opère entre le cédant et le cessionnaire par la remise du titre.

Lahaie, sur art. } *Pothier,* Traité du contrat de vente, n. 552.
1689 *C. N.* } —Il faut prendre garde de ne pas confondre le *transport-cession* avec le *transport de simple délégation ou indication.*

Le *transport-cession* contient une vente de la dette qui est transportée, et, en conséquence, l'insolvabilité du débiteur de cette dette tombe sur le cessionnaire à qui le transport en est fait, à moins qu'il ne se soit fait garantir la solvabilité par une clause particulière.

Le *transport de simple délégation* ne contient point de vente : c'est une simple indication que je fais à mon créancier, *undè ipsi solvam,* en lui assignant un de mes débiteurs, et en lui donnant pouvoir d'exiger de lui, en mon nom, ce qu'il me doit, pour être par lui reçu en déduction de ce que je lui dois.

Sirey, t. 14, p. 81. — La cession de l'hypothèque attachée à une créance emporte cession de la créance elle-même, tellement que le créancier ne peut ultérieurement donner la créance dont il a ainsi cédé l'hypothèque.

Dalloz, vente, ch. 2, sect. 1, n. 31.—*S'opère par la remise du titre,* du moins entre le cédant et le cessionnaire. S'il n'y a pas de titre, la délivrance est censée faite par l'acte de transport lui-même. La délivrance n'étant qu'un acte d'exécution, ne dispense pas de prouver le transport. (Merlin, R., v. privilége, § 1.)

[ARTICLE 1570.]

Boileux, vol. 3, p. 309. — La vente est parfaite par le seul consentement des parties ; le transport du droit est parfait dès le moment où elles s'entendent sur la chose et sur le prix, même avant que la délivrance ait eu lieu.

On peut céder toute espèce d'actions. Il faut toutefois excepter les droits d'usage et d'habitation, parce qu'ils sont restreints à la personne de l'usager : et les servitudes, car elles ne peuvent être séparées du fonds au profit duquel elles sont établies.

Quel est le sens de ces mots, *droits* et *actions* sur un tiers ?

L'expression *droit* s'applique, en général, à toute obligation active ; les *actions* supposent un *droit* déjà soumis aux tribunaux.

———

5 *Boileux, sur* } *Entre le cédant et le cessionnaire,* c'est-à-*art.* 1689 *C. N.* } dire, entre le vendeur et l'acheteur, la délivrance s'opère par la remise du titre : cette remise n'a pas pour but de procurer le transport, puisqu'il a eu lieu par le seul consentement ; mais bien, de faciliter à l'acquéreur le moyen de toucher la somme cédée ; car le débiteur pourra ne vouloir payer que sur le vu et sur la restitution du titre par lui souscrit.

S'il n'y a pas de titre, la délivrance s'opère par cela seul que le cessionnaire exerce le droit cédé, sans opposition de la part du cédant : en effet, l'art. 1689 ne peut être limitatif ; autrement, il serait impossible de faire la délivrance d'une créance qui ne serait pas constatée par un titre.— Par ex., si la créance est moindre de 150 francs, il faudra bien que le cessionnaire puisse prouver par témoins l'existence de cette créance.— L'art. 1689 n'est qu'une répétition pure et simple de l'art. 1607 : la remise du titre prouve seulement que le cédant veut mettre le cessionnaire en possession de la créance ; mais ce fait n'est pas nécessaire pour investir le cessionnaire de son droit ; il en a été saisi par le transport.

[ARTICLE 1570.]

Le transport peut se faire, comme les ventes ordinaires, par acte authentique ou par acte privé (art. 1582).

---

24 *Laurent,* }   474. L'article 1689 porte : " Dans le transport
n° 474.   } d'une créance, d'un droit ou d'une action sur un tiers, la délivrance s'opère entre le cédant et le cessionnaire par la remise du titre." Cela avait déjà été dit par l'article 1607; cette disposition est même plus complète que celle de l'article 1689 ; celle-ci ne parle que du transport des créances, la première parle du transport des droits en général, elle décide qu'il y a des droits dont la tradition se fait par l'usage que l'acquéreur fait du droit cédé, avec le consentement du vendeur. Nous renvoyons à ce qui a été dit sur la délivrance. En répétant dans l'article 1689 ce qu'il avait dit dans l'article 1607, le législateur semble attacher quelque importance particulière à la remise du titre, et on pourrait croire que cette remise se lie à la disposition de l'article 1690 qui traite de la transmission du droit cédé. Est-ce que la délivrance, en matière de cession, est requise pour que la propriété du droit passe au cessionnaire, soit entre les parties, soit à l'égard des tiers? Non ; il ne faut pas faire dire à la loi ce qu'elle ne dit point. L'article 1689 traite uniquement de la délivrance ; or, dans la théorie du code, la délivrance n'a rien de commun avec la translation de la propriété, laquelle se fait par le seul concours de volontés ; la délivrance n'est plus que l'exécution du contrat par la mise en possession de l'acheteur. Entre les parties, cela ne fait aucun doute, bien que d'abord les tribunaux s'y soient trompés (1) ; nous dirons plus loin qu'il en est de même à l'égard des tiers.

(1) Cassation, 20 fructidor an x (Dalloz, au mot *Vente,* n° 284). Rejet, 5 février 1829 (Dalloz, au mot *Vente,* n° 1724).

[ARTICLE 1571.]

1571. L'acheteur n'a pas de possession utile à l'encontre des tiers, tant que l'acte de vente n'a pas été signifié et qu'il n'en a pas été délivré copie au débiteur ; il peut cependant être mis en possession par l'acceptation du transport que fait le débiteur : sauf les dispositions contenues en l'article 2127.	1571. The buyer has no possession available against third persons until signification of the act of sale has been made, and a copy of it delivered to the debtor. He may, however, be put in possession by the acceptance of the transfer by the debtor, subject to the special provisions contained in article 2127.

---

* *C. N.* 1690. } Le cessionnaire n'est saisi à l'égard des tiers, que par la signification du transport faite au débiteur.

Néanmoins, le cessionnaire peut être également saisi par l'acceptation du transport faite par le débiteur dans un acte authentique.

---

* 3 *Maleville, sur* } Cet article est conforme à la loi 3, *Cod.*
art. 1690 *C. N.* } *de novat.* à l'article 108 de la coutume de Paris, et à la jurisprudence générale.

Rousseaud, *Transport*, n. 17, rapporte un arrêt de Paris, du 7 juillet 1744, qui cassa une saisie faite par le cessionnaire, sur le débiteur cédé, sans signification préalable de la cession.

Le même auteur dit *eod.*, que si le débiteur cédé paie le cessionnaire, et prend quittance de lui, cela équivaut à signification ; ce qui paraît juste.

---

* 3 *Pothier (Bugnet),* } 554. Le transport d'une rente ou au-
Vente, n° 554 *et s.* } tre créance est, avant que la signification en ait été faite au débiteur, ce qu'est la vente d'une

[ARTICLE 1571.]

chose corporelle avant la tradition : de même que le vendeur d'une chose corporelle demeure, avant que la tradition en ait été faite, possesseur et propriétaire de la chose qu'il a vendue, ainsi que nous l'avons établi ailleurs ; de même, tant que le cessionnaire n'a point fait signifier au débiteur le transport qui lui a été fait, le cédant n'est point dessaisi de la créance qu'il a transportée. C'est ce que porte l'art. 108 de la coutume de Paris : "Un simple transport ne saisit point, " et faut signifier le transport à la partie, et en bailler " copie (1)."

555. De là il suit qu'avant cette signification, le débiteur paie valablement au cédant son créancier ; et le cessionnaire n'a d'action, en ce cas, que contre son cédant, savoir, l'action *ex emplo, ut præstet ipsi habere licere*, et par conséquent à ce qu'il lui remette la somme qu'il ne peut plus exiger du débiteur, qui l'a valablement payée au cédant.

556. De là il suit, 2° qu'avant cette signification, les créanciers du cédant peuvent saisir et arrêter ce qui est dû par le débiteur dont la dette a été cédée ; et ils sont préférés au cessionnaire, qui n'a pas, avant cette saisie et arrêt, fait signifier son transport : ce cessionnaire n'a d'action en ce cas que contre son cédant, savoir, l'action *ex emplo*, pour que son cédant *præstct ipsi habere licere*, et en conséquence ait à lui rapporter la mainlevée des saisies et arrêts, ou à lui payer la somme qu'il ne peut toucher du débiteur par lesdites saisies-arrêts.

557. De là il suit, 3° que si le cédant, après avoir transporté une créance à un premier cessionnaire, a la mauvaise foi d'en faire transport à un second qui soit plus diligent que le

(1) On ne pourrait plus aujourd'hui faire la comparaison que présente ici Pothier, entre la vente d'une chose corporelle, avant la tradition, et la vente d'une créance avant la signification. Le droit est entièrement changé pour la première partie de la comparaison, la vente étant dans le droit nouveau translative de propriété ; (*V.* art. 1583, Cod. civ., p. 135, note 1), seulement les rédacteurs du Code ont conservé les anciens principes sur la translation des créances. (BUGNET).

[ARTICLE 1571.]

premier à signifier son transport au débiteur, ce second cessionnaire sera préféré au premier, sauf au premier son recours contre le cédant (1).

558. Quoique le cessionnaire ait fait signifier son transport au débiteur, à ne considérer que la subtilité du droit, le cédant, nonobstant le transport et la signification, demeure toujours le créancier ; c'est toujours en lui que réside la créance. Cela résulte des principes que nous avons établis dans l'article précédent ; mais *quod juris effectus*, le cédant est, par la signification du transport faite au débiteur, réputé dessaisi de la créance qu'il a cédée ; il n'est plus censé en être le propriétaire ; le cessionnaire est censé l'être ; c'est pourquoi le débiteur ne peut plus valablement payer au cédant ; les créanciers du cédant ne peuvent saisir et arrêter cette créance, parce qu'elle est censée ne plus appartenir à leur débiteur.

Cependant, comme le cessionnaire, même après la signification du transport, n'est que le mandataire, quoique *in rem suam*, du cédant, en la personne de qui, dans la vérité, réside

(1) Ces trois conséquences que présente Pothier, étaient parfaitement conformes aux anciens principes : sous une législation qui n'admet point la translation de la propriété par le seul consentement, qui exige, pour produire cet effet, un acte extérieur et patent, une mise en possession, il est très naturel de dire que la créance ne sortira pas des biens du cédant par le seul consentement des parties, qu'il faudra de plus un acte qui puisse, à cet égard, remplacer la tradition des choses corporelles ; et cet acte équipollent à tradition était la signification du transport. " *Un* " *simple transport ne saisit point, il faut signifier le transport à la par-* " *tie, et bailler copie.*" Tout cela était très concordant.

Mais le législateur qui change le principe sur la translation de propriété des choses corporelles, qui admet que cet effet sera produit par le seul consentement, n'a plus de raison pour se montrer si difficile dans la cession-transport des créances ; tout ce qu'il pourrait alors raisonnablement exiger, ce serait la certitude de la date de la cession.

Aussi la conciliation des art. 711, 1138, 1583 d'une part, avec l'art. 1690 d'autre part, nous a-t-elle toujours paru fort difficile, pour ne pas dire impossible. (BUGNET).

[ARTICLE 1571.]

la créance ; le débiteur peut opposer au cessionnaire la compensation de tout ce que lui devait le cédant avant la signification du transport, ce qui n'empêche pas qu'il ne puisse opposer aussi la compensation de ce que le cessionnaire lui-même lui doit ; le cessionnaire étant lui-même, *non quidem ex juris subtilitate, sed juris effectu, creditor* (1).

---

* 2 *Pothier (Bugnet)*,   502. Nous entendons par *créancier*,
  Oblig., n° 502.   non-seulement la personne même avec qui le débiteur a contracté, mais pareillement les héritiers, et tous ce qui ont succédé à sa créance, même à titre singulier.

Lorsque le créancier a laissé plusieurs héritiers, chaque héritier ne devenant créancier que quant à la part pour laquelle il est héritier, on ne peut payer valablement à l'un des héritiers que la portion qui lui appartient dans la créance, à moins qu'il n'ait le pouvoir de ses cohéritiers de recevoir le total.

Celui à qui le créancier a cédé sa créance à quelque titre que ce soit ; soit de vente, soit de donation, soit de legs, en devient le créancier par la signification qu'il fait au débiteur de son titre de cession, ou par l'acceptation volontaire que le débiteur fait du transport, et par conséquent le paiement qui lui est fait est valable.

Au contraire, l'ancien créancier cesse de l'être par cette signification que le cessionnaire fait au débiteur, ou par l'acceptation du transport ; et le paiement qui serait fait depuis à l'ancien créancier ne serait pas valable (2).

---

(1) Le Code admet encore un autre mode d'investiture pour le cessionnaire, c'est l'acceptation du transport faite par le débiteur dans un acte authentique (art. 1690, 2ᵉ alinéa, ci-dessus, p. 200, note 2), et ce mode est plus avantageux pour le cessionnaire que la signification du transport. *V.* art. 1295, C. civ. (Bugnet).

(2) Mais le paiement fait auparavant serait valable. *V.* art. 1691, C. civ. (Bugnet).

[ARTICLE 1571.]

Pareillement lorsque par une sentence un débiteur arrêté a été condamné de payer à l'arrêtant ce qu'il doit, et que l'arrêt a été déclaré pour consenti par le créancier de cet arrêtant, l'arrêté devient par cette sentence aux droits du créancier de l'arrêté, et le paiement qui est fait par l'arrêté à cet arrêtant est valable.

---

* *Lacombe, Recueil de juris.,*   17. Simple transport ne saisit *v° Transport, n°* 17.   sans signification, *l.* 3, *cod. de novat.* Par. 108. droit comm. Coq. sur Niv. tit. 32. art. 1. mais *v.* Mel. 211. Blois 263. *v.* Délégation ; il faut signification et copie du transport, la science d'ailleurs ne seroit suffisante, Brod. sur Par. 108. n. 1 et suiv. contre Ferrer. et Desp. tom. 1. pag. 13. qui tiennent *arg. l. ult. de transact.* que si le débiteur a sçu la cession, en ce cas s'il paie le cédant, il sera tenu de payer le cessionnaire à cause de sa mauvaise foi. Ar. **7** Juillet 1744. de relevée, plaidant M^{es}. Bercher, Clement et Bidault, juge que des saisies faites par un cessionnaire en vertu de son transport, sans signification préalable au débiteur, étoient nulles, et la Sentence qui avoit prononcé la main-levée de ces saisies, a été confirmée. Mais si le débiteur s'oblige envers le cessionnaire au paiement de la dette cédée, cela vaut signification, Brod. *eod.* n. 2. *v.* Délégation ; même par un acte séparé, Brod. *eod.*

Il en est de même si le débiteur paie le cessionnaire et prend de lui quittance, parce que le paiement par le débiteur vaut acceptation de la délégation, *leg.* 3. *cod. de novat. et delegat.* par ces termes : *Vel aliquid ex debito accipiat.*

Créancier du cédant qui a saisi avant la signification du transport, est préféré, Ar. 28 Septembre 1592. Carond. Tronçon, Ric. Brod. sur Par. 108. quand même il s'agiroit d'une donation d'une dette même pour fondation, bien et duement insinuée, Ar. 30 Août 1706. sur les concl. de M. le Nain, Avoc. Gén. Augeard, tom. 1. Ar. 77. Ainsi donation d'une rente constituée, ou autre droit incorporel, doit être signifiée au débiteur, sans quoi point de tradition, Ric. des donat. part. 1.

[ARTICLE 1571.]

n. 6J5. Celui qui le premicr fait signifier son transport, quoique postérieur en date est préféré, Ric. *eod.* Brod. *eod.*

Si le débiteur paie le cédant avant la signification du transport, il sera valablement déchargé, Ric. *eod.*

Mais le cédant ne peut se servir du défaut de signification du transport, Brod. *eod.* n. 2.

---

* *St. de Québec*, 35 *Vict.*, ch. 6, *s.* 3 *et s.*   Amend. — *L'acte Q.* 35 *Vict.*, c. 6, *ss.* 3, 4 *et* 5, *contient ce qui suit :*

3. Lorsque dans le cas de la vente d'une dette ou d'un droit d'action contre un tiers, le débiteur a quitté la province ou n'y a jamais eu son domicile, la signification de l'acte de vente, requise par l'art. 1571 du Code civil, pourra se faire en publiant en la forme donnée dans la cédule du présent acte ou toute autre forme équivalente, un avis de ladite vente, deux fois en langue française, dans un journal publié en langue française, et deux fois en langue anglaise, dans un journal publié en langue anglaise dans le district où la dette a été contractée ou dans le district où l'action peut être intentée ; et en l'absence de tous tels journaux dans tel district, cet avis sera publié dans de pareils journaux publiés dans l'endroit le plus voisin du dit district.

La délivrance d'une copie de l'acte de vente requise par le dit article 1571 pourra se faire, dans l'un et l'autre cas mentionné dans cette section, en laissant cette copie pour le débiteur, dans les mains du protonotaire du district dans lequel la signification a été publiée.

4. Lorsque dans l'un ou l'autre des cas mentionnés dans la section précédente, une action a été intentée contre le débiteur, la signification de l'action, de la manière prescrite par l'article 68 du Code de Procédure Civile, sera une signification suffisante de l'acte de vente, si dans l'ordre publié en vertu du dit article, il est fait mention de description de la vente ; et la production d'une copie de l'acte de vente avec

[ARTICLE 1571.]

le retour de l'action sera une délivrance suffisante d'icelle au débiteur.

5. Lorsqu'une universalité de rentes ou de dettes a été vendue, soit que cette vente ait eu lieu avant, soit qu'elle ait eu lieu après la mise en force de cet acte, la signification de la vente requise par l'article 1571 du Code civil pourra se faire en publiant l'acte de vente, de la manière prescrite par la troisième section de cet acte, et la délivrance d'une copie requise par le dit article pourra être faite, en déposant une copie du contrat de vente dans le bureau du protonotaire du district dans lequel la succession a été ouverte, ou dans lequel sont situées les propriétés qui sont grevées desdites dettes, ou du district dans lequel est ou était le principal siège des affaires du créancier originaire. Et tels publication et dépôt, une fois faits, seront une signification et délivrance suffisantes à l'égard de chaque débiteur individuellement.

––––––––

24 *Laurent,* no 481 *et s.* 481. L'article 1690 dit que le cessionnaire n'est *saisi*, à l'égard des tiers, que par la signification du transport faite au débiteur, ou par l'acceptation que celui-ci en fait dans un acte authentique. Que veut dire le mot *saisi?* Il est emprunté à la coutume de Paris, dont l'art. 108 est ainsi conçu : " Un simple transport *ne saisit point ;* il faut signifier le transport à la partie et en bailler copie." Pothier va nous expliquer le sens que l'on attachait, dans l'ancien droit, aux mots *saisir* et *saisine.* "Le transport d'une créance est, avant que la signification en ait été faite au débiteur, ce qu'est la vente d'une chose corporelle avant la tradition. De même que le vendeur d'une chose corporelle demeure, avant que la tradition en ait été faite, possesseur et propriétaire de la chose qu'il a vendue ; de même, tant que le cessionnaire n'a point fait signifier au débiteur le transport qui lui a été fait, le cédant n'est point dessaisi de la créance qu'il a transportée." C'est-à-dire que la propriété, dans l'ancien droit, ne passait à l'acheteur qu'avec la posses-

sion; or, le cessionnaire n'était saisi ou en possession, à l'égard du débiteur et de tous tiers, que par la signification du transport. C'est aussi en ce sens que l'article 1690 dispose que le cessionnaire n'est saisi, à l'égard des tiers, que par la signification ou l'acceptation de la cession. Seulement ce qui autrefois était le droit commun est devenu, dans le droit moderne, une exception. L'acquéreur d'une chose corporelle devient propriétaire à l'égard des tiers, comme à l'égard du vendeur, par le seul fait de la convention ou du concours de volontés : tel était du moins le système du code civil ; tandis que pour la cession de créances, la loi exige une formalité, une signification ou une acceptation, pour que le cessionnaire devienne propriétaire à l'égard des tiers. Tel est le sens du mot *saisi* et du principe que la loi etablit.

482. Ainsi le principe établi par l'article 1690 signifie que le cessionnaire ne devient créancier à l'égard des tiers que par la signification ou l'acceptation de la cession, tandis qu'à l'égard du cédant il acquiert la propriété de la créance par le seul fait de la vente. Quel est le motif de ces formalités spéciales à la cession de créances ? On a dit avec raison que c'est une espèce de publicité que la loi requiert pour que la cession puisse être opposée aux tiers, lesquels, sans cette publicité, n'auraient aucune connaissance de la cession et pourraient facilement être trompés. A l'égard du débiteur cédé, la publicité est complète, car il est averti directement par la signification du transport ; et s'il l'accepte, son acceptation implique qu'il a connaissance de la cession. La publicité est moindre à l'égard des autres tiers qui ont intérêt à connaître l'existence du transport ; on pourrait même croire, à première vue, qu'à leur égard la cession reste clandestine. Mais la loi suppose que les tiers savent que la cession n'a aucun effet contre le débiteur tant qu'elle n'a pas été signifiée à celui-ci ; la plus simple prudence leur commande donc de s'adresser au débiteur, afin de s'enquérir si une signification lui a été faite : tel serait un second cessionnaire ou un créancier gagiste. La publicité est certes imparfaite si on la

[ARTICLE 1571.]

compare à celle qui résulte d'une inscription sur des registres publics ; et c'est parce qu'elle est imparfaite que la loi belge sur le régime hypothécaire a prescrit une publicité plus efficace, en ordonnant que la cession des créances hypothécaires ou privilégiées ne pourrait être opposée aux tiers que lorsqu'elle a été inscrite sur le registre du conservateur des hypothèques (art. 5). Mais cette dérogation au code civil est limitée aux créances qui sont garanties par une hypothèque ou un privilége ; les autres créances restent sous l'empire du code. Nous reviendrons sur l'innovation, au titre des *Hypothèques.*

Nous devons engager nos jeunes lecteurs à se défier de ce que Troplong dit sur les motifs des formalités prescrites par l'article 1690. Il prétend que l'article 1690 est le corollaire du principe porté dans l'article 1141, qui veut qu'en fait de meubles, la possession ne soit déplacée à l'égard des tiers que par la tradition. D'abord il ne s'agit pas de savoir si la *possession* est déplacée ; la *saisine* de l'article 1690 concerne le transport de la *propriété.* Puis il est inexact de rattacher l'article 1690 à l'article 1141, parce que les principes qui régissent la vente de meubles corporels et la vente de droits de créance sont tout à fait différents : celui qui achète un meuble corporel devient, en général, propriétaire à l'égard de tous dès que la vente est parfaite, abstraction faite de toute tradition, sauf dans le cas exceptionnel prévu par l'article 1141 ; tandis que le cessionnaire d'une créance ne devient pas propriétaire, à l'égard des tiers, par le seul fait de la cession. Quant au motif pour lequel la loi exige une formalité spéciale pour que le cessionnaire devienne propriétaire à l'égard des tiers, il est étranger à la transmission de la possession ; cela était vrai dans l'ancien droit, que Troplong aime beaucoup à consulter, mais qui parfois l'égare au lieu de l'éclairer ; cela n'est plus vrai en droit moderne. Il faut donc laisser l'ancien droit de côté en cette matière. Si le législateur a soumis les cessions de créance à une certaine publicité, alors qu'il n'en établit aucune pour la vente de

[ARTICLE 1572.]

choses corporelles, la raison en est très-simple, c'est qu'il y a un débiteur en cause, et le débiteur doit nécessairement être informé du transport, puisque le transport a pour effet de le faire changer de créancier ; et, une fois la formalité exigée dans l'intérêt du debiteur, elle devait profiter à tous les tiers. Voilà comment il se fait que le code a organisé une demi-publicité pour la cession de créances, alors que la vente, en général, reste clandestine.

483. Quelles sont les formalités que le cessionnaire doit remplir pour être saisi à l'égard des tiers ? L'article 1690 répond à la question : c'est la signification du transport au débiteur, ou son acceptation. On a prétendu qu'il fallait de plus la délivrance par la remise du titre, conformément à l'article 1689. La jurisprudence a repoussé cette prétention, en ce qui concerne le droit du cessionnaire à l'égard du tiers, comme elle l'a repoussée en ce qui concerne les rapports du cédant et du cessionnaire (n. 474). La raison de décider est la même. L'article 1689 dit simplement comment se fait la délivrance ; du reste, il n'exige pas la remise du titre pour la perfection de la vente, ni pour la transmission du droit à l'égard des tiers. Dans le système du code, la délivrance ou tradition n'a rien de commun avec la transmission de la propriété, ni entre les parties ni à l'égard des tiers ; elle ne concerne que l'exécution de la vente ; si elle n'est pas faite, le vendeur manque à l'une des obligations qu'il contracte à l'égard de l'acheteur ; il en résulte que celui-ci peut demander la résolution de la vente ; mais tant que la vente subsiste, il est propriétaire et à l'égard du vendeur et à l'égard des tiers.

1572. Si, avant la signification de l'acte par l'une des parties au débiteur, ce dernier paie au vendeur, il est libéré.	1572. If before the signification of the act by one of the parties to the debtor he have paid to the seller, he is discharged.

[ARTICLE 1572.]

* C. N. 1691. } Si, avant que le cédant ou le cessionnaire } eût signifié le transport au débiteur, celui-ci avait payé le cédant, il sera valablement libéré.

———

Lahaie, sur art. } *Pandectes françaises.* — Jusqu'à la notifi-
1691 *C. N.* } cation de l'acte, les créanciers du cédant peuvent saisir et arrêter entre les mains du débiteur, qui alors ne peut plus payer valablement au préjudice de l'opposition.

Delvincourt, t. 2.—Mais il faut, dans ce cas, que la quittance ait une date certaine ; autrement, elle serait censée n'en avoir point d'autre que celle du jour où elle serait représentée.

(Voir Delvincourt, t. 3, p. 170 et 169 ; Pigeau, procédure civile, t. 2, p. 63 ; Toullier, t. 7, n. 285 et 117 ; Persil, sur l'art. 2148 du Code civil, et Questions, t. 1, p. 374 ; Pothier, n. 559 ; Proudhon, Usufruit, n. 2267 ; Toullier, t. 7, n. 120, note ; Pigeau, procédure civile, t. 2, p. 46.)

———

Voy. *Pothier, Vente,* cité sur art. 1571.

———

* 2 *Troplong, Vente,* } 901. On peut demander si cette con-
- *nº* 901. } naissance indirecte acquise par le débiteur, et de nature à le lier, peut être opposée aux tiers comme suffisante pour avoir investi le cessionnaire.

Cette question a été soumise à la Cour de cassation, qui l'a résolue contre les tiers par arrêt de la chambre des requêtes du 25 juillet 1832.

Une créance sur Delaunay avait été l'objet de nombreux transferts. Du sieur Fould elle était passée à Jouenne, qui avait fait faire des saisies-arrêts ; de Jouenne elle avait été cédée à Prudhomme, qui l'avait vendue à Ardouin, après avoir pratiqué à son tour des oppositions. Fould prétendit

[ARTICLE 1572.]

que toutes ces cessions étaient simulées et frauduleuses ; que lui seul était propriétaire de la créance sur Delaunay. Un arrêt par défaut rendu entre lui et Prudhomme le décida ainsi, et Prudhomme le laissa passer en force de chose jugée. Mais Ardouin y forma tierce opposition dans les délais utiles, comme cessionnaire de Prudhomme. Fould lui objecta que sa cession n'avait pas été signifiée au débiteur.

Sur ce débat, la Cour de cassation considéra que Delaunay avait été partie dans tout le litige qui avait été engagé, à raison des saisies-arrêts pratiquées par les divers porteurs de la créance ; qu'ainsi il avait eu connaissance suffisante et officielle du transport et avait su entre les mains de qui il devait payer ; qu'ainsi le vœu de l'art. 1690 avait été rempli.

Cette décision me semble répugner singulièrement à la pensée de cet article, qui veut que l'acquiescement du débiteur au transfert soit fait par acte authentique. Supposons que le débiteur accepte le transfert par acte sous seing privé ; cette acceptation n'aura pas d'effet à l'égard des tiers. Eh bien ! dans l'espèce, le débiteur n'avait ni accepté, ni répudié le transport ; il avait gardé le silence ; il était resté spectateur neutre du conflit relatif au sérieux de la cession. Dès lors, était-il rationnel d'admettre que cet état passif du débiteur dût produire plus d'effet qu'une acceptation formelle sous seing privé ?

A la vérité, nous avons admis au numéro précédent que le débiteur est lié par une connaissance indirecte. Mais, comme nous le dirons tout à l'heure, il se trouve dans une position différente des autres tiers, puisque, pour lier ceux-ci, la loi exige une acceptation authentique, tandis qu'une acceptation sous seing privé suffit pour qu'il ne puisse payer entre les mains du cédant.

Du reste, il est un point qui me paraît à l'abri de toute controverse : c'est que la connaissance indirecte que les tiers, autres que le débiteur, auraient de l'existence du transport, non signifié ni accepté, ne pourrait les empêcher de saisir pour le compte du cédant entre les mains du débiteur, et qu'un second cessionnaire ne devrait pas être considéré comme de mauvaise foi et comme devant être primé par un premier cessionnaire qui n'aurait pas signifié son transport, tandis que le sien serait revêtu de cette formalité. On objecterait en vain l'art. 1142 du Code Napoléon ; sa disposition n'est pas applicable ici. La matière des transports est réglée par des principes particuliers. Tout est imparfait à l'égard des tiers tant que la signification n'a pas été faite. Qu'importe la connaissance de la cession, puisque sans signification elle est présumée simulée et non sérieuse à l'égard des tiers ?

J'ai parlé tout à l'heure de l'acceptation du transport par le débiteur, faite dans un acte authentique, comme d'un équipollent légal de la signification (art. 1690)

Il serait indifférent que cette acceptation fût contenue dans le titre même que renferme le transport, pourvu qu'il fût authentique. La loi n'exige pas que l'acceptation soit faite séparément ; tout ce qu'elle veut, c'est qu'il y ait une acceptation solennelle.

Mais cette acceptation authentique n'est nécessaire que pour la sûreté des tiers. Si le débiteur avait accepté par acte sous seing privé, il serait engagé d'après l'art. 1322 du Code Napoléon ; le cessionnaire serait saisi à son égard, et tout paiement fait au cédant au mépris de cet engagement ne pourrait lui porter préjudice. Il en serait de même si l'acceptation était verbale, pourvu qu'elle fût prouvée par un aveu ou de toute autre manière ; ou même si elle résultait implicitement d'un fait qui contiendrait une adhésion nécessaire, comme par exemple si le débiteur payait au cessionnaire une partie de la somme due, ou des intérêts et des arrérages Il est clair que le fait du paiement équivaut à une acceptation.

902. La signification du transport doit être faite par acte d'huissier à personne ou domicile.

1573. Les deux derniers articles qui précèdent ne s'appliquent pas aux lettres de change, billets, cheques ou mandats sur banquier, payables à ordre ou au porteur, dont la cession ne requiert pas de signification; non plus qu'ai · *débentures* pour le paiement de sommes d'argent; ni au transport des actions dans les fonds de compagnies incorporées, qui est réglé par les actes d'incorporation ou des règlements respectifs de ces compagnies.

Les billets pour deniers ou pour la livraison de grains ou autres choses, payables à ordre ou au porteur, peuvent être transportés par endossement ou délivrance, sans signification, soit qu'ils soient faits d'une manière absolue ou sous condition.

1573. The two last preceding articles do not apply to bills, notes or bank checks payable to order or to bearer, no signification of the transfer of them being necessary; nor to debentures for the payment of money, nor to transfers of shares in the capital stock of incorporated companies, which are regulated by the respective acts of incorporation or the by-laws of such companies.

Notes for the delivery of grain or other things, or for the payment of money, and payable to order or to bearer, may be transferred by endorsement or delivery, without notice, whether they are payable absolutely or subject to a condition

---

1574. La vente d'une créance ou autre droit, en comprend les accessoires, tels que cautionnements, priviléges et hypothèques.

1574. The sale of a debt or other right includes its accessories, such as securities, privileges and hypothecs.

[ARTICLE 1574.]

* *C. N.* 1615, 1592.   1615. L'obligation de délivrer la chose comprend ses accessoires et tout ce qui a été destiné à son usage perpétuel.

1692. La vente ou cession d'une créance comprend les accessoires de la créance, tels que caution, privilége et hypothèque.

———

Voy. *C. C. B. C.*, arts. 1024 et 1498.

———

Lahaie, sur art. 1615, 1692 *C. N.*   *Domat*, Loi civiles, liv. 1, tit. 2, sect. 4, n. 9. — Tout ce qui fait partie de la chose vendue, ou qui en est un accessoire, entre dans la vente, s'il n'est réservé. Ainsi, les arbres qui sont dans un héritage, les fruits pendans, les échalas qui sont dans une vigne, les clés d'une maison, les tuyaux qui y conduisent une fontaine, ses servitudes, et tout ce qui y est attenant et destiné à perpétuelle demeure, et les autres accessoires semblables, font partie de ce qui est vendu, et sont à l'acheteur.

N. 10. — Les choses détachées d'un bâtiment, mais dont l'usage est accessoire, comme la corde et les sceaux d'un puits, les robinets d'une fontaine, son bassin et autres semblables, et celles aussi qui n'ont été détachées que pour les y remettre, en sont des accessoires et entrent dans la vente, ou n'y entrent point : il faut considérer les circonstances de l'usage de ces choses, de leur destination à cet usage, du lieu où elles sont lors de la vente, de l'état des lieux vendus, et sur-tout de l'intention des contractans, pour reconnaître ce qu'on a voulu comprendre dans la vente, ou ne pas y comprendre.

N. 11. — Les accessoires des ventes mobilières qui peuvent en être séparés entrent dans la vente, ou n'y entrent pas, selon les circonstances. Ainsi, un cheval étant exposé en vente sans son harnais, l'acheteur n'aura que le cheval nu ; et s'il est présenté en vente avec le harnais, il aura le tout, si ce n'est que dans l'un et l'autre cas, il eût été convenu d'une autre manière.

[ARTICLE 1574.]

Pothier, Traité du contrat de vente, n. 47. — Les titres et tous les renseignemens qui concernent l'héritage en sont les accessoires, que le vendeur est obligé de remettre à l'acheteur.

Grenier, discours au Tribunat, 6 mars 1804.—On pourrait, au premier abord, trouver trop de laconisme dans cet article.

Mais toute explication eût été inutile, parce que, dans le titre du Code, *de la Distinction des biens*, on verra à sa véritable place tout ce qui peut former les accessoires d'un immeuble, et tout ce qui doit être considéré comme ayant été destiné à son usage perpétuel.

Duranton, t. 16, n. 216.—La vente d'un domaine, faite sans autre explication, comprend les animaux attachés à la culture, les instrumens aratoires, et tous les autres objets devenus immeubles par destination.

Le vendeur doit aussi délivrer à l'acheteur tous les titres de propriété, à moins que, à raison de quelque circonstance particulière, il n'en eût besoin lui-même.

N. 217. — Le vendeur devrait remettre à l'acheteur la portion du trésor trouvé dans le champ depuis la vente, et qui est attribué au propriétaire, bien que le trésor ne soit point une partie de la chose.

Une maison doit être délivrée avec les clés des portes et autres ustensiles qui en dépendent. Les titres, les plans et autres renseignemens sont aussi des accessoires, mais le vendeur n'est pas tenu d'en donner d'autres que ceux énoncés au contrat. Le vendeur doit remettre tous les titres qu'il a; il n'est pas obligé de procurer, à ses frais, des expéditions de titres anciens qu'il n'a pas.

Pour savoir quelles choses sont destinées à l'usage perpétuel de celle vendue, il faut consulter les art. 524 et 525.

Rolland de Villargues, v. transport, n. 94.—La cession générale de tous droits et actions, sans aucune réserve, comprendelle celle des actions rescindantes et rescisoires? La négative, enseignée par Rousseau-Lacombe, et MM. Proudhon et Delvincourt, a été adoptée par la Cour de Limoges, le 27 novembre 1811.

[ARTICLE 1575.]

Duranton, t. 16, n. 507.—Nous pensons que les arrérages ou intérêts déjà échus au moment de la cession, et encore dus par le débiteur, sont compris dans la vente, car ce sont là des accessoires. Cependant on pourrait dire que les intérêts et arrérages sont des fruits civils, qui s'acquièrent jour par jour, et en conclure, dans l'opinion contraire, que c'est une chose due au vendeur, indépendamment du capital.

La cession de tous droits et actions ne comprend pas les actions en nullité ou rescision qui appartenaient au cédant. Les actions rescisoires ne sont jamais comprises dans une cession générale : elles doivent être cédées spécialement. (Sirey, t. 14, p. 103.) Delvincourt, t. 3, p. 170, même opinion ; Dalloz, *idem*, v. vente, ch. 2, sect. 1, n. 12.

Duvergier, vente, t. 2, n. 219. — Propriétaire de la créance, le cessionnaire l'est également de tout ce qui s'y rattache et de tout ce qu'elle produit, en vertu du droit d'accession. (Art. 547 du Code civil.) Ainsi, lorsque l'objet de la cession est un capital productif d'intérêts ou une rente, les intérêts ou les arrérages échus depuis la cession appartiennent au cessionnaire. Il en est de même de ceux qui étaient échus avant la cession, à moins qu'ils n'aient été réservés par le cédant.

Boileux, vol. 3, p. 313. — Le transport ne change pas la nature de la créance ; il donne seulement au débiteur un nouveau créancier.

| 1575. Les arrérages d'intérêts accrus avant la vente ne sont pas compris comme accessoires de la dette. | 1575. Arrears of interest accrued before the sale are not included in it as an accessory of the debt. |

---

* 1 *Denizart*, *v°* *Accessoire*, n° 4. } Il en est autrement quand l'héritage est affermé : l'acquéreur ne peut alors demander que les loyers ou les fermages échus depuis la vente.

[ARTICLE 1575.]

* 16 *Duranton, Vente,* ⎫ 507. La vente, cession ou transport
    n° 507. et s. ⎬ d'une créance, comprend les acces-
soires de' la créance, tels que caution, privilége et hypothèque. (Art. 1692.)

Mais emporte-t-elle les arrérages ou intérêts déja échus au
moment de la cession et encore dus par le débiteur ?

Ce sont bien là des accessoires, mais les intérêts et arrérages sont des fruits civils, qui s'acquièrent jour par jour
(art. 586) : d'où l'on pourrait vouloir conclure que c'est une
chose due au vendeur indépendamment du capital, et que
puisque la cession n'en fait pas mention, ils ne sont point
compris dans la vente. Cependant nous pensons qu'ils y sont
compris, par cela même que le vendeur ne se les ait pas réservés. C'est là une dépendance de la créance ; ce n'est qu'en
raison du capital lui-même qu'ils sont dus, tellement que si
le capital venait à être prescrit, il n'y aurait pas lieu à demander les intérêts ou arrérages échus depuis moins de cinq
ans, pas plus que ceux qui seraient antérieurs. D'ailleurs, le
vendeur doit expliquer clairement ce qu'il vend, ce à quoi il
s'oblige, et tout pacte obscur ou ambigu s'interprète contre
lui. (Art. 1602.)

508. Dans la vente générale de tous les droits et actions
appartenant au cédant, jadis on ne comprenait pas les actions
en rescision ou en nullité qui pouvaient lui compéter, à
moins qu'il n'y eût convention à cet égai.', du moins telle
était l'opinion la plus suivie. On pensait que le cédant pou-.
vait avoir des raisons particulières pour ne pas demander la
rescision où nullité de tel ou tel acte qu'il avait consenti, ou
qu'avait consenti son auteur ; et en conséquence on présu-
mait qu'il n'avait pas voulu donner à un autre le droit de le
faire. Voyez Lacombe, v° *Rest...* *n*, section 1, n° 15 ; et la
question a été jugée en ce sens sous le Code, par la Cour de
Limoges, le 27 novembre 1811. Sirey, 1814-2-103.

Dans l'espèce, il s'agissait d'une vente de droits successifs,
d'une vente *de tous les droits paternels et collatéraux.* Les
motifs donnés par l'arrêt ne nous paraissent toutefois pas

[ARTICLE 1575.]

bien concluans, surtout celui tiré de la loi 25, § 1, ff. *de mi-norib.*, où l'on dit que celui qui a une procuration générale ne peut demander la restitution en entier pour le mineur, parce que celui-ci ne voudrait peut-être pas demander la rescision d'un acte fait par son auteur, ou fait par lui dans de certaines circonstances qu'il ne lui conviendrait pas de divulguer. On le conçoit volontiers; dans notre Droit aussi celui qui a une procuration générale ne pourrait non plus exercer les actions en rescision (art. 1988); mais il y a une grande différence entre exercer une action dans l'intérêt d'autrui, et l'exercer dans son propre intérêt. La question revient donc à savoir si celui qui vend *tous* ses droits successifs quant à l'hérédité d'un tel, vend par cela même les actions en rescision ou en nullité que pouvait intenter le défunt, et pour nous, cela n'est pas douteux; car ce ne sont pas là des droits exclusivement attachés à la personne: on le reconnaît bien, puisque l'on convient que si le contrat de vente portait convention à cet égard, l'acheteur pourrait exercer ces actions. Quoi! si le défunt a vendu un immeuble à peine le quart de sa valeur, et que son héritier transporte à un tiers *tous ses droits successifs*, l'action en rescision de cette vente ne sera pas censée comprise dans ce transport! C'est ce que nous ne pouvons admettre. Pourquoi n'en a-t-il pas fait la réserve? Il était tenu d'expliquer clairement ce qu'il vendait; or, en vendant tous ses droits relatifs à cette hérédité, il a évidemment vendu l'action dont il s'agit, et autres analogues.

509. De ce que la cession d'une créance emporte avec elle tous les accessoires et avantages attachés au droit cédé, il suit de la que le cessionnaire d'un titre exécutoire n'a pas besoin de se faire autoriser par justice pour le mettre à exécution, et qu'il n'est même pas obligé de le signifier avant de faire commandement au débiteur sur lequel il fait faire saisie; il suffit que la signification accompagne ce commandement; il n'est pas de rigueur qu'elle le précède. *Sic* jugé à Nîmes, le 2 juillet 1808. Sirey, 9-2-61.

[ARTICLE 1575.]

* 1 *Guyot, v° Accessoire,* } Les fruits pendans par racines, ou
p. 108.   } qui sont encore sur les arbres d'un
héritage dans le temps de la vente, appartiennent à l'acqué
reur comme Accessoires du fonds, à moins qu'il n'y ait une
convention contraire ; mais il n'en est pas de même quand
l'héritage est affermé : l'acquéreur ne peut alors demander
que les loyers ou les fermages échus depuis la vente. L'édifice bâti sur le fonds d'autrui appartient, comme Accessoire
au propriétaire du fonds. Les circonstances peuvent néanmoins quelquefois déterminer les Juges à ordonner le remboursement de la valeur de l'édifice, ou d'une partie de cette
valeur, en faveur de celui qui a bâti, surtout si c'est un fermier ou locataire ; mais l'édifice ne doit point être détruit
par voie de fait, malgré le propriétaire du fonds.

---

* 2 *Duvergier, Vente,* } 218. Ainsi tous les accessoires de la
n° 218 et s.   } créance, tels que cautions, privilège et
hypothèque, tous les moyens d'exécution, tel que la contrainte par corps, la voie parée, etc. sont transn .s au cessionnaire.

219. Propriétaire de la créance, il l'est également de tout
ce qui s'y rattache et de tout ce qu'elle produit, en vertu du
droit d'accession et conformément aux principes établis par
les art. 547 et suiv. du Code civil.

220. Par conséquent, lorsque l'objet de la cession est un
capital productif d'intérêts, ou une rente, les intérêts ou les
arrérages échus depuis la cession appartiennent au cessionnaire.

221. Il en est de même de ceux qui étaient déjà échus au
moment de la cession, à moins qu'ils n'aient été réservés par
le cédant. A la vérité, ils ne sont pas des fruits, relativement
à celui qui n'est devenu propriétaire de la chose principale,
que postérieurement à leur échéance ; mais il est présumable
que l'intention commune des contractans a été de les comprendre dans la cession. Cette intention résulte surtout de la

remise des titres par le cédant, puis qu', sans titres, il ne peut plus poursuivre le paiement.

222. Dans l'ancienne jurisprudence, la cession même générale des droits et actions ne comprenait pas les actions rescindantes et rescisoires, parce que, dit Rousseaud de Lacombe, elles dépendent absolument de la volonté, que quelquefois il y va de l'honneur et de la réputation, et que *actionis verbo non continetur exceptio.* Un arrêt de la Cour de Limoges a consacré cette doctrine. La Cour de Bordeaux, au contraire, l'a condamnée ; et la Cour de cassation a rejeté le pourvoi dirigé contre son arrêt ; par le motif qu'il appartient aux juges du fond de statuer, d'après l'appréciation des actes, sur la question de savoir si le cédant a entendu transmettre même les actions rescindantes et rescisoires : ce qui est bien décider que ces actions ne sont point d'une nature telle qu'il faille, pour en opérer la transmission, une clause expresse et spéciale.

On s'est attaché à démontrer que les lois romaines invoquées par les anciens auteurs, pour justifier leur opinion, n'ont pas le sens qu'ils leur attribuaient ; il me semble que cela est inutile. Sous l'empire du Code civil, tous les droits qui ne sont point attachés à la personne sont transmissibles ; dès que les termes de la cession sont généraux et absolus, il est impossible d'admettre aucune exception. Si le cédant pensait que son honneur et sa réputation pussent être compromis par l'exercice d'une action en nullité ou en rescision, il devait l'excepter formellement du transport qu'il faisait. Ne serait-il pas d'ailleurs singulier que le débiteur, contre lequel serait exercée l'action, vînt se faire le défenseur d'office de la bonne renommée du cédant, et montrât une susceptibilité que peut-être celui-ci n'éprouve pas ?

Il faut donc reconnaître que tous les droits du cédant sont, à moins d'exception, transmis au cessionnaire ; et qu'ainsi, par exemple, celui à qui le vendeur d'un immeuble a cédé sa créance contre l'acheteur, a, comme le vendeur, le droit

[ARTICLE 1575]

de demander la résolution de la vente, à défaut de paiement
du prix.

———————

* 6 *Marcadé, sur art.* ⎱ I. — Il est tout simple que la vente
1692 C. N. ⎰ d'une créance comprenne de plein
droit, et sans qu'il soit besoin que le contrat s'en explique,
les accessoires de cette créance ; mais il n'est pas toujours
sans difficulté de savoir si tel ou tel droit est ou n'est pas un
accessoire de la créance vendue.

Le cautionnement, l'hypothèque ou le privilége qui garantissent une créance en sont évidemment des accessoires,
puisqu'ils ne sont rien autre chose que des moyens d'en
mieux assurer l'exécution, et que, la créance tombant ces
divers droits tomberaient et n'auraient plus de raison d'être :
il n'y a pas de cautionnement possible, pas d'hypothèque ou
de privilége possible, là où il n'y a pas une créance dont ces
droits seront une dépendance. Le droit, résultant pour le
créancier de la créance, d'exercer au besoin la contrainte
par corps pour se faire payer, ainsi que celui que donne un
titre exécutoire d'agir par voie parée, c'est-à-dire sans avoir
à demander jugement, sont encore des accessoires de la
créance, puisqu'eux aussi tomberaient si, par une cause
quelconque, la créance tombait. Le droit de recevoir les intérêts que la créance produira, et même le droit d'exiger le
payement des intérêts déjà échus lors de la vente, sont encore à considérer comme des accessoires passant à l'acheteur par l'effet naturel de la cession. Sans doute il n'y aurait
rien d'étrange à laisser en dehors de la vente les intérêts
actuellement échus ; mais il faudrait s'en expliquer : car ces
intérêts échus, quoique leur existence ultérieure ne dépende
plus de l'existence ultérieure de la créance, sont néanmoins
une dépendance de cette créance, c'est en vertu du même
titre qu'ils seront exigés ; ils sont si bien des accessoires, et
la créance en est si bien le principal, que ce mot de *principal*
est précisément celui que le langage habituel emploie par
opposition à tous intérêts, soit échus, soit à écheoir. Ils

[ARTICLE 1575.]

doivent donc faire partie de la cession, d'après notre article, tant qu'une clause expresse ou quelque autre circonstance particulière n'indique pas une volonté contraire.

II.—Mais faut-il aussi considérer comme accessoires de la créance, et comme étant dès lors transmis de plein droit au cessionnaire, tous les droits qui compétaient au cédant en vertu du contrat ou acte quelconque qui a donné naissance à la créance cédée, notamment les actions en nullité, en rescision ou en résolution ? Ainsi, j'ai vendu ma ferme pour 60,000 francs dont je ne suis pas payé, et je cède à Pierre ma créance sur mon acheteur : Pierre pourra-t-il, à défaut de payement, intenter l'action en résolution et prendre la ferme ? Pourra-t-il, si le prix de la vente est inférieur aux cinq douzièmes de la valeur de la chose, intenter l'action en rescision pour vileté du prix ? Pourrait-il, si la ferme n'avait été vendue par moi qu'avec faculté de rachat, exercer ce rachat ?... M. Troplong (II, 916) et M. Duvergier (II, 222) enseignent l'affirmative ; mais leur doctrine n'est qu'une erreur résultant d'une confusion manifeste, puisque, pour justifier ce prétendu effet d'une cession *de la créance*, ils argumentent tous deux d'une cession *de tous les droits et actions.*

C'est sans doute par inadvertance que ces deux jurisconsultes n'ont pas saisi la profonde différence qui existe entre le cas où je cède, dans l'hypothèse ci-dessus, tous les droits que j'ai contre Pierre par suite de la vente que je lui ai faite, et celui où je cède seulement ma créance de 60,000 francs sur lui. Quand je cède tous mes droits, il est clair que mon cessionnaire est mis en mon lieu et place, et peut faire en général tout ce que j'aurais pu faire moi-même ; en sorte que, si on lui refuse l'exercice de telle ou telle des actions que j'aurais pu exercer, ce ne pourra être que par une exception fondée sur quelque circonstance particulière appréciée par le juge du fait : hors de là et quand rien ne révèle l'intention d'excepter de la cession quelqu'une des actions, elle les comprend toutes. Mais quand, au contraire, je cède simplement ma créance de 60,000 francs sur Pierre, il est

[ARTICLE 1575.]

clair que mon cessionnaire n'acquiert pas d'autre action que l'action en payement de la somme due. Toute autre action ne saurait lui appartenir, puisqu'elle n'est ni la créance cédée, ni un accessoire de cette créance.

L'action pour laquelle on pourrait douter le plus, c'est celle en résolution de la vente de l'immeuble à défaut de payement du prix ; et M. Zachariæ, en effet, tout en professant notre principe, y fait exception pour elle et la prétend un accessoire de la créance, parce que, dit-il, elle est un moyen de la faire valoir (II, p. 599, note 22). L'idée est inexacte et le motif mauvais ; car il se peut souvent que des circonstances, même complétement étrangères à la créance que j'ai sur un tiers, soient pour moi de très-bons moyens d'obtenir payement de cette créance, et elles n'en seront certes pas des accessoires pour cela, puisqu'elles lui sont, on le suppose, parfaitement étrangères. Non, le droit de résolution du vendeur, quoiqu'il soit aussi, en dehors de son but direct, un moyen de plus d'obtenir le payement de la créance, n'est point un accessoire de cette créance. Loin que le premier droit soit l'accessoire du second, il ne coexiste même pas avec lui, il ne lui est pas concomitant, il ne prend naissance qu'après que celui-ci a cessé d'exister : la demande en résolution implique et présuppose la renonciation au droit de demander payement, la renonciation à la créance ; or un droit qui ne peut pas exister tant qu'existe un autre droit, ne peut certes pas être l'accessoire de celui-ci. C'est ce que reconnaît M. Duvergier lui-même. Lui qui, par une étrange contradiction, enseigne, au n° 222, que toutes actions, et surtout celle en résolution, sont comprises dans la cession de la créance comme accessoires de cette créance, dit ailleurs (p. 259) "que le vendeur payé en billets, en transmettant ces billets à un tiers, lui cède le droit d'exiger le payement et aussi le privilége, c'est-à-dire le droit d'être payé par préférence, mais *ne lui cède pas l'action en résolution de vente*, parce que cette action N'EST PAS L'ACCESSOIRE DU DROIT D'EXIGER LE PAYEMENT ; *elle suppose, au contraire, le non-payement*."

[ARTICLE 1575.]

III.—Nous avons vu plus haut que les créances constatées par des lettres de change ou billets à ordre se transmettent sans aucun besoin de signification au débiteur ou d'acceptation par lui et par un simple endossement du titre. On s'est demandé à ce sujet si la transmission ainsi faite reçoit l'application de notre article et opère le transport des priviléges ou hypothèques qui garantissent la créance ainsi cédée.

Pour la négative, admise par un arrêt de Bruxelles du 7 floréal an 9, par un arrêt de Lyon du 22 mars 1830, et fortement soutenue devant la Cour suprême par M. Dalloz, dans un pourvoi dirigé contre un autre arrêt de Lyon, rendu en sens contraire (Dev., 33, 1, 353), on dit: 1° que, l'endossement n'étant admis par la loi que pour les matières commerciales, les priviléges et hypothèques, droits purement civils, ne sauraient dès lors être transmis par cette voie; 2° que ce moyen de transmission serait d'ailleurs inconciliable avec le droit accordé à tout détenteur d'un immeuble hypothéqué de purger sa propriété en notifiant son contrat aux créanciers inscrits, et en déclarant qu'il est prêt à acquitter sur-le-champ toutes les dettes hypothécaires, exigibles ou non exigibles (art. 2183 et 2184), puisque le tiers détenteur ne pourrait ni payer ni même notifier à des porteurs de billets que souvent il lui serait impossible de connaître.

La réponse à ces objections est facile. D'une part, ce n'est pas la nature, commerciale ou non, des droits à transmettre, qui rend possible ou impossible la transmission par endossement, c'est uniquement la forme du titre employé pour constater ce droit; en sorte qu'un droit purement civil peut être transmis par cette voie, du moment qu'il est constaté par une lettre de change ou un billet à ordre. Il n'est pas vrai, d'un autre côté, que ce moyen de transmission fasse obstacle au droit de purger. Car la notification, d'abord, n'a pas besoin d'être faite à la personne ou au domicile des titulaires actuels des créances, mais seulement *aux domiciles élus par les inscriptions*, en sorte que tout cessionnaire d'une créance hypothéquée, qui ne peut pas ou ne veut pas chan-

[ARTICLE 1576.]

ger la précéden.e élection de domicile, se soumet à n'avoir pas d'autre notification que celle qui sera faite à ce domicile, et doit prendre ses mesures en conséquence. Et pour ce qui est du payement, on conçoit que, vu l'impossibilité de connaître les créanciers actuels, il serait très-légalement remplacé par la consignation des sommes dues.

Rien ne s'oppose donc à la .transmission par simple endossement des hypothèques c privilèges, et c'est avec raison que la jurisprudence se fixe dans ce sens.

1576. Celui qui vend une créance ou autre droit, doit garantir qu'elle existe et lui est due, quoique la vente soit faite sans garantie : sauf néanmoins l'exception contenue en l'article 1510.	1576. The seller of a debt or other right is bound by law to the warranty that it exists and is due to him, although the sale be without warranty. Subject nevertheless to the exception declared in article 1510.

◄ C. N. 1693. } Celui qui vend une créance ou autre droit incorporel, doit en garantir l'existence au temps du transport, quoiqu'il soit fait sans garantie.

* ff. De Evict. Liv. 21, } L. 6. Si fundus venierit, ex consue-
Tit. 2, LL. 6, 74. } tudine ejus regionis in qua negotium gestum est, pro evictione caveri oportet. (GAIUS).

L. 74. Si plus vel minus quàm pretii nomine datum est, evictione secuta dari convenerit, placitum custodiendum est.

§ 1. Si jussu judicis rei judicatæ pignus captum per officium distrahatur, post evincatdr, ex empto contra eum qui pretio liberatus est, non quanti interest, sed de pretio duntaxat, ejusque usuris, habita ratione fructuum debitur : scilicet si hos ei cui evicit, restituere non. habebat necesse.

§ 2. Mota quæstione, interim non ad pretium restituendum, sed ad rem defendendam venditor conveniri potest.

§ 3. Qui nomen quale fuit vendidit, duntaxat ut sit, non ut exigi etiam aliquid possit, et dolum præstare cogitur. (HER- MOGENIANUS).

Ibidem. } *L.* 6. En matière de vente d'un fonds, la *Trad. de M. Hulot.* } caution que le vendeur doit donner pour assurer l'indemnité de l'acheteur en cas d'éviction, doit se faire suivant la coutume du lieu où se fait la vente. (GAIUS).

L. 74. Si les parties sont convenues que le vendeur en cas d'éviction, rendroit plus ou moins que le prix qu'il a reçu, cette convention doit être observée.

§ 1. Si on a pris en gage, par ordonnance du juge, les effets d'une partie condamnée pour la sûreté de l'exécution de la chose jugée, et que ces effets, après avoir été vendus en justice, soient évincés, l'acquéreur aura l'action de la vente contre le condamné, qui a été libéré au moyen du prix donné par l'acquéreur pour ces effets. Néanmoins cette action n'aura pas pour but de faire indemniser l'acquéreur de tous ses intérêts, mais seulement de lui faire rendre son prix et les intérêts, qui seront compensés avec les fruits perçus · en supposant que l'acquéreur n'ait point été obligé de rendre ces fruits à celui qui a évincé la chose sur lui.

§ 2. Lorsque celui qui évince a commencé à former sa demande, l'acheteur peut actionner son vendeur, non pas à l'effet de lui faire rendre le prix, mais à l'effet de l'obliger à le défendre.

§ 3. Celui qui a vendu une créance sans garantie, est obligé simplement à faire voir que la créance existe ; mais non pas à en procurer le recouvrement. Il est en outre tenu de sa mauvaise foi. (HERMOGÉNIEN).

———

* *Loyseau, Garantie des rentes,* } 7. A sçavoir qu'en la simple *ch.* 3, *n°* 7 à 15. } assignation de debte, nulle action ny directe, ny utile, n'est transferée à l'assigné, et ne

[ARTICLE 1576.]

luy appartient de son chef, sinon qu'il a l'action utile, au cas
de cette Loy 1. *de obl. et act.* Hors ce cas, il peut seulement intenter au nom ' son cedant l'action directe, si elle
luy a esté cedée, ou b.. ι. ‸ .pressément, *ut in d. l. 3. de novat.
in pr.* ou du moins tacitement, par la tradition de l'obligation
ou cedule, *leg. ult. Cod. de pact. conv. l.* 1, *et ibi Bald. Cod. de
donat.* que les anciens Praticiens disent, *faire porteur de
Lettres.* En la vente de la debte, l'acheteur a seulement de
son chef les actions utiles : et les directes du chef de son vendeu , par cession expresse, et non autrement, *l. ult. Cod.
quando fiscus vel privat. etc.* Bref, en la delegation, le cessionnaire a de son chef toutes les actions, sans qu'il en reste
plus aucune au cedant. *l. 2, Cod. de novat. et de leg.*

8. Et pour revenir à nostre poinct, il est aisé à entendre,
qu'en la delegation de debte c'est tout le contraire qu'en la
simple assignation : Car dautant qu'il y a novation expresse
de la premiere obligation, qui est transfuse en la seconde, du
consentement des trois parties ; à sçavoir du cedant, du cessionnaire, et du debiteur, qui tous trois doivent necessaire-
ment assister à la delegation, *l. ultim. Cod. de novat.* il est sans
doute, que tout le peril de la debte tombe sur le cessionnaire,
mesme pour le temps precedant la cession. C'est ce qu'a-
jouste la mesme Loy. 3. *De novat. Quod si delegatione facta tu
liberatus es, frustra vereris ne eo quod quasi à cliente suo creditor non facit exactionem, ad te periculum redundet, cùm per
verborum obligationem voluntate debitoris interposita, debito
liberatus sis.* Aussi c'est en ce cas que Paulus a dit que *Bonum
nomen facit, qui admittit debitorem delegatum, l. Inter causas,
§. abesse. ff. mandat.*

9. Mais il peut y avoir du doute en la pu: ite d'une
debte qui se fait sans novation en l'absence c   obiteur, et
sans aussi qu'il soit déchargé expressément envers le vendeur, ny obligé envers l'acheteur. Car Bart. *in leg. Pupilli,
§. soror. D. de solut.* tient que le peril present de la debte appartient au vendeur ; mais que le peril futur est au dommage
de l'acheteur, comme c'est une regle generale en toutes

[ARTICLE 1576.]

ventes, et il allegue à ce propos la Loy. *Si cùm dotem.* §. *si mulier. D. sol. matr.* Toutefois le contraire est expressément decidé par Ulpien. *Si nomen sit distractum ; Celsus scribit locupletem debitorem non esse præstandum: debitorem autem eum esse debere præstari, nisi aliud convenit. leg. Si nomen. D. de her. vel act. vend.* dont la raison est renduë en la Loy *Promittendo.* §. *si à debitore. vers. quod si. D. de jure dot. periculum emptoris esse, quia sciens tale nomen secutus videtur, quale in obligatione fuerit.* Ce qui revient à ce que nous avons dit, que la garantie de droict est deuë, bien qu'elle ne soit promise; mais que la garantie de faict n'est point deuë, si elle n'est promise.

10. D'où resulte une plus grande difficulté, à sçavoir quand la clause de *Garantir de tous troubles et empesmens quelconques*, est aposée au contract de vente d'une debte ou d'une rente; si le vendeur est tenu de cette garantie de faict, c'est à dire, de garantir, qu'elle est exigible et perceptible, qui est ce que nous disons en Droict: *Non solùm debitum subesse, sed etiam debitorem solvendo esse.*

11. Aucuns tiennent que nonobstant la promesse de garantie, et comme si elle ne servoit de rien, le vendeur et garant n'est point tenu, *præstare locupletem debitorem*; disans ~ 'il ne faut pas que la clause de garantie opere plus és rentes qu'és autres ventes, et principalement se fondans sur les Loix, *Si nomen. de her. vend. et l. si plus. §. ult. ff. de evict.* Mais elles parlent (comme nous avons dit) quand il n'y a aucune promesse de garantie au contract. La Loy *Si nomen* dit nommément, *Nisi aliud convenit; secùs ergo si aliud evenit, videlicet si nominatim promissa est evictio:* Et la Loy *Si plus*, dit, *si nomen quale est, væneut: aliud igitur, si non quale est,* comme quand il y a promesse de garantie. Ils se fondent aussi sur ce que si une heredité est venduë, encore qu'il n'y ait aucuns biens, mesme qu'elle soit onereuse, *modo sit hereditas*, quelque promesse de garantie que l'on ait faite, l'on n'a point de recours contre le vendeur, *l. 1. C. de evict.* Mais en un mot il y a grande difference de vendre une heredité (*quod nomen juris est, quæque sine re esse potest, inquit*

Ambros.) enfin qui n'est liquide ny certaine ; et vendre non une action ou un procez ; mais une debte d'une somme certaine et liquide.

12 . .:.. :ombans d'une extremité en d'autre, tiennent indi.tie''ment que quand il y a promesse de garantie, le vendeu est tenu de l'insolvabilité du debiteur : encore mesme qu'elle survienne apres le contrat de vente. Et il semble d'abord que cette opinion approche en quelque façon du sens et intelligence commune ; car qui garantit une rente, semble s'obliger à la faire bonne, c'est à dire, exigible et perceptible. Par ce moyen ils confondent la clause *de fournir et faire valoir* avec celle de *garantir* : comme aussi la stipulation de droict. *habere licere*, qui semble se rapporter à *fournir et faire valoir*, estoit sans doute le vray et essentiel formulaire de la stipulation d'eviction.

13. Mais pource que cette opinion se refute d'elle-même, et sera cy-apres refutée plus à propos, quand il sera parlé de *fournir et faire valoir*, je viendray à la troisiéme opinion, qui me semble la plus vraye et la plus équitable à sçavoir, que la clause de garantie en une cession de debte ou de rente, opere que le cedant est tenu de l'insolvabilité du debiteur, qui estoit lors du contract ; mais non du peril et insuffisance qui pourroit survenir par apres.

14. La raison est aisée ; que comme en toute autre chose, aussi en une rente le peril precedent le contract est au dommage du vendeur, et le subsequent de l'acheteur, *l. Necessa rio. in pr. ff. de per. et comm. rei vend.* Il est vray que s'il n'y avoit promesse expresse de garantie, il sembleroit que l'on eust entendu vendre la debte telle qu'elle estoit, ainsi que nous avons dit ; mais quand il y a expresse stipulation de garantie, telle presomption et consideration cesse.

---

* 1 *Bourjon, Dr. com., Tit.* 4, sec. 3, *n°* 13 *et s.*   XIII. Du transport résulte toujours une garantie légale qui a lieu indépendamment de toute convention, et cette ga-

rantie est la réalité de la dette cédée : voilà où aboutit la
garantie légale d'un transport ; elle ne va pas plus loin.

Voyez Bacquet, en son traité du transport des rentes sur particuliers,
ch. 16 et 17, pag. 22 : cette garantie est que la dette subsiste, qu'elle appartient au cédant, et qu'il ne l'a pas hypothéquée ; Loyseau, de la
garantie des rentes, ch. 2 num. 2 : en effet on ne pourroit écarter une
telle garantie sans injustice ; elle a donc lieu de droit.

XIV. Outre cette garantie, on en peut stipuler une plus
étendue, les effets de cette derniere dépendent des bornes
qu'on lui a donné par la convention, ce qui fera la matiere
de la distinction qui suit ; ainsi, dans un transport, il y a
deux garanties à distinguer, l'une de droit, et l'autre de fait ;
la premiere fait l'objet de cette distinction, l'autre fait l'objet
de la distinction suivante.

Cette convention a été par succession de tems fort étendue, d'abord on
la limitoit à garantir de tout trouble, on l'a étendue à fournir et faire valoir la rente ; enfin, on l'a poussée à soumettre le cédant à payer faute
de payement ; Loyseau, de la garantie des rentes, dans son avant-propos,
num. 12 et suivans, pag. 2 : différentes stipulations qui ont chacune leur
effet, et dont on fera l'examen par la suite ; sur cette premiere distinction
de la garantie de droit et de celle de fait, voyez Loyseau, au traité qu'on
vient de citer, chap. 1 et 2.

XV. Si par l'effet de la garantie la rente cédée et transportée rentre dans la main du cédant, elle est propre dans sa
personne, si elle lui étoit telle avant le transport, parce que
en effet, la consommation de la garantie anéantit le transport, comme on l'a déjà dit sur le titre des propres ; c'est remise des choses dans leur premier état : remise qui fonde la
qualité de propre.

Loyseau, du déguerpissement, liv. 6, ch. 9, num. 9, 10 et suivans,
pag. 173.

XVI. Le cédant n'est point tenu de la garantie de fait, s'il
ne l'a promis, c'est-à-dire, que la dette cédée étoit bonne ;
mais il est légalement tenu de celle de droit, c'est-à-dire, que
la créance lui étoit dûe.

Loyseau, de la garantie des rentes, ch. 2, num 9, pag. 4 : on va voir

[ARTICLE 1576.]

par les propositions suivantes, qu'il n'en est pas de même de la garantie de droit ; ce qui établira la distinction contenue dans la proposition.

XVII. Approfondissons la garantie de droit : par l'effet de la garantie légale, tout cédant est obligé (encore qu'on n'eût parlé d'aucune garantie par le transport) de garantir que la dette cédée étoit dûe et subsistante au jour du transport ; mais il n'est tenu d'aucune autre garantie ; tel est le véritable effet de la premiere proposition de cette distinction ; proposition générale qui se développe par celle-ci.

Loi 4, ff. *de hæred. vel act. vend.* Basset, tom. 2, liv. 5, tit. 7, ch. 1 ; le Maitre, tit. 5, part. 2, ch. 4, pag. 149.

XVIII. Si la dette n'étoit pas dûe le cédant en doit payer la valeur au cessionnaire ; c'est le juste effet de la garantie de droit dont il est légalement tenu ; il a cédé une dette, il en faut donc l'existence, dans la supposition de laquelle il en a reçu le prix.

Telle est la jurisprudence, conforme à ce que dit Loyseau, en son traité de la garantie des rentes, ch. 1, num. 10 et 11, et fondée sur les autorités rapportées sur la précédente proposition.

XIX. Cela a lieu, non-seulement dans le cas que le transport ne fait mention d'aucune garantie, mais même dans le cas que le transport porteroit qu'il est fait sans garantie, autrement le cédant jouiroit impunément de son dol ; ainsi la garantie de droit et qui a lieu par le seul effet du transport, abstraction faite de toute stipulation, emporte contre le cédant, non-seulement la nécessité de prouver que la dette cédée subsistoit lors du transport, mais encore qu'il en étoit propriétaire, et d'affranchir le cessionnaire des hypothèques qu'il pourroit y avoir sur la rente cédée ; telle est la garantie de droit, qui, encore une fois, ne va pas plus loin.

Dans ce cas le cédant n'est pas obligé à garantir que le débiteur étoit solvable lors de la cession ; Lapeyrere, sur le mot (*cession*) pag. 37, à la fin, mais il est tenu de justifier que la dette étoit dûe : voyez la proposition qui suit qui confirme celle-ci : sur la dernière partie de la proposition, c'est-à-dire, sur l'etendue de la garantie de droit, voyez la loi 74' ff. *de evict.* la loi 45, ff. *de hered. vel act. vend.* le Prêtre, cent. 2, chap. 28, et Loyseau, de la garantie des rentes, chap. 3, num. 2.

[ARTICLE 1576.]

XX Les raisons qui fondent la proposition précédente, c'est-à-dire, qu'il résulte toujours une certaine garantie d'un transport, quoique la lettre d'icelui semble l'en exclure ; sont 1° qu'il y auroit dol de la part d'un cédant qui exigeroit un prix d'une dette non existante, dol qui anéantiroit le contrat ; 2° que la décharge de garantie ne tombe que sur la solvabilité du débiteur, non sur le fait du cédant, fait dont il est toujours garant ; la non-existance de la dette cédée étant son fait personnel, il est toujours garant de son fait ainsi que du défaut de propriété dans sa personne et des hypothèques précédentes de son chef, qu'il doit faire cesser.

Bacquet, en son traité des transports de rente sur particulier, ch. 17, num. 3, pag. 23 : la loi 1, §. 7, ff. *de pactis*, et le journal des audiences, tom. 3, liv. 1, chap. 9.

16 *Duranton, Vente,*   510. Celui qui vend une créance ou
   n° 510 *et s.*   autre droit incorporel, doit en garantir l'existence au temps du transport, quoiqu'il soit fait sans garantie. (Art. 1693.)

C'est ce qu'on appelle *garantie de droit*, à la différence de celle de la solvabilité du débiteur, dont nous parlerons bientôt, et qu'on appelle *garantie de fait*, parce que la loi ne la supplée point, qu'elle résulte seulement d'une stipulation de l'acte de cession.

En sorte que si la créance cédée se trouvait éteinte par compensation au temps du transport, la garantie ne serait pas moins due, quoique le titre existât matériellement encore à la même époque. Il en serait de même si la créance se trouvait alors prescrite, bien que la prescription n'opère pas de plein droit, qu'elle ait besoin d'être opposée par la partie, le juge ne pouvant la suppléer d'office (art. 2223) ; car elle produit une exception péremptoire qui, dès qu'elle est opposée et justifiée, anéantit l'action comme s'il y avait eu paiement ou remise de la dette.

511. La règle que le vendeur d'une créance ou autre droit incorporel est tenu d'en garantir l'existence au temps du

transport, quoiqu'il soit fait sans garantie, cesse toutefois d'être applicable lorsque le droit est vendu comme simple prétention, comme droit litigieux, ou aux risques et périls de l'acheteur ou cessionnaire ; ou bien aussi lorsque le transport est simplement fait sans garantie, et que le cessionnaire connaissait, au temps de la cession, l'incertitude du droit du cédant ou vendeur. Il n'y aurait pas lieu, dans ce cas, même à la simple restitution du prix, puisque, d'après l'art. 1629, cette restitution n'a pas lieu lorsque l'acheteur a acheté avec stipulation de non garantie et qu'il connaissait, lors de la vente, le danger de l'éviction. Or, la connaissance, par l'acheteur, de l'incertitude du droit cédé est la même chose que la connaissance du danger de l'éviction d'une chose corporelle, meuble ou immeuble : seulement ce serait aux tribunaux à apprécier les circonstances de l'affaire, à voir dans quel esprit les parties ont traité, si elles l'ont fait dans l'esprit d'un contrat aléatoire, ou bien dans l'esprit d'une cession ordinaire ; en un mot, l'article 1693 ne dispose que dans les termes du droit commun ; il n'a point eu pour but d'établir un droit spécial qui dérogerait à l'art. 1629 ; il n'y avait aucune raison pour cela, car c'est bien moins en matière de vente ou cession de créances, que dans les ventes de choses corporelles, qu'il y avait de justes motifs d'établir la garantie, attendu que ces cessions se font ordinairement au dessous de la valeur numérique des créances cédées. Elle est toutefois aussi de droit, mais non dans des cas où elle n'aurait pas lieu même pour la restitution du prix dans une vente d'immeubles.

. Du reste, la simple stipulation de non garantie, en l'absence de la circonstance que l'acheteur savait que le droit était incertain, n'aurait pas pour effet, selon nous, d'affranchir le vendeur de l'obligation de restituer le prix de la cession, s'il était ensuite reconnu que le droit n'existait pas. Aucune disposition du Code n'autoriserait à le prétendre ainsi : ce ne serait point assurément l'art. 1693, et pas davantage l'article 1629, puisque, au contraire, ce dernier article veut que, en

[ARTICLE 1576.]

pareil cas, le prix de la vente soit restitué à l'acheteur évincé. Une telle stipulation aurait pour effet d'affranchir le cédant de l'obligation de payer des dommages-intérêts pour les frais et loyaux coûts de la cession, et pour autre cause, mais non de l'affranchir de l'obligation de restituer le prix de la cession, car, encore une fois, rien dans le Code ne motiverait une semblable prétention. Autre chose serait, comme nous venons de le dire, si le droit était vendu comme chose incertaine, comme simple prétention, ou, ce qui reviendrait au même, si l'acheteur ou cessionnaire avait acheté à ses périls et risques, ou enfin, si ayant simplement acheté avec stipulation de non garantie, il l'avait fait avec connaissance de l'incertitude du droit vendu, soit comme droit en lui-même, soit comme droit appartenant au vendeur, qui était alors menacé d'en être évincé par un tiers.

512. Mais lorsque la garantie est due, parce que le droit n'existait plus au temps de la cession, ou parce qu'il n'a jamais existé, et qu'il n'y a pas dans le contrat de vente de stipulation particulière sur l'étendue de la garantie due au cessionnaire, quelle est cette étendue ? Le vendeur doit-il simplement restituer le prix de la cession, avec les frais et loyaux coûts du contrat; ou s'il doit payer, outre la restitution de ces frais et loyaux coûts, le montant intégral de la créance cédée ?

Lorsque le vendeur, outre la garantie de droit, ou stipulée, de l'existence de la créance au temps du transport, a promis la garantie de la solvabilité du débiteur, il n'est tenu que jusqu'à concurrence seulement du prix qu'il a retiré de la cession (article 1694) ; or, pourquoi serait-il tenu de la valeur numérique de la créance, dans le cas où cette créance n'existait pas au temps du transport? Nous n'en voyons pas la raison ; sauf à lui à rembourser aussi les frais et loyaux coûts d'un contrat qui demeure sans effet faute d'objet, et même aussi les dommages-intérêts, pour le préjudice réel que cette cession a pu faire éprouver au cessionnaire, suivant les circonstances de la cause. Mais les rédacteurs du Code n'ont

[ARTICLE 1576.]

probablement pas entendu que le vendeur dût payer, à titre de garantie, le montant de la somme portée dans le titre de la prétendue créance cédée : si telle eût été leur intention, ils eussent dû aussi obliger le vendeur au paiement de cette somme, dans le cas où il a garanti la solvabilité du débiteur, car cette garantie, non limitée par les termes de l'acte de cession, paraissait bien être la garantie de la solvabilité pour le montant de la créance cédée ; et cependant il n'en est pas ainsi, parce que la loi interprète l'intention qu'a pu avoir le vendeur en la promettant ; or, cette intention n'a-t-elle pas été la même quant à la promesse, expresse ou tacite, de la garantie de l'existence de la créance au temps du transport ? c'est très probable. S'il en était autrement, la non existence de la créance serait une bonne fortune pour le cessionnaire, dans le cas où le tiers débiteur se trouverait insolvable ; mais telle n'a probablement pas été l'intention des parties, ni celle du législateur.

---

6 *Marcadé, sur art.* } I. — Toute vente d'une créance sou-
1693 *et s. C. N.* } met le cédant, à moins de convention contraire, à la garantie de l'existence et de la validité de cette créance, ainsi que son droit de propriété sur elle. L'art. 1693 ne parle, il est vrai, que de garantie de l'existence ; mais comme la créance qui, existant aujourd'hui, serait annulée plus tard, se trouverait légalement n'avoir pas existé, et que d'autre part il serait insignifiant pour l'acheteur que la créance eût une existence valable, si c'était pour un autre que le cédant qu'elle existât, il est évident que par *créance existante*, il faut entendre une créance qui existe valablement et au profit du cédant. Celui-ci peut donc être tenu de la garantie dans ces trois cas : 1° si lors du transport la créance n'existait pas, soit qu'elle n'eût jamais existé, soit qu'elle fût éteinte, par compensation, prescription ou autrement ; 2° si cette créance vient à être annulée ou rescindée ; 3° si elle appartient à un autre que lui.

Cette garantie est due de plein droit, et non-seulement

[ARTICLE 1576.]

quand il n'y a pas de convention à cet égard, mais auss, alors même que la cession serait déclarée faite *sans garantie*, expression qui, d'après l'art. 1693, n'exclurait que la garantie de la solvabilité du débiteur, dont s'occupent les art. 1694 et 1695.

Cette même garantie de l'existence utile de la créance, qui, ainsi qu'on l'a déjà vu, se nomme garantie *de droit* (vu qu'elle existe par la seule vertu de la loi), tandis qu'on appelle garantie *de fait* celle dont nous allons parler, s'étend, bien entendu, aux accessoires annoncés par le vendeur comme dépendant de la créance. Elle oblige le vendeur à restituer à l'acheteur, non pas le montant de la créance, mais le prix de la cession, et à lui payer les intérêts de ce prix, les frais de l'acte de transport, les dépens des deux instances principales et de garantie, et l'indemnité de toutes autres pertes que la cession a pu causer au cesssionnaire.

II.—Les parties peuvent, à leur gré, soit restreindre ou même rejeter entièrement l'obligation légale de garantie, soit l'étendre au delà des limites ci-dessus ; mais il faut pour cela, dans un cas comme dans l'autre, une convention particulière.

Il n'y aura décharge complète de la garantie qu'autant que la créance aurait été déclarée douteuse, ou que l'acheteur serait convenu de la prendre à ses risques et périls, ou que cet acheteur aurait connu, lors de la cession, les causes qui pouvaient amener l'éviction. Hors de là, les stipulations du vendeur le laisseraient soumis à l'obligation de restituer le prix et ne l'affranchiraient que du payement des sommes accessoires dont ncus avons parlé.

Les clauses qui ont pour but d'étendre la garantie de droit et d'établir dès lors la garantie de fait ou garantie conventionnelle, c'est-à-dire celle de la solvabilité du débiteur, peuvent se ranger en trois classes. — 1° Tantôt le cédant ne répond que de la solvabilité actuelle du débiteur. C'est ce qui a lieu quand le vendeur déclare promettre *la garantie de tous troubles et évictions*, ou seulement *la garantie de fait*,

[ARTICLE 1576.]

ou encore *la garantie de la solvabilité ;* alors, et quoique la généralité des termes employés pût s'entendre de la solvabilité future aussi bien que de la solvabilité actuelle, la garantie se restreint à celle-ci, conformément à l'art. 1695. Mais ce premier degré de la garantie de fait existerait-il, s'il était seulement déclaré que la vente est faite *avec garantie* sans aucune addition qui prouve matériellement que c'est bien de la garantie de fait qu'on a entendu parler ? Nous pensons, comme tous les auteurs, qu'on doit répondre affirmativement. La garantie de droit, celle de l'existence valable et de la propriété de la créance, est une chose qui va tellement de soi qu'on ne songe guère dans le monde à s'en préoccuper ni à en parler, en sorte que le mot de *garantie* ne s'emploie par des contractants, comme le faisait autrefois remarquer Loyseau, que pour *la bonté* de la créance, pour la solvabilité du débiteur. De même donc que les mots *sans garantie* s'entendent de la garantie de fait, non de la garantie de droit (art. 1693), de même c'est de cette garantie de fait que s'entendront les mots *avec garantie.* — 2° La garantie de fait peut s'étendre jusqu'à la solvabilité future du débiteur. Il faut pour cela que la vente contienne, soit la promesse expresse de garantie de la solvabilité future, soit une clause équivalente, comme serait celle *de fournir et faire valoir.* Car, *fournir,* c'est procurer ce qui pourrait manquer ; *faire valoir,* c'est rendre la créance efficace quand viendra l'époque du payement. Le vendeur, par cette clause, garantit donc l'acheteur de tout danger même futur.—3° Enfin, le vendeur pourrait aller jusqu'à s'obliger *à payer lui-même,* soit *après simple commandement* au débiteur, soit même *sans commandement et dès l'échéance de telle époque.* Dans ce cas, le cessionnaire peut recourir contre le cédant sans être tenu de discuter ni le débiteur, ni les cautions ou les hypothèques qui accompagnent la créance. Que si, au lieu de dispenser ainsi le cessionnaire de tous actes et poursuites, ou du moins de tous autres que le commandement, le vendeur déclarait seulement s'obliger *à payer lui-même au besoin,* ou bien *à défaut du débiteur,* la

[ARTICLE 1576.]

clause aurait seulement l'effet de celle par laquelle il s'oblige
à *fournir et faire valoir*, et le cessionnaire ne pourrait agir
contre lui qu'après discussion du débiteur, des cautions, etc.

Il faut toutefois faire ici une remarque que nous ne ren-
controns dans aucun auteur, et qui nous paraît cependant
aussi juste qu'importante. C'est que si les solutions qui
viennent d'être données sur le sens et la portée des diverses
clauses doivent être suivies comme règles générales, il faudrait néanmoins s'en écarter dans toute espèce où l'ensemble
des circonstances révélerait une pensée différente chez les
parties. Car il ne s'agit là, en définitive, que d'interprétations
d'actes et de questions d'intention.

III. — Il est évident que la garantie conventionnelle, soit
du premier degré, soit du second, ne serait plus due, si
c'était par le fait du cessionnaire, ou seulement par sa négligence, que les créances ou les sûretés qui l'accompagnaient
eussent péri. Il est vrai que Toullier (VII, 172) enseigne le
contraire pour le cas de simple négligence, e1 se fondant
sur ce que, d'après la doctrine formelle de Pothier, le créancier ne serait déchu vis-à-vis de la caution que quand c'est
par un fait positif de sa part que la créance a péri, et non
quand on ne peut lui reprocher *qu'une simple négligence*
(*Obligat.*, nᵒ 557), doctrine qui serait consacrée par le Code
dans l'art. 2037. Mais cette idée du savant professeur de
Rennes ne saurait être admise. La doctrine émise par Pothier dans ses *Obligations*, doctrine contraire à celle qu'il enseigne au titre *De la vente* (nᵒ 566), est une erreur manifeste.
Il est clair, en effet, que pour la caution, c'est une simple
faculté, non un devoir, de veiller au maintien de la créance
et de ses sûretés, tandis que c'est là le devoir du créancier,
véritable adversaire du débiteur et seul chargé d'agir et de
prendre toutes mesures conservatoires : une preuve péremptoire s'en trouve, comme le fait remarquer M. Troplong, dans
l'obligation où est le créancier de discuter le débiteur avant
de passer à la caution ; cette obligation impose au créancier
un ministère actif, et rend évident le droit pour la caution

[ARTICLE 1576.]

de rester dans un état purement passif. L'erreur de Pothier provient de ce qu'il n'a pas remarqué qu'a l'époque à laquelle remontent les lois dans lesquelles il puisait sa doctrine, le fidéjusseur ne jouissait pas encore de ce bénéfice de discussion. Notre législateur n'a donc pas pu attacher aux mots " FAIT *du créancier* ", dans l'art. 2037, le sens exclusif que veut leur donner Toullier ; on ne trouve, en effet, rien, dans les travaux préparatoires, qui puisse justifier ce sens restreint et si contraire à tous les principes ; et c'est avec raison, dès lors, que l'idée de Pothier et de Toullier, déjà contredite autrefois par Pothier lui-même, est condamnée par tous les auteurs anciens et modernes.

Ainsi, la garantie promise cessera d'être due, dans les deux cas ci-dessus, aussi bien pour la négligence du cessionnaire que pour son fait. Mais cessera-t-elle aussi dans le troisième cas, c'est-à-dire quand le céda.`  `est obligé à payer *après simple commandement* ou même sans commande nent ? Elle cessera évidemment pour le fait du cessionnaire ; car il serait absurde que celui-ci vînt demander au cédant le paye-ment d'une créance que lui-même a, par s . propre fait, éteinte ou rendue mauvaise (par exemple, en faisant remise au débiteur, ou en donnant mainlevée des priviléges ou hypothèques). Mais que déciderait-on alors, si on ne reprochait au cessionnaire que d'avoir laissé périr la créance ou ses accessoires par défaut de mesures conservatoires, par exemple, en ne faisant pas renouveler une inscription ?...M. Duvergier ne répond pas à la question (car il ne prévoit que le premier et le second degré de garantie conventionnelle, sans parler du troisième, qui nous occupe ici) ; et M. Troplong (944, 2°) enseigne absolument que la garantie sera toujours due, par la raison que le cessionnaire, en stipulant ainsi son recours après simple commandement, s'est déchargé par là même de toute autre diligence, et n'est tenu dès lors à aucune mesure conservatoire.

C'est, selon nous, par une distinction que la question doit se résoudre. Si, en vendant la créance, le cédant a conservé

les titres, c'est le cas d'appliquer la doctrine de M. Troplong.
Mais si, comme il arrive le plus souvent, le cédant a livré
les titres au cessionnaire, cette remise indique bien que la
pensée commune a été de charger celui-ci des mesures qu'il
pourrait être utile de prendre, et c'est lui dès lors qui supportera, par la perte de la garantie promise, les conséquences
de l'inaccomplissement de ces mesures.

———

* 3 *Pothier* (*Bugnet*), ⎫ 559. L'obligation du vendeur d'une
Vente, *n°* 559 *et s.* ⎰ rente et de toute autre créance, consiste à en délivrer les titres et à la garantir.

On distingue deux espèces de garanties de rentes et autres
créances ; celle *de droit* et celle *de fait*.

Celle *de droit* est ainsi appelée, parce que le vendeur en est
tenu de plein droit, sans qu'on en soit convenu, et par la nature même du contrat ; elle consiste à promettre que la créance vendue est véritablement due au vendeur, et à défendre
l'acheteur des demandes de ceux qui en revendiqueraient
contre l'acheteur la propriété, ou qui y prétendraient des hypothèques.

La *garantie de fait* est ainsi appelée, parce que le vendeur
n'en est pas tenu de plein droit, et par la seule nature du
contrat, mais seulement lorsque, *de fait*, et par une clause
particulière du contrat, il s'y est obligé.

Il y a trois espèces de cette garantie ; la *garantie de fait
simplement dite*, celle de *fournir et faire valoir*, et celle de *faire
valoir après simple commandement*.

560. La *garantie de fait proprement dite*, est celle par laquelle
le vendeur promet que la créance est bonne, et que le débiteur est solvable.

Cette garantie est de fait ; car de droit, si les parties ne
s'en sont pas expliquées, le vendeur n'en est pas tenu ; il vend
la créance telle qu'elle est, bonne ou mauvaise : *Si nomen sit
distractum, Celsus scribit locupletem esse debitorem non debere
præstare; L. 4, ff. de Hæred. vend. Qui nomen, quale fuit, ven-*

[ARTICLE 1576.]

didit, duntaxat ut sit, non etiam ut exigi aliquid possit, et dolum præstare cogitur, L. 74, § *fin.* ff. *de Evict.*

561. C'est une question, si cette garantie de fait doit être censée stipulée, lorsque le vendeur a promis *garantir de tous troubles et empêchements quelconques.*

La raison de douter est que cette clause peut s'entendre de la garantie de droit, qui consiste à défendre l'acheteur des demandes en revendication et des demandes hypothécaires, et autres semblables, de la part des tiers qui prétendraient que la chose vendue leur appartiendrait, ou qu'elle leur serait hypothéquée.

Néanmoins, Loyseau décide que cette clause renferme la garantie de fait, aussi bien que celle de droit. La raison est que des termes généraux employés dans une convention, doivent renfermer toutes les espèces comprises sous la généralité de ces termes : or, ces termes : *de tous troubles et empêchements quelconques,* sont des termes généraux qui comprennent, et ceux apportés par des tiers à la possession de la rente vendue, et celui apporté à sa perception par l'insolvabilité du débiteur ; l'une et l'autre garantie, l'une et l'autre espèce d'empêchement doivent donc être censées renfermées dans cette clause.

562. Au reste, le vendeur ne promet par cette clause que la solvabilité présente du débiteur, et ne se rend point garant de l'insolvabilité qui pourrait survenir depuis le contrat ; car la chose vendue doit être aux risques de l'acheteur depuis le contrat, à moins qu'on ne convienne expressément du contraire. Arrêts rapportés par Leprestre, liv. 2, art. 24.

563. La seconde espèce de garantie de fait est celle qui résulte de la clause *de fournir et faire valoir,* par laquelle le vendeur d'une rente ou autre créance, s'oblige à *la fournir et faire valoir bonne, solvable et bien payable.*

Il y a eu différents sentiments sur l'interprétation de cette clause, comme sur celle de la précédente. Il y en a qui ont prétendu que la précédente ne renfermait que la garantie ordinaire du droit, et que par celle-ci le vendeur ne promettait que la solvabilité présente du débiteur, et ne répondait point de la solvabilité future.

Au contraire, Loyseau décide que la clause précédente renferme la garantie de fait, par laquelle le vendeur promet la solvabilité présente du débiteur ; et que par celle-ci il promet non-seulement que le débiteur est solvable au temps du contrat, mais qu'il le sera toujours, tant que la rente durera ; c'est-à-dire que par cette clause il se rend caution du débiteur, et répond de la solvabilité perpétuelle du débiteur de la rente.

Loyseau établit son sentiment en recherchant la propre signification du terme *fournir*, et de ceux-ci, *faire valoir*. FOURNIR, dit-il, c'est suppléer, parachever ce qui manque ; comme quand on dit, fournir une compagnie de soldats, fournir des matériaux pour un bâtiment, etc. Donc, dit-il, *fournir une rente*, c'est suppléer et achever ce que le débiteur ne pourrait payer ; c'est s'en rendre caution.

Pareillement ces termes, *faire valoir*, signifient *in se recipere, prendre sur soi*, répondre que la rente sera payé, tant qu'elle durera.

Loyseau tire encore un argument de ces termes : *a promis fournir et faire valoir*. Les infinitifs, dit-il, ne dénotent par eux-mêmes aucun temps, mais doivent se référer pour leur temps au verbe qui les régit. Or, le verbe *promettre*, qui, dans cette phrase, régit les infinitifs *fournir et faire valoir*, est un verbe qui de sa nature dénote le temps futur ; car on promet pour l'avenir : par conséquent cette clause par laquelle le vendeur d'une rente *promet de fournir et faire valoir*, contient, non une simple assurance de la solvabilité présente du débiteur, mais une promesse qu'elle sera toujours bien payée à l'avenir.

Cette clause *de fournir et faire valoir*, reçoit encore moins de difficulté lorsqu'on ajoute, *tant en principal qu'arrérages ;* car les termes d'*arrérages*, ne pouvant s'entendre que des *futurs*, puisqu'il n'y a que les futurs qui sont cédés, il s'ensuit que le vendeur assure la perception de la rente pour le temps futur. La clause est encore plus claire lorsqu'ou ajoute ces termes, *à toujours*, ainsi qu'il est assez ordinaire de les insérer.

564. De ce que nous avons dit touchant le sens de la clause de *fournir et faire valoir*, il s'ensuit qu'à défaut du paiement de la rente, il naît de cette clause, au profit de l'acheteur, une action de recours contre le vendeur. Mais, pour que l'acheteur soit admis à cette action, il ne suffit pas que le débiteur de la rente ait été mis en demeure de payer par un commandement qui lui aurait été fait, il faut qu'il soit constant qu'il est insolvable ; car, par cette clause, le vendeur ne promet pas que le débiteur *voudra* toujours payer, mais qu'il *pourra* payer, qu'il sera solvable.

S'il y a plusieurs obligés à cette rente, il ne suffit pas que l'un d'eux soit insolvable, il faut que tous le soient, tant les principaux obligés que les cautions.

565. Il faut aussi que ce soit sans le fait ni la faute de l'acheteur que la rente vendue soit devenu caduque. Si donc l'acheteur a désobligé quelqu'un des débiteurs ou cautions de la rente ; s'il a libéré quelques hypothèques, il ne pourra exercer l'action de garantie contre le vendeur ; car il n'est pas recevable à se plaindre que la rente a cessé d'être bonne, puisque c'est par son fait qu'elle a cessé de l'être.

En est-il de même s'il a laissé prescrire les hypothèques, soit par le laps de temps, soit en manquant de s'opposer aux décrets des biens hypothéqués ?

Il y a plus de difficulté : ce n'est pas ici par son fait, c'est seulement par sa négligence que la rente est devenue caduque.

Ne peut-on pas dire que le vendeur ne doit pas être reçu à opposer à l'acheteur cette négligence, puisqu'elle lui est commune avec lui, et qu'il pouvait, aussi bien que l'acheteur, veiller à interrompre les prescriptions, et à s'opposer aux décrets ?

Il faut néanmoins décider avec Loyseau, que l'acheteur perd pareillement, en ce cas, son action de recours contre le

vendeur. L'acheteur, par sa cession, étant le mandataire.
quoique *in rem suam*, du vendeur, était, par la nature du
mandat, obligé lui-même à ces poursuites. S'il est obligé.
comme nous l'allons voir, à discuter les biens du débiteur
a ant que de pouvoir recourir contre le cédant, par la même
raison il est obligé à s'opposer aux décrets desdits biens ; ce
qui est plus facile que de les discuter.

566. On ne peut constater l'insolvabilité que par la discussion des biens du débiteur.

Cette discussion se fait par une saisie des meubles qui se
trouvent au domicile du débiteur, ou par un procès-verbal
qui constate qu'il ne s'y en est point trouvé, ce qui s'appelle
un procès-verbal de carence des meubles.

L'acheteur n'étant point obligé de savoir si le débiteur de
la rente a d'autres biens, peut, après cette discussion, donner
son action de recours contre le vendeur. Mais si le vendeur
lui indique d'autres biens, soit meubles, soit immeubles, il
sera obligé de les discuter.

Il n'est pas obligé de discuter ceux qui sont hors du
royaume. Il y en a même qui ont pensé qu'il n'était pas
obligé de discuter les biens situés hors du ressort du bailliage,
ou du moins hors du ressort du parlement où le débiteur a
son domicile ; mais cette opinion a été rejetée.

Il faut aussi en excepter les biens litigieux dont la propriété
est contestée au débiteur.

567. Le vendeur ne serait pas recevable, après que l'acheteur aurait commencé la saisie réelle des biens qu'il lui a
indiqués, à lui en indiquer d'autres, l'acheteur ne devant pas
être obligé de faire plusieurs saisies réelles ; mais tant que
la chose est entière, et que l'acheteur n'a point encore commencé ses poursuites, rien n'empêche que le vendeur ne
puisse indiquer d'autres biens du débiteur qui sont venus à
sa connaissance depuis l'indication qu'il a faite des premiers.

568. Enfin l'acheteur ne peut être obligé qu'à discuter les
biens qui sont en la possession du débiteur de la rente ; et
le vendeur qui a vendu avec la clause de *fournir et faire va-*

[ARTICLE 1576.]

loir la rente, ne peut l'obliger à discuter ceux que le débiteur a aliénés. C'est ce qui est conforme à la Novelle 4, et au sentiment de Loyseau, qui en agite la question.

569. Il reste à observer que la discussion se fait aux risques et aux dépens de l'indiquant. La jurisprudence même a introduit que celui qu'on renvoie à la discussion, peut demander que celui qui l'oppose lui fournisse deniers pour la faire.

570. Si, après cette discussion, l'acheteur ne peut être payé de la rente qui lui a été vendue, le vendeur qui a vendu avec la clause de *fournir et faire valoir*, ne peut éviter d'être condamné a lui payer, à la place du débiteur insolvable, les arrérages échus de la rente et à la continuer à l'avenir.

Loyseau veut néanmoins qu'on laisse au vendeur le choix d'opter en ce cas la résolution du contrat ; auquel cas il sera tenu de restituer à l'acheteur le prix de la vente de la rente, avec les intérêts de ce prix, du jour que l'acheteur a cessé d'être payé de sa rente.

Ce choix est utile au vendeur, soit dans le cas où la rente vendue scrait une rente foncière non rachetable, soit dans celui où elle aurait été vendue pour un prix moindre que son principal.

Ce choix est fondé sur ce que, par la clause *de fournir et faire valoir*, le vendeur, en cas de caducité, constitue une rente constituée à prix d'argent, et qu'il est juste que celui qui l'a constituée puisse la racheter pour la somme qu'il a reçue.

Art. iv.—De la garantie qui résulte de la clause de fournir et faire valoir après simple commandement.

571. Cette garantie diffère de la précédente, en ce que le cessionnaire ne s'oblige à d'autres poursuites et diligences contre le débiteur, qu'à un simple commandement.

D'où il suit :— 1° qu'il n'est point obligé de discuter les biens du débiteur, et qu'il suffit qu'il l'ait mis en demeure de payer par un simple commandement, pour qu'il puisse agir

[ARTICLE 1576.]

en recours contre le cédant, et le faire condamner à payer à la place du débiteur.

De là il suit :—2° qu'il n'est point obligé de s'opposer aux décrets des biens du débiteur ; car, en stipulant la garantie après simple commandement, il s'est déchargé de toute autre diligence.

572. Si le vendeur d'une rente, après s'être obligé à la fournir et faire valoir, a ajouté, *et à payer soi-même à défaut du débiteur,* cette clause équipolle-t-elle à la clause de fournir et faire valoir après simple commandement, qui dispense l'acheteur de la discussion ? ou n'ajoute-t-elle rien à la clause de fournir et faire valoir ?

Il paraît, par ce que rapporte Loyseau, que la question a été fort controversée, et qu'il a été décidé, par un arrêt en robes rouges, que cette clause n'était que l'explication de la clause de fournir et faire valoir, et qu'elle n'excluait point la discussion.

ART. V.— DES OBLIGATIONS QUI NAISSENT DE LA BONNE FOI DANS LE CONTRAT DE VENTE D'UNE RENTE OU AUTRE CRÉANCE.

573. La bonne foi oblige le vendeur dans ce contrat, de même que dans le contrat de vente des choses corporelles, à ne rien dissimuler de tout ce qu'il sait, et de ce que l'acheteur a intérêt de savoir concernant la créance qu'il vend.

C'est pourquoi s'il était justifié que le vendeur d'une créance, lors du contrat, avait connaissance que le débiteur était entièrement insolvable ; *putà,* si ce débiteur avait été discuté dans tous ses biens meubles et immeubles, et que le créancier eût fait opposition et n'eût rien touché ; ce créancier, qui depuis vendrait sa créance, en dissimulant cette insolvabilité, qu'il ne pouvait ignorer, à l'acheteur qui n'en aurait pas eu connaissance, pécherait contre la bonne foi qui doit régner dans le contrat de vente, et serait obligé envers l'acheteur à reprendre la créance, et à lui restituer le prix, quoiqu'il n'y eût pas de clause dans le contrat par laquelle il se fût obligé à la garantie de fait.

[ARTICLE 1576.]

. Il y a plus : de même que, dans la vente des choses corporelles, la clause expresse par laquelle " le vendeur a déclaré
qu'il ne serait pas garant d'un *tel défaut*," ne le décharge pas,
s'il est justifié qu'il avait une parfaite connaissance de ce défaut ; de même dans les ventes de créance, la clause expresse,
" que le vendeur ne garantit point l'insolvabilité présente du
débiteur," ne le décharge point, lorsqu'il est justifié de la connaissance qu'il avait de l'entière insolvabilité du débiteur.

---

* 2 *Troplong*, *Vente*,   931. Dans la vente d'une créance,
n° 931 *et s.*   comme dans la vente de tout autre
objet, la garantie de droit est toujours sous-entendue (1). Le
cédant doit donc garantir au cessionnaire l'existence de la
créance au temps du transport, quand même aucune clause
spéciale du contrat ne l'y aurait astreint. C'est ce qui a fait
dire à Ulpien : " Si nomen sit distractum, Celsus scribit lo-
" cupletem debitorem non esse præstandum ; *debitorem autem*
" *eum esse debere præstari*, nisi aliud convenit (2)."

Cette garantie est encore plus strictement obligatoire dans
la vente d'une créance que dans les autres négociations. Car
le droit du créancier n'est ni visible ni palpable, comme les
biens meubles et immeubles. L'acheteur ne peut que s'en
rapporter à la foi de son vendeur sur son existence. Ce dernier est donc tenu par un lien plus étroit à la garantie.

932. Et ici, point de méprise. Ne confondons pas la créance
avec le titre qui sert à la prouver. La loi et la raison veulent
que la créance existe, et il ne suffirait pas que le titre fût
remis au cessionnaire. Le titre n'est pas la créance. Il peut
subsister matériellement tandis que la créance est éteinte.
Ainsi, si la créance était anéantie par compensation ou par
prescription (3), il ne servirait de rien de faire au cession-

(1) *Suprà*, n° 41! et suiv.

(2) L. 4, D. *De hæred. vel act. vend.*

(3) Connanus, lib. 7, c. 3. D'Olive, l. 4, ch. 7.

[ARTICLE 1576.]

naire la remise d'un titre qui n'aurait que l'apparence de la vie. Le cessionnaire aurait donc droit d'être garanti (1).

933. Quand une créance est vendue avec une hypothèque sur des immeubles déterminés, ce n'est pas assez que la créance existe, il faut encore que l'hypothèque promise soit entière au moment du contrat; si une portion des biens était affranchie de l'hypothèque, ie cédant serait tenu de garantir le cessionnaire qui ne trouverait pas toutes les sûretés sur lesquelles il a compté et dont l'absence peut compromettre le capital qui doit lui être remboursé (2).

934. Mais quand le vendeur a satisfait à l'obligation de transférer la créance existante avec ses accessoires, quand il a donné au cessionnaire un débiteur qui était tenu envers lui d'un lien de droit tel qu'il l'avait annoncé, il est complètement libéré. L'acheteur ne saurait se plaindre de ce que le débiteur n'est pas solvable, de ce que les hypothèques constituées ne sont pas suffisantes, de ce que les cautions sont en déconfiture. Le cédant a transféré la créance dans l'état où elle était; il ne s'est engagé à rien de plus. Nous avons vu tout à l'heure la décision d'Ulpien, si précise à cet égard (3).

On opposerait en vain qu'une action contre un individu insolvable n'est pas, à vrai dire, une action, d'après ce qu'enseigne Caïus (4). En cette matière, on peut répondre qu'une action, aujourd'hui inefficace par la pauvreté du débiteur,

---

(1) Arrêt de la Cour de cassation du 6 octobre 1807 (Sirey, 7, 1, 540. Dalloz, Vente, p. 920, note 1).

(2) Burgundus, *De evict.*, dit n° 12, c. 11 : *Præstare debet debitor nomen esse et quidem sine exceptione ; sicut si nomen cum pignoribus distractum sit, probare debet eas res obligatas fuisse.* Arrêt de Bruxelles du 18 octobre 1822 (Dalloz, Vente, p. 919). Arrêt inédit de la cour de Nancy du 20 août 1833 (Landoville, contre Saint-Morys et Quintard).

(3) *Junge* l. 14, § dernier, D. *De evict.* L. 30, D. *De pignorib. et hypothec.* Voët. *De act. vendit.*, 18, 4, 14.

(4) L. 6, D. *De dolo malo.*

[ARTICLE 1576.]

peut devenir utile si ses affaires viennent ultérieurement à prospérer (1).

935. Mais cette obligation de garantir l'existence de la créance est susceptible de diminution ou d'extension. (2).

Elle cesse même tout-à-fait lorsque le cédant vend la créance comme litigieuse, ou lorsqu'il la vend à titre de simple action qui doit être débattue devant les tribunaux aux risques et périls du cessionnaire (3).

936. S'il a été stipulé que la créance, quoique vendue comme non litigieuse, est cédée *sans garantie*, cette clause ne dispense pas le cédant de répondre de l'existenee de la créance au moment du transport ; car la décharge de garantie n'est censée tomber que sur la solvabilité du débiteur (4).

Mais il en serait exempt, d'après les principes que nous avons énoncés ailleurs (5), s'il avait expressément vendu la chose comme aléatoire, ou s'il avait donné connaissance au cessionnaire du péril ou de l'incertitude de la créance. Car on ne pourrait lui reprocher aucun dol, et le cessionnaire devrait subir la loi qu'il se serait faite.

937. Mais le cédant serait-il affranchi d'un recours pour la non-existence de la créance, si, sans avoir traité de la créance comme aléatoire, sans avoir donné connaissance des chances plus ou moins nombreuses qui s'élèvent contre son recouvrement, il se bornait à insérer la clause *sans garantie et sans restitution de deniers* (6) ?

(1) Voët, *loc. cit.*

(2) Voyez les principes rappelés *suprà*, n°s 472 et suiv.

(3) Loyseau, Garantie des rentes, ch. 3, n° 11, *in fine. Junge* M. Duranton, t. 16, n° 511, Connanus, *loc. cit.*, n° 1, p. 113.

(4) Bourjon, t. 1, p. 467, n°s 19 et 20. Art. 1693 du Code Napoléon. Arrêt de la Cour de cassation du 21 novembre 1825 (Dalloz. 26, 1, 51).— V. aussi Paris, 30 juin 1853 (J. Pal. 1853, t. 2, p. 341). ·

(5) *Suprà*, n° 481. *Junge* MM. Zachariæ, t. 2, p 561 ; Duranton, t. 16, n° 511 ; Duvergier, t. 2, n° 267; Marcadé, art. 1695, n° 2. — V. encore Bourges, 31 décembre 1849 (Devill. 53, 2, 25).

(6) Voyez *suprà*, n° 485, ce que je dis de cette clause.

[ARTICLE 1576.]

Je ne le crois pas ; car la clause *sans garantie* ne dispense que de garantir l'insolvabilité, comme nous l'avons dit au numéro précédent ; elle laisse subsister le recours du cessionnaire pour défaut d'existence de la créance, et la clause *sans restitution de deniers* qui accompagne la clause *sans garantie* ne se réfère, comme elle, qu'à la question d'insolvabilité du débiteur. Voici au reste un arrêt du parlement de Paris qui l'a ainsi jugé (1).

Ledivin céda à de Laforterie une rente de 62 liv. 10 s. qui lui était due par Ménage. L'héritière Ménage, mineure, transporta à de Laforterie une rente de 50 liv. pour demeurer quitte à proportion de la rente de 62 liv. 10 s. De Laforterie s'empressa de signifier à Thibaudin, débiteur de cette rente de 50 liv., qui la remboursa quelque temps après. Laforterie, qui savait que la cession lui avait été faite par une mineure, donna quittance à Thibaudin avec la précaution d'exprimer qu'il subrogerait ce dernier dans tous ses droits, mais *sans aucune garantie ni restitution de deniers*, aux risques et périls de Thibaudin, et que pour toute garantie il lui remettait le contrat.

Plusieurs années après, l'héritière Ménage se fit restituer contre les contrats qu'elle avait passés en minorité et notamment contre la cession de la rente de 50 liv. au profit de Laforterie. Alors s'engagea une longue et difficile contestation, qui parcourut plusieurs degrés de juridiction et arriva enfin par évocation au parlement de Paris, qui ne jugea le procès qu'après un partage. Thibaudin, condamné à payer comme acquéreur de la rente, appela en garantie de Laforterie.

Celui-ci répondit :

Toute répétition doit cesser contre moi ; je n'ai fait que recevoir ce qui m'était dû, *meum recepi* (2).

Dira-t-on que je me suis astreint à une garantie envers Thibaudin ? Mais je ne me suis obligé qu'à la simple garan-

(1) Ferrières, sur Paris, art. 108, § 2, n° 4.

(2) L. 44, D. *Condict. indeb.*

[ARTICLE 1576.]

tie de mes faits et promesses ; j'ai fait insérer dans le contrat de cession à Thibaudin les clauses les plus claires pour m'exempter de toute autre garantie et de toute restitution de deniers. Thibaudin a acheté à ses risques et périls, et certes on ne dira pas qu'il y a du dol de ma part, puisque c'est lui qui m'a forcé à subir le rachat, et que je ne pouvais le refuser. D'ailleurs, Thibaudin savait qu'il se faisait subroger à une rente qui m'avait été cédée par une mineure pendant sa minorité.

A ce système, voici ce qu'objectait Thibaudin :

Puisque le contrat de cession qui vous a été fait par Anne Ménage a été cassé, c'est comme si vous ne m'aviez rien cédé. Or l'existence de la créance doit toujours être garantie par le cédant.

Vous dites que vous avez reçu de mes mains ce qui vous était dû. Mais c'est une erreur. L'évènement prouve que la rente de 50 livres ne vous appartenait pas, que vous n'en étiez pas créancier, que ce n'est pas à vous qu'en devait être fait le remboursement. Donc, vous devez m'indemniser de ce que je vous ai payé. *Tuum non recepisti, sed quod poterat à te auferri ;* c'est comme si *tuum non recipisses.*

C'est en ce sens que le parlement finit par se prononcer (1). Sa décision est fondée tout entière sur ce que Laforterie n'était pas créancier de la rente ; qu'ayant traité avec une mineure, il savait que son titre était infecté d'un vice radical, tandis que Thibaudin avait été dans une erreur dont le cédant n'avait pu profiter pour s'enrichir à ses dépens. Le fait de Laforterie fut en quelque sorte assimilé au dol, et l'on considéra que la clause *sans garantie et sans restitution de*

(1) Cet arrêt est rapporté au Journal des audiences, mais avec des inexactitudes visibles. C'est aussi ce qui a été jugé au parlement de Rouen par plusieurs arrêts (Basnage, Normandie, art. 40, p. 108). Mais, dans l'espèce de ces arrêts, il ne paraît pas qu'il y eût de clauses dérogatoires de la garantie.

[ARTICLE 1576.]

deniers n'avait pas trait à l'existence de la créance, mais seulement à l'insolvabilité du débiteur (1).

---

24 *Laurent*, *n°* 540 } 540. L'article 1693 dit que le cédant
    et s.   } doit garantir l'*existence* de la créance. Il faut entendre le mot *existence* dans le sens que lui donne la tradition. "Quiconque, dit Loyseau, vend une dette ou une rente, est tenu de garantir qu'elle est due et légitimement constituée; car en tout contrat de vente indistinctement, le vendeur est tenu de trois choses, par la nature du contrat, pour exclure le recours en garantie : 1° que la chose soit et subsiste ; 2° qu'elle lui appartienne ; 3° qu'elle ne soit engagée ni hypothéquée à autrui." Pothier résume cette doctrine en disant que la garantie de droit consiste à promettre que la créance vendue est véritablement due au vendeur, et le code est encore plus bref ; il ne parle que de l'existence de la créance. Il nous faut donc voir ce que l'existence de la créance comprend d'après les explications de Loyseau.

541. D'abord le vendeur est tenu de garantir que la créance *soit et subsiste.* Si la créance n'a jamais existé, parce que l'une des conditions requises pour l'existence du contrat faisait défaut, le cédant a vendu le néant, il n'y a pas d'objet ; il est tenu de la garantie, cela va sans dire. Il en serait de même si la créance avait existé, mais qu'elle fût éteinte lors du transport ; car c'est comme si elle n'avait jamais existé. Telle serait une créance prescrite, une créance compensée. Sur ce dernier point, il est intervenu deux arrêts de cassation. Ce qui a trompé, paraît-il, le premier juge, c'est que le titre de la créance subsistait matériellement lors du transport ; mais le titre ne sert que de preuve, et la preuve est vaine, quand le droit est éteint.

542. Il faut, en second lieu, que la créance soit légitime-

---

(1) Lacombe cite aussi cet arrêt, mais sans donner le fait (v° Garantie, n° 11).

ment constituée, dit Loyseau. Si elle est entachée d'un vice
qui la rend nulle ou rescindable, le cessionnaire a droit à la
garantie. Cela n'est pas douteux, lorsque le droit est réellement annulé ou rescindé, car le jugement qui annule la
créance l'anéantit comme si elle n'avait jamais existé. Mais
faut-il qu'il y ait annulation pour que le cessionnaire puisse
agir ? Le cessionnaire peut se prévaloir de l'article 1653, aux
termes duquel l'acheteur qui a juste sujet de craindre d'être
troublé peut suspendre le payement du prix jusqu'à ce que
le vendeur ait fait cesser le trouble, si mieux n'aime celui-ci
donner caution. Or, le cessionnaire a certes juste sujet de
craindre d'être troublé, quand le débiteur de la créance a
une action en nullité qui tend à anéantir le droit cédé. Cela
prouve qu'il ne faut pas prendre le mot *existence* de l'article
1693 dans un sens trop étroit : la créance nulle existe, mais
elle n'existe pas légitimement, comme dit Loyseau, partant,
il y a lieu à garantie.

La jurisprudence a consacré ces principes. Une dette est
contractée par une personne qui se trouvait dans un état
notoire d'imbécilité. Cette créance est cédée ; la nullité en
est prononcée, et le cédant est déclaré garant. Recours en
cassation. On invoque les termes de l'article 1693 : le cédant
ne doit garantir que l'existence de la créance, or, il est incontestable qu'une créance annulable existe, donc il n'y a
pas lieu à la garantie. La cour répond que c'est même chose
en droit qu'une créance n'existe pas ou qu'elle ne se trouve
pas dans des conditions de vitalité par un vice essentiel inhérent à la convention. Le pourvoi ajoutait que si l'imbécilité du débiteur était notoire, il en résultait que le cessionnaire avait connu le vice de la créance, et que, par suite, il
avait acheté à ses risques et périls ; l'arrêt attaqué avait
d'avance répondu à l'objection, en constatant qu'il n'était
nullement établi que la notoriété fût parvenue au cessionnaire.

.543. Il ne suffit pas que la créance existe et qu'elle ne soit
entachée d'aucun vice, il faut encore qu'elle appartienne au

[ARTICLE 1577.]

cédant. C'est l'objet ordinaire de la garantie, quand il s'agit de choses corporelles. Celui qui vend une créance apparte-nant à un tiers, vend la chose d'autrui ; cette vente est nulle et elle soumet le vendeur à la garantie envers l'acheteur (art. 1599). On applique, dans ce cas, les principes généraux de la vente. Le cessionnaire a action quand il est évincé par le véritable propriétaire, mais il n'est pas tenu d'attendre l'évic-tion ; il peut agir immédiatement en nullité, en vertu de l'article 1599.

1577. Lorsque le ven-deur, par une simple clause de garantie, répond de la solvabilité du débiteur, cette garantie ne s'ap-plique qu'à la solvabilité au temps de la vente et jusqu'à concurrence seule-ment du prix que l'ache-teur a payé.

1577. When the seller by a simple clause of war-ranty obliges himself for the solvency of the debtor, the warranty applies only to his solvency at the time of sale, and is limited in amount to the price paid by the buyer.

---

* C. N. 1694-5. 1694. Il ne répond de la solvabilité du débi-teur que lorsqu'il s'y est engagé, et jusqu'à concurrence seulement du prix qu'il a retiré de la créance.

1695. Lorsqu'il a promis la garantie de la solvabilité du débiteur, cette promesse ne s'entend que de la solvabilité ac-tuelle, et ne s'étend pas au temps à venir, si le cédant ne l'a expressément stipulé.

---

* 2 *Troplong*, *Vente*, n° 938 *et s.* 938. Voyons maintenant quelles sont les clauses qui ajoutent à la garantie du cédant : il y en a de trois degrés.

La stipulation qui forme le premier degré de garantie con-ventionnelle est celle par laquelle il est dit que le *transport*

[ARTICLE 1577.]

est fait avec garantie, ou avec *garantie de fait*, ou ~voc garan-
tie de tous troubles et empéchements quelconques (1) ; ie cédant
s'oblige alors à faire que le débiteur soit solvable au moment
du contrat. Il ne suffit pas que la créance existe, il faut
encore qu'elle existe contre un individu solvable. Mais cette
garantie ne s'étend pas au temps à venir. Le cédant n'entend
pas par cette clause cautionner le débiteur ; il ne répond que
de sa solvabilité au temps du transport, et non pour l'avenir ;
car *res perit domino* (2).

En effet, garantir une créance, c'est la faire bonne ; c'est
faire qu'elle soit payable et perceptible (3) ; c'est ajouter à la
garantie de droit, qui ne porte que sur l'existence de la
créance, un lien de plus pour mettre le cessionnaire à couvert
du péril qui précède le contrat ; sans quoi il faud.ait dire
que cette clause *avec garantie* serait inutile et frustratoire,
lorsqu'il est si facile de lui trouver un sens naturel, lorsqu'il
est clair que le cessionnaire a voulu se mettre à l'abri du
danger de n'avoir que du papier, tandis que le vendeur aurait l'argent. La pauvreté du débiteur est un empêchement,
peut-être le plus grand de tous ; dès lors il tombe sous la promesse générale de garantie acceptée par le cédant.

Mais comme il serait exorbitant que le vendeur se chargeât
du péril qui suit le transport, on ne doit pas étendre jusque-
là la simple clause de garantie ; quand même le cédant se
serait soumis à la *garantie de fait*, sans préciser ses différents
degrés, on devrait s'abstenir de la faire porter sur l'avenir ;

(1) Loyseau, ch. 2, n° 15, et ch. 3, n°˙ 10 et suiv. Lamoignon, t. 1,
p. 140, tit. des Transports, n° 10. Bourjon, t. 1, p. 467, n° 21. Bacquet,
Transport des rentes, ch. 17, n° 6, p. 24. Cependant Brunemann pense
que cette clause ne suffit pas pour rendre le vendeur responsable de la
solvabilité ; mais c'est une erreur. Sur la loi 4, D. *De act. vend.*, n° 3.

(2) Art. 1694, 1695, combinés. Arrêt de la cour de Besançon du 1€
pluviôse an x (Dalloz, Vente, p. 921).

(3) Loyseau, ch. 3, n° 16.

[ARTICLE 1577.]

la clause s'expliquerait assez par l'obligation de garantir l'insolvabilité présente (1).

939. Le deuxième degré de garantie conventionnelle a lieu lorsque le cédant ne se contente pas de garantir la solvabilité actuelle du débiteur, mais garantit sa solvabilité future. C'est ce qu'on a coutume d'exprimer par cette clause, *fournir et faire valoir*, qui était jadis fort usitée dans les contrats de rente, mais qui est beaucoup plus rare aujourd'hui dans les cessions de créance (2). *Fournir* signifie donner ce qui manque, compléter ce qui offre un déficit ; d'où il suit que fournir une créance, c'est la payer au défaut du débiteur. *Faire fournir* signifie se charger soi-même de procurer à la créance toute sa valeur, sans limitation de temps, c. même pour l'avenir ; car ces mots ont une *grande emphase* (3) ; ils répondent à peu près au mot *præstare* des Latins, qui, dit Budée, *est in se recipere, suo periculo esse velle et fide suâ esse jubere* FUTURÆ *rei eventum*. Ils garantissent le cessionnaire de tout danger pour le temps qui s'écoulera jusqu'à l'époque du paiement (4).

Néanmoins, le cédant n'est pas tenu de répondre *rectâ viâ* pour le débiteur en retard de payer ; il n'est obligé qu'après la discussion de ce dernier et sur la preuve de son insolvabilité (5).

940. Mais il ne faudrait pas que l'insolvabilité du débiteur provînt du fait du cessionnaire. Si, par exemple, le cessionnaire a donné mainlevée gratuite ou inopportune des hypo-

(1) Arrêt de Besançon précité.

(2) Loyseau, Garantie des rentes, ch. 4, n° 1 et suiv. Lamoig.. t. 1, p. 140, n° 11, Bourjon, t 1, p. 467, n° 23. Pothier, Vente, n° 564.

(3) Loyseau, *loc. cit.*, n° 11.

(4) Dumoulin a dit " *Clausulâ vulgari*, gallicè, FOURNIR et FAIRE VALOIR ; " promittit debitor hypothecas *fore in* FUTURUM *idoneas.*" (*De usur.*, quæst. 8, n° 154.)

(5) Loyseau, ch. 7, n° 1 et suiv. Lamoignon, n° 12. Bourjon, *loc. cit.*, n° 25. Pothier, n° 565, 567. Turin, 7 mars 1818 (Dalloz, Vente, p. 921, note 3).

[ARTICLE 1577.]

thèques qui faisaient la garantie de la créance, s'il a consenti à décharger quelques-unes des cautions, ou l'un des débiteurs solidaires, il ne sera pas recevable à se plaindre que la créance est mauvaise ; car c'est lui-même qui l'a rendue telle (1). *Alteri per alterum iniqua conditio inferri non debet.*

941. En est-il de même si le cessionnaire a laissé prescrire les hypothèques, soit par le laps de temps, soit en omettant de se présenter sur la procédure en purgement ? En un mot, ce que nous avons dit au numéro précédent du fait du cessionnaire s'applique-t-il 'au cas où il n'y a de sa part que simple négligence ou omission ? La question est controversée.

Or dit en faveur du cessionnaire : Il a su qu'il avait un garant solide, il s'est reposé sur lui ; à quoi lui servirait de s'être fait assurer avec tant de précaution, s'il fallait qu'il eût l'œil toujours ouvert ? Le cédant, en promettant de fournir et faire valoir, s'est obligé à agir ; c'était à lui à prendre l'initiative de toutes les mesures conservatoires. Quand au cessionnaire, il ne peut rien perdre, puisqu'il a le cédant pour obligé.

Mais Loyseau (2) a réfuté cette opinion par des raisons que Pothier approuve (3), et qui me paraissent pleines de force et de logique.

Le cessionnaire est propriétaire de la créance ; c'est à lui, qui en a le profit, à la soigner, et non au cédant, qui désormais n'en retire aucun avantage et n'y conserve plus aucun droit. Il doit lui suffire que le cédant réponde des cas fortuits qui détériorent la créance. Mais il serait injuste qu'il fît retomber sur lui les conséquences de la négligence de lui, cessionnaire, qui, en sa qualité de vrai propriétaire, devait

(1) Pothier. Vente, n° 566. Loyseau, Garantie des rentes, ch. 11, n° 1. L. 27, D *De evict.*, dit : " Non tenetur venditor si ex personâ emptoris *vel facto* res evicta sit."

(2) Ch. 11, n° 4 et suiv.

(3) Vente, n° 566. *Junge* Lamoignon, t. 1, p. 141, n° 15.

[ARTICLE 1577.]

maintenir son droit, comme un bon père de famille doit le faire.

Le cessionnaire n'est-il pas obligé de faire la discussion du débiteur et des cautions ? N'est-il pas chargé de faire vendre les biens de ces derniers avant de recourir sur le cédant ? Eh bien ! il doit à plus forte raison faire tous les actes conservatoires, qui sont bien moins pénibles qu'une discussion, et il se trompe sur sa position quand il s'imagine que c'est le cédant qui doit prendre l'initiative des gen es.

Lorsque le cédant s'est obligé à fourn et faire valoir il a pu être déterminé par la considération que la créance était garantie par des hypothèques plus que suffisantes. Il a pensé qu'en raison de la nécessité de les discuter avant d'arriver jusqu'à lui, il ne serait jamais inquiété. Mais s'il avait pu présumer que la négligence de son cessionnaire rendrait illusoires toutes les garanties, et ouvrirait un recours contre lui, il ne se serait jamais obligé. C'est le cas de dire avec la loi romaine : " *Aliena igitur cessationis vitium, ad ejus dispen-* " *dium pertinere non debet* (1)."

Ce sentiment est du reste celui qui a triomphé devant la Cour de cassation, par arrêt du 26 février 1806 (2), dans une espèce où le cessionnaire n'avait pas fait inscrire et avait omis de conserver, au moyen des formalités prescrites par la loi du 14 brumaire an vii, le privilége de vendeur qui lui avait été transféré. Cet arrêt est d'autant plus remarquable, qu'il porte cassation d'un arrêt de la cour de Dijon qui avait forcé le cédant à garantir le cessionnaire négligent.

Objectera-t-on l'opinion développée par Pothier dans son *Traité des Obligations*, et d'après laquelle le créancier n'est privé de son recours contre la caution qu'autant que c'est par un fait positif de ce même créancier, et non par une simple négligence, qu'il a détérioré les hypothèques qui font la

---

1) L. 1, C *De divid. tut.*

(2) Dalloz, Hypoth., p. 90, note 2. Répert., Garantie des créances n° 3 Hypoth., sect. 2, § 2, art. 14, n° 2. Rente foncière, § 1.

[ARTICLE 1577.]

sûreté de la créance. · Mais Pothier dit tout le contraire dans son *Contrat de vente*, où il approuve le système de Loyseau, et cette contradiction est de nature à diminuer beaucoup l'autorité de sa première décision. C'est probablement parce qu'elle a échappé à M. Toullier que cet auteur se montre. si fermement attaché à la distinction de Pothier entre le fait positif et la négligence (1).

M. Toullier s'appuie beaucoup sur l'art. 1037 du Code Napoléon, portant que la caution est déchargée " lorsque la " subrogation ne peut plus; par LE FAIT du créancier, s'opérer " en faveur de la caution." Il croit voir dans ce texte la reproduction de la théorie de Pothier, qui, dit-il, a si puissamment influé sur la rédaction du Code.

Mais qui nous dira si ceux qui ont rédigé cet article du Code Napoléon ont préféré Pothier écrivant le contrat des obligations, ou Pothier écrivant le contrat de vente ? Ce n'est pas avec ces mots par LE FAIT du créancier qu'on arrivera à la solution. Ils ne sont pas assez précis pour vider le litige. Souvent la loi est rédigée de manière qu'en parlant de *la négligence*, elle sous-entend nécessairement un fait positif qui n'aurait pas échappé aux soins d'un bon père de famille et qui constitue un dommage (2). C'est que, dans sa pensée, le mot *négligence* est à peu près synonyme de *faute*. Eh bien ! quand elle parle d'un fait qui a porté préjudice, il n'y a rien d'exorbitant et de forcé à admettre qu'elle emploie aussi ce mot comme synonyme de faute, c'est-à-dire comme indiquant soit un fait positif, soit une omission entraînant une responsabilité. Tous les jours, dans le langage usuel, il arrive de dire : *Telle chose est arrivée par votre fait*, quoique ce ne soit pas un fait positif, mais une omission. Croit-on que le législateur ne parle pas plus souvent le langage du vulgaire que celui des académiciens ? Un ancien auteur, que je me plais à citer souvent, Connanus, a très bien dit : *Neque enim pu-*

(1) T. 7, n° 172, p. 244.

(2) Art. 1631 du Code Napoléon. Art. 2080.

[ARTICLE 1577.]

tandum legum scriptores aliter locutos quàm quomodo in civitate est consuetum (1).

Tel est au surplus le sentiment de MM. Delvincourt (2) et Duranton (3) ; et, dans l'arrêt de la Cour de cassation que j'ai cité tout à l'heure, la loi romaine, qui se sert de ces mots, *vel facto emptoris,* a été interprétée en ce sens par la Cour régulatrice.

Pesons ensuite les raisons de Pothier, et voyons si elles peuvent soutenir la comparaison avec celles qui l'ont rallié plus tard au système de Loyseau.

Le créancier, dit Pothier (4), n'est obligé que par une pure raison d'équité de faire la cession de ses actions à caution qui paie. Il suffit donc qu'il ne fasse rien de contraire à la bonne foi, et il ne doit pas être tenu d'une pure négligence.

Mais cette raison n'est pas soutenable depuis que la loi veut que la subrogation soit de droit et forcée. (Art. 1251.)

Pothier poursuit en disant : Les autres débiteurs et fidé-jusseurs ont pu, aussi bien que le créancier, veiller à la conservation du droit d'hypothèque qui s'est perdu. Ils pouvaient le mettre en demeure d'interrompre la prescription, de faire les inscriptions, de prendre les mesures conservatoires. N'ayant pas veillé plus que le créancier, ils ne sont pas recevables à lui opposer une négligence qui leur est commune avec lui.

La réponse est que la caution peut sans doute veiller ; mais que ce n'est pour elle qu'une faculté et non un devoir, tandis que c'est un devoir précis pour le créancier, qui est l'adversaire véritable du débiteur, et qui est placé en face de lui pour agir et prendre toutes les mesures conservatoires. Quelle raison plus péremptoire peut-on eu donner que l'obli-

(1) Lib. 3, c. 12, p· 195, *in fine.*

(2) T. 3, p. 263, n° 6.

(3) T. 12, n° 171, p. 269.—*Junge* M. Marcadé, art. 1695, n° 3. V. aussi Limoges, 24 août 1852 (J. Pal. 1854, t. 2, p. 79).

(4) Oblig., n° 520.

[ARTICLE 1577.]

gation où est le créancier de discuter le débiteur avant de passer aux cautions? Cette obligation de discussion n'impose-t-elle pas un ministère actif au créancier? Sont-ce les cautions qui doivent aller chercher les débiteurs, les forcer à payer, et apporter au créancier son argent? Non. Il est créancier, sous la condition de conserver, d'agir, de presser; l'action lui appartient; la caution a droit de rester dans un état purement passif (1).

---

24 *Laurent*, n° 554 *et s.*, n° 560-562.

554. "Le cédant ne répond de la solvabilité du débiteur que lorsqu'il s'y est engagé, et jusqu'à concurrence du prix seulement qu'il a retiré de la créance." Par solvabilité, l'article 1694 entend la solvabilité actuelle (article 1695). Il est donc de principe que le cédant ne répond pas de l'insolvabilité du débiteur qui existerait lors de la cession. Quelle en est la raison? L'obligation de garantie implique que la chose vendue n'appartient pas au vendeur, ou qu'un tiers y a des droits qui n'ont pas été déclarés lors de la vente. En ce sens, l'article 1626 dit que le vendeur est tenu de garantir l'acquéreur de l'éviction qu'il souffre dans la totalité ou partie de l'objet vendu. Donc, si l'acheteur n'est pas et ne peut pas être évincé, il n'y a pas lieu à garantie. De là suit que si la créance cédée existe, quoique le débiteur soit insolvable, le cessionnaire ne peut avoir aucune action; en effet, il n'y a pas d'éviction possible, puisque la créance appartient au cédant. On dira que si le débiteur est insolvable, la créance cédée équivaut à une créance non existante. Non, car le droit existe, et le débiteur peut revenir à meilleure fortune. En fait, les parties auront tenu compte de l'insolvabilité du débiteur et le prix aura été fixé en conséquence. Que si le cédant connaissait l'insolvabilité, l'avait dissimulée, il y aurait dol, et le cessionnaire aurait, de ce chef, une action contre lui.

(1) V. la loi 41, D. *De fidejuss.*

[ARTICLE 1577.]

555. Le cédant ne répond de la solvabilité du débiteur que lorsqu'il s'y est *engagé.* Dans quels termes cet ;engagement doit-il être conçu ? La loi n'exige jamais de termes. sacramentels, mais comme il s'agit d'une garantie exceptionnelle, il faut qu'elle soit stipulée. C'est au juge à interpréter la clause. On demande si la simple clause de garantie doit être interprétée en ce sens que le cédant est tenu non-seulement de la garantie de droit, mais aussi de la garantie de la solvabilité ? C'est une question de fait, puisqu'il s'agit de la volonté et de l'intention des parties contractantes ; le juge la décidera donc d'après les termes de l'acte et d'après les circonstances de la cause. Les auteurs enseignent généralement, en droit, que la clause de garantie oblige le cédant à répondre de la solvabilité actuelle du débiteur. Nous croyons que la question, posée en droit, devrait recevoir une solutio ı contraire. L'article 1630 met sur la même ligne la promesse de garantie et la garantie qui existe de droit, sanっ stipulation aucune ; la loi le décide ainsi par application d'une règle générale d'interprétation : lorsque les parties contractantes transcrivent dans leur contrat une disposition de 'la loi, celle-ci ne change pas de nature et ne produit pas un effet différent. C'est ainsi que la condition résolutoire tacite, reproduite par les parties dans les termes de l'article 1184, n'a pas d'autres effets que si elle n'était pas stipulée. La raison en est que les clauses qui ne font que reproduire une disposition de la loi sont de style, elles n'impliquent pas l'intention de déroger à la loi. Dira-t-on que la clause ainsi interprétée n'aura aucun effet, ce qui est contraire à la règle de l'article 1157 ? Nous répondons d'abord que l'article 1157 ne dit pas ce qu'on lui fait dire ; il suppose une clause qui n'aurait aucun effet si on l'interprétait dans l'un des sens qu'elle présente ; or, on ne peut pas dire de la clause de garantie qu'elle n'a aucun effet, puisqu'elle a l'effet que la loi lui attribue. Si à des clauses pareilles on attribuait un effet plus étendu que celui que la loi leur donne, on irait presque toujours contre l'intention des parties contractantes, parce

[ARTICLE 1577.]

'que ces clauses sont l'œuvre du rédacteur ; et alors même que les parties les écrivent, on ne peut pas leur supposer l'intention de déroger à la loi, il faudrait commencer par prouver qu'elles connaissent la loi.

La question était déjà controversée dans l'ancien droit. Loyseau enseignait que la clause de garantie imposait au cédant l'obligation de répondre de la solvabilité actuelle du débiteur. Un de nos meilleurs auteurs, Duvergier, dit que les raisons sur lesquelles il se fonde sont pleines de sens et de justesse. Nous les trouvons trop probantes, et l'on sait qu'en droit il n'est pas bon de prouver trop, car qui prouve trop ne prouve rien. "Garantir une rente, dit Loyseau, qu'est-ce autre chose sinon la faire bonne, c'est-à-dire bien payable et perceptible ? Outre cela, quelle apparence y aurait-il qu'en un contrat de bonne foi le vendeur eut l'argent de l'acheteur et l'acheteur n'eût rien que du papier ? Ce n'est pas une vraie dette qu'une dette imperceptible." On pourrait faire valoir toutes ces raisons pour en induire que le cédant doit, sans clause aucune et par la nature du contrat, répondre de la solvabilité du débiteur. C'est donc trop prouver, car c'est se mettre en dehors de la théorie du code. Nous n'insistons pas davantage, parce que, à notre avis, la question est de fait et non de droit.

556. Il en serait autrement si le cédant promettait la *garantie de fait*. Cette expression a un sens technique ; c'est comme si le cédant avait dit textuellement qu'il s'engage à répondre de la solvabilité du débiteur, car la garantie de fait n'est pas autre chose. Si l'on ne donnait pas ce sens à la clause, elle n'en aurait aucun, car il est impossible d'appliquer à la garantie de droit une clause qui parle de la garantie de fait ; et on ne peut pas admettre non plus que les parties aient parlé sans vouloir rien dire.

560. "Lorsque le cédant a promis la garantie de la solvabilité du débiteur, cette prom.... ... s'entend que de la solvabilité actuelle et ne s'ét nd pas à . ..., à venir, si le cédant ne l'a expressément s.. .l.." .... 1655. Cette disposi-

[ARTICLE 1577.]

tion est une application des principes généraux qui régissent
la garantie. Le vendeur n'est jamais tenu des faits postérieurs à la vente. A partir du contrat, la chose est aux risques
de l'acheteur ; à plus forte raison, en doit-il être ainsi de la
solvabilité du débiteur, dont le cédant ne répond que par
exception. Toute exception doit être interprétée restrictivement. Le cédant peut bien garantir la solvabilité actuelle du
débiteur, s'il le connaît, mais il est très-chanceux de garantir la solvabilité future de qui que ce soit ; le cédant qui garantit la solvabilité future prend donc sur lui toutes les
mauvaises chances. Pour une clause aussi exorbitante, la loi
exige une stipulation expresse, c'est-à-dire que la clause doit
porter que le cédant répond de la solvabilité future. Cette
garantie n'est due que jusqu'à concurrence du prix de la
cession, car c'est une garantie de fait ; et la garantie de fait,
d'après l'article 1694, est limitée au prix. Ce serait ajouter
à l'exception que de l'étendre au montant de la créance ;
les parties le peuvent, dans notre opinion (n° 559) ; mais il
faudrait pour cela une stipulation formelle concernant l'étendue de la garantie.

561. Dans quels termes la clause de garantie de la solvabilité future doit-elle être stipulée ? La loi veut une stipulation expresse, sans prescrire les termes dans lesquels elle
doit être faite. C'est aux tribunaux de l'interpréter, s'il y a
lieu. Il y a une formule traditionnelle qui se perpétue dans
les actes, c'est la clause *de fournir et faire valoir ;* on l'interprète comme garantie de la solvabilité future du débiteur.
Cela nous paraît très-douteux ; que les tribunaux le décident
ainsi en fait et en se fondant sur l'intention des parties contractantes, cela est conforme aux principes ; mais qu'ils
jugent, en droit, que la clause de fournir et faire valoir doit
être ainsi entendue, cela nous paraît contraire aux règles
d'une saine interprétation. Dans l'ancien droit déjà, la signification de cette clause était controversée. On n'a qu'à lire
dans Loyseau et dans Pothier les raisons que l'on faisait valoir de part et d'autre pour fixer le sens de la clause, et l'on

se convaincra que les parties contractantes ne peuvent pas être présumées connaître ces subtilités juridiques, et c'est cependant de la volonté des parties qu'il s'agit.' Duvergier dit : " Il suffit que telle ait été jusqu'ici l'interprétation reçue au palais (ce sont les termes de Loyseau) et qu'elle soit la plus commune, pour qu'on suppose que les parties qui ont employé la clause l'ont entendue ainsi." Non, cela ne suffit point ; on demande quelle est l'intention des parties, et qu'est-ce que les parties savent de ce qui se passait au palais du temps de Loyseau ? Savent-elles ce qui se passe aujourd'hui ? Les auteurs oublient toujours que les parties ne sont pas des hommes de loi.

————

* 1 *Bourjon, Dr. com., Tit.* 4, sec. 3, n° 21 *et s.* XXI. Lorsque le transport porte qu'il est fait avec garantie, sans que la clause s'étende plus loin, la garantie en ce cas est plus étendue que celle de fait, qui se réduit à l'existance de la dette lors du transport ; cependant le cédant par cette garantie n'est tenu que de prouver que le débiteur étoit solvable au tems du transport ; voilà tout l'effet d'une telle garantie ; elle n'en n'a pas d'autre, autrement ce seroit confondre ce premier degré de garantie avec les autres.

Bacquet, traité des transports des rentes sur particuliers, ch. 17, num. 6. pag. 24 ; et c'est ce qui se pratique, conformément aux arrêtés faits chez le président de Lamoignon, tit. des transports, art. 10 ; et au sentiment de Loyseau, de la garantie des rentes, chap. 2, num. 15, et chap. 3, num. 13.

XXII. En ce même cas il n'est pas garant de l'insolvabilité du débiteur qui survient depuis le transport, sa garantie n'embrassant pas ce qui lui est postérieur ; la dette court alors aux risques du cessionnaire.

Telle est la jurisprudence, conforme à la doctrine de Loyseau, traité de la garantie des rentes, ch. 3, num. 14, jusques à la fin du chap. pag. 7 et 8 : voyez la proposition qui suit qui confirme celle-ci, il y a plus, cette garantie ne se supplée pas, cependant si le transport est fait avec garantie cette expression générale emporte engagement de la part du cédant

[ARTICLE 1577.]

de prouver que le débiteur étoit solvable au tems du transport, et faute de cette preuve, il seroit garant : voyez les arrêtés faits chez le président de Lamoignon, tit. des transports, art. 10.

XXIII. La soumission à une telle garantie n'est pas un cautionnement du débiteur de la dette cédée, mais une simple déclaration de la part du cédant de la solvabilité du débiteur, qui ne doit s'entendre que dans le tems qu'il l'a fait, c'est-à-dire, au tems du transport et non pas pour l'avenir.

Bacquet, au nombre cité sur l'avant-derniere proposition ; Loyseau, de la garantie des rentes, pag. 7 et 8.

XXIV. Dans le cas de cette clause de fournir et faire valoir, et de payer faute de payement, la garantie dûe par le cédant est bien plus étendue que dans le cas de la clause précédente ; les propositions suivantes développent cette étendue et prouvent que cette clause-ci a trait à l'avenir ; ainsi elle entraîne la garantie de la solvabilité future.

De même dans celui de payer, faute de payement de la part du débiteur, comme dans celui de la clause de fournir et faire valoir, l'une et l'autre ont trait à l'avenir et subsistent jusqu'au rachat de la rente ; Loyseau, de la garantie des rentes, ch. 4, num. 7, pag. 9 : c'est ce qu'il confirme par les chapitres 5 et 6 ; et tel est l'usage du châtelet, conforme aux arrêtés faits chez M. de Lamoignon, art. 11.

XXV. Cependant nonobstant la soumission à cette garantie, de payer faute de payement, le cédant n'est pas obligé de payer incontinent, encore que par le transport il se fut obligé à fournir et faire valoir la rente ; il a en ce cas l'exception qu'on va expliquer ; mais elle n'est que dilatoire ; en effet, il n'est tenu de payer, nonobstant cette clause, qu'après que le cessionnaire a discuté le débiteur sur lequel le transport est à prendre, mais en établissant la réalité de cette exception par l'indication des biens.

Bouguier, let. F, num. 4, et le même, let. G, num. 1 ; Loyseau, de la garantie des rentes, ch. 4, num. dernier, pag. 10 : la raison de ce, est que telle clause de fournir et faire valoir la rente, ou celle de payer faute de payement, ou dans le cas même que les deux clauses seroient réunies, et que le cédant se seroit soumis à l'une et à l'autre, telle clause ne pro-

[ARTICLE 1577.]

duit qu'un cautionnement, et ,'   s !.' ''ése générale, la caution peut invoquer l'exception de le d ...:- ; c u principal obligé, et ne peut être
poursuivie qu'après cett) discussion, puisque sa garantie se réduit à
l'effet d'un cautionnement : cela est de droit commun, et s'applique au
cédant ainsi qu'à la caution. Bacquet, en son traité du transport des
rentes sur particulier, ch. 17, pag. 23 ; Loyseau, du déguerpissement,
liv. 6, ch. 8, num. 10 et 11, pag. 18, et num. 17, pag. suivante.

XXVI. Pour cette discussion, le cédant est obligé d'indiquer les biens du débiteur sur lequel le transport est à
prendre, et de fournir deniers suffisans pour la discussion,
sans cela l'exception de sa part serait vaine, sans objet et
comme telle ne seroit pas écoutée ; parce qu'elle ne tendroit
à rien et se réduiroit à une fin de non-payer ; mais la garantie cesse si le cédant s'est laissé enlever son gage.

Bacquet, à la page citée sur la proposition précédente ; la discussion
se fait à ses frais et à ses risques : Loyseau, de la garantie des rentes,
ch. 9, num. 5, pag. 20 ; c'est la jurisprudence, et droit commun : en effet,
faute d'indiquer des biens, et de fournir deniers suffisans, le cédant peut
être poursuivi pour le payement du contenu au transport ; c'est alors le
juste effet et l'ouverture à la garantie à laquelle il s'est soumis, garantie
qui entraine ce payement de sa part, lorsque le débiteur ne peut le faire.

On le juge ainsi au châtelet, et le transport d'une rente est regardé
comme constitution de rente de la part du cédant qui s'est obligé à la
fournir et faire valoir, et l'on ne doit pas même en ce cas s'arrêter beaucoup à la discussion, et suspendre l'action contre le cédant ; cependant
l'effet de cette garantie n'est pas si prompt que celle qu'on va expliquer ;
mais si le transport s'est fait par une échange, il y a lieu à la résolution
d'icelui ; Loyseau, de la garantie des rentes, ch. 7, pag. 16 et 17 : résolution qui consomme exactement toute garantie ; sur toute cette subdivision il faut observer que l'effet de la garantie qui en a fait la matiere
cesse entiérement si le cessionnaire, par sa négligence, s'est laissé enlever son gage ; par exemple, s'il a négligé de s'opposer au décret des
biens du débiteur ; cela est fondé sur la souveraine équité, est attesté
par Loyseau, de la garantie des rentes, chap. 11, num. 6 et 7 ; par le
Prêtre, cent. 1, ch. 76 ; par Louet et Brodeau : voyez aussi les arrêtés
faits chez le président de Lamoignon, tit des transports, art. 15.

XXVII. Lorsque le transport porte cette clause, le cédant
peut être poursuivi incontinent après le transport, c'est le
juste effet d'icelle, et le transport n'est regardé en ce cas que

[ARTICLE 1577.]

comme une facilité de payement, pour laquelle le cessionnaire a deux débiteurs au lieu d'un. / ˜   ¦'

On le juge ainsi au châtelet; mais il en seroit autrement, si par la
clause de garantie le cédant s'étoit simplement obligé de fournir et faire
valoir la rente ; en ce cas, ainsi qu'on vient de le voir, il ne pourroit agir
contre le cédant qu'après avoir fait discussion: Bacquet, traité des
transports des rentes sur particulier, ch. 16, pag. 26 ; Loyseau, de la garantie des rentes, ch. 4, num. dernier, pag. 10 : mais ici la garantie est
plus prompte; voyez sur cela l'auteur qu'on vient de citer, ch. 8, num.
19 et 21.

XXVIII. Il y a même dans ce cas, exécution parée contre
lui, et c'est le vrai cas dans lequel on doit le regarder comme
vrai codébiteur de la rente par lui cédée ; c'est l'effet de cette
garantie ; tel est son esprit et la lettre le manifeste, dès que
le refus du débiteur est constaté.

Loyseau, en son traité de la garantie des rentes, ch. 12, num. 13, pag.
27: pourvu que le refus du débiteur de payer, soit constaté par un commandement; ce qui ne seroit pas si le cessionnaire ne s'étoit soumis qu'à
fournir et faire valoir la rente; le même auteur. Ce qui est fondé sur
ce que cette derniere clause emporte avec elle la nécessité de la discussion, comme on l'a vu par la subdivision précédente; discussion qui cesse
dans le cas de la clause qu'on examine dans la présente subdivision,
comme on va l'expliquer par la proposition qui suit.

XXIX. En effet, au moyen d'une telle clause le cédan est
vrai débiteur personnel, et le transport ne vaut que comme
une délégation propre à faciliter le payement, il ne produit
pas d'autre effet ; il laisse donc contre lui la pleine action
directe et personnelle.

Unde facilius possit accipere ; mais si la garantie ne s'étendoit de la
part du cédant qu'à payer lui-même faute par le débiteur de payer, en
ce cas, comme on l'a vu dans la subdivision précédente, il faudroit discussion des biens du débiteur: Loyseau, de la garantie des rentes, ch. 8,
num. 17, pag. 19 ; c'est une distinction qu'il faut toujours faire sur cela,
et suite de la différence des divers degrés de la garantie

XXX. Si le transport portoit que le cédant ne seroit poursuivi qu'après un commandement fait au débiteur, le cessionnaire doit satisfaire à cette condition avant de poursuivre

[ARTICLE 1577.]

le cédant ; c'est l'événement de cette condition attachée à la garantie qui lui est dûe, qui fait ouverture à icelle.

Loyseau, de la garantie des rentes, ch. 8, num. 21, pag. 19 : mais en ce cas il ne faut pas de discussion des biens du débiteur : Bacquet, des droits de justice, ch. 21, num. 155, pag. 187 ; et cela résulte des termes mêmes de la clause qui doit avoir son exécution.

XXXI. Mais cette clause n'induit pas résolution du transport d'une rente et exigibilité du prix contenu en icelui, mais vraie dette de la part du cédant et par conséquent création de rente de sa part comme débiteur solidaire, si l'objet du transport est une rente ; ainsi il n'y a pas en ce cas exigibilité du capital.

Loyseau, de la garantie des rentes, ch. 8, num. 24, pag. 19, et l'on le juge ainsi au châtelet.

XXXII. L'effet de cette garantie qui est la plus efficace en matiere de transport, et à plus forte raison, ce même effet dans les garanties précédentes, c'est-à-dire, l'action contre le garant, cesse si le cessionnaire souffre affoiblissement ou même perte de la rente par sa négligence, laquelle ne pouvant tomber sur un autre que lui, efface sa garantie.

Loyseau, de la garantie des rentes, ch. 11, num. 6 et 7, pag. 24 ; et je l'ai entendu juger ainsi au châtelet : voyez les autres autorités rapportés sur la derniere proposition de la subdivision précédente.

Voy. *Pothier*, *Digeste* et *Loyseau*, cités sur art. 1576.

---

* *Lamoignon*, *Arrétés*, *Tit.* 22, *arts.* 10, 11.   X. Quand le transport est fait avec la simple clause de garantie, le cédant est garant de la solvabilité du débiteur, au temps du Transport, et n'est garant de l'insolvabilité depuis survenue.

XI. Si outre la clause de garantie, le cédant s'est obligé de fournir et faire valoir la dette active mobiliaire ou la rente par lui cédée, il demeure garant de l'insolvabilité du débiteur, supposé même qu'elle soit survenue depuis le Transport.

[ARTICLE 1578.]

1578. Les articles précédents de ce chapitre s'appliquent également aux transports de créances et droits d'action contre des tiers par contrats autres que celui de vente, excepté les donations auxquelles l'article 1576 ne s'applique pas.	1578. The preceding articles of this chapter apply equally to transfers of debts and rights of action against third persons by contracts other than sales, except gifts to which article 1576 does not apply.

---

* *Lacombe, Recueil,* v° *Eviction, n° 26.* } Donataire évincé, v. Loys. de la gar. des rent. ch. 1. n. 14. v. Ric. des don. part. 1. n. 954. dit, que régulierement la donation n'emporte pas avec elle une obligation de garantie, lorsque l'éviction que souffre le donataire, procéde d'une cause antérieure à la donation, et non de la mauvaise foi du donateur, v. Desp. tom. 1. p. 379. n. 23. suivant la Loi 18. §. *ult. de donat.* et la Loi 2. *C. de evict.* le donateur n'est tenu de la garantie de droit, mais il est tenu de celle de fait, *dict. leg.* 2. v. Perez. *C. de evict.* n. 9 *et seq.*

Voy. *C. C. B. C., art.* 796 et *Loyseau,* cité sur art. 1576.

---

* *I Ricard, Donation,* 1re *part., n° 954.* } Encore que cette doctrine soit veritable à l'égard de l'heritier, lorsque le donataire ne s'est pas plaint du défaut de tradition durant la vie de son donateur, en consequence de ce que la donation est présumée frauduleuse ; j'estime toutefois que le contraire auroit lieu, si le donataire s'étoit plaint du vivant du donateur, et qu'il eût demandé contre lui ses dommages et interêts, à quoi faire il seroit à mon avis bien fondé ; car encore que régulierement la donation n'emporte pas avec soi une obli-

[ARTICLE 1579.]

gation de garantie, cela est bon, lorsque l'éviction que souffre le donataire, procede d'une cause anterieure à la donation, et non pas au cas proposé, auquel le sujet de la non-jouis-sance procede du fait et de la mauvaise foi du donateur : car personne n'étant exempt de la garantie de ses faits et promesses, il n'y a point de difficulté que le donateur ne peut pas s'en excuser, puisque contre son propre fait il a commis un stellionat, et engagé une chose qu'il étoit déja tenu de dé-livrer en entier à un autre. C'est pourquoi la donation étant parfaite à son égard, le donataire sera bien fondé à le pour-suivre pour les dommages et interêts qui resultent de sa foi violée, et de ce qu'il n'a point accompli ce qu'il a promis, n'étant resté en demeure de l'executer que par son propre fait : et autrement il seroit en la liberté d'une personne de rendre indirectement un contrat sans effet, quoiqu'il fut parfait à son égard ; ce qui ne fut jamais toleré en Justice, qui ne souffre pas de malice affectée et volontaire, pour éviter l'execution d'une obligation legitime.

SECTION II.

DE LA VENTE DES DROITS SUCCESSIFS.

1579. [Celui qui vend quelque droit successif sans spécifier en détail les biens dont il se compose, n'est tenu de garantir que sa qualité d'héritier.]

SECTION II.

OF THE SALE OF SUCCESSIONS.

1579. [He who sells a right of succession without specifying in detail the property of which it consists is bound by law to warrant only his right as heir.]

---

* C. N. 1696. } Celui qui vend une hérédité, sans en spéci-fier en détail les objets, n'est tenu de garantir que sa qualité d'héritier.

24 *Laurent,* ⎫   565. Les articles 1696-1698 traitent de la
‥ 565 *et s.* ⎭ vente d'une hérédité. La loi ne dit pas ce qu'elle
entend par vente d'une hérédi°é, mais la définition résulte
de l'article 1696, qui est ainsi conçu : " Celui qui vend une
hérédité sans en spécifier en détail les objets n'est tenu de
garantir que sa qualité d'héritier." Le vendeur doit garantir
l'objet de la vente ; si le vendeur d'une hérédité ne garantit
que sa qualité d'héritier, c'est que la vente comprend les
droits attachés à cette qualité, c'est-à-dire les droits successifs. Autre chose est de vendre les droits successifs, autre
chose est de vendre les objets héréditaires en les spécifiant ;
l'article 1696 suppose que, dans ce cas, le vendeur est tenu
d'une autre garantie ; en effet, il sera garant, d'après le droit
commun, des objets qu'il vend. La loi ne s'occupe pas de
cette vente, parce qu'elle n'a rien de spécial, c'est une vente
ordinaire. Pothier dit que l'on peut encore vendre les prétentions que l'on a à une hérédité, et que, dans ce cas, le
vendeur ne sera tenu à aucune garantie, parce que c'est une
chance qui a fait l'objet du contrat, comme lorsqu'on achète
le coup de filet d'un pêcheur.

Il y a donc une grande différence entre ces trois espèces
de vente, au point de vue de la garantie. Comment saura-t-
on si les parties ont entendu vendre et acheter les droits successifs ou les objets héréditaires, ou les prétentions du vendeur à une hérédité ? La question se décide d'après les
termes de la convention et les circonstances de la cause,
puisqu'il s'agit d'apprécier la volonté des parties contractantes.

566. On enseigne que toute cession, ayant une hérédité
pour objet doit, en général, être considérée comme une cession de droits successifs. N'est-ce pas établir une espèce de
présomption en décidant *a priori* qu'une convention doit être
interprétée dans tel sens plutôt que dans un autre ? La loi
suppose, il est vrai, que la vente d'une hérédité porte sur les
droits successifs, mais une supposition n'est pas une présomption. Mieux vaut dire que c'est toujours une question

d'intention. Il n'y a qu'une chose qui résulte clairement d une
vente qui, d'après la convention, porte sur l'hérédité, c'est
que ce contrat n'est pas une vente d'objets héréditaires, car
celle-ci implique, comme le dit l'article 1696, que la chose
vendue est spécifiée en détail. Ces ventes sont très-fréquentes,
à en juger par la jurisprudence. Nous en citerons quelques
exemples. Un immeuble est possédé par indivis par des pa-
rents; l'un des copropriétaires cède ses droits à son copropriétaire. Est-ce une vente de droits successifs ? Non, car elle
portait sur un immeuble déterminé, et, ce qui est décisif, les
parties ne le possédaient pas à titre de cohéritiers d'un même
auteur. La question ne peut se présenter que lorsque les copropriétaires sont aussi cohéritiers, et il peut y avoir doute
quand la cession comprend toute la portion héréditaire du
cédant; une cour d'appel s'y est trompée dans une espèce
que nous avons déjà rapportée. Envoi en possession, par
décret impérial, de six frères et sœurs, chacun pour un
sixième de tous les biens dépendants des ci-devant seigneu-
ries confisqués sur le duc de Looz-Corswarem, consistant en
terres labourables, prés, bois et marais. L'état de situation
de ces biens résultait d'un procès-verbal d'experts déposé au
tribunal de Namur. L'une des sœurs céda sa portion. Etait-ce
la cession de droits successifs, ou du moins la cession de droits
incorporels, pour nous servir de la singulière terminologie
du code ? Il a été jugé que la vente n'était ni une vente de
droits héréditaires, ni un transport de créances, mais une
transmission réelle de propriété d'objets corporels immobiliers et certains, c'est-à-dire une vente ordinaire.

La question de savoir si une convention contient une vente
de droits successifs, ou une vente ordinaire, offre de l'intérêt
non-seulement pour ce qui regarde la garantie, mais aussi
pour l'application de l'article 841 sur le retrait successoral.
Des cohéritiers vendent leurs droits dans une maison avec
ses dépendances, en ayant soin de déterminer soigneusement les confins de la chose vendue. Etait-ce une vente de
droits successifs ? Non, dit la cour de Lyon; la cession ne

‚ortait que sur un objet particulier, spécialement déterminé ;
les vendeurs ne cédaient point leurs droits aux successions
d'où était provenu l'immeuble vendu, ils continuaient à en
être investis à titre universel. Donc il n'y avait pas lieu au
retrait successoral.

Dans notre opinion, l'article 1690 n'est pas applicable à la
vente de droits successifs (n° 478) ; il importe donc, sous ce
rapport, de distinguer la cession d'une hérédité de la cession
de droits incorporels. Il a été jugé que le cohéritier qui cède
à un tiers ses droits dans les reprises de sa mère fait un
transport ordinaire, et non une vente de droits successifs ;
d'où suit que le cessionnaire, pour être saisi à l'égard des
tiers, devait signifier la cession aux débiteurs des sommes
dotales. On prétendait que la chose vendue était un droit sur
une hérédité, donc un droit successif. La cour de Nîmes répond que ce qui faisait l'objet de la cession litigieuse, ce
n'était pas tout ou partie des droits du vendeur à la succession de son père, mais une portion déterminée des reprises
dotales de sa mère, dont il se trouvait créancier envers l'hérédité de son père ; ce qui était décisif au point de vue de
l'article 1690.

567. La vente de droits successifs n'a pas pour objet les
choses héréditaires, elle comprend les droits attachés à la
qualité d'héritier du vendeur, et elle soumet aussi l'acheteur aux charges qui incombent à l'héritier ; nous dirons
plus loin en quel sens. Ce qui caractérise donc la vente d'une
hérédité, c'est que l'hérédité y est considérée comme une
universalité, c'est à dire un ensemble de droits ; au point de
vue actif, tout ce qui est provenu   tout ce qui proviendra
de l'hérédité ; la composition des biens n'est pas déterminée,
de sorte que la convention ne fait pas connaître les biens
que l'acheteur recueiller   c'est une vente de choses indéterminées.

De là suit qu'il faut appliquer à la vente d'une hérédité
les principes qui régissent la vente de choses indéterminées.
La question est très importante au point de vue de la trans-

[ARTIC⸢ᴱ 1579.]

mission de la propriété. Toute vente est translative de propriété, donc aussi la vente d'une hérédité. Mais quelle est la chose dont la propriété est transmise à l'acheteur dans la vente d'une hérédité ? Sont-ce les biens qui composent l'hérédité ? A notre avis, ce sont les droits successifs du vendeur, donc une universalité. Cette universalité comprend, il est vrai, des biens déterminés, créances, effets mobiliers, immeubles ; mais la vente ne porte pas sur ces objets particuliers, donc elle ne peut pas en transmettre la propriété à l'acheteur. Quand donc acquerra-t-il la propriété des choses héréditaires ? Il les acquerra lors de la délivrance, comme l'acheteur de choses indéterminées ne devient propriétaire que lorsque ces choses sont déterminées ; ce qui se fait d'ordinaire par la délivrance.

Quant au principe, nous renvoyons au titre des *Obligations*, il ne saurait être contesté. Il n'en est pas de même de son application à la vente d'une hérédité. On enseigne que la vente d'une hérédité a pour objet les divers biens qui font partie de la succession, et qu'elle produit l'obligation de livrer ces biens. Oui, mais l'obligation de livrer des biens qui, lors de la vente, sont indéterminés. Que vend-on quand on vend une hérédité ? On vend tout ce qui en est provenu et proviendra ; c'est la formule de Pothier ; on ne détermine donc rien. Les choses héréditaires qui composent l'hérédité ne seront déterminées que lorsque le vendeur en fera la délivrance à l'acheteur ; or, la propriété ne peut exister que sur des objets déterminés, donc elle ne passe sur la tête de l'acheteur que lorsque la détermination s'en fera.

Nous arrivons à la conséquence pratique de ce débat, en ce qui concerne les créances. Du principe prétendu que la vente de l'hérédité est une aliénation de biens héréditaires, on déduit que la cession de l'hérédité est une cession des créances héréditaires, et que, par suite, le cessionnaire n'est saisi, à l'égard des tiers, que par la signification du transport (art. 1690). La conséquence est en opposition avec le texte même du code. Si la vente transportait la propriété des

[ARTICLE 1579.]

créances héréditaires, le vendeur serait garant de l'existence de ces créances en vertu de l'article 1693 ; or, l'article 1696 dit qu'il n'est tenu de garantir que sa qualité d'héritier ; donc il n'est pas exact de dire que la vente des droi.; successifs est la vente des créances héréditaires.

Quant aux objets corporels, meubles ou immeubles, faisant partie de la succession, ils deviennent, dans l'opinion que nous combattons, de plein droit la propriété de l'acheteur, ç'est à dire que l'acheteur est propriétaire en vertu du contrat. En effet, dit-on, le vendeur a certainement promis la propriété de tout ce qui est compris dans l'hérédité, et la conséquence de cette promesse est une aliénation immédiate de la chose. Un invoque, à l'appui de cette décision, l'article 1138. C'est oublier que cette disposition ne s'applique qu'au cas où le contrat porte sur des choses certaines et déterminées ; or, l'article 1696 dit que la vente d'une hérédité ne comprend pas les objets héréditaires ; ces choses ne sont pas spécifiées dans la convention, donc il y a vente de choses indéterminées, et cette vente ne peut pas, par elle seule, transmettre à l'acheteur la propriété des biens.

Notre doctrine est celle de Pothier, et il en fait l'application. Le vendeur, dit-il, contracte l'engagement de livrer à l'acheteur toutes les choses qu'il a, provenant de la succession au temps du contrat de vente. Il ne peut donc, sans contrevenir à son engagement, en disposer. Néanmoins comme l'héritier qui a vendu ses droits successifs demeure toujours propriétaire des choses de la succession jusqu'à ce qu'il les ait livrées à l'acheteur, s'il en dispose contre la foi de son engagement, il en transfère la propriété à ceux au profit desquels il les aura aliénés, mais il en sera débiteur envers l'acheteur des droits successifs, et, faute de pouvoir les lui livrer, il sera condamné à des dommages-intérêts. On écarte l'autorité de Pothier, par la raison que, dans l'ancien droit, la propriété ne se transférait que par la tradition. Cela est vrai, mais il est vrai aussi qu'il en est de même, en droit moderne, quand la chose vendue est indéterminée. Nous ne

[ARTICLE 1579.]

concevons pas que l'acheteur acquière la propriété d'une chose qui n'est pas déterminée.

568. On tire une autre conséquence du principe que la vente des droits successifs contient implicitement une vente des biens héréditaires, c'est que si elle est faite par un héritier bénéficiaire, il encourt la déchéance du bénéfice d'inventaire pour avoir vendu les biens de l'hérédité sans l'observation des formalités prescrites par la loi. Nous avons enseigné l'opinion contraire, au titre des *Successions*, et c'est l'opinion généralement suivie (t. IX, n° 406). Ce que nous venons de dire du caractère qui distingue la vente d'une hérédité nous confirme dans notre opinion. Vendre ses droits successifs, c'est transporter a l'acheteur les droits que l'on a comme héritier ; l'héritier bénéficiaire ne dispose donc pas en maître des effets de la succession lorsqu'il vend ses droits héréditaires ; il reste tenu des obligations qu'il a contractées à l'égard des créanciers et des légataires, en acceptant sous bénéfice d'inventaire ; l'acheteur est seulement mis en son lieu et place quant aux droits, s'il y en a. Pourquoi serait-il déchu de son bénéfice alors que rien n'est changé dans la situation des parties intéressées ? Quand l'acheteur procédera à la vente des biens héréditaires, il devra le faire dans les formes prescrites par la loi ; voilà une preuve bien certaine que cette vente ne s'est pas faite lors du transport que l'héritier bénéficiaire a fait de ses droits successifs. Donc la vente de l'hérédité n'est point la vente des biens héréditaires.

569. Du principe que la vente d'une hérédité comprend une universalité suit que l'acheteur doit aussi supporter les charges qui grèvent la succession, non qu'il en soit tenu personnellement, car il n'est pas héritier, et le vendeur ne cesse pas de l'être. Nous reviendrons sur ce point. Toujours est-il qu'il résulte de là que la vente d'une hérédité est plus ou moins incertaine quant aux bénéfices et aux pertes. Les biens ne sont pas déterminés, et le vendeur ne garantit rien de ce chef ; quant aux charges, elles sont illimitées et elles peuvent ne pas être connues lors de la vente ; il est même

impossible qu'elles le soient, car il peut y avoir des dettes cachées. Voilà pourquoi on enseigne que la vente de droits successifs est un contrat aléatoire. Mais il ne faut pas induire de là que la vente des droits successifs a pour objet une pure chance ; le texte de l'article 1696 prouve le contraire, en soumettant le vendeur à l'obligation de garantir sa qualité d'héritier, tandis que celui qui vend une chance n'est tenu à aucune garantie. Nous avons rencontré la difficulté en traitant de la rescision pour cause de lésion ; la vente qui a pour objet une chance exclut toute idée de lésion. De là la question de savoir si la vente de droits successifs est rescindable pour cause de lésion de plus de sept douzièmes. C'est une difficulté de fait, comme nous l'avons dit (n° 427). Quand même la vente serait une vente de droits successifs proprement dite, il peut y avoir lésion et, par suite, il y aura lieu à rescision.

La difficulté s'est encore présentée dans d'autres circonstances. Un successible cède à un agent d'affaires la moitié de ce qui pourra lui revenir dans une succession à lui échue. La cession est faite en considération de ce que le cessionnaire a révélé au cédant ses droits héréditaires, des frais qu'il pouvait avoir à supporter en cas de découverte d'un testament ou pour toute autre cause, et enfin des soins qu'il aurait donnés à l'affaire. Les héritiers du cédant refusèrent d'exécuter cette convention, prétendant que le cessionnaire n'avait droit qu'à une rémunération à raison des soins qu'il avait donnés aux intérêts de l'héritier. En première instance, le contrat fut considéré comme aléatoire et le tribunal en ordonna l'exécution. La convention aurait, en effet, été aléatoire si le successible avait ignoré ses droits, si ces droits avaient été découverts par l'agent d'affaires ; nous en avons cité un exemple curieux, au titre des *Obligations*. Mais, dans l'espèce, il n'y avait rien d'incertain ni d'aléatoire ; la cour d'appel alloua à l'agent d'affaires une somme de 10,000 francs à titre de rémunération. Sur le pourvoi, il intervint un arrêt de rejet. La cour de cassation se fonde sur les faits constatés par l'arrêt attaqué, pour en induire qu'il n'existait ni secret ni aléa ; que le cédant avait été tenu dans l'ignorance de la valeur probable de la succession à recouvrer ; de là la cour déduit la conséquence que le contrat litigieux ne pouvait être considéré, ni comme un contrat de vente d'un secret ou de droits successifs, ni comme un contrat aléatoire. L'objet principal de la convention était la liquidation de la succession ; c'était donc un mandat d'agence d'affaires. D'après la jurisprudence admise en cette matière, il appartenait à la cour de Paris d'apprécier l'importance des soins, des démarches, des peines accomplies ou éprouvées et de réduire, en conséquence, le montant de la rémunération.

570. L'article 1696 dit que le vendeur d'une hérédité est tenu de garantir sa qualité d'héritier. Faut-il conclure de là que la vente a pour objet le titre et la qualité d'héritier ? En un certain sens, oui, puisque l'acheteur prend la place de l'héritier, dont il exerce tous les droits, et il est tenu de l'indemniser des dettes et charges de la succession. Mais, dans la rigueur du langage juridique, on ne peut pas dire que le successible vend son titre et sa qualité d'héritier. Pothier en fait la remarque, et cela est d'évidence ; ce titre et cette qualité sont attachés à la personne de l'héritier, et ne peuvent s'en séparer ; d'où il suit qu'ils ne peuvent se vendre, car les parties ne peuvent pas vouloir l'impossible ; or, il est impossible au vendeur de transmettre à l'acheteur une chose qui, par sa nature, ne peut subsister dans une autre personne que dans la sienne. De là une conséquence très-importante : l'héritier qui vend ses droits successifs reste héritier ; en acceptant la succession, il s'est engagé à en supporter les dettes et les charges, il en reste tenu à l'égard des créanciers et légataires. Il y a une autre raison, également décisive, pour que l'héritier soit tenu de ses engagements : on cède ses droits, on ne cède pas ses obligations (n° 529).

571. L'héritier qui vend l'hérédité reste héritier, mais ce n'est qu'à l'égard des créanciers et légataires. Entre les parties contractantes, il est considéré comme n'étant plus héri-

[ARTICLE 1579.]

tier, et même comme ne l'ayant jamais été ; c'est l'acheteur qui est réputé avoir été héritier. Nous disons que le vendeur est censé n'avoir pas été hé itier ; il ne cesse pas de l'être seulement à partir de la cession, car on n'est pas héritier pour un certain temps : *semel hæres, semper hæres*. On est héritier pour toujours, ou on ne l'a jamais été. Voici donc la situation un peu singulière du vendeur : à l'égard de l'acheteur, il est censé n'avoir jamais été héritier, tandis qu'à l'égard des tiers, il a été héritier, et il ne cesse pas de l'être, au moins quant aux obligations qu'il a contractées.

De là résulte une conséquence très-importante quant aux droits ou obligations qui se sont éteints par confusion. L'héritier était débiteur du défunt ; en acceptant purement et simplement, il devient, au moins pour sa part héréditaire, créancier de la dette, dont il est aussi débiteur ; ces deux qualités s'excluant dans une seule et même personne, la dette de l'héritier s'éteint par confusion. Si l'héritier vend l'hérédité, la dette revivra-t-elle ? Oui, car il est censé n'avoir jamais été héritier à l'égard de l'acheteur ; il reste donc débiteur, et il doit tenir compte à l'acheteur du montant de la dette, qui fait partie des biens héréditaires dont l'acheteur profite. Par contre, si l'héritier était créancier du défunt, sa créance, éteinte par confusion, revit lorsqu'il vend l'hérédité, et il peut la réclamer contre l'acheteur. Pourquoi la succession n'éteint-elle pas définitivement la dette ou la créance ? Parce que la confusion n'est rien que l'impossibilité d'agir ; or, par la vente de l'hérédité, cette impossibilité cesse ; donc la confusion n'a plus de raison d'être.

On pourrait conclure de là que la créance ou la dette revit avec tous ses accessoires, cautionnement, hypothèque ; de sorte que la caution resterait tenue de la dette, et les hypothèques subsisteraient. L'opinion contraire est généralement admise. On considère la confusion comme ayant produit des droits au profit des tiers, droits que l'héritier ne peut pas anéantir en aliénant l'hérédité. Nous renvoyons à ce qui a été dit, au titre des *Obligations*, sur la confusion. C'est un

mode tout à fait spécial d'éteindre les obligations : la dette
n'est pas éteinte comme elle le serait par le payement ou la
compensation ; on ne peut donc pas argumenter, comme on
le fait, des articles 1263 et 1299 ; dans les cas prévus par ces
articles, le débiteur renonce au bénéfice des offres réelles
ou de la compensation, et naturellement il ne peut pas renoncer aux droits des autres ; il y a un fait définitif, la libération est accomplie ; tandis que la confusion n'éteint pas
définitivement la dette, elle empêche seulement d'en poursuivre le payement ; cet empêchement peut cesser et, avec la
cause, les effets cessent également (t. XVIII, n° 507).

La confusion a aussi effet quant aux droits réels que l'héritier a sur un immeuble ; il ne peut plus les exercer, personne
ne pouvant avoir un droit réel sur la chose dont il a la propriété absolue. S'il vend l'hérédité, ces droits revivent. Il en
serait de même si le défunt avait un droit réel sur l'héritage
de l'héritier ; celui-ci ne peut être tenu d'un droit réel sur
sa propre chose ; le droit s'éteint, mais il revivra au profit
de l'acheteur. C'est l'avis de Pothier et de tous les auteurs.
Cela s'explique par la nature de la confusion, laquelle n'est
qu'un empêchement temporaire à l'exercice du droit réel ;
l'empêchement cessant, la confusion cesse avec ses effets.

572. Pour compléter ces notions générales, nous rappellerons que si le vendeur de droits successifs a des cohéritiers,
ceux-ci peuvent exercer le retrait successoral (art. 841). Cela
suppose que la vente a pour objet *le droit à la succession*,
c'est à dire des droits successifs ; si la vente porte sur une
chose héréditaire, il n'y a pas lieu au retrait. Nous avons
exposé, au titre des *Successions*, les principes qui régissent
cette matière.

———

* 3 *Pothier* (*Bugnet*), ⎱ 524. On peut vendre l'hérédité d'un
   Vente, n° 524 *et s.* ⎰ défunt, en tout ou en partie.

525. Il faut que celui dont on vend l'hérédité, ait existé, et
soit mort : car il ne peut y avoir d'hérédité d'un homme qui

n'a jamais existé, ou qui est encore vivant ; L. 1, ff. *de Hæred. vend.*; L. 7, ff. *eod. tit.*

C'est pourquoi si par erreur quelqu'un a vendu l'hérédité de son parent qu'il croyait mort, et qu'il se trouve vivant, la vente est nulle, et ne produit aucune obligation de part ni d'autre ; *edd.* L. 1, ff. *de Hæred. vend.*

Si l'acheteur a payé par erreur le prix, il en aura la répétition *condictione sine causâ ;* car il a payé sans sujet, puisqu'il n'y a point de vente. Il aura aussi la répétition de tout ce qu'il lui en a coûté pour cette fausse vente ; car le vendeur qui l'a induit en erreur, en lui vendant ce qui n'existait pas, doit réparer le tort qu'il lui a causé. Tout ceci est conforme à la loi 8, ff. *de Hæred. vend.*

526. Pourrait-on vendre l'hérédité future d'une personne ?

La raison de douter est, qu'il a été établi en la première partie de ce *Traité*, n° 5, qu'on peut vendre les choses dont on espère la future existence ; comme lorsque nous vendons avant la récolte le vin que nous recueillerons. La raison de décider est que cette règle souffre exception à l'égard des choses qu'il est contre la décence et les bonnes mœurs d'espérer, telle qu'est une succession future, qu'on ne pourrait espérer qu'en espérant la mort de la personne qui doit y donner ouverture, ce que les bonnes mœurs ne permettent pas.

Notre décision est conforme à celle des jurisconsultes romains, qui ont condamné, comme contraires aux bonnes mœurs, toutes sortes de conventions sur les successions futures ; L. 19 ; L. *fin.*, Cod. *de Pact.* Suivant les lois romaines, ces conventions étaient interdites, même dans les contrats de mariage ; L. 15, Cod. *de Pact.* Dans notre droit, la faveur de ces contrats les y a fait admettre ; mais nous ne les admettons point ailleurs. *Voyez* notre *Traité des Obligations*, n° 132.

527. La vente d'une hérédité n'est pas valable, s'il n'y a pas encore d'hérédité. Mais il n'est pas nécessaire, pour que la vente soit valable, que l'hérédité appartienne au vendeur ; car, selon les principes établis en la première partie, n° 7, la

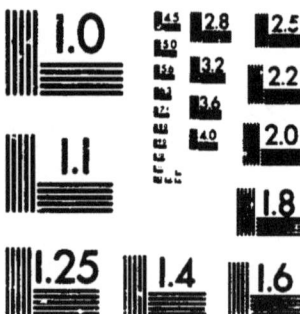

8"

Photographic
Sciences
Corporation

23 WEST MAIN
WEBSTER, N.Y.
(716) 872-

[ARTICLE 1579.]

vente qu'une personne fait de la chose d'autrui, est valable ;
Res aliena vendi potest. C'est pourquoi celui qui vend des droits
successifs qui ne lui appartiennent point, *putà,* parce qu'il
n'est pas en degré de succéder, ou qu'il n'est héritier que
pour une moindre partie que celle qu'il a vendue, contracte
valablement, et s'oblige à faire avoir à l'acheteur la valeur
de cette hérédité qu'il a vendue, c'est-à-dire, tout ce qu'il aurait eu, si l'hérédité lui avait effectivement appartenu ; L. 8,
de Hæred. vend.

528. Si quelqu'un n'avait pas vendu précisément l'hérédité
d'une personne, mais ses prétentions à cette hérédité, pour
que l'acheteur les exerçât à ses risques, et sans garantir à l'a-
cheteur que l'hérédité lui appartient effectivement ; en ce
cas, s'il est jugé contre l'acheteur que l'hérédité n'appartenait
pas à son cédant, le vendeur ne sera tenu à rien envers l'a-
cheteur, pas même à la restitution du prix ; car ce n'est pas
précisément l'hérédité qui a été vendue, ce sont les prétentions du vendeur, telles qu'elles sont, bien ou mal fondées,
non hæreditas, sed incertum hæreditatis veniit ; c'est un hasard
qui a fait l'objet du contrat, comme lorsqu'on achète le coup
de filet d'un pêcheur ; L. 10, et L. 11, ff. *de Hæred. vend.*

Si néanmoins le vendeur avait vendu ses prétentions, ayant
connaissance qu'elles étaient mal fondées ; quoiqu'il les eût
vendues avec déclaration expresse qu'il n'entendait pas garantir que la succession lui appartînt, il sera tenu, à cause de
son dol, à la restitution du prix ; et il doit, en outre, indemniser l'acheteur de tout ce qu'il lui en a coûté ; L. 12, ff. *eod.
tit.*

529. Lorsqu'on vend une hérédité, ce n'est pas le titre et la
qualité d'héritier qu'on vend : ce titre et cette qualité sont
attachés à la personne de l'héritier, et ne peuvent s'en séparer ; d'où il suit qu'ils ne peuvent se vendre : car, comme
personne ne peut s'obliger à l'impossible, je ne puis m'obliger
envers un autre à lui faire avoir une chose qui par sa nature
ne peut subsister dans une autre personne que dans la
mienne.

[ARTICLE 1580.]

Que vend-on quand on vend l'hérédité d'un défunt? On vend tout ce qui en est provenu et proviendra. Lorsque je vends mes droits successifs en la succession de quelqu'un, je vends tout l'émolument que j'ai retiré de cette succession, et tout celui que je pourrai en retirer; en un mot, tout l'actif, à la charge par l'acheteur de me décharger de toutes les dettes et charges de la succession, et de m'en indemniser.

De ces principes il suit que l'héritier qui a vendu ses droits successifs, n'en demeure pas moins héritier, et qu'il n'est point, par cette vente, libéré des engagements qu'il a contractés, en acceptant la succession: il demeure, par conséquent, obligé envers les créanciers de la succession, et envers les légataires; et il peut être poursuivi par les uns et les autres; sauf son recours contre l'acheteur, qui doit l'en acquitter; L. 2, Cod. *de Hæred. vend.*

1580. Si le vendeur a reçu des fruits ou revenus de quelque fonds, ou le montant de quelque créance, ou vendu quelque chose formant partie de la succession, il est tenu de les rembourser à l'acquéreur, s'il ne les a expressément réservés.

1580. If the seller have received the fruits or revenues of any property, or the amount of any debt, or sold any thing making part of the succession, he is bound to reimburse the same to the buyer, unless they have been expressly reserved.

---

* *C. N.* 1697. } S'il avait déjà profité des fruits de quelque fonds, ou reçu le montant de quelque créance appartenant à cette hérédité, ou vendu quelques effets de la succession, il est tenu de les rembourser à l'acquéreur, s'il ne les a expressément réservés lors de la vente.

[ARTICLE 1580.]

* ff. De hered. vel act. vend.,) *L.* 2. Venditor hereditatis sa-
Liv. 18,. *Tit.* 4, *L.* 2, §§ 1, 3. ∫ tisdare de evictione ,non debet :
cùm ˈid inter ementem et vendentem agatur, ut neque am-
plius, neque minus juris emptor habeat, quàm apud heredem
futurum esset. Planè de facto suo venditor satisdare cogendus est.

§ 1. In hereditate vendita utrum ea quantitas spectatur,
quæ fuit mortis tempore, an ea quæ fuit, cùm aditur hereditas ? an ea quæ fuit, cùm hereditas venundatur, videndum
erit ? Et verius est hoc esse servandum, quod actum est :
plerumque autem hoc agi videtur, ut quod ex hereditate pervenit in id tempus quo venditio fit, id videatur venisse. ·

§ 3. Pervenisse ad venditorem hereditatis quomodo videatur, quæritur. Et ego puto, antequam quidem corpora rerum
hereditariarum nactus venditor fuerit, hactenus videri ad
eum pervenisse, quatenus mandare potest earum rerum per-
secutionem, actionesque ·tribuere : enimvero ubi corpora
nactus est, vel debita exegit, plenius ad eum videri pervenisse. Sed et si rerum venditarum ante hereditatem venditam
pretia fuerit consecutus, palam est ad eum pretia rerum pervenisse. Illud retinendum est, cum effectu videri pervenisse,
non prima ratione. Idcirco quod legatorum nomine quis
præstitit, non videtur ad eum pervenisse. Sed et si quid æris
alieni est, vel cujus alterius oneris hereditarii, pervenisse
merito negabitur. Sed et rerum ante venditionem donatarum
pretia præstari, æquitatis ratio exigit. (ULPIANUS).

Ibidem.) *L.* 2. Celui qui vend ses droits dans une
Trad. de M. Hulot. ∫ succession n'est point obligé de garantir
la bonté de la succession, parce que cette convention a pour
but de transmettre à l'acheteur précisément les mêmes droits
qu'à l'héritier vendeur ; mais ce dernier doit donner caution
à l'acl ˈeur de l'indemniser à l'égard de ce qu'il touchera de
moins par son fait.

ˈ § 1. La vente des droits successifs a-t-elle pour objet ce qui
s'est trouvé dans la succession au temps de la mort, ou ce
qui s'y est trouvé au temps de l'acceptation, ou ce qui s'y

[ARTICLE 1580.]

trouve au temps de la vente ? Ce qu'il y a de plus certain à cet égard, c'est qu'il faut s'en rapporter à l'intention des parties : cette intention est plus ordinairement de faire entrer dans la vente tout ce que la succession a produit au temps où la vente a été faite.

§ 3. On peut demander ce qu'on doit entendre par ces termes : Ce qui sera parvenu à l'héritier vendeur de ses droits successifs. Quant à moi, je pense que ces termes doivent s'appliquer au cas où l'héritier vendeur n'aura encore touché aucun effet de la succession, s'il est en état de transporter à l'acheteur le droit d'en faire le recouvrement : car s'il a touché véritablement les effets de la succession, s'il en a exigé les dettes, on peut dire dans un sens plus étendu, que ce qu'il a touché lui est parvenu. Il est clair aussi que s'il a touché le prix des effets de la succession avant de vendre ses droits successifs, le prix de ces effets lui est véritablement parvenu. Il faut observer que ces termes, ce qui est parvenu, doivent s'entendre de ce qui parvient effectivement à l'héritier, et non de ce qui paroît d'abord lui parvenir : car les legs qu'il a été obligé de payer ne seront point censés lui être parvenus. On pourra dire la même chose des dettes et des charges de la succession. L'équité demande aussi que l'héritier vendeur de ses droits successifs tienne compte à l'acheteur du prix des effets de la succession dont il aura fait des donations avant la vente. (ULPIEN).

---

* *Cod. De hered. vel act. vend.,* } Emptor hereditatis, actioni-
    Liv. 4, *Tit.* 39, *L.* 5.   } bus mandatis, eo jure uti debet, quo is, cujus persona fungitur : quamvis utiles etiam adversus debitores hereditarios actiones emptori tribui placuit. (ALEXANDER).

    Ibidem.   } L'acheteur d'une hérédité, les ac-
Trad. de M. P. A. Tissot. } tions lui étant mandées, doit user du droit qui appartenait à celui dont il tient la place ; quoique cependant l'acheteur ait les actions utiles contre les débiteurs héréditaires. (ALEXANDRE).

* 3 *Pothier (Bugnet),* ⎱ 530. La vente des droits successifs
Vente, nº 530 *et s.* ⎰ ou d'une hérédité, comprenant, suivant les principes établis au paragraphe précédent, tout ce qui en est provenu et en proviendra, c'est-à-dire, tout l'émolument que le vendeur en a recueilli, et tout ce qu'il en pourra recueillir, il s'ensuit que son engagement consiste à livrer à l'acheteur toutes les choses qu'il a, provenant de la succession, non-seulement celles qui existaient au temps de la succession échue, et qui ont appartenu au défunt, mais tout ce qui est né et provenu de ces choses depuis la succession échue, c'est-à-dire, tout ce qui a été exigé des débiteurs, tous les fruits, tant naturels que civils, que l'héritier vendeur a perçus des choses de la succession. C'est ce que décide Ulpien, en la loi 2, § 1, ff. *de Hæred. Utrùm ea quantitas spectatur, quæ fuit mortis tempore, an ea quæ fuit, quum aditur hæreditas, an ea quæ fuit hæreditas venundatur ? Et verius est hoc esse servandum quod actum est ; plerumquè autem hoc agi videtur, ut quod ex hæreditate pervenit, in id tempus, quo venditio fit, id videatur venisse ; edd.* L. 2, § 1.

531. Le vendeur contractant l'engagement de livrer à l'acheteur toutes les choses qu'il a, provenant de la succession, au temps du contrat de vente, il s'ensuit qu'il est obligé de lui conserver toutes ces choses. Il ne peut donc, sans contrevenir à son engagement, en disposer : néanmoins comme l'héritier qui a vendu ses droits successifs, demeure toujours propriétaire des choses de la succession, jusqu'à ce qu'il les ait livrées à l'acheteur ; s'il en dispose contre la foi de son engagement, il en transfère la propriété à ceux au profit de qui il les aura aliénés ; mais il en demeurera débiteur envers l'acheteur des droits successifs, tout comme s'il n'en avait pas disposé ; et faute de pouvoir les lui livrer, parce qu'il en a disposé, il sera condamné envers lui en ses dommages et intérêts (1) ; L. 6, Cod. *de Hæred. vend.*

(1) On ne pourrait plus aujourd'hui suivre cette doctrine, au moins pour les immeubles, l'acheteur de l'hérédité aurait le droit de les revendiquer contre ceux auxquels le vendeur les aurait postérieurement

[ARTICLE 1580.]

532. Si la chose que le vendeur a vendue à un tiers depuis le contrat de vente de ses droits successifs, a, par la suite, péri par un cas fortuit, l'acheteur des droits successifs peut-il prétendre le prix que l'héritier en a reçu de celui à qui il l'a vendu ?

La raison de douter se tire de ce que nous venons de dire, que l'héritier qui a vendu cette chose, est demeuré débiteur de cette chose, comme il l'était avant que de la vendre ; n'ayant pu, en la vendant, changer, par son fait, son obligation. L'acheteur des droits successifs étant donc créancier de la chose plutôt que du prix, sa créance paraît devoir s'éteindre par l'extinction de la chose, suivant le principe : *Obligatio extinguitur rei debitæ interitu.*

Telles sont les raisons de douter que Paul propose en la loi 21, ff. *de Hæred. vend.;* nonobstant lesquelles il décide que l'acheteur des droits successifs peut, en ce cas, demander le prix pour lequel l'héritier a vendu la chose périe. La raison est qu'il demeure, à la vérité, créancier de cette chose même, nonobstant la vente que l'héritier en a faite, mais il est aussi créancier du prix pour lequel elle a été vendue, de manière néanmoins qu'il ne puisse exiger l'un et l'autre ensemble. Pourquoi cela ? C'est que l'héritier est débiteur envers cet acheteur des droits successifs, de tout ce qu'il acquiert comme héritier. Or, c'est comme héritier qu'il a vendu cette chose dépendant de la succession, et qu'il en a reçu le prix ; il est donc débiteur de ce prix envers l'acheteur des droits successifs.

En cela un vendeur des droits successifs est différent d'un vendeur de choses particulières ; car, si vous m'avez vendu une chose particulière que vous avez depuis, contre la foi du contrat de vente, vendue et livrée à un tiers, et que cette chose soit depuis périe par un cas fortuit, vous êtes entièrement libéré de votre obligation, et je ne puis vous demander

revendus et livrés, car la mutation de propriété s'était opérée par la première vente. Quant aux meubles, l'art. 2279, C. civ., (*V.* ci-dessus, p. 110, note 1), protégerait les acheteurs postérieurs. (BUGNET).

[ARTICLE 1580.]

le prix que vous en avez reçu du second acheteur ; car, il n'y avait que la chose qui me fût due (1).

Observez que de votre côté vous ne pouvez pas me demander le prix pour lequel vous me l'avez vendue, et que je suis même en droit de le répéter, si je l'ai payé ; car ne m'étant engagé à vous le payer qu'autant que vous seriez fidèle de votre part à votre engagement ; en y contrevenant par la vente que vous avez faite à un autre de la chose que vous m'aviez vendue, vous m'avez déchargé du mien.

533. Il reste à observer qu'à l'égard des choses qui se trouvaient parmi les effets de la succession lors de la vente que l'héritier a faite de ses droits successifs, il n'est garant envers l'acheteur que de ses faits pour raison desdites choses ; car, en vendant l'hérédité, il ne vend ces choses qu'en tant et de la manière qu'elles appartiennent à l'hérédité. C'est ce qui est décidé en la loi 2, ff. *eod. tit.: Venditor hæreditatis satisdare de evictione non debet ; quum id agatur, ut nec ampliùs nec minùs juris emptor habeat, quàm apud hæredem futurum esset : planè de facto suo venditor satisdare cogendus est* (2).

534. Nous avons vu à quoi s'étend l'engagement d'un ven-

(1) N'aurait-on pas pu dire, même dans l'ancien droit, que le vendeur, en revendant à un autre l'objet de la première vente, avait jusqu'à un certain point transformé sa première obligation de livrer la chose en une nouvelle obligation de dommages-intérêts. puisque, par son fait ou plutôt par son dol, il s'était mis dans l'impossibilité d'accomplir son obligation ?

Et aujourd'hui, que la propriété est transportée à l'acheteur, on peut dire que le vendeur a très illicitement retiré un profit de la chose d'autrui, et qu'il ne peut pas en profiter. Nous supposons, au surplus, que l'acheteur a exécuté de son côté, ou qu'il est prêt à le faire. Pothier, dans l'alinéa suivant, suppose au contraire que l'acheteur est dispensé de payer, et qu'il peut même répéter. Nous admettons qu'il a cette faculté, mais nous ne voyons pas pourquoi il serait obligé de prendre ce parti, vu la mauvaise foi évidente, le dol du vendeur. *Dolus pro possessione est.* (BUGNET).

(2) Pourvu qu'il n'ait pas *spécifié en détail les objets.* (BUGNET).

[ARTICLE 1580.]

deur de droits succes-ifs par rapport aux choses de la succession qu'il avait lors du contrat de vente.

A l'égard de celles qu'il n'avait plus lors de la vente, il faut distinguer celles dont il a disposé, ou qu'il a consommées pour son usage, et celles qui sont péries.

Quant à celles dont il a disposé ; s'il les a vendues, il n'est pas douteux qu'il doit faire raison à l'acheteur du prix qu'il les a vendues ; car il doit faire raison de tout le profit qu'il a retiré de la succession.

Il doit même faire raison à l'acheteur des droits successifs, de l'estimation des choses de la succession dont il a disposé par donation, et de celles qu'il a consommées pour son usage : *Rerum ante venditionem donatarum præta præstari æquitatis ratio exigit ;* L. 2, § 3, ff. *de Hæred. vend.* La raison est, qu'il doit faire raison à l'acheteur de tout ce qui lui est parvenu de la succession : *Hoc agi videtur, ut quod ex hæreditate pervenit in id tempus quo venditio fit, id videatur venisse ;* eád. L. 2, § 1. Or, ces choses lui sont parvenues, quoique par la suite il en ait disposé, ou qu'il les ait consommées.

A l'égard de celles qui sont péries avant la vente, l'héritier n'en est pas tenu envers l'acheteur ; car la perte des effets de la succession doit tomber sur l'acheteur : la perte comme le profit le regarde. On ne doit point, en ce cas, distinguer si c'est par la faute de l'héritier, ou sans sa faute, qu'elles sont péries ; car l'héritier qui était propriétaire de ces choses, et ne les devait pour lors à personne, n'était pour lors obligé à aucun soin de ces choses, et par conséquent il ne pouvait pour lors commettre aucune faute à leur égard.

535. Si l'héritier, quoique avant la vente de ses droits successifs, a accepté la succession de quelqu'un des débiteurs de l'hérédité qu'il a vendue ; quoique cette dette fût éteinte, lors du contrat de vente, par la confusion qui s'en était faite en acceptant la succession de ce débiteur ; il ne laisse pas d'être tenu de faire raison de cette dette à l'acheteur ; car il est censé en avoir été payé par la succession du débiteur qu'il a

[ARTICLE 1580.]

acceptée : *Aditio hæreditatis pro solutione cedit ;* L. 95, § 2, *de Solut.*

Cela a lieu, quand même ce débiteur, dont la succession a été imprudemment acceptée, serait mort insolvable ; car toute succession est réputée solvable, lorsqu'elle est acceptée : *Non potest videri hæreditas solvendo non esse, quæ invenit hæredem* (1) ; L. 36, ff. *de Bon. libert.*

536. A l'égard des dettes actives de la succession qui n'ont pas encore été payées, l'héritier qui a vendu la succession n'est tenu à autre chose envers l'acheteur, qu'à lui remettre les titres desdites dettes, pour que ledit acheteur s'en fasse payer à ses risques, comme cessionnaire de l'héritier, en signifiant aux débiteurs sa cession.

L'héritier vendeur n'est tenu envers l'acheteur de l'insolvabilité des débiteurs que dans le cas auquel le débiteur serait devenu insolvable depuis que l'héritier aurait été en demeure de livrer à l'acheteur les titres nécessaires pour le faire payer, et que cette demeure de l'héritier aurait empêché l'acheteur de se procurer le paiement pendant que le débiteur était encore solvable (2).

537. Si l'héritier était débiteur envers le défunt dont il a vendu l'hérédité, doit-il faire raison à l'acheteur des droits successifs de ce qu'il devait au défunt ?

Oui ; ainsi le décide la loi 20, § 1, ff. *de Hæred. vend.* La raison est, qu'il doit faire raison de tout ce qui lui est provenu de la succession : or la libération de sa dette est un émolument qui lui est provenu de la succession, puisque c'est la succession qui lui en a procuré la libération.

Mornac, *ad eamd.* L., est néanmoins d'avis contraire, mais mal à propos.

Par la même raison, si l'héritage de l'héritier était sujet à

---

(1) Ces décisions sont rigoureusement conformes aux principes ; mais, il faut en convenir, le vendeur, souvent peu instruit, n'aura pas prévu toutes ces conséquences. (BUGNET).

(2) L'héritier vendeur serait alors tenu en qualité de vendeur et pour n'avoir pas rempli les obligations qu'il a contractées. (BUGNET).

une servitude envers l'héritage du défunt, l'héritier doit rétablir cette servitude qui a été confuse et éteinte par son
acceptation de la succession ; car il doit faire raison à l'acheteur des droits successifs, de tout le profit qui lui est provenu
de la succession : or la libération de la servitude dont son
héritage était chargé, est un profit qui lui est provenu de sa
succession, et dont il ne peut mieux faire raison à l'acheteur
qu'en rétablissant la servitude (1).

538. Si l'héritier a reçu quelque somme de quelqu'un qui
s'est faussement persuadé la devoir à la succession, soit qu'il
l'ait reçue avant le contrat de vente, soit depuis, il n'est pas
obligé d'en tenir compte à l'acheteur des droits successifs ;
car, quoique cette somme soit parvenue à l'héritier à l'occasion de la succession, néanmoins elle ne lui est pas provenue
de la succession, à qui elle n'était pas due ; il la tient plutôt
de l'erreur de celui qui l'a payée, que de la succession. C'est
la décision de la loi 2, § 7, ff. *de Hæred. vend.*, où il est dit :
*Hoc servari, ut hæres emptori non præstet, quod non debitum
exegerit.*

Observez que cette décision ne peut avoir lieu *in praxi*, que
lorsque l'héritier, ayant découvert l'erreur, a rendu la somme
à celui qui l'a indûment payée. S'il la retenait, il ne serait
pas recevable à soutenir qu'elle n'était pas due à la succession ; car on lui répondrait : pourquoi la retenez-vous donc ?

539. Il arrive quelquefois qu'un héritier, en vendant ses
droits successifs, se réserve certains effets de la succession,
putà, certains héritages de la succession. Il n'est pas douteux
que l'acheteur ne peut demander l'effet ou l'héritage qui a
été accepté, ni les fruits que l'héritier vendeur en a perçus
depuis le contrat de vente : mais peut-il demander ceux que
l'héritier a perçus avant le contrat de vente ? Labéon, en la
loi 25, ff. *de Hæred. vend.*, déci. qu'il le peut. La raison est,
que ces fruits, par leur perception, ont acquis un être distinct et séparé de l'héritage sur lequel ils ont été recueillis ;

(1) Autrement, l'acheteur n'aurait pas toute l'utilité qu'il aurait eue,
si l'hérédité lui fût arrivée. (BUGNET).

[ARTICLE 1580.]

ils ne se trouvent donc point compris dans l'exception qui a été faite de cet héritage, dont ils avaient cessé de faire partie (1).

* 2 *Troplong, sur art.* 1696 ⎱   963. Le vendeur doit livrer tout
et s. C. N., n° 963 et s. ⎰ ce qu'il a reçu *à titre d'héritier,*
et, par exemple, il est obligé de donner à l'acheteur le prix des choses héréditaires qu'il a aliénées, quand même ces choses auraient péri.

C'est ce que dit le jurisconsulte Paul dans la loi dont voici l'exposé.

Je vous vends une hérédité, et quelque temps après, avant que je ne vous aie fait tradition, je cède à Caïus, pour le prix de 1,200 fr., un cheval qui en faisait partie. Ce cheval vient à périr par force majeure. Il est certain que vous pourriez réclamer de moi la somme de 1,200 fr. ; car ce n'est pas positivement d'un cheval que je suis débiteur envers vous ; c'est aussi le prix que je vous dois, par la raison que mon obligation consiste à vous remettre tout ce que j'ai perçu à titre d'héritier.

Et c'est en quoi la vente d'une hérédité diffère de la vente d'une chose singulière. Car, supposons que je vous aie vendu un cheval, et que postérieurement je le revende à Caïus, qui en reçoit la tradition avant vous. Ce cheval périt par force majeure entre les mains de ce dernier. Comme je ne suis obligé envers vous qu'à vous payer le cheval, vous ne pourrez pas exiger que je vous donne le prix que j'ai reçu de Caïus ; car le cheval est mort à vos risques et périls, de même que si je ne l'avais pas cédé à un autre. N'étant obligé qu'à

(1) C'est une question d'interprétation, d'intention ; nous serions très disposé à adopter un avis contraire à celui de Labéon ; car, en exceptant tel objet de la vente, il est plus que probable que le vendeur n'a pas entendu être comptable des fruits que cet objet avait précédemment produits : l'exception du principal doit présumer facilement celle de l'accessoire. (BUGNET).

vous donner un cheval, j'ai été libéré de cette obligation par la mort de cet animal avant ma mise en demeure.

964. Du reste, le vendeur n'est tenu de délivrer les choses héréditaires que dans l'état où elles se trouvent : *Ut neque ampliùs neque minùs juris emptor habeat quàm apud hæredem futurum esset.*

965. Ainsi, il importe peu que le vendeur ait avant la vente dégradé les immeubles ou les meubles : car, étant alors maître de la succession, il avait droit d'user et d'abuser, et on ne peut lui imputer à faute l'usage d'une faculté légitime.

Il importe peu qu'il ait laissé prescrire quelque créance dans l'intervalle qui s'est écoulé depuis l'ouverture de la succession jusqu'à la vente ; il n'est pas responsable des choses qui ont péri avant la vente par force majeure.

Il n'est pas même responsable de celles qui ont péri par sa faute. Car il est propriétaire, et l'on de saurait commettre une faute envers soi-même.

966. Mais si la faute allait jusqu'au dol ou à la faute lourde, le vendeur en serait tenu. C'est la décision d'Ulpien. " Sed " etsi non dolo malo, *sed latâ culpâ* admiserit aliquid, utique " tenebitur."

Les jurisconsultes romains donnent pour exemple de faits portant l'empreinte du dol les quittances de complaisance données à des débiteurs de la succession, les omissions affectées pour priver l'hérédité de droits dont elle aurait pu s'enrichir, etc.

967. Les donations faites par le vendeur avant la vente donnent également lieu à un recours de la part de l'acheteur. Car le vendeur doit faire raison de tout ce qui lui est provenu de la succession. La vente de l'hérédité comprend donc l'estimation des objets donnés.

968. Si le vendeur de l'hérédité transige avec les débiteurs héréditaires de bonne foi, qui ne connaissent pas la vente de la succession, l'acheteur aura également action contre lui pour se faire indemniser de tout ce dont la succession aura été diminuée par cette transaction. Quant aux débiteurs, ils

[ARTICLE 1580.]

se défendent de toute action récursoire par leur ignorance et leur bonne foi, et ils ont droit d'exiger contre l'acheteur l'accomplissement des promesses faites par le vendeur. Il en serait autrement si les détenteurs avaient eu connaissance de la vente.

969. En ce qui concerne les dettes actives qui n'ont pas été payées, l'héritier vendeur n'est tenu à autre chose envers l'acheteur qu'à lui remettre les titres, pour qu'il s'en fasse payer à ses risques et périls, après avoir signifié son transport aux débiteurs.

Mais il est clair que le vendeur n'est pas garant de l'insolvabilité des débiteurs ; à moins toutefois que l'insolvabilité ne soit arrivée depuis que l'héritier avait été mis en mesure de livrer à l'acheteur les titres nécessaires pour se faire payer, et que cette demeure n'ait mis l'acheteur dans l'impossibilité de se faire payer pendant que les débiteurs étaient solvables.

970. Si le vendeur est débiteur envers le défunt, il doit faire raison à la succession qu'il aliène du montant de sa dette. Le motif en est qu'il ne doit tirer aucun profit d'une succession dont il a abdiqué, au profit de l'acheteur, les avantages et les charges. Or, sa libération par confusion serait pour lui un émolument dont l'acheteur serait injustement privé. Pothier soutient cette opinion contre Mornac.

971. De là il faut conclure que, si le vendeur devait au défunt une servitude que la confusion eût fait sommeiller, la vente de l'hérédité la ferait revivre au profit de l'acheteur ; ou du moins, si l'on voulait s'appuyer sur la rigueur des principes pour la considérer comme définitivement éteinte, le vendeur devrait indemniser l'acheteur de cette perte. Mais le mieux sera d'ordonner le rétablissement de la servitude.

---

24 *Laurent,* 573. Le vendeur d'une hérédité, comme tout
n° 573 et s. vendeur, a deux obligations principales, celle de délivrer et celle de garantir la chose qu'il vend (art. 1603).

[ARTICLE 1580.]

Pour déterminer la portée de ces obligations, il faut voir avant tout ce que comprend la vente d'une hérédité. Pothier répond qu'en vendant une hérédité, on vend tout ce qui en est provenu et proviendra, donc tout l'émolument que le vendeur retire de la succession et tout celui qu'il pourra en retirer. L'article 1697 consacre des conséquences qui découlent de ce principe. On suppose que le vendeur a perçu les fruits de quelque fonds ; la loi décide qu'il doit les rembourser à l'acquéreur, à moins qu'i¹ ne les ait expressément réservés lors de la vente. *Rembourser*, le terme implique que les fruits ont été consommés ; l'héritier en rembourse, dans ce cas, la valeur ; si les fruits existent encore, il les délivre avec le fonds à l'acheteur. Ce que la loi dit des fruits d'un fonds s'applique aux intérêts des capitaux et aux arrérages des rentes. Tous les fruits, naturels ou civils, appartiennent au propriétaire (art. 547) ; or, l'acheteur est censé propriétaire à partir de l'ouverture de l'hérédité, car c'est l'hérédité qu'il achète ; il prend donc la place de l'héritier à partir de l'ouverture de la succession ; par conséquent, il a droit à toute espèce de fruits depuis ce moment.

L'article 1697 prévoit encore le cas où l'héritier a reçu le montant de quelque créance appartenant à l'hérédité ; il est également tenu de rembourser à l'acquéreur ce qu'il a touché, parce que l'acquéreur a droit à tout ce qui est compris dans l'hérédité ; c'est donc la créance de l'acheteur que le vendeur a perçue, il doit naturellement la rembourser, sauf réserve expresse. Il faut une réserve expresse dans ces divers cas, puisque, de droit, les émoluments appartiennent à l'acheteur, propriétaire de l'hérédité depuis l'ouverture de la succession ; ce n'est donc que par exception que le vendeur peut conserver un émolument quelconque produit par l'hérédité, et cette exception doit être stipulée.

L'article 1696 prévoit encore le cas où l'héritier a vendu quelques effets de la succession, et il décide qu'il est tenu de les rembourser à l'acquéreur. L'expression de *rembourser* est impropre ; on ne rembourse pas des effets vendus, on rem-

bourse le prix de la vente, ou la valeur des choses vendues.
Reste à savoir ce que le vendeur doit rembourser : est-ce le
prix ? est-ce la valeur ? Il faut appliquer le, principe que le
vendeur doit compte à l'acheteur de tout ce qui est *provenu*
de l'hérédité, de l'*émolument* qu'il en a retiré ; or, il a profité
du prix, il n'a pas retiré la valeur de la chose, si on la suppose supérieure ou inférieure au prix; donc il doit rembourser le prix. C'est la doctrine traditionnelle.

574. On voit par l'exemple de la vente que l'acheteur doit
se contenter du remboursement de ce dont le vendeur a profité, sans qu'il puisse critiquer ce que l'héritier a fait. S'il a
vendu à perte, l'acheteur ne peut pas réclamer la valeur au
u du prix. La raison en est qu'au moment de la vente l'héritier était propriétaire, il avait le droit d'agir comme tel, il
n'y a aucune faute à lui reprocher, car le propriétaire ne doit
compte à personne de ce qu'il fait. Il est vrai que, par le fait
de la vente, l'acheteur est considéré comme propriétaire de
l'hérédité à partir de l'ouverture de la succession ; mais,
dans l'intention des parties contractantes, les actes faits par
l'héritier sont maintenus ; elles ne pourraient pas même les
résoudre, puisqu'il en résulte un droit pour les tiers. De là
la conséquence que l'héritier doit seulement compte à l'acheteur de l'émolument qu'il a retiré des actes par lui faits.

On applique le même principe au cas où, par son fait,
l'héritier aurait détruit ou dégradé une chose héréditaire. Il
n'est pas responsable; Pothier en donne une raison décisive.
L'héritier agit comme propriétaire ; n'ayant d'obligation à
l'égard de personne, il est impossible qu'il soit en faute. Cependant un auteur moderne, qui aime à s'appuyer sur la
tradition, dit que l'héritier serait responsable de la faute
grave ou du dol. Duvergier a raison de dire que cette distinction n'a pas de sens : peut-il y avoir dol alors qu'il n'y a
ni débiteur ni créancier ? Troplong lui-même commence par
enseigner que l'héritier ne répond pas de sa faute, car l'héritier était propriétaire, et l'on ne saurait commettre une
faute contre soi-même. Puis il invoque l'autorité d'Ulpien

[ARTICLE 1580.]

ρour décider que l'héritier serait tenu si la faute allait jusqu'au dol : est-ce que par hasard on peut commettre un dol contre soi-même ?

575. Pothier dit que le vendeur doit aussi compte à l'acheteur de tout ce qui proviendra de l'hérédité, c'est-à-dire de tout l'émolument qu'il pourra en retirer. Il n'y a pas à distinguer si le bénéfice a été prévu lors du contrat, ou s'il est éventuel, pourvu qu'il dépende de l'actif de la succession. Rien n'est déterminé dans la vente de l'hérédité ; donc il n'y a aucun émolument qui soit déterminé et certain. Il a été jugé, en conséquence, que l'acquéreur d'une hérédité a droit même aux choses les plus éventuelles qui composent l'hérédité, sans qu'il y ait à examiner si les parties ont entendu les comprendre dans la vente ou non. Il en est de l'actif héréditaire comme du passif ; l'acquéreur devrait indemniser le vendeur des dettes dont on ne soupçonnait pas l'existence lors de la vente ; par contre, il a droit aux biens éventuels, la vente d'une hérédité a toujours quelque chose d'incertain.

Faut-il appliquer ce principe au droit d'accroissement ? Le vendeur a un cohéritier qui renonce après la vente ; la part du renonçant accroît à son cohéritier (art. 786) : cet accroissement est-il un des émoluments éventuels provenant de l'hérédité dont le vendeur doit compte à l'acheteur ? C'était jadis une question célèbre et très controversée ; elle l'est encore aujourd'hui parmi les auteurs ; la pratique paraît l'ignorer. Pothier cite, pour l'acheteur, Barthole et Duaren ; pour le vendeur, Cujas et Fachin ; il y en avait bien d'autres qui s'étaient escrimés pour ou contre. Comment Pothier, avec son admirable bon sens, n'a-t-il pas vu que c'est une question de fait plutôt que de droit, puisqu'il s'agit d'interpréter l'étendue d'un contrat ? Et si elle se présentait devant les tribunaux, les juges, croyons-nous, ne seraient guère embarrassés pour la résoudre d'après l'intention des parties contractantes. En tout cas, nous n'avons pas la prétention de décider *a priori*, ce que les parties veulent. Telle est aussi l'opinion de la plupart des auteurs modernes. Il est vrai qu'après avoir

[ARTICLE 1580.]

posé en principe que c'est une question d'intention et d'intorprétation de contrat, ils se mettent à presumer et se prononcent, en vertu de ces présomptions, pour le vendeur. Laissons au juge le soin d'interroger les conventions des parties que nous ignorons et les circonstances de la cause que nous ignorons également.

576. Le vendeur d'une hérédité est tenu de la garantie, comme tout vendeur; mais qu'est-ce qu'il doit garantir? Il n'est tenu de garantir que sa qualité d'héritier (art. 1696.) En effet, il vend ses droits successifs, c'est à dire les droits attachés à la qualité d'héritier; s'il n'est pas héritier, il n'a aucun droit sur l'hérédité, et, par suite, il vendrait ce qui appartient à l'héritier; ce serait vendre ce qui ne lui appartient pas, partant il doit être tenu de garantir qu'il est héritier. Il suit de là que l'héritier apparent n'a aucune qualité pour vendre l'hérédité, et que s'il la vend, il est tenu de la garantie envers l'acheteur. On sait que la jurisprudence française lui permet de vendre les choses héréditaires; ainsi il peut vendre des biens sur lesquels il n'a aucun droit! Nous avons discuté la question ailleurs. La cour de cassation, tout en maintenant sa doctrine sur la validité des aliénations consenties par l'héritier apparent, a jugé qu'il n'a pas le droit de vendre l'hérédité, une telle vente supposant nécessairement la réalité du titre d'héritier sur la tête du vendeur, qui est obligé de le garantir. Est-ce que la vente d'un bien héréditaire ne suppose pas tout aussi nécessairement la qualité de propriétaire dans celui qui vend?

577. Que doit le vendeur en vertu de la garantie que la loi lui impose? Il faut appliquer à la vente de l'hérédité le principe général de l'article 1630, puisque la loi n'y déroge point. Nous renvoyons à ce qui a été dit plus haut.

578. Les parties peuvent stipuler que le vendeur ne sera soumis à aucune garantie (art. 1629). Lorsque le vendeur vend seulement ses prétentions à l'hérédité, la vente est essentiellement aléatoire, et partant le vendeur ne garantit rien (n. 565). Il ne faut pas confondre les deux hypothèses.

[ARTICLE 1581.]

La stipulation de non-garantie a seulement pour effet de dispenser le vendeur de payer des dommages-intérêts ; il reste tenu de la restitution du prix s'il n'est pas héritier et si, par suite, l'acheteur est évincé par l'héritier véritable ; tandis que le vendeur ne doit pas restituer le prix s'il a vendu ses prétentions ; il a vendu, dans ce cas, une chance, et la chance a tourné contre l'acheteur, elle pouvait tourner en sa faveur.

1581. Outre les obligations communes aux contrats de vente, l'acheteur est tenu de rembourser au vendeur toutes les dettes et frais de la succession payés par ce dernier ; lui faire raison de tout ce que la succession lui doit, et acquitter toutes les dettes et obligations de la succession dont le vendeur peut être tenu ; à moins d'une stipulation contraire.

1581. The buyer, besides his obligations common to the contract of sale, is obliged to reimburse the seller for all debts and expenses of the succession paid by him, to pay him the debts which the succession may owe him, and to discharge all debts and obligations of the succession for which he is liable ; unless there is a stipulation to the contrary.

---

* *C. N.* 1698. } L'acquéreur doit, de son côté, rembourser au vendeur ce que celui-ci a payé pour les dettes et charges de la succession ; et lui faire raison de tout ce dont il était créancier, s'il n'y a stipulation contraire.

---

* *ff. De hered. vel act. vend.,* } § 16. Si quid publici vectiga-
Liv. 18, *tit.* 4. *L.* 2, § 16 *et s.* } lis nomine præstiterit venditor hereditatis, consequens erit dicere, agnoscere emptorem ei hoc debere : namque hereditaria onera etiam hæc sunt. Et

[ARTICLE 1581.]

ꞏi fortè tributorum nomine aliquid dependat, idem erit dicendum.

§ 17. 'Quod si funere facto heres vendidisset hereditatem, an impensam funeris ab emptore consequatur? Et ait Labeo, emptorem impensam funeris præstare debere : quia et ea, inquit, impensa hereditaria est. Cujus sententiam et Javolenus putat veram. Et ego arbitror.

§ 18. Cùm quis debitori suo heres exstitit, confusione creditor esse desinit. Sed si vendiderit hereditatem, æquissimum videtur emptorem hereditatis vicem heredis obtinere : et idcirco teneri venditori hereditatis, sive cùm moritur testator debuit, quamvis post mortem debere desiit adita à venditore hereditate, sive quid in diem debeatur, sive sub conditione, et posteà conditio exstitisset : ita tamen, si ejus debiti adversus heredèm actio esse poterat, ne fortè etiam ex his causis, ex quibus cum herede actio non est, cum emptore agatur.

§ 19. Et si servitutes amisit heres institutus adita hereditate, ex vendito poterit experiri adversus emptorem, ut servitutes ei restituantur.

§ 20. Sed et si quid venditor nondum præstiterit, sed quoquo nomine obligatus sit propter hereditatem, nihilominùs agere potest cum emptore. (ULPIANUS).

Ibidem. ⎫ § 16. Si celui qui a vendu ses droits suc-
Trad. de M. Hulot. ⎭ cessifs a payé quelque redevance publique à l'occasion de la succession qu'il a vendue, l'acheteur doit lui en tenir compte : car ces redevances forment une charge de la succession. Il faudra dire la même chose dans le ca⁻ où l'héritier vendeur aura payé quelques impôts.

§ 17. Si l'héritier vend ses droits successifs après avoir fait les frais des funérailles du défunt, pourra-t-il se faire rembourser ces frais par l'acheteur? Labéon pense que l'acheteur doit rendre ces dépenses, parce qu'elles sont une charge de la succession. Javolénus approuve ce sentiment. Je suis aussi du même avis.

§ 18. Lorsque le créancier devient héritier de son débiteur, il y a confusion, et sa créance est éteinte. Mais s'il vend ses droits successifs, il est juste que l'acheteur tienne vis-à-vis de lui la place du véritable héritier, et qu'il soit tenu de rendre au vendeur ce qui lui étoit dû par le défunt au temps de sa mort, quoique la dette ait été éteinte par l'acceptation que le créancier a faite de la succession de son débiteur. L'acheteur sera aussi obligé envers le vendeur à l'égard de cette dette, dans le cas où elle n'aura été exigible que dans un certain terme ou sous une certaine condition qui sera arrivée, pourvu toutefois qu'elle fût exigible contre l'héritier du débiteur ; car l'acheteur ne doit point être tenu envers le vendeur des dettes que ce dernier n'auroit pas pu poursuivre contre l'héritier de son débiteur.

§ 19. Si l'acceptation de la succession faite par l'héritier vendeur de ses droits a fait éteindre des servitudes qui lui étoient dues par les fonds de la succession, il aura l'action de la vente contre l'acheteur, pour l'obliger à les rétablir.

§ 20. Si l'héritier vendeur n'a pas encore payé quelque chose à l'occasion de la succession, mais qu'il se soit obligé à le faire de quelque manière que ce soit, il sera également admis à s'en faire tenir compte par l'acheteur. (ULPIEN).

———

* 3 *Pothier (Bugnet)*, *Vente*, 540. L'acheteur des droits successifs est obligé de payer le prix *n° 540 et s.* convenu de la succession. Outre cela, il est obligé d'indemniser l'héritier de qui il a acheté les droits successifs, de tout ce qu'il lui en a coûté, et de tout ce qu'il pourrait lui en coûter par la suite pour raison de la succession ; par exemple, de ce qu'il a payé pour les frais funéraires, de ce qu'il a payé aux créanciers de la succession, aux légataires, pour le centième denier, pour les profits, etc., pour des réparations, etc.

Non-seulement il est obligé de le rembourser de tout ce qu'il a déboursé, mais il est obligé de lui exiber et rapporter quittance ou décharge des créanciers de la succession envers lesquels l'héritier, comme nous l'avons observé ci-dessus, demeure toujours obligé, nonobstant la vente qu'il a faite de ses droits successifs. Le temps dans lequel il doit rapporter cette décharge, est à la discrétion du juge, qu'il règle selon les circonstances.

541. Si l'héritier qui a vendu ses droits successifs, est devenu, soit avant, soit depuis le contrat, héritier de quelqu'un des créanciers de la succession, ou de quelqu'un des légataires, l'acheteur des droits successifs doit lui faire raison de cette dette. Ainsi le décide Labéon, en la loi 24, ff. de Hæred. vend. La raison est, qu'en acceptant la succession d'un créancier de celle que je vous ai vendue, j'ai acquitté à mes dépens la succession que je vous ai vendue.

Ceci s'éclaircit par un exemple. Je vous ai vendu mes droits successifs en la succession de Pierre : j'ai été héritier de Jacques, créancier de Pierre, d'une somme de 10,000 liv. Jacques, lors de sa mort, avait 100,000 liv. de biens, y compris cette créance de 10,000 liv. En devenant héritier de Jacques, il se fait confusion et extinction de cette dette de 10,000 liv., que je dois, comme héritier de Pierre, à la succession de Jacques, dont je deviens aussi héritier. Au moyen de cette confusion, je ne trouve plus que 90,000 liv. dans la succession de Jacques, au lieu de 100,000 liv. que j'aurais trouvées, si je n'eusse pas été l'héritier de Pierre, et si je n'eusse pas fait confusion de cette dette. La confusion et extinction de cette dette me coûte donc 10,000 liv., et par conséquent l'acheteur de mes droits successifs en la succession de Pierre, à qui cette extinction de dette profite, doit m'en acquitter.

542. Lorsque l'héritier était créancier du défunt dont il a vendu l'hérédité, l'acheteur doit pareillement lui faire raison de sa créance, qui s'est confuse et éteinte par l'adition d'hérédité ; car il doit lui faire raison de tout ce qu'il lui en a coûté pour la succession. Or il lui en a coûté l'extinction de cette créance ; L. 2, § 18, ff. de Hæred. vend. Mornac, ad hunc §, est néanmoins d'avis contraire, mais il a tort.

Il en serait autrement si la dette du défunt était une dette dont il ne pouvait être tenu que pendant sa vie, et qui ne

passât pas à son héritier ; comme s'il s'était rendu caution
pour quelqu'un, à la charge de ne pouvoir être tenu de ce
cautionnement que pendant sa vie : le créancier d'une pareille dette, qui serait devenu héritier de son débiteur, ne
pourrait pas s'en faire rembourser par l'acheteur des droits
successifs ; car c'est la mort de son débiteur, et non l'adition
de son hérédité, qui a éteint cette dette.

543. Si quelque héritage de la succession devait une servitude à un héritage de l'héritier, l'acheteur des droits successifs à qui cet héritage de la succession a été livré, doit la
rétablir ; (L. 2, § 19, ff. *de Hæred. vend.*; L. 9, ff. *Comm.
prædior.*) ; car l'héritier l'ayant perdue par la confusion qu'en
a opérée son adition d'hérédité, il en doit être indemnisé par
l'acheteur, qui doit l'indemniser de tout ce qu'il lui en a coûté
pour être héritier.

544. Si l'héritier a payé ce qu'il s'était faussement persuadé être dû par la succession, il n'en a aucune répétition
contre l'acheteur des droits successifs. C'est ce qui est décidé
en la loi 2, § 7, ff. *de Hæred. vend. Hoc servari, ut hæres emptori non præstet quod non debitum exegerit, neque ab eo consequatur quod non debitum præstiterit.* Néanmoins s'il a été
condamné par sentence, en qualité d'héritier, à payer une
somme, l'acheteur est obligé de lui en faire raison, quoiqu'il
ait été mal condamné, et que cette somme ne fût pas due ;
car il doit être indemnisé de tout ce qu'il lui en a coûté en
qualité d'héritier ; et l'acheteur ne peut pas lui opposer,
comme dans le cas précédent, qu'il a eu tort de payer cette
somme, puisque, ayant été condamné, il n'a pu s'en dispenser. C'est ce qui est décidé en ladite loi 2, § 7, ff. *eod. lit. Si
condemnatus præstiterit, hoc solum hæredi sufficit esse eum con-
demnatum sine dolo malo, etiamsi maximè creditor non
fuerit is cui condemnatus est hæres; eod. § 7.*

Cette décision a lieu surtout lorsque la condamnation est
intervenue avant le contrat de vente : lorsqu'il n'a été assigné que depuis, il doit mettre en cause l'acheteur des droits
successifs.

[ARTICLE 1581.]

§ V. *Si, depuis la cession qu'un héritier pour partie a faite à quelqu'un de ses droits successifs, son cohéritier renonce à la succession, la part de ce renonçant accroît-elle, pour le profit comme pour les charges, au cédant ou au cessionnaire.*

545. Cette question est difficile, et est très controversée entre les docteurs. Barthole, *ad L. re conjuncti;* Duaren, *Tract. de jure accr.* 16, 6, et quelques autres docteurs, tiennent pour le cessionnaire. Leurs raisons sont :—1° Que celui qui vend une chose, vend tout ce qui en fait partie, et en est une dépendance naturelle et essentielle. Or, lorsque j'accepte une succession qui m'est déférée pour partie, le droit successif que j'acquiers par mon acceptation, renferme le droit d'avoir, par accroissement, la portion de mon cohéritier, au cas qu'il répudie la succession. Ce droit d'accroissement fait partie de mon droit successif, il en est une dépendance essentielle et inséparable : il doit donc être censé compris dans la vente que j'ai faite de mon droit successif.

Il y a d'autant plus de raison de le décider ainsi, que la portion de mon cohéritier, qui m'accroît par sa renonciation, est censée m'être acquise, non pas seulement du jour de cette renonciation, mais dès l'instant de la mort du défunt, qui, au moyen de cette renonciation, est censé m'avoir saisi seul du total de la succession. C'est pourquoi cette part qui m'accroît par la renonciation de mon cohéritier, m'appartenait déjà au temps de la vente que j'ai faite de mon droit successif : on ne peut donc pas douter qu'elle n'en fît dès lors partie, et qu'elle ne soit, par conséquent, comprise dans la vente que j'en ai faite.

2° C'est un principe établi au § 3, *suprà,* que celui qui a vendu son droit successif, est tenu de faire raison à l'acheteur généralement de tout ce qui lui parvient par la suite en vertu du droit successif qu'il a vendu : *Non solùm quod jam pervenit, sed et quod quandoquè pervenerit restituendum est; L. 2, § 4, ff. de Hæred. vend.* Or c'est en vertu du droit successif que j'ai vendu, que la part de mon cohéritier qui

[ARTICLE 1581.]

renonce me parvient par droit d'accroissement ; l'acheteur est donc bien fondé à me demander que je lui en(fasse raison.

C'est pareillement un principe établi au § 4, que celui qui a vendu son droit dans une succession, doit être acquitté par l'acheteur généralement de tout ce qu'il pourrait être, par la suite, obligé de payer par rappport à cette succession : *Si venditor quoquo nomine obligatus sit propter hæreditatem, agere potest cum emptore ; edd.* L. 2, § 20. Donc, lorsque j'ai vendu mon droit successif, je suis bien fondé à demander que l'acheteur m'acquitte des dettes de la succession, non-seulement pour la part qui m'avait d'abord été déférée, mais même pour la part.qui m'est accrue par la renonciation' de mon cohéritier à la succession, en offrant à l'acheteur de lui délaisser tout ce qui m'est parvenu de cette part.

3⁰ C'est un principe que, dans les successions et dans les legs de propriété d'une chose, la portion du cohéritier ou du colégataire qui renonce, accroît à la portion de celui qui a accepté, plutôt qu'à sa personne ; à la différence des legs d'usufruit, dans lesquels l'accroissement se fait à la personne du légataire : *Portio fundi (legati) velut alluvio portioni, personæ fructus accressit ;* L. 33, ff. *de Usufr.* Donc, lorsque j'ai vendu mon droit successif, l'accroissement de la part de mon cohéritier qui renonce, doit se faire à l'acheteur par devers qui se trouve la portion à laquelle cette part doit accroître.

Cet argument a paru à Duaren une démonstration contre laquelle, selon lui, on ne peut rien opposer de raisonnable. En vain, dit-il, opposerait-on que celui qui a vendu son droit successif, demeure toujours l'héritier ; qu'il est même censé toujours conserver la portion héréditaire qu'il a vendue, puisqu'il en a le prix qui lui a été payé par l'acheteur ; que ce prix représente tellement la chose, qu'il est dit en la loi 4, § *fin. si quis omissâ caus. testam. : Si quis vendiderit hæreditatem, utique possidere videtur :* car le Jurisconsulte ayant comparé cet accroissement à l'accroissement naturel d'une alluvion, fait assez connaître que cet accroissement doit se faire, non au vendeur par devers qui la portion à laquelle la

[ARTICLE 1581.]

part du renonçant doit accroître, est censée être, *fictione quddam et interpretatione juris*, mais à l'acheteur pardevers qui se trouve réellement et effectivement cette portion. On ne disputerait pas à un acheteur de droits successifs l'accroissement naturel qui se ferait par alluvion à un héritage de la succession; on ne doit pas plus lui disputer l'accroissement de la part du renonçant, puisque le Jurisconsulte dit que ces accroissements ont le même effet.

Pour confirmer de plus en plus son principe, que ce n'est pas à celui qui ne conserve que le titre d'héritier, mais à celui à qui les droits successifs de cet héritier sont effectivement passés, que doit accroître la portion du cohéritier renonçant, Duaren rapporte l'exemple d'un héritier qui a été contraint par le préteur d'accepter une succession aux risques d'un fidéicommissaire, envers qui il était grevé de restituer la portion pour laquelle il avait été institué. La loi 43, ff. *ad SC Trebell.*, suppose comme un droit constant, que la part d'un cohéritier renonçant accroît au fidéicommissaire. Il allègue aussi celui d'un héritier dont les droits successifs ont été confisqués à cause de son indignité: ce n'est pas à lui, quoiqu'il conserve le titre d'héritier, mais au fisc qu'accroît la part de son cohéritier qui répudie la succession; L. 83, ff. *de Acq. hæred.*

L'opinion contraire a été embrassée par Cujas, *Obs.* xii, 13, et suivie par plusieurs autres docteurs cités par Fachin, *Controv.*, v. 101. La raison principale sur laquelle elle est fondée, est que tout marché, toute convention ne renferme que les choses que les parties contractantes ont eues en vue, et dont il est vraisemblable qu'elles ont eu intention de traiter. (L. 9, § *de Transact. et passim.*) Or, lorsqu'un héritier pour partie vend à quelqu'un ses droits successifs avant que son cohéritier ait pris qualité, il est vraisemblable que les parties contractantes n'entendaient traiter que de la portion que le vendeur paraissait avoir alors dans la succession. Cela paraît surtout lorsque le contrat porte que cet héritier a vendu *sa part* en la succession d'un tel; car ces termes, *sa part*, font

[ARTICLE 1581.]

assez connaître que les parties n'ont entendu trailer que d'une part, savoir, de celle que le vendeur avait de son chef en la succession, et qu'elles n'ont point entendu traiter du total de la succession, quoiqu'il pût arriver que par la renonciation de son cohéritier, le total de la successicn appartînt par la suite au vendeur.

Quand même on ne se serait pas servi dans le contrat de vente du terme de *part*, et qu'il serait dit en termes généraux, que cet héritier a vendu *ses droits en la succession d'un tel*, même en ce cas il est vraisemblable que les parties n'ont traité que de la part que l'héritier paraissait avoir dans la succession lors du contrat de vente qu'il a fait de ses droits successifs, et non de celle qui est accrue par la renonciation de son cohéritier; car les parties n'ayant pu deviner, lors du contrat, que le cohéritier renoncerait par la suite à la succession, ne s'étant point attendues à cette renonciation, et ne l'ayant point prévue, il s'ensuit qu'elles n'ont traité que de la part qu'avait alors l'héritier qui vendait ses droits successifs, et non de celle qui lui est échue depuis par la renonciation de son cohéritier: *Neque enim pacto continetur, id de quo cogitatum non est; edd. leg. 9, § fin.*

A l'égard des moyens allégués pour la première opinion, on répond au premier en disant: J'accorde que la renonciation de mon cohéritier a un effet rétroactif; que je suis censé avoir été saisi, dès le temps de la mort du défunt, de la part qui m'est accrue par sa renonciation; que par conséquent elle faisait partie de mon droit successif lors du contrat de vente que j'en ai fait: mais il ne s'ensuit pas pour cela que j'aie vendu cette part; car elle faisait partie de mon droit successif sans que je le susse alors; et je n'ai voulu vendre que ce que je savais avoir, et non pas ce que j'avais sans le savoir.

On répond au second moyen, que la loi opposée, qui dit: *Quod quandoquè pervenerit restituendum est*, s'entend *de eo quod pervenerit ex eâ hæreditatis parte quæ veniit.* Pareillement celle qui dit que l'acheteur des droits successifs doit

[ARȚICLE 1581.]

indemniser le vendeur : *Si quoquo nomine obligatus sit propter heredilatem*, s'entend, *propter eam hæreditatis partem quæ veniit.* \

On répond au troisième moyen, que, lorsque quelqu'un vend son droit successif, ou sa part en une succession, c'est moins le droit même, que l'émolument qui est provenu et qui proviendra par la suite de ce droit, qu'il vend, à la charge par l'acheteur de l'indemniser des charges : car ce droit successif étant attaché à la personne de l'héritier, et en étant tellement inséparable, que, nonobstant la vente qu'il en fait, il demeure toujours héritier, et en cette qualité, obligé envers les créanciers de la succession, il s'ensuit que le droit en lui-même ne peut passer à l'acheteur. D'où il suit pareillement que, suivant la maxime : *Portio repudiantis portioni accrescit*, l'accroissement de la portion du cohéritier renonçant doit se faire à l'héritier vendeur, par devers qui, nonobstant la vente, est toujours demeurée sa part en la succession, à laquelle la portion du renonçant doit accroître, et non à l'acheteur par devers qui cette part n'est pas.

A l'égard de l'objection qu'on tire de la comparaison qui est en la loi 33, *de Usufr.* on répond que les comparaisons, surtout en droit, ne sont pas ordinairement adéquates. Le Jurisconsulte a voulu remarquer une différence entre l'accroissement qui avait lieu entre des cohéritiers ou des colégataires en propriété, et entre des colégataires dans un usufruit. Celui-ci se fait *personæ :* quoiqu'un légataire ait perdu sa part dans l'usufruit légué, il ne laisse pas d'être admis à l'accroissement des portions qui viennent à défaillir par la suite, parce que cet accroissement se fait *personæ;* au lieu qu'entre cohéritiers et colégataires en propriété, l'accroissement se fait *rei.* C'est pourquoi si, après que j'ai renoncé à une succession, un de mes cohéritiers y renonce, sa part n'accroîtra qu'à ceux de mes cohéritiers qui l'ont acceptée; elle n'accroîtra pas à moi qui ai répudié la mienne, parce que l'accroissement se fait *rei,* de même que l'accroissement qui se fait par une alluvion : ce n'est que sur cela que tombe la comparaison. Mais ce sont au surplus des accroissements d'une nature différente. L'accroissement d'une alluvion est un accroissement physique, qui ne peut se faire qu'à un corps réel ; mais l'accroissement de la part d'un cohéritier qui renonce, est un accroissement civil et moral, qui se fait à un être civil et moral, tel qu'est ma part en la succession, qui est censée demeurer par devers moi, nonobstant la vente que j'ai faite de mon droit.

A l'égard de l'objection tirée de la loi 43, ff. *ad Trebell.*, Cujas répond, que, si l'héritier qui a été contraint par le préteur d'accepter la succession pour la part en laquelle il a été institué aux risques du fidéicommissaire, à qui il a été chargé de la restituer, est privé de la part qui accroît par la renonciation c'est par un droit particulier, fondé sur ce qu'ayant méprisé l'honneur que le défunt lui avait fait de l'instituer héritier, il ne doit rien retenir de cette succession, et doit tout restituer au fidéicommissaire. Mais cette décision ne doit pas être tirée à conséquence ; et Cujas soutient que, si l'héritier avait accepté volontairement, et restitué, *ex Trebell. senatûs-consulto*, la part en laquelle il a été institué, et qu'il était chargé de rendre, il en serait autrement.

Cujas répond de même à l'objection tirée de l'héritier indigne, que c'est par une raison particulière tirée de l'indignité de cet héritier, qu'il ne jouit pas du droit d'accroissement (1).

(1) Voilà une des questions les plus controversées en droit, et sous l'empire du Code, la question est aussi controversée que dans l'ancien droit. Un des plus profonds jurisconsultes modernes, M. Proudhon, après avoir cité textuellement tout ce passage de Pothier, s'exprime ainsi :

" Nous n'admettons pas cette dernière opinion, parce qu'elle nous " paraît appuyée sur un motif qui suppose precisément ce qu'il faudrait ' demontrer.

" S'il est certain qu'on ne doit point étendre les effets d'une convention " aux objets que les parties n'ont pas eu l'intention d'y comprendre, c'est " aussi un principe non moins constant que, pour qu'une chose soit répu- " tée comprise dans une vente, il n'est pas nécessaire que les parties s'en " soient formellement expliquées, puisque ce contrat emporte, par sa

[ARTICLE 1581.]

* 2 *Troplong*, *Vente*, } 976. Après les obligations du vendeur,
n° 976 *et s.* } il faut parler des obligations de l'acheteur, (art. 1698).

Il doit d'abord payer le prix convenu.

Il faut ensuite qu'il indemnise le vendeur de tout ce que ce dernier a déboursé pour raison de la succession, comme frais funéraires, réparations, avances faites aux créanciers et aux légataires, impôts, etc.

Cette règle générale est exprimée dans la loi 2, § 11, D. *De hæred. vend.:* " Sive ipse *venditor* dederit aliquid pro hæredi-
" tate, sive alius quis pro eo, dùm negotium ejus gerit, locus
" erit ex vendito actioni, dummodo aliquid absit venditori

" nature, l'aliénation de tous les accessoires et dépendances de la chose
" vendue (art. 1615, C. civ, *V.* ci-dessus, p. 20, note 5), encore qu'on
" n'en ait rien dit dans l'acte."

" Pour savoir si un droit se trouve compris dans une vente, il ne faut
" pas consulter uniquement les termes dans lesquels l'acte est conçu : il
" ne faut pas s'arrêter à ces termes pour placer en dehors du contrat,
" tout ce qui n'y est pas formellement exprimé, puisqu'on doit au con-
" traire y comprendre, comme sous-entendu par les parties, tout ce qui
" vient accessoirement à la chose vendue."

" Le droit dont il s'agit fait-il partie, est-il une dépendance ou un
" accessoire de la chose aliénée? Voilà toute la question. S'il en est
" une partie, un accessoire ou une dépendance, il est compris dans la
" vente, et l'on est censé en avoir voulu faire l'aliénation par cela même
" qu'on ne l'a pas réservé. Or, on ne peut pas dire que le droit d'ac-
" croissement n'est pas un droit accessoirement inhérent à la qualité de
" cohéritier ou de colégataire; donc, celui qui vend son titre de cohéri-
" tier ou de colégataire a virtuellement l'intention de vendre aussi les
" avantages du droit d'accroissement qui fait partie du titre vendu sans
" réserve; et certes, c'est au moins le cas d'appliquer à cette espèce la
" disposition de la loi qui veut (*V.* art. 1602, ci-après) que tout pacte
" obscur ou ambigu s'arrête contre le vendeur.

" Et il faut bien remarquer encore que la vente du titre d'héritier est
" tout à la fois un contrat synallagmatique et à forfait ; que l'acheteur
" se trouve soumis à toutes les dettes et charges héréditaires, lors même
" qu'il s'en trouverait des imprévues : pourquoi donc les parties n'au-
" raient-elles pas eu virtuellement l'intention de comprendre dans l'actif
" le droit d'accroissement qui en faisait partie, tandis qu'elles auraient

[ARTICLE 1581.]

" hæreditatis. Cæterùm, si nihil absit **venditori, consequens**
" erit dicere non competere ei actionem."

L'art. 1698 n'est que l'écho de ce texte.

977. Il y a plus : c'est que, si la confusion eût éteint quelques droits personnels à l'héritier qui a vendu la succession, cette confusion cesserait par la vente, et l'acheteur serait obligé de rendre au cédant ces mêmes droits intacts et ravivés.

C'est ce qu'enseigne Ulpien :

" Quùm quis debitori suo hæres exstitit, confusione credi-
" tor esse desinit ; sed, si vendidit hæreditatem, æquissimum
" videtur emptorem hæreditatis vicem hæredis obtinere, et
" idcirco teneri venditori hæreditatis."

Par exemple, vous avez vendu l'hérédité de Paul dont vous êtes héritier. Martin, légataire de Paul, meurt avant de se faire payer de son legs, et vous institue son héritier. D'après la décision de Labéon, vous pouvez agir *ex vendito*, afin que le legs dû à Martin vous soit payé par l'acheteur de l'hérédité de Paul. A la vérité, en devenant héritier de Paul, il s'est fait en votre personne une confusion de la qualité de créancier et de débiteur. Mais le fait est que vous avez vendu l'hérédité de Paul, déduction faite du legs dû à Martin. Il

" eu l'intention virtuelle de comprendre dans le passif, des charges
" qu'elles ne connaissaient pas ? " Voy. *Traité de l'Usufruit*, t. 2, n° 570, p. 137.

Malgré ces raisons, très plausibles sans doute, on ne reste pas pleinement convaincu que l'intention des parties ait été de comprendre dans la vente et dans l'achat, la partie qui arrive par le droit d'accroissement, la renonciation du cohéritier étant postérieure à la vente ; d'un autre côte, cette nouvelle partie qui accroît n'est pas un de ces accessoires réels et necessaires dont parle l'art. 1615. *V.* p. 20, note 5.

La qualité d'aléatoire, dont parle M. Proudhon, dans une pareille vente, est une grave considération, mais plus en droit qu'en fait ; car il est constant que le vendeur et l'acheteur prennent en général connaissance des forces de l'hérédité, c'est-à-dire de l'actif et du passif, avant de consommer la vente. (BUGNET)

[ARTICLE 1581.]

n'est pas juste que l'acheteur profite de la valeur de ce legs à vos dépens.

Autre exemple.

J'avais un droit de servitude sur le fonds Cornélien. Pierre, qui en est propriétaire, me fait son héritier. Je vous vends ensuite mes droits successifs. La servitude devra revivre à mon profit, suivant Pomponius.

978. L'acheteur de l'hérédité est obligé de remplir la condition dont cette hérédité est grevée. Il en est de même de toutes les autres charges et dettes : il ne peut prétendre pour cela d'indemnité.

Voici une espèce remarquable que je trouve dans Huberus.

Un frère vend à son frère, son cohéritier, sa part héréditaire pour 22 mille florins. Plus tard, l'acheteur découvre, par un testament de leurs auteurs communs, que son frère a reçu de ses père et mère des sommes considérables dont il devait faire rapport. Un procès s'engagea. Le frère acheteur disait : J'ignorais que la succession eût droit à exiger le rapport de sommes aussi fortes ; mon frère m'a trompé en me le laissant ignorer ; il doit m'indemniser. Il est mon débiteur à cet égard. Le vendeur répondait : J'ai vendu à mon frère ma part héréditaire avec les dettes dont elle était chargée. Je l'ai vendue telle qu'elle était ; je ne dois garantir que ma qualité d'héritier, qui est incontestable. C'est donc à mon acheteur à payer les dettes, et je ne saurais être inquiété à ce sujet. Par décision de la cour suprême de Frise, le vendeur gagna son procès, et Huberus approuve cette décision.

979. En ce qui concerne les actions qui compètent contre la succession, il faut partir d'un principe constant, c'est que la vente des droits successifs n'empêche pas le vendeur d'être héritier, qu'ainsi il n'est pas libéré à l'égard des créanciers de la succession, qui peuvent toujours le poursuivre personnellement comme si la vente n'avait pas eu lieu. Mais il peut mettre en cause l'acheteur pour prendre sa défense et satisfaire aux justes exigences des créanciers, ou le forcer à lui rembourser ce qu'il a payé à ces mêmes créanciers.

[ARTICLE 1581.]

980. Les créanciers peuvent-ils actionner directement l'acheteur ?

Dans le droit romain, la négative était incontestable. On ne leur accordait pas même l'action utile. "Quæret aliquis, " dit Cujas, an UTILES actiones in emptorem hæreditatis cre- " ditoras habeant ? minimè. Nam nullâ lege aut S.-C. id ex- " pressum est."

Je ne crois pas qu'il doive en être ainsi dans la jurisprudence moderne. Voët, d'accord avec Christinæus et Groenewegen, décide que dans les mœurs modernes les créanciers peuvent agir directement contre l'acheteur, surtout si le vendeur est insolvable. "Quod tamen postremùm nostris moribus " mutatum esse, et creditoribus in emptorem actionem opor- " tere dari, maximè si venditor solvendo non sit." L'art. 1166 du Code Napoléon met cette vérité hors de toute contestation.

981. De son côté, l'acheteur peut agir directement contre les débiteurs de la succession ; la cession contient un mandat virtuel pour les poursuivre.

———

Voy. *Pothier, Succ.*, et autorités citées sur art. 1282.

———

24 *Laurent,* 579. "L'acquéreur doit rembourser au ven-
n° 579 *et s.* deur ce que celui-ci a payé pour les dettes et charges de la succession, et lui faire raison de tout ce dont il était créancier, s'il n'y a stipulation contraire" (art. 1698). La loi suppose que les créanciers de la succession ont poursuivi le vendeur, et que celui-ci a dû payer les dettes et charges. Telle est, en effet, son obligation ; la vente qu'il fait de ses droits successifs emporte, de sa part, acceptation de la succession (art. 780), et cette acceptation est pure et simple, à moins qu'ayant accepté sous bénéfice d'inventaire, il ne vende ses droits d'héritier bénéficiaire (n° 568). De quelque manière qu'il ait accepté, il est héritier, et il ne peut pas cesser de l'être quant aux obligations qu'il a contractées en-

vers les créanciers et légataires. Ceux-ci ont donc le droit de
le poursuivre ; mais l'acheteur prenant la place de l'héritier
quant à ses droits, doit aussi être tenu des charges de l'hérédité, car il achète une universalité qui comprend un passif
et un actif ; il doit donc indemniser le vendeur en lui remboursant ce que celui-ci a payé à titre d'héritier.

Les créanciers pourraient-ils agir directement contre l'acheteur ? Non, car l'acheteur ne s'est pas obligé à leur égard, il
n'est donc pas leur débiteur. Ils peuvent seulement agir
contre lui, en vertu de l'article 1166, comme exerçant les
droits du vendeur, leur débiteur ; mais cette action est moins
profitable que l'action directe qui appartient aux créanciers
contre l'héritier ; celle-ci leur profite pour le tout, tandis
qu'ils doivent partager avec tous les créanciers les bénéfices
de l'action qu'ils intentent en vertu de l'article 1166.

580. L'article 1698 dit que l'acheteur doit rembourser au
vendeur ce que celui-ci a payé pour les *dettes et charges* de la
succession. Qu'entend-on par dettes et charges ? Nous renvoyons à ce qui a été dit au titre qui est le siège de la matière. La loi ajoute que l'acheteur doit faire raison au vendeur de tout ce dont il était créancier ; nous avons déjà dit
que les créances, ainsi que les dettes éteintes par confusion,
revivent quand l'héritier vend l'hérédité (n° 571).

L'obligation de supporter les dettes et charges de la succession est très-onéreuse, puisque l'héritier en est tenu indéfiniment et, par suite, l'acheteur. On conçoit que celui-ci
tienne à se mettre à l'abri des risques d'une obligation illi-
mitée qui pourrait le ruiner. La loi prévoit que les parties
fassent des stipulations contraires ; elles peuvent convenir
que l'acheteur ne devra supporter les dettes et charges que
pour une certaine somme, ou jusqu'à concurrence de son
émolument, ou pour une certaine quantité ; enfin elles
peuvent même affranchir l'acheteur de toute contribution
aux dettes. Ces diverses clauses ne concernent que des intérêts pécuniaires, que les parties sont toujours libres de régler
comme elles l'entendent. On est étonné de voir ces questions

[ARTICLE 1582.]

de fait portées devant la cour de cassation ; il va sans dire que celle-ci prononce régulièrement des arrêts de rejet, en se fondant sur le texte de l'article 1698, qui autorise les stipulations contraires des parties contractantes.

SECTION III.	SECTION III.
DE LA VENTE DES DROITS LITIGIEUX.	OF THE SALE OF LITIGIOUS RIGHTS.

1582. Lorsqu'une vente de droits litigieux a lieu, celui de qui ils sont réclamés en est entièrement déchargé en remboursant à l'acheteur le prix de vente avec les frais et loyaux coûts et les intérêts sur le prix à compter du jour que le paiement en a été fait.

1582. When a litigious right is sold, he against whom it is claimed is wholly discharged by paying to the buyer the price and incidental expenses of the sale, with interest on the price from the day that the buyer has paid it.

---

* C. N. 1699. } Celui contre lequel on a cédé un droit litigieux, peut s'en faire tenir quitte par le cessionnaire, en lui remboursant le prix réel de la cession avec les frais et loyaux coûts, et avec les intérêts, à compter du jour où le cessionnaire a payé le prix de la cession à lui faite.

---

* Cod. Mandati vel contra, } L. 22. Per diversas interpella-
liv. 4, tit. 35, LL. 22 et s. } tiones ad nos factas, comperimus quosdam alienis rebus fortunisque inhiantes, cessiones aliis competentium actionum in semetipsos exponi properare : hocque modo diversis personas litigatorum vexationibus afficere : cùm certum sit, pro indubitatis obligationibus eos magis quibus antea suppetebant, jura sua vindicare, quàm

[ARTICLE 1582.]

ad alios ea transferre velle. Per hanc itaque legem jubemus
in posterum hujusmodi conamen inhiberi. Nec enim dubium
est, redemptores litium alienarum videri eos esse, qui tales
cessiones in se confici cupiunt : ita tamen, ut si quis datis
pecuniis, hujusmodi subierit cessionem : usque ad ipsam
tantummodo solutarum pecuniarum quantitatem, et usurarum ejus actiones exercere permittatur, licèt instrumento
cessionis venditionis nomen insertum sit : exceptis scilicet
cessionibus, quas inter coheredes pro actionibus hereditariis
fieri contingit : et iis, quascunque vel creditor vel is qui res
alienas possidet, pro debito, seu rerum apud se constitutarum munimine ac tuitione accepit : necnon ·iis quas inter
legatarios seu fideicommissarios, quibus debita vel actiones
seu res aliæ relictæ sunt, pro his fieri necesse sit. Nulla ete-
nim tali,intercedente ratione, redemptor (sicuti superius de-
claratum est) magis existit, qui alienas pecuniis præstiti subiit
actiones. Si autem per donationes cessio facta est : sciant
omnes hujusmodi legi locum non esse, sed antiqua jura esse
servanda : ut cessiones tam pro exceptis et specialiter enu-
meratis, quàm aliis causis factæ seu faciendæ, secundum
actionum, quæcumque cessæ sunt vel fuerint tenorem, sine
quadam imminutione obtineant (ANASTASIUS).

L. 23. Ab Anastasio divæ memoriæ principe justissima
constitutio conscripta est, tam humanitatis quàm benevolen-
tiæ plena : ut ne quis alienum subeat debitum cessione in
eum facta, et ne ampliùs à debitore consequatur L. ᵗ qua
præstitit cessionis auctori : exceptis quibusdam casibus, qui
specialiter illa sanctione continentur. Sed cum ii qui circa
lites morantur, eandem piam dispositionem in sua natura
remanere minimè concesserint, invenientes machinationem,
ut partem quidem debiti venditionis titulo transferant in
alium creditorem, reliquam autem partem per coloratam
cedunt donationem : generaliter Anastasianæ constitutioni
subvenientes, sancimus nulli licere partem quidem debiti
cedere pecuniis acceptis, et venditione actionum habita, partem autem donationis titulo videri transferre : sed si volue-

[ARTICLE 1582.]

rit debitum totum purè donare, et per donationem actione*
transferre : non occultè nec per artes clandestinas pecuniæ
suscipere, publicè autem simulatam donationem celebrare,
sed undique puram et non dissimulatam facere donationem.
Hujusmodi enim cessionibus non adversamur.

§ 1. Si quis autem occultè aliud quidem age: o conatur, et
pecunias pro parte accipit, et vendidit particulatim actiones,
partem autem donare simulat, vel ipsi qui emptionem actionis partim subit, vel forsitan alii per suppositam personam
{quia et hoc sæpius perpetratum esse didicimus) : hujusmodi
machinationem penitus amputamus, ut nihil amplius accipiat, quàm ipse vero contractu re ipsa persolvit : sed omne
quod superfluum est, et per figuratam donationem translatum, inutile esse ex utraque parte censemus : et neque ei qui
cessit actiones, neque ei qui eas suscipere curavit, aliquid
lucri vel fieri vel remanere, vel aliquam contra debitorem,
vel res ad eum pertinentes, esse utrique eorum actionem.

§ 2. Sed et si quis donationem quidem omnis debiti facere
adsimulaverit, ut videatur esse .ota donatio, aliquid autem
occultè susceperit : et in hoc casu tantummodo exactionem
sortiri ejus quod datum esse comprobetur. Et si hoc à debitore persolvatur : nulla contra eum vel substantiam ejus ex
dissimulata donatione oriatur molestia.

§ 3. Et justum quidem fuerat hoc remedium debitoribus
ab Anastasianis temporibus impertiri, ex quibus etiam lex
data est, quam homines astutè lacerandam esse existimave-
runt. Sed ne videamur in tanta temporum nostrorum bene-
volentia aliquid acerbius admittere : in futuris post præsen-
tem legem casibus hæc observari censemus : ut omne quod
contra legem Anastasianam excogitatum est, hoc in posterum
nostro perfruatur remedio (JUSTINIANUS).

Ibidem.   }   *L.* 22. Par divers rapports qui
Trad. de M. P. A. Tissot. } nous ont été faits, nous avons découvert que certaines personnes poussées par le désir de posséder le bien d'autrui, s'empressaient de se faire faire en leur

[ARTICLE 1582.]

faveur des cessions d'actions compétentes à d'autres; que par ce moyen les plaideurs devenaient les victimes de quantité de vexations. Comme il est certain qu'à l'égard des obligations non douteuses, ceux qui y ont intérêt sont plutôt dans l'intention de revendiquer leurs droits que de les céder à d'autres, nous ordonnons par cette loi, que désormais de pareils attentats soient réprimés. Il n'est aucun doute qu'on n'entende par acheteur de procès d'autrui, ceux qui cherchent à engager les plaideurs à faire la cession de leurs procès en leur faveur : c'est pourquoi si quelqu'un, après avoir donné un certain prix, s'est fait faire une pareille cession, qu'il ne lui soit permis d'exercer les actions qu'il a achetées que jusqu'à concurrence de la somme qu'il en a donnée pour tenir lieu de prix et des intérêts, quand même on aurait donné au titre de la cession le nom de vente. Nous exceptons de ces dispositions les cessions qu'il arrive souvent que les cohéritiers se font des actions héréditaires ; celles, quelles qu'elles soient, qu'un créancier ou un possesseur de choses d'autrui ont reçu ou en paiement d'une dette, ou à cause de l'administration et de la conservation dès choses qui leur ont été confiées ; ainsi que celles qui ont lieu entre des légataires ou des fidéicommissaires à qui il a été laissé des dettes, des actions ou d'autres choses : car ces personnes ne peuvent souvent se dispenser de faire de ces sortes de cessions. L'acheteur de procès, est celui qui, comme nous l'avons dit, n'étant engagé par aucun de ces motifs, se charge des actions d'autrui au moyen d'une certaine somme qu'il donne pour tenir lieu de prix. Mais si une cession de cette sorte a été faite par donation, personne ne doit ignorer que cette loi n'est pas applicable dans ce cas ; mais qu'en pareille occurrence on doit observer le droit ancien : de sorte que les cessions faites ou à faire, tant pour les causes exceptées et spécialement déterminées ci-dessus, que pour les autres, ne soient nullement réduites et obtiennent toute la force qu'exige l'étendue des actions qui en sont l'objet (ANASTASE).

L. 23. L'empereur Anastase, de divine mémoire, a publié

[ARTICLE 1582.]

une constitution très-équitable, marquée du sceau de l'humanité et de la bienfaisance, dont l'objet est de défendre que personne ne se charge des actions d'autrui, par le moyen d'une cession faite en sa faveur par celui que ces actions concernent, et que ceux qui malgré cette défense acheteraient de pareilles actions, ne reçoivent du débiteur une somme plus grande que celle qu'ils ont donnée au cédant pour lui tenir lieu de prix de la cession; excepté dans certains cas spécialement désignées dans cette même constitution. Mais comme ceux qui recherchent les procès ont altéré et éludé cette pieuse constitution, en inventant la subtilité par laquelle ils transfèrent à un autre créancier à titre de vente une partie de la dette, et cèdent l'autre partie par une donation feinte; nous ordonnons par cette loi, dont l'objet est d'affermir la constitution d'Anastase, qu'il ne soit permis à personne de céder, au moyen d'une certaine somme pour tenir lieu de prix et par une vente d'actions, une partie de la dette, et de transférer l'autre partie sous le titre feint de donation; mais que si l'on veut donner purement et simplement toute la dette, on ne reçoive pas en secret et par des artifices clandestins de l'argent, pour ensuite publiquement passer une donation simulée; mais que l'on fasse une donation simple et non feinte: car nous ne prohibons point ces sortes de cessions.

§ 1. Or si quelqu'un cherche en secret à agir d'une autre manière, comme s'il reçoit de l'argent pour une partie de la dette et feint de donner l'autre partie, ou à celui qui en a acheté une partie ou à une autre personne interposée (ce que nous avons appris être arrivé souvent), nous anéantissons entièrement cette subtilité, en ordonnant que le cessionnaire ne puisse exiger en vertu d'une action de cette sorte une plus grande somme que celle qu'il a donnée pour prix de la cession, et que le surplus de cette somme qui aurait pu être exigé en vertu de l'action qui a été cédée par une donation feinte, ne puisse pour cette cause être exigé ni par le cédant ni par le cessionnaire, et que ni l'un ni l'autre ne fassent ni

[ARTICLE 1582.]

ne conservent aucun profit ni action contre le débiteur ou ses biens.

§ 2. Nous ordonnons que si quelqu'un ayant fait une donation simulée de toute la dette, reçoit ensuite quelque chose en secret pour en tenir lieu de prix, on ne puisse dans ce cas exiger seulement ce qui sera prouvé avoir été donné ; et lorsque le débiteur l'aura payé, lui et ses biens ne pourront plus être recherchés en vertu de cette donation simulée.

§ 3. L'empereur Anastase, dans son tems, voulut, par cette loi salutaire, venir au secours des débiteurs ; mais, quelque juste qu'elle fût, il se trouva encore des hommes qui ne se firent aucun scrupule de la dénaturer et de l'éluder artificieusement. Quant à celle-ci, afin qu'on ne nous accuse pas d'être trop sévère, nous ordonnons qu'elle ne soit applicable qu'aux affaires futures. Au moyen de cette loi, tout ce qu'on a entrepris contre la constitution Anastasienne, sera désormais anéanti. (JUSTINIEN).

---

* 3 *Pothier (Bugnet)*, ⎫ 590. Les lois, pour mettre un frein
Vente, n° 590 *et s.* ⎭ à la cupidité des acheteurs de droits litigieux, et pour arrêter les procès, ont ordonné que les acheteurs de droits litigieux ne pussent exiger du débiteur plus que ce qu'ils ont donné pour le prix de la cession, avec les intérêts, et que le débiteur fût quitte du reste.

C'est ce qui a été établi par l'empereur Anastase, en la loi *per diversas*, 21, Cod. mand., et confirmé par Justinien, en la loi *ab Anastasio, fin. eod. tit.*

L'équité de ces lois, qui est évidente, les a fait adopter même dans la partie du royaume qui n'est pas soumise au droit romain. C'est ce qu'atteste Mornac sur lesdites lois : il cite un arrêt de 1566, prononcé en rouges, qui a fixé la jurisprudence à cet égard.

591. Anastase n'a porté cette loi que contre les cessions de droits litigieux qui sont faites à titre de vente. Il déclare expressément qu'il n'entend donner aucune atteinte à celles qui sont faites à titre de donation. C'est pourquoi le dona-

[ARTICLE 1582.]

taire d'une créance, quoique litigieuse, peut exiger du débiteur tout ce que son cédant en aurait pu exiger (1).

Mais il faut pour cela que la donation soit sincère et véritable.

Quid, si l'acte de cession de la créance litigieuse portait " que le créancier a vendu à un tel sa créance jusqu'à la concurrence d'une certaine somme pour ladite somme, et qu'il lui en fait donation pour le surplus ? "

Justinien, en la loi *ab Anastasio*, veut qu'en ce cas la donation soit présumée simulée et faite en fraude de la loi, et qu'en conséquence, sans y avoir égard, le cessionnaire ne puisse exiger du débiteur plus que la somme qu'il a donnée pour le prix de la cession. Cela est très juste ; autrement on éluderait toujours la loi, et la clause de donation du surplus serait de pur style. Justinien veut que cela ait lieu, soit que cette prétendue donation du surplus soit faite à l'acheteur, soit qu'elle soit faite à une personne par lui supposée ; *edd.* L.

592. Si l'acte de cession paraissait contenir une donation pour le total de la créance litigieuse, et qu'il fût justifié d'ailleurs que le cédant aurait reçu secrètement quelque chose du cessionnaire pour le prix de la cession, la donation serait pareillement, en ce cas, déclarée faite en fraude de la loi, et le cessionnaire serait, en conséquence, réduit à ne pouvoir exiger du débiteur rien au delà de ce qu'il a payé au cédant ; *edd.* L.

593. L'empereur Anastase avait encore excepté, en certains cas, de la peine portée par sa loi, les cessions de droits litigieux, quoiqu'elles ne fussent pas faites à titre gratuit, savoir :

1° Celles qui sont faites à un cohéritier ou copropriétaire par ses cohéritiers ou copropriétaires, d'un droit litigieux qui est commun entre eux ;

(1) C'est aussi ce que suppose l'art 1699, car il veut que le tiers rembourse le *prix réel* de la cession ; il n'y aurait pas de prix, si c'était une donation. (BUGNET).

[ARTICLE 1582.]

2° Lorsqu'un créancier reçoit de son débiteur, en paiement de ce qui lui est dû, quelque droit de créance litigieuse, ou autre droit litigieux que son débiteur a contre un tiers ;

3° Lorsqu'un légataire reçoit de l'héritier, en paiement de son legs, quelque droit litigieux de la succession ;

4° Lorsque le possesseur d'un héritage se fait céder quelque droit litigieux dans cet héritage, qui lui est nécessaire pour s'en assurer une libre jouissance.

Justinien, par une constitution grecque, qui n'est pas dans les éditions du corps de droit, mais qui se trouve dans les *Basiliques*, et que Cujas a rapportée au liv. 16 de ses *Observations*, art. 16, abroge en ce point la constitution d'Anastase, et ordonne qu'en quelque cas que ce soit, si ce n'est que la cession fût à titre entièrement gratuite, le cessionnaire des droits litigieux ne pourra rien prétendre du débiteur au delà de ce qu'il a donné pour le prix de la cession.

Cette constitution de Justinien n'est pas équitable, et ne doit pas être suivie.

La loi d'Anastase, qui réduit les cessionnaires de droits litigieux à ne pouvoir rien exiger au delà de ce qu'ils ont payé pour le prix de la cession, n'est fondée que sur la haine que méritent les acheteurs de procès, qui ne paraissent pas avoir eu d'autre motif que l'amour des procès, pour acquérir les droits litigieux qu'ils se sont fait céder : donc il ne doit pas y avoir lieu à la peine portée par cette loi, toutes les fois que la cession des droits litigieux s'est faite pour une juste cause.

Lorsqu'un héritier ou autre qui a déjà de son chef une part dans une créance litigieuse ou autre droit litigieux, acquiert à prix d'argent les parts de ses cohéritiers ou copropriétaires, il est évident que cette cession se fait par une juste cause, qui est celle de sortir de communauté. Le cessionnaire ne peut donc passer dans ce cas pour un acheteur de procès, et il doit être admis à faire valoir dans toute leur étendue les droits qui ont fait l'objet de la cession. Mornac,

[ARTICLE 1582.]

au lieu ci-dessus cité, dit que c'était l'avis des plus habiles avocats de son temps.

Lorsqu'un créancier, en paiement de ce qui lui est dû, se fait céder une créance litigieuse que son débiteur avait contre un tiers, on peut distinguer deux cas.

Si ce créancier pouvait facilement se faire payer de ce qui lui était dû, autrement que par cette cession, je pense qu'il pourrait être sujet à la peine de la loi, et regardé comme acheteur de procès.

Mais s'il paraît qu'il ne pouvait guère se faire payer autrement, et qu'il a été obligé de prendre en paiement cette créance litigieuse que son débiteur lui offrait, la cession, en ce cas, a une juste cause, qui empêche de pouvoir regarder le cessionnaire comme un acheteur de procès : c'est pourquoi il doit, en ce cas, être admis à faire valoir dans toute son étendue la créance litigieuse qui lui a été cédée (1).

Lorsque le possesseur d'un héritage, poursuivi par un prétendu créancier hypothécaire du vendeur de l'héritage, achète cette créance pour un prix au-dessous de la somme qui en fait l'objet, il faut aussi distinguer si ce possesseur avait un bon garant, et qu'au lieu de l'assigner pour qu'il le défendit contre ce prétendu créancier, il achète à bas prix la créance, pour faire ensuite un procès à son vendeur : je pense qu'il est dans le cas de la loi, et qu'il ne peut rien exiger au delà du prix qu'il a payé pour cette créance.

Mais si ce possesseur avait un mauvais garant qui n'eût pu le défendre, et qu'il eût acheté cette créance pour se conserver la possession de cet héritage ; je pense que la cession ayant en ce cas une juste cause, il pourrait, s'il était pour-

(1) L'art. 1701, § 2° ne reproduit point cette distinction, et avec raison, car à quoi bon rechercher si le créancier aurait pu facilement se faire payer par le cédant ou non ? il suffit qu'il soit constant que la cession a été faite en paiement, pour qu'il y ait une juste cause, et surtout préalable. (BRUNET).

[ARTICLE 1582.]

suivi par des créanciers postérieurs, la faire valoir contre eux dans toute son étendue (1).

594. On peut e^r .ore concevoir d'autres cas auxquels la cession de droits litigieux doit paraître avoir été faite pour une juste cause, et n'être pas sujette à la disposition de ces lois.

En voici un qui est rapporté par Brunnemann, *ad has leges ;* savoir, lorsque cette cession est faite à quelqu'un à cause de la vente qui lui a été faite de quelque autre chose, *in consequentiam alterius rei venditæ.*

Par exemple, vous m'avez vendu une terre avec toutes les créances que vous aviez contre les fermiers des différentes métairies qui en dépendent ; quoique parmi ces créances, il y en eût une litigieuse qui m'a été vendue en même temps que la terre, mais pour un prix séparé, et beaucoup inférieur à la somme qui fait l'objet de cette créance litigieuse, cette cession ne doit pas être sujette à la disposition de la loi *per diversas ;* car on ne peut, en ce cas, me soupçonner d'avoir recherché l'acquisition d'un procès.

Si j'ai acquis cette créance litigieuse, c'est par une suite de l'acquisition de la terre, et parce que le vendeur, en me vendant sa terre, n'a rien voulu réserver de tout ce qui pourrait lui être dû par ses fermiers (2).

Il faudrait décider autrement, si la terre m'ayant été vendue sans cette créance litigieuse, après un certain intervalle de temps, j'achetais cette créance ; parce qu'en ce cas rien ne m'obligeait de l'acheter.

595. Un autre cas, suivant Brunneman, qui cite les docteurs *ad has leges,* c'est lorsque le droit qui a été vendu

(1) Il faudra donc un procès préalable pour vérifier si ce prétendu créancier hypothécaire était ou non valablement garanti ? Le Code a bien fait de supprimer cette distinction. (Bugnet).

(2) Quoique l'art. 1701, Cod. civ., ne mentionne pas cette exception, elle paraît trop bien fondée pour la rejeter. (Bugnet)

[ARTICLE 1582.]

comme litigieux, a été vendu en justice, *si nomen sub hastâ venditum.*

Putà, si une rente pour laquelle j'avais procès avec mon débiteur qui la soutenait prescrite, et que je soutenais au contraire ne l'être pas, a été licitée entre mes héritiers et adjugée à un étranger, à la charge que l'adjudicataire se chargera de l'événement du procès : quoique cette adjudication renferme une vente d'un droit litigieux faite à un étranger, néanmoins elle ne sera pas sujette à la disposition de la loi *per diversas,* parce que l'adjudicataire ne peut, en ce cas, être regardé comme un odieux acheteur de procès, qui a recherché l'acquisition d'un droit litigieux, ayant été, par l'affiche et les proclamations, invité en quelque façon par la justice à l'acquérir (1).

596. Hors ces cas, il y a lieu à la disposition de la loi, sans qu'on doive avoir égard à la qualité ou dignité de la personne de l'acheteur pour l'en exempter, comme l'avait pensé J. Faber, dont Mornac, avec raison, rejette l'opinion.

Il n'importe pas non plus que la cession des droits litigieux ait été faite pour de l'argent ou pour quelque autre chose. Le cessionnaire n'est pas reçu à exiger plus que la valeur des choses qu'il a données pour cette cession ; Brunneman, *ad easdem leges.*

Il n'importe pas non plus que les droits litigieux soient poursuivis contre le débiteur sous le nom du cessionnaire ou sous le nom du cédant. Le débiteur, en ce dernier cas, en justifiant par le rapport de la cession, que le cédant ne fait que prêter son nom à son cessionnaire, doit être reçu à demander à être renvoyé de la demande, en offrant par lui de payer le prix de la cession.

Même dans le cas où il ne pourrait rapporter la cession, il peut déférer à cet égard le serment au demandeur.

597. Le droit qui est accordé par ces lois au débiteur de la

(1) Nous ferons ici la même remarque que sur le n° 594. *V.* la note précédente (BUGNET).

dette litigieuse cédée à un tiers, est une espèce de droit de retrait de la dette litigieuse, qui lui est accordé sur le cessionnaire. Le débiteur, an remboursant le cessionnaire, est admis à prendre son marché. L'achat que le cessionnaire avait fait de la dette litigieuse, est détruit en la personne de ce cessionnaire, et passe en celle du débiteur, qui est censé avoir lui-même racheté sa dette du créancier, et en avoir transigé avec lui pour la somme portée en la cession.

Ce retrait est très équitable. Le bien de la paix exige que le débiteur qui, en prenant pour lui le marché, éteint le procès auquel la dette litigieuse devait donner lieu, soit préféré pour ce marché à un odieux acheteur de procès.

Le débiteur, pour exercer ce retrait, doit rembourser au cessionnaire la somme que le cessionnaire a payée au créancier pour le prix de la cession, et lui apporter acquit ou décharge de celle qu'il se serait obligé de payer, et qu'il n'aurait pas encore payée : il doit aussi les intérêts des sommes payées par le cessionnaire.

La loi *per diversas* s'en explique formellement : *Usque ad ipsam tantummodo solutarum pecuniarum quantitatem et* USURARUM *ejus actiones exercere permittatur.* Mais ces intérêts ne peuvent être prétendus par le cessionnaire que depuis qu'il a fait signer son transport au débiteur, qui peut dire que, s'il lui en eût donné connaissance plus tôt, il l'eût remboursé plus tôt, et eût empêché les intérêts de courir (1).

Enfin, le débiteur doit rembourser le cessionnaire des frais du transport, de la signification et de la demande ; car c'est un principe commun à toutes les espèces de retrait, que le retrayant doit indemniser celui sur qui le retrait s'exerce.

Le débiteur est admis à ce retrait, et à offrir au cession-

(1) L'art. 1699, Cod. civ., n'exige point cette notification pour faire courir les intérêts au profit du cessionnaire ; ils lui sont dus par le débiteur qui exerce le retrait, à compter du jour du paiement fait par le cessionnaire au cédant ; autrement le cessionnaire ne serait pas complétement indemnisé. (BUGNET).

naire le remboursement du prix de la cession, même après
que la cause sur la demande du cessionnaire a été contestée.
C'est l'avis de Brunneman, *ad. easd. L.*

Néanmoins si le cessionnaire, après une longue instruction, et après avoir, par ses soins et par ses découvertes, levé
tous les doutes sur la légitimité de la créance à lui cédée,
avait mis le procès en état d'être jugé, je ne crois pas que le
débiteur, à la veille du jugement, et à la veille de succomber,
dût être admis à ce retrait, et à offrir en conséquence le
remboursement du prix de la cession ; car la chose n'est plus
entière.

Les dettes dont les lois accordent le retrait au débiteur sur
le cessionnaire, sont celles qui souffrent difficulté, et qui
donnent lieu à un procès; mais lorsque le cessionnaire a,
par l'instruction du procès, levé et éclairci toutes les difficultés qu'il y avait sur la légitimité de la dette, elle n'est plus
dans le cas de celles dont les lois accordent ce retrait.

D'ailleurs, les lois n'accordent le retrait au débiteur que
pour empêcher le procès auquel la dette devait donner lieu :
il est contre l'esprit des lois que le débiteur qui a voulu
soutenir le procès jusqu'à la fin, soit admis, à la veille du
jugement, à exercer ce retrait, surtout si le jugement qui devait intervenir, était un jugement en dernier ressort, qui dût
mettre entièrement fin au procès (1).

598. Le débiteur, en remboursant au cessionnaire le
prix de la cession, ne s'acquitte pas, dans le for de la
conscience, du surplus de la somme due, lorsqu'il sait devoir,
ou lorsque c'est la cupidité qui lui fait allusion pour se le
dissimuler. Le débiteur, par ce retrait, qui le met au lieu
et place du cessionnaire, est censé avoir lui-même acheté de
son créancier sa dette pour la somme portée par l'acte de
cession. Mais un débiteur qui compose avec son créancier
d'une dette litigieuse pour une certaine somme, n'est pas

(1) Le motif de la loi cesse alors complétement. (BUGNET).

[ARTICLE 1582.]

quitte, dans le for de la conscience, envers lui du surplus, lorsqu'il sait devoir (1).

Le débiteur qui sait devoir la dette en entier, ne fait pas de tort au cessionnaire en le remboursant seulement du prix de la c... *ion*; car le cessionnaire n'a acquis qu'à la charge de ce retrait que la loi accorde au débiteur. Le débiteur a un grand intérêt de l'exercer ; car, s'il avait payé la dette en entier au cessionnaire, il ne laisserait pas de demeurer, dans le for de la conscience, obligé envers le créancier à la réparation du tort qu'il lui a causé, en l'obligeant de vendre sa créance à perte, par le refus injuste qu'il lui a fait de le payer.

599. Observez aussi que ces lois sont faites en faveur du débiteur, et non en faveur du cédant, qui ne serait pas recevable à répéter la créance qu'il a vendue, en offrant au cessionnaire le remboursement du prix qu'il a reçu, Despeisses, p. 1, tit. 1, § 2.

————

2 *Duvergier, Vente*,   358. En général, les cessions de
n° 358-374 *et s.*   droits litigieux sont soumises à toutes les règles qui s'appliquent aux autres cessions. J'ai déjà indiqué une différence relativement à la garantie due par le cédant. La faculté accordée au débiteur cédé de se faire tenir quitte par le cessionnaire, en lui remboursant le prix de la cession, présente une nouvelle exception.

374. La faculté de se faire subroger aux droits du cessionnaire est accordée au débiteur cédé, par plusieurs motifs qui ont été indiqués ; elle met un frein aux spéculations odieuses des acheteurs de procès ; elle termine une contestation naissante ; elle ne blesse aucun intérêt, car, dans l'état d'incerti-

(1) Il faut supposer, comme le fait Pothier, la mauvaise foi de la part du débiteur ; le droit du cédant n'est devenu litigieux que par l'injuste refus du débiteur, refus qui a lieu de sa part en parfaite connaissance de cause, car, pour peu que le droit soit sérieusement et de bonne foi litigieux, l'observation de Pothier n'a aucun fondement, même dans le for de la conscience. (BUGNET).

[ARTICLE 1582.]

tude où se trouvent les droits réclamés, le cessionnaire ne peut dire qu'il reçoit moins que leur valeur. Le débiteur ne doit donc pas attendre qu'une décision définitive soit rendue contre lui, pour demander la subrogation ; il serait alors non recevable. Les considérations qui ont déterminé le législateur auraient à ce moment perdu toute leur puissance ; le droit ne serait plus litigieux ; par conséquent, il serait injuste d'obliger le cessionnaire d'un droit devenu certain à l'abandonner pour une somme inférieure à sa valeur ; enfin, le procès étant terminé, il ne saurait être question de le prévenir.

375. Par les mêmes motifs, le débiteur ne peut défendre à la demande dirigée contre lui, et en même temps prendre des conclusions subsidiaires tendantes à la subrogation, pour le cas où il succomberait au fond. Les juges qui condamneraient le débiteur, et l'autoriseraient à se faire tenir quitte, en remboursant le prix de la cession, se mettraient en contradiction avec eux-mêmes ; ils déclareraient le droit certain et appliqueraient la disposition faite pour le cas où il y a incertitude ; ils étendraient une protection, due à celui qui peut encore être considéré comme injustement poursuivi, à celui dont ils viendraient de rejeter la défense.

En un mot, le débiteur de droits litigieux, poursuivi par un cessionnaire, est autorisé à opter entre le procès et le remboursement du prix de la cession ; cette faculté cesse évidemment, au moment où le procès finit.

376. La demande en subrogation peut être formée en tout état de cause, et même pour la première fois en appel, quoique la cession fût connue du débiteur en première instance. Tant que le droit conserve sa nature litigieuse, son caractère d'incertitude, les considérations qui ont fait introduire le retrait subsistent. Il est vrai que c'est une demande nouvelle, mais elle est recevable, même en appel, comme défense à l'action principale. (Cod. proc. art. 464.)

377. Néanmoins, il faut dire avec Pothier que, si le cessionnaire, après une longue instruction, et après avoir par

ses soins et ses découvertes, levé tous les doutes sur la légitimité de la créance à lui cédée, avait mis le procès en état d'être jugé, le débiteur, à la veille du jugement, c'est-à-dire, à la veille de succomber, ne devrait pas être admis à l'exercice du retrait, car la chose ne serait plus entière.

Pothier justifie son opinion, en faisant remarquer que le retrait n'est autorisé que pour empêcher le procès, et qu'il serait contre l'esprit de la loi que le débiteur, qui a voulu soutenir le procès jusqu'à la fin, fût admis, au moment du jugement, à exercer ce retrait. M. Troplong pense aussi qu'on pourrait, selon les circonstances, considérer la conduite du débiteur, comme une renonciation tacite au droit de demander la subrogation. Les juges, dans l'esprit desquels il ne reste plus aucun doute sur la certitude des droits exercés par le cessionnaire, qui comprennent, par la marche qu'a suivie l'affaire, que le débiteur prévoit le jugement qui va être prononcé contre lui, qui sont convaincus que c'est le pressentiment de sa condamnation qui le détermine à exercer le retrait, peuvent certainement rejeter sa demande. Elle n'est plus de sa part l'usage loyal d'une faculté légale et propre à atteindre le but que s'est proposé le législateur ; c'est une combinaison frauduleuse, au moyen de laquelle il essaie, contre le vœu formel de la loi, de cumuler l'avantage de la lutte soutenue jusqu'à la dernière extrémité ; et celui de la subrogation obtenue en payant le prix de la cession.

378. Cependant, si le cessionnaire, pour prévenir la demande en subrogation, a tenu la cession cachée, et a poursuivi, au nom du cédant ; le débiteur doit être admis, même après le jugement, à user du bénéfice de l'art. 1699. Le repousser dans une pareille situation, ce serait rendre inefficaces la prévoyance et la sagesse de la loi. Ceux qui achèteraient des droits litigieux auraient toujours la précaution de dissimuler les ventes, et empêcheraient ainsi l'exercice de la faculté qui est accordée aux débiteurs cédés. D'ailleurs, ceux-ci n'ont pu user du droit qui leur est donné, avant de connaître la cession qui le produit.

[ARTICLE 1582.]

379. Quelques arrêts ont jugé, et plusieurs auteurs enseignent que la faculté accordée par l'article 1699 ne s'applique qu'aux cessions de créances et autres choses incorporelles ; que les ventes des corps certains et déterminés, notamment les ventes d'immeubles désignés, ne sont point comprises dans la disposition de cet article. M. Troplong repousse cette doctrine. Il cite de nombreuses autorités, qui démontrent que, dans l'ancienne jurisprudence, les ventes de *choses litigieuses* étaient, comme les ventes de *droits litigieux*, soumises à l'exercice du retrait. Il fait remarquer qu'il importe peu que l'objet cédé soit meuble ou immeuble, corporel ou incorporel ; que de pareilles ventes sont bien moins l'aliénation de la chose même que la cession d'un procès ; qu'un procès est un droit incorporel, quelle que soit la chose qui en est l'objet. Il pense que la distinction est repoussée par les termes mêmes de l'article 1701. "Cet article, dit-il, dispose que le retrait n'aurait pas lieu, lorsque la cession a été faite au possesseur de *l'héritage sujet au droit litigieux*, et, comme on le verra plus tard quand nous l'analyserons, il suppose qu'il a pu y avoir cession d'un droit de propriété immobilière contesté entre les parties. Donc il admet implicitement que les dispositions de l'art. 1699 ne sont pas étrangères au cas où l'on vend un immeuble litigieux."

Ce dernier argument ne me semble pas aussi décisif qu'il paraît l'être à M. Troplong. L'art. 1701 démontre seulement que la cession d'un droit litigieux sur un immeuble, donne lieu en général au retrait ; mais ce n'est pas là ce qui est contesté ; on soutient que la subrogation n'est pas admissible, lorsque c'est l'immeuble litigieux lui-même qui a été vendu.

Quoi qu'il en soit, je m'unis à M. Troplong, pour combattre une doctrine qui n'a obtenu quelque crédit que parce qu'on ne s'est pas rendu un compte bien exact du sens des expressions qu'on a employées pour l'établir.

Ce ne sont, a-t-on dit, que les cessions de choses incorporelles qu'atteint la disposition de l'article 1699. Celui qui

[ARTICLE 1582.]

vend un immeuble ou toute autre chose corporelle est donc en dehors de la règle.

Ainsi, un immeuble est l'objet d'une contestation entre deux personnes ; par exemple, entre un légataire qui soutient que l'immeuble est compris dans son legs, et l'héritier qui a la prétention opposée ; le procès est entamé. Si l'héritier qui possède l'immeuble le vend, on dira que le légataire n'a pas le droit de rembourser à l'acheteur le prix de la vente et de se faire attribuer l'immeuble. Si, au contraire, le légataire vend son droit, l'héritier pourra se faire tenir quitte par le cessionnaire, en lui remboursant le prix de la cession.

Pourquoi cette différence ?

Le droit du légataire et le droit de l'héritier sont de même nature ; ils prétendent l'un l'autre être propriétaires ; peu importe que le premier puise son titre dans un testament et l'autre dans sa qualité d'. ''ier. La contestation engagée rend les droits respectifs également litig. ux ; et évidemment, lorsque celui-ci vend l'immeuble et celui-là son droit à l'immeuble, c'est également un droit de propriété litigieux, qu'ils transmettent. A la vérité l'.éritier possède, mais ce fait, très important sous d'autres rapports, est ici absolument insignifiant ; sans doute il place l'héritier dans une position favorable pour soutenir la contestation ; mais il ne donne à sa prétention aucun caractère de certitude ; il n'empêche pas que son acheteur ne soit un acheteur de procès ; et dès lors, on ne conçoit pas que cette circonstance puisse soustraire celui-ci à l'application de la sage règle consacrée par l'article 1699.

380. Le débiteur, pour se faire tenir quitte par le cessionnaire, doit lui rembourser le prix de la cession et les frais et loyaux coûts, auxquels elle aura donné lieu.

381. Il doit aussi payer le coût de la signification du transport et les frais de l'instance, depuis le moment où elle a été suivie par le cessionnaire, jusqu'à la demande en subrogation.

Pour que le vœu de la loi soit rempli, il faut que le cessionnaire se retire indemne ; il ne le serait point, si les frais de l'acte de cession, si lud dérous de l'instance antérieurs à la demande en retrait restaient à sa charge.

382. Le débiteur doit enfin, et par suite du même principe, les intérêts, à compter du jour où le cessionnaire a payé le prix de la cession.

383. La cession n'ayant d'effet, à l'égard du débiteur, qu'en vertu de la signification, le paiement n'est réputé avoir été fait par le cessionnaire qu'à compter du jour où la signification a eu lieu. Autrement, en antidatant la cession, le cédant et le cessionnaire pourraient faire remonter à une époque éloignée, le point de départ des intérêts, au détriment du débiteur. D'ailleurs, celui ci est autorisé à dire que, s'il eût connu le transport plus tôt, il en eût plus tôt remboursé le prix, et qu'il eût ainsi empêché les intérêts de courir.

Toutefois, si le débiteur place lui-même la cession à une époque antérieure à la signification (par exemple pour établir qu'elle a eu lieu, au moment où le procès était encore pendant, quoiqu'elle n'ait été signifiée que depuis le jugement qui l'a terminé), les intérêts courront contre lui, non pas seulement du jour de la signification, mais bien à compter de la date véritable de la cession. Il serait absurde que le débiteur pût assigner simultanément deux dates différentes à l'acte de transport; l'une, pour se donner le droit de demander la subrogation ; l'autre, pour se dispenser de payer une portion des intérêts.

384. Les intérêts courent tant que le cessionnaire est privé de son capital, c'est-à-dire jusqu'au remboursement effectif, ou jusqu'aux offres réelles, qui seules en tiennent lieu.

385. Il n'est pas nécessaire que la demande en subrogation soit accompagnée d'offres réelles, pour que les juges doivent l'accueillir. Peut-être aurait-on dû en exiger, afin que le cessionnaire, après avoir été privé de son droit, ne se trouvât pas exposé à des difficultés ou à des lenteurs pour le paiement. Mais ni l'ancienne jurisprudence, ni le Code civil

[ARTICLE 1582.]

n'ont imposé formellement cette condition, et l'on ne saurait
l'induire des termes qu'emploient l'article 1699.

* 2 *Troplong, Vente,* } 985. Par le droit romain, il n'était pas
n. :^5 *et s.* } permis de vendre un droit litigieux.
Ncnobstant ia vente, le procès devait se continuer entre les
parties. *Tanquàm si nihil factum sit, lite peragendd* (1). Ce droit
n'a jamais été suivi en France (2). Mais, pour mettre un frein
à l'avidité des acheteurs de procès, on a appliqué à ce genre
de commerce les fameuses lois *Per diversas et Ab Anastasio* (3), qui permettaient au débiteur d'une créance vendue
à un tiers de la racheter en remboursant le prix réel déboursé. Il est utile d'avoir sous les yeux les dispositions
principales de la loi 22 (*Per diversas*), puisqu'elle est la source
(s dispositions que nous analysons (4)."

" Per diversas interpellationes ad nos factas, comperimus
" quosdam *alienis rebus fortunisque inhiantes,* cessiones aliis
" competentium actionum in semet exponi properare (5) ; Loc
" quoque modo, *diversis personis litigatorum vexationibus*
" *afficere:* quùm certum sit, pro indubitatis obligationibus
" eos magis, quibus anteà suppetebant, jura sua vindicare,
" quà n ad alios ea transferre velle.

" Per hanc itaque legem, jubemus in posterum hujusmodi
" conamen inhiberi : nec enim dubium est, *redemptores litium*
" *alienarum* videri eos esse, qui tales cessiones in se confici
" cupiunt : ità tamen, ut si quis datis pecuniis hujusmodi
" subierit cessionem, usque ad ipsam tantummodo solutarum
" pecuniarum quantitatem et usurarum ejus, actionem exer-

(1) L. 2, C. *De litigiosis* (Constantin). Toute la législation des Pandectes et des Empereurs a été exposée par Pothier (Pand., t. 3, p. 271).

(2) Despeisses, t. 1, p. 14, n° 6, d'après Imbert et plusieurs autres.

(3) Ce sont les lois 22 et 23 que j'ai citées tout à l'heure.

(4) Elle est de l'empereur Anastase.

(5) Cujas voudrait *præparare* (Obs. 16, 24).

[ARTICLE 1582.]

" cere permittatur, licèt instrumento cessionis, venditionis
" nomen insertum sit."

Par les lois 23 et 24, Justinien ne fait que confirmer cette
loi d'Anastase, et il l'appelle *justissima constitutio.*

La portée de ces lois était, je le répète, très grande. Elles
n'attendaient pas qu'une action fût portée devant là justice
pour en déclarer le commerce inique et défendu. Ac istase
assimile à des acheteurs de procès ceux qui acqviòr nt des
créances, alors même qu'elles ne seraient pas enc contestées. Il voit dans ces achats des moyens de vexer les débiteurs
et de s'enrichir à leurs dépens. Il veut, en conséquence, que
le débiteur puisse se librer on remboursant *i* "acheteur,
non le prix fictif déclaré dans le contrat, mais la somme
d'argent réellement déboursée.

On sait que ces constitutions n'ont pas été reçues en France
avec cette extension (1). Comme nous l'avons vu ci-dessus,
elles ne sont pas applicables aux cessions de droits non contestés, aux transports de créances sur lesquelles il n'y a pas
de procès ; car nos mœurs ont toujours rep gné à ce qui pouvait entraver le commerce des choses.

Mais leurs dispositions équitables ont été maintenues
contre les acheteurs de procès et de droits litigieux. " Adver-
" sùs ergolabos, sive litium redemptores, vel qui improbè
" coeunt in alienam litem (2). " L. 6, D. *De vi privatd.* Ainsi,
nous ne suivons pas le droit romain en ce qui concerne la
matière *de litigiosis.* Mais ce qu'il avait établi pour les achats
de créances, nou l'appliquons aux achats de droits litigieux.

---

* 4 *Denizart, Coll. nouvelles, v* *Cession* ` 1. On comprend sous
    de droits litimeux, § 1.   Í le nom de cession de
droits litigieux, la cession de droits contestés ou sujets à contestation.

(1) Imbert, *Enchiridion,* v° Peines pécuniaires. Cujas, !0, observ 3.
Henrys, t. 2, p. 177.

(2) Louet et Brodeau, lettre C, n° 5, et Mornac, sur les lois *Per diversas* et *Ab Anastasio.*

[ARTICLE 1582.]

Une créance certaine, mais dont le recouvrement est incertain, n'est pas un droit litigieux, et par conséquent la cession qui en est faite, ne peut être mise au rang des transports de droits litigieux : c'est ce qui fut établi par M. l'avocat-général de Saint-Fargeau, lors d'un arrêt du 13 juin 1761, rendu en la grand'chambre, qui jugea conformément aux conclusions de ce magistrat, qu'une cession d'une dette claire et liquide, n'étoit pas une cession de droit litigieux, quoique le débiteur ne fut gueres solvable ; et qu'un avocat de Laval avoit pu recevoir une telle cession de son client. *Plaidoyeries, fol.* 103.

Un autre arrêt a jugé de même dans l'espèce suivante.

Le sieur Pichaud avait cédé à Me Guérin de la Marre, son procureur au parlement, trente-trois mille livres, à prendre dans les dot et reprises de la dame de Permangles, liquidées par une sentence arbitrale dont étoit appel. Me Guérin en avoit fourni la valeur e · portions d'intérêts de la compagnie d'assurance de Paris. Le sieur Pi iaud, n'ayant pu se faire payer de ces portions d'intérêts, p..t des lettres de rescision contre la cession, et fit valoir pour principal moyen que les droits par lui cédés étoient litigieux, et que les loix réprouvoient les cessions de es droits faites par les clients à leurs défenseurs. Me Guérin fit voir que la créance qui lui étoit cédée n'étoit pas contestée, puisqu'elle étoit liquidée par une sentence arbitrale ; qu'il n'y avoit de difficulté que relativement aux biens sur lesquels il pourroit se faire payer. La sentence des requêtes du palais, du 5 septembre 1766, qui, sans s'arrêter aux lettres de rescision, avoit débouté le sieur Pichaud de sa demande, fut confirmée par arrêt de relevée, du mardi 10 février 1767, *Plaidoyeries, aux minutes, nº 9.*

2. La cession do droits litigieux étant une aliénation, pour pouvoir la faire, il faut avoir la capacité d'aliéner ; sur cette capacité et ceux qui l'ont, voyez *Cession (Transport)* § I, nº 4.

3. En général on peut céder des droits litigieux à tous ceux qui sont capables d'accepter une cession. Sur ceux qui ne le sont pas ; voyez *Cession (Transport)* § I, nº 5.

[ARTICLE 1583.]

3 *Maleville, sur* } C'est la décision des deux fameuses lois
art. 1699 *C. N.* } *per diversas*, et *ab Anastasio.* Cod. *Mandati.*
Elles ont été faites en haine des acheteurs de procès, et pour
les refréner : elles étaient observées dans toute la France.
Pothier, n° 590 ; *Rousseaud*, verbo *transport; Lapeyrère*, lett.
C., n° 2.

Cet article ne passa pas cependant sans contradiction. On
dit qu'un homme riche, pour obliger un citoyen pauvre,
pouvait lui acheter sa créance litigieuse. On répondit que
cet homme riche pouvait faire des avances à l'autre, et non
en retirer un profit immoral.

Un droit litigieux, c'est ce qui fait la décision, car si le droit
était évident et sans contestation, rien n'empêche qu'on ne
puisse le céder avec un plein effet, comme on l'a vu dans les
articles antérieurs de ce chapitre. *Lapeyrère, eod.*, en rapporte
des arrêts.

1583. Un droit est réputé litigieux lorsqu'il est incertain, disputé ou disputable par le débiteur, soit que la demande en soit intentée en justice, ou qu'il y ait lieu de présumer qu'elle sera nécessaire.

1583. A right is held to be litigious when it is uncertain, and disputed or disputable by the debtor, whether an action for its recovery is actually pending or is likely to become necessary.

---

* *C. N.* 1700. } La chose est censée litigieuse, dès qu'il y a
} procès et contestation sur le fond du droit.

---

* *Cod. De litigiosis,* } Cum creditor pignus vendit, non po-
Liv. 8, *Tit.* 37, *L.* 1. } test videri litigiosæ rei emptio contrahi,
etsi debitor interdicat ne venditio perficiatur.

[ARTICLE 1583.]

Proposit. calend. maiis, Apro et Maximo Coss. 208. (Severus et Antoninus).

Ibidem. } Le créancier qui a vendu légiti-
Trad. de M. P. A. Tissot. } mement le gage qui lui avait été obligé par son débiteur, ne peut être réputé avoir vendu une chose litigieuse, quand même le débiteur l'aurait sommé de ne point faire cette vente.

Fait pendant les calend. de mai, sous le consul. d'Aper et de Maxime. 208. (Sévère et Antonin).

———

Voy. autorités citées sur art. 1582.

———

* 6 *Marcadé,* } LXXIX. — Les acheteurs de procès ont tou-
ch. 4, § 3. } jours été vus avec défaveur ; et le Code ne fait que reproduire un principe admis dans notre ancien droit à Rome, quand il permet à celui contre qui un droit litigieux a été cédé de s'en faire tenir quitte en remboursant au cessionnaire le prix de la vente avec les frais et intérêts.

Le Code, consacrant l'ancienne jurisprudence du Parlement de Paris et ne voulant pas laisser place, dans une disposition tendant à écarter un procès, à une appréciation qui serait elle-même un procès, détermine ici le caractère des droits par le seul fait matériel, et ordonne qu'ils soient ou non déclarés litigieux, selon qu'ils seront ou non l'objet d'un procès au moment de la vente. Il faut de plus que ce procès porte sur le fond du droit.

Il faut d'abord qu'il y ait procès ; et il ne suffirait, dès lors, ni d'une citation en conciliation, puisqu'elle n'est qu'un acte tendant à empêcher le procès, ni même du procès-verbal de non-conciliation, puisqu'il n'y aurait alors qu'imminence d'un procès et non procès existant. Il n'y aurait pas non plus procès légalement, si le défendeur opposait une exception de chose jugée et qu'elle fût admise, puisqu'il serait ainsi décidé que le litige n'était pas possible. Il y a procès, au contraire, non-seulement quand le débat, terminé en première instance, a recommencé, en appel, mais aussi quand, après le double jugement, du premier et du second degré, il y a instance entre les parties devant la Cour de cassation ; car la circonstance que le nouveau jugement à intervenir s'il y a cassation ne sera pas rendu par cette Cour, mais par un tribunal auquel elle renverra, n'empêche pas qu'il n'existe actuellement un débat remettant les choses en question, c'est-à-dire un procès.

Il faut en second lieu que le procès porte sur le fond du droit, c'est-à-dire que la question de ce procès soit précisément l'existence du droit. Ainsi, quand le défendeur soutient que le droit est prescrit, ou qu'il ne s'est pas formé vu l'inaccomplissement de telle formalité, la circonstance qu'il s'agit de prescription ou de formes (c'est-à-dire de moyens que l'on distingue des moyens *du fond*) n'empêche pas qu'il n'y ait procès sur le fond du droit, puisque la question est de savoir si ce droit existe. Au contraire, si une simple nullité d'exploit était opposée à l'action intentée la veille de l'expiration du délai de prescription, la circonstance de fait que l'annulation de l'exploit entraînera par contre-coup l'extinction du droit, n'empêche pas que le procès est étranger au fond du droit, puisque la question n'est pas l'existence du droit, mais seulement la validité de l'instance actuelle (1699, I).

LXXX. — Celui qui veut opérer le retrait doit payer au cessionnaire le prix réel de la cession, les intérêts de ce prix, les loyaux coûts de contrat et les dépens faits dans l'instance jusqu'à la demande en retrait. C'est le prix réel qui est dû, et si dès lors le débiteur prouvait que le prix ostensible est mensonger et qu'il n'a été payé qu'une somme moindre, c'est celle-ci qu'il rembourserait. C'est d'elle également qu'il devrait les intérêts, et c'est sur elle aussi seulement que se calculerait le chiffre des droits de mutation à restituer. Il est bien vrai qu'alors l'acheteur pourra faire une perte considérable ; mais ce résultat est aussi désirable que légal, puisque

[ARTICLE 1583.]

ce ne sont pas là des coûts *loyaux*, et qu'il est fort juste que la perte de sommes payées pour organiser une fraude retombe sur le fraudeur et non sur le fraudé.—Au cas d'échange, on rembourserait la valeur estimative du bien livré par l'acquéreur.

La règle du retrait s'applique pour les droits immobiliers comme pour les droits mobiliers, et soit que l'acte présente comme vendu ou échangé tel droit ou *tel bien* sur lequel porte ce droit. Il a toujours été entendu que la règle était faite pour toutes cessions d'actions et *choses* litigieuses; et les textes du Code, en ajoutant ce mot *choses* au mot *droits*, indiquent bien, comme le reconnaissent aussi la jurisprudence et la doctrine, après quelque hésitation, qu'il s'agit de la cession de toutes actions, de tous procès. Le seul cas auquel la règle ne s'étende pas est celui où le droit litigieux serait acquis par donation. Les tribunaux auraient seulement à rechercher alors si la prétendue donation ne cache pas une vente, et si ce que l'acte présente comme de simples charges d'une libéralité n'est pas le payement d'une vente faite à vil prix, comme il arrive souvent en cette matière.

Le retrait peut être exercé tant qu'il y a procès, mais non plus quand le procès est terminé, puisque alors le droit a cessé d'être litigieux. Tel est le principe; mais comme tout principe tombe devant la fraude, on admet avec raison que, d'une part, le retrait devrait être refusé, même avant la décision rendue, si le débiteur ne le demandait, après avoir lutté jusqu'au bout, que pour éviter une condamnation dès à présent certaine; et que, d'autre part, il devrait être accordé, quoique le procès fût fini, si le cessionnaire avait tenu la cession secrète en se présentant comme simple mandataire du cédant (1699, II).

LXXXI — La faculté de retraire le droit litigieux souffre exception dans trois cas: 1° Quand le cédant et le cessionnaire sont deux copropriétaires du droit cédé: il est vrai que, le texte du Code ne parlant de cette qualité de copropriétaire que pour le cessionnaire, un auteur a révoqué en doute la nécessité de cette même qualité chez le cédant ; mais, outre qu'elle résulte assez et de l'esprit de la loi et de la tradition, elle résulte d'ailleurs du texte lui-même, puisqu'un droit commun à plusieurs ne peut être cédé que par l'un des communistes, en sorte que, demander cette qualité chez le cessionnaire, c'est exig ˮ qu'elle existe chez les deux parties ; — 2° Quand la cession st faite à un créancier par son débiteur en payement de ce qui est dû au premier ; —· 3° Enfin, quand elle est faite au possesseur d'un héritage soumis au droit cédé.

Il est un autre cas qui, sans être une exception à la règle, n'en reçoit pas non plus l'application. - C'est celui d'un droit litigieux qui se trouve cédé comme simple accessoire de l'objet d'une vente ; par exemple, un droit litigieux faisant partie de l'hérédité que je vous vends. L'esprit de notre disposition commande de dire alors que l'accessoire se perd dans le principal, et qu'il y a seulement vente *d'une héréaité*, non pas vente d'un droit litigieux. Ce cas ne présentant pas une vente de droits litigieux, il n'est pas compris dans la règle et n'a pas besoin dès lors d'en être excepté.

———————

* 2 *Duvergier*, *Vente*, ₎ Dans l'ancienne jurisprudence, l'exis-
   n° 359.   ₍ tence du procès était considérée avec raison comme un des meilleurs et des plus sûrs indices ᵈu caractère litigieux des droits ; on jugeait même, dans ₍ sieurs parlemens, d'une part, que les droits ne pouvaient être réputés litigieux que lorsque le procès était entamé ; et de l'autre, que cette nature leur était incontestablement et irrévocablement attribuée, lorsque le litige était une fois commencé.

Ce système avait le mérite de la simplicité ; il présentait aussi l'avantage de ne rien laisser à l'arbitraire, et de faire dépendre d'une circonstance bien facile à vérifier la qualification des droits cédés.

Mais ailleurs, on soutenait d'abord que des droits certains

[ARTICLE 1583.]

ne devenaient pas douteux, parce qu'il plaisait au débiteur d'opposer à leur exercice une résistance évidemment mal fondée, et de soutenir, par esprit de chicane, une lutte insensée ; qu'en outre, il y avait des prétentions, qui étaient susceptibles de contestation et véritablement litigieuses, quoiqu'il n'y eût point d'instance introduite.

Pothier enseigne que les créances litigieuses sont celles qui sont contestées ou peuvent l'être en total ou en partie par celui qu'on prétend débiteur, *soit que le procès soit déjà commencé, soit qu'il ne le soit pas encore, mais qu'il y ait lieu de l'appréhender.*

"Les parlemens de Paris et de Toulouse, dit Salviat, réputent litigieuse toute dette sans distinction, quelque claire, quelque certaine qu'elle soit, aussitôt qu'il y a une demande judiciaire, suivant Rousseaud de Lacombe, en sa jurisprudence civile, *v° Transport* n° 13, et Vedel, sur Catelan, liv. 5, ch. 71. Mais n'est-ce pas un jeu de mots ? Le créancier dont les droits seront incertains, même suspects, ou qui au moins ne pourront être fixés sans de longues discussions, aura la liberté de les vendre avant d'intenter son action, tandis que celui qui en aura de très bons et de très clairs sera privé de cet avantage, dès l'instant qu'il en aura envoyé faire la demande par un messager immatriculé ! Lesquels des deux cependant sont litigieux ? Ce sont les premiers, suivant le parlement de Bordeaux ; aussi en prohibe-t-il le commerce lorsqu'il y a une action en justice ; mais il permet celui des droits *connus et liquidés*, pour me servir des termes de l'attestation, quoiqu'il y ait un procès commencé. *Voy.* l'apostillateur de Lapeyrère, pag. 38, col. 2. *v· ·ota. Il fait dépendre la validité de la cession du genre de la dette.*"

L'on ne peut nier que cette doctrine ne soit la plus rationnelle ; mais l'adopter c'était laisser une grande latitude au pouvoir discrétionnaire des juges ; c'était, suivant l'heureuse expression de M. Delvincourt, rendre nécessaire un premier procès pour savoir s'il y avait procès. Ces considérations ont déterminé le législateur à qualifier de droits litigieux seule-

[ARTICLE 1583.]

'ment ceux sur lesquels il y a litige pendant. " La chose est censée litigieuse, dit l'article 1700, dès qu'il y, a procès et contestation sur le fond du droit."

Malgré la clarté de cette disposition, on a essayé d'y trouver un sens différent de celui que je viens d'indiquer ; on a soutenu qu'elle est démonstrative et non limitative ; qu'elle dit bien que les droits deviennent litigieux dès qu'il y a procès et contestation ; mais qu'elle ne déclare point que la naissance du procès peut seule leur imprimer ce caractère ; qu'en un mot, l'article porte : la chose est litigieuse *dès qu'il y a procès ;* et non, la chose ne sera litigieuse *que lorsqu'il y aura procès.* Cette argumentation n'a pu faire illusion sur l'intention du législateur ; on a reconnu sans peine qu'il avait voulu mettre un terme aux incertitudes de l'ancienne, jurisprudence, qu'il avait préféré laisser subsister quelques cessions de droits véritablement litigieux, lorsqu'elles auraient été faites avant un procès commencé, et mettre bien en relief les signes caractéristiques du litige ; qu'enfin il a voulu déclarer qu'un droit n'est pas litigieux par cela seul qu'il peut le devenir ; qu'il l'est seulement lorsque le procès est engagé.

Ainsi, le stigmate odieux n'est imprimé sur les droits qui sont l'objet d'une cession, qu'autant qu'au moment où la cession est faite les tribunaux sont saisis d'une contestation.

---

* 2 *Troplong, Vente,* } 986. Voyons maintenant ce qu'on doit
n° 986 *et* 988. } entendre par droits litigieux.

Pothier donne la définition suivante : " On appelle *créances* " *litigieuses* celles qui sont contestées OU PEUVENT L'ÊTRE en " total ou en partie par celui qu'on en prétend débiteur, soit " que le procès soit déjà commencé, soit qu'il ne le soit pas " encore, mais qu'il y ait lieu de l'appréhender."

Mais il est difficile d'admettre cette définition en présence de l'art. 1700 du Code Napoléon, qui dit : *La chose est censée litigieuse dès qu'il y a procès et contestation sur le fond du droit.* Elle était d'ailleurs fort contestable, même sous l'ancienne

jurisprudence ; et M. de Lamoignon n'admettait le retrait que
lorsqu'il y avait litige engagé, ainsi qu'on peut s'en con·
vaincre par les paroles suivantes : " Le cessionnaire des
" héritages et droits immobiliers et mobiliers, de quelque
" qualité qu'ils soient, ÉTANT EN LITIGE, peut être contraint
" par celui sur lequel le transport a été pris de le subroger
" en ses droits."

C'est aussi ce qu'enseignait Lacombe d'après d'imposantes
autorités. " Choses litigieuses en matière odieuse, comme
" celle des transports, doit s'entendre que *la seule demande*
" *judiciaire* rend la chose litigieuse. Guer., cent. 1, ch. 93,
" article 27 août 1662, jugé en faveur d'un tiers détenteur,
" qu'il suffit qu'il y ait procès intenté. Soefve, t. 2, cent. 2,
chap.,70."

Il ne suffit donc pas qu'il y ait crainte ou possibilité d'une
contestation sur le droit vendu ; il faut que le procès soit
commencé. L'art. 1700 revient à cette disposition du droit
romain : " Litigiosa res est *de cujus dominio causâ movetur*
" *inter* possessorem et petiturem, *judiciariâ conventione.*"

C'est ce qu'a jugé la Cour de cassation par arrêt du 5 juillet
1819, portant cassation d'un arrêt de la cour d'Orléans.

" Attendu que la disposition de l'art. 1700 tend évidem-
" ment à faire cesser la diversité qu'offrait l'ancienne juris-
" prudence sur les circonstances qui constituaient propre-
" ment un droit litigieux ; que dès lors il faut regarder cette
" disposition de l'art. 1700 comme caractéristique du litige et
" par suite comme limitative."

Dans l'espèce de cette décision, l'acquéreur d'un héritage
grevé de créances hypothécaires avait accepté, avant l'ouverture de l'ordre, un transport de la part des créanciers
inscrits.

Le vendeur prétendit que les créances cédées étaient litigieuses, et qu'il devait être tenu quitte en remboursant le
prix de la cession. La cour d'Orléans pensa qu'en effet les
créances dont il s'agit étaient l'objet d'un ancien litige qui
n'était pas encore terminé ; mais, sans décider si le litige

[ARTICLE 1583.]

touchait ou non au fond du droit, elle admit l'exercice du droit de retrait. La cour de cassation décida, avec raison, qu'avant tout il aurait fallu trancher cette question décisive, et qu'il y avait violation de l'art. 1700 du Code Napoléon.

Cet arrêt n'est pas le seul : il en existe plusieurs autres qui ont jugé que l'art. 1700 est limitatif, et l'on peut, je crois, considérer la jurisprudence comme certaine sur ce point.

Ainsi, par arrêt du 24 janvier 1827, dans une espèce où le vendeur avait cédé ses droits de propriété sur des héritages dépendant d'une succession, avec déclaration que ces héritages ont été usurpés par des tiers qui les détiennent, la Cour de cassation, confirmant un arrêt de la cour de Paris, a jugé que le droit cédé n'était pas litigieux, " attendu qu'un droit " n'est pas litigieux *par cela seul qu'il peut le devenir*, mais " qu'aux termes du Code Napoléon il n'y a de litige que " lorsqu'il y a contestation sur le fond d'un droit quel- " conque."

Ainsi encore la cour de Bourges a décidé, par arrêt du 19 juillet 1830, qu'il n'y avait pas cession de droits litigieux dans une espèce où un non successible s'était engagé à faire les avances pour poursuivre des cohéritiers en dommages et intérêts, à raison des dégradations commises dans un immeuble de la succession, à condition de partager le bénéfice du procès à intenter, mais non encore engagé ; c'était là certainement le cas d'une instigation de procès. Mais la cour de Bourges ne crut pas devoir sortir des termes de l'article 1700, et l'on doit applaudir à sa réserve. Seulement, on peut regretter que la loi ait voulu se réduire à l'impuissance en présence de manœuvres qui ont pour but d'attiser le feu des discordes judiciaires et de troubler le repos des familles par l'appât d'un bénéfice.

On doit donc tenir pour certain que l'ancienne doctrine de Pothier n'est plus admissible, et que, pour qu'il y ait lieu au retrait autorisé par l'art. 1699 du Code Napoléon, il faut deux circonstances: 1° l'existence d'un litige engagé et non pas seulement à craindre ; 2° un litige sur le fond du droit.

[ARTICLE 1584.]

988. *Quid* si le cessionnaire avait tenu secret son acte de cession afin de priver le colitigant du bénéfice de l'art. 1699, et si, après avoir poursuivi le procès sous le nom de son cédant, il faisait signifier son acte de transport après que le procès aurait été jugé en faveur dudit cédant?

Par arrêt du 16 mars 1812, la cour de Rouen a décidé dans un cas semblable que l'application du cessionnaire à se tenir invisible est une fraude pour éluder la loi, et qu'elle ne doit pas nuire à celui · ntre qui le procès a été intenté; sans quoi, les dispositions du Code seraient illusoires; les acheteurs de procès échapperaient aux demandes en subrogation en restant dans l'ombre. La faculté accordée par l'art. 1699 suppose nécessairement un cessionnaire connu à qui le débiteur puisse faire des offres de remboursement. Le cessionnaire est sans excuse quand, poursuivant lui-même le procès, il s'est retranché derrière un prête-nom. Son intention évidente de tromper la vigilance des lois ne saurait lui profiter.

1584. Les dispositions contenues en l'article 1582 ne s'appliquent pas :

1. Dans le cas où la vente a été faite à un cohéritier ou copropriétaire du droit vendu;

2. Lorsqu'elle est faite à un créancier en paiement de ce qui lui est dû;

3. Lorsqu'elle est faite au possesseur de l'héritage sujet au droit litigieux;

4. Lorsqu'il a été rendu par le tribunal un juge-

1584. The provisions contained in article 1582 do not apply :

1. When the sale has been made to a coheir or coproprietor of the right sold;

2. When it has been made to a creditor in payment of what is due to him;

3. When it has been made to the possessor of a property subject to the litigious right;

4. When the judgment of a court has been ren-

[ARTICLE 1584.]

ment maintenant le droit en question ; ou lorsque le droit a été établi et que le litige est en état d'être jugé.

dered affirming the right, or when it has been made clear by evidence and is ready for judgment.

---

* *C. N.* 1701. } La disposition portée en l'article 1699 cesse,
1° Dans le cas où la cession a été faite à un cohéritier ou copropriétaire du droit cédé ;

2° Lorsqu'elle a été faite à un créancier en payement de ce qui lui est dû ;

3° Lorsqu'elle a été faite au possesseur de l'héritage sujet au droit litigieux.

---

* *Lebrun, Success., Liv.* 4, } Si un heritier cede ses droits à
ch. 2, *sec.* 3, *n°* 68. } un autre heritier, je n'estime pas que l'acquereur soit obligé de communiquer son marché aux coheritiers ; car ce n'est pas là le cas de la Loy *Item ex diverso* 29. *ff. fam. ercisc.* qui suppose une composition faite avec un étranger, aussi-bien que le §. *quatuor* de la Loy derniere *de legat.* 2. qui parle d'une transaction faite par un des coheritiers avec un creancier de la succession, et par consequent d'un coheritier qui a composé d'une affaire commune, et qu'il est juste d'obliger d'en communiquer le profit à ses coheritiers. D'ailleurs, il est indifférent aux coheritiers d'avoir affaire à deux personnes, ou à une, pourvû que celuy qui a un double droit, par le moyen de la succession et transport, ne soit point un étranger. C'est pourquoy je doute fort que l'on suivît aujourd'huy l'Arrest qui est rapporté dans du Luc *lib.* 11. *tit.* 7. *de litig.* qui jugea qu'il falloit communiquer entre heritiers une portion de la succession venduë par un heritier à un de ses coheritiers, que cet Auteur dit estre fondé sur la disposition de ce §. qui vient d'estre cité.

J'estime qu'il faut excepter de cette décision le cas auquel le coheritier qui fait la cession, seroit en procès avec les

[ARTICLE 1584.]

autres, pour sçavoir, par exemple, s'il pouvoit venir par representation : car, en ce cas, le traité est sujet à communication à cause du litige.   .   ˎ

Voy. autorités citées sur art. 1582 et *Marcadé*, sur art. 1583.

---

* 4 *Denizart, Collec. nouvelles, v*ᵘ *Cession* ⎞ 1. Le désir de pré-
       de droits litigieux, § II.   ⎠ venir les procès, et
la défaveur de ceux qui en achetent, porterent l'empereur
Anastase à établit par la loi *per diversas* 21, *Cod. mand.* que
les acheteurs de droits litigieux ne pourroient exiger du débiteur, plus que le prix de la cession ; de manière qu'en
offrant pas celui-ci, ce prix seulement, il demeurât entièrement quitte. Voyez cette loi, et celle *ab Anastasio*, portée par
Justinien, pour confirmer la première.

Le parlement de Paris a adopté ces dispositions, comme
on le voit par un arrêt de 1586, prononcé en robes rouges,
cité par Mornac, sur ces loix.

Un autre arrêt, du 7 septembre 1627, a même étendu ce
droit, par une conséquence raisonnable, à la caution du débiteur cédé.

2. Cette espece de retrait n'a lieu que sur les ventes, mais
non sur les donations. Si la cession est faite sous la forme
d'une vente pour partie, et d'une donation pour partie, ou si
la donation n'est qu'une vente déguisée, il y a lieu au retrai .
Tout ce qui est dit au mot *Cession de droits successifs,* § III,
n° 4, s'applique ici. Voyez aussi Pothier, du contrat de vente,
n° 591 et 592.

3. Ce retrait ne peut s'exercer toutes les fois qu'on ne peut
pas soupçonner au cessionnaire le désir de vexer le débiteur
par un procès. Ainsi il ne peut avoir lieu :

1° Contre un co-héritier ou un co-propriétaire, qui acquiert
de ses co-propriétaires ; parce qu'il acquiert alors *rem sibi necessariam.* Observons pourtant qu'un co-héritier qui acquer-

[ARTICLE 1584.]

roit d'un étranger, des droits litigieux contre la succession, est forcé au retrait par ses cohéritiers. Ainsi jugé par arrêt du 29 avril 1589, rapporté par Louet, *lettre C, n° 5*, par autre du 27 juillet 1610, rapporté par Brodeau, sur Louet, *loc. cit.*, et par autre, du 16 août 1526, rapporté par Duluc, *liv.* 11, *tit.* 7. Ceci au reste n'est qu'une conséquence de la disposition générale de la loi 19 *familiæ eroiscundæ*, qui veut que tout co-héritier, partage avec ses co-héritiers, le lucre qu'il fait en vertu de son titre ; *.am co-hæredes debent inter se communicare commoda et incommoda.* Ce qui néanmoins souffre une exception, quand la cession est faite de totalité ou d'une portion de droits successifs, ainsi que nous l'avons remarqué au mot *Cession de droits successifs*, § IV, *n°* 5.

2° Contre un créancier qui reçoit la cession en paiement de ce qui lui est dû. Voyez pourtant la distinction que fait Pothier, du contrat de vente, *n°* 593.

3° Contre un tiers détempteur qui acquiert un droit litigieux sur l'immeuble qu'il possede. Voyez encore Pothier. *loc. cit.*

4° Contre ceux qui n'ont acquis le droit litigieux, que par une conséquence d'une autre acquisition, par exemple, contre celui qui, en achetant une terre, auroit acquis pour un prix distinct, un droit de cens contesté au seigneur de cette terre.

5° Contre ceux qui ont acquis les droits litigieux en justice ; du moins est-ce l'avis de Brunneman, sur les lois citées *n°* 1, et de quelques autres docteurs qu'il cite ; parce que, dit-il, on ne peut regarder avec défaveur, un homme que la justice a elle-même incité à acheter.

6° Contre le cessionnaire déjà créancier le son chef, du cédant, et qui n'a pris la cession que pour a ... rer davantage son hypotheque ou le paiement de sa dette. Mais cette derniere modification aux loix *per diversas* et *ab Anastasio*, n'a lieu qu'aux parlemens de Toulouse et de Grenoble. Voyez Basset, *tom.* 2, *liv.* 4, *tit.* 20, *chap.* 1 ; et Catelan, *tom.* 2, *liv.* 3, *chap.* 71.

4. Le retrait dont il est ici question, peut être exercé tant que la créance n'est pas payée, même après la contestation

en cause. Si néanmoins la cause étoit entièrement instruite, et qu'on fut à la veille d'un jugement, sur-tout si le jugement doit être en dernier ressort, il sembleroit que 'le motif de la loi, qui est de prévenir les procès, ne subsistant plus, il ne devroit plus y avoir lieu au retrait. Pothier le pense ainsi ; du contrat de vente, *n°* 597.

5. Le débiteur en retrayant, doit non-seulement le prix entier de la cession, mais encore rapporter la décharge de toutes les obligations que le cédant s'est imposées.

Il arrive quelquefois que pour éviter le retrait, le cessionnaire paroît avoir payé plus qu'il n'a payé réellement : il faut appliquer à ce cas ce qui est dit au mot *Cession* (*Transport*) § II, *n°* 16.

La loi *per diversas*, veut que l'on offre aussi les intérêts du prix, du jour où le transport a été signifié. *Usque ad ipsam tantummodo solutarum pecuniarum quantitatem et usurarum ejus actiones exercere permittatur ;* ce qui fondé sur ce que le cessionnaire n'a sûrement entendu laisser ses deniers oisifs, que dans l'espérance du profit qu'il espérait faire, et que si on l'empêche de faire ce profit, il est du moins juste qu'on ne lui fasse souffrir aucun tort. Mais ceci pourroit souffrir difficulté parmi nous, où il n'y a aucune loi qui fasse courir les intérêts de plein droit dans ce cas ; et il seroit prudent que le cessionnaire formât sa demande.

6. Le retrait du débiteur n'étant pas odieux comme le retrait lignager, n'est assujéti qu'aux formalités ordinaires.

———

* 2 *Troplong, Vente,* } 1004. L'art. 1701 prévoit trois cas *sur art.* 1701 *C. N.* } d'exception à l'art. 1699. Il en est un quatrième qui résulte de la combinaison des articles du Code Napoléon et des lois romaines. Nous nous en expliquerons tout à l'heure.

1005. La première exception portée par notre article a lieu lorsque la cession du droit litigieux a été faite à un cohéritier ou bien à un copropriétaire du droit cédé. C'est ce qu'a.

[ARTICLE 1584.]

vait décidé l'empereur Anastase dans sa fameuse constitution *Per diversas*, 22, C. *Mand. vel. cont.* : " Exceptis, scilicet ces-
" sionibus quas inter cohæredes pro acti˙ ˌibus hæreditariis
" fieri contingit."

On remarque cependant que les termes de notre article sont moins précis que ceux de la loi romaine. Celle-ci limite l'exception au cas où la cession est faite par un cohéritier à son cohéritier, et où, par co˙ séquent l'acheteur a été mû, non par le désir d'acheter un p˙ ˌ˙, mais par le besoin de sortir de l'indivision. Supposons, ˌar exemple, ur˙. créance indivise entre Pierre et Paul, et contestée en justice par François, débiteur. Pierre achete la part de Paul. François ne pourra pas exercer le retrait, car la cession n'a pas été faite *animo vexandi*. Les dispositions rigoureuses portées contre les acheteurs de procès ne doivent pas empêcher les partages.

Supposons encore que, copropriétaire par indivis avec Paul d'un immeuble dans lequel j'ai la moitié, je veuille sortir d'indivision avec lui, parc˙ que son esprit tracassier me suscite sans cesse des chicanes ; je lui achète sa part. Si, au moment de cette acquisit˙on, Paul a un procès sur son droit de propriété avec François. ce dernier ne sera pas fondé à se prévaloir du retrait. J'ai acheté *rem necessariam*. J'ai voulu seulement faire cesser l'indivision.

Voilà le cas précis de la constitution d'Anastase.

Mais notre article est conçu dans des termes plus vagues. A s'en tenir à la généralité de ses expressions, il semblerait que le retrait ne devrait pas avoir lieu quand même la cession aurait été faite par un étranger à un cohéritier ou copropriétaire du droit cédé. Par exemple, j'ai une créance de 10,000 fr. contre une succession possédée en commun par Pierre et Paul, et j'intente un procès à ces deux individus pour m'en faire payer. Mais, pendant le procès je vends cette créance à Pierre. Pierre pourra-t-il exercer le retrait ? Ou bien Pierre sera-t-il fondé à argumenter de l'art. 1701, qui ne distingue pas si la cession a été faite par un étranger ou par un cohéritier à l'un des communistes ?

[ARTICLE 1584.]

1005. Dans l'ancienne jurisprudence, l'acquéreur aurait été forcé par son cohéritier à faire le rapport à la masse de la créance achetée, en lui remboursant ce qu'il avait réellement payé.

Je crois que l'art. 1701 du Code Napoléon n'a pas une portée différente. Il a été conçu dans le même esprit que l'ancien droit, auquel rien n'annonce qu'il ait voulu déroger. Et quel motif plausible y aurait-il eu, d'ailleurs, de faire une innovation ? De deux choses l'une, ou le cohéritier a voulu agir dans l'intérêt de la succession ou de la communauté, ou bien il a voulu agir dans son propre intérêt. Dans le premier cas, loin qu'on lui fasse grief en exigeant le retrait, on entre au contraire dans ses vues ; car la succession ou la communauté profitent par-là de son zèle officieux. Dans le second cas, il n'a fait autre chose qu'acheter un procès contre la succession ou la communauté, et alors la circonstance qu'il est cohéritier ou communiste, loin de le favoriser, aggrave au contraire sa position ; car, en sa qualité, il doit plus que tout autre éviter tout ce qui peut jeter de l'embarras dans le partage et exciter des discussions. Obligé à communiquer à ses consorts tous les avantages qu'il retire de la chose commune, il est inexcusable quand, par de mauvais moyens, il cherche à faire sa part meilleure.

1007. La seconde exception à l'art. 1699 a lieu lorsque la cession a été faite à un créancier en paiement de ce qui lui est dû. C'est aussi ce que portait la constitution d'Anastase.

On en comprend aisément la raison.

Lorsqu'un créancier se fait céder, en paiement de ce qui lui est dû, le droit litigieux que son débiteur a contre un tiers, il n'est pas présumé agir dans un esprit de vexation. Il ne fait que pourvoir à la conservation de ses intérêts, et prendre d'un mauvais payeur ce qui lui donne quelque espoir d'être remboursé.

1008. La troisième exception à l'art. 1699 se présente lorsque la cession est faite au possesseur de l'héritage sujet au

[ARTICLE 1584.]

droit litigieux. Elle est encore empruntée à la constitution d'Anastase.

Premier exemple. Je possède un héritage appartenant à Pierre, et ce dernier le revendique contre moi, tandis que François intervient aussi pour en obtenir la propriété exclusive. Pierre me vend son droit pendant le procès. François ne pourra exercer le retrait; car je n'ai acheté ce droit de Pierre que pour me conserver la possession de l'immeuble en contestation : *Rerum apud se constitutarum munimine ac tuitione accepit*, dit Anastase.

Autre exemple. J'ai acheté un héritage, et un créancier hypothécaire de mon vendeur me poursuit en délaissement. Je mets en cause mon vendeur à l'effet de me garantir. Celui-ci nie qu'il soit débiteur. Mais moi, voulant pourvoir d'une manière plus sûre à la conservation de l'héritage, à la possession duquel je suis fort attaché à cause de mes impenses et améliorations, j'achète le droit du créancier poursuivant. Mon vendeur ne pourra dans ce cas prétendre à l'exercice du retrait ; car c'est dans la vue de conserver mon immeuble que j'ai cherché à éloigner le créancier, en achetant son droit sur mon vendeur. Il n'y a ici rien qui ressemble à un achat de procès *vexandi libidine*.

Troisième exemple. Je possede un héritage qui appartient à autrui. Mais, pour me maintenir dans cette possession, je me fais céder un droit d'emphytéose, de superficie ou de bail qui est litigieux entre le propriétaire et un tiers. L'art. 1699 est inapplicable.

Quatrième exemple. Je suis créancier hypothécaire, et le débiteur m'a remis, à titre d'antichrèse, un immeuble dont la propriété lui est contestée par Jacques. Si j'achète de mon débiteur le droit de propriété, Jacques ne sera pas fondé à exiger le retrait ; car j'ai acquis *rem mihi necessariam*. Je ne me suis substitué à mon débiteur que pour me faire maintenir dans mes droits de créancier qui auraient été sacrifiés si j'avais laissé Jacques triompher sur l'action en revendication qu'il exerçait.

[ARTICLE 1584.].

Ces exemples suffiront pour faire apprécier toute la portée de mon article.

1009. Une quatrième exception à l'article 1699 a lieu lorsque la cession de droits litigieux est faite à titre gratuit.

L'empereur Anastase l'avait ainsi décidé : " *Si autem per* " *donationem cessio facta est, sciant omnes hujusmodi legi* " *locum non esse.*"

L'art. 1701 n'a pas consacré cette exception parmi celles qu'il énumère. Mais ce ne peut être qu'un oubli ; car il n'a pas été dans son intention de condamner comme odieuse la donation d'un droit litigieux et de l'assimiler à un achat dicté par la cupidité et l'amour de la chicane. Au surplus, ce qui supplée à ce silence, c'est l'impossibilité d'appliquer l'art. 1699 au cas d'une donation. En effet, le retrait est toujours subordonné au paiement du prix de la cession ; de là il faut conclure que la cession doit avoir un prix, c'est-à-dire qu'elle doit être faite à titre onéreux ; car si elle est à titre gratuit, s'il n'a rien été payé, la disposition de l'art. 1699 tombe comme manquant d'objet.

Mais il faut que la donation soit sincère et véritable ; s'il était prouvé que le cédant a reçu secrètement un prix qui a été dissimulé, il y aurait fraude, et le retrait serait exercé.

Quid, si la donation était accompagnée d'une charge et mélangée d'un prix inférieur à la valeur de la créance.

La raison de douter est que, d'après ce que j'ai dit au n° 9, un pareil contrat participe autant de la nature de la donation que de la nature de la vente ; qu'il y a évidemment donation pour tout ce qui excède la valeur de la chose ; et que dans le concours de deux contrats dont l'un autorise le retrait, tandis que l'autre le repousse, on doit se décider pour le parti qui fait valoir l'acte.

Mais la raison de décider se puise dans la loi 25, au :. *Mandati vel contra*, d'après laquelle Justinien veut que, pour que le retrait soit irrecevable, il faut que la donation soit pure et simple. .

[ARTICLE 1584.]

Rappelons ses paroles remarquables :

" Sed cùm hi, qui circa lites morantur, eamdem piam
" dispositionem in suâ naturâ remanere minimè concesserint,
" invenientes machinationem, ut partem qui*em debiti,
" venditionis titulo, transferant in alium creditorem, reli-
" quam autem partem *per coloratam* cedant donationem :
" generaliter anastasianæ constitutioni subvenientes, sanci-
" mus, nulli licere *partem quidem debiti cedere pecuniis accep-*
" *tis,* partem *autem donationis titulo videri transferre, sed si*
" *voluerit debitum* TOTUM PURÈ *donare et per donationem*
" *actiones transferre,* non occultè, NEC, *per artes clandestinas,*
" PECUNIAS SUSCIPERE..., *undiquè* PURAM *et non dissimulatam*
" *facere donationem,* hujusmodi enim cessionibus non adver-
" samur. § I. Si quis autem.... *pecunias* PRO PARTE *accepit* et
" vendit particulatim actiones partem autem deuare simu-
" lat,... hujusmodi machinationem penitùs amputamus, ut
" nihil ampliùs accipiat quàm ipse ve..) contractu reipsâ per-
" solvit ; sed omne quod superfluum est, et per simulatam
" donationem translatum, inutile ex utrâque parte censemus."

La pensée de Justinien est claire. On cherchait à éluder
la constitution d'Anastase en passant des actes de cession
mélangés de donation. On voulait abuser de la disposition
par laquelle cette sage constitution défendait de porter
atteinte aux transmissions d'actions faites par voie de donation. (*Si autem per donationem cessio facta est, sciant omnes
hujusmodi legi locum non esse.*) En donnant le titre de donation à des cessions qui avaient un prix, on croyait échapper
à la prévoyance du législateur et se placer en dehors de ses
prohibitions. Eh ! bien, c'est cet abus que Justinien cherche
à prévenir, et, pour l'extirper entièrement, il veut que les
seules donations faites purement et simplement soient à l'abri
du retrait. Quant à celles qui sont faites avec charge, il faut
qu'elles subissent la loi commune ; la raison et la force des
choses veulent impérieusement qu'elles plient sous l'empire
de la constitution d'Anastase ; sans quoi on effacerait une
défense établie dans l'intérêt des mœurs. On sait en effet

que les achats de procès se font toujours à vil prix. Il n'arrive jamais que la somme déboursée par l'acheteur soit l'équivalent du montant de la créance qui passe sur sa tête. Il suffirait donc de dire que le vendeur donne le surplus à l'acheteur pour que ce dernier jouisse d'espérances fondées sur le procès qu'il a convoité!! Non sans doute! Le prix de ces sortes de cessions n'étant pas et ne pouvant pas être en proportion de la créance transportée, il s'ensuit qu'elles renferment nécessairement en elles le sacrifice d'une portion pour avoir l'autre. Or, en cet état, il serait trop facile de colorer cette exiguité de prix du nom de donation et de libéralité. Il n'y aurait pas une seule cession qu'on ne pût classer dans le nombre des exceptions à la constitution d'Anastase, en la qualifiant de donation. Mais ces ruses ne doivent pas faire d'impression sur l'esprit du juge. Quand une prétendue donation de droits litigieux est faite avec une charge, ou un prix, l'esprit de libéralité n'est pas assez marqué, assez pur, assez dégagé de toute idée d'intérêt, pour enlever à la cession le caractère d'un contrat commutatif. Ce qu'il ne faut pas surtout, c'est que la vilité du prix serve à l'acheteur de protection et de sauvegarde. Car c'est là une circonstance plus aggravante que favorable. *Emi autem*, dit Cujas, *non possunt actiones parvo pretio. Nam et hoc accedit ad redemptionem litis. Nam id tacité id egit, ut quod supra pretium ex lite consecutus fuerit, sibi habeat, et ità ferat partem futuri emolumenti.*

En d'autres termes, dans cette matière toute donation avec charge est une vente. L'acte ne peut être scindé. Là où il y a un prix, la loi du retrait doit recevoir son application. Qu'est-ce qu'une donation avec charge? C'est en partie une vente, en partie une donation. Eh bien! l'esprit des lois romaines est que, pour échapper au retrait, la donation soit sans mélange de vente. Les auteurs résument ainsi leurs dispositions: " *Res litigiosa* IN TOTUM *donari potest, pro parte* " *vendi non potes* •

Et comme celui qui reçoit une donation mixte achète en

partie la créance litigieuse, il s'ensuit qu'il n'est pas donataire dans le sens de la loi, et qu'il doit souffrir le retrait. La décision de Justinien ne comporte pas le moindre doute.

Il y en a sous le Code Napoléon une raison nouvelle. J'ai dit tout à l'heure que l'art. 1701 n'a pas fait, en faveur de la donation, d'exception formelle à l'art. 1699, mais que l'impossibilité d'appliquer ce dernier article, alors qu'il y a libéralité, ramène le droit nouveau à la disposition de la constitution d'Anastase. Mais, faisons-y attention, cette impossibilité n'existe que lorsque la donation est pure et simple et qu'il n'y a pas de prix. Que si, au contraire, la donation est faite moyennant une charge appréciable en argent, par exemple, une rente viagère ou autre prestation semblable, l'impossibilité disparaît, et l'art. 1699 reprend toute son influence. Peu importe le vain titre de donation. L'art. 1701 n'en fait pas l'objet d'une exception à l'art. 1699. Cet art. 1699 doit s'exécuter à la rigueur et sans limitation, toutes les fois qu'il y a un PRIX et qu'on ne se rencontre pas dans l'un des cas prévus par l'art. 1701. Ce rapprochement me paraît décisif : il fortifie par un argument de plus les règles si raisonnables et si logiques de la constitution de Justinien.

1010. Les raisons qui ont fait soustraire les donations pures et simples à l'empire de l'art. 1699 élèvent aussi la voix en faveur des transmissions faites à titre d'avancement d'hoirie et de démissions de biens litigieux. Je crois même qu'on devrait les maintenir quand même le cédant se serait réservé le paiement d'une rente viagère, et on ne pourrait pas argumenter ici de ce que j'ai dit au numéro précédent. Ces sortes d'actes, qui n'ont lieu qu'entre ascendants et descendants, ont une grande utilité pour l'établissement des enfants, et la loi les considère avec faveur. Ils sont une dévolution anticipée de la succession de l'ascendant ; ils ne font que hâter ce que la loi fera un peu plus tard, et ce serait les dénaturer que de les assimiler à des achats de procès : on leur enlèverait le caractère de bienfaisance, de générosité, d'arrangements de famille dont ils sont empreints, pour mettre

[ARTICLE 1584.]

à la place de lâches spéculations sur la fortune d'autrui. Le retrait, en pareil cas, serait immoral ; il briserait les affections du donateur, il heurterait de front la pensée paternelle qui a porté l'ascendant à se dépouiller par anticipation, au profit de ceux-là seuls que la nature appelle à lui succéder. Quant à l'espèce de prix qu'on voudrait voir dans la rente viagère, il faut considérer que les descendants doivent des aliments *jure sanguinis* à leurs ascendants qui se dépouillent pour eux. Cette rente est bien moins un prix qu'une dette commandée par la nature.

C'est ce qu'a jugé la Cour de cassation par arrêt du 15 mars 1826, dans une espèce où une femme octogénaire avait fait à ses enfants, moyennant une rente viagère, cession de ses reprises matrimoniales, à l'égard desquelles il y avait procès.

1011. Une cinquième exception, qui n'est pas prévue par notre article, mais qui est indiquée par la raison, c'est lorsque le droit litigieux se trouve cédé comme conséquence ou dépendance d'une autre chose non litigieuse qui a été vendue.

Par exemple, vous m'avez vendu une terre avec les créances que vous aviez contre les fermiers. Si, parmi ces créances, il en est quelques-unes de litigieuses, on ne peut pas dire que je les ai achetées *animo vexandi* : je n'en suis devenu propriétaire que par suite de l'acquisition de la terre et parce que le vendeur n'a voulu se rien réserver de ce que ses fermiers lui devaient.

1012. Nous terminerons cet exposé des doctrines qui se rattachent à l'analyse de l'art. 1701 par un fait historique que Cujas a fait ressortir. Justinien, par une constitution grecque que l'on trouve dans les basiliques, mais qui n'a pas été insérée dans le *Corpus juris*, avait abrogé toutes les exceptions apportées par Anastase au droit de retrait, autorisé par la constitution *Per diversas*, si ce n'est pour le cas où la cession était entièrement gratuite.

Mais cette constitution de Justinien manque d'équité. Elle

[ARTICLE 1584.]

n'a jamais été suivie dans le droit français, et l'on doit applaudir aux dispositions de l'article 1701 qui tempèrent par de justes limitations la peine portée dans l'art. 1699. Le législateur s'est montré prévoyant et sage quand il s'est armé de mesures rigoureuses contre les artisans de procès odieux. Mais il tomberait dans l'injustice (et c'est le reproche qu'on peut adresser à Justinien) s'il mettait des entraves à des transactions dirigées dans un esprit de sauvegarde et de conservation, et étrangères à toute arrière-pensée d'hostilité et d'agression.

----

* 6 *Marcadé, sur art.*) III. — Des trois exceptions admises 1701 *C. N.*) par l'art. 1701 au principe qui vient d'être développé, exceptions reproduites toutes trois des lois *Per diversas* et *Ab Anastasio*, une seule, la première, a fait naître, sous le Code, une difficulté, et embarrassé, mais bien à tort, quelques interprètes.

Cette exception est écrite pour la cession faite *à un cohéritier ou copropriétaire* du droit cédé. Or, tandis que le droit romain et notre ancien droit déclaraient catégoriquement qu'il ne s'agissait que de la cession faite à ce cohéritier ou copropriétaire *par son cohéritier ou copropriétaire*, le Code ne se prononce pas explicitement à cet égard, et on s'est demandé si l'exception n'était pas dès lors admise aussi pour le cas où la cession serait faite au copropriétaire par un étranger. M. Duranton (XVI, 539), n'osant pas, dit-il, distinguer alors que le texte ne distingue pas, tient timidement pour l'affirmative ; et si M. Troplong (II, 1005 et 1006) professe avec raison la négative, et tient pour la nécessité, comme à Rome et dans l'ancien droit, d'une cession faite au copropriétaire par son copropriétaire, c'est en faisant prédominer l'esprit de la loi sur son texte, et en reconnaissant que ce texte embrasse aussi le cas de cession faite par un étranger. Or nous n'hésitons pas à dire avec M. Duvergier (II, 392), que non-seulement l'esprit de l'article 1701, mais

[ARTICLE 1584.]

aussi son tev'   m.ju e, ne permettent d'appliquer l'exception qu'à la ees .n lui.e au copropriétaire par son copropriétaire.

Quant à l'esprit de la loi, c'est évident ; car, ainsi que le dit très-bien M. Troplong, de deux choses l'une : ou le copropriétaire, en acquérant d'un tiers le droit litigieux, a agi dans l'intérêt général de la copropriété, et alors c'est précisément réaliser son intention que de mettre en commun l'objet de son acquisition, c'est-à-dire d'accorder le retrait à ses copropriétaires ; ou il n'a agi que dans son intérêt exclusif, mais alors il n'a donc fait qu'acheter un procès contre la communauté, et sa qualité ne fait que le soumettre plus étroitement qu'un autre au principe du retrait, puisqu'il devait plus que tout autre chercher à éviter les procès et les difficultés dans le partage à faire. Mais, d'un autre côté, le texte même conduit à ce résultat, et c'est faute d'attention suffisante que MM. Duranton et Troplong ne l'ont pas remarqué. Ce texte, en effet, n'est pas aussi large qu'on l'a supposé ; il ne se contente pas de demander que le cessionnaire soit *un copropriétaire* absolument et sans précision, c'est-à-dire l'un des copropriétaires du droit ou de la chose sur lesquels existe une prétention qui serait l'objet de la cession ; l'article dit plus que cela, il veut que le cessionnaire soit *un copropriétaire* DU DROIT CÉDÉ, un copropriétaire *du droit même qui fait l'objet de la cession.* Or, comme un droit commun ne peut être cédé que par l'un des communistes, il s'ensuit que demander chez le cessionnaire la qualité de copropriétaire *du droit cédé*, c'est exiger que cette qualité existe chez les deux parties, puisque chez le cédant elle existe forcément. Le texte ne s'applique donc qu'à la cession où les deux parties sont copropriétaires et ne comprend pas dans ses termes, comme l'ont cru à tort MM. Troplong et Duranton, le cas d'un cédant étranger au cessionnaire. L'exemple choisi par M. Troplong en est lui-même la preuve : le savant magistrat suppose un procès entre une succession échue à Pierre et à Paul et un créancier héréditaire qui cède à Pierre la créance en litige, et il présente ce cas comme rentrant dans les termes de notre art. 1701. C'est une erreur manifeste : Pierre était bien copropriétaire, avec Paul, de tous les biens composant la succession ; mais il n'était en aucun façon *copropriétaire du droit cédé*, c'est-à-dire de la créance vendue par Philippe, laquelle appartenait exclusivement à ce dernier.

Notre première exception n'a donc, même d'après le texte, que la portée qu'elle avait toujours eue ; elle n'est écrite que pour la cession faite par un communiste à son communiste, et qui a dès lors pour cause le désir de faire cesser l'indivision.

Les deux autres exceptions ne présentent aucun embarras. —L'une est admise au profit du créancier qui se fait céder par son débiteur un droit litigieux en payement de sa créance, parce que rien n'est plus légitime que de se faire payer son dû. Seulement il faut, bien entendu, que la créance soit sincère et ne soit pas un prétexte cachant une fraude à la loi. — La dernière est établie pour la cession faite au possesseur d'un héritage sujet au droit cédé. Ainsi, le possesseur qui, pour échapper à une revendication, se fait céder le droit d'un tiers se prétendant aussi propriétaire, le détenteur qui achète une créance hypothéquée sur l'immeuble qu'il détient, l'usufruitier qui acquiert les droits d'un 'tendant à la propriété de l'immeuble, tous ceux enfin qui se .ont céder un droit devant s'exercer sur l'immeuble qu'ils possèdent, seront, bien que ce droit fût l'objet d'un procès lors de la cession, à l'abri du retrait, parce que leur acquisition présente, à raison de leur position, un motif légitime et qui ne permet pas de les assimiler à ces méprisables acheteurs de procès que la loi veut écarter.

M. Troplong (II, 1004, 1009 et 1010) présente comme quatrième exception le cas où le droit litigieux serait l'objet d'une donation ; mais ce n'est pas là une exception au principe, puisqu'on ne peut excepter d'un principe que ce qui s'y trouve compris et que le principe du retrait n'est établi par la loi que pour la vente, comme on l'a vu au n° II.

On doit également regarder comme n'étant pas soumis à

[ARTICLE 1585.]

la règle de l'art. 1699 le cas d'un droit litigieux cédé comme simple accessoire de la chose que l'on vend ; par exemple, le cas où, en vendant une terre, on vend en même temps les droits qu'on peut avoir contre les fermiers qui l'exploitent, droits parmi lesquels s'en trouvent un ou plusieurs sur lesquels il y a procès ; le cas encore où le droit litigieux serait l'un des différents biens composant l'hérédité que je vous vends. L'acquéreur, en pareil cas, n'a rien de commun avec ces acheteurs de procès que la loi veut atteindre : le droit litigieux est alors un accessoire qui se perd dans le principal ; et il est conforme à l'ordre d'idées qui a dicté nos dispositions, de dire qu'il n'y a ici qu'une seule vente, celle *d'une terre* ou celle *d'une hérédité* (avec ses accessoires), et pas de vente de droits litigieux comme l'entend la loi.

CHAPITRE ONZIÈME.

DES VENTES FORCÉES ET DES CESSIONS RESSEMBLANT A LA VENTE.

SECTION I.

DES VENTES FORCÉES.

1585. Le créancier qui a obtenu jugement contre son débiteur peut faire saisir et vendre, pour satisfaire à tel jugement, les biens meubles et immeubles de son débiteur, à l'exception seulement des choses qui en sont exemptées spécialement par la loi ; sauf les règles et formalités prescrites au Code de Procédure Civile.

CHAPTER ELEVENTH.

OF FORCED SALES AND TRANSFERS RESEMBLING SALE.

SECTION I.

OF FORCED SALES.

1585. The creditor who has a judgment against his debtor may take in execution and cause to be sold, in satisfaction of such judgment, the property moveable or immoveable of his debtor, except only the articles specially exempted by law ; subject to the rules and formalities provided in the Code of Civil Procedure.

[ARTICLE 1586.]

S. R. B. C., ch. 85, } ... s toutes les causes dans lesquelles
s. 1, 2. } exécu ... est décernée contre des biens-
meubles ci immeubles, le shérif vendra premièrement les
meubles ; et si le produ. ne suffit point p ... parfaire le montant du jugement, il vendra les immeu' ... , ou autant d'iceux
qu'il faudra pour en parfaire le montant. 25 G. 3, c. 2, s. 31.

2. Lorsque des meubles sont saisis par un shérif ou un
huissier eu vertu d'exécution, il en fera publier la saisie, et
telle publication aura lieu à la porte de l'église de la paroisse
où la saisie est faite, immédiatement après le service divin,
le premier dimanche après ladite saisie, si elle est faite dans
une paroisse, sinon, alors dans quelqu'endroit public dans la
municipalité, et le shérif ou l'huissier fera au temps de la
publication annoncer le jour et le lieu où il sera procédé à
la vente de ces meubles, mais le lieu de la vente sera dans la
même paroisse ou municipalité où la saisie a été faite, sujet
à la disposition ci-dessous prescrite :

2. A la requête du demandeur, le shérif pourra faire transporter les effets et marchandises saisis, de la paroisse où ils
cnt été saisis, à la cité de Montréal ou de Québec, (selon le
district où ils ont été saisis) pour y être vendus après notification en bonne et due forme ;

3. Le shérif ne vendra aucuns meubles. ainsi saisis et noti-
fiés, que huit jours après la notification de la vente.

Voy. *C. Proc. civ.*, art. 706 et s.

1586. Dans les ventes judiciaires sur exécution, l'acheteur, au cas d'évic-tion, peut recouvrer du débiteur le prix qu'il a payé avec les intérêts et s frais du titre ; il peut

1586. In judicial sales under execution, the buyer, in case of eviction, may recover from the deb-tor the price paid with interest and the incidental expenses of the title ; he

[ARTICLE 1586.]

aussi recouvrer ce prix avec intérêt des créanciers qui l'ont touché, sauf leur exception aux fins de discuter les biens du débiteur.	may also recover, from the creditors who have received it, the price with interest; saving to the latter their exception of discussion of the property of the debtor.

---

* C. L. 2599. } L'acheteur évincé d'une propriété acquise en vertu d'une exécution, a son recours pour son remboursement contre le débiteur et le créancier ; mais, après avoir obtenu jugement conjointement contre les deux à cet effet, l'acheteur devra d'abord prendre exécution contre le débiteur, et si, par le retour de cette exécution, il ne se trouve point de propriétés, il pourra prendre exécution contre le créancier.

Voy. autorités sur art. 1503 et *Digeste*, cité sur art. 1576.

---

* 3 *Voët ad Pandect., Lib.* 21, } Plane si fiscus aut Princeps *Tit.* 2, *De evictionibus, n°* 5. } rem vendiderit, uti illa emtori evinci nequit, dum is statim ex privilegio dominium acquirit, ita nec de evictione quæstio esse potest arg. § *ult. Inst de usucapionib.* Sed et si res solenni decreto judicis ex moribus hodiernis traditæ sint, difficilius quidem evictio permittitur, nisi justissimæ restitutionis causæ doceantur ; de quibus actum in materia *in integrum restitutionis ;* interim tamen, quotiescunque extra ordinem evictio rerum sic traditarum domino pristino conceditur, emtori evictio vel per venditorem qui sponte vendidit, vel per debitorem, in cujus liberationem preti'um cessit, quin et quandoque per creditores, quibus pretium solutum, præstanda foret, hactenus saltem ut pretium ad emtorem revertatur; cum iniquum sit, illud sine notabili emtoris culpa in lucrum cedere vel iniquo possessori vel cre-

ditoribus aut debitori, arg. *l. un. C. de reputat. quæ fiunt in judic. in integr. restit. l. ult. C. si adversus fiscum. l. si minori 3. C. de jure fisci.* Ant. Matthæus *de auctionibus lib.* 1. *cap.* 16. *n.* 16. 17. 18. et *cap.* 14. *n.* 5. 6.

---

* 10 *Pothier (Bugnet), Proc.* } 636. L'adjudication contient *civ.,* n° 636 *et note.* } une véritable vente que la justice, pour le saisi et malgré lui, fait à l'adjudicataire de l'héritage saisi.

Cette vente a cela de moins que les ventes contractuelles, qu'elle ne donne point à l'adjudicataire d'action en garantie, au cas qu'il souffre éviction de ce qui lui a été adjugé (1) ; ce qui peut arriver, y ayant certains droits, comme nous le verrons au paragraphe suivant, que le décret ne purge pas, qui peuvent donner lieu à des évictions.

Quoique l'adjudicataire n'ait pas, en ce cas, une action de garantie, il est néanmoins équitable qu'il ait au moins action pour la répétition du prix qu'il a payé, ou en total, s'il souffre éviction du total, ou à proportion de la perte dont il souffre éviction.

Par le droit romain, lorsque le créancier avait vendu le gage *jure pignoris,* l'acheteur qui souffrait éviction n'avait point l'action pour la répétition d' ce prix contre le créancier, *qui suum receperat,* mais contre le débiteur qui avait été libéré par le prix que son créancier avait touché.

Par notre jurisprudence, on donne cette répétition contre les créanciers qui ont touché à l'ordre, et lorsque l'éviction n'a été que pour partie, il n'y a répétition que pour partie du prix ; ce sont les derniers recevants à l'ordre qui sont seuls tenus de cette restitution du prix.

(1) On voit par ce paragraphe que tout en refusant, en principe, l'action *en garantie* pour cause d'éviction, on finissait par l'accorder sous la forme de l'*action en répétition* La jurisprudence était ainsi parvenue à éluder l'application du droit romain. (BUGNET)

[ARTICLE 1586.]

* 1 *Pigeau, Proc. civ.,* } Le saisi peut, dans ce cas, faire va-
Liv. 2, *Part.* 4, *p.* 780. } loir, non-seulement les nullités qui
lui sont relatives, mais même celles qui le sont à ses créanciers (à moins qu'elles ne soient couvertes par ceux-ci), parce
qu'il a intérêt que ceux-ci ne viennent pas attaquer le décret,
et faire rapporter à ceux qui auroient été payés, attendu que
cela opéreroit un désordre et le mettroit dans une inquiétude
qui lui importe d'éviter.

———

* 6 *Marcadé, sur art.* } III.—La garantie pour cause d'évic-
1629 *C. N.* } tion a-t-elle lieu dans les ventes par
expropriation forcée, comme dans les ventes volontaires ; et,
si elle a lieu, contre qui peut-elle s'exercer ? C'est là une
question qui n'est pas seulement très-controversée, mais
qu'on a aussi fort embrouillée, en confondant l'obligation de
garantie résultant de nos articles, soit avec la responsabilité
générale édictée par l'art. 1382, soit même avec la règle de
la répétition du payement fait par erreur, (art. 1377)... Pour
éviter cette confusion, réservons d'abord la question de savoir si l'acquéreur, évincé de tout ou partie de la chose à
lui adjugée, peut répéter contre les créanciers du saisi les
sommes qu'il leur avait payées, et occupons-nous seulement
de la question de garantie entre acheteur et vendeur.

M. Persil (*Quest.,* t. II, p. 241) et, comme lui, trois arrêts
de cours d'appel, non contents de donner ici action à l'adjudicataire contre le saisi, lui donnent aussi l'action de garantie pour éviction contre le créancier saisissant, parce que,
dit-on, il est en quelque sorte vendeur, puisque c'est lui qui
poursuit et fait prononcer l'adjudication. — M. Troplong, au
contraire, enseigne (n° 432), sur le fondement de lois romaines suivies par Pothier, que l'action de garantie n'existe
ici contre personne, pas plus contre le saisi que contre le
créancier poursuivant, attendu que la vente n'a été faite ni
par l'un ni par l'autre, mais par la justice. — Mais ces deux
opinions extrêmes sont repoussées l'une et l'autre par la généralité des auteurs et par la Cour suprême, qui admettent,

contrairement à la seconde, que l'action de garantie existe, mais qu'elle ne peut être dirigée, contrairement à la première, que contre le saisi.

Cette troisième-doctrine est la seule vraie. Car, d'une part, si le nom de *vendeur* ne convient pas au débiteur exproprié dans le sens complet du mot, il lui convient du moins dans un sens, dans le sens dont il s'agit ici. Il y a ici un possesseur qui, en se donnant comme propriétaire des choses que l'on vendait à sa connaissance, pour son compte et comme lui appartenant, s'est procuré le même avantage et a causé à l'acheteur le même préjudice que s'il avait vendu lui-même. La même circonstance, qui est imputable au vendeur ordinaire et qui crée la dette de garantie, est identiquement imputable ici au saisi ; et c'est avec raison dès lors que la Cour suprême déclare qu'il faut entendre, sous ce rapport, par vendeur, non-seulement *celui qui s'est dessaisi volontairement de la chose vendue, mais aussi celui qui en a été dessaisi par la justice.* Au contraire et d'autre part, le créancier poursuivant n'est nullement vendeur. C'est bien lui qui dirige la saisie, et nous allons en voir la conséquence ; mais ce n'est pas lui qui vend, c'est la justice, pour le compte et comme mandataire légal du saisi. Donc l'action de garantie existera contre le saisi, et contre lui seulement (1).

Mais si le créancier saisissant ne peut jamais être poursuivi comme vendeur et en vertu de notre art. 1626, il pourrait l'être, au contraire, comme responsable de sa faute et en vertu de l'art. 1382, s'il avait commis dans ses poursuites d'expropriation des irrégularités entraînant l'annulation de l'adjudication, ou . :' .\t compris dans cette saisie des biens sur lesquels le saisi n'avait pas de possession et n'avait fait aucun acte de nature à le faire passer pour propriétaire. Dans ces der·· cas, en effet, c'est le saisissant qui a commis

(1) **Favart** (V, p. 73) . Pigeau (*Proc. civ.*, II, p. 252); Duvergier (I, 345); Delvincourt ; Duranton (XVI, 265) ; Zachariæ (II, p. 517), Cass., 16 déc. 1828 ; Pau, 20 août 1836 (Dev., 37, 2, 278), Rouen, 25 juin 1849, Cass., 28 mai 1862 (Dev., 50, 2, 381 ; 62, 1, 747).

[ARTICLE 1586.]

la faute ; et c'est à lui dès lors de réparer le préjudice qu'elle cause à l'adjudicataire. Si donc les trois arrêts ci-dessus cités, de Toulouse, Dijon et Caen, sont inexacts tous trois dans leurs motifs, les deux premiers sont, au contraire, fort exacts dans leur décision ; car ils étaient rendus dans l'hypothèse ici prévue.

Quant aux créanciers colloqués auxquels l'adjudicataire qu'on évince avait payé son prix, ils peuvent être poursuivis en répétition de ce prix en vertu de l'art. 1377, quoi que disent Delvincourt et M. Duranton (XIII, 686). En vain on objecte que la somme payée aux créanciers leur était réellement due par le saisi, pour en conclure d'après le droit romain qu'il n'y a pas lieu à répétition. Quant au droit romain, on a vu sous les art. 1376 et 1377 que notre Code n'en a pas suivi les règles sur cette matière ; et quant à la circonstance que les créanciers n'ont vraiment reçu que ce qui leur était dû, elle écarte bien l'application de l'art. 1376, mais non celle de l'art. 1377. Celui-ci, en effet, accorde la répétition encore que la somme fût due, si elle ne l'était pas par celui qui a payé : il suppose que celui qui a reçu était bien créancier, mais que celui qui a payé n'était pas débiteur et n'a payé que par erreur. Or l'adjudicataire ne doit le prix des biens que si ces biens lui sont vraiment transmis, il n'est débiteur d'un prix d'acquisition qu'autant qu'il y a vraiment acquisition ; lorsque l'adjudication est déclarée nulle et que l'adjudicataire se trouve ainsi n'avoir point acquis, il se trouve par là même n'avoir point été débiteur, la somme qu'il croyait devoir et ne devait pas n'a donc été payée que par erreur, et il peut dès lors la répéter. C'est, en effet, ce que reconnaissent la généralité des auteurs et des arrêts, qui rejettent avec raison la doctrine erronée de Delvincourt et M. Duranton (1).

(1) Persil (*Quest.*, I, 241) ; Merlin, (*Rép.*, v° Saisie imm., § 7, n° 2) ; Favart (*Saisie imm.*, § 2, art. 751), R. de Villargues (v° Expropr , n° 85) ; Troplong (I, 498) ; Duvergier (I, 34° ;Zachariæ (II, p. 518) ; Lyon, 2

[ARTICLE 1586.]

* 13 *Duranton,* } 686. Il se présente sur cet article une ques-
 n° 686. } tion importante, celle de savoir si, dans le
cas d'une expropriation forcée, l'adjudicataire vient à être
évincé par un tiers, il a l'action en répétition de son prix
contre les créanciers auxquels il l'a payé ?

Dans le droit romain, on décidait que le créancier qui avait
fait vendre les biens qui lui étaient engagés, n'était point
soumis à l'action de l'acquéreur, qui venait à être évincé, à
moins qu'il n'eût promis la garantie, ou qu'il ne fût de mauvaise foi, sachant que la chose n'appartenait pas à son débiteur. LL. 1 et 2 Cod., *creditorem evictionem pignoris non debere.*

En effet, le créancier, en faisant vendre le gage, agissait
en vertu du pouvoir que lui en avait donné le débiteur, pour
le cas où celui-ci ne paierait pas sa dette ; et c'était en réalité
ce dernier qui était le vendeur. Le créancier ne contractait
donc aucune obligation personnelle, sauf celle qui serait résultée d'une promesse de sa part, ou de son dol.

Et l'on entendait par là que le créancier ne devait pas même
à l'acquéreur évincé la restitution du prix que celui-ci lui
avait payé *propter pignus.* La raison de cela tenait à ce que
l'acquéreur ne devait en réalité son prix qu'à celui dont il
était censé recevoir la chose ; et en le payant au créancier, il
le payait *nomine debitoris ;* or, celui qui paie au nom d'un
autre ne peut pas répéter du créancier, qui n'a reçu que ce
qui lui était dû ; car, comme le dit la loi 44, ff. *de condict.*
indeb. citée plus haut, *nulla est ab eo qui suum recepit, tametsi
ab alio quàm vero debitore, solutum est.*

C'est comme si l'acquéreur eût payé au débiteur lui-même,
et que celui-ci eût remis ensuite les deniers au créancier
pour se libérer envers lui : or, assurément dans cette hypothèse, l'acquéreur n'eût pu les réclamer de ce dernier ; car
en les payant au débiteur, il en eût conféré à celui-ci la pro-

juill. 1825 ; Colmar, 22 mars 1836 ; Lyon, 15 déc. 1841 ; Rouen, 25 juin
1849 ; Riom, 30 janv. 1850 et 20 mai 1851 (Dev., 36, 2, 551 ; 42, 2, 168 ;
50, 2, 383 ; 51, 2, 767 ; *J. des av.*, 75-242).

[ARTICLE 1586.]

priété, et le débiteur, en les payant à son créancier, en eût également rendu celui-ci propriétaire. En effet, celui qui a reçu de son débiteur le montant de sa créance en deniers provenant d'une chose vendue par ce dernier, et dont l'acquéreur a ensuite été évincé, n'a jamais été forcé de restituer à cet acquéreur les espèces que celui-ci avait payées pour son prix à son vendeur ; et à plus forte raison cela ne pourrait-il être prétendu dans notre droit, où, en fait de meubles, la possession vaut titre.

On objectera sans doute que le créancier ne devait faire vendre que les biens qui appartenaient à son débiteur ; qu'il est en faute d'avoir poursuivi l'expropriation d'un immeuble qui était à autrui ; qu'il doit, d'après cela, réparer le préjudice qu'il a causé à l'adjudicataire ; qu'il y a engagement tacite de sa part, que l'adjudicataire, qui s'oblige à lui payer le prix de l'adjudication, aura une adjudication qui lui transfère réellement la propriété de l'immeuble ; que c'est la condition sous laquelle seulement il entend payer son prix, et que cette condition manquant, le prix se trouve avoir été compté à ce créancier *sine causâ, seu causâ datâ, causâ non secutâ*.

On vient de voir que ce n'était point ainsi que l'on considérait la chose dans le droit romain ; et, effectivement, ce serait une erreur que de croire que le créancier qui poursuit de bonne foi l'expropriation de biens possédés par son débiteur, contracte lui-même, pour ce seul fait, des obligations envers les adjudicataires : il ne fait qu'exécuter le mandat tacitement convenu entre tout débiteur et son créancier, que si le premier ne remplit pas ses engagemens, le second pourra faire vendre ses biens. Mais, en réalité, c'est le débiteur exproprié qui est le vendeur, et c'est lui qui doit la garantie aux adjudicataires, s'ils viennent à être évincés, puisque leurs deniers l'ont libéré envers ses créanciers. C'est même à lui que ces deniers sont censés avoir été comptés ; car, s'ils l'ont été en réalité aux créanciers, ceux-ci sont censés les avoir touchés en vertu de son mandat. Il n'y a donc pas lieu à la répétition contre eux, mais seulement à l'action en garantie contre le débiteur.

Cependant, nous devons dire que cette opinion n'est point partagée unanimement par les auteurs modernes, et nous avouerons franchement que la question est délicate. M. Tarrible, dans l'article *expropriation*, au Répertoire de M. Merlin, admet la répétition, en faveur de l'adjudicataire évincé, contre les créanciers, sous la limitation toutefois de la seconde partie de l'article 1377, c'est-à-dire du cas où le créancier aurait supprimé son titre.

———

* 16 *Duranton, Vente,* } 265. L'adjudication ne transmet à
n° 265 *et s.* } l'adjudicataire d'autres droits à la propriété que ceux qu'avait le saisi (art. 731, Code de procéd.) ; mais l'adjudicataire évincé a droit à la garantie contre le débiteur. Toutefois, la loi 74, § 1, ff. *de evict.*, ne le soumettait qu'à la restitution du prix et aux intérêts, mais sans aucuns dommages-intérêts, attendu que ce n'était pas lui qui avait, à proprement parler, vendu... Nous croyons néanmoins que, dans notre Droit, l'adjudicataire aurait aussi action pour les frais et loyaux coûts de l'adjudication.

266. Mais aurait-il une action en répétition contre le créancier poursuivant, qui a été payé avec le prix de l'adjudication ? Nous avons résolu la question par la négative, au tome XIII, n° 686 ; et elle l'était aussi en ce sens par le Droit romain, à moins que le créancier qui avait fait vendre n'eût agi de mauvaise foi, sachant que la chose n'appartenait pas à son débiteur, ou qu'il n'eût promis la garantie ; et dans ces cas aussi, chez nous, il serait tenu de l'éviction. Nous ne rappellerons pas ici les raisons que l'on peut alléguer pour ou contre notre décision : nous l'avons fait à l'endroit précité.

Et il a été jugé par la Cour de Colmar, le 21 juillet 1812, que l'acquéreur évincé, qui par suite de délégations faites par le vendeur, avait payé son prix aux créanciers de ce dernier, n'avait point d'action en répétition contre eux ; qu'il avait seulement son action en garantie contre son vendeur. Cetto décision est parfaitement dans les principes : les créan- ciers sont censés avoir reçu le montant de leurs créances des mains du vendeur lui-même, puisque l'acheteur a payé *no- mine venditoris ;* or, *repetitio nulla est ab eo qui suum recepit, tametsi ab alio, quàm vero debitore, solutum est.* L. 44, ff. *de condict. indeb.*

----

* 1 *Troplong, Vente, sur* ⎰ Le principe que la garantie est
art. 1626, *n*° 432, 522. ⎱ due de droit s'applique à toutes ventes volontaires quelconques, même à celles qui ont lieu en justice au plus offrant et dernier enchérisseur, après dépôt du cahier des charges (1).

Mais la disposition de notre article s'applique-t-elle aux ventes sur saisie ? Voët décide que l'adjudicataire n'a pas d'action en garantie (2), et c'est aussi la doctrine de Pothier (3). " Cette vente, dit-il, a cela de moins que les ventes contrac- " tuelles, qu'elle ne donne point à l'adjudicatai d'action en " garantie, au cas qu'il souffre éviction de ce qui lui a été " adjugé... Quoique l'adjudicataire n'ait pas, en ce cas, une " action de garantie, il est néanmoins équitable qu'il ait au " moins action pour la répétition du prix qu'il a payé ou en " totalité, s'il souffre éviction du total, ou à proportion de la " perte dont il souffre éviction. Par le droit romain, lorsque " le créancier avait vendu le gage *jure pignoris,* l'acheteur, " qui souffrait éviction, n'avait pas d'action pour la répéti- " tion de ce prix, contre le créancier *qui suum receperat* (4), " mais contre le débiteur qui avait été libéré par le prix que " son créancier avait touché. Par notre jurisprudence, on

(1) Arrêt de la cour de Paris du 17 prairial an xii. Dalloz, Vente, p. 875, note 1.

(2) Ad Pand. *De evict*, n° 5.

(3) Procédure civile, p. 258, éd Dupin.

(4) Voët rappelle toutes ces lois, *loc. cit.*

[ARTICLE 1586.]

" donne cette répétition contre les créanciers qui ont touché
" à l'ordre ; et, lorsque l'éviction n'a été que pour partie, il
" n'y a répétition que pour partie du prix. Ce sont les der-
" niers recevants à l'ordre qui sont seuls tenus de cette resti-
" tution du prix."

A entendre M. Pigeau (1), il n'en serait pas cependant
ainsi, et l'adjudicataire aurait contre le saisi et les créanciers
une action en garantie. Mais cette opinion est irréfléchie. Ni
le saisi ni les créanciers ne sont les vendeurs. L'un est dépouillé malgré lui de sa propriété, les autres ne font que
solliciter de la justice l'exécution de leur contrat (2). A vrai
dire, c'est la justice qui vend. Conçoit-on, dès lors, que les articles 1626 et suivants puissent être la loi d'une vente si différente de toutes les autres ? Conçoit-on que l'acheteur puisse
demander des dommages et intérêts contre des personnes
qui ne lui ont rien promis ? N'est-il pas claire que l'action
appelée en droit *condictio indebiti* doit entièrement lui suffire (3) ? Nous verrons même plus tard que cette action, en
tant qu'elle s'exercerait contre les créanciers qui ont reçu
leur dû, est susceptible de sérieuses objections (4).

522. On demande si l'article 1637 est applicable à l'éviction
qui a lieu après une vente sur expropriation forcée.

L'affirmative a été jugée par arrêt de la cour de Toulouse
du 24 janvier 1826. Mais cette décision me paraît consacrer
un paradoxe. Elle prend pour point de départ une opinion

---

(1) T. 2, p. 252. *Junge* MM. Duranton, t. 16, n⁰ 265 ; Zachariæ, t. 2, p.
252 ; Duvergier, t. 1, n⁰ 345 ; Marcadé, art. 1626-1629, n⁰ 3. Cass. 16 déc.
1828 ; Pau, 20 avril 1836 (Devill. 37, 2, 278).—Toutefois ces arrêts et ces
auteurs expriment que si l'action en garantie existe, elle ne peut cependant être dirigée que contre le saisi. V. encore M. Persil (quest. t. 2, p.
241) dont l'opinion, conforme à celle de Pigeau, accorde l'action tant
contre le créancier saisissant que contre le saisi. *Sic.* Toulouse, 24 janvier 1826 ; Dijon, 25 août 1829 ; Caen, 7 déc. 1827.

(2) Bruxelles, 12 décembre 1807 (Dal., Saisie, p. 863, note 2).

(3) *Infrà*, n⁰ 522.

(4) N⁰ 498.

[ARTICLE 1586.]

contraire à tous les principes du droit, et qui veut que l'adjudicataire ait une action en éviction, et par conséquent en indemnité, contre le créancier poursuivant. La vérité est que l'adjudicataire n'a que la simple action connue en droit sous le nom de *condictio indebiti :* ayant payé par erreur, il n'a droit qu'à une répétition du prix au *prorata* de ce dont il a été évincé. Or j'ai dit plusieurs fois, d'après Dumoulin, que quand il s'agit de récupérer le prix ou portion du prix, c'est l'époque de la vente qu'il faut considérer.

Ce n'est que lorsqu'il y a lieu à accorder des dommages et intérêts qu'on doit prendre en considération, avec notre article, l'époque d'une éviction. L'article 1637 sera donc écarté. La section sous laquelle il est placé en fait d'ailleurs une loi. Il rentre dans la matière de la garantie. Il fait suite à une série d'articles dont le premier, l'art. 1630, commence par ces mots : *Lorsque la garantie a été promise*, etc. ; il a été fait pour le cas où il y a lieu à recours en garantie contre le vendeur. Or, ici, il faut reconnaître qu'aucune obligation de ce genre ne se rencontre.

La cour de Toulouse, qui a voulu à toute force un article du Code pour décider la question, ne s'est rattachée à l'article 1637 qu'en désespoir de cause, n'en trouvant aucun autre qui touchât de plus près à la difficulté. Si elle y eût fait attention, elle aurait vu que l'art. 1619 offrait une analogie bien plus exacte.

———

* 10 *Décisions du B. C.*, p. 325, *Desjardins* } En novembre
    vs la banque du Peuple. } 1853, le demandeur se porta adjudicataire, pour £1100, d'un fief vendu par décret à la poursuite de la Banque du Peuple vs Donegani ; par jugement de distribution, il fut ordonné que le produit de la vente serait payé à la banque, opposante dans la cause. Par arpentage fait par l'adjudicataire, le 15 janvier 1857, il fut constaté que la propriété désignée comme contenant 400 arpents, n'en contenait que 188. Le 15 septembre 1857, l'adjudicataire porta son action contre la banque pour £583,

étant la réduction sur le prix, en proportion au défaut de contenance. — *Jugé* que l'action avait été instituée dans un délai raisonnable, nonobstant l'insolvabilité de Donegani, et que la banque avait le 27 mars 1857, reçu de Quesnel, cessionnaire de Donegani, £1053.13, balance de ce qui était dû par Donegani à la banque, et sur ce reconnu et accepté un transport de 392 actions de la dite banque, au nom de Donegani, lesquelles actions, aux termes de son acte d'incorporation, Donegani, comme actionnaire, n'avait pu transporter sans s'acquitter d'abord de ce qu'il devait à la banque. Il n'était pas nécessaire de mettre le défendeur dans la première action, Donegani, en cause. L'adjudicataire ayant par erreur quant à la contenance de la propriété, payé le montant en entier de son adjudication, et la banque, opposante dans la cause, l'ayant reçu, était tenue de remettre l'excédant.

---

16 *Lower C. J.*, *p.* 57, } An *adjudicataire* at sheriff's sale of
Melançon vs Hamilton. } real estate sold under the provisions of the Code of Civil Procedure of L. C., cannot legally claim to be refunded, by way of collocation on the proceeds of the sale, a portion of the price paid, on the ground that the property proved to be of considerably less extent than advertised, in consequence of an adjoining property having been erroneously included in the description. — Under any circumstance the knowledge by the *adjudicataire*, at the time he bid, that the adjoining property did not belong to the defendants, and was included in the description by error, would be a complete bar to such claim.

---

19 *Lower C. J.*, *p.* 40, } The obligation of the *garant formel*
Soulard vs Letourneau. } is not extinguished by a *décret*, which does not purge the *charge*, even where the *acquereur* becomes *adjudicataire* under the *décret*.

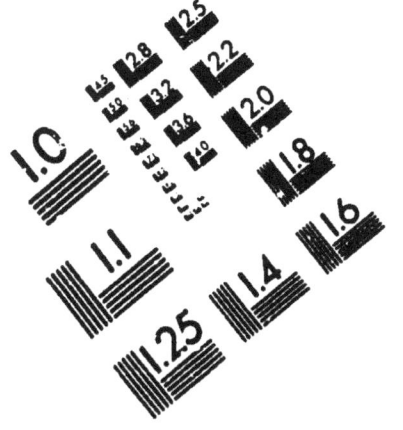

**IMAGE EVALUATION
TEST TARGET (MT-3)**

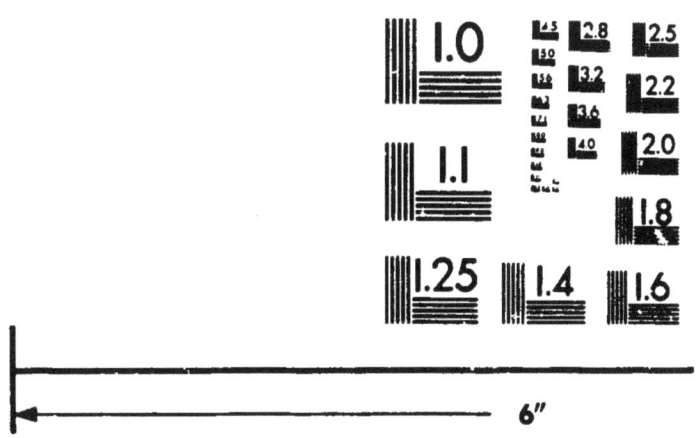

[ARTICLES 1587, 1588, 1589.]

1587. Le dernier article qui précède est sans préjudice au recours que l'adjudicataire peut avoir contre le créancier poursuivant à raison des informalités de la saisie, ou de ce qu'elle a été faite d'une chose qui n'appartenait pas ostensiblement au débiteur.

1587. The last preceding article is without prejudice to the recourse which the buyer has against the prosecuting creditor, by reason of informalities in the proceedings, or of the seizure of property not ostensibly belonging to the debtor.

1588. Les règles générales concernant l'effet des ventes judiciaires forcées, quant à l'extinction des hypothèques et des autres droits et charges, sont énoncées au titre *Des Priviléges et Hypothèques* et au Code de Procédure Civile.

1588. The general rules concerning the effect of forced judicial sales in the extinction of hypothecs and of other rights and incumbrances, are declared in the title *Of Privileges and Hypothecs*, and in the Code of Civil Procedure.

1589. Dans le cas où des biens-fonds sont requis pour un objet d'utilité publique, le propriétaire peut être contraint de les vendre, ou en être exproprié sous l'autorité de la loi, en la manière et suivant les règles prescrites par des lois spéciales.

1589. In cases in which immoveable property is required for purposes of public utility, the owner may be forced to sell it or be expropriated by the authority of law in the manner and according to the rules prescribed by special laws.

[ARTICLE 1589.]

C. L. 2604. } .La première loi des sociétés étant que l'intérêt commun soit toujours préféré à l'intérêt particulier, tout individu qui possède, sous la protection des lois, une propriété particulière, est tacitement soumis à l'obligation de la céder à la communauté, dans le cas où elle deviendrait nécessaire à l'usage commun.

Voy. autorités sur art. 407 et 540.

---

* 1 *Louet et Brodeau, Lettre A, somm. 6, p. 22* } On a jugé,
et s. Aliénation forcée pour le bien public. } qu'un particulier ayant un jardin près d'un Cimetiere, pouvait être contraint de le bailler à l'Eglise pour accroître lo Cimetiere, en payant la juste valeur.

Le particulier disoit qu'il y avoit soixante ans qu'il possedoit le jardin, que son pere lui avoit laissé : il y avoit de l'affection particuliere, la commodité de sa maison, son plaisir, et en une Ville ; que la premiere regle des contrats étoit le consentement et la volonté ; qu'il ne le vouloit point ; qu'il y avoit d'autres places aussi commodes à l'Eglise ; qu'au Levit. 25, vers. 14, il étoit écrit, *In venditionibus non contristabis proximum tuum;* qu'il n'est pas necessaire que les Cimetieres soient toujours proche des Eglises ; qu'il n'avoit que faire d'argent, et que quand il en auroit, il ne pourroit avec telle sureté l'employer, comme la prescription de soixante et quatre-vingt ans lui a assuré son jardin.

Les Marguilliers disoient au contraire, que l'accroissement de leur Cimetiere étoit forcé, l'utilité publique suppléoit le défaut du consentement du Défendeur ; qu'en chose moins favorable, n'y allant que de l'utilité particuliere, la Loi avoit condamné le particulier à bailler chemin pour aller au sepulchre particulier d'une famille, en lui baillant la juste valeur, *l. si quis sepulchrum,* §. *ait Prætor de relig. et sump. funer. compellere potest, ut iter ei justo pretio præstetur,* en la Loi *si locum* §.

[ARTICLE 1589.]

fin. quemadm. servit. amitt. ff. le particulier contraint de bailler son heritage pour accommoder le chemin public. L'utilité publique passe pardessus tout interêt particulier. En la Loi 2, et en la Loi *si quis post hanc, de edific. privat. C.* un particulier peut être contraint non-seulement à vendre son heritage, mais à changer sa maison ruinée et démolie, pour la décoration de la Ville ; ce qui est du public. En la loi *Lucius de evict.* l'on peut assigner aux gens de guerre les terres des particuliers, *etiam his contradicentibus et invitis.* Et Oldrade en son conseil 161 a tenu, que le particulier, pour accommoder son Seigneur de Fief, pouvoit être contraint de bailler *justo pretio* son heritage, *ut in eo erigantur furcæ patibulares :* et *Joan. Andr.* a été de cet avis *in addit. ad Speculat. rubr. de execut. sentent. in fin. Publicâ id fit utilitate, quæ necessitatem in se continet :* necessité publique qui ne regarde point le particulier, et qui ne peut être bornée par aucune Loi, et particulierement les Canonistes *in cap. quæ in Ecclesiarum, de constit.* vouloient que le particulier pût être contraint de bailler son heritage *arbitrio boni viri,* pour augmenter le Cimetiere, *causa enim religionis eodem aut fortiori jure nitebatur, quàm causa civitatis et publicorum ædificiorum.*

Le particulier hors d'intérêt recevant le juste prix de son heritage, le pourroit emploïer en plusieurs autres lieux aussi commodes, l'Eglise necessitée de prendre tel heritage pour l'augmentation du Cimetiere. Monsieur Bavyn Rapporteur, en la cinquième Chambre des Enquêtes, le 20 jour de Novembre 1584, prononcé le 24 ensuivant. Les Marguilliers de S. Martin de Lestrée en la Ville de S. Denis, Demandeurs. A

Du Molin sur le § 41 de la Coutume de Paris, *num.* 98, prouve par plusieurs raisons, que *favore religionis quis cogitur vendere.*

A Le même a été jugé au profit des Religieux Minimes cont. un particulier Habitant de la Ville de Vitry, par Arrêt du 3 May 1616. Monsieur le Premier President de Verdun séant, plaidans Airault, de Cornoaille, P. Pietre, Mauguin, et Monsieur l'Avocat General Servin.

[ARTICLE 1589.]

Autre Arrêt en la cause de la Sorbonne, et de la veuve et heritiers Goulu, donné en la Grand'Chambre à huis clos, M' isieur le Premier President le Jay séant, le 21 Janvier 1633, plaidans de Montholon, Bataille et Monsieur l'Avocat General Bignon. *Vide Molin. in consuet. Paris.* § 41, *num.* 98, *et* § 53, *num.* 27, 28 *et* 29. *Didac. Covarru. lib.* 5, *var. resolut. cap.* 14. *Ant. Mornac. ad l. si quis sepulcrum* 14. *in princ. de relig. et sumpt. funer. et ad l. invitum* 11. *C. de contr. empt.* où il rapporte le premier Arrêt, et plusieurs Auteurs qui ont traité la question.

L'Ordonnance de Philippe le Bel de l'an 1303, *par.* 3 *stil. Parlam. tit.* 45, *de privil. Regis ac Burgens.* § 17, porta, que *possessores possessionum, quas pro Ecclesis, aut domibus Ecclesiarum Parrochialium de novo fundandis, aut ampliandis, infra villas non ad superfluitatem, sed ad convenientem necessitatem acquiri contingit, ad eas dimittendas, pro justo pretio, compelli debent.* Monsieur Mainard, tome 3, liv. 9, chap. 43. Callæus sur la Coutume de la Marche, art. 308.

Et suivant ce, il a été jugé par Arrêt que l'on peut même contraindre l'Eglise de faire échange avec le Prince à condition non dommageable, de quelques heritages qui lui appartiennent, s'il est du bien et de l'utilité publique d'en user ainsi.

Il a pareillement été jugé, qu'un particulier faisant bâtir sa maison à neuf, pouvoit être contraint de souffrir un retranchement de trois pieds pour l'élargissement de la ruë, en le remboursant par les Prevôt des Marchands et Echevins ; que la décoration de la Ville et la nécessité publique passoient par-dessus son intérêt ; par Arrêt du 12 Juillet 1612, ledit sieur Premier President de Verdon séant, plaidans Galland pour David Douceur, Marchand Libraire, de la Marteliere, et ledit sieur Avocat General Servin.

C'est ce que remarque *Grotius not. ad l. non enim ff. rei. amov. Respublica quidem ex dominio eminente jus habet, ut alicui imperet suum vendere.*

Sur cette même consideration est fondé ce que disent les

[ARTICLE 1589.]

Docteurs, *Senescallum posse compellere vendere bladum tempore necessitatis, eos qui habent in abundantia : Masuer. tit. 28, de empt. et vend. num.* 8. Monsieur Expilly en ses Arrêts, *cap.* 6, *num.* 7. Il y a un bel exemple dans Paul Emil's *lib.* 5, *in Ludovico Crasso. Mornac. ad l. nemo 8, in fin. C. de Judæis.* Ce qui est contre les maximes et regles ordinaires de Droit : *regulariter enim nemo vendit invitus, infra C. somm.* 1. Cela étant fondé sur une necessité morale, et une utilité publique, qui est remise à la prudence et au pouvoir du Magistrat, il ne doit point avoir lieu, lorsqu'il ne s'agit que d'une simple décoration, ou augmentation, non absolument necessaire, suivant l'Ordonnance préalleguée du Roi Philippe le Bel.

NOUVELLE ADDITION.—Le Lundi 16 jour de Février 1632, il fut donné Arrêt à l'ouverture du Rôle de Paris, en présence de Messieurs Moreau, Lieutenant Civil, Ferrand, Lieutenant particulier, et deux Conseillers du Châtelet assistans à l'Audience en la maniere accoutumée, séant Monsieur le Premier President le Jay, par lequel la Cour, en infirmant la Sentence du Prévôt de Paris, a jugé, que Jean Dubois ne pouvoit être contraint de vendre le droit qu'il avoit de passer par une porte de derrière de la maison dont il étoit propriétaire, pour aller plus commodément à l'Eglise de saint Gervais sa Paroisse, sous prétexte que cette porte causoit de l'incommodité au Cloître de la même Eglise. Plaidans le Feron pour Dubois, Eugé pour les Marguilliers de saint Gervais, et Monsieur l'Avocat General Bignon. Bardet en ses Arrêts, tome 2, liv. 1, chap. 8, rapporte les moyens des Parties.]

Par Arrêt du Conseil d'Etat du 22 Novembre 1685, Sa Majesté étant en son Conseil, a ordonné que la ruë de S. Jean de Latran sise au Fauxbourg S. Marcel seroit percée et continuée jusqu'à la ruë de Loursine, au travers du jardin du sieur de la Follie, aux frais des proprietaires des maisons de ladite ruë, et en remboursant par eux suivant leurs offres, la somme à laquelle se trouvera monter le dédommagement dudit Sr. de la Follie, pour ce qui se trouvera pris de son heritage, suivant le rôle qui en sera arrêté au Conseil.

[ARTICLE 1589.]

Le fait est que les proprietaires de ladite ruë de S. Jean de
Latran, donnerent une Requête aux sieurs Prévôt des Marchands et Echevins de Paris, et se plaignirent que ladite ruë
n'avoit issuë dans la ruë de Loursine, que par deux petites
ruelles qui étoient en coudes, qu'il y arrivoit souvent des
vols, et même quelquefois des meurtres, et demanderent que
ladite ruë fût ouverte au travers des heritages qui étoient au
bout, et continuée à droite ligne jusques dans la ruë de
Loursine, les Prevôt des Marchands et Echevins se transpor-
terent sur les lieux, et ensuite ont obtenu ledit Arrêt sur le
fondement de la sureté publique, l'utilité, l'embellissement
du quartier. Il y a un pareil Arrêt pour l'élargissement de
la ruë Aubryboucher.

ARRESTS DES PARLEMENS DE DROIT ÉCRIT. — L'an 1606, aux
Arrêts generaux de Pâques, il fut prononcé un Arrêt au
Parlement de Toulouse, par M. le President de la Terrasse,
qui avoit été donné en la Grand'Chambre, en la cause du
Syndic des Religieux de Boulbonne, par lequel le voisin
de ces Religieux fut contraint de bailler sa maison, suivant l'estimation qui en seroit faite par Experts, pour augmenter leur Eglise ; encore que ce voisin ne fût que Tuteur :
et la Cour ordonna, que les deniers qui proviendroient de la
vente de cette maison, seroient mis entre les mains de personnes solvables, ou que l'on en feroit un fonds au profit des
mineurs. M. de Cambolas en ses Décisions notables de Droit,
liv. 4, chap. 5.

Arrêt du Parlement de Grenoble, donné le 20 jour d'Août
1616, au rapport de M. Daniel Armand, en la Chambre de
l'Edit, entre Magdeleine de l'Estour femme de Jacques Blanc
d'une part ; et Georges Bonnet d'autre part : qui a déclaré
nulle une alienation faite *in fraudem creditorum*, à la charge
que ledit Bonnet discuteroit les biens à lui indiquez. Basset
en ses Arrêts, tom. 2, liv. 4, tit. 16, chap. 7.

Autre Arrêt sans datte, donné au même Parlement, au
profit de Jeanne Tardy, contre le nommé Tivolé, par lequel
une alienation faite en fraude de la femme pour ses deniers

[ARTICLE 1589]

dotaux assignez sur un fonds, a été déclaré nulle, si mieux n'aimoit le tiers-possesseur lui payer sa dot. Basset au même endroit que dessus.

[Par plusieurs Arrêts du Parlement de Provence des années 1625, 1628, 1632 et 1660, il a été jugé, que les particuliers peuvent être contraints et forcez de vendre leurs biens pour agrandir les Eglises et pour les ouvrages publics, en leur payant la juste valeur au dire d'Experts. Boniface en la suite de ses Arrêts de Provence, tome 2, liv. 8, tit. 2, chap. 11.

Le 26 ou 27 jour de Janvier 1677, il fut rendu Arrêt au Parlement de Provence, en l'Audience de la Grand'Chambre, séant M. le Premier President Marin, entre les Syndics de la Paroisse de sainte Magdeleine de la Ville d'Aix, d'une part, et l'Econome des Religieux Carmes de la même Ville, d'autre ; par lequel il fut dit, que pour la décoration et l'accroissement d'une Eglise Paroissiale, on pouvoit forcer de vendre une partie d'une Chapelle voisine, en indemnisant ceux à qui elle appartenoit. Boniface en la suite de ses Arrêts de Provence, tome 1, livre 5, tit. 2, chap. 6.]

NOUVELLES REMARQUES.—Il y avoit auprès de l'Eglise Paroissiale de saint Nicolas du Chardonnet, un terrain où étoit un bâtiment tombant en ruine, qui servoit d'écurie pour les chevaux de l'Abbé de Clairvaux lorsqu'il venoit à Paris, et une petite cour où on jettoit les fumiers ; les Marguilliers de cette Paroisse ayant prétendu avoir besoin de ce terrain pour faire construire un bâtiment pour les Catechismes ; par Arrêt du Grand'Conseil, du 30 Août 1738, plaidans M** Mannory et * * *, il a été ordonné une visite préalable des lieux pour connoître s'il y avoit nécessité à la vente. D. L. C.

———

* 3 *Pothier* (*Bugnet*), *Vente,* } 511. Une vente peut aussi être
  n° 511 *et s.* } forcée pour cause de nécessité publique, ou même seulement d'utilité publique. Par exemple dans les nécessités publiques, dans une disette de grains, ceux qui en ont au delà de leur provision, peuvent être con-

traints par le juge de p⸳ʹⵊce à voiturer leurs grains au marché, et à les y vendre au prix courant.

Il en est de même de toutes les denrées nécessaires à la vie, lorsqu'il y en a disette, comme il peut arriver dans un siége.

Les propriétaires des maisons ou autres héritages, peuvent aussi être contraints à les vendre pour quelque cause d'utilité publique, comme pour faire une rue ou une place publique, pour des fortifications, pour quelque ouvrage public. Par exemple, par une ordonnance de Philippe le Bel, de 1303, il est ordonné que les propriétaires du terrain nécessaire pour bâtir des églises paroissiales, des presbytères et pour des cimetières, seront obligés à le vendre à juste prix.

Suivant les lettres-patentes de François Ier, qui sont au trésor de l'université d'Orléans, il est ordonné au bailli et prévôt d'Orléans de contraindre les propriétaires de certaines maisons voisines de l'école de droit, de les vendre pour l'agrandissement de ladite école.

512. Si le propriétaire à qui il est ordonné de vendre son héritage pour cause d'utilité publique, soit au roi, soit à une ville, soit à une université, convient lui-même du prix avec les commissaires du roi, ou avec la ville ou l'université, cette convention est un vrai contrat de vente.

S'il ne veut convenir de rien, et qu'il se laisse contraindre à abandonner son héritage pour le prix réglé par des experts, il n'y a point, en ce cas, proprement de vente, puisqu'il n'y a point de convention; mais l'arrêt ou sentence rendue contre lui, en tient lieu.

513. Lorsqu'une chose vendue pour cause d'utilité publique a été faite *divini aut publici juris*; comme si on en a fait un cimetière, une rue ou place publique; il est évident que toutes les hypothèques ou autres charges dont cette chose était tenue, s'éteignent; sauf aux créanciers et autres qui avaient quelque droit sur cette chose, à se venger sur le prix, suivant l'ordre de leurs hypothèques et de leurs privi-

[ARTICLE 1589.]

léges : d'où il suit qu'une telle vente ne peut donner lieu à aucune obligation de garantie.

514. Non-seulement on peut être forcé à vendre pour cause d'utilité publique, on peut l'être quelquefois pour une nécessité particulière. Par exemple, si j'ai un héritage enclavé tellement dans celui de mon voisin, qu'on n'y puisse aller par aucun autre endroit que par son héritage, je puis contraindre ce voisin à me vendre *justo pretio* un droit de passage par l'endroit qui lui sera le moins incommode ; arg., L. 12, ff. *de Relig.* C'est ce qu'ont décidé les arrêts rapportés par Louet et Brodeau ; *l. C.,* art. 1, 2 ; Mornac, *ad eamd.* L. 12.

---

* *S. R. B. C., ch.* 70, *s.* 26 *et s.* } *Acte concernant les compagnies à fonds social pour la construction de chemins et de certains autres travaux.*

26. Tous corps politiques, incorporés ou agrégés, corporations agrégées ou formées d'une seule personne, communautés, grevés de substitution, tuteurs, curateurs, exécuteurs, administrateurs et autres ayants cause, ou personnes quelconques, non-seulement pour eux-mêmes, leurs héritiers et successeurs, mais aussi pour et de la part de ceux qu'ils représentent,qu'ils soient enfants nés ou à naître, aliénés, idiots, femmes sous puissance de mari, ou autres personnes ou parties saisies ou en possession, ou intéressées dans les terres dont la compagnie a besoin pour les fins pour lesquelles elle est incorporée, pourront vendre et transporter à telle compagnie les terres, en tout ou en partie, dont la compagnie a besoin pour les dites fins ; et tous contrats, marchés, ventes, transports, et garanties ainsi faits, seront valides et valables en loi à toutes fins et intentions quelconques ; et tous corps politiques, incorporés, ou agrégés, ou communautés, et toutes personnes quelconques, faisant tels transports, sont par le présent justifiés de tout ce qu'ils pourront faire, eux ou aucun d'eux respectivement, en vertu du présent acte. 12 V. ch. 56, s. 10.

27. Tout corps politique, communauté, corporation ou autre partie quelconque qui, dans le cours ordinaire de la

[ARTICLE 1590.]

loi, ne peut vendre ni aliéner aucunes terres dont la compagnie a besoin pour les fins du présent, conviendra d'une rente annuelle, fixe comme équivalent, mais non d'une somme principale pour les dites terres ; et dans le cas où le montant de la rente ne serait pas fixé, par convention ou compromis, il sera fixé en la manière ci-dessous prescrite, et toutes procédures seront dans ce cas réglées comme il est ci-dessous prescrit :

2. Pour paiement de la rente annuelle, et de toute autre redevance annuelle, réglée et fixée et à être payée par la compagnie, pour l'achat de tous terrains, ou pour toute partie du prix d'achat de tous terrains que le vendeur consent à laisser entre les mains de la compagnie, le chemin ou les autres travaux et propriétés de la compagnie, et les péages qui seront levés et perçus, seront affectés de préférence à toutes autres réclamations ou demandes quelconques, pourvu que le titre créant l'obligation soit dûment enregistré. 12 V. c. 56, s. 11.

1590. Dans le cas de vente ou d'expropriation pour cause d'utilité publique, l'acquéreur de la propriété n'en peut être évincé. Les hypothèques et autres charges sont éteintes, sauf aux créanciers leur recours sur le prix et sans préjudice aux lois spéciales concernant cette matière.

1590. In the case of sales and expropriations for purposes of public utility, the party acquiring the property cannot be evicted. The hypothecs and other charges are extinguished, saving to the creditors their recourse upon the price and subject to the special laws relating to the matter.

Voy. autorités sur art. 1589.

1591. Les règles concernant les formalités et la procédure en matière de ventes judiciaires ou autres ventes forcées, et sur expropriation, sont contenues dans le Code de Procédure Civile et dans les actes relatifs aux municipalités et compagnies incorporées ; ces ventes et expropriations sont sujettes aux règles applicables généra ement au contrat de vente, lorsque ces règles ne sort pas incompatibles avec les lois spéciales, ou quelque article de ce Code.

1591. The rules concerning the formalities and proceedings in judicial and other forced sales and expropriations are contained in the Code of Civil Procedure and in the acts relating to municipal and other incorporated bodies ; such sales and expropriations are subject to the rules generally applicable to the contract of sale, when these are not inconsistent with special laws or any article of this code.

SECTION II

DE LA DATION EN PAIEMENT.

1592. La dation d'une chose en paiement équivaut à vente et rend celui qui la donne ainsi sujet à la même garantie.

La dation en paiement n'est cependant parfaite que par la délivrance de la chose. Elle est assujettie aux dispositions relatives à l'annulation des contrats et paiements contenues dans le titre *Des Obligations.*

SECTION II.

OF THE GIVING IN PAYMENT.

1592. The giving of a thing in payment is equivalent to a sale of it, and makes the party giving liable to the same warranty.

The giving in payment, nevertheless, is perfected only by the actual delivery of the thing. It is subject to the provisions relating to the avoidance of contracts and payments contained in the title *Of Obligations.*

[ARTICLE 1592.]

* C. L. 2025,)   2625. La dation en payement est un acte
    et s.   } par lequel un débiteur donne une chose au créancier qui veut bien la recevoir à la place et en payement d'une somme qui lui est due.

2626. La dation en payement diffère du contrat de vente ordinaire en ce que, dans celui-ci, le contrat est parfait par le seul consentement des parties, même avant la délivrance, tandis que la dation en payement ne se fait que par la tradition.

2627. De cette distinction résultent des conséquences différentes pour ce qui concerne le risque de la chose vendue, qui, dans ce genre de contrat, n'est jamais à la charge du créancier avant la délivrance, à moins qu'il n'ait été mis en demeure de recevoir.

2628. Cette différence en établit aussi une dans l'effet de ces contrats pour les cas d'insolvabilité d'un débiteur; il peut, étant insolvable, vendre valablement pour le prix qu'on lui paye; mais la loi lui défend de donner en payement à un créancier, au préjudice des autres, autre chose que la somme d'argent qu'il lui doit.

2629. A ces différences près, la dation en payement est sujette à toutes les règles auxquelles est soumis le contrat de vente ordinaire.

------

* *Cod. de Evictionibus,*)   Si prædium tibi pro soluto datum
  liv. 8, *tit.* 45, *L.* 4.   } est, quod aliis creditoribus fuerat obligatum : causa pignoris mutata non est. Igitur si hoc jure fuerit evictum, utilis tibi actio contra debitorem competit. Nam hujusmodi contractus vicem venditionis obtinet.

Proposit. 11 calend. augusti, Duobus et Aspris Coss. 213.
(ANTONINUS.)

    Ibidem,)   S'il vous a été donné un fonds en
Trad. de M. P.-A. Tissot. } paiement déjà obligé à d'autres créanciers, ce fonds reste toujours dans son état de gage. C'est pourquoi si ce fonds a été évincé pour cette cause, vous avez l'action utile contre votre débiteur; car la donation

[ARTICLE 1592.]

d'une chose en paiement est un contrat semblable à celui de vente.

Fait le 11 des calend. d'août, sous le cons. des deux Asper. 213 (ANTONIN).

---

* 3 *Pothier* (*Bugnet*), } 600. La *dation en paiement* est un
Vente, n° 600 *et s.* } acte par lequel un débiteur donne une
chose à son créancier, qui veut bien la recevoir à la place et en paiement d'une somme d'argent ou de quelque autre chose qui lui est due.

Cet acte est fort ressemblant au contrat de vente. La chose qui est donnée en paiement, tient lieu de la chose vendue ; et la somme en paiement de laquelle elle est donnée, tient lieu du prix : c'est pourquoi la loi 4, Cod. *de Evict.* dit que : *Dare in solutum, est vender:*.

Néanmoins la dation en paiement n'est pas tout à fait un contrat de vente ; et ce n'est pas la même chose qu'un débiteur convienne avec son créancier qu'il lui vend une certaine chose pour la somme de tant, qui viendra en compensation de celle qu'il lui doit ; ou qu'il soit dit que le débiteur donne à son créancier une telle chose en paiement d'une telle somme qu'il lui doit.

601. 1° Le contrat de vente est un contrat consensuel, qui est parfait par le seul consentement des parties, avant aucune tradition. La dation en paiement ne se fait que par la tradition, et même par la translation de la propriété de la chose donnée en paiement.

602: 2° Lorsque j'ai vendu une chose pour la somme de tant, qui viendrait en compensation de pareille somme que je croyais vous devoir ; si je viens à découvrir que je ne vous la devais pas, ou que je ne vous devais pas tant, je ne puis répéter la chose que je vous ai vendue ; mais je puis seulement répéter de vous le prix que j'ai, par erreur, compensé avec une somme que je ne vous devais pas. L'action que j'ai contre vous est l'action *ex vendito. quæ datur ad pretium con-sequendum* (1).

Au contraire, lorsque je vous ai donné une chose en paie-ment d'une somme que je croyais par erreur vous devoir, c'est la chose même que j'ai droit de répéter de vous ; car mon action, en ce cas, est celle qu'on appelle *condictio indebiti per errorem soluti*, ou *condictio sine causá*, lesquelles actions ont pour objet la répétition de la chose qui a été payée.

Pareillement, lorsque je vous ai donné une chose en paie-ment d'une somme de 200 liv. que je croyais vous devoir, quoique je ne vous dusse que 100 liv. ; ce ne sont pas les 100 liv. que je puis répéter, mais la chose : et je la dois répéter entière, aux offres de vous payer les 100 liv. que je vous de-vais ; car je ne puis vous obliger à avoir en commun avec moi cette chose que vous n'eussiez pas reçu en paiement, si vous n'eussiez cru l'avoir entière : *Condictio rei integræ manet et obligatio incorrupta ; ager autem retinebitur, donec debita pecunia solvatur ;* L. 26, § 4, *condict. indeb.*

Quid, si vous vouliez retenir la chose en me rendant les 100 liv. que je ne vous devais pas ?

Dumoulin, *de Contr. usur., quest.* 14, n° 182, décide que je pourrais pareillement vous obliger à la restitution de la chose, aux offres de vous payer, parce que je ne l'eusse pas non plus donnée en paiement, si j'eusse su ne devoir que partie de la somme. Dumoulin, *ibid.,* excepte le cas auquel je l'aurais exposée en vente (2).

603. 3° Celui qui a vendu une chose de bonne foi, s'en croyant le propriétaire, n'est pas précisément obligé d'en transférer la propriété à l'acheteur, comme nous l'avons vu *suprà*, n° 1 ; et l'acheteur, tant que personne ne le trouble dans la possession de la chose, ne peut pas prétendre que le

(1) Les parties restent sous l'empire de la vente ; l'acheteur n'a point payé le prix, puisqu'il n'y avait rien à compenser, donc il le doit encore. (BUGNET).

(2) Il est alors à présumer que les parties ont voulu faire une vente, laquelle a été appelée *celeritatis causá,* datien en paiement. (BUGNET).

[ARTICLE 1592.

vendeur n'ait pas rempli ses obligations (1) ; L. 30, § 1, *de Act. empt.*

Au contraire, la dation en paiement n'est valable qu'autant que le débiteur transfère au créancier la propriété de la chose que le créancier a consenti de recevoir en paiement de la somme qui lui était due ; car il n'y a pas de vrai paiement sans translation de propriété, suivant cette règle de droit : *Non videntur data quæ eo tempore, quo dantur, accipientis non fiunt;* L. 167, ff. *de Reg. jur.* C'est pourquoi si le créancier qui a reçu une chose en paiement de la somme d'argent qui qui lui était due, vient à découvrir que son débiteur n'en étr pas le propriétaire, et conséquemment qu'il ne lui en a pas . ansféré la propriété ; quoiqu'il n'ait encore souffert aucun trouble de la part du véritable propriétaire, il peut demander à son débiteur la somme qui lui est due, en offrant de lui rendre la chose qu'il avait reçue en paiement ; un tel paiement étant nul, et n'ayant pu libérer le débiteur. *Voy.* notre *Traité des Obligations,* part. 3, ch. 1, art. 3, § 3.

604. Nonobstant la différence que nous venons de rapporter, il faut convenir que la dation en paiement a beaucoup de ressemblance avec le contrat de vente. C'est en conséquence de cette ressemblance que le créancier, lorsqu'il est évincé d'une chose qui lui a été donnée en paiement, a une action contre le débiteur qui la lui a donnée en paiement, *ad instar* de celle qu'a un acheteur contre son vendeur, *utilem actionem ex empto;* et de même que l'acheteur, en cas d'éviction, conclut contre le vendeur à la restitution du prix, et en ses dommages et intérêts, *si quid suprà pretium ejus intersit rem habere licere;* comme nous l'avons vu, part. 2, n⁰ˢ 68 et 130, de même le créancier conclut par cette action contre son débiteur, à ce qu'il soit tenu de lui payer la somme en paiement de laquelle la chose dont il a été évincé, lui avait été donnée ; le paiement de cette somme étant comme

(1) Nous avons déjà plusieurs fois fait observer que le droit nouveau avait à cet égard changé les anciens principes. (BUGNET).

[ARTICLE 1592.]

la restitution du prix de la cession ; et de plus, à ce qu'il soit condamné en ses dommages et intérêts, *si quid suprà hanc summan ejus intersit rem habere licere.* C'est ce qui résulte de la loi 24, ff. *de Pignorit. act.*, et de la loi 4, Cod. *de Evict.*, qui donnent expressément, dans ce cas, *utilem actionem ex empto.*

Observez qu'outre cette action *utilem ex empto*, le créancier, en cas d'éviction de la chose qui lui a été donnée en paiement, a aussi l'action qui naît de sa créance, de laquelle le débiteur n'a pu être libéré par un paiement qui se trouve inefficace ; L. 98, ff. *de Solut.* Mais l'action *utilis ex empto* lui est souvent plus avantageuse, parce qu'elle comprend ses dommages et intérêts (1), *si quid suprà intersit.*

605. Ce n'est pas seulement pour le cas de l'éviction, que celui qui donne une chose en paiement à son créancier, con

---

(1) Pothier accorde très formellement au créancier qui a souffert l'éviction de la chose reçue en paiement, le choix entre l'action utile *ex empto*, et la primitive action qu'il avait en qualité de créancier ; il fait remarquer que la première lui sera souvent plus utile, parce qu'elle comprend les dommages-intérêts, *si quid suprà intersit ;* mais il pourrait aussi y avoir plus d'utilité dans l'action qui naît de la créance en raison de ses accessoires, de ses priviléges ou hypothèques.

Pothier fonde sa décision sur trois lois romaines, dont une au Code et deux au Digeste.

La loi 4, Cod. *de Evictionibus*, garde le silence sur l'ancienne action ; elle dit seulement : *Utilis tibi actio contrà debitorem competit : nam hujusmodi contractus vicem venditionis obtinet.*

Le silence de ce rescrit au sujet de l'action primitive ne peut s'interpréter que négativement ; d'ailleurs, le motif de la décision semble restreindre les droits des créances à ceux d'un acheteur évincé : *Vicem venditionis obtinet.*

La loi 24, ff. *de Pign. actione*, est bien plus expresse. Ulpien, traitant la question qui nous occupe, dit positivement : *Et videtur finita esse pignoris obligatio, et à contractu recessum ; imo utilis ex empto accommodata est, quemadmodum si pro soluto ei res data fuerit, ut in quantitatem debiti ei satisfiat, vel in quantum ejus interest.*

D'un autre côté, la loi 98, ff. *de Solutionibus*, paraît conserver l'ancienne action, en subordonnant son extinction à l'acquisition perpétuelle

[ARTICLE 1592.]

tracte envers lui la même obligation de garantie que contracte un vendeur ; il en est de même des autres cas de garantie. Il est pareillement tenu, *utili actione ex empto*, de garantir celui à qui il a donné une chose en paiement des charges réelles qu'il ne lui aurait pas déclarées, et des vices redhibitoires dont cette chose se trouverait entachée, de la même manière qu'un vendeur en est tenu.

et irrévocable pour le créancier, des choses à lui données paiement. *Harum enim rerum solutio non potest, nisi ex eventu, liberare scilicet, quo casu certum erit remanere eas.*

Il est probable que les jurisconsultes romains n'étaient pas parfaitement d'accord sur cette question. Les uns voyaient dans la dation en paiement, l'extinction des premières obligations, un nouveau contrat qui seul devait régler les droits des parties ; en un mot, ils admettaient une espèce d'innovation. Les autres disaient, au contraire : Puisque la dation en paiement n'a pas transféré la propriété, elle n'a pas produit l'effet qu'on attendait ; il n'y a pas libération de l'obligation primitive, donc elle continue de subsister. Mais nous croyons qu'aucun d'eux n'aurait accordé au créancier évincé le choix entre les deux actions dont parle Pothier.

L'art. 2038, Cod. civ., paraît adopter l'opinion d'Ulpien en la loi 24, ff. *de Pign. actione*, il est ainsi conçu :

" L'acceptation volontaire que le créancier a faite d'un immeuble ou " d'un effet quelconque en paiement de la dette principale, décharge la " caution, encore que le créancier vienne à en être évincé."

Si la caution est déchargée, le créancier ne conserve donc pas ses droits primitifs.

Mais on pourrait répondre qu'il y a une raison particulière d'équité pour ne plus inquiéter la caution : elle s'est crue libérée, elle n'a plus surveillé le débiteur ; cette nouvelle situation, cette sécurité apparente est l'œuvre du créancier qui a reçu un immeuble en paiement, et a ainsi fait croire à l'extinction de la dette, et par conséquent du cautionnement. Il y aurait moins de raisons pour refuser au créancier les hypothèques anciennes, lorsque l'inscription n'aurait pas été rayée. Le motif de la loi 98, ff. *de Solutionibus*, n'est point à dédaigner ; il est l'expression de la volonté des parties, et surtout du créancier qui recevait une chose en paiement, on ne peut lui supposer une autre intention. Oui, il entend ne libérer qu'autant que les choses qu'il reçoit lui resteront. *Quo casu certum erit remanere eas.* (Bugnet.)

[ARTICLE 1592.]

Il est aussi tenu, de même qu'un vendeur, *utili actione ex empto*, des dommages et intérêts de son créancier à qui il a donné une chose en paiement, lorsqu'elle n'a' pas toute la contenance ni toutes les qualités qu'il lui a déclaré qu'elle avait.

606. Enfin la bonne foi impose aux parties, dans la dation en paiement, les mêmes obligations qu'elle impose dans le contrat de vente. Celui qui donne une chose en paiement, non-seulement ne doit faire aucun mensonge pour porter le créancier à l'accepter ; il ne doit même user d'aucune réticence des défauts de cette chose, qui pourraient empêcher son créancier de l'accepter en paiement. Il ne doit pas non plus la donner en paiement pour un prix plus considérable que son juste prix, à moins que le créancier, ayant connaissance du juste prix, ne consente, par libéralité, à la prendre pour un prix plus cher qu'elle ne vaut.

Vice versâ, le créancier, de son côté, ne doit pas prendre la chose en paiement pour un prix moindre qu'elle ne vaut. Lorsque, de part ou d'autre, la lésion est d'outre moitié, on accorde a la partie lésée la même action rescisoire qui a lieu dans le contrat de vente.

C'est aussi en conséquence de la ressemblance qu'a la dation en paiement avec le contrat de vente, qu'elle donne lieu au profit de vente et au retrait (1).

---

* 3 *Championnière et Rigaud,)* 1781. Lorsque le débiteur de *Dts. d'enregist., n° 1781 et s.* (la rente, de la créance, de la chose mobilière ou du droit est celui-là même qui donne l'immeuble, le contrat prend la dénomination particulière de *dation en paiement* ; il n'y a point d'échange possible, puisque le débiteur n'acquiert rien et ne profite que de sa libération. C'est le droit de vente qui est exigible.

(1) On voit que Pothier rappelle ici sommairement presque toutes les obligations résultant de la vente pour les appliquer avec raison à la dation en paiement. (BUGNET).

[ARTICLE 1592.]

· 1782. Les feudistes ont assez nettement déterminé les caractères et les effets de la dation en paiement; les règles de perception qu'ils avaient établies sur ce contrat, étaient suivies en matière de centième denier : " On ne connaît plus, dit M. Merlin, *au Répertoire*, v° Dation en paiement, ni lods ni ventes, ni centième denier ; mais la question est la même pour les droits d'enregistrement." Ainsi les décisions des feudistes à cet égard, jouissent d'une double autorité.

Nous avons déjà défini, d'après Pothier (n° 1230), la dation en paiement : " la convention par laquelle un débiteur donne une chose à son créancier qui veut bien la recevoir à la place et en paiement d'une somme d'argent ou de quelque autre chose qui lui est due."

Dans les principes du droit romain, ce contrat, quoique fort ressemblant à la vente, en différait en un point très-important : par la dation en paiement, le débiteur s'obligeait non seulement à faire avoir la chose au créancier, mais encore à lui transmettre la propriété ; c'était un contrat innommé, *do ut des*, qui tenait lieu de la vente, *vicem venditionis* et auquel, à cause de la ressemblance, on accordait l'action *utilis ex empto*, *ad instar* de celle qu'a l'acheteur contre le vendeur. Cette différence avait fait penser à plusieurs jurisconsultes, que les droits de lods et ventes n'étaient pas exigibles de la dation en paiement, dans les Coutumes qui n'en avaient pas une disposition expresse ; mais cette opinion avait fini par être universellement rejetée, par le motif que la vente française comprenait le contrat dans lequel le vendeur s'obligeait à transmettre la propriété ; *hic venditionis loco habetur datio in solutum pro pecunia*, dit Dumoulin, § 78, gl. 1er, n° 8. En conséquence, la dation en paiement donnait ouverture aux droits de lods et ventes, même dans les coutumes où ce contrat n'était nommément prévu.

Remarquez que c'est comme vente et non comme contrat semblable à la vente, ou *instar venditionis*, que la dation en paiement rendait le droit exigible : *iure civili*, dit D'Argentré,

[ARTICLE 1592.]

Droits du prince, art. 66, *nemo dubitat dationem in solutum specisi pro pecunia debita, coincidere* IN VERAM VENDITIONEM, *quia substantialia venditionis concurrunt merx scilicet et pretium.* Elle différait de la vente romaine par le consentement qui n'avait pas le même objet ; mais sur ce point comme sur la chose et sur le prix, elle coïncidait avec la vente française.

Les principes de cette dernière ayant été consacrés par le Code civil, il est vrai de dire qu'aujourd'hui, comme sous la législation féodale, la dation en paiement est une véritable vente et qu'elle est en conséquence, virtuellement comprise dans la disposition de l'art. 52 de la loi du 28 avril 1816 : ce n'est point agir par analogie ou par assimilation que d'exiger le droit sur la convention dont il s'agit.

---

* 1 *Pordessus, Dt.* } 203. Le créancier et le débiteur peuvent
  comm., n° 203. } consentir, l'un à recevoir, l'autre à donner une chose au lieu d'une autre, quelque différentes qu'elles soient dans leur nature ou leur qualité. C'est ce qu'on appelle *dation en payement*. Mais la volonté de l'opérer doit être évidente : ainsi le pouvoir donné à un créancier de vendre une chose pour se payer, n'en aurait ni le caractère, ni les effets.

Cette dation en payement produit alors un contrat particulier qui est, ou une vente, quand on donne des marchandises au lieu d'une somme d'argent, ou un échange quand on donne *telle* chose au lieu de *telle* autre, etc. ; et l'on doit alors suivre les règles particulières à ces contrats. Elles sont toutefois modifiées par celles qui sont propres à la dation en payement. Dans une vente, l'éviction de l'acheteur, lors même qu'il aurait ensuite compensé le prix avec ce qui lui était dû, lui donne le droit d'exiger le prix que vaut la chose évincée, si elle a augmenté ; dans la dation en payement, l'éviction du créancier ferait simplement revivre la créance qui se trouverait n'avoir pas été payée ; le débiteur ne devrait que le capital de la dette originaire.

[ARTICLE 1592.]

* 1 *Troplong, Vente,* } 7. La loi 4, au C. *De evict.*, assimile la
    n° 7.   } *dation en paiement* à la vente, *vicem ven-*
ditionis obtinet. En eff°', elle transfère la propriété moyennant un prix, et elle requiert les trois éléments de la vente,
le consentement, la chose et le prix. Aussi, dans l'ancienne
jurisprudence, donnait-elle ouverture aux lods et ventes
et au retrait lignager. Néanmoins, elle diffère de la vente
proprement dite, en ce que les parties ont bien plutôt pour
but d'éteindre une obligation préexistante que de donner
naissance à une obligation nouvelle, en ce qu'elles veulent
opérer une libération bien plutôt que faire un acte de commerce. De là résulte une grande différence dans la position des contractants. Le vendeur qui, dans la vente, est
celui contre qui s'interprètent les pactes ambigus (art. 1602),
est ici le débiteur, c'est-à-dire celui en faveur de qui les
doutes doivent être résolus. L'acquéreur, qui dans la vente
est plus favorable comme débiteur du prix, est dans la dation
en paiement le créancier, c'est-à-dire celui contre qui les
clauses obscures doivent s'interpréter (art. 1162).

Pothier a noté d'autres différences.

Il veut que la tradition soit indispensable dans la dation
en paiement, ce qui était la conséquence des règles suivies
dans l'ancien droit français et en vertu desquelles la vente
n'avait pas le pouvoir de transférer, sans tradition, la propriété. Mais il en est autrement sous le Code Napoléon ; car,
comme nous le verrons sous l'article 1533, la propriété est
acquise de plein droit à l'acheteur, par le seul effet du contrat, sans qu'il soit besoin d'aucun acte de prise de possession.

Pothier trouvait aussi que la vente différait de la dation
en paiement, en ce que, dans la vente, le vendeur ne s'obligeait pas précisément à transférer la propriété à l'acheteur,
tandis qu'au contraire dans la dation en paiement, la translation de propriété était indispensable, n'y ayant pas de paiement valable sans translation de propriété ; "*non videntur
data* quæ eo tempore quo dantur accipientis non fiunt." L.
167, Dig. *de reg. juris.*

[ARTICLE 1592.]

Mais, d'après ce que nous avons, dit au n° 4, il n'y a plus de différence sous ce rapport entre la vente et la dation en paiement. Toutes deux ont aujourd'hui pour objet de transférer la propriété à l'acheteur et au créancier.

Enfin, une dernière différence relevée par Pothier, et qui subsiste dans toute sa force, c'est que, dans le cas où je vous vends une chose pour la somme de tant, qui viendrait en compensation de pareille somme que je croyais vous devoir, si je viens à découvrir que je ne vous la devais pas, je ne puis répéter la chose que je vous ai vendue, mais je puis seulement vous demander le prix que j'ai par erreur compensé avec une somme que je ne vous devais pas., Au contraire, lorsque je vous ai donné une chose en paiement d'une somme que je croyais par erreur vous devoir, c'est la chose même que j'ai le droit de répéter de vous, car mon action est dans ce cas *condictio indebiti*, ou *condictio sine causâ*.

Vous ne pourriez pas retenir la chose en offrant de me rendre la somme; car vous ne pouvez pas me forcer à une vente malgré moi; je ne vous ai cédé cette chose que parce que je voulais vous faire un paiement; mais, n'y ayant rien à payer, la dation que je vous ai faite doit être anéantie pour le tout.

A part ces différences, la dation en paiement aboutit aux mêmes conséquences que le contrat de vente. Le créancier évincé a une action en garantie et en dommages et intérêts, le débiteur est tenu des vices redhibitoires, des charges réelles non déclarées, de ses réticences sur les défauts de la chose, etc.

Voy. *C. C. B. C.*, art. 1032 et s.

---

* 1 *Duvergier,* ⎫   45. La dation en paiement a quelquefois
Vente, n° 45-6. ⎭ aussi le caractère et la plupart des effets de la vente; c'est lorsque, au lieu d'une somme d'argent due en vertu d'une obligation préexistante, le débiteur donne et le

créancier consent à recevoir un meuble ou un immeuble et réciproquement. Ce serait un échange si l'on donnait un meuble ou un immeuble, au lieu d'un autre meuble ou d'un autre immeuble qui serait dû.

La dation en paiement et la vente diffèrent, selon Pothier, en ce que par l'une le débiteur transfère la propriété, tandis que par l'autre le vendeur n'est pas précisément obligé à transmettre à l'acheteur la propriété de la chose vendue ; mais aujourd'hui et dans notre droit, la vente transférant la propriété, sous ce rapport, il n'y a plus aucune différence.

46. Cependant il ne faut pas confondre la dation en paiement proprement dite, avec la vente que ferait le débiteur à son créancier, en ajoutant que le prix de la vente et la somme due se compenseraient jusqu'à due concurrence. La vente et la dation en paiement produiraient, en ce cas, des effets différens (1).

_____

(1) " Lorsque j'ai vendu une chose pour la somme de tant, qui vien-
" drait en compensation de pareille somme que je croyais vous devoir,
" si je viens à découvrir que je ne vous la devais pas, ou que je ne vous
" devais pas tant, je ne puis répéter la chose que je vous ai vendue, mais
" je puis seulement répéter de vous, le prix que j'ai, par erreur, compen-
" sé avec une somme que je ne vous devais pas. L'action que j'ai contre
" vous est l'action *ex vendito quæ datur ad pretium consequendum*. Au
" contraire, lorsque je vous ai donné une chose en paiement d'une somme
" que je croyais par erreur vous devoir, c'est la chose même que j'ai
" droit de répéter de vous : car mon action, en ce cas, est celle qu'on
" appelle *condictio indebiti per errorem soluti*, ou *condictio sinè causà*,
" lesquelles actions ont pour objet la répétition de la chose qui a été
" payée. Pareillement, lorsque je vous ai donné une chose en paiement
" d'une somme de 200 livr. que je croyais vous devoir, quoique je ne vous
" dusse que 100 .ivr., ce ne sont pas les 100 livr. que je puis répéter, mais
" la chose ; et je dois la répéter entière, aux offres de vous payer les 100
" livr. que je vous devais : car je ne puis vous obliger à avoir en com-
" mun avec moi cette chose que vous n'eussiez pas reçue en paiement, si
" vous n'eussiez pas cru l'avoir entière : *condictio rei integræ manet et*
" *obligatio incorrupta ; ager autem retinebitur, donec debita pecunia*
" *solvatur*. L. 26, § 4, *cond. ind. Quid* si vous vouliez retenir la chose, en
" me rendant les 100 livr. que je ne vous devais pas ? Dumoulin, *de*

[ARTICLE 1593.]

<table>
<tr><td>

SECTION III.

DU BAIL A RENTE.

· 1593. L'aliénation d'immeubles à perpétuité par bail à rente équivaut à vente. Elle est soumise aux mêmes règles que le contrat de vente, en autant qu'elles peuvent y être applicables.

</td><td>

SECTION III.

OF ALIENATION FOR RENT

1593. The alienation in perpetuity of immoveable property for an annual rent, is equivalent to a sale. It is subject to the same rules as the contract of sale in so far as they can be made to apply.

</td></tr>
</table>

Voy. *C. C. B. C.*, art. 388 et s. et autorités citées sur art. 574 et s.

---

* 3 *Pothier*, (*Bugnet*), *Contrat de Constitution de rente, n° 2 et s.* } 2. Il paraît par la définition que nous avons donnée du contrat de constitution de rente, que ce contrat est une espèce de contrat de vente, mais différente des contrats ordinaires de vente.

Ce contrat n'est pas du nombre des contrats consensuels, qui sont parfaits par le seul consentement des parties con-

" *contr. us.* q. 14, n° 18?, décide que je pourrais pareillement vous obli-
" ger à la restitution de la chose, aux offres de vous payer, parce que je
" ne l'eusse pas non plus donnée en paiement, si j'eusse su ne devoir que
" partie de la somme. Dumoulin, *ibid.*, excepte le cas où je l'aurais
" exposée en vente. Pothier, *De la Vente*, n° 603."

En adoptant ces distinctions, je crois devoir rappeler que l'intention des parties, bien plus que les qualifications qu'elles ont données à leurs conventions, servent à les caractériser et à déterminer leurs conséquences; si donc, le mot vente a été employé dans un traité par lequel l'abandon d'un immeuble éteint une obligation, sans qu'il y ait de soulte à fournir par l'acquéreur; il faudra dire que c'est une dation en paiement, non une vente, et réciproquement; si un immeuble de grande valeur est donné en paiement d'une créance peu importante, et moyennant une soulte considérable, ce sera bien plutôt une vente, qu'une dation en paiement.

[ARTICLE 1593.]

tractantes : il est de la classe des contrats que nous avons nommés *réels;* car il n'est parfait et ne produit l'obligation que lorsque l'acquéreur de la rente en a payé le prix.

Il ne faut pas en conclure que, si quelqu'un s'était obligé envers moi de me compter, dans un certain temps, une somme de deniers, pour laquelle je lui constituerais une certaine rente, cette convention ne fût pas obligatoire.

Par exemple, si, pour me faire renoncer à une succession à laquelle vous étiez appelé avec moi, vous vous êtes obligé à me compter une somme de 10,000 liv. dans l'année, pour laquelle je vous constituerais une rente au denier vingt-cinq, il n'est pas douteux que cette convention est valable, et que, faute par vous de l'exécuter, vous êtes tenu de mes dom_ mages et intérêts, si j'en ai souffert : mais cette convention n'est pas le contrat de constitution de rente, qui ne se contractera que lorsque cette somme me sera payée (1).

3. Le contrat de constitution de rente n'est pas non plus du nombre des contrats synallagmatiques ; mais il est *unilatéral,* n'y ayant que celui des contractants qui vend la rente dont il se constitue le débiteur, qui contracte une obligation par ce contrat. Celui qui l'acquiert pour la somme des deniers qu'il paie au vendeur, n'en contracte aucune (2).

4. Le contrat de constitution de rente diffère en ces deux points du contrat ordinaire de vente, qui est contrat consensuel et synallagmatique.

(1) Nous ne comprenons pas pourquoi Pothier voit un contrat *réel* dans la constitution de rente : l'obligation passive de servir la rente la dette de la rente peut résulter du consentement ; de même l'obligation de payer le prix est la conséquence immédiate du concours des deux volontés. Les effets obligatoires sont donc, comme dans toute autre rente, produits par le consentement : et le paiement de la somme capitale ainsi que le service des arrérages sont, de part et d'autre, l'exécution de l'obligation, et non pas la cause génératrice de cette même obligation. (BUGNET).

(2) Nous dirions, au contraire, que celui qui acquiert la rente contracte l'obligation de payer le prix de son acquisition, et le contrat nous paraît synallagmatique tout autant qu'une vente au comptant. (BUGNET).

[ARTICLE 1593.]

Il diffère aussi du contrat de prêt à intérêt ; car il est de l'essence du contrat de prêt, que celui qui a reçu la somme, s'oblige de la rendre dans un certain temps ; au lieu que, dans le contrat de constitution, le vendeur de la rente, qui s'en constitue débiteur, ne s'oblige qu'à la prestation d'une rente : il n'est proprement débiteur que de la rente, et non du sort principal qu'il a reçu, que le créancier ne peut jamais exiger de lui, tant qu'il paie la rente. C'est dans l'aliénation faite à perpétuité du sort principal, que consiste le caractère essentiel et distinctif, qui différencie le contrat de constitution du prêt à intérêt (1).

5. Il faut néanmoins convenir que le contrat de constitution a quelque rapport avec le prêt à intérêt :

1° Il n'a été inventé que pour qu'on pût se passer du prêt à intérêt, défendu par les lois de l'Eglise, confirmées par celles des princes dans les États catholiques, et pour lui substituer un autre moyen de trouver l'argent dont on peut avoir besoin dans une infinité de circonstances de la vie, sans être obligé de vendre ses fonds, souvent à vil prix ;

2° On ne peut disconvenir que la rente annuelle et perpétuelle que paie le débiteur jusqu'à ce qu'il ait rendu le sort principal, n'aie du rapport avec les intérêts que le débiteur paie dans le contrat du prêt à intérêt jusqu'à la restitution de la somme prêtée ; et que si, dans le contrat de constitution, le débiteur de la rente n'est pas, comme dans le prêt à intérêt, débiteur proprement du sort principal, il l'est néanmoins en quelque manière, puisqu'il ne peut, sans le rendre, faire cesser la rente et se libérer (2).

(1) Le débiteur ne s'est réellement soumis qu'au service de la rente, avec faculté de rachat, tandis que, dans le prêt, le débiteur s'est directement et principalement obligé à la restitution du capital reçu et le droit d'exiger ce remboursement est une créance très positive pour le prêteur. (BUGNET).

(2) Oui, mais il profitera des circonstances favorables ; il choisira le moment le plus opportum pour lui d'effectuer le remboursement, tout en

6. Ces rapports du contrat de constitution avec le prêt à intérêt, ont fait douter pendant quelque temps s'il était licite. Henri Legrand, théologien du treizième siècle, *Quodlib.* 1, 2, 39, prétendait que le contrat de constitution était usuraire, contre l'avis des légistes et des canonistes, qui le soutenaient licite.

Martin V, consulté sur ce contrat, qui, depuis un temps immémorial, et surtout depuis cent ans, était fort usité en Silésie, décida par sa bulle *Regimini*, de l'an 1423, *in Extr. comm.*, tit. *de Empt. vend.*, que ces contrats de constitution étaient licites, *licitos, juri communi conformes.*

Cette décision fut encore confirmée par une autre bulle *Regimini*, de 1455, de Calixte III, *in Extr. comm. eod. tit.*

Ces décisions ont été approuvées dans l'Eglise, et personne ne doute aujourd'hui que le contrat de constitution ne soit licite et valable, pourvu néanmoins que les règles auxquelles la loi civile l'a assujetti, y aient été observées. Nous traiterons de ces règles dans le chapitre suivant.

7. A l'égard du temps auquel les contrats de constitution ont commencé à être en usage, on ne peut guère le déterminer.

Quelques auteurs ont cru les apercevoir dans la loi 33, ff. *de Usur.;* et dans la loi 2, Cod. *de Debit. civit.* Il y est dit que les administrateurs des biens des villes ne doivent pas exiger des bons débiteurs le principal, tant qu'ils paient bien les intérêts.

N'est-ce pas là, disent-ils, des rentes constituées ? Point du tout. Les biens des villes consistaient, chez les Romains, partie en fonds d'héritages, partie en argent, que les administrateurs prêtaient avec stipulation d'intérêts à des personnes solvables, afin de procurer aux villes un revenu clair et liquide, et de pouvoir faire promptement de l'argent en cas de besoin.

blessant les intérêts du créancier, tandis que le débiteur, dans le cas de prêt, n'a point cet avantage ; il subit la loi, souvent très rigoureuse, du créancier. (BUGNET).

[ARTICLE 1593.]

C'est de ces dettes qu'il est question dans les lois ci-dessus citées : elles décident que, quoique ces dettes procédassent du contrat ordinaire de prêt à intérêt, et que la ville eût, par la nature du contrat, le droit d'exiger la restitution du principal, néanmoins il était de la bonne administration de n'en pas exiger la restitution, tant que les débiteurs étaient bons, et payaient régulièrement les intérêts ; car ces sommes étant destinées à être placées à intérêt, il était inutile de les répéter d'un bon débiteur qui en payait bien les intérêts, pour les placer chez une autre personne. D'ailleurs cette conduite des administrateurs était avantageuse aux villes, en ce qu'elle servait à leur faire trouver plus facilement à placer leur argent, les débiteurs étant assurés qu'on ne les presserait pas pour la restitution du principal.

C'est le sens de ces lois. Bien loin qu'on en puisse conclure que les rentes constituées étaient en usage chez les Romains, et que les villes plaçaient leurs deniers en ces sortes de rentes, il me paraît qu'on en doit conclure le contraire ; car, si les débiteurs des villes eussent été des débiteurs de rentes constituées, dont le principal, par la nature du contrat, n'est pas exigible, il eût été inutile de recommander aux administrateurs de ne les pas exiger, et d'en faire une règle de bonne administration.

8. C'est avec plus de fondement que Dumoulin, *Tr. de Usur.*, quæst. 75, trouve dans la Novelle 160 de Justinien, un vestige de contrat de constitution de rente, pratiqué dans le sixième siècle.

Il est dit dans cette Novelle, que les officiers municipaux de la ville d'Aphrodise (qui était une ville de la Thrace, peu éloignée de la mer Egée), ayant une grosse somme d'or, provenue de plusieurs legs faits à leur ville, pour conserver cette somme à leur ville, *ne quando ea deperiret*, avaient placé cette somme à la charge de la prestation annuelle d'une certaine somme, tant que ceux chez qui elle avait été placée, la garderaient.

Il est dit ensuite que ces personnes, pour se dispenser de la

[ARTICLE 1594.]

continuation de cette prestation annuelle, se prévalaient de la constitution de Justinien, qui a ordonné que, dans les prêts à intérêts, le cours des intérêts serait arrêté aussitôt que la somme qui aurait été payée pour les intérêts, viendrait à égaler le principal, de manière que le créancier ne dût jamais recevoir pour principal et intérêts, plus que le double du principal.

Justinien, consulté sur cette contestation, décide par cette Novelle, que sa constitution, pour arrêter le cours des inté-rêts dans les contrats de prêt, ne reçoit aucune application dans l'espèce proposée ; parce que sa constitution ne concerne que les créanciers des sommes prêtées à intérêt, et que la prestation annuelle dont il s'agit dans l'espèce proposée, ne ressemble pas aux intérêts d'une somme prêtée, mais plutôt à un revenu annuel : *Illam de creditoribus conscripsimus ; præsens vero species illam non attingit, si quidem hoc magis annuo reditui quàm usurarum præstationi simile videtur.*

Le contrat qui est exposé dans cette Novelle n'était donc pas un contrat de prêt à intérêt, par lequel ceux qui avait reçu cette somme des officiers municipaux d'Aphrodise, se fussent obligés à la rendre, et à payer les intérêts jusqu'à la restitution ; mais c'était un contrat par lequel ils s'étaient obligés seulement à payer un revenu annuel, jusqu'à ce qu'il leur plût de rendre la somme qu'on ne pouvait pas exiger d'eux ; ce qui est notre contrat de constitution de rente.

Au reste, il paraît que les contrats de constitution de rente n'ont commencé à être usités que dans le treizième et le qua-torzième siècle, puisque c'est dans ce temps que se sont éle-vées les disputes sur leur légitimité. Il a pu s'en faire quelques-uns auparavant mais c'étaient des cas rares.

1594. La rente peut être payable en argent ou en effets. La nature de

1594. The rent may be payable either in money or in kind. Its nature and

[ARTICLE 1594.]

cette rente et les règles auxquelles elle est assujettie sont énoncées dans les articles relatifs aux rentes contenus dans le deuxième chapitre du titre premier du livre deuxième.	the rules to which it is subject are declared in the articles relating to rents contained in the second chapter of the first title of the second book.

---

* 4 *Pothier (Bugnet), Bail à rente, n° 12 et s.* 12. De même que, dans le contrat de vente, le prix doit être certain et déterminé, de même dans le contrat de bail à rente, la rente que le bailleur se retient dans l'héritage doit être quelque chose de certain et de déterminé. C'est pourquoi s'il était dit par le bail, " qu'on a baillé à rente un tel héritage ", sans dire de combien est la rente ; ou s'il était dit " que l'héritage est baillé à rente pour la même rente qu'il a été baillé autrefois ", et qu'il ne se trouvât aucun bail à rente qui eût été fait autrefois de cet héritage ; il est évident que, dans l'un et dans l'autre de ces cas, le bail serait nul, et ne produirait ni l'aliénation de l'héritage, ni aucune obligation des parties.

13. Les différences sont, 1° en ce que, dans le contrat de vente, le prix ne peut consister que dans une certaine somme d'argent, autrement ce ne serait pas un contrat de vente, mais une autre espèce de contrat, comme nous l'avons vu en notre *Traité du Contrat de vente*, n° 30.

Au contraire, il n'importe que la rente consiste en une somme d'argent, ou en une certaine quantité de fruits ou de denrées : par exemple, on peut donner un héritage pour tant de muids de blé de rente, tant de poinçons de vin, tant de livres de beurre, tant de chapons, etc.

On peut aussi faire consister la rente en une quotité de fruits ; comme, à la charge de donner au bailleur la sixième gerbe de blé qui sera recueillie dans l'héritage, " tant de pintes de vin par poincon de vin qui sera recueilli."

[ARTICLE 1594.]

Cette espèce de rente s'appelle *champart ;* c'est une espèce particulière de rente dont nous ne traitons pas ici.

Une seconde différence est que, dans le contrat de vente, le prix consiste dans une unique somme d'argent, qui est due en entier dès l'instant du contrat, quand même, par la convention des parties, le paiement en aurait été différé, et partagé en plusieurs termes. Au contraire, dans le bail à rente, la rente ne naît et n'est due que par parties, à mesure du temps qui s'écoule de la possession du preneur et de ses successeurs.

Enfin, la troisième différence, qui est la principale, est que, dans le contrat de vente, le prix est une dette de la personne, et non de l'héritage qui est vendu. Au contraire, dans le bail à rente, la rente que le bailleur se retient, est une charge réelle qui est imposée sur l'héritage baillé à rente, et qui est due principalement par l'héritage (1), quoique le preneur et ses successeurs soient aussi, à cause de l'héritage qu'ils possèdent, débiteurs personnels des arrérages.

———

* *Sts. R. B. C.,*   5. Lorsque le montant du capital d'une
ch. 50, *s.* 5.   rente qui sera rachetée en vertu du présent acte n'est pas spécifié dans le titre constitutif d'icelle, il sera calculé d'après le montant de la rente au taux de cinq pour cent par an, si la date de tel titre est antérieure au quatre mars, mil sept cent soixante-et-dix-sept, et au taux de six pour cent par an, si la date d'icelui est le dit jour, ou postérieure au dit jour ; et lorsque cette rente est en tout ou en partie payable en nature, la valeur en sera calculée, pour son rachat, à la juste valeur en argent, au temps du rachat, des effets en lesquels elle est ainsi payable. 22 V. (1859) c. 49, s. 5.

(1) La rente est aujourd'hui une dette personnelle de celui qui a contracté une obligation, en acquérant la propriété de l'immeuble. (E   .r).

[ARTICLE 1595.]

1595. L'obligation de payer la rente est une obligation personnelle. L'acheteur n'en est pas libéré par le déguerpissement de l'héritage, non plus que, par la destruction de la propriété par cas fortuit ou force majeure.	1595. The obligation to pay the rent is a personal liability; the purchaser is not discharged from it by abandonment of the property, nor is he discharged by reason of the destruction of the property by a fortuitous event or by irresistible force.

---

* *Sts. R. B. C.*,
ch. 50, *s.* 1. } 1. Sauf tel que prescrit ci-dessous — il n'a pas été depuis le quatrième jour de mai, mil huit cent cinquante-neuf, et il ne sera plus permis de créer aucune rente foncière perpétuelle non rachetable, à quelque titre que ce soit, ni non plus aucune rente devant affecter des biens-fonds d'une manière non rachetable pour un terme de plus de quatre-vingt-dix-neuf ans, ou sur plus de trois têtes ; mais toutes ces rentes, tel que mentionné plus haut, s'il en est stipulé, seront à toujours rachetables à l'option du débiteur d'icelles, et soumises à toutes les règles et lois affectant les rentes constituées à perpétuité, quant au mode de les racheter et autrement, sauf et excepté quant à la prescription qui sera celle de trente ans pour telles rentes et arrérages d'icelles. 22 V. (1859) c. 49, s. 1.

TITRE SIXIÈME. | TITLE SIXTH.

DE L'ÉCHANGE. | OF EXCHANGE.

Rapport de MM. les Commissaires. } Le contrat d'échange, la *permutation* du droit romain, ressemble tellement à la vente, qu'il n'a pas été jugé nécessaire de préparer plus de quatre articles sur ce sujet. Ces articles correspondent à

[ARTICLE 1596.]

ceux du Code Napoléon sous le même titre, excepté les articles 1702 et 1703 de ce Code qui ont été réunis dans notre premier article : on n'en a adopté aucun pour répondre au 1706ᵉ qui concerne la lésion.

1596. L'échange est un contrat par lequel les parties se donnent respectivement une chose pour une autre.

[Il s'opère par le seul consentement, comme la vente.]

1596. Exchange is a contract by which the parties respectively give to each other one thing for another.

[It is effected by consent, in the same manner as sale.]

---

* C. N. 1702-3. } 1702. L'échange est un contrat par lequel les parties se donnent respectivement une chose pour une autre.

1703. L'échange s'opère par le seul consentement, de la même manière que la vente.

---

* ff. De contrah. empt., } Origo emendi vendendique à per-
Liv. 18, Tit. 1, L. 1. } mutationibus cœpit. Olim enim non ita erat nummus : neque aliud merx, aliud pretium vocabatur : sed unusquisque secundùm necessitatem temporum, ac rerum utilibus inutilia permutabat : quando plerumque evenit, ut quod alteri superest, alteri desit. Sed quia non semper, nec facilè concurrebat, ut cùm tu haberes quod ego desiderarem, invicem haberem quod tu accipere velles, electa materia est, cujus publica ac perpetua æstimatio difficultatibus permutationum, æqualitate quantitatis subveniret : eaque materia forma publica percussa, usum, dominiumque non tam ex substantia præbet, quàm ex quantitate : nec ultra merx utrumque, sed alterum pretium vocatur.

[ARTICLE 1596.]

§ 1. Sed, an sine nummis venditio dici hodieque possit, dubitatur : veluti, si ego togam dedi, *ut tunicam acciperem* Sabinus et Cassius esse emptionem et venditionem putant. Nerva et Proculus permutationem, non emptionem hoc esse. Sabinus Homero teste utitur, qui exercitum Græcorum ære, ferro, hominibusque vinum emere refert illis versibus :

> *Hinc quidem vinum emebant comati Achivi :*
> *Alii quidem ære, alii autem splendido ferro,*
> *Alii vero pellibus, alii autem ipsis vaccis,*
> *Alii autem mancipiis.*

Sed hi versus permutationem significare videntur, non emptionem, sicut illi :

> *Hinc rursus Glauco Saturnius mentes exemit Jupiter,*
> *Qui cum Tydide Diomede arma mutavit.*

Magis autem pro hac sententia illud diceretur, quod aliàs idem poëta dicit :

> —*emit possessionibus suis.*

Sed verior est Nervæ et Proculi sententia : nam ut aliud est vendere, aliud emere, alius emptor, alius venditor, sic aliud est pretium, aliud merx : quod in permutatione discerni non potest, uter emptor, uter venditor sit.

§ 2. Est autem emptio juris gentium : et ideo consensu peragitur, et inter absentes contrahi potest, et per nuntium, et per litteras. (PAULUS).

Ibidem. } L'origine de la vente vient des échan-
Trad. de M. Hulot. } ges : car d'abord on ne connoissoit pas l'argent monnoyé, et il n'y avoit point de nom différent pour désigner la marchandise et le prix ; mais chacun, suivant ses besoins et les différentes circonstances, échangeoit des choses qui lui étoient inutiles, contre d'autres dont il avoit affaire : car il arrive souvent que l'un manque de ce qu'un autre a de trop. Mais, comme il étoit rare et difficile de réunir des occasions où deux personnes eussent réciproquement les choses qu'elles pouvoient désirer, on a choisi une matière qui, ayant une valeur publique fixe et déterminée, pût remédier aux

difficultés qui se trouvoient dans les échanges, en représentant au juste toutes sortes de choses. Cette matière a été frappée au coin de l'autorité publique, et on en a fixé l'usage et la propriété par la valeur qu'on lui a donnée, plutôt que par la substance même de la matière. Depuis ce temps les deux matières ne s'appellent plus marchandises, mais l'une des deux est appelée le prix de l'autre.

§ 1. Il y a cependant lieu de douter si on pourroit faire aujourd'hui une véritable vente sans argent monnoyé : par exemple, dans le cas où on donneroit un habit pour avoir un manteau. Sabin et Cassius pensent qu'il y a en ce cas une véritable vente. Nerva et Proculus sont d'avis qu'il n'y a qu'un échange et non une véritable vente. Sabin cite à ce sujet Homère, au rapport duquel l'armée des Grecs achetoit du vin moyennant du cuivre, du fer et des hommes, comme le marquent ces vers : " Les Grecs achetoient du vin, les uns avec du cuivre, les autres avec du fer, quelques-uns avec des peaux, d'autres avec des animaux, d'autres avec des esclaves." Mais ces vers paroissent ne marquer qu'un échange, et non une vente, aussi bien que ceux-ci : " Jupiter, fils de Saturne, aveugla Glaucus au point qu'il changea ses armes avec Diomède". Mais on pourroit apporter avec plus de justesse, pour défendre le sentiment de Sabin, ces autres vers du même poëte : " Il acheta avec ses possessions ". Cependant le sentiment de Nerva et de Proculus doit être préféré : car il faut distinguer ces termes vendre et acheter, acheteur et vendeur. prix et marchandises, au lieu que dans l'échange, on ne peu. savoir lequel est le vendeur, lequel est l'acheteur.

§ 2. La vente descend du droit des gens : c'est ce qui fait qu'elle se contracte par le seul consentement, même entre absens, par lettres, ou par le ministère de quelqu'un qu'on envoie à cet effet. (PAUL).

Voy. autorités sur arts. 1597 et s.

[ARTICLE 1596.]

* 3 *Pothier* (*Bugnet*), *Vente,* { 617. Le *contrat d'échange* est
n° 617 *et s.* } un contrat par lequel l'un des .
contractants s'oblige à donner une chose à l'autre, à la place
immédiatement d'une autre chose, que l'autre contractant
s'oblige de sa part de lui donner.

J'ai dit *immédiatement ;* car, si nous convenions ensemble
que je vous donnerai telle chose pour un certain prix, en
paiement duquel vous me donnerez de votre côté une autre
chose, cette convention n'est pas un contrat d'échange, mais
elle renferme une vente que j'ai faite de ma chose, et une
dation de la vôtre que vous me faites en paiement du prix de
la mienne.

618. Il faut aussi, pour le contrat d'échange, que chacun
des contractants compare la valeur de la chose qu'il donne,
à celle de la chose qu'il reçoit, et qu'il ait intention d'acquérir à peu près autant qu'il donne. Mais si deux amis se
donnent mutuellement l'un une chose, et l'autre une autre
chose, sans égard à leur valeur, c'est une donation mutuelle
qu'ils se font ; ce n'est pas un contrat d'échange (1).

619. Le contrat d'échange a de la ressemblance avec le
contrat de vente. Il tenait lieu du contrat de vente dans les
premiers âges du monde, avant qu'on eût inventé l'usage de
la monnaie, qui a donné naissance au contrat de vente : c'est
pourquoi les Sabiniens pensaient que l'échange était un vrai
contrat de vente ; L. 1, ff. *de Contrah. empt.*

L'opinion des Proculéiens, qui décident que le contrat d'é-
change est différent du contrat de vente, est plus véritable.
La principale différence est que, dans le contrat de vente, on
distingue la chose et le prix ; on distingue entre les contractants, le vendeur et l'acheteur. Au contraire, dans le contrat

_____

(1) Les donations mutuelles doivent être soigneusement distinguées
du contrat d'échange : dans les donations mutuelles il y deux opérations, deux donations distinctes, ayant chacune leur cause séparée. Au
contraire, dans l'échange, l'obligation de l'un des copermutants a immédiatement pour cause l'obligation de l'autre : il n'y a qu'une seule
opération. (Bugnet).

[ARTICLE 1596.]

d'échange, chacune des choses est tout à la fois la chose et le prix ; chacun des contractants est tout à la fois vendeur et acheteur ; *edd.* L. 1, § 1 ; L. 1, *de Permut.*

620. Quoique le contrat d'échange soit différent du contrat de vente, néanmoins, comme il produit dans chacun des contractants les mêmes obligations de garantie que le contrat de vente produit dans le vendeur, on ne peut disconvenir que le contrat d'échange ne soit un contrat ressemblant au contrat de vente, et tenant de la nature de ce contrat : *Permutationem vicem emptoris obtinere non est juris incogniti ; L.* 2, Cod. *de Rer. permut. Permutatio vicina est emptioni ; L.* 2, ff. *de Permut.*

621. Selon les principes du droit romain, l'échange n'était pas un contrat purement consensuel.

La simple convention d'échange par laquelle deux personnes étaient convenues d'échanger une chose contre une autre, tant qu'elle n'avait pas encore été exécutée de la part de l'une des parties, n'était qu'un simple pacte, *nudum pactum*, qui, selon les principes du droit romain, ne produisait aucune obligation civile ; car il n'y avait qu'un certain nombre de conventions qui, sans avoir reçu encore aucune exécution, et sans être revêtues de la forme de la stipulation, produisissent une obligation civile ; le droit civil leur avait attribué des actions qui leur étaient propres, à cause desquelles on appelait ces conventions *contrats nommés.*

La vente était du nombre de ces *contrats nommés ;* mais l'échange étant, selon le sentiment des Proculéiens, qui avait prévalu, une convention différente de la vente, n'était qu'un simple pacte, qui, n'étant pas revêtu de la forme de la stipulation, ne produisait pas d'obligation civile. Néanmoins si, en exécution de cette convention d'échange, l'une des parties avait donné à l'autre la chose qu'elle avait promis de lui donner en échange, la convention, par ce commencement d'exécution, devenait un contrat innommé, *do ut des*, d'où naissait une action qu'on appelait *præscriptis verbis*, par laquelle celle des parties qui avait exécuté de sa part la con-

[ARTICLE 1596.]

vention, pouvait contraindre l'autre à l'exécution de la
sienne. C'est pourquoi, suivant le droit romain, le contrat
d'échange était un *contrat réel ; L.* 1, § 2, ff. *de Permut.; L.* 3,
Cod. *eod. tit.*

Cette distinction entre les contrats et les simples pactes,
n'ayant aucun fondement dans la raison et l'équité naturelle,
et étant une pure invention de la politique des patriciens
pour rendre difficile la pratique du droit civil, et tenir par là
le peuple dans leur dépendance (1), a été, avec raison, rejetée
dans notre droit, comme nous l'avons déjà observé en notre
Traité des Obligations. C'est pourquoi, parmi nous, la convention d'échange, dès avant qu'elle ait reçu aucune exécution, et aussitôt que le consentement des parties est intervenu, produit de part et d'autre une obligation civile, et elle
est un contrat consensuel, de même que le contrat de vente.

Les jurisconsultes romains ont observé une autre différence entre le contrat de vente et le contrat d'échange, qui,
paraissant avoir son fondement dans la nature de ces contrats, peut être admise dans notre droit. Dans le contrat de
vente, il n'y a que l'acheteur qui soit obligé précisément à
transférer au vendeur la propriété de l'argent qui fait le prix
de vente : *Emptor nummos venditoris facere cogitur ; L.* 11, § 2,
ff. *Act. empt.* Mais le vendeur, lorsqu'il a vendu une chose
qu'il croyait de bonne foi lui appartenir, n'est pas obligé précisément à transférer à l'acheteur la propriété de la chose
vendue ; il s'oblige seulement à le défendre, lorsqu'il sera
troublé : *Hactenùs tenetur ut emptori rem habere liceat, non
etiam ut ejus faciat ; L.* 30, § 1, ff. *eod. tit.*

Au contraire, comme, dans le contrat d'échange, chaque

(1) On pourrait alléguer une autre raison : l'obligation produisant un
lien civil, pouvant amener une exécution forcée, il est raisonnable
d'exiger un mode de formation de cette obligation, qui ne laisse aucun
doute sur l'intention sérieuse de s'obliger : or, la formule interrogative,
la stipulation, était éminemment convenable pour concentrer l'attention
de celui qui allait s'obliger ; dans les autres cas, l'obligation naissant *re*
ou *litteris*, il ne pouvait y avoir de doute. (BUGNET).

[ARTICLE 1596.]

chose est tout à la fois et la chose et le prix, et chacun des contractants est vendeur et acheteur, chacun d'eux est obligé précisément à transférer à l'autre la propriété de la chose qu'il lui donne. C'est pourquoi celui des contractants qui a reçu la chose qu. i a été donnée en échange, quoiqu'il n'ait encore souffert aucun trouble dans la possession de cette chose, n'est pas obligé, de son côté, de donner celle qu'il a promise, s'il a découvert que la propriété de celle qu'il a reçue ne lui a pas été transférée, et qu'elle n'appartient pas à celui qui la lui a donnée. Tout ce que celui-ci peut prétendre, c'est qu'on lui rende celle qu'il a donnée ; L. 1, § 4, ff. *de Permut.* (1). C'est en ce sens que *Pedius ait alienam rem dantem nullam contrahere permutationem ; edd.* L. 1, § 3.

622. Dans le contrat d'échange, chacun des contractants ou permutants s'oblige envers l'autre à lui livrer la chose qu'il a promis de lui donner en échange, à le garantir des évictions aussi bien que des charges réelles, et des vices redhibitoires ; et s'il ne satisfait pas à son obligation, il est tenu envers lui des dommages et intérêts résultant de l'inexécution, de même que, dans le contrat de vente, le vendeur en st tenu envers l'acheteur.

623. Le copermutant à qui je manque de livrer la chose, ou à qui j défaux de garantie, a le choix ou de conclure contre moi à la condamnation de ses dommages et intérêts, *actione utili ex empto,* ou de répéter la chose qu'il m'a donnée en contre-échange ; L. 1, Cod. *de Rer. permut.*

Cette loi faisait néanmoins à cet égard une distinction qui ne paraît fondée sur aucune raison solide ; c'est pourquoi je pense que ce choix doit être accordé indistinctement à la partie évincée.

624. Tout ce qui a été dit à l'égard d itrat de vente, touchant les obligations qui naissent de nne foi qui doit régner dans ce contrat, et celles qui naissent des clauses sur

(1) Cette différence est peu sensible aujourd'hui si l'on admet, comme semble le décider l'art. 1599, C. civ., que le vendeur est tenu do tranfe-rer la propriété à l'acheteur. (BUGNET).

[ARTICLE 1596]

ıa contenance ou la qualité des choses vendues, le lieu ou le temps de leur tradition, reçoit une entière application au contrat d'échange.

625. La chose que chacun des contractants a promis de donner en échange à l'autre, est aux risques de celui à qui on a promis de la donner, de même que la chose vendue est aux risques de l'acheteur dans le contrat de vente ; et si elle vient à périr sans le fait ni la faute de celui qui l'a promise, et avant qu'il ait été constitué en demeure de la donner, il est libéré de son obligation, sans que celui à qui elle a été promise, puisse répéter celle qu'il a donnée de sa part ; et sans même qu'il puisse être déchargé de l'obligation qu'il a contractée de la donner, s'il n'y a pas encore satisfait ; de même que, dans le contrat de vente, l'acheteur ne peut pas, en ce cas, répéter le prix qu'il a payé, ni en éviter le paiement, s'il ne l'a pas encore payé.

Les raisons sur lesquelles nous avons établi ce principe à l'égard du contrat de vente, *suprà*, part. 4, militent également à l'égard du contrat d'échange. Les limitations que nous y avons apportées reçoivent aussi leur application à l'égard du contrat d'échange.

626. Celui qui a donné des meubles en échange d'autre chose, ne peut attaquer le contrat, quelque lésion qu'il prétende avoir soufferte dans l'estimation desdits meubles : car la règle de notre droit français, rapportée en l'art. 445 de notre coutume d'Orléans, qui rejette le bénéfice de restitution en aliénation de meubles, est une règle générale qui renferme l'échange aussi bien que la vente. Mais celui qui a donné un immeuble en échange contre des choses dont la valeur est au-dessous de la moitié du juste prix de cet immeuble, doit, de même qu'un vendeur, être admis à demander la rescision du contrat, si mieux n'aime l'autre copermutant suppléer ce qui manque au juste prix (1).

(1) Le droit est changé à cet égard. *V.* art. 1706, C. civ

Cette doctrine est plus rationnelle que l'ancienne : car, dans l'échange, chaque partie joue réciproquement le rôle de vendeu et d'acheteur ; or,

[ARTICLE 1596.]

· 627. Il nous reste à observer au sujet du contrat d'échange, que, lorsqu'il est d'un immeuble contre un autre immeuble, et qu'il est fait but à but, et sans aucun retour en deniers ou en autres choses mobilières, il n'est sujet par les coutumes ni aux profits de vente, ni au retrait. S'il y a un retour, celui .. copermutants qui a acquis moyennant ce retour, doit le profit de vente pour ce retour, et jusqu'à concurrence de ce retour ; Orléans, 13 et 110.

A l'égard du retrait, suivant le droit le plus commun, le retour en deniers ou autres choses mobilières, n'y rend le contrat d'échange sujet que lorsque le retour excéde la moitié de la valeur de l'héritage pour lequel on a donné ce retour. Il y a néanmoins à cet égard une grande variété dans les coutumes. *Voy.* notre *Traité des retraits*, qui sert d'appendice à celui-ci, part. 1re, chap. 4, art. 3, § 1.

628. Lorsque l'échange est d'un héritage contre des meubles, il donne, de même que le contrat de vente, ouverture aux profits seigneuriaux et au retrait: il est à cet égard réputé contrat équipollent à vente ; autrement rien ne serait plus facile que de déguiser tous les contrats de vente sous

la rescision n'a jamais lieu au profit de l'acheteur que rien ne forçait à acheter : tandis que la loi a pû équitablement prendre en considération la position malheureuse du vendeur : *Venditio sapit egestatem*

Ajoutons une considération qui n'est pas sans valeur : c'est qu'il serait assez difficile d'apprécier la lésion, attendu que le copermutant a pu attacher un prix d'affection à l'objet par lui reçu en contre-echange, tandis que le vendeur ne peut avoir ce prix d'affection pour ce qu'il reçoit, ce sont des quantités, une somme d'argent, et non pas des corps certains, des individualités.

Cependant il ne serait pas impossible que les tribunaux, en appréciant les faits, vissent une vente dans un acte qualifié d'échange : surtout, lorsque d'une part il y aurait abandon d'un immeuble, et de l'autre, abandon de quantité, de denrées, qui sans être somme d'argent, sont cependant destinées évidemment à être vendues. Il serait, sans cela, fort à craindre qu'une des parties n'abusât de la position de l'autre, et que, par une qualification mensongère, elle ne la privât encore de la ressource de l'action en rescision pour cause de lésion. (BUGNET).

[ARTICLE 1596.]

l'apparence de tels échanges, en fraude des seigneurs et des lignagers.

629. Il ne faut pas omettre un des principaux effets de l'échange ; c'est que la chose que je reçois en échange de celle que j'ai donnée se subroge de plein droit à celle que j'ai aliénée, et elle prend à sa place les qualités extrinsèques que celle-ci avait, et qu'elle a perdues par l'aliénation que j'en ai faite. De là cette règle : *Subrogatum capit naturam subrogati.*

Observez néanmoins qu'il faut pour cela que la chose que je reçois en échange soit de nature à être susceptible des qualités de celle que j'ai aliénée. Par exemple, si je reçois une rente constituée en échange d'un héritage qui était un de mes propres paternels, cette rente acquerra bien par la subrogation la qualité de propre paternel de succession qu'avait l'héritage que j'ai aliéné, parce qu'il suffit que cette rente soit immeuble (1) pour être susceptible de la qualité de propre de succession ; mais elle n'acquerra pas la qualité de propre de retrait qu'avait l'héritage que j'ai aliéné, parce que les rentes constituées ne sont pas susceptibles de cette qualité. Si c'est contre des meubles que j'ai échangé mon héritage propre paternel, ces meubles n'acquerront pas la qualité de propres de succession, ni de propres de retrait qu'avait mon héritage, des meubles n'étant susceptibles ni de l'une ni de l'autre de ces qualités.

Il est évident que la chose que je reçois en échange de celle que j'ai donnée, ne peut recevoir par cette subrogation d'autres qualités que celles que cette chose avait, et telles qu'elle les avait. C'est pourquoi si j'ai acquis un héritage en échange d'une rente constituée, qui était un de mes propres paternels, cet héritage aura bien la qualité de propre paternel de succession qu'avait cette rente ; mais il n'aura pas la qualité de propre paternel de retrait, quoiqu'il soit de nature

---

(1) Aujourd'hui les rentes sont meubles ; notre loi ne reconnaît plus de propres de succession , elle n'admet pas le retrait, d'où il suit que la plupart des conséquences que signale ici Pothier sont actuellement sans application. (BUGNET).

à être capable de cette qualité ; car, étant subrogé à une rente constituée, il ne peut pas acquérir la qualité de propre de retrait, que la rente 'avait pas et ne pouvait avoir.

Il est encore éviden♦ que la chose que je reçois en échange ↲e peut acquérir par la subrogation que les qualités extrinsèques qu'avait la chose que j'ai donnée, et qu'elle perd par l'aliénation que j'en fais ; telles que sont les qualités de propre d'une telle ou d'une telle ligne. Mais la subrogation ne peut faire passer les qualités de féodal et de censuel (1) qu'avait l'héritage que j'ai aliéné, à celui que j'ai reçu à la place ; car ce sont des qualités intrinsèques, qui ne peuvent passer d'un héritage à l'autre.

Il en est de même des charges d'hypothèque, de substitution, et autres semblables qui seraient sur l'un des héritages échangés : elles demeurent sur cet héritage, nonobstant l'aliénation que j'en ai faite, et elles ne passent pas à celui qui m'est donné en contre-échange. Si celui-ci devient aussi hypothéqué à mes créanciers, c'est par une autre raison, qui♦ est que je leur ai hypothéqué tous mes biens présents et à venir (2).

----

6 *Marcadé, sur art.* ⎱ I. — Les deux contrats de vente et
1702-1703 *C. N* ⎰ d'échange ont entre eux les rapports les plus intimes : l'échange a été le prélude et l'ébauche de la vente, la vente est la simplification et le perfectionnement de l'échange. Le règlement complet d'un de ces contrats laissait donc peu de chose à dire pour l'autre ; comme le législateur, considérant plutôt leur importance pratique que l'ordre historique dans lequel ils se sont produits, nous a donné tout d'abord l'exposition développée des règles de la vente, quelques articles vont lui suffire pour l'échange.

----

(1) Nous n'avons plus d'immeubles féodaux ni censuels. (BUGNET).

(2) Cela n'aurait lieu que dans le cas où il s'agirait d'hypothèques générales, légales ou judiciaires. (BUGNET).

[ARTICLE 1596.]

Le Code, et comme lui M. Troplong, définissent l'échange :
un contrat par lequel les parties *se donnent* une chose pour
une autre. Cette définition, que presque tous les autres auteurs critiquent, n'a cependant rien d'inexact ; et c'est au
contraire celle par laquelle ces auteurs proposent de la remplacer qui se trouve fausse et inacceptable. En effet, MM.
Rolland de Villargues, Delaporte, Delvincourt, Duranton et
Zachariæ prétendent qu'il faudrait de deux choses l'une, ou
substituer (selon les uns), ou du moins ajouter (selon les
autres) au mot *se donnent*, ou autre mot équivalent, l'idée
d'une simple *Obligation* de donner. Ainsi, les uns définissent
l'échange : le contrat dans lequel les parties se donnent *ou
s'obligent à se donner* une chose pour une autre ; et les autres,
rejetent comme inexact le premier membre de l'alternative,
veulent qu'on dise seulement : *s'obligent à se donner*. Leur
motif est que, tandis qu'à Rome l'échange était un contrat
réel ne se formant que par la tradition de la chose, chez
nous, au contraire, il est consensuel, et se forme, avant toute
livraison, par la seule volonté des parties (art. 1703). Or ce
principe est, à la vérité, parfaitement exact, mais la conséquence qu'on en veut tirer est au contraire absolument fausse,
et l'idée de simple obligation n'a rien à faire ici.

Oui, sans doute, le contrat était réel à Rome, et il est consensuel chez nous ; mais tout ce qui suit de là, c'est que les
parties, qui ne pouvaient à Rome *se donner* la chose, c'est-à-
dire *s'en transférer la propriété*, DARE, que par la tradition
matérielle, le font maintenant par la seule convention, par
le seul accord des volontés. Le principe générateur a changé,
mais le résultat est toujours le même : la tradition, nécessaire
autrefois pour engendrer la translation de propriété, n'est
plus nécessaire aujourd'hui ; mais cette translation n'en subsiste pas moins et n'en constitue pas moins l'échange, en sorte
que cet échange est toujours comme à Rome le contrat par
lequel les parties *se donnent*, c'est-à-dire se transfèrent en
propriété, une chose pour une autre. — Et si la définition du
Code est exacte, celle par laquelle nos cinq auteurs proposent

le la remplacer est, au contraire, inacceptable ; car le contrat dans lequel il y aurait seulement *obligation* de transférer une chose pour une autre ne serait pas un échange, mais une simple promesse d'échange, de même qu'il y a simple promesse de vente, et non pas vente, dans l'obligation prise de transférer la chose pour un prix en argent. L'échange, aussi bien que la vente, est une *datio*, une translation actuelle de propriété ; quant à la simple *obligatio dandi*, elle ne peut plus y trouver place aujourd'hui. A Rome, du moins, si on ne la rencontrait pas avant la tradition d'une des choses (parce que la simple convention d'échanger n'était qu'un pacte, ne produisant pas obligation), on l'avait quand l'une des parties avait livré sa chose, puisque l'autre était alors tenue de livrer ensuite la sienne : d'après la formule *do ut des*, la *datio* opérée par Pierre faisait naître chez Paul l'obligation *dandi ;* mais aujourd'hui que la *datio* ou translation de propriété s'opère par le seul consentement (art. 1138 et 1703), les deux translations réciproques se trouvent donc toujours accomplies en même temps, soit qu'on fasse à la fois les deux traditions, soit qu'il y en ait une seule, soit qu'il n'y en ait aucune, et dès lors toute obligation *dandi* se trouve désormais impossible dans l'échange comme elle est impossible dans la vente (art. 1583, n° II). Sans doute cette obligation existerait aujourd'hui dans une simple promesse d'échange ; mais elle n'est pas possible dans l'échange, et rien n'est plus faux dès lors que la définition imaginée par nos cinq auteurs.

II. — L'échange est donc la dation d'une chose *pour une autre chose*, tandis que la vente est la dation de cette chose *pour un prix en argent*. Mais l'application de cette distinction présente deux graves difficultés.

Et d'abord, tandis que MM. Championnière et Rigaud, invoquant les écrits des anciens feudistes, veulent qu'on voie des ventes dans toutes aliénations d'immeubles *pour des meubles*, M. Troplong (*Echange*, n° 4), reproduisant ici la doctrine que nous avons déjà signalée (art. 1592, I) chez MM. Duvergier et Zachariæ, enseigne qu'il n'y a vente que dans

[ARTICLE 1596.]

le seul cas où l'aliénation est faite *pour de l'argent monnayé*. Or n'est-ce pas inexact de part et d'autre ?—D'un côté, il n'est pas vrai que les feudistes aient admis qu'une aliénation d'immeubles pour des meubles fût une vente ; ils ont seulement dit, et avec raison, que pour ce qui était des droits de lods et ventes à payer au seigneur, cette aliénation devait être assimilée à la vente et traitée comme elle. " Les droits seigneuriaux sont dus, dit Legrand, lorsqu'on *échange* des héritages avec blés, vins, drap, toiles, etc., *encore que ce ne soit pas achat et vente, mais échange*." Fonmaur dit également : " *L'échange* d'un immeuble contre un meuble *ne peut avoir le caractère d'une vente ; mais en ce qui concerne le payement des lods*, le contrat est *considéré comme une vente*." Dumoulin avait dit de même qu'il y a dans ce cas ouverture aux lods, comme dans une vraie vente, *sicut in vera venditione*. Ainsi, les feudistes eux-mêmes reconnaissaient qu'il y avait là échange ; et le Code ne contredit point leur doctrine quand il déclare qu'il y a échange ou vente, selon que la chose est aliénée pour une autre chose en nature ou pour un prix en argent.—Mais s'il demeure certain que le prix en argent est indispensable pour qu'il y ait vente, n'est-il pas également certain que cette idée de prix en argent ne doit pas s'entendre avec une rigueur absolue, et n'est-ce pas tomber dans l'exagération, et partant dans l'erreur, que de dire, comme MM. Duvergier, Zachariæ et Troplong, que le prix ne peut consister *qu'en argent monnayé* ? Un lingot d'or n'est pas de la monnaie, c'est de l'or en nature, qui joue très souvent dans la vente le rôle de marchandise ; et pourtant ce lingot très souvent aussi sera reçu comme somme d'argent, comme jouant le rôle de monnaie et pouvant dès lors constituer un véritable prix de vente. Des billets de banque ne sont ni de l'argent monnayé, ni même de l'argent, ce ne sont que des titres de créances sur un établissement : est-ce que néanmoins on ne les traite pas comme du numéraire ? De même une rente soit perpétuelle, soit viagère, n'est ni de la monnaie ni de l'argent non monnayé, c'est un droit, une créance sur un tiers, créance qui joue souvent dans la vente le rôle de chose vendue; mais pourtant, quand moyennant une rente j'acquiers votre ferme, votre maison ou même votre mobilier, est-ce qu'il n'est pas reconnu par tout le monde, même par les trois auteurs auxquels nous répondons, que c'est là une vente dans laquelle la rente est le prix, de sorte qu'il y aura lieu à rescision si la valeur de cette rente ne représente pas les cinq douzièmes de l'immeuble aliéné? Il en pourrait être de même selon les cas, on le conçoit, de denrées, d'actions de la Banque, etc:, comme l'enseigne aussi M. Duranton (XVI, 119). Il faut donc, en disant que le prix de vente doit consister en une somme d'argent, ajouter: ou en choses qu'il est d'usage et qu'il a été dans l'intention des parties d'assimiler à une somme d'argent.

Le second point est de savoir si, dans le cas où l'une des choses serait aliénée tout à la fois pour une autre chose en nature et pour une somme d'argent, le contrat est néanmoins un échange, ou si c'est une vente, ou s'il y a échange et vente tout ensemble. Quelques coutumes, entre autres cell^ de Normandie (art. 464), voyaient une vente dès là qu'on payait une somme d'argent si minime qu'elle fût. Le plus grand nombre, au contraire, s'accordaient pour distinguer si la somme était plus considérable que la chose donnée avec elle, ou si c'était la chose qui valait plus que la somme, et dans ce second cas elles admettaient que le contrat restait pour le tout un échange, dont la somme n'était que l'accessoire, la soulte; mais dans le cas inverse elles se divisaient: les unes, notamment celle de Paris (art. 145), voyaient alors un mélange d'échange et de vente, tandis que selon d'autres, notamment celle d'Orléans (art. 384), il y avait vente pour le tout. Ce dernier système était suivi par Pothier (Retr., n° 92); et c'est aussi celui qui paraît généralement admis par les interprètes du Code.—Malgré cela, nous ne saurions adopter cette doctrine dans les termes où elle est présentée; et nous pensons qu'on prend ici comme principale une idée qui ne doit être que secondaire. Selon nous, la question dont il

[ARTICLE 1596.]

s'agit n'est en définitive qu'une question d'intention ; et il y aura vente, échange, ou réunion d'échange et de vente, selon ce que les parties auront entendu faire. En d'autres termes, le principe se réduirait à dire qu'il faudra rechercher, et par la teneur de l'acte et par l'ensemble des diverses circonstances, la pensée des contractants ; en sorte que l'importance relative de la somme payée et de la chose qu'elle accompagne ne sera que l'une de ces circonstances à consulter, et non pas l'unique ou le principal moyen de solution. Ainsi, quand, pressé par un extrême besoin d'argent et n'en trouvant pas, j'accueille l'offre que me fait un juif d'acquérir ma maison de 24 000 francs moyennant 5 000 francs de marchandises diverses et 4 000 francs d'argent, on voit que notre doctrine et celle à laquelle nous la substituons ne donneront pas le même résultat. Dans le système de Pothier, M. Troplong et autres, il faudrait dire que les choses livrées en nature étant plus considérables que la somme d'argent qu'on y joignait, l'acte est donc un échange pour le tout, et ne peut pas dès lors être attaqué pour lésion ; dans le nôtre, au contraire, on dira que, tous les faits de l'espèce démontrant que ma seule pensée étant de me procurer de l'argent, c'est bien une vente que j'ai entendu faire, de sorte que je pourrai faire rescinder. Et pourquoi, en effet, ne le pourrais-je pas ? Si le législateur me refuse dans l'échange la rescision pour lésion énorme qu'il admet dans la vente d'immeubles, c'est que dans celle-ci je cherche de l'argent, et dans l'autre une simple convenance ; c'est que l'une peut résulter d'un état de détresse qui ne sera jamais la cause de l'autre, et dont il serait inhumain de laisser profiter celui qui abuse de ma misère pour me spolier. Or ma détresse et la lésion énorme sont-elles moins évidentes ou moins favorables ici qu'elles le seraient si le juif, me traitant mieux, m'avait donné les 9 000 francs en écus ?...

Quant à une dernière question, que Pothier (*Vente*, n° 618) résout dans un sens et M. Troplong en sens contraire (*Ech.*, n° 9), elle nous paraît fort simple. Il s'agit de savoir quelle est la nature du contrat par lequel je vous cède tel immeuble pour un prix de..., en consentant aussitôt à recevoir tel autre immeuble en payement de ce prix. Pothier voit là une vente accompagnée d'un contrat de dation en payement, tandis que M. Troplong y voit un échange dans lequel l'indication d'une somme n'a été mise que comme estimation de mon immeuble. Or cette dernière idée n'est pas acceptable. Qu'importe, en effet, que la vente et la clause de dation en payement soient séparées par un intervalle plus ou moins long, ou que la seconde suive immédiatement la première ? Dans un cas comme dans l'autre, je vous cède l'immeuble A pour tel prix, ce qui est bien évidemment une vente, puis je consens à recevoir l'immeuble B en place de ce prix, ce qui est non moins évidemment une dation en payement : dans un cas comme dans l'autre, la négation de l'échange se produit deux fois pour une, puisqu'on déclare d'abord que l'immeuble A est cédé pour un prix de... (et non pas pour l'immeuble B), et ensuite que l'immeuble B sera donné en *payement de ce prix* (et non pas en échange de l'immeuble A) : la seconde phrase, loin de contredire la première, vient au contraire la confirmer ; la prétendue obscurité que voit là M. Troplong est, au contraire, une clarté parfaite ; et transformer les deux clauses en cette clause unique et toute différente : " Je vous donne mon immeuble A, qui vaut tel prix, en échange de votre immeuble B ", c'est dénaturer l'acte sous prétexte de l'interpréter.

III.—De ce que l'échange est chez nous un contrat purement consensuel, qui se forme sans aucun besoin ni de tradition de l'une des choses ni d'un écrit, il ne s'ensuit pas, bien entendu, que l'écrit n'y soit pas nécessaire pour la preuve. Aucun texte n'exige cet écrit quant à l'existence du contrat ; mais l'art. 1341 l'exige quant à la preuve, aussi bien pour l'échange que pour tous autres contrats, quand il s'agit de plus de 150 francs. L'échange ne pourrait alors se prouver par témoins, ou par de simples présomptions, aux termes des art. 1347 et 1353, qu'à la condition d'un commencement de preuve par écrit ; et on ne comprend pas qu'un arrêt de la

[ARTICLE 1596.]

chambre des requêtes ait pu méconnaître un principe aussi incontestable.

IV.—Du reste, quand on analyse l'action qui tend à la réalisation d'un échange d'immeubles, on doit reconnaître qu'elle est mixte, puisque d'une part elle tient de l'action personnelle en ce qu'elle tend à la réalisation d'une convention intervenue entre les parties, et que d'une autre part elle tient de l'action réelle en ce qu'elle tend à la mise en possession de l'immeuble échangé. Une telle action peut donc être portée soit devant le tribunal du domicile du défendeur, soit devant le tribunal de la situation de l'immeuble, au choix du demandeur (art. 59 C. proc.)

---

4 *Rolland de Villargues,* } § 1ᵉʳ. — *Caractères de l'échange.* *vᵒ Echange,* §§ 1, 2, 3, 4. } *En quels as il peut devenir une* VENTE *ou un autre contrat.*

1. L'échange a dû précéder la vente. C'est une remarque qui a constamment été faite. En effet, la vente ne se fait qu'avec un prix en argent; elle ne peut dater que de l'époque où un signe monétaire a été inventé : ce qui n'a eu lieu qu'à une époque déjà avancée de la civilisation. Tandis que l'échange est nécessairement contemporain des premières transactions que le besoin a fait naître : son origine est dans les premiers rapports que les hommes ont eus entre eux. Motifs. Poth., *Vente,* 620. Tropl., *Ech.,* 1. Dall., 12, 937.

2. C'est, d'ailleurs, pour rendre le commerce plus prompt, plus commode, que la vente est venue s'ajouter à l'échange. *Permutatio vicina emptioni,* dit Paul, dans la loi 2, D. *de contr. emnt.* Les deux contrats, issus de la même origine, et marchant au même but, ont dû être soumis en général aux mêmes règles. Poth., 621. Tropl., 2. Dur., 16, 543. Dall., *ib.*

3. Ainsi, l'échange est, comme la vente, un contrat consensuel (Civ. 1703), un contrat intéressé de part et d'autre, qui transfère la propriété; dans lequel aussi se trouvent sous-entendues la condition résolutoire (Civ. 1184 et 1704), l'obli-

gation de garantir. Enfin, toutes les obligations que la bonne
foi impose au vendeur et à l'acheteur, en ce qui concerne le
péril·de la chose vendue, etc., sont communes à l'échange.
Civ. 1707. Poth., 621 et s. Tropl., 3. Duv., *Vente*, 2, 402.
Dall., *ib.*

4 Toutefois il y a quelques différences entre l'échange et
la vente. Ainsi, il n'y a, dans la vente, qu'une chose vendue
et qu'un seul prix, qu'un vendeur et un acheteur; tandis que,
dans l'échange, chacune des deux choses est à la fois la chose
et le prix, chacun des contractants est en même temps vendeur et acheteur (*L.* 1, § 1, D. *de contr. empt.*) Dans la vente
le prix doit consister en argent; mais dans l'échange les
deux équivalents sont des choses en nature, et même assez
ordinairement des choses de même espèce (*species pro specie*).
L'obligation de garantir est réciproque dans l'échange, tandis
que dans la vente elle ne pèse que sur le vendeur. La rescision pour lésion n'a pas lieu da.. .. contrat d'échange. Civ.
1706. Poth. et Tropl., *io.*

5. Nous disons que, dans l'échange, les deux équivalents
sont des choses en nature. Ici se préser"ent des difficuités
assez graves. Et d'abord des meubles peuvent-ils être l'objet
d'un échange ?

Ce qui distingue la vente de l'échange est, sans contredit,
l'existence du prix : *Sine pretio nulla est venditio* (*L.* 2, § 1, D.
de contr. empt.) Toujours l'on a été d'accord sur ce point.
Mais le prix d'une chose peut-il consister en une autre chose
quelconque ? Les jurisconsultes romains, de l'école de Sabinus, l'avaient prétendu. Mais les Proculéiens combattirent
cette opinion : ils lui reprochèrent de confondre le prix de
la vente avec la chose vendue. En effet, si je donne un
cheval pour recevoir un bœuf, ou réciproquement, il est
impossible de savoir quel est de ces deux objets celui qui
forme le prix de l'autre, et par suite de savoir quel est l'acheteur ou quel est le vendeur ; et toutefois, pour qu'il y ait
vente, il importe de distinguer l'un de l'autre, parce que
leurs obligations respectives ne sont pas de même nature.

[ARTICLE 1596.]

Aussi ce dernier sentiment fut adopté. *L.* 1, D. *de rerum permutatione. L.* 7, C. *h. tit.* Instit., *de emptione et vendit.*, § 2.

Et il ne paraît pas qu'en France l'on ait jamais fait difficulté d'admettre qu'il y a échange dans la cession d'un meuble contre un autre meuble (Poth., *Vente,* 627). Ceci ne serait pas contestable aujourd'hui. Civ. 1702. Motifs, par Bigot. Rapp. trib. Faure. Duv., 401 et 406 Dur., 16, 15. Pard., 6, etc.

6. Des principes qui viennent d'être exposés, il résulte aussi que l'on doit considérer comme échange la cession d'un meuble contre un immeuble, par exemple, d'un domaine rural évalué 10,000 fr. contre un tableau de Raphaël d'égale valeur. En effet, il y a toujours là une chose contre une autre chose, et par conséquent la difficulté de distinguer celle qui forme le prix de l'autre.

On décidait le contraire autrefois dans l'application aux droits seigneuriaux et au retrait lignager ; mais c'était pour éviter des fraudes, et Pothier convenait que cette décision était établie *contra rationem juris* (*des Retraits,* 90 et 80 ; *de la Vente.* 629).

Aujourd'hui l'on est généralement d'accord que la cession d'un meuble contre un immeuble doit conserver le caractère d'échange. Arg. Civ. 1702. Rapp. trib. Faure. Delv., 3, 125. Dur., 119. Duv., 49, 147 et 405. Tropl., *Éch.,* 4. *Contr.* Rigaud et Championnière, *Traité des dr. d'enreg.,* 1770. — V. *Contrat,* 50.

7. Cependant que devrait-on décider si les choses données en échange d'un immeuble consistaient en denrées ou marchandises que le propriétaire de l'immeuble n'aurait reçues manifestement que pour les revendre et en tirer de l'argent ? Ne devrait-on pas voir là l'équivalent d'un prix ?

C'était seulement dans cette hypothèse que quelques-uns de nos anciens auteurs feudistes autorisaient la perception des droits de lods et vente (Boutaric, *des Lods,* § 5) ou l'exercice du retrait lignager (Grimaudet, *des Retraits,* livr. 5, ch. 1er).

Aujourd'hui Delvincourt et Duranton, *loc. cit.,* et Carré, dans des manuscrits cités par Duvergier, 147, paraissent

[ARTICLE 1596.]

reproduire cette opinion. Suivant eux, les denrées dont le prix est fixé par les mercuriales équivalent à un prix ; elles sont assimilées par la loi à du numéraire (Arg. Civ. 191) ; et il en est de même, d'après Delvincourt, des marchandises qu'on peut facilement se procurer, comme du vin. Duvergier, *loc. cit.*, combat cette opinion ; il ne peut reconnaître de vente que là où une certaine quantité de monnaie, signe commun de toutes les valeurs, est donnée pour se procurer une chose. Pour nous, nous ferions dépendre la question des circonstances, et notamment de celle-ci, savoir : que le propriétaire de l'immeuble n'aurait accepté les denrées ou marchandises que pour les revendre et en tirer de l'argent, comme l'exigeait Boutaric. — V. *Vente.*

8. Il est certain qu'en cette matière, comme en toute autre, l'expression de la volonté des parties peut laisser du doute. D'un autre côté, il peut arriver que les parties, au lieu de vouloir faire une vente sincère, aient voulu la déguiser sous la forme d'un échange, par exemple, pour éviter l'action en lésion. La simulation ne peut l'emporter sur la réalité des faits. Il faut donc laisser au juge l'appréciation des circonstances. Duv., 51. Dur., 119. Tropl., 4.

9. Quelquefois l'échange se trouve mêlé de vente. C'est ce qui a lieu lorsqu'il ne se fait pas but à but, et qu'on stipule une soulte en argent. Ainsi, j'ai échangé un immeuble de valeur de 12,000 fr. contre un autre de 6,000 fr., et une soulte de pareille somme de 6,000 fr. Il y aura vente jusqu'à concurrence de 6,000 fr. et échange jusqu'à concurrence de pareille somme. Tropl., 5. Duv., 406.

10. Mais dans le concours des deux éléments divers dont se compose le contrat, quel est celui qui lui donnera son nom ?

La question s'était élevée anciennement à l'occasion des droits seigneuriaux et du retrait lignager.

Or, l'on était d'accord sur ce point que, lorsque la soulte est inférieure ou même égale seulement à la valeur de l'immeuble donné avec elle en contre-échange, l'acte doit con-

server le caractère d'échange. Ainsi, contre un immeuble
de 12,000 fr., j'ai reçu en échange un immeuble de 8,000 fr.
ou même seulement de 6,000 fr., et j'ai donné une soulte, soit
de 4,000 fr., soit même de 6,000 fr., c'est-à-dire que la valeur
de l'immeuble que j'ai reçu en échange est des trois quarts
ou au moins de la moitié de l'immeuble que j'ai reçu. L'élément qui constitue l'échange domine ou n'est que balancé
par l'élément de la vente. Il n'y a pas de raison pour s'éca-
ter de la dénomination que les parties ont donnée à l'acte.

Mais lorsque la soulte excède l'importance de l'immeuble
donné avec elle en contre-échange, l'élément de la vente
devient prédominant, et l'on décidait que le contrat avait le
caractère de la vente. Ainsi, dans l'exemple précédent, j'ai
reçu en échange d'un immeuble de 12,000 fr. un héritage
seulement du prix de 4,000 fr. et une soulte de 8,000 fr. La
soulte étant ici de la valeur des deux tiers de l'immeuble
reçu en échange, l'élément de la vente domine, le contrat a
le caractère de la vente. Aussi décidait-on que, dans cette
espèce, le retrait lignager avait lieu, tandis qu'il en était
autrement dans l'exemple précédent (Poth., Ret. 91 et 92).

Telle est la distinction que reproduisent aujourd'hui Duvergier, loc. cit., et Tropl., 5 et 6. " Lorsque la soulte, dit ce
dernier auteur, excède la valeur de l'immeuble qui marche
avec elle, le caractère de vente est tellement marqué, qu'on
ne pourrait sans violence l'enlever à l'acte. Le contrat en-
taché de lésion sera donc sujet à rescision... "

Notez que nous nous prononçons pour l'unité du contrat.
C'est une *vente* ou un *échange*, selon que l'élément de l'un ou
de l'autre de ces contrats domine, d'après les distinctions
précédentes. En effet, comment dans le premier cas s'effectuait le retrait dont parle Pothier ? Devait-il avoir lieu pour
le tout, ou seulement pour le prorata de la soulte ? Les coutumes variaient. Suivant celle de Paris (art. 145), le retrait
ne pouvait porter que sur une partie de l'immeuble proportionnelle à la soulte. Dans le plus grand nombre des coutumes, et notamment dans celle d'Orléans (art. 384), le retrait

entraînait à lui, au contraire, la totalité de l'héritage, et l'on réglait la nature du contrat par l'élément prédominant. C'est après avoir examiné les deux systèmes, que Pothier décidait que le retrait devait s'exercer pour le tout. Les motifs étaient que la prépondérance du prix imprimait au contrat le caractère de vente; il invoquait à cet égard la loi 6, § 1, D. *de actionibus empti,* portant : *Si vendidi tibi insulam certâ pecuniâ, et ut aliam insulam meam reficeres, agam ex vendito ut reficias.* Pothier ajoute que l'héritage donné avec la somme d'argent n'arrive qu'en supplément de prix et à titre d'accessoire : ainsi son contact n'est pas suffisant pour changer la nature de la vente. Duv. et Tropl., *ib.*

11. D'ailleurs, nous reproduirons une observation de Duvergier, *loc. cit. :* " Quoique la soulte, dit-il, excède la valeur de la chose, il est possible que l'intention des parties ai' été de faire un échange et non une vente. Cette intention bien manifestée devra l'emporter dans l'esprit des juges sur la disposition admise par les coutumes."

12. Il est évident que ce n'est pas l'e· mation qui aurait été donnée à l'une des deux choses échangées qui changerait la nature du contrat, pour en faire une vente. La partie dont l'immeuble aurait été ainsi estimé ne pourrait se dispenser de le livrer en remettant la somme d'argent. L. 2, § 1, D. *de rebus cred.* Arg. Civ. 1552. Cass., 25 therm. an XIII.

13. Toutefois, l'estimation pourrait n'avoir pas été faite seulement pour faire connaître la valeur de l'immeuble, mais elle peut avoir eu pour objet de constituer un prix et une dation en paiement. Cela devrait résulter de l'acte. Dumoulin, sur la cout. de Paris, § 33, gl. 2, 59 et 60. Rigaud, 1776.—V. *Estimation.*

14. C'est une condition constitutive de l'échange, que la chose donnée en contre-échange arrive dans les mains de celui qui doit la recevoir, sans aucun fait intermédiaire. Ainsi, si nous convenions que je vous livrerai tel immeuble pour un certain prix, et que, par une addition postérieure à cette convention, je consente à recevoir en payement de cette

[ARTICLE 1596.]

somme un autre immeuble, un tel contrat ne sera pas un échange ; ce sera une vente, ou plutôt une dation en payement. Tropl., 9.

15. De même, si je vous cède ma maison pour 20,000 fr., et que, le jour même, par un autre acte, j'emploie cette somme à payer un champ de même valeur que vous me vendez, on ne pourra pas dire non plus qu'il y ait échange. Ce sont deux ventes distinctes. *Ib.*

16. Mais si, par le même acte par lequel je vous cède ma maison, moyennant 20,000 fr., il est stipulé que vous me donnerez en payement tel champ qui vous appartient, *quid juris ?* Suivant Pothier, 618, dont l'opinion est adoptée par Duvergier, 403, " cette convention n'est pas un contrat d'échange, mais elle renferme une vente que j'ai faite de ma chose et une dation de la vôtre que vous me faites en payement du prix de la mienne." Mais Troplong, *loc. cit.,* s'élève avec raison, selon nous, contre cette opinion : " Je pense, dit-il, que malgré l'obscurité tortueuse d'un pareil acte, on devrait y voir un contrat d'échange... En approfondissant le fait qui s'est passé entre les parties, on voit clairement que c'est un échange qu'elles ont entendu faire, et qu'elles ont voulu seulement estimer en argent la chose échangée. La réalité doit l'emporter sur des paroles obscures." (*L.* 6, D. *de solut.*) V. *sup.* 12.

17. D'ailleurs, il peut arriver que l'on insère dans le contrat d'échange des stipulations qui en altèrent la simplicité. C'est l'observation que fait Troplong, 9. V. *inf.* § 2.

§ 2. — *Forme du contrat d'échange.* CLAUSES *particulières.*

18. L'échange s'opère par le seul consentement, de la même manière que la vente. Civ. 1703. — Ce qui est contraire au droit romain, lequel exigeait en outre la tradition, et jusque là ne considérait l'échange que comme un simple pacte, *nudum pactum. L.* 1, § 2 et 3, D. *de rerum permutatione.* Poth., *Vente,* 622. Duv., 2, 400. Tropl., *Éch.,* 2 et 3.

19. Ce consentement ne peut émaner que de personnes ca-

pables d'aliéner. Tropl., 18.— V. *Convention*, 13 et suiv., et *Vente.*

20. Quant à la forme de l'échange, il peut être fait par acte authentique ou sous seing privé (Arg. Civ. 1582), même verbalement, sauf l'application des art. 1341 et s.

21. Les immeubles dotaux ne peuvent être échangés qu'en observant les formalités prescrites par l'art. 1559 Civ.—V. *Régime dotal.*

22. Lorsque les copermutants ont nommé des experts pour régler la manière dont se fera l'échange, et que l'un des experts vient à décéder avant l'expertise, il faut suivre l'art. 1592 Civ., et l'on décide qu'il n'y a plus qu'un simple projet d'échange, insuffisant pour lier les parties contractantes. Duv., 420. Tropl., 36. Grenoble, 8 nov. 1806.

23. Il peut être apposé à l'échange, comme à la vente, des conditions soit suspensives soit résolutoires (Civ. 1584). Tropl., 17.—V. *Vente.*

24. Certaines clauses peuvent, en outre, y être insérées qui ajoutent au contrat d'échange ou le modifient (V. *sup.* 17). Ainsi, l'on peut convenir que l'une des parties aura le droit de reprendre son héritage dans tel délai, par exemple, dix ans, en donnant certaine somme. Cette convention ajout. à l'échange un pacte distinct, indépendant, qui renferme une obligation de vendre. Tropl., 9. Rigaud, 1778. — V. *Promesse de vente, Réméré.*

25. Si l'on convient qu'on pourra substituer un héritage au premier qui a été livré, cette clause n'aura pas pour effet d'opérer la résolution du premier contrat; il y aura un second échange différent du premier. Fonmaur, 339. Dum. et Tropl., *ib.*

26. Est-on convenu du payement d'une somme au cas d'éviction d'un des immeubles échangés? Si l'événement arrive, l'acte sera réputé vente relativement à l'immeuble non évince, qui est réellement vendu. C'est le cas d'une vente soumise à une condition suspensive dont l'événement a un effet rétroactif au jour du contrat. Fonm.. 340. Tropl., *ib.*

[ARTICLE 1596.]

27. Une promesse d'échange peut avoir lieu tout aussi bien qu'une promesse de vente. Tropl., 40. — V. *Promesse d'échange.*

28. Les frais d'acte étant, dans le contrat de vente, à la charge de l'acheteur, doivent être supportés par moitié dans l'échange, où chacune des parties est à la fois acheteur et vendeur. Duv., 425. Tropl., 43.

29. *Quid* en cas de soulte? Les frais qui en résultent doivent, d'après le principe précédent, être à la charge de celui qui la paie.

§ 3. — *Règles qui gouvernent le contrat d'échange.* GARANTIE. LÉSION.

30. En général, les règles prescrites pour le contrat de vente s'appliquent à l'échange. Civ., 1707.

C'est une suite de l'affinité qui existe entre les deux contrats. Cujas, sur le Code, *de rer. perm.* Tropl., *Éch.,* 30. Duv., *Vente,* 403. V. *sup.* 2.

31. Ainsi, l'échange de la chose d'autrui est nul, tout aussi bien que la vente (Civ. 1599). Duv., 410. Tropl., 23 et 35.

32. Tellement qu'il a été jugé que cette nullité peut être prononcée quand même l'échangiste demandeur ne serait pas encore troublé, et quoique l'autre copermutant offrît, depuis les poursuites, de rapporter la preuve qu'il est devenu propriétaire (Cass, 16 janv. 1810) : décision toutefois d'une *sévérité outrée,* suivant les expressions de Troplong, 35, en ce qu'elle n'a tenu aucun compte de la consolidation de la propriété sur la tête de celui qui a livré la chose.

33. Il est évident, d'ailleurs, que la ratification du véritable propriétaire, rapportée avant que la nullité de l'échange ait été prononcée, doit prévenir ou arrêter l'action en nullité. Duv., 414. Tropl., *ib.*

34. D'ailleurs, l'on a rejeté l'action de l'échangiste auquel un immeuble dotal a été cédé, et qui connaissait la qualité de l'immeuble au moment du contrat. (Cass., 11 déc. 1815). Mais on a fait remarquer que, dans l'espèce, il ne s'agissait

[ARTICLE 1596.]

pas de l'échange de la chose d'autrui, puisque l'immeuble appartenait à la femme et avait été aliéné avec son consentement. La demande en nullité ne reposait que sur l'inobservation des formalités prescrites par la loi pour l'échange des biens dotaux, et le demandeur avait connu ce défaut de formes. Le demandeur, qui agissait pendant le mariage, prenait d'ailleurs prétexte de dangers ultérieurs qui peut-être ne devaient jamais se réaliser. Duv., 413. Tropl., 23. Dur., 16, 544. — V. *Régime dotal.*

35. Les parties sont obligées de se fai. e réciproquement la délivrance des choses cédées en échange. Arg. Civ. 1703.

36. Toutefois, si l'un des copermutants a déjà reçu la chose à lui donnée en échange, et qu'il prouve ensuite que l'autre contractant n'est pas propriétaire de cette chose, il ne peut pas être forcé à livrer celle qu'il a promise en contre-échange, mais seulement à rendre celle qu'il a reçue. Civ. 1704.

37. C'est-à-dire que l'échangiste qui n'a pas livré la chose par lui cédée a le droit alors de demander la résolution du contrat, sauf à lui à rendre l'immeuble qui lui avait été cédé. Il en est ainsi dans la vente quand l'acheteur a la certitude que la chose appartient à autrui. Tropl., 20. — V. *Vente.*

38. L'action en résolution est subordonnée à la preuve que la chose est à autrui. Si le demandeur copermutant n'avait éprouvé qu'un simple trouble de la part d'un tiers dont le droit ne serait pas certain, il devrait se borner à suspendre la délivrance qu'il doit faire jusqu'à ce que l'autre contractant eût fait cesser le trouble. Arg. Civ. 1653. Tropl., 21.

39. *Quid* si le copermutant prouvait, non que la chose qu'il a reçue appartient à autrui et que l'autre contractant n'en est pas propriétaire, mais qu'elle est grevée d'hypothèques ? Pourrait-il être obligé de livrer la chose par lui cédée en échange ?

« L'hypothèque, répond Troplong, 22, n'est pas une cause certaine d'éviction ; elle est plutôt un danger, une menace dont la propriété peut être sauvée. Il semble donc qu'elle ne doive pas suffire, à elle seule, pour faire résoudre le contrat et pour appliquer l'art. 1704. Le copermutant sera assez garanti en suspendant la délivrance jusqu'à ce que son cédant ait fait disparaître le trouble dans un certain délai ; ce n'est qu'autant que ce délai viendrait à expirer sans avoir procuré le dégrèvement de l'immeuble, que l'action en résolution devrait être accueillie. Je pense aussi que le cédant pourrait exiger la délivrance en donnant bonne et valable caution ; j'aime mieux me rattacher à l'art. 1653 qu'à l'art. 1704, dont la sévérité, juste dans le cas qu'il prévoit, ne doit pas être étendue à des espèces qui ne sont pas les mêmes."

40. Au surplus, on applique à l'échange les principes du contrat de vente sur le lieu et le temps de la tradition. Poth., 625. Tropl., 37.

41. La chose échangée est aux risques de celui à qui elle a été promise, de la même manière, ou plutôt avec les exceptions qui ont lieu dans la vente (Civ. 1624). Poth., 626, Tropl., 29.

42. Tout ce qui concerne la garantie en matière de vente s'applique à l'échange. Dupin. Tropl., 38.

43. Ainsi, l'on doit y appliquer, soit les obligations qui sont relatives au plus ou moins de contenance des fonds échangés. Poth., 625, Tropl., 34. Duv., 426. *Contr.* Colmar, 1er mai 1807.

44. Soit celles encore qui proviennent de clauses sur la qualité des choses vendues. Poth., *ib.* Tropl., 33.

45. Le copermutant qui est évincé de la chose qu'il a reçue en échange a le choix de conclure à des dommages et intérêts, ou de répéter sa chose. Civ. 1705.

46. On suppose ici que l'éviction a lieu en vertu d'une cause antérieure au contrat. Tropl., 24. — V. *Vente.*

47. Le copermutant qui préfère réclamer des dommages et intérêts peut aussi demander les frais et loyaux coûts et autres objets dont parle l'art. 1630 Civ. Arg. des art. 1184 et 1707. Tropl., 24.

48. Mais le copermutant qui opte pour la répétition de sa chose a-t-il une action contre les tiers à qui elle a été trans-

[ARTICLE 1596.]

mise par l'autre échangiste avant la demande en résolution ?

Le doute est né d'un texte célèbre des lois romaines, la loi 4, C. *de rer. permut.*, qui refuse au copermutant la revendication contre le tiers-détenteur.

Mais cette décision est rejetée par presque tous les auteurs et par les arrêts. " L'art. 1184, dit Troplong, 25, est là pour fermer la bouche à toutes les objections. Dans tous les contrats synallagmatiques, la clause résolutoire est sous-entendue ; la loi feint que les parties l'ont stipulée, et elle lui donne la même énergie que si le contrat était armé d'un pacte commissoire exprès. Comment donc peut-on être assez oublieux des vrais principes du droit français pour aller chercher un argument dans la loi 4, C. *de rerum permutatione ?* Ne faut-il pas fermer les yeux aux différences profondes qui séparent la théorie française de la théorie romaine ? D'ailleurs, l'article 1707 compare l'échange à la vente. Or, l'art. 1654 autorise l'acheteur à qui le prix n'est pas payé à poursuivre la résolution de la vente, et l'on sait que cette action en résolution milite contre les tiers. Disons donc que l'action réell' aura son cours, seulement le tiers détenteur sera en droit de réclamer le payement de ses impenses et améliorations de celui qui en profitera." Duv., 2, 417. Merl., Rép., v° *Échange.* Dur., 6, 546. Zach., 2, 577. Aix, 25 mai 1813. Grenoble, 18 juill. 1834. Rouen, 28 juill. 1837. Lyon, 12 janv. 1839. *Contr.* Delv., 3, 184..

49. *Quid* si le tiers-acquéreur de l'immeuble échangé possédait depuis dix ans en vertu d'un juste titre ? La prescription lui serait acquise. Civ. 2265. Toulouse, 1? août 1827. — V. *Prescription.*

50. Jugé d'ailleurs que lorsque les créanciers d'un individu ont fait vendre tous ses biens, parmi lesquels se trouvait un immeuble qu'il avait reçu en échange, et en ont reçu le prix, ils peuvent être déclarés avoir approuvé ou ratifié l'échange, et s'être mis dans l'impossibilité de rendre le fonds reçu par leur débiteur en contre échange, et par suite être déclarés

[ARTICLE 1596.]

non-recevable à agir par voie hypothécaire ou en éviction contre le coéchangiste de leur débiteur. Cass., 18 nov. 1828.

51. Lorsque le copermutant évincé opte pour reprendre sa chose, elle lui revient franche et libre de toutes les hypothèques et de toutes les charges que l'autre copermutant avait consenties pendant sa détention. La résolution s'opère *ex causâ primævâ et antiquâ.* Tropl., 26. Bordeaux, 24 janv. 1833.

52. Toutefois le tiers-détenteur a le droit de réclamer le montant des améliorations par lui faites. Arg. Civ. 1634. Même arrêt du 12 janvier 1839. — V. *Garantie.*

53. La rescision pour cause de lésion n'a pas lieu dans le contrat d'échange. Civ. 1706. — V. *Lésion.*

54. Que doit-on décider lorsque l'échange est mêlé de vente ? — V. *sup.* 9, et *ib.*

55. L'échange est d'ailleurs attaquable pour cause de dol et de fraude. Tropl., 29. Colmar, 25 mars 1825.

§ 4. — *Effets de l'échange.*

56. La chose reçue à la place de celle qu'on a donnée lui est subrogée de plein droit. *Subrogatum capit naturam subrogati.* Poth., *Vente,* 630. Duv., *Vente,* 427. Tropl., *Éch.,* 11.

57. En conséquence la chose reçue se revêt de toutes les qualités extrinsèques de celle donnée. Poth., Duv. et Tropl., *ib.*

58. Par exemple, si pendant la communauté les époux échangent un immeuble propre de la femme, celui qui prend sa place n'entre pas en communauté ; il est propre tout aussi bien que celui qui a été aliéné, et auquel il a été subrogé. Civ. 1407. — V. *Communauté de biens,* 198.

59. Cependant, jugé que, lorsqu'un immeuble commun entre plusieurs individus a été donné en échange par l'un des communistes, *comme lui étant propre,* l'immeuble reçu en contre-échange ne devient pas commun, par l'effet d'une subrogation réelle ; mais qu'il reste propre au copermutant qui l'a reçu en contre-échange. Bourges, 15 févr. 1839.

60. Toutefois cette subrogation n'est pas tellement absolue

[ARTICLE 1596.]

que la femme ne puisse y renoncer. Cas ., 31 juill. 1832. —
V *Ib.*, 203.

61. Si le fonds dotal est échangé, l'immeuble reçu en
contre-échange est dotal. Civ. 1550. — V. *Régime dotal.*

62. Remarquez que si la chose reçue en échange prend
par l'effet de la subrogation les qualités extrinsèques de la
chose cédée, il n'en est pas de même des charges réelles ou
intrinsèques. Ainsi les hypothèques continuent de subsister
sur la chose cédée, et ne passent point sur l'immeuble reçu
en échange. Duv., 418. — V. *Hypothèque.*

63. Il faut en dire autant de toutes les charges de même
nature, telles que substitution, droit de retour, clause résolutoire, etc. Tropl., *ib.*

64. Le copermutant a-t-il privilége pour la soulte; ou, en
cas d'éviction, pour les dommages-interêts ? — V. *Privilége.*

65. L'échange des droits successifs donne lieu au retrait
successoral autorisé par l'art. 841 Civ.—V. *Retrait successoral.*

Lahaie, sur art.)   *Domat*, Lois civiles, liv. 1, tit 3.—On peut
1702-3 *C. N.*   ſ appliquer à l'échange toutes les règles des
ventes, à la réserve de celles qui n'y ont pas de rapport, comme
sont celles qui regardent le prix, parce qu'il n'y en a pas
dans l'échange. Mais la délivrance, la garantie, les changemens de la chose vendue, les nullités des ventes, l'éviction,
la redhibition et autres semblables, sont des règles communes aux ventes et aux échanges.

L'échange est une condition où les contractans se donnent
l'un à l'autre une chose pour une autre, quelle qu'elle soit,
hors l'argent monnayé, car ce serait une vente. Pothier,
vente, n. 618, même doctrine ; Merlin, R., v. échange, n. 1 ;
Duvergier, échange, n. 404 et 405, *idem.*

Pothier, des retraits, n. 92. — Lorsqu'un héritage est cédé
pour une somme d'argent et pour un autre héritage de
moindre valeur que la somme d'argent, il doit être réputé
contrat de vente ; car la somme d'argent est ce qui prédo-

mine. L'héritage est aliéné principalement pour une somme d'argent, et par conséquent, ce genre d'aliénation est une aliénation à prix d'argent et une vente : l'autre héritage, qui est donné avec la somme d'argent, n'est que comme un accessoire du prix, qui consiste principalement en une somme d'argent ; ce qui n'empêche pas que le contrat ne soit entièrement et véritablement contrat de vente. (*Arg. leg.* 6, § 1, *ff. de act. empt.*)

Dalloz, v. échange, n. 3.—On ne doit pas considérer comme renfermant un échange l'acte de partage dans lequel un des cohéritiers garde l'usufruit, et l'autre la nue-propriété de tous les biens indivis. (*Leg.* 6, § 10, *ff. de comm. divid.* ; Rolland, échange, n. 3.)

N. 8.—Si une chose a été cédée à la fois contre une autre chose et une somme d'argent, il y a vente jusqu'à concurrence de cette somme. (Rolland, échange, n. 19.)

Domat, Lois civiles, liv. 1, tit. 3, n. 2. — Dans le contrat d'échange, la condition des contractans étant égale, en ce que l'un et l'autre donnent une chose pour une autre, on ne peut y faire la distinction d'un vendeur ou d'un acheteur. non plus que d'un prix ou d'une marchandise ; mais l'un et l'autre tient lieu, tout ensemble, et de vendeur de la chose qu'il donne, et d'acheteur de celle qu'il prend.

Malleville.—Dans le droit romain, l'échange était un contrat innommé, qui ne devenait obligatoire qu'après que l'une des parties avait commencé de l'exécuter.

Dalloz, vente et échange, ch. 4, n. 3.—Si le mode d'échange était abandonné à un tiers, et que celui-ci ne pût ou ne voulût point faire l'estimation des choses destinées à être réciproquement échangées, on appliquerait l'art. 1592, et le contrat serait annulé.

L'échange d'une chose appartenant à un autre serait nul (Article 1599.)

Echange, n. 11. — La chose que chacun des contractans a promis de donner en échange est aux risques de celui à qui elle est promise ; de même que dans la vente, la chose est aux risques de l'acheteur. (Rolland, échange, n. 10.)

Boileux, vol. 3, p. 322.—Conséquemment, il peut être prouvé par acte authentique ou privé, et même *par témoins.* (1582 et 1707.)

---

2 *Lower Canada Jur., Casavant, Req. et Lemieux, Oppt. Montréal*, 27 mars 1853. } Jugé : Que la garantie résultant d'un Acte d'échange ne confère aucun droit d'hypothèque s'il n'y a eu une somme stipulée pour determiner le montant de telle garantie.

A une demande en ratification de titre d'un acte d'échange entre le Requérant et un nommé Joseph Piédalue reçu devant Blanchard, N. P., le 2 juillet 1853, l'Opposant Paul Lemieux formula son opposition réclamant une hypothèque qu'il établissait comme suit :—

L'Opposant prétendait que l'immeuble au sujet duquel le Requérant demandait ratification était hypothéqué en sa faveur, attendu que Joseph Piédalue dit Prairie, l'échangiste du Requérant avait obtenu ce même immeuble par un acte d'échange avec lui l'Opposant, et ayant donné à l'Opposant en contre échange, un immeuble que lui, Joseph Piédalue, avait acheté des héritiers Choquette sur lequel restait due une balance du prix d'acquisition.

Que l'Opposant ayant reçu de Piédalue un immeuble hypothéqué, il avait en vertu de son acte d'échange une hypothèque sur l'immeuble qu'il avait donné à Piédalue jusqu'à concurrence du montant de l'hypothèque dont il était menacé. L'immeuble que l'Opposant Lemieux avait ainsi donné à Piédalue en échange de celui sur lequel telle hypothèque existait étant le même que celui transmis au Requérant, il réclamait en conséquence hypothèque jusqu'au montant de £166, la balance du prix de vente dû sur l'immeuble que Piédalue avait cédé à l'Opposant.

A part cet exposé de faits il avait allégué l'enregistrement de son échange avec Piédalue, et une convention verbale

[ARTICLE 1596.]

alléguée comme intervenue entre Joseph Piédalue et le Requérant avant l'acte d'échange, par laquelle le Requérant aurait promis payer le montant de la balance due aux héritiers Choquette.

A cette opposition le Requérant fit une réponse en dr(. ; alléguant que l'Opposant n'établissait par son opposition aucun droit d'hypothèque, et les raisons de cette défense se réduisaient à cette proposition : qu'il n'y avait pas d'hypothèque même de garantie aux termes de l'ordonnance d'Enregistrement, à moins qu'elle ne fût déterminée par une somme quelconque ; que n'alléguant aucune telle stipulation comme accompagnant la clause de garantie dans l'acte d'échange de l'Opposant, il ne pourrait prétendre aucun droit d'hypothèque sur l'immeuble qu'il avait cédé.

La Cour adopta cette proposition.

Smith, J., en rendant le jugement dit : que la question se réduisait à celle de savoir si une simple déclaration de garantie dans un acte d'échange avec les stipulations usitées— mais sans aucune stipulation quant au montant auquel devait s'élever telle garantie, pouvait conférer en faveur du coéchangiste sur l'immeuble donné en échange un droit d'hypothèque qu'il pouvait exercer à raison de l'existence d'une hypothèque dont il était menacé sur l'immeuble par lui reçu en échange ; la Cour n'entretenait aucun doute que la garantie d'un acte d'échange ne faisait pas exception à la disposition du statut qui exigeait que toute stipulation d'hypothèque fût déterminée pour un montant jusqu'à concurrence duquel seulement l'hypothèque peut être exercée ; et qu'une telle convention était essentielle pour la convention d'une hypothèque, et l'opposition ne démontrant pas que cette condition existât, elle devait être renvoyée.

Jugement maintenant la défense en droit du Requérant et renvoyant l'opposition.

[ARTICLE 1597.]

1597. Si l'une des parties, même après avoir reçu la chose qui lui est donnée en échange, prouve que l'autre n'en était pas propriétaire, elle ne peut être forcée à livrer celle qu'elle a promise en contre-échange, mais seulement à rendre celle qu'elle a reçue.	1597. If one of the parties, even after having received the thing given to him in exchange, prove that the other party was not owner of such thing, he cannot be compelled to deliver that which he has promised, in counter-exchange, but only to return the thing which he has received.

* *C. N.* 1704. } Si l'un des copermutants a déjà reçu la chose à lui donnée en échange, et qu'il prouve ensuite que l'autre contractant n'est pas propriétaire de cette chose, il ne peut pas être forcé à livrer celle qu'il a promise en contre-échange, mais seulement à rendre celle qu'il a reçue.

* *ff. De rerum permut.,* } Sicut aliud est vendere, aliud eme-
Liv. 19, *Tit.* 4, *L.* 1. } re ; alius emptor, alius venditor :
ita pretium aliud, aliud merx. At in permutatione discerni non potest, uter emptor, vel uter venditor sit. Multumque differunt præstationes : emptor enim, nisi nummos accipientis fecerit, tenetur ex vendito : venditori sufficit ob evictionem se obligare, possessionem tradere, et purgari dolo malo : itaque si evicta res non sit, nihil debet. In permutatione vero, si utrumque pretium est, utriusque rem fieri oportet : si merx, neutrius. Sed cùm debeat et res et pretium esse, non potest inveniri quid eorum merx, et quid pretium sit : nec ratio patitur, ut una, eademque res et veneat, et pretium sit emptionis.

§ 1. Undè si ea res quam acceperim, vel dederim, posteà evincatur, in factum dandam actionem respondetur.

[ARTICLE 1597.]

§ 2. Item emptio ac venditio nuda consentientium voluntate contrahitur : permutatio autem ex re tradita initium
obligationi præbet. Alioquin, si res nondum tradita sit, nudo
consensu constitui obligationem dicemus : quod in his duntaxat receptum est, quæ nomen suum habent, ut in emptione,
venditione, conductione, mandato.

§ 3. Ideoque Pedius ait, alienam rem dantem, nullam contrahere permutationem.

§ 4. Igitur ex altera parte traditione facta, si alter rem nolit
tradere, non in hoc agemus, ut interest nostra, illam rem ac-
cepisse, de qua conveni, : sed ut res contrà nobis reddatur,
condicioni locus est, quasi re non secuta. (Paulus).

Ibidem. ⎫ Dans la vente, il y a de la différence
Trad. de M. Hulot. ⎭ entre vendre et acheter ; les personnes de
l'acheteur et du vendeur sont distinguées ; la chose vendue
n'est point confondue avec le prix. Il n'en est pas de même
dans l'échange : on ne peut distinguer dans ce contrat le
vendeur de l'acheteur. Les obligations personnelles des parties dans l'échange sont aussi bien différentes de celles que
contractent le vendeur et l'acheteur ; l'acheteur est soumis à
l'action de la vente quand il ne transfère point au vendeur
la propriété de l'argent qu'il paie comme prix de la chose.
Quant au vendeur, il suffit qu'il s'oblige à la garantie en cas
d'éviction, qu'il livre la possession de la chose, et soit exempt
de mauvaise foi, en sorte que si la chose n'est point évincée,
il n'est plus obligé à rien envers l'acheteur. Dans l'échange,
si on regarde la chose de chaque partie comme le prix de
celle de l'autre, les deux parties doivent en transférer la propriété. Si on la regarde comme la marchandise vendue,
aucune des deux parties n'est obligée d'en transférer la propriété. Mais comme il doit y avoir une chose et une autre
qui en soient le prix, on ne peut point savoir laquelle des
deux est la chose vendue et laquelle est le prix ; et il n'est
pas naturel de penser qu'un effet soit en même temps et la
chose vendue et le prix de l'acquisition qu'on fait.

§ 1. Delà, si une des choses échangées est évincée, celui à

qui elle a été donnée a contre l'autre une action expositive
du fait.

§ 2. De plus, la vente se contracte par le seul consentement
des parties. Il n'en est pas de même de l'échange, c'est la délivrance qui est faite par une des parties qui donne lieu à
l'obligation de l'autre. Autrement, il faudroit dire qu'une
obligation civile pourroit se contracter par la seule volonté
des parties : ce qui n'est vrai que des conventions qui ont un
nom fixé, comme la vente, le loyer, le mandat.

§ 3. C'est ce qui fait dire à Pédius, que si une partie donne
une chose qui ne lui appartient pas, il n'y a pas d'échange.

§ 4. Ainsi, en matière d'échange, si une partie donne sa
chose, et que l'autre refuse de donner la sienne, la première
n'a point d'action pour faire condamner l'autre envers elle à
l'indemniser de l'intérêt qu'elle a d'avoir la chose ; elle a
seulement une action personnelle pour se faire rendre sa
chose, comme l'ayant donnée pour une cause qui n'a point
eu son effet. (PAUL).

Voy. autorités sur art. 1596.

O *Marcadé, sur*   } I. — Puisque l'échange est un contrat
art. 1704-5 *C. N.* } translatif de propriété *ab utraque parte*
et que chaque partie doit y transmettre à l'autre le *dominium*
de la chose qu'elle livre ou s'oblige à livrer il s'ensuit donc
que si l'un des contractants n'est pas propriétaire de la chose
qu'il livre ou promet, il n'y a pas véritablement échange, et
l'autre contractant peut toujours se dire propriétaire de la
chose. De là résultent des conséquences dont plusieurs, mais
non pas toutes, sont consacrées par nos deux articles.

Ainsi, quand Pierre, après avoir déjà reçu la chose de
Paul et avant d'avoir livré la sienne, découvre et peut prouver que celui-ci n'était pas propriétaire et par conséquent ne
lui a pas transmis la propriété, il peut refuser de livrer sa
propre chose et se contenter de rendre celle qu'il a reçue, en

[ARTICLE 1597.]

demandant d'ailleurs des dommages-intérêts pour l'inexécution du contrat. Tel est le cas prévu par l'art. 1704 ; mais il
faut ajouter que si Pierre, au moment où il découvre que
Paul n'était pas propriétaire, avait déjà livré sa propre chose,
il pourrait de même, puisqu'il en est demeuré propriétaire,
se la faire restituer, toujours avec dommages-intérêts. Et si
c'était avant même d'avoir reçu la chose promise par Paul
que Pierre pût établir l'absence du droit de propriété de
celui-ci, le résultat serait touj le même, Pierre pourrait
toujours ou refuser de livrer chose, ou la r ndiquer si
elle était livrée.

On a prétendu qu'un arrêt de la Cour suprême (ch. civ., 11
déc. 1815) avait méconnu ces principes incontestables. Les
trois recueils de Sirey, de M. Dalloz et du Palais ont, dans
leurs sommaires, présenté cet arrêt comme jugeant que
l'échangiste ne *peut pas faire déclarer l'échange nul*, quand
c'est après avoir livré sa propre chose qu'il découvre et offre
de prouver que celle qu'il a eçue n'appartenait pas au cocontractant : et sur la critique faite de cette appréciation par
M. Duvergier et M. Troplong, la troisième édition du Palais,
la collection nouvelle de M. Devilleneuve et les Codes anno-
tés de M. Gilbert (art. 1704, n° 4), combattent cette critique
et maintiennent leur appréciation. Nous croyons fermement
que c'est à tort, et que l'arrêt de 1815 n'a rien d'assez explicite pour permettre de lui imputer une aussi grave hérésie.
Cet arrêt, en etfet, n'avait pas à juger notre question d'é-
change *du bien d'autrui*, mais seulement une question d'é-
change *d'un bien dotal* fait sans les formalités voulues
(question qu'il résout dans son second considérant), et tout
ce qu'il contient sur notre question se réduit à dire, dans un
premier considérant qui écarte l'art. 1704 comme étranger
au procès que le demandeu. en cassation ne pouvait pas invoquer une violation de cet article, puisqu'il avait depuis
longtemps livré son terrain. Ainsi la seule idée que l'arrêt
énonce ici (en passant et avant d'arriver à la question, toute
différente, du procès), c'est que l'échangiste qui a livré sa

chose à un coéchangiste non propriétaire de l'autre *ne trouve pas dans l'art.* 1704 le droit de la revendiquer. Mais ne le trouverait-il pas ailleurs, dans les principes généraux, dans les dispositions fondamentales des art. 1702 et 1184 ? Ce droit, que n'édicte pas l'art. 1704, n'existe-t-il pas en dehors de cet article ? C'est là ce que l'arrêt ne dit pas et n'avait pas besoin de dire, puisque telle n'était pas la question du pourvoi. — Du reste, MM. Devilleneuve et Carette, tout en s'efforçant de donner à l'arrêt de 1815 le sens que nous lui refusons, reconnaissent que ce sens serait erroné, comme l'enseignent tous les auteurs.

Et de même qu'il faut ajouter, dans l'art. 1704, au droit de conserver la chose non livrée, le droit de répéter celle dont la livraison aurait été faite, de même évidemment il faut ajouter, dans l'art. 1705, au droit pour l'échangiste évincé de répéter la chose qu'il a livrée, le droit, bien moins douteux encore, de refuser celle dont il n'aurait pas encore fait livraison.

En un mot, l'échange devant transférer de part et d'autre la propriété, la transmission du *dominium* étant le premier devoir de chaque échangiste, chacun des contractants peut donc, si l'autre n'était pas propriétaire, invoquer la nullité du contrat par application des art. 1702 et 1184, soit qu'il y ait eu livraison des deux choses, soit qu'une seule ait été livrée, soit qu'aucune encore ne l'ait été.

II.—Puisque, quand l'un des coéchangistes n'est pas propriétaire de la chose par lui livrée ou promise, l'autre reste propriétaire de la sienne et peut, s'il l'a livrée, faire déclarer le contrat non avenu pour la répéter, il est donc certain, aucun texte ne faisant obstacle à cette conséquence, qu'il pourra, s'il s'agit d'immeubles, revendiquer son bien aux mains des sous-acquéreurs auxquels le contractant aurait pu le transmettre. Il est vrai que Delvincourt, Favart et R. de Villargues ont, sur le fondement d'une disposition spéciale du droit romain, nié cette vérité ; mais leur doctrine ne saurait être admise. A part même les conséquences découlant de la

[ARTICLE 1597.]

nature particulière du contrat d'échange et l'argument irrésistible des art. 1702, 1707 et 1599, le principe général de l'art. 1184, qui introduit dans tous les contrats synallagmatiques une condition résolutoire opposable aux tiers aussi bien qu'aux parties, ne laisse pas le doute possible : à Rome, cette condition résolutoire n'existait qu'autant qu'elle était formellement stipulée ; mais elle existe chez nous tacitement et de plein droit dans toutes les conventions, et l'échange n'en est pas plus exempté que tout autre contrat. C'est donc avec raison que la doctrine et la jurisprudence sont fixées dans le sens d'une nullité efficace contre les tiers.

---

5 *Boileux, sur* } Dans les contrats synallagmatiques, la
art. 1704 *C. N.* } condition résolutoire est toujours sous-entendue pour le cas où l'une des parties ne remplira pas ses engagements : si l'un des copermutants ne peut transmettre la propriété de la chose livrée, il ne peut donc exiger la livraison de celle qui lui a été promise en contre-échange : *alienam rem dantem nullam contrahere permutationem.*— Appliquez ici les règles que nous avons exposées sous l'art. 1599 sur la vente de la chose d'autrui : non seulement, le copermutant trompé dans sa légitime attente ne peut être contraint à livrer la chose qu'il a promise ; mais encore, il a le droit d'en exiger la restitution (1630), et de demander des dommages-intérêts s'il y a lieu : l'échange de la chose d'autrui est nul.— L'exécution du contrat, de la part des deux copermutants, n'est pas une raison pour refuser l'action en nullité ou en résolution, à celui des deux échangistes qui découvre le vice du titre qu'on lui a transmis.

Mais observons que, dans le cas d'échange, comme dans le cas de vente, la résolution est subordonnée à la preuve que la chose appartient à autrui : le simple trouble résultant de prétentions non immédiatement justifiées, qu'un tiers élèverait à la propriété de la chose, ou le danger d'être troublé

. **par** une action, soit hypothécaire, soit en revendication, **ne** suffirait pas pour donner lieu à l'application de l'art. 1704 : le copermutant aurait seulement la faculté de suspendre la délivrance de la chose promise jusqu'à ce que l'autre partie eût fait cessé le trouble ou ne lui eût donné des garanties ; sauf stipulations contraires : l'art. 1653, en un mot, doit s'appliquer à l'échange comme à la vente.

Lahaie, sur art.)   *Malleville.* — A la différence de la vente, 1704 *C. N.*   ) l'échange est nul, si on donne la chose d'autrui.

Favard, v. échange, n. 2. — D'après la combinaison de cet article avec l'art. 1599, l'échange est nul, lorsque la chose donnée par l'un des copermutans ne lui appartenait pas.

Dalloz, échange, n. 33. — La disposition de cet article est expressément limitée au cas où la livraison n'aurait pas encore eu lieu : et celui des échangistes qui aurait déjà donné sa chose, ne serait plus recevable à la revendiquer à l'autre contractant, par le motif que celle qu'il aurait reçue serait la propriété d'autrui. Il n'aurait à exercer que l'action en nullité, fondée sur l'art. 1599. Duranton, t. 16, n. 544, est d'un avis contraire pour ce dernier cas : il pense que l'action en revendication appartiendrait au coéchangiste qui a reçu la chose d'autrui après avoir livré la sienne. (Rolland de Villargues, échange, n. 28.)

(Voir Rolland de Villargues, n. 27, 28 et 29.)

Duvergier, échange, n. 413.—Ce ne sera pas après l'éviction que la nullité de l'échange pourra être prononcée; elle devra l'être sur la preuve que l'une des parties n'était pas propriétaire de ce qu'elle a donné en échange. (Duranton, t. 16, n. 544; Favard, v. échange, n. 1; Rolland de Villargues, v. échange, n. 28.)

[ARTICLE 1598.]

1598. La partie qui est évincée de la chose qu'elle a reçue en échange a le choix de réclamer des dommages-intérêts ou de répéter celle qu'elle a donnée.	1598. The party who is evicted of the thing he has received in exchange has the option of demaniing damages or of recovering the thing given by him.

---

* *C. N.* 1705. } Le copermutant qui est évincé de la chose qu'il a reçue en échange, a le choix de conclure à des dommages et intérêts, ou de répéter sa chose.

Voy. autorités sur arts. 1596-1597.

Troplong, Echange, sur } 19. Lorsque l'échange est consom-
art. 1705 *C. N.* } mé par la volonté des parties, il doit s'exécuter par la délivrance réciproque des deux choses promises ; mais la délivrance, pour être complète, n'est pas celle dont les lois romaines et Pothier donnaient une définition plus subtile qu'exacte, dans le contrat de vente (1). Elle consiste dans le transport de la chose en la puissance et possession de l'échangiste, c'est-à-dire qu'il faut qu'elle transfère précisément la propriété pleine, exclusive (2). Si la chose appartenait à autrui, le cédant ne remplirait pas son obligation en promettant à celui qui l'a reçue avec l'espérance d'en devenir propriétaire incommutable, qu'il le défendra de tout trouble ; et si ce dernier n'avait pas encore été inquiété, son cédant ne pourrait étouffer ses justes plaintes sur le danger d'éviction dont il est menacé, en lui disant que le vœu de la loi est rempli, puisque sa possession n'a été jusqu'à présent

(1) V. mon Comm., n° 263.

(2) Id.

[ARTICLE 1598.]

l'objet d'aucune attaque. Chaque partie, je le répète, contracte l'obligation précise de rendre l'autre propriétaire; elle viole sa promesse si elle ne fait que transférer la chose d'autrui.

C'est, du reste, ce que les lois romaines décidaient elles-mêmes pour le cas d'échange, différent en cela à leurs yeux du contrat de vente (1); mais nous avons dit que ces différences ont disparu sous le Code civil.

20. Il suit de là que si l'un des copermutants prouve que la chose qu'il a reçue n'appartenait pas à l'autre contractant, il ne peut être forcé à livrer celle qu'il avait promise; il a droit de demander la resolution du contrat, sauf à lui à rendre l'objet qui lui avait été donné (2); c'est ainsi que l'acheteur qui a la certitude que la chose vendue appartient à autrui, est fondé à faire résoudre le contrat et à refuser de payer le prix. Les jurisconsultes qui ont décidé le contraire sur une fausse intelligence de l'art. 1653 (3), ont méconnu les vrais principes; et peut-être que s'ils eussent pris la peine de s'éclairer par l'art. 1704, ils seraient arrivés au véritable résultat, qui est le droit pour l'acheteur de demander la résolution quand il est menacé d'une éviction imminente.

21. Mais, remarquons-le bien, dans le cas de vente comme dans le cas d'échange, l'action en résolution est subordonnée à la preuve que la chose est à autrui. Mais si cette preuve n'était pas faite et qu'il n'y eût qu'un simple trouble émané d'un tiers dont le droit ne serait pas certain, le copermutant devrait se borner à suspendre la délivrance qu'il doit faire, jusqu'à ce que l'autre contractant eût fait cesser le trouble. L'art. 1653 est le supplément naturel de l'art. 1704, lequel ne

(1) L. 1, § 3, D. *De rer. permut.*

(2) Art. 1704. Mon Comm. de la *Vente*, n° 203, et surtout n°s 613 et 617. *Infrà*, n° 35. V. Cujas, sur le titre du Code *De rer. permut.*, p. 424, lettres D. E.

(3) Bourges, 21 decembr. 182. ^all. 27, 2, 122. Sirey, 1827, 2, 221). Mon Comm de la *Vente*, n° 618.

[ARTICLE 1598.]

prévoit qu'un cas unique, celui où il y a preuve que la chose est à autrui.

22. Que devrait-on décider si le copermutant prouvait, non que la chose qu'il a reçue est à autrui et que l'autre contractant n'en est pas propriétaire, mais qu'elle est grevée entre ses mains d'une hypothèque qui était restée ignorée lors du contrat ?

Je pense que, la résolution étant un remède extrême qui affecte souvent d'une manière fâcheuse le droit de propriété, il ne faut l'autoriser qu'autant qu'il est impérieusement requis par une nécessité légitime. Or il est possible, dans le cas posé, que le cédant fasse disparaître l'hypothèque en payant ce qu'il doit, ou, si c'est une hypothèque légale, en obtenant une restriction autorisée par les art. 2242 et suivants du Code civil (1). L'hypothèque n'est pas une cause certaine d'éviction ; elle est plutôt un danger, une menace, dont la propriété peut être sauvée. Il semble donc qu'elle ne doit pas suffire, à elle seule, pour faire résoudre le contrat et pour appliquer l'article 1704. Le copermutant sera assez garanti en suspendant la délivrance jusqu'à ce que son cédant ait fait disparaître le trouble dans un certain délai ; ce n'est qu'autant que ce délai viendrait à expirer sans avoir procuré le dégrèvement de l'immeuble, que l'action en résolution devrait être accueillie (2). Je pense aussi que le cédant pourrait exiger la délivrance en donnant bonne et suffisante caution ; j'aime mieux me rattacher à l'art. 1653, qu'à l'art. 1704, dont la sévérité, juste dans le cas qu'il prévoit, ne doit pas être étendue à des espèces qui ne sont pas les mêmes.

23. Nous venons de parcourir les hypothèses qui se rattachent au cas, assez rare dans la pratique, où l'une des parties a fait une délivrance incomplète, tandis que l'autre n'a encore rien livré.

(1) V. mon Comm. des *Hypothèques*, sur ces articles.

(2) V. art. 1184 C. c. qui fournit un argument au soutien de cette opinion équitable

[ARTICLE 1598.]

Supposons maintenant que les parties se soient respectivement dessaisies, et que l'une d'elles vienne à prouver que la
chose qu'elle a reçue appartient à autrui ; il est de toute évidence qu'elle aura une action pour obtenir la résolution du
contrat, et se faire remettre en possession de ce qu'elle a
livré. L'échange de la chose d'autrui est nul ; de plus, la
clause résolutoire est toujours sous-entendue lorsque l'un
des contractants ne satisfait pas à ses engagements. En voilà
beaucoup plus qu'il n'en faut pour mettre le droit de résolution hors de toute atteinte ; mais on peut le fortifier encore
par l'autorité de ce texte emprunté au jurisconsulte Paul :
*Si meum recipere velim, repetatur quod datum est, quasi ob rem
datam re non secutá* (1).

A en croire cependant les rubriques données par les arrêtistes, il semblerait que cette vérité aurait été méconnue par
un arrêt de la Cour de cassation du 11 décembre 1815 (2) ;
elles disent en effet que, lorsque le marché est consommé,
l'échangiste à qui son copermutant a livré une chose qui ne
lui appartenait pas, ne peut rompre le contrat tant qu'il n'est
pas troublé dans sa possession ! ! ! Mais est-ce là la pensée de
cet arrêt ? Je n'en crois rien, elle ne serait qu'une prodigieuse
erreur qu'il est impossible de prêter, sans preuve, à un corps
aussi éclairé que la cour suprême (3).

Maysonnial avait acquis par voie d'échange un immeuble
dotal appartenant à l'épouse du sieur Fressenon ; quoiqu'il
n'ignorât pas la qualité de cet immeuble, il n'avait pas observé les formalités prescrites par l'art. 1539 du Code civil ;
c'est dans ces circonstances que Maysonnial crut pouvoir demander la nullité de l'échange ; mais il succomba tour à tour
devant la cour de Limoges et devant la cour de cassation.

(1) L. 5, § 1, D. *De præscript verbis. Supr*, n° 2. *Inf.*, n° 35.

(2) Dalloz, *Vente*, in-8°, t. 28, p. 219. Sirey, 16, 1, 161. Palais, t. 17,
J 754

(3) V. d'ailleurs *inf.*, n° 35, un arrêt qui prouve mieux que telle n'est
pas la jurisprudence de la Cour.

[ARTICLE 1598.]

Devait-il légalement échouer ? Voici ce qui me fait embrasser l'affirmative ; les articles 1560 et 1125 combinés du Code civil n'ouvrent l'action en nullité qu'à la femme ; il ne s'agit pas ici de la vente de la chose d'autrui ; c'est l'échange d'un bien appartenant à la femme et aliéné avec son consentement. Seulement il manque une formalité établie dans son intérêt. Mais dès lors la demande en nullité n'est-elle pas irrecevable, lorsqu'elle vient de l'acquéreur qui a connu le défaut de forme, qui s'y est associé, et qui vient, sous prétexte de dangers ultérieurs qui peut-être n'éclateront jamais, troubler un état de choses qu'il a contribué à créer par son propre fait ? C'est sous ce point de vue que l'affaire fut envisagée par la cour de cassation ; elle aperçut très bien qu'une nullité d'acte n'est pas une cause de garantie (1), et que l'acquéreur qui s'en est rendu complice n'a pas à s'en plaindre. L'arrêt du 11 décembre 1815 est donc tout à fait juridique, et c'est par inadvertance que les arrêtistes lui ont donné un sens qu'il est loin de contenir (2).

24. Si l'un des copermutants vient à être évincé en vertu d'une cause antérieure au contrat (3), il a le choix de conclure à des dommages et intérêts représentant la valeur de la chose qui lui est arrachée, ou bien de répéter celle qu'il a livrée (art. 1705).

Il pourra même, tout en préférant ce second parti, réclamer des dommages et intérêts pour loyaux coûts et autres causes qui se rattachent à l'article 1630 du Code civil ; à la vérité, l'article 1705 garde le silence à cet égard ; mais l'article 1707, qui nous renvoie d'une manière générale aux principes du contrat de vente, nous impose nécessairement

(1) Mon Comm. de la *Vente*, n° 467, *in fine*.

(2) *Junge* M. Duranton, *de l'Echange*, n° 544.

(3) V. mon Comm. de la *Vente*, n° 416 et suiv., quand le vendeur doit garantir. Les principes sont ici les mêmes. On peut consulter à cet égard le plaidoyer de M. Dupin aîné, procureur général près la cour de cassation, dans la cause du domaine contre le duc de Grammont (1834).

[ARTICLE 1598.]

ia loi de l'article '`3J. J. *illeurs l'article 1184, règle de tous les contrats, *aut* *se a demander la résolution avec dom mages et intérêts.　　　　　　　　　　　　　＼

Cette decision n'est pas en contradiction avec le premier membre de l'alternative posée par notre article ; car les dom-mages et intérêts dont nous parlons ici, ne sont qu'un acces-soire tout à fait distinct ue la clause principale dont le copermutant demande la résolution (1). Au contraire, dans le premier membre de l'alternative de l'article 1705, les dom-mages et intérêts sont la valeur de la chose même, que le copermutant ne veut pas reprendre en nature ; c'est la con-version de la chose en prix (2).

25. Mais le copermutant qui opte pour la répétition de sa chose, a-t-il une action contre les tiers à qui elle a été trans mise par l'autre échangiste avant la demande en résolution ?

Cette question est controversée. Pour la résoudre avec clarté et précision, commençons par l'examiner d'après les principes du droit romain.

Un texte célèbre refuse au copermutant la revendication contre le tiers détenteur. C'est la loi 4 au C. *De rerum per-mutatione* émanée des empereurs Dioclétien et Maximien. *Contra emptorem quidem te nullam habere actionem perspicis, cum ab eo susceperit dominium cui te tradidisse titulo permu-tationis non negas* (3).

Dans l'espèce de cette loi, un échange avait été convenu entre Titius et Sempronius. Titius avait exécuté le contrat par la mise en possession de Sempronius. Mais Sempronius était en retard de satisfaire à son obligation. Dans cet état de choses, il vendit à Secundus l'immeuble que Titius lui avait livré. Alors Titius réclama, et son intention était d'étendre son action jusqu'au tiers acquéreur de Sempronius. Mais la loi 4 l'arrête là ; elle décide que tout son droit se borne à

(1) Mon Comm. de la *Vente,* n° 503.

(2) *Junge* M. Duranton, *de l'Echange* n° 545.

(3) V. Bruneman su· ce texte.

[ARTICLE 1598.]

diriger une action personnelle contre Sempronius (1). Quelle
en est la raison ? C'est que Titius avait suivi la foi de Sempronius ; c'est que, dès lors, l'immeuble avait été jeté dans
le mouvement de la circulation, et que le sous-acquéreur
l'avait acquis, par conséquent, d'un individu qui avait eu le
droit de le lui transmettre. On se rappellera ici que dans le
contrat de vente, tel que les Romains le comprenaient, le
vendeur qui livrait la chose à l'acheteur en suivant sa foi, ne
pouvait la reprendre ni par droit de revendication ni autrement. Il n'avait qu'une action personnelle pour se faire payer
du prix (2). A la vérité, dans l'échange, il n'en était pas tout
à fait ainsi ; car le copermutant envers qui l'autre partie ne
tenait pas sa promesse, avait le droit de reprendre sa chose
par voie de condiction (3). Mais il ne faut pas confondre la
condiction avec la clause résolutoire telle qu'elle existe dans
le droit français ; la condiction était une action purement
personnelle, elle ne se dirigeait jamais contre un tiers détenteur (4), tandis que notre clause résolutoire autorise à poursuivre la chose jusque sur les tiers (5). Il est bien vrai cependant que la condiction résolvait le contrat, puisqu'elle le
réduisait à rien. C'est pourquoi dans mon Commentaire de
la *Vente* je l'ai appelée une résolution (6), et c'est aussi ce
qu'avait fait Cujas, qui. d'accord avec les lois romaines,   ine
à la condiction le nom de résolution, *quasi non resolvatur
venditio* (7). Mais il n'en est pas moins certain que cette réso-

(1) Fabre, *Code*, lib 4, t. 41, *def.* 9.

(2) V. mon Comm. de la *Vente*, n° 621.

(3) *Supr.*, n° 2.

(4) Institut *De actionibus*, § 15, et l. 1, Cod. *De donat. quæ sub modo.*
Furgole, Test , t. 4, p 299, n° 47.

(5) V. l'art. 954 du Code civil, et mon Comm de la *Vente*. n° 624.

(6) N° 621.

(7) Sur le titre du Cod. *De rer. permut* . p. 424, lettre D. Voyez aussi,
pour confirmer cette locution, la loi 2, C. D. *cond. ob causam*, et la note *a*
de Godefrov.

[ARTICLE 1598.]

lution n'opérait pas chez les Romains de la même manière que chez nous. Elle n'avait pas assez d'énergie pour affecter la chose entre les mains des tiers (1).

Ce que la loi 4 décidait pour le cas où l'échange n'avait été exécuté que de la part de celui qui demandait la restitution de sa chose sous-aliénée, devait nécessairement avoir lieu aussi pour le cas où l'échange avait été exécuté de part et d'autre, mais où l'une des parties étant évincée recourait contre des tiers détenteurs pour retirer de leurs mains son immeuble. La raison de décider est absolument la même ; car, dans cette hypothèse comme dans la précédente, la loi avait été suivie, et à l'égard des tiers la propriété avait été transférée irrévocablement.

Ces principes étaient suivis en Savoie, au témoignage du prudent Favre, qui cite un arrêt de 1595 (2). Il existe dans notre ancienne jurisprudence française plusieurs décisions qui prouvent qu'ils y étaient respectés dans certaines provinces de droit écrit, ce sont : 1° un arrêt du grand conseil du 30 mars 1673, sur une espèce venue du ressort du parlement de Bordeaux (3) ; 2° un arrêt du parlement de Toulouse du 22 février 1741 ; 3° un arrêt de la cour de cassation du 16 prairial an XII (4) ; 4° un arrêt de la cour de Grenoble du 23 avril 1830 (5).

Toutefois, cette jurisprudence n'était pas uniforme, et il paraît par plusieurs arrêts que la loi 4 n'était pas suivie au parlement d'Aix (6).

(1) L. 1, 2, 3, 8 et 9, C. De condict. ob causam dator.

(2) Code, lib. 4, t. 41, Defin. 8.

(3) Journ. du Palais à cette date. M. Merlin, Repert., v° Echange, p. 465, in-8° p. 413.

(4) Répert, loc. cit., p. 467, in-3° p. 416. M. Dalloz, Vente, p. 939, in-8° p. 220. Sirey, Palais, t. 4, p. 548.

(5) Dall., 30, 2, 251, S. °0, 2, 311.

(6) Duperrier, t. 2, p. 313. M. Merlin, Rep., v° Echange, p. 464, in-8° p. 412.

[ARTICLE ··]

Etait-elle observée dans le· pa· coutumiers ? j'en doute.
Car, d'après la jurisprudence c. n t te, la clause résolutoire
était sous-entendue dans tous les contrats synallagmatiques,
et elle donnait lieu à une acti·· beaucoup plus ' ·rgique
encore que la condiction, puisque celle-ci était ·. .onnelle,
tandis que l'action en résolution était *in rem scripta* et s'exerçait contre les tiers détenteurs (1). Cette clause résolutoire
était à peu près semblable au pacte commissoire des Romains,
qui était censé être imprimé sur la chose et la suivait malgré
tous déplacements quelconques. On supposait, dans les principes du droit français, que le pacte commissoire était inhérent de pleia droit et sans· stipulation expresse à toutes les
conventions réciproques. Ces idées de la jurisprudence française avaient un tel ascendant, qu'on voit les écrivains eux-
mêmes les plus imbus de la théorie du droit romain, se laisser
aller, comme malgré eux, à cette puissance nouvelle de la
résolution tacite et la considérer comme donnant lieu à l'action *rei persecutoria.* C'est ainsi que Furgole, s'écartant do
l'opinion commune des interprètes les plus accrédités, soutient que l'inexécution des clauses de la donation ne donne
pas simplement ouverture à la condiction ; mais qu'elle en-
gendre aussi une action mixte afin de déposséder les tiers (2) ;
et cependant les lois romaines ne parlaient que de la condiction et nullement de l'action en revendication (3) ; et Furgole
lui-même est obligé de convenir que l'avis des docteurs était
que l'action en revendication n'avait pas lieu (4).

Mais arrivons au Code civil. Quel est son esprit ? Quelle
est sa volonté sur cette question ?

M. Favard pense que, dans le silence de l'article 1705, il
faut se prononcer pour l'application de la loi 4 au C. *De rerum*

(1) Mon Comm. de la *Vente,* nº 624. Pothier, *Oblig.,* nº 636.

(2) Testament., t. 4, p. 326, nº 142.

(3) V. Peresius sur le Code *De condict. ob. caus. dat.,* nº 5, *infr.,* et la
Loi 3, C. de ce même titre.

(4) T. ' ·. 290. nº 47.

[ARTICLE 159ᵉ]

permutatione (1). Mais à cette opinion (2) on peut opposer celle
de M. Merlin (3) et de M. Duranton (4). Un arrêt de la cour
d'Aix du 25 mai 1815 (5) s'est aussi prononcé pour l'action
réelle, ainsi qu'un arrêt de Rouen du 28 juillet 1837 (6).

Je ne conçois pas, je l'avoue, qu'on hésite un instant à se
ranger à ce parti. L'art. 1184 est là pour fermer la bouche à
toutes les objections. Dans tous les contrats synallagmatiques
la clause résolutoire est sous-entendue ; la loi feint que les
parties l'ont stipulée, et elle lui donne la même énergie que
si le contrat était armé d'un pacte commissoire exprès. Comment donc peut-on être assez oublieux des vrais principes du
droit français pour aller chercher un argument dans la loi 4
au C. *De rerum permutatione ?* Ne faut-il pas fermer les yeux
aux différences profondes qui séparent la théorie française
de la théorie romaine ? D'ailleurs, l'article 1707 compare
l'échange à la vente. Or l'article 1654 autorise l'acheteur à
qui le prix n'est pas payé à poursuivre la résolution de la
vente, et l'on sait que cette action en résolution milite contre
les tiers (7).

Disons donc que l'action réelle aura son cours. Seulement
le tiers détenteur sera en droit de réclamer le payement de
ses impenses et améliorations de celui qui en profitera (8).

26. Non-seulement le copermutant évincé a le droit de
reprendre sa chose par l'action *in rem scripta*. Mais il faut
qu'il la ressaisisse franche et libre de toutes les hypothèques

(1) Répert , vᵒ *Echange.*

(2) Qui est aussi celle de M. Delvincourt, t 3, notes, p. 184.

(3) Répert , vᵉ *Echange.*

(4) *De l'Echange,* nᵒ 546.

(5) Dall., *Vente,* p. 939, in-8ᵉ p. 221.

(6) D., 28, 2, 25.—Il a été confirmé en cassation, mais sans que la question ait été examinée au fond (D., 30, 1, 17). *Junge* Grenoble, 18 juillet
1834 (D , 35, 2, 32). Lyon, 12 janvier 1839 Sirey, 39, 2, 294.

(7) Mon Comm. de la *Vente,* nᵒ 624.

(8) Lyon, arrêt précité.

[ARTICLE 1598.]

et de toutes les charges que l'autre copermutant avait impri-
mées sur elle pendant sa détention. La résolution s'opère en
cût *ex causâ primævâ et antiquâ.* Il est inutile de revenir sur
ce point de droit que j'ai suffisamment exposé ailleurs (1).

Lahaie, sur art.   *Domat*, Lois civiles, liv. 1, tit. 3, n. 3.— Si
1705 *C. N.*   celui qui a pris une chose en échange en
est évincé, il tient lieu d'acheteur; il a son recours pour la
garantie, et l'autre est tenu de l'éviction, comme l'est un
vendeur.

Pothier, Traité du contrat de vente, n. 623. — Dans le contrat d'échange, chacun des contractans ou permutans s'oblige
envers l'autre à lui livrer la chose qu'il a promis de lui donner en échange, à la garantie des évictions aussi bien que
des charges réelles et des vices redhibitoires ; et s'il ne satisfait pas à son obligation, il est tenu envers lui des dommages-
intérêts résultant de l'inexécution, de même que dans le
contrat de vente le vendeur en est tenu envers l'acheteur.

N. 624.—Le copermutant à qui je manque de livrer la
chose, ou à qui je défaux de garantie, a le choix ou de conclure contre moi à la condamnation de ses dommages-intérêts, *actione utili ex emptio*, ou de répéter la chose qu'il m'a
donnée en contre-échange.

Malleville. — La raison en est que ce n'e pas de l'argent,
mais un autre objet que le copermutant a voulu recevoir.

Delvincourt, t. 2. — Ce choix de demander des dommages
intérêts, ou de répéter la chose, n'est accordé qu'à celui qui
est évincé ; l'autre ne serait pas recevable à garder la chose
qu'il a reçue, en offrant les dommages-intérêts.

Je ne pense pas que le copermutant évincé puisse répéter
la chose contre le tiers. La loi veut assurer la tranquillité
du possesseur qui a acquis, dans les formes légales, de celui

(1) *Loc cit.*, t. 2, n° 651, et Comm. des *Hypothèques*, n° 466. Arg. de
l'art. 1673, C. c. V. un arrêt de la Cour de Bordeaux, du 24 janvier 1833
(Dall., 33, 2, 153).

[ARTICLE 1599.]

qui était propriétaire apparent au moment de l'acquisition, s'il n'existait alors aucun moyen de prévoir l'éviction. Or, dans la vente, quand le prix n'a pas été payé, les tiers ont un moyen très-simple de s'en assurer : c'est en se faisant représenter la quittance du vendeur ; mais, dans l'échange, quand la chose a été livrée, les tiers qui traitent avec un des copermutans n'ont aucun moyen de savoir si l'autre pourra ou non être évincé par la suite.

Duvergier, échange, n. 416. — Le copermutant évincé peut demander selon les circonstances, outre la chose, la réparation du dommage qu'a pu lui causer l'éviction. Par exemple, la partie des frais et loyaux coûts de l'acte qu'il a supportée peut incontestablement être exigée par lui, en même temps que la restitution de l'objet qu'il a donné en échange.

La clause résolutoire tacite confère à chacun des contractans le droit de faire résoudre la convention, si l'autre partie n'accomplit pas ses obligations. Ce droit, qui appartient au vendeur, ne peut être refusé à l'échangiste.

· *Question controversée.*—Le copermutant évincé de la chose qu'il a reçue en échange a-t-il une action en revendication contre les tiers auxquels l'autre copermutant a transmis l'immeuble qui lui avait été donné en échange ? Pour l'affir-mative : Arrêt d'Aix, 25 mai 1813, Sirey, 13, p. 364 ; Dalloz, v. vente et échange, ch. 4, n. 7 ; Duranton, t. 16, n. 546 ; Dallez, *loco citato* ; Merlin, R., v. échauge, § 2. *Contrà* : Arrêt de cassation, 16 prairial an 13, Sirey, t. 5, 1re part., p. 97 ; Favard, R., v. échange, p. 355 ; Rolland de Villargues, R., v. échange, n. 32. (Journal de la magistrature, t. 3, p. 142 à 155)

1599. Les règles contenues au titre *De la Vente* s'appliquent également à l'échange, lorsqu'elles ne sont pas incompatibles avec les articles du présent titre.	1599. The rules contained in the title *Of Sale* apply equally to exchange, when not inconsistent with any article of this title.

* *C. N.* 1707. } Toutes les autres règles prescrites pour le contrat de vente s'appliquent d'ailleurs à l'échange.

———

Voy. autorités sur arts. 1596 et s.

———

6 *Marcadé, sur arts.* 1706, } I.—En général, les règles tra-
1707 *C. N.* } cées par le Code pour la vente
s'appliquent à l'échange, et c'est pour cela que ce dernier
contrat est traité si brièvement. Mais il y a cependant plusieurs différences, et notre texte a tort de dire qu'en dehors
de la rescision pour lésion, *toutes les autres règles* sont les
mêmes dans les deux cas : l'inapplicabilité de la rescision
(dont nous avons indiqué le motif au n° II de l'art. 1702) est,
à la vérité, la différence principale, mais elle n'est pas la
seule ; on peut en indiquer trois autres.

1° Tandis que l'art. 1602 veut que dans la vente les pactes
obscurs s'interprètent contre le vendeur, comme ici le rôle
de vendeur, d'aliénateur du bien est rempli par chacune des
parties, et que toutes deux sont sur la même ligne, il est
clair qu'il faut les traiter l'une et l'autre de la même manière,
et que par conséquent la clause obscure s'interprétera contre
celui des contractants qui cède la chose à laquelle cette clause
se réfère.

2° Par cette même raison du rôle identique que jouent ici
les deux parties, les frais d'actes, au lieu d'être à la charge
exclusive de l'acheteur (art 1593), se partageront également
entre les deux échangistes.

3. Nous pensons enfin qu'il n'y a pas lieu d'appliquer à
l'échange la règle portée par l'art. 1619 pour l'excédant ou
le déficit de contenar , et qu'elle doit être ici remplacée
par une simple appréciation en fait de l'intention des parties.
Dans la vente, il y a cette double circonstance, que l'un des
objets (le prix) est de nature à pouvoir toujours devenir plus

[ARTICLE 1599.]

petit ou plus grand à volonté, et que la pensée réciproque de recevoir et de payer la valeur exacte du bien est celle qui doit généralement dominer les parties. Dans l'échange, au contraire, aucun des objets n'est susceptible de croître ou diminuer au gré des personnes, et c'est d'ailleurs principalement dans la question de convenance que se trouve le motif déterminant des échangistes. Si donc il est parfaitement juste et conforme à la pensée présumable des contractants d'ordonner dans la vente une augmentation ou diminution du prix, toutes les fois que la différence avec la contenance indiquée va jusqu'au vingtième de la valeur, ce n'est évidemment pas une raison pour dire que, dans l'échange aussi, il y a toujours et nécessairement lieu d'exiger une soulte en dehors de la convention, par cela seul que cette différence d'un vingtième existerait. Sans doute l'obligation de payer cette soulte (sauf faculté de résilier le contrat) serait admissible dans bien des cas, mais il est manifestement impossible de dire qu'elle le sera forcément et toujours, et impossible, dès lors, de suivre la règle absolue de l'article 1619. Il n'y aura ici qu'une question de fait, une question d'intention, à décider par l'examen des circonstances. C'est, en effet, ce que reconnaissent les auteurs et l'arrêt qui décident la question ; et M. Troplong lui-même, qui contredit tout d'abord cette solution, semble finir par y venir, puisqu'il termine en disant qu'il faudra, dans ces questions, *tenir compte des circonstances du fait et de l'intention des parties.*

Au surplus, puisque dans la vente elle-même, où la règle est plus sévère et l'égalité des valeurs plus rigoureusement exigée, l'art. 1619 ne donne effet à la différence que quand elle est au moins d'un vingtième (regardant toute différence moindre comme comprise dans la latitude que les parties sont présumées se réserver), ce n'est donc aussi qu'à partir d'un vingtième que ce qui vient d'être dit peut s'appliquer à l'échange. Par conséquent, il n'y a pas lieu de songer à transporter ici la règle de l'art. 1617 donnant effet au déficit de moins d'un vingtième, règle qui n'est .rue d'ailleurs que

[ARTICLE 1599.]

pour la circonstance particulière, et sans analogie avec
l'échange, d'une vente faite à *tant par mesure*.

———

Troplong, Echange, sur ⎱ 30. L'art. 1707 proclame une vérité
   art. 1707 *C. N.* ⎰ toujours admise en jurisprudence ;
c'est que, malgré quelques nuances, la vente et l'échange ont
une telle affinité que les règles du premier de ces contrats
s'appliquent aussi au second. Cujas avait déjà fait cette remarque dans le passage suivant, dont l'article 1707 semble
n'être que la traduction : " *In aliis omnibus permutatio est*
" *similis emptioni;* utraque est bonæ fidei (1) ; in utrâque
" locus est ædilitiis actionibus de sanitate, de fugâ, de ser-
" vis (2) ; in *utrâque præstatur evictio*, diversis tamen actioni-
" bus. Et veteres... in permutatione utuntur verbis *emendi*
" et *vendendi* ut Homerus PRIATO, id est, *emebat*. Plinius,
" lib. 35, cap. 1, *alios ferro captivisque rebus emptitasse* (vete.
" res libri *mutasse*), veteres capiebant *emere* pro *accipere*, ut
" Festus ait (3)."

31. Notre projet n'est pas de parcourir en détail tous les
principes du contrat de vente qui viennent se réfléter dans
l'échange pour le gouverner. Nous signalerons seulement
les principaux points de contact, afin de montrer l'article
1707 dans tout son jour.

32. 1° La vente et l'échange se tiennent intimement par
leur alliance avec l'équité ; il s'ensuit que les obligations qui
naissent de la bonne foi qui doit régner dans la vente, domi-
nent aussi dans l'échange (4).

33. 2° Il en est de même de celles qui proviennent de
clauses sur la qualité des choses vendues (5).

———

(1) L. 2, C. *De rer. permut.*

(2) L. 2, D. *De rer. perm.*, l. *Sciendum*, § *penult.* D. *De ædil. edicto.*

(3) Sur le Code *De rer. permut.*

(4) Cujas. V. le passage cité au n° 30. Pothier, *Vente*, n° 625

(5) Cujas, *loc cit.* Pothier, *Vente*, n° 625.

[ARTICLE 1599.]

34. 3º Et de celles qui s'appuient sur les clauses relatives à la contenance (1). Un arrêt de la cour de Colmar, du 1er mai 1807, semble jeter du doute sur cette proposition (2). Mais dans l'espèce de cet arrêt, dont les faits sont du reste assez obscurs, il paraît que l'échange avait été déterminé par des motifs d'affection tirés de la situation des objets échangés, et que le pré, dont la contenance offrait un déficit, compensait ce défaut de mesure par la supériorité de la qualité. On ignore d'ailleurs s'il y avait eu expression de contenance. C'est donc là un arrêt d'espèce, et toute sa portée, c'est de montrer que, dans des questions de cette nature, il faut tenir grand compte des circonstances du fait et de l'intention des parties.

35. 4º L'échange de la chose d'autrui est nul tout aussi bien que la vente. La cour de cassation a même jugé (3) que la nullité peut en être prononcée, quand même l'échangiste ne serait pas encore troublé, et quoique l'autre copermutant offre, depuis les poursuites, de rapporter la preuve qu'il est devenu propriétaire. Mais cet arrêt me paraît d'une sévérité outrée, en tant qu'il veut qu'il ne soit tenu aucun compte de la consolidation de la propriété sur la tête de celui qui a livré la chose. Comme je l'ai dit ailleurs, " L'échangiste de- " manderait sans grief une nullité qui n'est pas d'ordre " public, et dont la cause aurait disparu (4)."

Je crois aussi que la ratification du véritable propriétaire, rapportée avant que la nullité de l'échange ait été prononcée, prévient ou arrête l'action en nullité (5) l

36. 5º Lorsque les copermutants ont nommé des experts pour régler la manière dont se fera l'échange, et que l'un

(1) Pothier, nº 625.

(2) Dall., *Præscript.*, p. 938, in-8º, t. 28, p. 219. Sirey, 7, 2, 757.

(3) Cassat., 15 janvier 1810. Dall., *Vente,* p. 938, in-8º p. 218. Sirey, 10, 1, 204. Palais, t. 11, p. 50. Arg. de l'art. 1704. *Supr,* nº 20, 23.

(4) *Vente,* nº 236, et *Hypothèq.,* nº 522.

(5) *Loc cit.* de mes Commentaires.

[ARTICLE 1599.]

des experts vient à décider avant l'expertise, on suit l'article 1592 du Code civil et l'on décide qu'il n'y a plus qu'un simple projet d'échange, insuffisant pour lier les parties contractantes (1).

37. 6° On applique aussi les principes du contrat de vente, sur le lieu et le temps de la tradition (2).

38. 7° Nous avons vu aussi que tout ce qui concerne la garantie (3), trouve sa place dans le contrat d'échange. C'est un point sur lequel M. le procureur général Dupré a eu occasion d'insister, dans son plaidoyer devant la cour de cassation, dans l'affaire de la citadelle de Blaye (4).

39. 8° La chose échangée est aux risques de celui à qui elle a été promise, dès l'instant que le consentement a rendu le contrat parfait et a déplacé la propriété (5). Les exceptions à cette règle fondamentale, en matière de vente, sont celles que nous avons exposées dans notre commentaire de l'article 1624.

40. 9° On peut faire une promesse d'échange, comme une promesse de vente.

41. 10° Les doutes sur la partie du contrat relative à la chose cédée, s'interprètent contre celui qui la cède (6).

42. 11° L'échange des droits successifs donne lieu au retrait successoral autorisé par l'article 841 (7).

43. 12° Dans la vente, les frais d'actes sont, de droit, à la charge de l'acheteur. Or, comme chacune des parties qui figurent dans l'échange est acquétresse, il s'ensuit que les

(1) Grenoble, 8 novembre 1806. (Dall., *Vente*, p. 937, in-8°, 28, p. 218). Sirey, 7, 2, 925.

(2) Pothier, *Vente*, n° 625.

(3) *Supr.*, n°° 24 et 30.

(4) *Gazette des Tribunaux* du 4 avril 1834.

(5) Mon Comm. de la *Vente*, n° 359. Pothier, *Vente*, n° 626.

(6) Pau, 4 mai 1830 (Dall., 31, 2, 83). Arg. de l'art. 1602, et mon comm. de cet article, n° 256.

(7) Cassat, 19 octobre 1834. Sirey, 35, 1, 112.

frais devront être partagés pour moitié, à moins de convention contraire.

Au surplus je crois inutile de pousser plus loin, l'énumération des rapports intimes qui existent entre la vente et l'échange. Je serais obligé de fondre ici toute la substance de mon Commentaire de la *Vente*, et, quelque concision que je misse dans ce travail, je n'échapperais pas au reproche de prolixité.

Lahaie, sur art. } *Pothier*, Traité du contrat de vente, n.
1707 *C. N.* } 621.—Quoique le contrat d'échange soit différent du contrat de vente, néanmoins, comme il produit dans chacun des contractans les mêmes obligations de garantie que le contrat de vente produit dans le vendeur, on ne peut disconvenir que le contrat d'échange ne soit un contrat ressemblant au contrat de vente, et tenant de la nature de ce contrat.

Pandectes françaises. — Comme la vente, l'échange est un titre capable de transférer la propriété. Par conséquent, il peut servir de fondement à la prescription.

Merlin, R., v. échange, n. 1. — Dans le contrat d'échange, chacun des contractans s'oblige, envers l'autre, à lui délivrer la chose qu'il a promis de lui donner en échange, ainsi qu'à le garantir des évictions, des charges réelles et des vices rédhibitoires. Celui qui ne remplit pas ses obligations est tenu envers l'autre des dommages-intérêts résultant de l'inexécution de la convention, de même que, dans le contrat de vente, le vendeur est tenu envers l'acheteur.

Favard, v. échange, n. 5.—Il suit de cette disposition, que chacun des copermutans étant tout à la fois vendeur et acheteur, chacun d'eux a tous les droits et actions du vendeur et de l'acheteur ; que chacun d'eux est également passible de toutes les obligations de l'acheteur et du vendeur.

TITRE SEPTIÈME.	TITLE SEVENTH.
DU LOUAGE.	OF LEASE AND HIRE.

Rapport de MM. les Commissaires. Pour désigner ce titre en anglais, on a employé deux mots : LEASE and HIRE, vu que le mot LEASE n'a pas toute la portée du mot français LOUAGE, et du terme du droit romain, LOCATIO, ou du moins ne s'applique pas communément à toutes les divisions du contrat qui se trouvent comprises dans l'expression française ou latine. Si l'on regarde aux traductions anglaises du Code Napoléon et au texte anglais du code de la Louisiane, on voit qu'il y a besoin d'une expression additionnelle pour désigner le contrat, lorsqu'il a pour objet un travail personnel, ou un ouvrage à faire, et on a en conséquence employé le mot HIRE.

Barrett's translation of Code Napoleon, title 8.

C. L. Titre 9.

La classification des sujets de ce titre les divise en quatre chapitres : le premier contient des dispositions d'une nature générale ; le second traite du louage des choses ; le troisième, du louage d'ouvrage, et le quatrième donne en quelques articles les règles du bail à cheptel.

CHAPITRE I.

DISPOSITIONS GÉNÉRALES

Les articles de ce chapitre sont au nombre de cinq ; les trois premiers correspondent, quant au fonds, aux articles 1708, 1709, 1710 C. N. ; les détails contenus dans le 1711e n'ont pas été adoptés par les Commissaires et nous n'avons pas besoin de disposition semblable à celle qui se trouve dans le 1712e.

L'art. 1600, ne reproduit pas la forme d'expression de l'article 1708 C. N., qui est inexacte en autant qu'il n'y a pas deux espèces de louage l'une des choses et l'autre d'ouvrages. mais que le contrat de bail peut avoir les unes ou les autres pour objet, ou même les choses et l'ouvrage ensemble.

Des autres articles de ce chapitre, l'art. 1602, seul demande explication. On donne dans cet article la signification propre des mots *locateur* et *locataire* en fait d'ouvrage, ce qui était nécessaire pour éviter l'incertitude et l'embarras qui résultaient de l'emploi des mots *locateur*, *locator*, quelquefois comme indiquant celui qui fait l'ouvrage, et, dans d'autres circonstances, celui pour qui l'ouvrage est fait, et qui réellement est toujours le locataire. Il y a beaucoup de discussion parmi les auteurs sur la double application de ces mots qui se retrouve jusque dans le droit romain ; mais les Commissaires pensent qu'après examen des auteurs modernes, on ne peut hésiter à adopter le moyen qu'offre cet article de résoudre les difficultés.

CHAPITRE II.

DU LOUAGE DES CHOSES.

L'arrangement et la classification des articles qui composent ce titre, diffèrent notablement de ceux suivis dans le Code Napoléon, plus particulièrement dans ce second chapitre, qui traite du louage des choses. Dans le Code, ce chapitre est divisé en trois sections : *I. " Des règles communes aux " baux des maisons et des biens ruraux." — II. " Des règles par- " ticulières aux baux à loyer."—et III. " Des règles particulières " aux baux à ferme."* Mais cette classification ne couvre pas toute la matière ; elle omet entièrement le bail des meubles et des choses incorporelles ; et, du reste, on ne l'a pas même observée dans l'ordre des articles. En voici un exemple entre autres : les articles 1753, 1754, 1755 et 1760, rangés sous la rubrique de la seconde section, peuvent également trouver leur place sous la rubrique de la troisième section.

Pour obvier à ces imperfections, le chapitre deuxième du louage des choses a été divisé en six sections au lieu de trois :—1. Dispositions générales ; 2. des obligations et droits du locateur ; 3. des obligations et droits du locataire ; 4. règles particulières relatives au bail des maisons ; 5. règles relatives au bail des terres et propriétés rurales, et 6. comment se termine le louage des choses. Cette classification comprend toutes les espèces de biens, et semble renfermer toute la matière, et on a tâché de s'y rattacher, aussi étroitement que possible, dans l'arrangement des articles.

SECTION I.

DISPOSITIONS GÉNÉRALES.

Les articles 1605 et 1606 déclarent quels biens peuvent être l'objet du louage. Au fond, ils ne s'écartent pas de l'intention de l'article 1713 C. N. ; mais on n'a pas adopté la rédaction de cet article, qui est trop générale et évidemment incorrecte.

L'article 1608 est tiré de nos statuts ; mais on y a fait une addition à la disposition du statut, en faisant terminer le bail à ferme au premier d'octobre au lieu du premier de mai. Cette extension n'a pas été regardée comme un changement à la loi en force, car tel a toujours été l'usage reconnu quant aux baux à ferme. L'omission de cette distinction, dans le statut, est évidemment une lacune qu'il est à propos de remplir.

L'article 1609 exprime la loi ancienne, et la loi moderne énoncée aux articles 1738 et 1739 C. N. Le terme fixé à l'occupation est de huit jours, après l'expiration desquels la tacite reconduction a lieu aux conditions spécifiées dans cet article et dans l'article 1610 qui correspond au 1739e C. N.

SECTION II.

DES OBLIGATIONS ET DES DROITS DU LOCATEUR.

Les articles 1612 à 1616 énoncent les règles de la loi et sont rédigés à peu près dans les mêmes termes que les articles correspondants du Code Napoléon.

L'article 1618 comprend les articles 1726, 1727, C. N., mais il diffère du dernier en déclarant la loi en force, en vertu de laquelle le locataire a droit d'être renvoyé de la demande, en donnant le nom de son locateur, sans être obligé de le mettre en cause, tel que requis par l'article du Code Napoléon.

Les articles 1619 à 1623 contiennent les règles bien établies de notre droit. Ils ne sont pas rédigés sur les articles du Code

Photographic
Sciences
Corporation

23 WEST MAIN
WEBSTER, N.Y.
(716) 872-

Napoléon, sauf le 1621 qui correspond au 1753. Il y a aussi renvoi à l'article 2102, au titre " Des Priviléges et Hypothèques," du même Code.

A l'égard de l'article 1623, il est à remarquer que le droit de suite est limité à huit jours, et, même dans ce délai, les marchandises ne peuvent être suivies dans les mains des personnes qui les ont achetées. Cette exception à la règle paraît avoir été admise en France, et doit évidemment prévaloir en ce pays dans l'intérêt du commerce.

L'article 1624 est pris du statut. L'article 1625 est nécessaire pour affermir une règle qui, dans l'ancien droit, était susceptible de discrétion. Il est conçu dans les mêmes termes que l'article 1544 du titre " De la Vente," relatif à la résolution du contrat pour cause de non-paiement du prix.

SECTION III.

DES OBLIGATIONS ET DES DROITS DU LOCATAIRE.

Cette section est composée de seize articles, dont quelques-uns seulement exigent quelques remarques ; les autres, en exprimant la loi en force, diffèrent des articles correspondants du Code Napoléon, cités sous chacun d'eux, seulement quant à la rédaction. Sur les articles 1640 et 1641, on doit observer qu'il n'y en a pas de correspondant dans le Code ; le premier, cependant, contient une règle utile dans la pratique, et qui doit être exprimée ; quant à l'autre, il n'est que la reproduction d'une disposition de l'acte des locateurs et locataires.

Les articles de cette section qui demandent une notice plus particulière sont les articles 1629, 1630, 1631 et 1634.

L'article 1629 énonce la même règle que celle exprimée par l'article 1733 C. N., mais sous une autre forme ; l'objet des deux articles est d'établir que dans le cas de perte par incendie la présomption est contre le locataire ; de là la responsabilité qui pèse sur lui. L'article 1630 a été préparé pour empêcher qu'on étende cette présomption rigoureuse au-delà de son application légitime. Il n'a pas d'article correspondant dans le Code Napoléon.

L'article 1631 ne coïncide pas avec l'article 1734 C. N., qui déclare que lorsqu'il y a plusieurs locataires, leur responsabilité au cas d'incendie est conjointe et solidaire, voulant sans doute en ce cas parler des locataires de parties distinctes de la même maison. Les Commissaires ont été d'opinion que la règle de la solidarité en pareils cas, n'est pas établie sous la loi en force ; l'article 1631 a, en conséquence, été rédigé de manière à restreindre la responsabilité de chaque locataire, suivant le *quantum* dé son loyer. Cet article a été adopté comme réglant un point de droit douteux.

L'article 1634 correspond au 1723e C. N., excepté quant à cette partie qui veut que, lorsque les réparations sont devenus nécessaires avant le bail, le locataire ait droit à une diminution du loyer suivant le temps et les circonstances. C'est une modification raisonnable et qui pourrait probablement être considérée comme étant dans l'intention de l'article 1724, et elle s'infère indubitablement des principes d'équité de l'ancien droit.

Voyez aussi sur cette matière, l'acte de Faillite.

SECTION IV.

RÈGLES PARTICULIÈRES AU BAIL DES MAISONS.

L'article 1642 repose sur l'autorité de Pothier, dont l'article 1758, C. N., parait avoir été emprunté. Tous deux ont trait aux maisons garnies, mais le mot " garnies " a été omis dans notre article, afin de l'adapter aux usages de ce pays où rarement les maisons sont louées garnies. Il faut aussi observer que cet article ne traite que des cas où il y a bail ; ce titre règle les cas où il y a occupation sans bail.

Les articles 1643 et 1644 sont semblables à ceux qui y correspondent dans le Code Napoléon.

Un article, numéroté 1645, est soumis dans le but d'écarter tout doute sur l'application des règles relatives au bail des maisons. Il est nécessaire vu que l'intention est de comprendre sous ces règles tout ce qui tombe sous la désignation de propriété urbaine, par opposition aux propriétés rurales.

SECTION V.

RÈGLES PARTICULIÈRES AU BAIL DES PROPRIÉTÉS RURALES.

Les articles 1646 à 1650 déclarent également l'ancien comme le nouveau droit. L'article 1770 C. N., fixe la moitié de la récolte comme étant le *minium* de perte qui donne au locataire droit à diminution du loyer de la ferme ; cette limitation n'est pas reproduite dans l'article 1650 qui laisse ce point à la doctrine ou à la discrétion des tribunaux.

Le droit ancien coïncide en principe avec l'article 1769 C. N. Les Commissaires ont néanmoins fait adopter l'article 1651 en amendement, changeant la loi et n'accordant aucune diminution du loyer à raison de la perte des récoltes lorsque le bail est fait pour plusieurs années. Ils ont été induits à faire cette suggestion par la considération que les récoltes dépendent en grande partie du mode de culture et de l'habileté et de la diligence du fermier, dans le choix et l'arrangement de ses semences ; et que dans ce pays où il est d'usage de cultiver sur chaque ferme une variété de semences, la destruction d'une récolte est ordinairement compensée par l'abondance d'une autre ; il semble donc raisonnable d'établir que le locataire doit balancer les mauvaises années avec les bonnes ; — et, comme règle simple évitant toute incertitude et tout litige, il semble convenable de lui en laisser le risque.

Les articles 1652, 1653 et 1654 correspondent aux 1771e, 1774e et 1778e, C. N., mais on a ajouté les mots " qui se termine au premier jour d'octobre " dans l'article 1653 pour le mettre d'accord avec l'usage dont on a déjà parlé — et dans l'art. 1654, la rédaction de l'article 1778 a été modifiée afin d'exclure les pailles que le locataire destine à d'autre objet que l'engrais.

On peut ici observer qu'il y a plusieurs articles dans le Code Napoléon, nos. 1767, 1772, 1773, 1775, 1776, 1777, relatifs au bail à ferme, qui n'ont pas d'articles correspondants dans notre Code parce que les règles qu'ils contiennent ne sont pas applicables à notre condition sociale ou à nos usages, ou parce que leurs dispositions sont incluses en substance dans d'auti es.

SECTION VI.

COMMENT SE TERMINE LE LOUAGE DES CHOSES.

Les articles 1655 et 1656, renvoient aux règles énoncées dans d'autres articles de ce Code. L'article 1656 est basé en partie sur l'article 1736 C. N., mais va au delà en spécifiant le dé'ai dans lequel l'avis requis doit être donné. Ces délais ne sont fixés par aucune règle expresse de l'ancien droit, mais sont fondés sur des coutumes locales ou sur leur conformité avec la raison ; et aussi sur l'acte de faillite.

Les articles 1658, 1659, 1660 et 1661, contiennent des règles qui sont les mêmes sous l'ancien comme sous le nouveau droit en France.

Un de nos statuts rappelle la loi Æde. Il a été adopté un amendement par lequel l'avis requis, au lieu d'être d'un mois, ainsi que réglé par le statut, soit soumis aux règles générales énoncées en l'article 1657, dans un but d'uniformité.

La loi ancienne terminait le louage par la vente de la chose louée. Les Commissaires ont recommandé de remplacer cette règle par celle qui est exprimée dans l'article 1743 C. N., qui ne permet pas au nouveau propriétaire d'expulser le locataire, à moins qu'il n'y ait stipulation à cet effet dans le bail. L'article en amendement a été adopté en conséquence. Il diffère du 1743e sous le rapport de la rédaction et dans l'omission de mots qui restreignent la règle aux baux par écrit et ayant date certaine. Cette restriction a paru inutile. Le mode de constater la véritable date est laissé à l'opération des dispositions générales concernant la preuve (1663).

Avec le changement qu'entraîne l'adoption de l'amendement de l'article 1663, la règle relative aux dommages-intérêts doit aussi être changée ; car il semble raisonnablement s'en suivre que le locataire qui prend un bail sujet à la condition expresse qu'il se terminera par la vente de la propriété, ne peut avoir droit de réclamer des dommages lorsque la condition arrive. Le Code Napoléon a conservé l'ancienne règle sur la responsabilité en ce cas, et contient plusieurs articles, de 1744 à 1750, sur ce sujet. Nonobstant ces articles et les observations des commentateurs, les Commissaires pensent que l'expiration du bail conformément à la convention des parties ne donne aucun droit aux dommages-intérêts sans une stipulation expresse. Ils ont soumis en conséquence un article eu ce sens (1664).

2 Tropl., l. 512, 926.—6 Boileux, p. 101.—3 Duvergier, nos. 548 *et seq.*—5 Fenet, p. 620, *Obs.* de la Cour de Toulouse.

Un article basé sur les articles 1745, 1746, 1747, C.N., a été omis, quoique conforme à l'autorité de Pothier ; le détail, établissant une règle inflexible, peut avoir des inconvénients, être injuste dans la pratique et en désaccord avec nos usages qui laissent la fixation des dommages à la discrétion des tribunaux.

L'article 1665 exprime, dans l'opinion des Commissaires, la règle de notre droit, mais cette règle n'est pas sans contradiction, et est en opposition à celle de l'article 1673 C. N., qu'ils n'ont pas cru devoir adopter parce que dans le cas de ce dernier article, il est aisé pour celui qui veut louer, de s'assurer de la nature et de l'étendue du titre du propriétaire apparent de la propriété, et s'il ne le fait pas, il n'y a pas de raison suffisante pour le relever de sa négligence au détriment du vendeur.

CHAPITRE III.

DU BAIL D'OUVRAGE.

Cette division du contrat de louage, dans son application à certaines espèces de services personnels, ressemble au contrat de mandat, et souvent y paraît tellement identique qu'il n'est pas aisé de préciser en quoi consiste la différence. L'incertitude et l'extrême subtilité de la distinction entre l'un et l'autre de ces contrats sont apparentes dans les théories soutenues à ce sujet par les juristes : mais ces théories semblent si peu satisfaisantes quand on veut les appliquer aux contrats tels qu'ils existent maintenant en pratique, que les Commissaires étaient disposés à soumettre une série de règles fondées sur la proposition qu'il n'y a aucune distinction solide entre les deux contrats. Ils ont cependant été détournés de ce projet par la réflexion que ces contrats ont constamment été regardés comme distincts l'un de l'autre, non seulement depuis l'époque la plus reculée du droit Romain, mais encore dans tous les pays qui ont tiré leur loi de cette source ; et la distinction s'est tellement enlacée dans les systèmes et dans la doctrine des tribunaux et des juristes, qu'un changement, sous ce rapport, pourrait, dans la pratique, conduire à des difficultés et à des embarras imprévus. On s'est, en conséquence, attaché aux règles qui étaient en force dans l'ancien droit, et qui ont été reproduites par le Code Napoléon.

Pothier, mandat No. 26 *seq.* — Troplong, *Louage*, nos. 791, 802 à 811.—6 Duvergier, 667 *et seq.*--3 Zach. p. 34. — 6 Marcadé, pp. 518, 519, 520, 521. — Championnière et Rigaud, no. 1187.—18 Duranton, *Louage*, no. 196.—Clamegeran, *Part.* 1, tit. 2, ch. 2 ; ch. 7; *Part.* 3, tit. 2, ch. 1.

ff L. 1, § 4 ; L. 6, *mand. vel. contra.*—Instit. *lib.* 3, *tit.* 26, § 13.

SECTION I.

DISPOSITIONS GÉNÉRALES.

Ce chapitre est divisé en quatre sections, dont la première ne contient qu'un seul article 1666, qui n'est qu'une introduction et correspond à l'article 1779, C. N.

SECTION II.

DU LOUAGE DES SERVICES PERSONNELS DES OUVRIERS ET AUTRES.

L'article 1667, coïncide avec le 1780e C N. ; on y a seulement ajouté les mots: " il peut être continué par tacite reconduction."

L'art. 1668, ne se trouve pas au C. N., mais comme l'extinction du contrat par le décès a l'une des parties est une exception à la règle générale, elle doit être déclarée.

L'article 1669, est une déclaration de ce qui est loi en force, et quoique différant, sous le rapport de la rédaction, de l'article 1781, il coïncide avec les règles de la loi moderne.

Les articles 1670, 1671, ne contiennent que des renvois aux statuts qui règlent le louage des serviteurs, apprentis et journaliers, ainsi que celui des matelots et des voyageurs. Ces statuts ont sur ces matières des dispositions particulières qui ne sont pas de nature à être insérées dans ce Code.

SECTION III. ·

DES VOITURIERS.

Les articles 1672, 1674 et 1675, expriment les dispositions générales qui régissent la responsabilité des voituriers, et qui sont dans le nouveau droit les mêmes que dans l'ancien. En sus de ces articles, il en a été préparé trois autres dont l'expérience dans cette branche de commerce a démontré la nécessité en ce pays comme ailleurs. Le premier de ces articles, 1673 est, en principe, la reproduction de la règle contenue dans le statut relatif aux chemins de fer, et qui est ainsi étendue à tous les voituriers. L'art. 1676 fixe la règle quant à l'effet des avis publics que les voituriers donnent, sujet sur lequel il existe de l'incertitude et qui en Angleterre est réglé par les statuts cités sous l'article ; l'article 1677 a pour objet de protéger le voiturier contre les risques imprévus, tout en le rendant responsable envers les voyageurs, à un montant raisonnable, pour ce qui peut équitablement être considéré comme bagage de voyageur.

Les règles énoncées dans ces articles ont été reconnues par les décisions des tribunaux et nos lois statutaires. Elles sont supportées en principe par les lois anciennes et modernes de la France et coïncident avec celles de l'Angleterre. Il n'y a pas de doute sur l'opportunité de leur adoption.

L'article 1678 est pris de l'article 104 du Code de Commerce, et l'article 1679 coïncide en principe avec le sixième paragraphe de l'article 2102 C. N. Tous deux expriment notre droit, et le dernier a, pour le supporter, l'autorité des écrivains sur le droit anglais.

L'article 1680 est en partie emprunté de l'article 105 du

Code de Commerce ; on y a ajouté une modification pour régler les cas où celui qui reçoit la chose ignore l'état de détérioration dans lequel elle se trouve.

SECTION IV.

DES DEVIS ET MARCHÉS.

Les articles 1684, 1685, 1686, 1687, coïncident avec les articles 1788, 1789, 1790 et 1791, C. N., sauf quelques légers changements de rédaction, et la restriction dans les articles 1684, 1686 que l'ouvrage doit être fait en entier et rendu parfait, afin d'éviter toute ambiguité, tel étant le sens des articles du Code Napoléon, suivant l'interprétation des commentateurs. Ces articles sont soumis comme exprimant la loi sur des points douteux. 2 Troplong, Louage, Nos. 971, 978.

Il existe beaucoup d'incertitude sur le sens précis des auteurs sous l'ancien droit, relativement aux règles sur la responsabilité des ouvriers, au cas de pertes provenant de causes autres que celle résultant de la faute des parties. Il est néanmoins assez certain que lorsque l'ouvrage est entrepris autrement que par contrat pour le compléter et livrer comme un tout, la perte tombe sur celui qui fait faire l'ouvrage, soit que les matériaux soient fournis par lui ou par l'entrepreneur. Le doute a lieu dans le cas où l'ouvrage doit être parfait et livré en bloc, *per aversionem*. Ce cas n'est pas clairement distinct dans les passages où Domat et Pothier traitent de ce sujet ; mais si l'on considère les expressions de ce dernier, dans son traité " Du Louage," no. 436, elles semblent justifier non seulement la règle contenue dans l'article 1684, mais encore celle de l'article 1686. A l'égard de la règle énoncée dans l'article 1684 (correspondant au 1788e C. N.) relative aux cas où l'ouvrier fournit les matériaux, Troplong, 2 *Louage*, nos. 975, 976, qui a si bien discuté ces questions, déclare qu'elle est d'accord avec le droit romain qu'il cite, et avec l'opinion de Pothier ; mais il dit aussi qu'il y a divergence entre le nouveau et l'ancien droit, dans l'article 1790 qui est notre article 1686 ; la règle de l'ancien droit étant, suivant lui, que dans le cas où l'ouvrage doit être complété et délivré parfait et que celui qui a donné l'ouvrage à faire fournit les matériaux, c'est sur lui que tombe la perte ; pendant que, dans le nouveau droit, elle doit être supportée par l'ouvrier. Le no. 436 du traité du Louage de Pothier, ne contient pas une telle distinction en propres termes, quoiqu'elle puisse s'inférer de sa manière générale de traiter ce sujet. Il ne cite que la première clause de la loi 36 du Digeste, *Locati conducti*, qui a l'apparence d'être en contradiction avec la dernière partie de cette loi. Il est digne de remarque que le motif de cette règle est le même dans les deux systèmes de loi, savoir que la perte tombe sur le maître, *res perit Domino*. La difficulté consiste à déterminer quelle est des deux parties celle qui est le propriétaire. Sous le point de vue de l'ancien droit, le locataire d'ouvrage qui fournit les matériaux est réputé propriétaire de l'ouvrage par accession, tandis que sous le nouveau droit, l'ouvrier, sous un marché de compléter et rendre un ouvrage parfait, en est réputé propriétaire jusqu'à sa délivrance. Cette dernière doctrine semble la plus sure et la plus logique ; car la règle générale du droit qui fait acquérir le droit de propriété par accession, doit céder devant les règles que se font les parties par leur contrat, et si le contrat porte que l'ouvrage ne doit être livré que lorsqu'il est parfait dans sa totalité, il semble qu'il doive nécessairement s'en suivre que jusqu'à ce que l'ouvrage soit complété et délivré parfait, il appartient à l'ouvrier, comme les matériaux appartiennent au locataire qui les fournit.

L'observation de Duvergier (vol. 2, no. 336, p. 391), qui, après avoir dit que l'ancienne jurisprudence empruntait du Droit Romain des décisions aussi nombreuses et variées que les cas qui se présentaient, affirme "qu'il n'y avait point de système, de théorie générale, de liens unissant ces diverses solutions," nous montre combien était incertaine la règle reçue autrefois, et qu'on doit en préférer une qui soit plus uniforme.

Les Commissaires, pleinement convaincus de cette incertitude, après toute la considération que demandait ce sujet et après beaucoup d'hésitation, se sont crus justifiables non-seulement d'adopter l'article 1790 du Code Napoléon, comme convenable et appuyé sur la raison, mais ils l'ont de plus soumis dans l'article 1686, non comme un amendement à la loi en force, mais comme déclaratoire de la loi sur un point douteux.

L'article 1687 coïncidant avec les deux systèmes de lois n'exige pas de commentaire.

L'article 1688 est semblable au 1792e C. N., excepté quant aux expressions "*construit à prix fait*," qui ont été omis, comme établissant une restriction inopportune ; et on y a ajouté les mots " qui surveille l'ouvrage," afin de distinguer la responsabilité en ce cas, de celle de l'architecte qui ne fournit que les plans, tel qu'énoncé en l'article 1689 pour lequel le Code Napoléon n'a pas de correspondant.

L'article 1690 pris de l'article 1793 du C. N., est adopté pour établir une règle dont le besoin s'est grandement fait sentir en ce pays. La nécessité imposée à l'entrepreneur d'obtenir une autorisation écrite pour lui faire obtenir le paiement des ouvrages *extra*, a été sagement adoptée en France, et tous les commentateurs du Code Napoléon n'en parlent qu'avec des louanges. L'écrit est essentiel et l'absence n'en peut être suppléée par le serment du propriétaire.

Des articles restant de cette section, les 1691, 1694 et 1697 seuls requièrent quelques explications. L'article 1692 retient la règle de l'ancien droit comme préférable à la nouvelle introduite par l'article 1795 du Code Napoléon. L'article 1694 ne se trouve pas dans le Code Napoléon ; il est tiré de Pothier et doit faire partie de notre code. L'article 1697 suit la règle de l'ancien droit, qui a été confirmée par des décisions judiciaires, et est, sans aucun doute, préférable à celle de l'article 1798, C. N. Sauf ces exceptions, les articles numérotés de 1691 à 1897 tout en exprimant l'ancien droit, coïncident avec les articles du Code Napoléon, qui sont cités au bas de chacun d'eux.

Trois articles sont soumis sur la matière de ce chapitre,

tous d'un caractère général et qui n'exigent pas de commentaire particulier.

CHAPITRE IV.

DU BAIL A CHEPTEL.

Comme le bail à cheptel occupe une place importante dans le Code Napoléon, couvrant 32 articles, il peut être nécessaire de donner quelqu'explication du laconisme avec lequel on en dispose dans ce rapport. Dans quelques parties de la France, le cheptel des bestiaux et des moutons était la principale branche d'industrie et une source de profit dans les campagnes. Cependant son étendue n'était que locale. Dans les provinces de Bourbonnais, Berry, Bretagne et Nivernois, il était d'un usage journalier, et les dispositions sur ce sujet étaient nombreuses et minutieuses. Les articles du Code Napoléon sont empruntés aux coutumes de ces provinces, et ne sont utiles que dans l'application de leur détail aux contrées pastorales. Le droit romain a peu de dispositions sur le sujet et le contrat y est regardé comme société plutôt que comme louage. La Coutume de Paris n'en parle pas. Dans ce pays, ce contrat y est comparativement de peu d'importance. Quoique les bestiaux et les moutons y soient loués en cheptel sur une petite échelle, cependant, lorsque le cas arrive, les droits des parties sont presque toujours réglés par des conventions particulières, et si, dans quelques cas, ces conventions font défaut, les usages locaux, qui varient dans les différentes parties du pays y suppléent. L'introduction dans notre Code de règles nombreuses et compliquées sur un état de choses et une classe de besoins si différents des nôtres a été regardée par les Commissaires comme évidemment inutile et peut-être même embarrassante et nuisible dans ses résultats. Ils ont donc borné les dispositions sur cette matière aux règles générales énoncées plus haut. Pothier *Cheptel*, nos. 4 à 19, Merlin *Rép. vo. Cheptels*, § 1, no. 15. — 13, Pand. Franc., p. 205.

[ARTICLE 1600.]

CHAPITRÉ PREMIER.	CHAPTER FIRST.
DISPOSITIONS GÉNÉRALES.	GENERAL PROVISIONS.
1600. Le contrat de louage a pour objet soit les choses, soit l'ouvrage, ou les choses et l'ouvrage tout à la foi~	1600. The contract of lease or hire has for its object either things or work, or both combined.

---

* *C.* ~ 1708. } Il y a deux sortes de contrats de louage : Celui des choses et celui l'ouvrages.

---

* *ff. de Locati conducti, liv.* 19, } L. 1. Locatio et conductio, *tit.* 2, *LL.* 1, 2 *et* 22, § 1. } cum naturalis sit, et omnium gentium : non verbis, sed consensu contrahitur, sicut emptio et venditio (PAULUS).

L. 2. Locatio et conductio proxima est emptioni et venditioni : hisdemque juris regulis constitit. Nam ut emptio et venditio ita contrahitur, si de pretio convenerit, sic et locatio et conductio contrahi intelligitur, si de mercede convenerit.

§ 1. Adeo autem familiaritatem aliquam habere videntur emptio et venditio, item locatio et conductio, ut in quibusdam quæri soleat, utrum emptio et venditio sit, an locatio et conductio : ut ecce, si cum aurifice mihi convenerit ut is ex auro suo annulos mihi faceret certi ponderis, certæque formæ, et acceperit, verbi gratia, trecenta : utrum emptio et venditio sit, an locatio et conductio ? Sed placet unum esse negotium, et magis emptionem et venditionem esse. Quod si ego aurum dedero, mercede pro opera constituta, dubium non est, quin locatio et conductio sit (GAIUS).

L. 22. § 1. Quotiens autem faciendum aliquid datur, locatio est (PAULUS).

[ARTICLE 1600.]

Ibidem. } *L.* 1. Le contrat du loyer est conforme
Trad. de M. Hulot. } au droit naturel, il est usité chez toutes
les nations ; ce qui fait qu'il ne demande point de solennité
dans les termes, et qu'il se consomme par le seul consentement, comme la vente (PAUL).

L. 2. Le contrat du loyer approche de celui de la vente ;
on observe les mêmes règles dans l'un et dans l'autre. Car,
de même que le contrat de vente demande qu'on soit convenu d'un certain prix, le contrat de loyer demande qu'on soit
convenu d'un certain loyer.

1. Le loyer et la vente ont une si grande affinité, qu'il y a
lieu de douter dans de certaines conventions si c'est une
vente ou une location qui a été contractée ; par exemple,
lorsqu'on convient avec un orfèvre de fournir de l'or, et de
faire des anneaux d'un certain poids et d'une certaine forme,
moyennant quoi on lui paiera une certaine somme, par
exemple trois cent ; y a-t-il en ce cas une vente ou une location ? On decide qu'il n'y a qu'une seule convention, qui
tient plutôt de la nature de la vente que du loyer. Mais si
on fournissoit la matière d'or en payant un salaire pour le
travail, il n'y a pas de doute que ce seroit un loyer (GAIUS).

L. 22. § 1. Quand on donne un ouvrage à faire, c'est une
location (PAUL).

---

* *Institutes, liv.* 3, *tit.* 24, } Locatio et conductio proxima
De locatione et conductione. } est emptioni et venditioni, iisdemque juris regulis consistit. Nam, ut emptio et venditio
ita contrahitur, si de pretio convenerit, sic etiam locatio et
conductio ita contrahi intelligitur, si merces constituta sit
[Gaius, L. 2, D., *Locat. cond. ; Comm.* III, § 142]; et competit
locatori quidem locati actio, conductori vero conducti. [Ul-
pian., L. 5 et 15, D., *eod.*]

Ibidem, } Le louage ressemble beaucoup à la
Trad. de M. Blondeau. } vente ; et on suit les mêmes règles
dans l'un et l'autre contrat. De même que la vente est parfaite, dès qu'on est convenu du prix [*pretium*] ; de même le

[ARTICLE 1600.]

louage existe dès qu'on est convenu du loyer [*merces*] : de cet instant le bailleur [*locator*] a l'action *locati;* et le preneur [*conductor*] a l'action *conducti.*

---

* *Voët ad Pand., liv.* 19, *tit.* 2,⎫ Proxima emtioni et vendi-
    Locati conducti, n° 1.   ⎬ tioni in plurimis, ac iisdem
prope juris regulis consistens, est locatio conductio, distincta a promissione de re elocanda, et a pactione de re non alteri quam Titio locanda ; de quibus confer scripta *tit. de contrah. emt. num.* 2. cum locatio conductio sit ipse contractus, bonæ fidei, consensu constans, de usu vel opera cum mercede commutanda. Nam uti emtio et venditio contrahitur, si de pretio convenerit, ita et locatio conductio contrahi intelligitur, si de mercede convenerit, *l.* 1. 2. *ff. h. t. pr. Instit. h. t.* adeo ut neque scriptura opus sit, neque alia solennitas desideretur, si modo contractus robationem habeat. *tit. Instit. de oblig. ex consensu.*

---

* *Cujacci Opera append.,liv.* 4,⎫ Locationis et conductionis
    § LXV, *p.* 789, *éd.* 1758.   ⎬ contractus est similis emptioni et venditioni, ut permutatio, *l.* 2. *ff. eod.* eisdemque juris regulis consistit, quod demonstro. sine pretio nulla venditio est, nec etiam locatio ; sed pretium in locatione est pretium usus, vel fructus, vel operæ, usus, in domo, fructus, in fundo, operæ, in homine, quod pretium dicitur, merces, et pensio. In empti° ne pretium, est pretium rei seu corporis, et utrumque in utroque contractu certum esse oportet, et nummarium Emptio perficitur nudo consensu, itemque locatio. Emptio recte contrahitur sub conditione, etiam rei suæ, et locatio recte contrahitur sub conditione, *l. sicut. ff. eod.* Et invenio sicut in emptione, ita in locatione arram intervenire.

[ARTICLE 1600.]

*,1 *Pothier* (*Bugnet*), *Introd. au* } 1. Il y a deux espèces de
tit. 19, *n°* 1 *et s.* } louages (1); le *louage d'ou-*
vrages et le *louage des choses.*— Le *louage d'ouvrages*, dont il
n'est pas ici question, est un contrat par lequel l'une des parties s'oblige envers l'autre à faire un certain ouvrage pour un
certain prix que l'autre s'oblige de lui payer (2).— Le *louage*
des choses est un contrat par lequel l'une des parties s'oblige
envers l'autre à lui faire avoir la jouissance ou l'usage d'une
certaine chose pour un certain temps, et pour un certain
prix que l'autre s'oblige de lui payer.—Le contrat de louage
d'une maison s'appelle *bail à loyer;* celui d'une métairie s'appelle *bail à ferme*. Celle des parties qui s'oblige à faire jouïr
l'autre, s'appelle *locateur* ou *bailleur;* l'autre partie s'appelle
locatc..e, si c'est une maison qui est louée, ou *fermier,* si c'est
une métairie (3). C'est de ces espèces de louage dont il est
traité sous ce titre.

2. Le contrat de louage est purement du droit des gens,
n'étant assujetti à aucune forme. Il est du nombre des *con-*
sensuels; car il est parfait par le seul consentement des parties
contractantes. Il est *synallagmatique;* car par ce contrat chacune des parties s'oblige envers l'autre. Il a beaucoup d'analogie avec le contrat de vente ; et on peut dire qu'il renferme
une espèce de vente non de la chose même qui est louée,
mais de la jouissance ou usage de cette chose : c'est pourquoi
ce contrat était quelquefois chez les anciens appelé *vente.*
V. L. 19 et 20, ff. *de actionibus empti et venditi* Cujas *ad dictas*
leges.

3. Il y a néanmoins une différence essentielle entre ces
deux contrats, qui est que, par le contrat de vente, le vendeur
s'oblige envers l'acheteur à lui transférer tout le droit qu'il a
dans la chose vendue, et le lui transfère effectivement par la
tradition qu'il lui fait en exécution du contrat ; au lieu que,

(1) *V.* art. 1708, C. civ.

(2) *V.* art. 1719, C. civ.

(3) *V.* art. 1711, C. civ.

[ARTICLE 1600.]

dans le contrat de louage, le locateur s'oblige seulement envers le locataire à le faire jouir de la chose, sans lui transférer aucun droit dans cette chose par la tradition qu'il lui en
fait (1).—C'est aussi en cela qu'un *bail à loyer* ou *à ferme* diffère d'un *bail à cens* et d'un *bail à rente ;* car par la tradition
qui est faite au preneur à qui un héritage a été baillé à cens.
ou rente. ce preneur acquiert le droit de propriété qu'avait
le bailleur, sous la réserve seulement du droit de cens ou
rente que le bailleur retient.

---

* *Troplong, Louage, sur art.* 1708 C. N. 1. Le titre du louage, dont nous
avons fait sentir dans notre préface
l'importance et l'usage fréquent, débute par une classification
empruntée mot pour mot à Pothier. Il distingue deux sortes
de contrat de louage ; le louage des choses qui procure la
jouissance d'un objet appartenant à autrui pour l'exploiter et
l'utiliser ; le louage d'ouvrages qui nous fait profiter de la
force individuelle et de l'industrie dont nous manquons.
Ces deux contrats, identiques par le genre, se distinguent
cependant l'un de l'autre par leur objet et se gouvernent par
des règles spéciales. Le législateur ne devait pas plus les
confondre que le jurisconsulte. Nous traiterons du louage
des choses dans le commentaire des articles 1713 à 1778 ; le
louage d'industrie occupera le commentaire des articles 1779
et suivants.

Agnel, Code des prop., nos 1 *et* 2. 1. Il y a deux sortes de contrats de
louage : celui des choses et celui d'ou-
vrages.

Le louage des choses est un contrat par lequel l'une des

---

(1) Tels étaient les anciens principes : quelques auteurs pensent que
l'article 1713, C. civ., a changé la doctrine sur ce point, et que le preneur,
locataire ou fermier, a aujourd'hui un droit réel. C'est une question que
nous aurons occasion d'examiner, en son lieu, au *Traité du Louage.*
(Art. 1743.) (BUGNET).

parties s'oblige à faire jouir l'autre d'une chose pendant un certain temps et moyennant un certain prix que celle-ci s'oblige de lui payer.

Le louage d'ouvrages est un contrat par lequel l'une des parties s'engage à faire quelque chose pour l'autre, moyennant un prix convenu entre elles (C. c., art. 1703, 1709, 1710).

2. Ces deux genres de louage se subdivisent en plusieurs espèces particulières :

On appelle *bail à louer* le louage des maisons et celui des meubles ;

Bail à ferme, celui des héritages ruraux ;

Loyer, le louage du travail et des services ;

Bail à cheptel, celui des animaux dont le profit se partage entre le propriétaire et celui à qui il les confie.

Les *devis*, *marché* ou *prix fait*, pour l'entreprise d'un ouvrage moyennant un prix déterminé, sont aussi un louage, lorsque la matière est fournie par celui pour qui l'ouvrage se fait. Ces trois dernières espèces ont des règles particulières (C. c., art. 1711).

Lahaie, sur art. } *Paillet.*—L'emphytéose est abrogée : c'était
1708 *C. N.* } un bail de quatre-vingt-dix-neuf ans qui donnait le *jus in re.* Aujourd'hui, on peut faire des baux aussi longs qu'il plaît aux parties, mais ils ne donnent point le *jus in re.*

Dalloz, louage, t. 1, n. 13. — Le louage diffère de la vente sous deux rapports principaux : 1° en ce que l'effet du louage est de conférer simplement au preneur la jouissance de la chose louée, tandis que l'effet de la vente est de conférer à l'acquéreur la propriété même de la chose vendue ; 2° en ce que l'effet du louage est de ne transmettre au preneur que des droits successifs, c'est-à-dire qui s'acquièrent jour par jour, tandis que l'effet de la vente est de produire une translation de propriété instantanée et définitive. (Pothier, louage, n. 3 et 4 ; Proudhon, Usufruit, n. 993 ; Duranton, t. 17, n. 8.)

[ARTICLE 1601.]

1601. Le louage des choses est un contrat par lequel l'une des parties, appelée locateur, accorde à l'autre, appelée locataire, la jouissance d'une chose pendant un certain temps, moyennant un loyer ou prix que celle-ci s'oblige de lui payer.	1601. The lease or hire of things is a contract by which one of the parties, called the lessor, grants to the other, called the lessee, the enjoyment of a thing, during a certain time, for a rent or price which the latter obliges to pay.

---

* *C. N.* 1709. } Le louage des choses est un contrat par lequel l'une des parties s'oblige à faire jou'r l'autre d'une chose pendant un certain temps, et moyennant un certain prix, que celle-ci s'oblige de lui payer.

---

* 4 *Pothier* (*Bugnet*), *Louage,* } 1. Le *contrat de louage* est *n*° 1, *n*° 27, *n*ᵒˢ 39 *et* 40. } celui qu'on appelle *bail à loyer* : on l'appelle aussi *bail à ferme*, lorsque ce sont des fonds de terre ou des droits qui en font l'objet.

On peut le définir " un contrat par lequel l'un des deux contractants s'oblige de faire jouir ou user l'autre d'une chose pendant le temps convenu, et moyennant un certain prix que l'autre, de son côté, s'oblige de lui payer."

Celui qui s'oblige à faire jouir l'autre, s'appelle *locateur* ou *bailleur*; l'autre s'appelle *conducteur, preneur, locataire*; quelquefois *colon, fermier*, lorsque ce sont des héritages de campagne qui sont loués (1).

2 Ce contrat convient en beaucoup de choses avec le contrat de vente :

1° Il est, comme le contrat de vente, un contrat du droit des gens; c'est-à-dire qui se gouverne par les seules règles du droit naturel, et qui n'est assujetti à aucune forme par le droit civil;

(1) *V.* art 1709, C. civ., et 1711, §§ 1, 2 et 3.

2° C'est un contrat *consensuel* ; car il se forme par le seul consentement des contractants, comme le contrat de vente ;

3° Il est, comme le contrat de vente, *synallagmatique* ; car il contient des engagements réciproques que chacun des contractants contracte envers l'autre : il est comme lui *commutatif* ; car, dans ce contrat, chacun des contractants se propose de recevoir autant qu'il donne.

4° De même que trois choses composent le contrat de vente, " la chose qui est vendue, le prix, et le consentement des contractants ; " de même trois choses composent le contrat de louage, " la chose qui est louée, le prix, qu'on appelle *loyer* ou *ferme*, et le consentement des contractants."

3. La différence qu'il y a entre l'un et l'autre contrat, c'est que, dans le contrat de vente, le vendeur s'oblige à faire avoir la chose à l'acheteur à titre de propriétaire, et à lui transmettre tout le droit qu'il y a. Dans le contrat de louage, le locateur ne s'oblige point à faire avoir la chose au conducteur, mais seulement à l'en faire jouir, à l'en faire user.

4. Cette différence entre le contrat de louage et celui de vente est essentielle. Cependant il reste toujours un très grand rapport entre l'un et l'autre contrat ; et on peut même dire que le contrat de louage s'analyse en une espèce de contrat de vente ; car le contrat de louage renferme en quelque façon, non la vente de la chose même qui est louée, mais la vente de la jouissance et de l'usage de cette chose, pour le temps que doit durer le bail ; et la somme convenue pour le loyer, en est le prix.

Par exemple, le bail à ferme d'une terre s'analyse en une vente que le bailleur fait au fermier des fruits qui y seront à recueillir pendant le temps du bail ; et la ferme de chaque année du bail est le prix des fruits que le fermier recueillera durant ladite année (1).

(1) Il nous paraît très peu exact de considérer le contrat de louage comme une vente de fruits, et de dire que *le bail à ferme d'une terre s'analyse en une vente que le bailleur fait au fermier des fruits qui y seront à recueillir pendant le temps du bail*, c'est confondre mal à pro-

[ARTICLE 1601.]

C'est pourquoi les Romains se servaient quelquefois des termes de *vente* et *achat* pour signifier le contrat de louage ; L. 19 et 20, ff. *de Act. empt. et ibi Cujac.* Les fermiers des impôts étaient appelés *redemptores* (1).

pos deux contrats fort distincts dans leur objet, et dans les effets qu'ils produisent.

" Le bail n'a pour objet qu'un droit incorp.. ', qui est le droit de cultiver et de jouir.

" La vente des fruits a, au contraire, pour objet des corps certains qui sont les fruits vendus.

" Dans le bail, les frais de culture et de semence sont à la charge du preneur, puisqu'on ne lui a cédé que le droit de cultiver et de jouir.

" Dans la vente des fruits, tous les frais de culture sont censés faits ; et s'ils étaient à faire, ils seraient à la charge du vendeur, qui s'est chargé de livrer les fruits du fonds.

" Le bail n'opère, soit envers le preneur, soit envers le bailleur, que l'acquisition d'un droit successif. Il donne au preneur le droit de jouir, lequel s'exerce successivement chaque jour ; d'autre part, il donne au bailleur le droit d'exiger le prix du bail, lequel échoit de même, jour par jour, en suivant également la marche du temps.

" Mais, dans la vente, tous les droits qu'elle produit sont instantanés. Une fois le consentement donné, tout le prix est acquis au vendeur, et toute la chose vendue reste aux risques et périls de l'acheteur. Il n'y a rien qui s'acquière jour par jour, comme dans le bail : tout est au contraire acquis en un seul instant. Si la chose louée vient à être détruite, la jouissance du preneur cessant, ses obligations cessent aussi : mais sitôt que le contrat de vente est parfait, que la chose qui en est l'objet périsse ou non, l'acquéreur n'en reste pas moins tenu d'en payer le prix." (Proudhon, *Traité des droits d'Usufruit*, t. 2, n° 993.)

Rien de plus évident que les différences essentielles indiquées par l'auteur que nous venons de citer. On pourrait en ajouter bien d'autres, qui sont des conséquences immédiates de l'intention des parties contractantes, dans la vente et dans le louage. Rien donc de plus erroné que la doctrine de certains auteurs, qui confond ces deux opérations, pour arriver à un résultat que le texte de la loi réprouve, savoir que l'usufruitier auquel il est permis de faire un bail obligatoire contre le propriétaire, peut également vendre les fruits pendants, par branches ou par racines au moment de l'extinction de l'usufruit. *V.* art. 585. C. civ. (BUGNET).

(1) Le gouvernement perçoit aujourd'hui l'impôt directement par des agents salariés. (BUGNET)

[ARTICLE 1601.]

Le rapport entre ces deux contrats est si grand, qu'il paraît quelquefois de l'incertitude si un contrat est contrat de vente ou contrat de louage.

Par exemple, s'il était dit par un acte, " que je vous ai cédé et transporté la jouissance d'un tel héritage pour un tel temps et pour tel prix," on demande si le contrat est un con trat de vente ou de louage ?

La question n'est pas une pure question de nom ; car ces contrats ont des effets très différents. Dans le contrat de vente, la chose est aux risques de l'acheteur : dans celui de louage, elle demeure aux risques du locateur. Pour décider cette question, Caroccius rapporte cette règle, savoir, " que si la cession est faite pour le prix de plusieurs sommes d'argent uniformes et payables par chacun an, le contrat est contrat de louage ; et que si elle est faite pour un prix unique, le contrat doit être réputé contrat de vente."

On doit plutôt dire que, lorsque la jouissance est accordée pour un temps qui n'excède pas neuf ans, le contrat est présumé être un contrat de louage, quand même le prix pour tout le temps de la jouissance consisterait dans une somme unique, les parties pouvant, par un contrat de louage. ramasser en une seule somme et en un seul prix le prix de chacune des années du bail.

Au contraire, lorsque le temps de la jouissance excède celui de neuf années, le contrat doit être présumé un contrat de vente, si le prix consiste dans une somme unique ; ou un contrat de bail à rente, s'il consiste en plusieurs sommes payables par chacun an (1).

---

(1) La règle que donnait Caroccius n'est pas un guide sûr pour discerner s'il y a vente ou louage ; celle que donne Pothier n'est guère plus exacte sous l'empire d'une législation qui n'a pas déterminée la durée des baux. et cependant il est fort important de distinguer si les parties contractantes ont voulu faire un bail, ou, au contraire, si l'une d'elles a vendu à l'autre un droit de jouissance, en d'autres termes, s'il y a eu constitution d'usufruit.

L'usufruit peut être constitué moyennant une somme annuelle à payer

[ARTICLE 1601.]

5. Le contrat de louage ou de bail à loyer, ou à ferme, est aussi très différent du contrat de bail à rente, qui fera la matière du traité qui doit suivre celui-ci.

par l'usufruitier, comme il peut être établi pour un prix déterminé qui doit être payé en totalité une seule fois.

Le prix du bail peut également consister dans une redevance annuelle, ou dans une somme fixe une fois payée.

L'usufruit est pour toute la vie de l'usufruitier, mais il peut être établi à temps ou sous condition.

Le bail peut également être établi à temps ou sous condition, et rien n'empêche de faire un bail à vie.

Mais les différences entre le bail et la constitution de l'usufruit sont nombreuses et importantes.

L'usufruit est établi ou par la loi ou par le fait de l'homme.

Le bail est toujours établi par le fait de l'homme.

L'usufruit peut être constitué à titre gratuit par donation entre-vifs ou par testament, ou à titre onéreux par convention : tandis que le bail est toujours un contrat commutatif, qui exclut toute idée de libéralité.

Quant aux effets, la constitution de l'usufruit emporte un droit réel au profit de l'usufruitier, tandis que le bail ne produit que des obligations et des actions personnelles entre le bailleur et le preneur; nonobstant l'art. 1743, dont nous parlerons plus tard.

L'usufruit sur un immeuble est lui-même un immeuble (526) qui peut être hypothéqué (2118); tandis que le preneur n'a que des relations et actions personnelles contre le bailleur sans aliénation à son profit d'aucun droit sur la chose louée, qui n'éprouve ni modification ni démembrement.

Le bailleur a contracté l'obligation de faire jouir le preneur ; pour satisfaire à cette obligation, il doit délivrer la chose en bon état de réparation de toute espèce (1720).

L'usufruitier au contraire prend la chose dans l'état où elle se trouve (600) ; son droit comme acheteur, légataire ou donataire le met en relation avec la chose même ; il a le droit d'en jouir, mais son droit est borné à cette jouissance. Le bailleur est obligé de garantir au preneur une paisible jouissance pendant la durée du bail (1719) ; tandis que le nu propriétaire n'est tenu qu'à souffrir la jouissance de l'usufruitier sans rien faire qui y mette obstacle ; si cependant l'usufruit avait pour cause une vente ou autre contrat, qui, de sa nature, emporte la garantie, le constituant sera tenu de cette garantie, car il doit exécuter ses obligations qui consistent à procurer à l'usufruitier la chose sur laquelle celui-

[ARTICLE 1601.]

Nous y ferons voir les différences de ces deux contrats : voici la principale.

Dans le bail à rente, le bailleur, ainsi que le vendeur dans le contrat de vente, s'oblige envers le preneur à lui faire avoir l'héritage à titre de propriétaire ; et par la tradition qu'il lui en fait en exécution du bail, il lui en transporte effectivement la propriété, lorsqu'il est lui-même propriétaire,

ci pourrait exercer sa jouissance : il y a donc garantie pour toute éviction procédant d'une cause antérieure.

L'usufruitier peut renoncer à son droit pour se soustraire aux charges que sa qualité d'usufruitier comporte.

Le preneur ne peut abdiquer sa qualité pour se soustraire aux obligations qu'il a contractées de cultiver le fonds et de payer le prix de la location.

Jamais l'usufruitier ne peut réclamer d'indemnités pour perte des fruits ; le preneur, au contraire, peut, dans quelques cas, se faire indemniser (art. 1769 à 1773, C. civ.).

L'usufruit établi sans terme ne s'éteint qu'à la mort de l'usufruitier : au contraire, le bail fait sans terme ne dure que le temps nécessaire pour que le preneur puisse recueillir la totalité des fruits des héritages affermés (art. 1774). L'usufruit ne peut point passer aux héritiers ; les héritiers du preneur succèdent aux obligations et aux droits de leur auteur dans le bail

L'usufruitier a réellement le droit de jouir, il a, *proprio nomine et jure suo*, les fruits : tandis que le preneur verse dans les mains du bailleur tout ce qui est censé produit net du fonds, c'est donc véritablement le bailleur qui jouit, et qui retire l'émolument de la jouissance par les redevances qu'il perçoit ; or, il est de principe que les réparations d'entretien doivent être prises sur les produits de la chose ; celui-là doit supporter les charges d'entretien qui a les produits périodiques ; aussi l'usufruitier les doit supporter en totalité et pour son propre compte : le preneur au contraire n'en supporte aucune ; et si la loi met à sa charge les réparations dites *locatives*, ce n'est qu'en vertu de la présomption qu'elles sont le résultat de son fait ou de sa faute : présomption qui admet la preuve contraire (art. 1755). La perte de la chose arrivée par cas fortuit pendant la durée du bail résout le contrat, et fait cesser pour l'avenir les obligations respectives des parties (art. 1741) ; au contraire, la perte de la chose soumise à l'usufruit éteint l'usufruit, mais laisse subsister, même pour l'avenir, les obligations que la constitution du

[ARTICLE 1601.]

sous la déduction néanmoins du droit de rente foncière qu'il s'y retient (1).

Au contraire, dans les baux à loyer ou à ferme, le bailleur s'oblige seulement personnellement envers le preneur à lui permettre la jouissance ou l'usage de la chose, et il ne lui transporte aucun droit dans la chose par la tradition qu'il lui en fait.

27. Les contrats de louage et de baux à loyer ou à ferme, se font pour un temps convenu entre les parties, et ils ne se font point à toujours : en cela ils diffèrent des baux à rente, ou à longues années.

Il paraît que chez les Romains le temps le plus ordinaire des baux à loyer ou à ferme des héritages, était le temps d'un lustre, qui est de cinq ans, *in quin, uennium.* Parmi nous le temps de ces baux varie.

Ceux qui sont faits pour un temps long sont présumés *baux à rente,* plutôt que simples *baux à loyer* ou *à ferme* ; et ils sont censés faits pour un temps long, lorsqu'ils sont faits pour dix ans ou plus ; ce temps de dix ans étant appelé en droit, *longum tempus,* comme il appert par la prescription de dix ans, qui est appelée *præscriptio longi temporis.*

Néanmoins si les parties avaient expressément déclaré par le bail, "qu'elles n'entendaient faire qu'un simple bail à loyer ou à ferme ; " le bail, quoique fait pour un temps plus long que celui de neuf ans, ne sera réputé qu'un simple bail à ferme ou à loyer entre les parties contractantes.

Pareillement, quoique les baux à vie soient présumés tenir

droit avait fait naître contre celui qui acquérait le droit ; dans ce sinistre, chacun perd ce qu'il peut perdre ; l'un la propriété, l'autre la jouissance.

Mais les parties ont-elles voulu établir un usufruit ? ont-elles fait un bail, ou une vente de fruits ? Ce sont là des questions de fait et d'interprétation des conventions : il ne faut pas sans raison s'écarter de la qualification donnée à l'acte par les parties ; mais lorsqu'il y a motif suffisant *magis quod gestum est quam quod scriptum inspicitur* (Bugnet).

(1) Les principes sont aujourd'hui différents : il y a aliénation *complète* de l'immeuble. et la rente n'est qu'une créance p' le rentier (Bugnet).

plutôt de la nature des baux à rente que des simples baux à loyer ou à ferme, et renfermer une constitution d'usufruit ; néanmoins on peut faire aussi de simples baux à loyer ou à ferme d'héritages pour le temps de la vie du locataire ou fermier, ou pour le temps de celle du bailleur. Les baux que les chapitres de Sainte-Croix et de Saint-Aignan d'Orléans font à leurs chanoines, des maisons claustrales pour le temps de leur vie canoniale, sont de simples baux à loyer.

39. Le principe que, dans le contrat de louage, le prix doit consister en une somme d'argent, reçoit une exception à l'égard des baux à ferme d'héritage ; car le prix ou la ferme de ces baux peut, au lieu d'une somme d'argent, consister en une certaine quantité de fruits, tels que l'héritage qui est loué les produit. Par exemple, les métairies se louent souvent pour une certaine quantité de grains par chacun an ; les vignes, pour une certaine quantité de vin ; les terres plantées en oliviers, pour une certaine quantité d'huile ; L. 21, Cod. de Locat. Ces sortes de fermes s'appellent *maisons*.

Quelquefois aussi les héritages s'afferment pour une portion aliquote des fruits qui se recueilleront ; par exemple, à la charge que le fermier donnera au locateur la moitié des blés qui seront recueillis par chacun an, ou le tiers ou le quart : ces sortes de baux se nomment *des baux partiaires*.

40. Il ne peut y avoir, à la vérité, de contrat de louage sans un prix convenu entre les parties ; mais il n'est pas nécessaire qu'il soit exprimé par le contrat, il suffit qu'il y en ait un tacitement convenu et sous-entendu.

Par exemple, lorsque le prix du loyer de certaines choses est réglé par l'usage du lieu, comme à Orléans le loyer des chevaux est de vingt-cinq sous par jour, lorsqu'on les loue pour plusieurs jours, et de trente sous lorsqu'on les loue pour un jour, il n'est pas nécessaire que, dans le contrat de louage de ces choses, les parties s'expliquent sur le prix du loyer ; elles sont censées convenir du prix usité.

Dans les reconductions, le prix est censé être le même que celui de la location précédente : lorsque des ouvriers se louent à la journée sans s'expliquer sur le prix, les parties sont censées être convenues du prix que les autres ouvriers gagneraient dans le lieu. C'est ce qui arrive au temps des vendanges : on loue quelquefois une troupe de vendangeuses sans s'expliquer sur le prix ; les parties sont censées être convenues du prix que les autres vendangeuses gagneraient ; et si elles se sont louées pour des prix différents, le louage de celles qui se sont louées sans s'expliquer sur le prix, est censé fait au prix qui n'est ni le plus cher, ni le plus bas, mais le prix mitoyen.

Papon, liv. 6, tit. 12, v. 9, décide au contraire que le louage doit être censé fait au plus bas prix ; il cite, pour son sentiment, un arrêt du Parlement de Grenoble, et il se fonde sur la loi : *Semper in obscuris quod minimum est sequimur.* Mais cette loi n'a pas ici d'application : car ce n'est pas une chose obscure et incertaine, que lorsque les parties sont convenues du prix que gagneraient les autres, elles ont entendu le prix mitoyen.

Notre sentiment est conforme à l'usage qui se pratique constamment.

Agnel, Code des prop., } 8. On peut définir le bail : un con-
n° 8 et s. } trat par lequel l'une des parties s'oblige à faire jouir l'autre d'une chose pendant un certain temps, et moyennant un certain prix que celle-ci s'oblige de lui payer.

Celui qui procure la jouissance de la chose louée s'appelle, dans le langage du droit, *bailleur* ou *locateur ;* celui qui reçoit et qui paie cette jouissance s'appelle *conducteur* ou *preneur :* ce dernier se nomme spécialement *fermier,* quand il s'agit de biens ruraux et que le prix du louage se paie en argent. Mais si le prix du louage consiste dans une portion de fruits, il prend la dénomination de *colon partiaire.*

9. Le contrat de bail a pour effet de déterminer les obligations et les droits respectifs du propriétaire et du locataire.

Ce contrat est *consensuel, synallagmatique* et *commutatif,* c'est-à-dire, qu'il résulte du seul consentement dès parties, qu'il leur impose des obligations réciproques, et que chacune des parties se propose de recevoir l'équivalent de ce qu'elle donne.

10. Pour former le contrat de bail, trois conditions sont essentielles : 1° le consentement mutuel des parties ; 2° la chose qui fait l'objet du contrat ; 3° le prix convenu pour la jouissance de la chose louée.

11. En outre, le bail, de même que les autres contrats, doit, pour être valable, contenir une cause *licite*, c'est-à-dire qui ne soit ni prohibée par la loi, ni contraire aux bonnes mœurs ou à l'ordre public. (Voyez n. 115).

12. Le bail a beaucoup d'analogie avec la vente.

La principale différence entre ces deux contrats consiste en ce que la vente transmet définitivement la propriété même ; tandis que le bail confère simplement la jouissance temporaire de la chose.

La similitude qui existe entre le bail et la vente est quelquefois si complète, qu'il est fort difficile de distinguer les nuances qui les séparent.

Dans ce cas, on doit rechercher quelle a été l'intention des contractants ; mais, en l'absence de tout éclaircissement, la division du prix en annuités est une circonstance caractéristique du bail, de même que la fixation d'un prix unique, quoiqu'avec divers termes de paiement, est un indice grave d'une vente (Duranton, t. xvii, n. 17 ; Duvergier, t. iii. n. 33 ; Troplong, n. 22).

13. Le bail ressemble sous plusieurs rapports à l'usufruit ; mais il en diffère principalement en ce que l'usufruit est le plus souvent établi par la loi, par donation ou par testament ; tandis que le bail ne peut résulter que d'une convention spéciale. D'un autre côté, l'usufruit transfère à l'usufruitier un *droit réel*, c'est-à-dire un droit dans la chose même qui fait l'objet du contrat, un démembrement de la propriété ; au contraire, le bail n'entraîne aucune aliénation de la chose

[ARTiCLE 1601.]

louée. En effet, si le preneur possède, ce n'est point à titre de propriétaire, mais pour le compte du propriétaire au lieu et place duquel il jouit de la chose. D'où il suit que le bail n'emportent aucun démembrement de la propriété, ne transfère au preneur aucun droit réel sur la chose louée ; il ne confère qu'un *droit personnel* de contraindre le bailleur à f⁻ire jouir le preneur pendant toute la durée du bail. Le caractère personnel du droit résultant du bail, incontestable sous l'ancienne jurisprudence, n'a par été converti par le Code civil en un droit réel ; et l'innovation introduite dans l'article 1743, qui oblige l'acquéreur à maintenir les baux faits par son vendeur, n'a pas eu pour conséquence de substituer la réalité à la personnalité du droit, mais seulement de transmettre à l'acquéreur les obligations que le vendeur avait contractées relativement à la chose vendue ou dont cette chose avait été l'occasion. Si les acquéreurs sont tenus de respecter le droit du preneur, ce n'est point qu'il s'agisse d'un droit réel, c'est uniquement parce que la loi, dans l'intérêt bien entendu de l'industrie et de l'agriculture, les subroge aux obligations du bailleur en même temps qu'elle les su. broge à ses droits. Ainsi, le droit du preneur n'est, comme autrefois, qu'un pur droit personnel (1). Il résulte de là que

(1) Cette doctrine est généralement suivie par les auteurs (Toullier, t. 3. n. 388 ; t. 6, n. 436, t. 1ᶜ, n. 105 ; Delvincourt, t. 3, p. 185 et 198, notes ; Proudhon, *de l'Usufruit*, n. 102 ; Duranton, t. 4, n. 73 ; t. 17, n. 139, Duvergier, t. 3, n. 279 et suiv. ; Marcadé, sur les art. 526, n. 5, 578, n. 2. 595, n. 1, 1716, 1743, n. 1, Demolombe, t. 9, n. 493 ; Demante, t. 3, n. 432 ; Valette, *Privilèges et hypothèques*, p. 195 ; Pont, *Hypothèques*, n. 385 ; Troulier, t. 6, p. 210 et suiv. ; Rolland de Villargues, vᵒ *Bail*, n. 5 et suiv. ; Championnière et Rigaud, *Traité des droits d'enregistrement*, t. 5, n. 3032 ; Massé et Vergé sur Zachariæ, t. 4, p. 352, note 2 ; Mourlon, *Répétitions écrites sur le Code Napoléon*, t. 3, p. 300 et 316).

Toutefois M. Troplong (t. 1ᵉʳ, n. 4 et suiv., 473 et suiv.) soutient que le droit du preneur est *réel*. Cette opinion, adoptée par MM. Belaime (*De la possession*, n. 309) Fréminville (*Des minorités*, n. 528) et Dalloz (*Rép. alp.*, vᵒ *Louage*, n. 486), a été combattue avec une grande force de logique par deux professeurs de la Faculté de droit de Paris, MM. Ferry (*Revue*

[ARTICLE 1601.]

les actions intentées contre le bailleur, à fin d'exécution du
bail, ou contre le preneur, à fin de déguerpissement, sont
personnelles et doivent, par conséquent, être portées, non
devant le tribunal de la situation de l'immeuble, mais devant
le tribunal du domicile du défendeur (Cass., 14 nov. 1832;
Caen, 24 janv. 1848, S.-V. 33.1.32.—49.2.533). Voyez ci-après,
n. 978.

14. La convention par laquelle le propriétaire d'un magasin le donne à bail sous la condition qu'il aura la moitié du
produit des droits de magasinage des marchandises reçues
par le preneur, ne constitue pas une société en participation,
mais un simple contrat de bail à loyer (Bordeaux, 2 juillet
1847, S.-V.48.247).

La cession temporaire du revenu d'un immeuble à un tiers
sous la simple déduction d'une rente annuelle à son profit,
ne constitue pas un bail, mais un mandat de gestion d'immeubles révocable à volonté (Lyon, 11 déc. 1868; S.-V.,
1869.2.284).

Troplong, Louage, sur art. 1708 } 2. Le louage des choses
   C. N., n° 2, 30 et 52.   } est défini un contrat par
lequel l'une des parties, appelée *locateur, bailleur,* s'oblige à
faire jouir l'autre (c'est-à-dire le *preneur,* le *bailliste, fermier,
locataire),* pendant un certain temps, et moyennant un certain
prix, d'une chose susceptible, par sa nature, de ce genre de
convention. Cette définition de notre article est prise dans
Pothier; essayons d'en faire ressortir les branches principales.

étrangère et française de législation, t. 8, p. 609 et 849, t 9, p. 123), et
Labbé (*Journ. du Palais,* 1859, p. 776 et suiv.)

Ajoutons que le système suivi par M. Troplong a perdu beaucoup de
son importance depuis la loi du 23 mars 1855 sur la transcription En
effet, dans le rapport présenté au Corps législatif sur cette loi, les baux
ont été regardés comme constituant non des droits réels, mais de simples
droits personnels, et c est par des motifs pris en dehors de leur nature
que certains baux ont été soumis par cette loi à la formalité de la transcription.

Elle suppose d'abord un consentement valable. Ce consentement n'est pas assujetti dans le louage à des conditions
exceptionnelles. Il est réglé par le droit commun. Nous
renverrons donc, en ce qui concerne ce point, aux règles
exposées dans notre Commentaire de la *Vente*. Car, comme
le disait le jurisconsulte Caïus : " Locatio et conductio proxi-
" ma est emptioni venditioni *iisdemque juris regulis consistit ;*
" nam ut emptio et venditio contrahitur si de pretio conve-
" nerit; sic et locatio-conductio contrahi intelligitur si de
" mercede convenerit."

Ainsi, comme dans la vente, le consentement doit être
libre, exempt d'erreur. C'est pourquoi Pomponius disait :
" Si decem tibi locem fundum, tu autem existimes quinque
" te conducere, *nihil agitu*r." Cependant il ajoutait: " Sed
" si ego minoris me locare censero, tu pluris te conducere,
" utique non pluris erit conductio quam quanti ego putavi."
Car celui qui a pris un bien à ferme pour plus, s'est, à plus
forte raison, engagé à le prendre pour un moindre prix.

Comme dans la vente aussi, le consentement peut modifier
le louage par des conditions.

Notre définition exige de plus une chose qui fasse l'objet
du contrat. Nous nous occuperons de ce point en commentant l'art. 1713.

30. Le bail peut aussi se comparer au droit de superficie.

Le contrat de superficie, peu usité aujourd'hui, était jadis
très-fréquent. *Quo genere contractûs*, disait Cujas, *hodiè ui-
mur frequente*r. Il nous vient des Romains, chez qui il était
souvent pratiqué, comme nous l'attestent une foule de lois
du Digeste.

Menochius définit ainsi le contrat de superficie: " Con-
" tractus superficiarius est cùm quis vendit, vel donat, vel
" *locat* SUPERFICIEM FUNDI VEL DOMUM, retentâ proprietate: ob
" cujus recognitionem emptor venditori in singulos annos
" certum quid præstare debet. *Utile dominium est superficiarii,*
" *directum domini*. Bartolus docet non semper necesse fore.

" quod pro superficie annua pensio præ... ; ut quando
" constituitur emptione, legato, vel donat..."

Cujas donne un exemple de ce genre de contrat : c'est lorsqu'un propriétaire donne à louage un terrain pour que le
preneur y bâtisse et jouisse de l'édifice, moyennant une certaine redevance pendant un long temps (*ad tempus non modicum*). Loyseau a posé une hypothèse analogue, c'est-à-dire
" le bail d'une place pour bâtir, à cette condition que le pre-
" neur jouirait de la maison par lui bâtie, tant qu'elle durait,
" et étant ruinée et démolie, retournait franchement à son
" maître, qui cependant en demeurait toujours seigneur
" direct, à raison de quoi, pendant le bail, on lui payait une
" certaine redevance appelée *solarium ; quod pro solo pende-
" retur.*"

On voit par là que le contrat de superficie détache la superficie du fonds, pour l'aliéner tout à fait par vente, échange,
donation, ou pour la louer à longues années.

Pour constituer le droit de superficie, il faut le concours
de trois circonstances : 1° que le sol soit séparé de la superficie, et que, par exemple, ce même sol demeure au propriétaire, tandis que la superficie passe au superficiaire ; 2° qu'il
y ait une superficie qui distingue le sol ; car, suivant Cujas,
*genera agrorum distinguuntur superficie, id est, illis rebus quæ
ibi nascuntur* ; 3° que le superficiaire possède la superficie
comme sienne, et qu'il puisse en disposer comme de sa chose.

Je ne mets pas au rang des choses nécessaires dans le contrat de superficie la redevance annuelle ou *solarium.* Car
cette rétribution n'est pas toujours stipulée, comme Bartole
le disait ci-dessus. Le *solarium* ne fait partie de la convention qu'autant que le droit de superficie est constitué à titre
de conduction ; toutefois Doneau fait fort bien remarquer
que les personnes qui veillent à leurs intérêts (*qui sibi cavere
volunt*) ne doivent consentir à un droit de superficie sur leur
propre fonds, qu'à titre de bail et moyennant une rente déterminée. Sans quoi, le superficiaire pourrait être presque
assimilé au propriétaire du fonds et de la superficie. Voilà

pourquoi, ajoute le même jurisconsulte, les lois romaines entendent presque toujours par superficiaire, celui qui tient la superficie à titre de conduction ; " non quia superficies in " alieno constitui non posset et emptione et gratis, sed quia " nunquàm ferè aliter constitui soleat, *quàm conductione.*"

Cependant gardons-nous de confondre le bail d'une superficie avec le simple bail à terme. Le bail de superficie doit d'abord s'étendre nécessairement à de longues années. S'il était borné à 3, 6, 9 ans, ce ne serait pas autre chose qu'un bail à ferme. Écoutons Cujas : *Item videndum est an conduxerit ad tempus non modicum. Nam qui conduxit ad tempus modicum, is habitur* PRO NUDO CONDUCTORE, NON PRO SUPERFICIARIO.

Plus énergique que le bail, il démembre la propriété ; il investit le superficiaire de la libre disposition de la superficie ; de telle sorte que celui à qui cette superficie est concédee à titre de conduction, peut la donner à antichrèse, y établir des servitudes, et même l'aliéner sans consulter le propriétaire, toutes choses que ne peut faire le preneur à bail. Aussi la glose disait-elle que le superficiaire est maître de l'immeuble *non jure directo, sed utiliter,* et Accurse et presque tous les docteurs l'appellent *quasi dominus.* Il suit de là que le conducteur d'un droit de superficie n'a pas seulement un droit de servitude personnelle dans la chose, comme l'usufruitier ; il a un droit dans la propriété même. Il est investi d'un immeuble matériel, dont la disposition lui appartient pendant toute la durée du bail. Il a en propre toutes les actions, tant réelles que personnelles, qui sont nécessaires pour faire respecter son droit.

Il reste à faire une dernière observation. C'est que le propriétaire, après avoir joui de la redevance pendant toute la durée du contrat, reprend, à l'expiration, la chose avec les améliorations superficiaires qui accèdent au fonds. Le bailleur n'a pas un droit pareil à l'égard de son fermier.

52. Le bail à rente foncière, fort usité dans l'ancien droit, s'éloignait encore plus que le bail emphytéotique du bail à

ferme. Car l'emphytéote n'acquérait qu'un quasi-domaine, tandis que le preneur à rente foncière devenait véritable propriétaire de la chose, sous la réserve cependant de la rente que l'on considérait comme un droit de copropriété dans l'héritage. Cette nuance entre l'emphytéose et la rente foncière, n'avait pas toujours été aperçue par nos anciens écrivains. Elle avait été pour eux la source de plus d'une erreur. Un estimable professeur, M. Delvincourt, n'a pu, malgré son savoir, s'en garantir complétement. La vérité est que le bail à rente foncière transférait et le domaine direct et le domaine utile ; au lieu que l'emphytéose, même perpétuelle, ne communiquait, je le répète, qu'un quasi-domaine.

Les lois de la révolution ont changé la nature des rentes foncières. Irrachetables sous l'ancien régime, elles ont été déclarées essentiellement rachetables par les lois des 3 novembre 1789 et 29 décembre 1790 ; l'article 530 du Code civil a confirmé cette innovation. Le contrat de bail à rente perpétuelle ne serait plus aujourd'hui qu'une vente de la propriété, ayant pour prix le capital nécessaire pour racheter la rente.

----

* 1 *Domat (Remy), Louage, Liv.* ⎰ 1. Le louage en général, et 1, *Tit.* 4, *sec.* 1, *n°* 1 *et s.* ⎱ y comprenant toutes les espèces de baux, est un contrat par lequel l'un donne à l'autre la jouissance ou l'usage d'une chose, ou de son travail ; pendant quelque temps, pour un certain prix. [C. civ., 1709, 1710, 1779.]

On ne renferme pas dans cette définition les baux emphithéotiques ; car ils ont leur nature propre, qui sera expliquée dans la section 10.

Le bail emphithéotique contenant essentiellement une aliénation du domaine utile, le bail qui ne porte qu'une cession de jouissance pour 29 ans n'est point un bail emphithéotique, et est seulement un bail à ferme. Les baux à vie étant passibles du droit proportionnel de 4 pour cent aux termes de l'art. 69, § 7, n° 2, *de la loi du 22 frimaire an 7*, il importe peu que le bail à vie ait eu tout son effet. Il suffit qu'il ait donné lieu au-droit de 4 pour cent, dès l'instant que la convention dont il fait partie a été

783

[ARTICLE 1602.]

arrêtée, et que le droit ait été exigé en temps utile, pour que la contrainte décernée le soit valablement.

2. Celui qui baille une chose à un autre pour en jouir s'appelle le bailleur ou le locateur, et on donne ces mêmes noms à celui qui donne à faire quelque ouvrage ou quelque travail; celui qui prend une jouissance pour un louage ou une ferme s'appelle le preneur ou le conducteur, de même que celui qui entreprend un travail ou un ouvrage, qu'on appelle aussi entrepreneur. Mais dans les louages ou prix faits du travail et de l'industrie, les ouvriers ou entrepreneurs tiennent aussi, en un sens, lieu de locateurs; car ils louent et baillent leur peine.

3. Car ce contrat est au nombre de ceux qui s'accomplissent par le consentement, de même que la vente, et ces deux contrats ont beaucoup d'affinité et plusieurs règles qui leur sont communes.

Le louage, comme la vente, s'accomplit par le simple consentement, lorsqu'on est convenu de ce qui est baillé à faire ou pour en jouir, et du prix du bail; ce qui fait la ressemblance du contrat à la vente, l'un et l'autre ayant un prix et une marchandise: d'où il arrive qu'en quelques marchés il est douteux si ce sont des louages ou des ventes; comme quand on fait marché avec un orfèvre qu'il fera quelque ouvrage, et qu'il fournira et l'argent et la façon; ce qui paraît un louage, quoiqu'en effet ce soit une vente.

4. On peut louer toutes les choses que le preneur peut rendre au bailleur après la jouissance. D'où il s'ensuit qu'on ne peut louer, non plus que prêter à usage, les choses qui se consomment par l'usage, comme du blé, du vin, de l'huile et autres denrées.

1602. Le louage d'ouvrage est un contrat par lequel l'une des parties, appelée locateur, s'engage à faire quelque chose pour l'autre, qui est appelée lo-

1602. The lease or hire of work is a contract by which one of the parties, called the lessor, obliges himself to do certain work for the other, called the

[ARTICLE 1602.]

cataire, moyennant un prix que cette dernière s'oblige de payer.	lessee, for a price which the latter obliges himself to pay:

---

* C. N. 1710. Le louage d'ouvrage est un contrat par lequel l'une des parties s'engage à faire quelque chose pour l'autre, moyennant un prix convenu entre elles.

Voy. autorités sur arts. 1600 et 1601.

---

* Rousseaud de Lacombe, v° Louage, n° 1. Le locataire appelé en Droit conductor, est celui qui dat pecuniam ; le bailleur appelé en droit locator, qui eam recipit. L. 1. § 9. Depositi.

---

* 6 Marcadé, sur art. 1711 C. N. III. — Les deux parties qui figurent dans le louage reçoivent, non-seulement selon les différentes variétés de ce contrat, mais aussi selon les localités, des qualifications assez nombreuses. Ainsi, dans le louage d'une chose, celui qui procure cette chose se nomme *bailleur, locateur, propriétaire*, et l'autre *bailliste, locataire, preneur, fermier*, quelquefois *louager, louandier, occupeur*, puis, dans le bail à métairie, *métayer, colon partiaire* ; dans le louage d'ouvrage, celui qui fournit son travail se nomme *entrepreneur, ouvrier, domestique* et génériquement *locateur*, celui qui reçoit et paye ce travail se dit *maître, propriétaire*, et génériquement *locataire* ou *conducteur* ; enfin, dans le cheptel, celui qui fournit le troupeau est le *locateur* et en reçoit les différents noms, celui qui nourrit et soigne ce troupeau est le *locataire*, il en prend les différentes appellations et aussi celle de *cheptelier* (1).

---

(1) *Cheptel* et *cheptelier* se prononcent *chétel* et *chételier*.

[ARTICLE 1602.]

Les deux expressions de *locateur* et *locataire* sont celles que l'on devrait préférer et employer le plus souvent ; car elles ont tout à la fois l'avantage : 1° d'indiquer le rôle contraire des deux parties d'une manière très-simple et très-nette, par la seule antithèse de la terminaison d'un mot dont la racine est identique et est aussi d'ailleurs celle du nom même du contrat : *locare, locatio, locator, locatarius* ; 2° d'être applicables dans toute espèce de louage, dans le louage parfait comme dans le louage imparfait, dans le louage d'ouvrage comme dans le louage de choses et dans toutes les variétés de chacun d'eux ; 3° enfin, de qualifier en termes identiques, pour toutes les hypothèses, deux personnes qui jouent un rôle identique aussi dans toutes ; car il est bien certain, malgré les nombreuses contradictions que cette idée a rencontrées, que partout, aussi bien dans le louage d'ouvrage que dans les autres, la logique est d'accord avec notre Code pour commander de voir dans le payement du salaire le caractère qui distingue le locataire du locateur ; la logique dit que partout, dans le louage d'ouvrage comme dans les autres, celui-là est le locateur qui reçoit ce salaire, en compensation de l'objet quelconque (chose ou travail) qu'il fournit, et le locataire celui qui paye pour avoir cet objet.

Il est vrai que cette idée, si incontestable qu'elle soit, a cependant toujours été fort contestée, et qu'elle semble restée incomprise, aujourd'hui encore, pour des hommes éminents. A Rome, on nous présente celui qui se charge d'un travail moyennant un salaire tantôt comme locateur (*locator*), tantôt comme locataire (*conductor*), c'est-à-dire comme étant tout ensemble locateur sous un rapport et locataire sous un autre, en même temps que la seconde partie revêt aussi ces deux qualités à la fois. Dans notre ancien droit, Domat, que M. Duvergier (1, p. 11) cite à tort comme professant la doctrine que nous défendons, suivait, au contraire, le système faux et contradictoire des Romains, puisque, après avoir dit que ceux qui se chargent d'un travail sont en général *locataires* [ce qui est le contre-pied de notre doctrine], il ajoute que

[ARTICLE 1602.]

souvent *ils tiennent* AUSSI *lieu de locateurs* EN UN SENS, l'ouvrier
étant alors comme on disait à Rome, *locator operæ suæ* en
même temps que *conductor opiris magistri.* Cujas [*Obs.*, lib. 2,
c. 28], s'efforçant de perfectionner la théorie romaine, voulait que dans ce prétendu concours des deux qualités contraires pour chacun aes contractants, celui-là fut exclusivement réputé locateur qui était venu proposer le contrat à
l'autre. Pothier enfin [n° 392] rejetait, à la vérité, ces idées
étranges et ne se déterminait que par le payement du salaire ;
mais, renversant ici la règle suivie pour le louage des choses,
il voulait que la partie payante fût prise pour locateur et
l'autre pour locataire. Sous le Code, les deux seuls auteurs
qui, à notre connaissance, aient examiné la question, la résolvent dans notre sens, mais d'une manière peu satisfai-
sante; car le premier, M. Duvergier [n° 6], tout en disant que
cette solution est commandée par la logique elle-même, aussi
bien que par la disposition de l'art. 1710, ne se préoccupe
pas de justifier son assertion par la réfutation des trois systèmes contraires d'Ulpien, de Cujas et de Pothier ; et quant
à M. Troplong [I, 54], il n'admet notre solution que comme
étant législativement imposée par cet art. 1710, et enseigne
que logiquement le système le plus plausible est celui de
Cujas, qui, selon lui, eût dû être suivi si les rédacteurs du
Code ne s'étaient pas prononcés en sens contraire. Or on
saurait admettre aucune de ces idées, et il est parfaitement
certain que si le système qui tient partout pour *locataire* la
partie *payante* est celui qu'adopte le Code Napoléon, c'est
aussi celui que la raison commandait d'adopter.

Et, en effet, qu'est-ce que *louer ?* qu'est-ce que *donner à
louage* un objet [quel qu'il soit, chose ou travail]? N'est-ce
pas faire jouir temporairement de cet objet, en procurer l'u-
sage pour un certain temps, moyennant une certaine contribution? Or l'architecte qui me construit un pavillon sur ma
ferme et l'entrepreneur de déménagements qui transporte
mon mobilier de Paris à Rouen ne me procurent-ils pas la
jouissance de leur travail, de leur industrie, comme je pro-

[ARTICLE 1602.]

cure à m..n fermier la jouissance de ma ferme, comme le propriétaire de la maison que j'habite me procure la jouissance d'un appartement? Dans le louage, comme dans la vente, il faut, avec le *consensus* des parties, deux autres éléments, *res* et *pretium*; or n'est-il pas clair que, comme dans la vente, celui-là est le vendeur qui procure la chose, et l'acheteur celui qui la paye, quelle que soit cette chose; de même dans le louage, celui-là est le locateur qui fournit la jouissance de l'objet, et le locataire est celui qui la paye, que cet objet soit une maison, une ferme, un troupeau, un mobilier, une industrie, un travail quelconque?... On me répond que si l'architecte est à la vérité locateur [et moi locataire], parce qu'il me fournit son travail, *locator operæ suæ*, il est en même temps, et sous un autre point de vue, locataire [et moi locateur], parce que je lui fournis une entreprise, une opération dont je dispose, que je puis fournir à qui je veux, et que je lui livre pour qu'il l'exploite, *conductor opéris mei* : la construction de mon pavillon, me dit M Etienne, est une entreprise dont je suis le maître, un projet qui est ma chose, une opération dont cet architecte va tirer des bénéfices, c'est-à-dire des fruits civils, comme le fermier tire des fruits naturels de la ferme que je lui loue! Mais qui ne voit ce qu'il y a, dans ce système, non pas seulement d'étrangement subtil et de forcé, mais de profondément faux et de trois fois faux? D'une part, quand même, et après avoir vu dans notre convention un premier contrat (contrat de louage, dans lequel l'architecte est le locateur et moi le locataire), il serait permis, en la regardant à la loupe par un autre côté, d'y voir un second contrat coexistant avec le premier, ne voyez-vous pas que, puisque cet *opus*, dont vous faites une chose m'appartenant, est livré par moi, non pas pour demeurer ma propriété et me revenir après un certain temps de jouissance par l'autre partie, mais pour cesser absolument d'être mienne et ne le redevenir jamais [car cette prétendue chose sera consommée et absorbée par l'effet de notre convention], le second contrat dès lors ne serait point un simple louage, mais

[ARTICLE 1602.]

une vente ? Et cela est si vrai que les premiers Romains eux-
mêmes appelaient ici mon cocontractant ACHETEUR *de l'opération*, REDEMPTON *operis*...[1] D'autre part, ne voyez-vous pas
aussi que, pour que votre prétendu second contrat existât,
soit comme louage, soit comme vente, il faudrait, en regard
de l'*opus* que je livrerais comme objet loué ou vendu, un
prix [*merces* ou *pretium*] qui me serait payé par vous ? Or ce
prix n'existe pas... Enfin, et quand même, prenant de nouveau le microscope pour compléter le travail de pure imagi-
nation des Romains, on verrait ce second prix quelque part,
notre course dans ce monde imaginaire ne servirait qu'à
nous ramener au point de départ et à confirmer la règle
qu'on voulait nier ; car s'il était vrai alors que dans le second
contrat je suis locateur et l'architecte locataire, c'est parce
qu'il serait vrai aussi qu'un prix m'est payé par cet architecte, en sorte qu'on se retrouverait toujours, pour le prétendu second louage, comme pour le premier, en face de
cette idée que le locateur est celui qui fournit la chose et
reçoit le prix, le locataire celui qui paye le prix et reçoit la
chose.

Les développements mêmes dans lesquels entre Cujas pour
commenter, justifier et perfectionner l'incroyable système
des Romains, donnent précisément la preuve la plus palpable
de la fausseté de toutes ces idées, et on ne comprend pas que
M. Troplong ait pu reproduire et approuver de pareils non-
sens. Voici ce que dit en résumé Cujas [en reconnaissant
partout l'exactitude de ce point, évident, en effet, que le locateur est celui qui *donne* la chose louée et le locataire celui
qui *la reçoit*] : " Sans doute l'architecte est locateur (et moi
locataire), puisqu'il me *donne* son travail, *locat operam suam* ;
mais aussi, explique l'illustre professeur [en se plaçant à un
autre point de vue, aussi faux et aussi forcé que le premier
est simple et vrai], je suis locateur, et l'architecte est locataire, puisque je lui *donne* une maison à faire et que lui *la*

(1) Etienne [*loc. cit.*] ; Ducaurroy [*loc. cit.*] ; Dig. VII. 1, fr. 39.

[ARTICLE 1602.]

reçoit, car *domum faciendam do et ille suscipit;* de même si ce berger ou ce commissionnaire **sont** locateurs, puisqu'ils me *donnent* leur travail pour garder mon troupeau ou porter mes fardeaux, ils sont aussi locataires, puisqu'ils *reçoivent* le troupeau que *je donne* à garder ou les fardeaux que *je donne* à porter, *pecus pascendum vel onus ferendum accipiunt;* de même encore, si le professeur est locateur puisqu'il *donne* son travail pour former des élèves, il est locataire puisqu'*il reçoit* les élèves qui *se donnent* à lui, *se dantes edocendos suscipit...* " Or qui ne voit de suite la fausseté, nous dirions presque le ridicule, de ce raisonnement, que l'on prendrait pour un jeu d'esprit et une plaisanterie, si Cujas, M. Troplong et tant d'autres ne le présentaient très-sérieusement ? Sans doute on peut fort bien dire que l'on *donne* une maison à bâtir, des troupeaux à garder, des fardeaux à porter, des é... à instruire ; mais ce n'est certes pas dans le sens dont il s'agi ici, dans le sens de chose *donnée à loyer.* Quand je traite avec un architecte pour faire bâtir une maison, est-ce que par hasard cette maison est la chose *donnée à loyer* par l'un et *reçue à loyer* par l'autre ? est-ce que c'est la jouissance de cette maison qui fait la matière de notre contrat de louage ? N'est-il pas clair comme le jour que la seule chose donnée et reçue en louage, c'est *le travail* de l'architecte, travail que lui me donne, et dont moi je jouis en le payant ? De même, dans le louage que je contracte avec le berger, le commissionnaire et le professeur, est-ce que par hasard les choses *données à loyer* par l'un et *prises à loyer* par l'autre sont mon troupeau, mes meubles et mes enfants ? Est-ce que je loue et donne en jouissance mes enfants au professeur qui les instruit, mes meubles au commissionnaire qui les transporte, mes moutons au berger qui les garde ? N'est-il pas, encore une fois, clair comme le jour que la chose, la seule et unique chose qui soit donnée et reçue en louage, c'est *le travail* du berger, du commissionnaire et du professeur ?... Comment, pendant tant de siècles, tant d'écrivains si renommés ont-ils pu reproduire de livre en livre un pareil *quiproquo* ? Com-

[ARTICLE 1602.]

ment, d'une part, venir dire que je donne à loyer mes enfants, une maison que j'entends seulement faire bâtir, des meubles que je veux seulement déménager, etc. ? Si d'ailleurs la matière du louage était ici la maison, le troupeau, les meubles, etc., ce serait donc un louage de choses ; or il ne s'agit que du louage d'ouvrage, du louage de travail ! Si, enfin, il était vrai que je suis un locateur donnant à loyer mon troupeau, ma maison, mes meubles, où donc serait *le prix* de ce louage ? Mon berger, mon architecte, mon commissionnaire, ne me payent pas apparemment ; or il n'y a pas de louage *sine mercede*.

Et si ce système n'était qu'une erreur grave, le perfectionnement que prétendait y apporter Cujas pour faire prévaloir la qualité de locateur chez celui qui propose le contrat et celle de locataire chez celui qui l'accepte, n'était qu'une seconde erreur ajoutée à la première ; s'il était vrai qu'un louage d'ouvrage contient ainsi deux louages juxtaposés en sens inverse, et faisant locataire à droite celui qui est locateur à gauche, le point de savoir par qui le contrat a été proposé serait parfaitement insignifiant et ne pourrait rien changer dans le résultat. C'est bien évident ; car la circonstance que c'est moi qui ai offert à l'architecte de construire ma maison ne peut pas empêcher ce fait que celui-ci me *donne* son travail et qu'il est dès lors *locator operæ suæ ;* et réciproquement, cet architecte aura beau m'avoir offert le premier ses services, ceci n'empêchera pas que je lui ai *donné* ma maison à faire et que par conséquent je serais (dans votre système) *locator operis mei.* Si donc le prétendu concours des deux qualités contraires chez la même partie avait existé, il n'y aurait eu aucun moyen de faire absorber ainsi l'une par l'autre. Mais ce concours, on l'a vu, n'existe nullement. Puisque dans le louage d'ouvrage, comme dans les autres, il n'y a qu'un prix, il n'y a donc qu'une chose payée, qu'une chose louée, à savoir *le travail* que donne une partie et que rétribue l'autre ; or puisque ce travail est la seule chose donnée à loyer, celui qui le fournit est donc le seul locateur.

[ARTICLE 1603.]

Quant au système de Pothier, il est le contre-pied du vrai d'une manière trop saillante pour avoir besoin d'être discuté, puisqu'il fait précisément, et toujours, locataire celui qui fournit la chose louée, et locateur celui qui reçoit et paie cette chose !

C'est donc avec grande raison que les rédacteurs du Code, après avoir eu le tort, dans le projet de l'art. 1710, de définir le louage d'ouvrage " un contrat par lequel l'une des parties DONNE *quelque chose à faire* " (ce qui présentait la partie payante comme celle qui fournit la matière du contrat, et en faisait dès lors un *locator operis*, comme dans les idées romaines), a changé cette phrase sur la demande du Tribunat, pour présenter comme corrélatif du prix l'obligation de la partie qui s'ENGAGE *à faire quelque chose*, conformément à cette déclaration si exacte et si précise du Rapport au Tribunat : " Les soins, les services, le travail et l'industrie forment la matière du louage d'ouvrage ; voilà ce qu'on y donne à loyer, ce qu'on y paye. C'est donc le gardien, le serviteur, l'artisan, l'ouvrier ou l'entrepreneur qui est véritablement le locateur : celui qui les paye est le véritable locataire ou conducteur ; et c'est mal à propos que dans les lois et les ouvrages des jurisconsultes, ces qualités ont été interverties." (1)

1603. Le bail à cheptel est un contrat de louage mêlé à un contrat de société.

1603. The letting out of cattle on shares is a contract of lease or hire combined with a contract of partnership.

---

* *C. N.* 1804, } 1804. Le bail à cheptel simple est un contrat
1818.   } par lequel on donne à un autre des bestiaux à garder, nourrir et soigner, à condition que le preneur profi-

(1) Fenet (XIV, p. 217, 279, 338, 339). — Le Code bavarois (*Louage*, art. 1) dit aussi que, dans le louage d'ouvrage comme dans le louage de choses, celui qui reçoit le prix est *locateur*, et celui qui use de la chose *locataire*.

[ARTICLE 1603.]

tera de la moitié du croît, et qu'il supportera aussi la moitié de la perte.

1818. Le cheptel à moitié est une société dans laquelle chacun des contractants fournit la moitié des bestiaux, qui demeurent communs pour le profit ou pour la perte.

------

* *Domat (Remy), Louage,* } 5. Les animaux qui produisent *liv.* 1, *tit.* 4, *sec.* 1, *n°* 5. } quelque revenu, comme les moutons, les brebis, dont on tire le profit de la laine, des agneaux et l'engrais des héritages, et les autres animaux semblables, peuvent être donnés par une espèce de louage à celui qui se charge de les garder et de les nourrir pour une certaine portion qui lui est laissée de ce qui provient de ces animaux [C. civ. 1804, s.], pourvu que la convention n'ait rien d'usuraire par l'excès du profit réservé au maître. [C. civ., 1811].

Le fonds du cheptel simple étant considéré comme propriété exclusive du bailleur, continue d'être le gage des créanciers de celui-ci, qui, sans attendre la fin du bail peuvent le saisir et le faire vendre. Le preneur ne peut s'opposer à la saisie que pour la portion qu'il a acquise dans le croît, et qui est devenue sa propriété ; sauf au preneur son action en dommages et intérêts contre le bailleur.

Si la saisie du cheptel est faite sur le preneur par ses créanciers, le bailleur peut arrêter la saisie par la représentation du bail à cheptel, revêtu d'une date authentique, et purgée de toute présomption de fraude. " Faisons défense à toutes personnes, à peine de confiscation et de punition exemplaire, de prêter leurs noms, ni de passer aucuns baux à cheptel en fraude, et à tous nos officiers, d'avoir aucun égard aux baux, s'il ne sont pas dans la forme et revêtus des formalités ci-dessus *notariées,* sans qu'ils puissent admettre à la preuve par *écritures privées,* ni par témoins.

On ne peut stipuler, dans un bail, que le bailleur sera affranchi de la perte, soit totale, soit partielle du troupeau, et que, dans tous les cas, le preneur sera tenu de rembourser le prix de l'estimation.

Voy. art. 1698 *C. C. L C.,* et autorités sur cet article.

[ARTICLE 1603.]

* 3 *Guyot, Rép.,* } CHEPTEL ou CHEPTEIL. On appelle ainsi
v° Cheptel. } un bail de bestiaux.

On distingue plusieurs sortes de Cheptels ; savoir, le Cheptel simple, le Cheptel à moitié, le Cheptel de fer, et une autre espèce de Cheptel qui n'a point de nom particulier.

Le Cheptel simple est un contrat mixte, qui participe de celui de louage et de celui de société. Dans ce contrat le propriétaire de certains bestiaux les donne à bail. Le bailleur conserve la propriété de ces bestiaux jusqu'à concurrence de l'estimation seulement, et le profit qu'on appelle *le croît*, se partage entre les parties contractantes. Il faut excepter du partage les fumiers, le laitage et le service journalier qu'on peut retirer des animaux donnés à bail : ces objets appartiennent au preneur seul en considération de ce qu'il est chargé de nourir et de garder ces animaux à ses dépens.

Cette espèce de convention est fort usitée dans plusieurs coutumes, et particulièrement dans celles de Bourbonnois, de Nivernois, de Berry et de Bretagne.

Comme le bailleur doit à la fin du bail prélever avant partage la valeur des bestiaux donnés à Cheptel, il faut les estimer par le bail.

Cette estimation peut se faire à l'amiable entre les parties, ou par des experts qu'elles ont choisis.

Le bail à Cheptel n'est assujetti à aucune formalité relativement aux parties contractantes ainsi elles peuvent le passer sous seing-privé, et même verbalement ; dans l'un comme dans l'autre cas, elles sont obligées de l'exécuter lorsqu'elles conviennent des faits ; mais pour que le bailleur conserve son privilège dans le cas où l'on saisiroit chez le preneur les bestiaux donnés à Cheptel, soit au sujet du payement de la taille ou des autres deniers royaux dont il pourroit être débiteur, l'édit du mois d'octobre 1713 a établi différentes formalités qu'il est nécessaire de remplir.

[ARTICLE 1603.]

* 4 *Pothier (Bugnet), Traité* } 1. Le *cheptel simple et ordinaire*
des cheptels, n° 1 et s.   } est un contrat par lequel l'une
des parties, qui est le bailleur, donne à l'autre, qui est le
preneur, un cheptel, c'est-à-dire, un fonds de bétail, pour le
soigner et gouverner pendant un certain temps, à la charge
qu'à l'exception des profits de laitages, graisses ou fumiers et
labeurs, qui sont laissés en entier au preneur, tous les profits
qu'il y aura sur le cheptel, tant de laines, que des croîts et
des améliorations des bêtes, seront communs entre les parties
par moitié ; comme aussi que, si, par des cas fortuits, il se
trouvait, à la fin du temps, de la perte sur le cheptel, elle
serait pareillement supportée en commun par les parties.

La principale différence entre ce cheptel simple et le cheptel à moitié, dont nous traiterons dans la section suivante,
est que, dans le cheptel simple, le fonds entier du cheptel est
fourni par le bailleur seul ; au lieu que, dans le cheptel à
moitié, chacune des parties en fournit la moitié.

2. Le premier point de vue sous lequel ce contrat de cheptel peut être considéré, est celui par lequel on le considère
comme un contrat de société de bestiaux que les parties ont
intention de faire.

Par ce contrat de société, le preneur n'ayant pas le moyen
de fournir à la société sa moitié du fonds des bestiaux qui
doit composer ce cheptel, et qu'il doit fournir pour être
associé pour moitié, le bailleur la fournit pour lui, et la lui
avance ; de laquelle avance le preneur doit faire raison au
bailleur lors de la dissolution de la société.

En considérant le contrat sous ce point de vue, le bailleur
est censé fournir à la société le cheptel, tant pour lui que
pour le preneur ; savoir, la moitié pour lui en son nom, et
l'autre moitié pour le preneur à qui il en fait l'avance.

Au moyen de cette avance, le fonds du cheptel devient
commun entre les deux parties : le preneur en est fait propriétaire pour moitié, et est seulement débiteur envers le
bailleur, du prix de la moitié du cheptel que le bailleur lui a
avancé.

[ARTICLE 1603.]

On dira peut-être que le preneur n'a pas besoin, pour être associé pour moitié, d'apporter à la société la moitié des bestiaux qui en doivent composer le fonds, puisque se chargeant seul de la garde du bétail, et même de la nourriture et de l'hébergement, lorsqu'il n'est pas le métayer du bailleur, ces choses lui doivent tenir lieu de la part qu'il doit apporter à la société.

La réponse est, que le preneur est suffisamment récompensé par la société, pendant qu'elle dure, par les profits des laitages, fumiers et labeurs des animaux, lesquels lui sont laissés pour la récompense de ces choses, et ne tombent point en partage entre les parties. C'est pourquoi le preneur, pour être associé pour moitié, et avoir droit à la moitié des profits de la tonte des laines, des croîts et de l'amélioration des animaux, doit fournir à la société la moitié des bestiaux qui doivent composer le fonds du cheptel.

Cela se prouve par l'exemple du contrat de cheptel à moitié, dont nous traiterons dans la section suivante.

Dans ce cheptel à moitié, quoique le preneur soit chargé seul de la garde des troupeaux et des mêmes choses que dans le cheptel simple, néanmoins, parce qu'il en doit être récompensé par la société, de la manière dont nous venons de le dire, il ne laisse pas de fournir à la société la moitié du fonds du cheptel.

Dans le contrat à cheptel, ou c'est un étranger, qui n'est pas le propriétaire de la métairie où le cheptel doit être placé, qui est le bailleur du cheptel, ou c'est le propriétaire de la métairie.

Dans le premier cas, le preneur, à la vérité, outre sa part du cheptel qui est avancée pour lui par le bailleur, fournit seul à la société la garde et le gouvernement du cheptel, l'usage de ses pâturages et de ses logis, pour la nourriture et l'hébergement des bêtes qui le composent. Mais, comme nous l'avons déjà dit, il est payé de cela par la société pendant qu'elle dure, par le profit des laitages, par celui des fumiers dont il se sert pour l'engrais de ses terres, et par les

[ARTICLE 1603.]

labeurs des animaux; tous lesquels profits sont laissés en entier au preneur, sans que le bailleur y participe en rien.

Dans le second cas, lorsque le contrat de cheptel se fait entre un propriétaire de métairie et son métayer, ce qu'on appelle *cheptel de métairie*, la condition du métayer, qui est le preneur, est bien plus avantageuse. S'il fournit seul la garde du cheptel, le bailleur, de son côté, fournit l'usage de ses pâturages et de ses logis pour la nourriture et l'hébergement du cheptel, ce qui équipolle pour le moins à la garde du cheptel que le preneur fournit : d'où il suit que, dans ce cheptel, le preneur ne fournissant pas plus que le bailleur à la société, les menus profits du bétail, tels que ceux des laitages qu'on lui laisse, sont un bénéfice et une gratification que le bailleur lui fait (1).

3. Il reste à observer que la société que renferme le cheptel ordinaire, considéré sous ce premier point de vue, aussi bien que celle que renferme le cheptel à moitié, dont nous parlerons dans l'article suivant, ont cela d'exorbitant des sociétés ordinaires, que la mort de l'un des associés n'en opère pas la dissolution, et que le droit et la qualité d'associé qu'avait l'associé défunt, passent à ses héritiers. Cela n'empêche pas qu'elles ne soient de vraies sociétés : car, s'il est de la nature de la société qu'elle soit dissoute par la mort de l'un des associés, cela n'est pas de son essence, puisque par le droit romain, dans la société contractée pour la ferme des impôts, on pouvait valablement convenir que les héritiers de l'associé qui mourrait dans le cours de la société, succéderaient en sa place à la société pour le temps qui en restait à courir.

4. Le cheptel simple et ordinaire peut être considéré sous un second point de vue, lorsque l'intention du bailleur a été de demeurer seul propriétaire du fonds du cheptel. Le cheptel doit en ce cas être considéré comme un contrat innommé,

(1) Les Rédacteurs du code n'ont pas envisagé le cheptel comme une société, mais comme un contrat de louage. (BUGNET).

[ARTICLE 1603.]

tenant plutôt du bail que de la société, par lequel le bailleur donne pour un certain temps au preneur son cheptel à garder, et même quelquefois à nourrir et loger, moyennant une certaine récompense ou loyer que le bailleur lui donne, qui consiste dans les profits de laitages, fumiers et labeurs des animaux ; et en outre, pour intéresser et engager davantage le preneur à apporter tous ses soins au cheptel, le bailleur lui accorde par ce contrat la moitié de tous les autres profits, tant de ceux des laines, que de ceux des croîts et méliorations du bétail ; à la charge néanmoins que le preneur se chargera pour la même portion, du risque de la perte qui pourrait arriver sur le cheptel par des cas fortuits.

Il paraît que c'est sous ce second point de vue que les coutumes ont considéré le contrat de cheptel, et que l'intention la plus ordinaire des parties dans ce contrat, est que le bailleur demeure seul propriétaire du cheptel.

Ce que nous avons dit, " que par ce contrat le bailleur donne au preneur son cheptel, non-seulement à garder, mais même quelquefois à nourrir et loger ", a lieu lorsque c'est un étranger qui est le bailleur du cheptel ; car c'est en ce cas le laboureur, preneur du cheptel, qui est chargé en entier de la nourriture et du logement du bétail ; c'est lui qui fournit les pâturages et les étables. Aussi il doit avoir seul le profit des laitages, fumiers et labeurs des animaux ; le bailleur n'y doit prendre aucune part.

Lorsque le contrat intervient entre un maître de métairie qui est le bailleur, et son métayer qui est le preneur, en ce cas le preneur n'est chargé que de la garde du cheptel, puisque le bailleur fournit les pâturages et l'hébergement.

FIN DU DOUZIÈME VOLUME.

TABLE GÉNÉRALE DES MATIÈRES

CONTENUES DANS CE DOUZIÈME VOLUME.

———

CONTINUATION DU LIVRE TROISIÈME

TITRE CINQUIÈME.—DE LA VENTE (*suite*).

ARTS.

CH. IV.—DES OBLIGATIONS DU VENDEUR (*suite*).

  Sec. II.—De la délivrance (*suite*).

    " III.—De la garantie.—Dispositions générales.... 1506

    § 1.—De la garantie contre l'éviction............ 1508

    § 2.—De la garantie des défauts cachés......... 1522

CH. V.—DES OBLIGATIONS DE L'ACHETEUR.................... 1532

" VI.—DE LA RÉSOLUTION ET DE L'ANNULATION DU CONTRAT DE VENTE 1545

  Sec. I.—Du droit de réméré........................... 1546

    " II.—De la rescision de la vente pour cause de lésion.. 1561

CH. VII.—DE LA LICITATION................................. 1562

" VIII.—DE LA VENTE AUX ENCHÈRES 1564

" IX.—DE LA VENTE DES VAISSEAUX ENREGISTRÉS...... 1569

" X.—DE LA VENTE DES CRÉANCES ET AUTRES CHOSES INCORPORELLES 1570

  Sec. I.—De la vente des créances et droits d'action 1570

    " II.—De la vente des drois successifs............ 1579

    " III.—De la vente des droits litigieux............ 1582

ARTS.

Ch. XI.—Des ventes forcées et des cessions ressem-
      blant a la vente 1585

  Sec. i.—Des ventes forcées........................... 1585

   " ii.—De la dation en paiement 1592

   " iii.—Du bail à rente 1593

TITRE SIXIÈME.—De l'échange........................... 1596

  Rapport de MM. les Commissaires sur ce titre, p. 687.

TITRE SEPTIÈME.—Du louage.

  Rapport de MM. les Commissaires sur ce titre, p. 747.

Ch. I.—Dispositions générales 1600

Lightning Source UK Ltd.
Milton Keynes UK
UKHW041241180119
335297UK00007BA/253/P